致谢:北京市维诗律师事务所

私　法

PRIVATE LAW REVIEW

Vol. 16 No. 2

第 16 辑·第 2 卷(总第 32 卷)

北京大学法学院 主办

易继明 主编

华中科技大学出版社

武汉·2019

《私法》学术顾问委员会
（按姓氏拼音顺序排列）

谢怀栻教授序

中国自古以来没有“私法”。人民之间不存在“私法关系”。就连婚姻关系，也是受统治的（受家长、族长和父母官的管制）。新中国成立以后，仍旧不承认“私法”，把民法作为公法。婚姻方面，虽然提倡“婚姻自由”，但是婚姻登记还是被“组织”或“单位”所控制，所掌握。甚至对民事诉讼，也要讲“无限制干预”。这种情况极大地阻碍了我国经济的发展。

直到20世纪80年代，情况才大变，“私法”概念得到承认，“私人”之间的“私法关系”得到承认，企业之间的“私法关系”也得到承认。“私法”与“公法”（宪法、刑法、诉讼法）能够并肩而立了。

正因如此，在我国的法学中，对私法的研究仍较薄弱。私法方面的一些原理，一直没有得到充分彻底的阐述和研究。可是一个国家的法律文化中，私法文化如果得不到充分的发展，这样的法律文化必将是虚弱的。因此，要提高我国的法学理论水平，丰富我国的法律文化，就必须特别加强对我国私法的研究，特别是提倡私法精神，发扬私法文化。

北京大学的一些中青年法学者有鉴于此，特别办了《私法》这个出版物，聚集了一些对私法研究特别有认识、有兴趣的学者，致力于私法的研究，将他们的研究成果发表出来，为我国私法文化的建设贡献力量。这是一件非常值得称道的事。我相信他们的努力一定会成功，特书数语以表祝贺。

谢怀栻

2001年4月

王利明教授序

《私法》的主编易继明博士请我为他的出版物作序，我感到非常高兴。

公法、私法之分肇始于罗马法时代。此后，在欧洲漫长的历史长河中，私法不仅吸收了教会法、各地习惯法等营养，而且借助于资本主义经济和思想文化的蓬勃发展，逐渐形成了一种内涵丰富、影响深远的私法传统以及私法文化。这种私法传统和私法文化，一方面为西方文明的产生、发展和繁荣提供了思想动力和制度保障，而另一方面，西方文明的兴盛也为私法制度和私法精神的完善、深化与发展提供了原动力和物质基础。因此，可以说，私法传统和私法文化是欧洲资本主义发展的重要元素之一。

众所周知，私法传统在我们国家一直未能形成与发达，其中的原因较为复杂，既有经济方面的原因（比如资本主义生产方式在我国迟迟不能发展），也有社会文化方面的原因（比如儒家的道德规范对整个中华文明的影响）。在我看来，私法传统对于一个民族来说非常重要。它不仅影响到法律制度及法律文化，而且对于一个民族的制度选择、思维习惯、行为方式等也产生着广泛而深远的影响。现阶段，我国正在致力于社会主义市场经济建设和民主法制建设，努力实现中华民族的伟大复兴，在这个过程中，加强民商立法、弘扬民法精神、培育私法文化，对于我们实现这一伟大目标将发挥举足轻重的作用。

加强民商立法，在当前主要是制定民法典。我国民法典的制定自 20 世纪 50 年代初期以来，曾为无数的学者所呼吁和企盼。迄今为止，我国几个重要的法律部门如刑法、刑事诉讼法、民事诉讼法都已制定了较为系统完备的法律。它们尽管在名称上未被称为法典，但实际上已具备了法典的特点和功能。然而，民法典至今仍未出台，许多学者曾呼吁，在刑法典的修改工作完成以后，民法典的起草工作应尽快地提上议事日程。我认为民法典的制定的必要性并不仅仅在于法律工作者的热烈企盼，而主要在于我国经济和社会发展的迫切需要。民法典的制定，正是实行依法治国战略，完善社会主义市场经济的法律体系的重要标志。通过制定民法典，全面地将公民法人的民事权利法定化、明确化，充分保护其合法权益，并使人民法院审理民事、经济案件有法可依、有章可循。通过制定民法典，可以为交易当事人从事各种交易行为提供明确的行为规则，使其明确自由行为的范围，逾越法定范围的后果和责任，从而对其行为后果有合理预期，这就能从制度上保障市场经济的良性运转，从而有利于市场经济秩序的建立。通过制定民法典，还能够弘扬人格独立、人格平等、契约自由、责任自负等理性的精神，这些都是建立法制社会所必需的。

随着我国《合同法》的制定颁行，市场经济合同活动的规则由以前纷繁、复杂、冲突与落后的状态走向统一和谐与完善。作为民法典重要组成部分的《合同法》的出台，是我国民法典制定工作的一个重要步骤。在《合同法》制定以后，如何加快民法典其他部分的制定步伐呢？考虑到我国民法典不太可能采取"一步到位式"的法典编纂方法，而只能采用分段制定、最后通过汇编整理修订的方式来完成，因此，我们目前应该着重考虑民法典体系的总体设计。我认为，我国民法典总体上应采用大陆法系的民法典体系，同时应采用潘得克顿式（德国式）的模式，既要有总则，又要明确区分债权与物权。但传统的大陆法系民法典体系具有的几个缺陷应加以克服。首先，在传统民法典的体系中缺乏独立的人格权制度。而人格权制度既无法在总则的"民事主体制度"中作出规定，也不能在侵权法中规定，因此，人格权制度应该独立成编，并置于分则之首。其次，传统大陆法系的民法根据债的发生原因，将侵权行为法仅仅作为债法的组成部分，这种模式强调了侵权行为制度与债法其他制度的共性，却忽略了侵权制度所具有的更强的个性。而且由于债权总论中的许多规则无法适用于侵权制度，从而造成了债法体系的不和谐。同时，将侵权法放在债法之中也限制了极为复杂的侵权制度的发展。因此，我认为侵权法应该从债法中分离出来，作为民法分则中的一个独立制度。侵权法与债法的分离，并不意味着债法制度的消亡，债法的基本规则仍将与合同法及其他债法制度（如无因管理、不当得利）共同组成"债与合同法制度"，放在侵权制度之前。

在民法典体系确立之后，我们需要分阶段、分步骤，根据社会生活的实际需要程度展开民法典的制定工作。我认为，当前要做的第一项工作应当是加快物权法的制定工作。作为调整人对生产资料、生活资料的支配与使用的重要法律制度，物权法是市场经济最基本的法律规则。如果缺了一个系统合理的物权法律制度，市场经济所需要的法律体系和规则便难以真正建立和完善。在制定物权法的同时，需要加紧修改《婚姻法》、《继承法》及知识产权法的工作。第二项工作就是，制定完善的侵权行为法与人格权法。目前对人格权和侵权责任加以规定的主要法律就是《民法通则》，但《民法通则》的规定过于简略，远远不能适应社会生活与司法实践的要求。因此，应当有一部完善的侵权行为法与人格权法。与此同时，应该加紧对民法总则的修订工作。鉴于《民法通则》主要是关于民法总则内容的规定，因此可以在《民法通则》的基础上完善民法总则内容的修订工作。

迈进新世纪的中国，需要一部民法典。由于我国市场经济体系的建立为民法典的制定奠定了经济基础，我国司法实践已为民法典的制定工作积累了丰富的实践经验，广大民法学者也做了大量的理论准备，因此颁行一部体系完整、内容充实、符合中国国情的民法典，是完全可行的，并将为我国在 21 世纪经济的腾飞、文化的昌明、国家的长治久安提供强有力的保障。我们有充分的理由相信，一部有中国特色的、先进的、体系完整的民法典的问世在不远的将来，将成为现实。如果说19世纪初的法国民法典和20世纪初的德国民法典的问世成为世界民法发展史上的重要成果，则21世纪中国民法典的出台，必将在民法发展史上留下光辉的篇章。

由于历史及文化的原因，我国的私法传统过于薄弱，学界对其重视和研究尚不够。为此，我们需要大力弘扬民法精神、培育私法文化。这种精神和文化的培育和发扬，需要一大批人持久而踏实的努力。今天，一批青年学者能够通过出版严肃的学术出版物的形式，来弘扬和发展这种精神和文化，确实是难能可贵的。我想，他们应该得到所有法学界人士甚至是整个社会的支持和认同，因为这不仅是为我们法学界的学术研究做贡献，同时也是在为我们这个社会、为我们的民族做贡献。

祝愿《私法》系列出版物越办越好，也祝愿我国私法研究日益繁荣与昌明。

王利明

2002年6月

梁慧星教授序

私法和公法的划分，是大陆法系区别于英美法系的重要特征之一。作为公法的对称，私法是市民社会的基本法，它调整市民社会中一切私人性质的人身关系和财产关系，在一国法律体系中居于重要的基础性地位。通过物权界定资源归属，通过契约实现资源流动，通过侵权责任救济受到损害的社会关系，通过亲属和继承给个人以家庭的温情与扶助，这些形成了大陆法国家对社会进行治理的基本模式。这种通过私法来实现社会治理的模式，可以有效地将国家权力排除在私人生活之外，实行私人生活的非政治化和非意识形态化，从而实现私人生活的自由、平等与博爱，这是对人的一种终极关怀。

私法在大陆法国家法律体系中具有核心地位，也决定了私法制度、私法理论与私法文化的研究在大陆法国家的法学研究中占有举足轻重的地位。众所周知，在我国，由于历史文化方面的原因，私法一直没有得到很好的发展。清末改制后引进欧陆民法，形成了大陆法传统。但其后民国法统被废除，转而实行高度集中的计划经济，根本谈不上有什么真正意义上的"私法"，甚至对"私人"性质的东西都畏如蛇蝎。《私法》的创办，弥补了中国没有以"私法"命名出版物的缺憾，倡导了一种"私的"精神和理念，也为国际民商法苑增添了一道中国的风景线。

近些年来，法学教育、法学研究逐渐呈现出欣欣向荣的景象，这是一件值得我们欢欣鼓舞的事情。然而，相对中国社会转型的发展方向而言，我们的法学研究和民事立法仍然有些不成熟的表现。早年《民法通则》的制定，就曾遭到一些经济法学学者们的反对，嗣后又有民法与经济法长达数年的论战，不仅民法、经济法学者悉数卷入，许多法理、宪法和行政法学者也被潮流所挟，所发表文章数量之巨，所耗费的人力、物力难以计数。实际上，以今天将私法作为市民社会基本法的观点来看，这些都是一些无谓的争论。私法本身包含了所有与建构市民社会有关的"私人性"的法律，具有其自身的一般价值和完整体系，是可以作为一个整体的理论而存在的。而且，这种理论也并不排斥具有一些"社会性质"但以"私的"价值为追求目标的成分（如反垄断法和反不正当竞争法）。

《私法》倡导将私法作为一个整体的学问进行整合性研究，特别重视私法基本理论，是一个非常有创见、有理论品位的学术出版物。事实上，现在提交到全国人大常委会审议的民法草案出现了一些立法随意性倾向，也是缺乏私法一般理论研究，特别是缺乏将私法作为一个整体进行研究的结果。没有对私法制度、私法理论与私法精神的统摄性研究，就很难保证民法典有一个完备的体系，民法也就会失去作为市民社会一般法所应当具有的包容性，也很容易使我们在制定中国民法典的过程中迷失方向。

在这个意义上，我欣喜地关注着《私法》的诞生与成长，希望《私法》能一如既往地奉行严格的学术标准和严谨的学术规范，为中国法学的发展留下一笔厚重的财富。

梁慧星

2003 年 4 月

目录

〔专题研究:民法法典化〕

〔论文〕

〔评论〕

〔编后记〕

Contents

Essays

Afterwords

中国民商法典编纂中对物权制度的修正整合与创新完善——附《中华人民共和国民商法典物权编草案建议稿（黄河版）》

王明锁

摘　要：为完成“加强市场法律制度建设，编纂民法典”的伟大任务，将作为民法典首编的《民法总则》已经通过，各分编编纂正在进行。从公布的各分编草案看，由物权、合同、人格权、婚姻家庭、继承和侵权责任组成。但从民法典的内在逻辑和形式体系上观之，法典由通则、人身权、物权、知识产权、债与继承构成当更为科学合理、严谨周密和具中国时代特色与民族气派。民商权利中，人身权之后当为物权。然物权编分歧与需修正者，为物权内容体系。本文遵循十九大对新时代社会主要矛盾之论断，追求社会平衡发展与人民美好生活之需，诚守物权为人对物之支配特质，将中国市场经济社会生活中民商事主体对物进行支配的客观现实关系，按其权能特性分别归属自物权和他物权，并从所有权权能与所有权分离的角度，将他物权依次区分为控占权、占用权、用益权和经营权四种基本类型，对相关传统理论进行修整，并创建具有中国科学特色的物权法治理论与学术话语体系，使其更切社会实际地为民商主体提供更为系统的行为规范，亦为司法提供更为简明的裁判规则。且继续知行合一，凝成草案法条。所附《中华人民共和国民商法典物权编草案建议稿（黄河版）》的目次为总则、所有权（自物权）、所有权取得、控占权、占用权、用益权、经营权、获益权、相邻关系、物权证书，共十章 398 条，加上通则编 226 条、人身权编 247 条，总共 871 条。就法典整体，致达其半。

关键词：民法典编纂；民商法典；物权编；草案；建议稿；黄河版

作者简介：王明锁（1954—　），河南大学法学院教授，硕士研究生导师，主要研究方向为民商法学。

目　次

引言：民商法典各分编重大疑难问题之讨论

中国民法典编纂正在进行，作为法典编纂第一步的《民法总则》已经颁行；从第二步公布的各分编草案看，由物权、合同、人格权、婚姻家庭、继承和侵权责任组成。就此讨论更加热烈。[1]然所论分歧仍不应忽视，诸多问题难圆其说。[2]若按正常逻辑理路，既坚持民商合一，就应将商事远虑近酌其中，故民法典编纂，实为民商法典之编纂。中国理论与实务上，早已民商并称。故所谓民法典者，当为民商法典之简称；民商法典者，乃民法典科学完整之称谓。[3]故于立法名称上称《中华人民共和国民商法典》者，从本质形式抑或内涵外延上皆显科学庄重、严谨周密、大气包容，且具时代风采。中国社会主义性质之民商法典，当由通则、人身权、物权、知识产权、债与继承构成。[4]故我们于完成“通则编”和“人身权编”草案建议稿之后[5]，遂尽力于物权一编。希冀在学术理路上为中国民商法典编纂继续提供些许科学原创性的有价值之重要参考，并消弭物权制度中的诸多矛盾疑说。

一、物权编编纂中存在和面临的主要问题：错谬与虚置

观市场经济、大千世界，熙攘往来，无非人与非人两类。人者，主体者也，以此构成人身权（人之生命健康、婚姻自由在内）之制度。非人者，人之外一切之物（山水林田草湖沙、吃喝穿住用乐玩）也。而人之生存发展，皆赖于物，

1　参见朱宁宁：《多位常委会委员建议：应将人格权编放在民法典分编之首》、《知识产权是否单独入“典”引发常委会委员热议》，《法制日报》2018年9月4日；又参见徐隽：《民法典分编草案首次提请审议》，《人民日报》2018 年 8 月 28 日。自民法典各分编草案公布后，诸多部门单位举行多种专题会议进行研讨，最广泛集中的研讨当属在郑州举行的中国法学会民法学研究会 2018 年年会——“民法典分编编纂中的重大疑难问题研讨会”，400 余名代表参加，各路大家阐述高见。如崔建远教授的《民法典物权编（草案）的重大疑难问题》、温世扬教授的《对“民法典物权编草案”疑难问题的思考》，参见《中国法学会民法学研究会 2018 年年会会议简报》。

2　参见王利明：《民法典分编编纂中的重大疑难问题》，《中国法学会民法学研究会 2018 年年会会议简报》第 4 期。

3　王明锁：《民商合一模式的演进及民法典编纂中的创新性选择》，《北方法学》2018 年第 2 期。

4　参见费安玲：《民法典理性与债法总则》，《中国法学会民法学研究会 2018 年年会会议简报》第 5 期。

5　王明锁：《中国民商法典编纂的重大疑难问题——附〈中华人民共和国民商法典“通则编”草案建议稿〉（黄河版）》，《晋阳学刊》2016 年第 3 期；王明锁：《中国民商法典编纂中对人身权制度的整合与完善——附〈中华人民共和国民商法典“人身权编”草案建议稿〉（黄河版）》，《晋阳学刊》2017 年第 1 期。

必支配于物。惜因物之稀缺有限性，故人支配物之关系，必须有合理之秩序规则。该规则者，即物权制度也。人为有效利用物等目的，必发现发明、创造竞争，此生所谓知识产权制度也。人虽设法长生，但终有一死。待亡之时，而所用之物尚存，必依规转与后人之手，使物继续发挥作用，此规则乃继承制度也。人之生前之生产生活，于近现代社会，必依赖于对物之交换、保护。而交换、保护又需合理秩序，有其基本规则，此规则即契约、侵权与债之制度也。唏！物者，何等之重要！此民商法典与市场经济关系之铁律，亦构成民商法典之基本结构性制度！

故于物权，理论学说和相关草案版本及法典编纂计划莫不赞成独立成编，[6]但其内容的逻辑错误及脱离实际的问题却非常明显。大要者如：其一，物权为支配权性质，但其逻辑体系并未以此进行清晰界定，而将属于请求权性质的所谓物上请求权也包括在物权当中。其二，担保制度的本质在于债权人于债权不能正常实现时而经与担保人协商就担保物的变价享有优先受偿权，但所谓的担保物权却被简单列入物权范畴。其三，既然担保是因债、为债而设，《民法通则》将债的担保定于债权，《物权法》却将担保制度归于物权而与债分离。其四，认为“占有”是事实，但占有游离于物权种类之外而又包含于物权法之内，且以单独之编与所有权平行。[7]其五，行为的目的并非法律规范之对象，但却将他物权依设立目的区分为用益物权和担保物权。其六，《民法通则》未定地役权，现行《物权法》及其追随理论均袭承德日和我旧法规定，将地役权列为用益物权，而司法实务中又难觅真实地役权案例，致权威司法考试中的地役权案例不得不编造作假，难经推敲，是为虚设。其七，民法学界号称民法典是社会百科全书，但观其内容却空洞虚无，多有被骗之感。其八，说物权法乃定分止争须臾不可缺之制度，但遇母牛归属返还之争，具体条文都成了银样镴枪，法院二审不得不援引公平原则勉强结案。[8]诸如此类，于民商法典内部，物权制度与其他制度的逻辑关系均当科学协调配置。对他物权之分类，理应囊括所有对他人之物进行支配的社会经济生活现象。物权制度必须更加真切地体现和反映客观的社会生活实际，并能更加简明通俗和易为民众接受，而不致出现“制定颁行一阵叫好，实际使用无啥作用”的结果。否则，仍可能是抄仿之作，而难达全面依法治国和为“加强市场法律制度建设，编纂民法典”[9]之目的，更难建立起科学的

6 参见肖肖：《崔建远：中国首部〈民法典〉正在编写，我对物权编很不满意》，《凤凰文化综合》2018 年 1 月 3 日。

7 参见《中华人民共和国物权法》与《民法典各分编（草案）》（2018 年 8 月委员长会议审议稿）。

8 王明锁：《对孳息的传统种类及所有权归属之检讨》，《法商研究》2015 年第 5 期。

9 《中共中央关于全面推进依法治国若干重大问题的决定》。

民商法体系和学术话语体系。故在对传统物权制度长期研究的基础上[10]，再次进行全面系统的认真梳理，并凝就出物权编建议草案法条，亦成此文。

二、物权的支配性质：直接支配与间接支配

任何法律，本质上都是对人与人之间关系的规范和调整。民商法的实质与核心，是对民商主体之间的市场商品经济关系进行的规范和调整。人与人或者主体之间关系之形成，必须存有三个要素。一是人或者主体，没有了人或主体，即无所谓社会或人之关系。二是独立于人或主体之外的客体。若无客体，人或主体不可能生存和发展。三是人或主体对客体之行为。[11]行为是主体之间发生法律关系的连接线。没有了行为，人与人之间就难以生发出各种关系。人与人之间正是由于主体对客体的行为才产生出各种关系的。社会的稳定和谐与发展，关键取决于人之行为。故法律无不是对人的行为的价值进行的评论和规范。这种规范，通过法律赋予和规定主体相应的权利、义务，由此使社会关系处于一种可以预设和实施的状态。

民商法上的主体包括自然人、法人、非法人组织以及国家。[12]民商法上的客体包括人的生命、健康、自由、名誉、婚姻、荣誉等人身利益，包括动产、不动产等物质利益，也包括作品演技、技术发明等主要体现为智力成果的精神利益，还包括行为上的作为与不作为以使权利人获得满足的期待利益。民商法上由主体对于客体的关系，即形成相应的人身权、物权、知识产权以及继承和债

---

10 王明锁：《物上请求权及物权的民法保护机制》，《中国法学》2003 年第 1 期；《论我国他物权体系的整合与重构》，《政法论坛》2005 年第 2 期；《论所有权占有权能与他物权控占权二元制法律体系的构建》，《法律科学》2009 年第 6 期；《对物权客体——物的含义与种类的新解读——就物权立法的新建议》，《河南省政法管理干部学院学报》2005 年第 6 期；《我国传统典权制度的演变及其在未来民商法典中的改造》，《河南省政法管理干部学院学报》2002 年第 1 期；《论物权法对和谐社会构建的价值意义——兼谈物权法之主要缺憾》，《河南省政法管理干部学院学报》2009 年第 3 期；《论添附与添附物的所有权归属——对我国〈物权法〉所有权原始取得制度的一项补充》，《晋阳学刊》2015 年第 4 期；《论无主物与其所有权归属——所有权原始取得方法之先占》，《学习论坛》2014 年第 5 期；《对孳息的传统种类及所有权归属之检讨》，《法商研究》2015 年第 5 期。王明锁等：《〈中华人民共和国民法通则〉条文释义》，开封：河南大学出版社 1987 年版。

11 王明锁：《民事法律行为范畴的守成与完善》，《北方法学》2013 年第 1 期；《民事法律行为类型化的创新与完善》，《北方法学》2016 年第 4 期。

12 参见中国大百科全书编辑部：《中国大百科全书》（法学），北京：中国大百科全书出版社 1984 年版，第 417 页。我国《民法通则》和《民法总则》没有在主体部分明确将国家列为主体应是一缺憾。因为没有在自然人和法人有关主体的统一规定中明确国家也可以是民商主体，那么就难以与物权制度中的国家所有权制度相衔接，就是对物权关系中国家财产所有权关系主体要素的忽视或视而不见、见而不理。

的制度。

物权是民商主体对物进行支配的权利。其主体包括自然人、法人、非法人组织和国家。特别是在社会主义的中国，国家掌握着经济命脉，拥有着大量重要的物质资源，为物权重要主体。在民商主体之外，存在着各种物质财富，包括自然物和人造物、动产和不动产；现代社会中，这种物基本上都以商品的形式表现出来。从生产领域到消费领域，由于商品是物，马克思曾指出，商品不会自己走到市场上去，不能自己去交换，因此我们必须寻找它的监护人——商品的所有者。即必须靠人对物进行支配，从而产生须臾不可缺的物权制度。

民商主体对物的支配，具有丰富内涵。这首先包括物的归属，要定其名分，确其归属。归属不明，争议必存；归属分明，争议难生。[13]其次是主体对物的控制占据，即主体对物能够控制占据，使物服从于主体安排。这是主体对物进行利用之前提，[14]也是物权与债权之根本区别。[15]如果主体对物难以控制占据，就谈不上对物进行利用和享受利益，因此也难以发生纠纷，并丧失法律对其规范调整之必要。再次，包括主体对物进行的利用。如对房屋的居住、对车辆的使用等。这是主体对物进行支配的主要目的。又次，包括主体对物的收益。这是主体对物进行控占的另一重要目的。对物进行控占使用而又能取得新的物品利益。收益有时被使用所吸纳，有时则可独立存在，并产生或增添新的物权。如对蜜蜂的占控而取得蜂蜜，对果树的控占而收获果实，对羊群的控占而增添羔羊。最后，包括主体对物的处分。这是主体对物进行利用收益的必要方式。对物享受利益，并非都是消极机械的取得和获得。有时欲对物享受利益，就必须对物进行处置和处分。享受肉食利益而对畜禽进行宰杀，对房屋有效利用而进行装修改造，以及对物进行抛弃或者转让等。明确物权内涵，就主体对物的支配行为进行有效的规范调整具有重大意义。总之，物权的支配当有此五项内容或权能。

---

13 《商君书》。商鞅说：“一兔走，百人逐之，非以兔可分以为百也，由名分之未定也。夫卖兔者满市，而盗不敢取，由名分已定也。故名分未定，尧、舜、禹、汤且皆如鹜焉而逐之；名分已定，贫盗不取。”

14 英国法谚有曰：“占有者占上风。”（Possession is nine points of the law.）转引自〔日〕穗积陈重：《法窗夜话》，曾玉婷、魏磊杰译，北京：法律出版社 2015 年版，第 291 页。

15 物权为对物支配之权，债权为对人请求之权。买卖合同成立，买受人虽已付价金，但出卖人未将物品交付于买受人时，买受人不能对物进行控制占有，而只能请求出卖人交付标的物。只有当出卖人将出卖物交付给买受人时，买受人才取得对该物的属于支配权的自物权。租赁合同成立，当出租人未将租赁物交付承租人时，承租人只能请求出租人交付租赁物，而不能对租赁物进行控制支配；只有当出租人将租赁物交付承租人时，承租人才能对租赁物进行控占使用，成立对他人所有物进行直接支配的他物权。但可惜的是，传统和现行理论都没有将此简单明白的承租人对他人之物进行支配的权利现象抽象上升和概括归属于支配权的物权范畴，而依然固守于债权观念和债的范畴，更有甚者，尚撇废债之制度而将其下跌混入于债之生发原因的民事事实法律行为中的合同之中。此真乃传统或现行民商法理论中最为可悲可痛之事。

但是民法传统权威理论中，认为“物权是权利人直接支配物的权利”[16]，认为所有权“是所有人对所有物直接支配的权利”[17]，规定“物权，是指权利人依法对特定的物享有直接支配和排他的权利，包括所有权、用益物权和担保物权”[18]。此处将物权定义为主体对物的“直接支配”，但并未对直接支配作出合理的解释，而有的解释则根本不合实际或者不够科学完整或周密严谨。

第一，什么是直接支配？所谓支配，乃“安排、调动，指挥、控制”。[19]所谓“直接”，《辞海》未有解释；《现代汉语词典》解释为“不经过中间事物发生关系的（跟‘间接’相对）”[20]。根据常识，应当是没有中间环节而直达目标。如直接领导、直接到达、直接选举等。而直接支配，即应当是主体对物的直接控制，没有中间环节，没有他人隔阻，主体的支配之力直接作用于特定之物。

第二，直接支配与现实如何对接？实际的事例是，物之所有权人将自己的物出借或者出租给他人后，借用人或承租人对物直接进行着控占和利用，算不算是直接支配？如果算是直接支配，那为什么承租人对物的支配又不被认为具有物权性质？如果不能算作直接支配，那么对直接支配又当作何理解？这是个两难选择。

第三，有所谓直接支配，就应当有间接支配。因为直接和间接本来是相对的概念和范畴。那么，什么是间接支配呢？根据上面的解释，即应当是非直接的，是有中间环节或者他人阻隔的支配。如物之所有权人通过承租人对租赁物的承租经营而使自己的财产增值，取得相应利益；物之所有人通过中间环节的运送人将自己的某物送达给另外的人。这时，物之所有人对自己的物算不算是直接支配？如果不是直接支配，那么所有权人对自己的物难道就没有了物权？如果还是直接支配，那什么算是间接支配呢？这里又是个两难选择。由此得出的正确结论只能是所有权人对出租出去的物仍然享有支配权——间接支配。而既然是间接支配，关于物权的定义就不能局限于直接支配的含义了。

第四，现行民法理论中对直接支配的解释有明显的回避和歪曲。理论上有的认为物权的特征在于直接支配其标的物，可以依自己的意志就其标的物上直接行使权利，无需他人意思或义务人的行为介入。如房屋所有人对自己的房屋可以居住、出卖、出租、抵押等。并说这是物权和债权的不同。说债权的实现必须依赖债务人的行为，否则不能也不得直接支配标的物，例如租赁合同成立，

16　参见魏振瀛主编：《民法》，北京：北京大学出版社、高等教育出版社 2000 年版，第 205 页。

17　参见全国第三期法律专业师资进修班民法班整理：《中华人民共和国民法原理》（下册），1983 年 11 月，第 1 页。

18　《中华人民共和国物权法》第 2 条第 3 款。

19　参见《新华词典》（第 4 版），北京：商务印书馆 2013 年版。

20　参见《现代汉语词典》（第 7 版），北京：商务印书馆 2016 年版，第 1681 页。

但在出租人交付出租物之前，承租人就不能使用租赁物。[21]这里，论者说明的是物权中的所有权，而未言他物权；同时转移论题，说债权的实现须依赖债务人的行为，否则不能直接支配标的物，而举例则说出租人交付出租物之前承租人不能使用租赁物，并未回答出租人交付出租物之后，承租人使用租赁物属何种性质之权利，是直接支配还是间接支配？根据其逻辑，正常的回答应当是债权的实现须依赖于债务人的行为，当出租人交付租赁物之后，承租人就能够和可以使用租赁物了。这时，承租人对于租赁物就享有一种直接支配的权利了，就成为一种他物权了。但为什么作者不如此正常思维而要刻意回避问题呢？原因在于，若照此思路，就要违反教科书，违反承租人对租赁物的使用属于债权的传统观念了；而在传统面前，凡与传统权威不一致者，或要被耻笑无知，或要被视作大逆不道，有谁还相信自己并愿意说出皇帝身上没穿衣服而被耻笑为愚蠢呢？于是乎，敷衍虚假见怪不怪，民法学观里即也“假作真时真亦假，真作假时假亦真”了。

第五，由此民法理论上便出现一种十分奇怪的创造！在物权和债权上，传统理论还认为物权有优先于债权的特点。而在承租人对租赁物使用的场合，当出租人将租赁物出卖后，作为所有权人的出租人与新的所有人即有依买卖合同要求承租人交付租赁物的情形。依物权优先的观念，即应保护所有权人利益而牺牲承租人继续使用租赁物之利益。这时客观上承租人就会对抗租赁物的所有权人，给司法裁判带来困难，并与物权优先理论发生冲突。面对这种情形，理论上便认为“不动产租赁权虽系债权，但为了当事人利益，兼及保护经济上薄弱者起见，该权利已被物权化。即承租人依其使用权，可以对抗他人，其中包括作为出租人的所有人”。在出租物买卖的场合，租赁合同不受影响，买受人即新的所有人须尊重标的物上的承租人使用权的原状，须取代原所有人地位而成为新的出租人。此项原则乃为“买卖不破租赁”[22]，并使得民法理论幽深玄奥、难解莫测。存在这种情况的原因，在于理论上认为“承租人应当按照约定的方法使用租赁物”仅是承租人的义务，而没有从权利的角度审视承租人对租赁物的使用权及其物权的支配性质。

第六，物权就是主体对物进行支配的权利。物权和债权理论并不玄乎，两者既有区别又有联系。物权是静态性权利，债权是动态性权利。两者相互依存、转换。物权是债权发生的前提，债权是物权流转和发挥作用的桥梁和纽带。比如甲对房屋享有所有权（自物权），具有归属、控占、使用、收益、处分内容的

21　参见魏振瀛主编：《民法》，北京：北京大学出版社、高等教育出版社 2000 年版，第 205 页。

22　参见梅仲协：《民法要义》，北京：中国政法大学出版社 1998 年版，第 381 页；张俊浩主编：《民法学原理》，北京：中国政法大学出版社 1991 年版，第 718 页。

完全支配权。故甲有权将房屋出租。但甲和乙建立租赁关系，须有一个合同，产生债的关系。依此债的关系，甲有义务将房屋按照约定期限交付给乙，乙有义务按照约定支付租金。而当甲将自己的房屋交付给乙后，乙便取得了对甲之房屋的支配权（他物权、限制物权）。租赁合同到期，乙有义务返还房屋，重回甲对房屋的所有权状态。[23]依此而论，符合生活实际与思维逻辑，通俗明了、简单实用，也免却了什么“债权物权化”、“买卖击破租赁、“不得击破租赁”诸类的奇谈怪论，免却了对国外相关理论的生搬硬套，真正使中国的民法理论具有中国特色，为中国大众明白接受。

第七，对物权定义没有必要表述为直接支配。因为有直接支配就应当有间接支配。甲对自己的房屋进行居住，为直接支配；甲将房屋出租给乙，乙居住房屋，也为直接支配。但甲只是转让给了乙对房屋的直接控占、使用的支配权，而对房屋还具有所有权中的其他权能，故乙不能行使处分之权，仅为受限制的权利；甲对自己已经出租的房屋，不是天天看着和住着房屋，故为间接支配，但仍然具有所有权。如果将物权只理解为直接支配，就会在理论上排除甲对房屋的间接支配和所有权，从而造成不必要的麻烦。因此，最简单明晰、科学合理、严谨周密的物权定义应当是：物权是民商主体对物进行支配的权利。

三、物权的产生演变与两种基本体系：罗马法国体系与德国日本体系

物权为人对物进行支配的权利。人类社会之初，并无财产或权利概念。正如马克思所说：私有财产的真正基础，即占有，是一个事实，是不可解释的事实，而不是权利。只是由于社会赋予实际占有以法律的规定，事实占有才具有合法占有，即私有财产的性质。[24]故于原始社会，人对物的控占或支配，都只是一种事实[25]；只是到了阶级社会和法律产生，才有了就人对物的关系进行调整和保护的物权制度。中外古法莫不如是。但该种制度最完善之立法当属《汉穆拉比法典》。在其总共 282 个条文中，涉及物的使用保护和流转的规定足有 150 条，约占总条文的 53%。[26]罗马《十二铜表法》的第六表和第七表，为物的所有权、房屋和土地的使用转让的规定。至查士丁尼时期，物及其权利的规定形成了科

23 出租人取得了租金的所有权，承租人以支付租金为代价取得了对出租人房屋的一定期限内的占用支配权。

24 参见《黑格尔法哲学批判》。

25 正如我国古歌谣《击壤歌》所言：“吾日出而作，日入而息，凿井而饮，耕田而食，帝力何有于我哉！”

26 参见北京政法学院法制史教研室编：《外国法制史参考资料汇编》（一），1981 年。其中有关人身权方面的规定约占 40%，物的保护、转让、使用方面的规定约占 53%。

学的体系和种类。其《法学阶梯》第一卷关于人（含婚姻家庭）；第二卷关于物（含遗嘱继承），其中对物的种类及所有权、地役权、用益权、使用权、居住权进行了系统规定，并在第四卷规定有对物权的保护。[27]罗马法关于物与物权的完善立法遂成了后世物权法体系之滥觞。

《法国民法典》以《法学阶梯》为基础，沿革为人、财产及对于所有权的各种变更、取得财产的各种方法三编。[28]该法典将财产及对于所有权的各种变更作为第二编，除对财产的分类外，重点为所有权，并规定了所有权的各种变更形态，分别为用益权、使用权、居住权和地役权。[29]此物权体系与罗马法的规定一脉相承。由此形成了罗马法系中的法国法系。该法典 210 多年，风貌依旧，依然闪烁着内容全面科学、逻辑严谨周密、表达简明通俗的光彩。《意大利民法典》追随《法国民法典》体系，于第三编以所有权为核心，规定物、所有权、地上权、永佃权、用益权、使用权、居住权、地役权和共有，但并不包括质押、抵押之类的制度。[30]其理论基础和逻辑原理与《法学阶梯》、《法国民法典》完全相同。

1896 年的《德国民法典》为罗马法与日耳曼法融合的产物，将法典分为总则、债、物权、亲属、继承五编。其最大特点是将罗马法和法国民法中的人法卷区分成了总则和家庭；物权被明确为编名；将财产取得的方法区分成了债和继承。于物权编规定了占有、所有权、地上权、役权，以及抵押权和质权。[31]这里须特别指出的是，《德国民法典》把罗马法和法国民法中有关债的担保制度中的物的担保（如抵押、质押）与人的担保（保证）进行分离，挪移到了物权当中，不管其价值利弊如何，由此便形成了所谓德国法系及其物权法体系，并对后世产生影响。日本在战争上追随德国，其民法亦分五编，于物权编规定占有权、所有权、地上权、永佃权、地役权，以及留置权、质权、抵押权。[32]

《瑞士民法典》对法国民法和德国民法皆有兼容取舍。如罗马（法国）式先定人与亲属，在物权编定所有权，限制物权包括地役权、用益权、居住权、

27　参见《法学总论——法学阶梯》，张启泰译，北京：商务印书馆 1989 年版。

28　参见王明锁：《论罗马法体系的沿革与中国民法的法典化》，《法律科学》1995 年第 5 期。实际上《法国民法典》在其第一编之前，还有个规定着法律的公布、效力和适用的“总则”。故笔者不同意理论上通常认为《法国民法典》为三分法体系的看法，而认为实际上为四分法体系。

29　参见《法国民法典》，马育民译，北京：北京大学出版社 1982 年版。《法国民法典》第二编的内容，实际上是关于所有权和其他物权的规定。在《法国民法典》的物权体系中，并不包含其第三编取得财产的各种方法中所规定的保证、质押、优先权和抵押权。

30　参见《意大利民法典》，费安玲、丁玫、张宓译，北京：中国政法大学出版社 2004 年版。

31　参见《德国民法典》（修订本），郑冲、贾红梅译，北京：法律出版社 2001 年版。

32　参见《日本民法》，曹为、王书江译，北京：法律出版社 1986 年版。

建筑权，另外如德国式还规定了抵押、质权和留置权担保制度。[33]我国旧民法“多仿德日瑞民法体例”[34]，于物权编规定所有权、地上权、永佃权、典权、地役权、抵押权、质权、留置权、占有。除典权外，与德日物权别无二致。前述一个仿字，可见其心神貌相与技术水平。就罗马（法国）式与德国式而言，梅仲协认为罗马（法国）式较为合理。[35]新中国民法物权法理论上是逐步接受物权范畴的。《民法通则》第五章第一节的标题为“财产所有权和与财产所有权有关的财产权”，即充分说明了当时还未接受物权概念，但除规定所有权外，由于经济生活中出现和客观存在的土地使用权、土地承包经营权、全民所有制企业的经营权以及采矿权等，则又不得不以“与财产所有权有关的财产权”予以概括。而这实际上又是对物权包括所有权和其他物权的传统物权体系的逻辑认可。但必须指出的是，《民法通则》的物权体系中并不包含抵押、留置之类，抵押、留置、保证、定金被明定于《民法通则》第89条债的担保中，并在此基础上发展出了具有中国特色的统一的债的担保制度。但随时代变迁和理论多元化影响，德日和旧中国物权法理论淹没和笼罩了中国社会主义民法物权法体系的学术空间，物权不仅包括所有权（自物权）与他物权（限制物权），而且他物权包含了用益物权和担保物权[36]，进而强力影响了我国的《物权法》体系。《物权法》依次为总则、所有权、用益物权、担保物权（含抵押权、质权、留置权）、占有。[37]显然丢弃或改变了《民法通则》的科学特色，重拾德日物权类型之牙慧，与旧中国民法物权体系相同，似乎也成了中国社会主义民法物权体系的主流观点。但仔细观察，这种主流观点却都是人云亦云，并非无可争辩或不可怀疑。这种观点不仅没有论证罗马（法国）式物权类型有何弊端，也没有论证我国社会主义性质的《民法通则》和《担保法》关于债的统一担保制度有何不足，而是他物权似乎天然地就包括担保物权，但是当我们翻开任何一本民法学教科书或者在系统讲授民法学理论的过程中，都可明显发现以下难以解释的理论实务问题和逻辑

---

33 参见《瑞士民法典》，殷生根、王燕译，北京：中国政法大学出版社1999年版。

34 梅仲协：《民法要义》，北京：中国政法大学出版社1998年版，第18页；谢在全：《民法物权论》，北京：中国政法大学出版社1999年版，第5页。

35 梅仲协：《民法要义》，北京：中国政法大学出版社1998年版，第17—18页。但梅先生将民法之编制直接区分为罗马式与德国式两种。这种区分割裂了德国民法与罗马法的联系，也忽略了德国民法在法国民法基础上的演进。没有《法国民法典》的四分制，也就不会有《德国民法典》的五分制。但法国民法所承继的罗马法基因更多更精准。故在罗马法系下面再区分法国式和德国式似更为合理。参见王明锁：《中国民商法体系哲学研究》，北京：中国政法大学出版社2011年版，第68页。

36 张俊浩主编：《民法学原理》，北京：中国政法大学出版社1991年版，第346—347页；彭万林主编：《民法学》，北京：中国政法大学出版社2002年版，第205—206页；魏振瀛主编：《民法》，北京：北京大学出版社、高等教育出版社2000年版，第212—213页；梁慧星、陈华彬编著：《物权法》，北京：法律出版社1997年版，第52—53页。

37 参见《中华人民共和国物权法》。

缺陷。

第一，物权法理论和债权法理论中的明显重复和逻辑矛盾。民法物权理论都将抵押、质押和留置作为担保物权并予详述，而在债法理论中，又认为债的担保为保证、抵押、质押、留置、定金。这样，抵押、质押和留置就有了两个位置。那么究竟当属何处？如果该在债的担保中，就当此处统论。但因重复，著作中便说由于抵押、质押和留置在本书物权编已有详述，故本节只论及保证和定金。[38]从理论的科学性和逻辑性来说，每个问题都该有其确切的定性和定位，该在哪里就应该放在哪里。同时，抵押、质押和留置是物的担保，而定金是不是物？如果是物，为什么不作为物的担保？有的认为抵押、质押和留置等担保方式，因债权人对担保财产有对抗不特定第三人的排他性权利，故被列入物权，称担保物权。那么，对于给付之定金，债权人对此项财产有无对抗不特定第三人的排他性权利？答案应当是肯定的，那又为什么不把定金作为担保物权呢？这些问题明显荒谬，但似乎都未认真思考和解决。

第二，物权法中规定担保物权使担保失去了基础和背景。理论上都认为抵押、质押、留置是债的担保或债权担保，是保证债履行的一种法律形式。认为担保物权是以确保债务之清偿为目的，而于债务人或第三人之特定物或权利上所设定的一种限定物权。[39]可见，担保是以债为基础和背景的，没有债，何来所谓担保？因此要论及担保，即应当以债为前提。可令人不解的是，在我们的理论中，都是在未论及债的情况下而大谈担保物权的。更有甚者，尚有避弃债的制度而进行法典编纂并径直规定债的担保类型——担保物权的。如此明显违背认知规律和逻辑常理。造成如此情形，原因在于德国民法中先规定了债法，债之后为物权，在物权中谈抵押、留置尚有相当合理性，而日本民法是先定物权后为债权。在没有债为基础的前提下规定担保物权已明显不合逻辑，但我们硬是把这种不合逻辑的东西照搬过来并奉为真理，以致形成我国民法理论中违背认知常理的情形。

第三，物权法中规定担保物权对统一的债的担保制度是一种人为的割裂。债的担保，是保障债的履行的一种古老法律制度。至近现代，担保发展成多种形式。对债的担保在理论上多区分为人的担保和物的担保。通常情况下，被规定为保证、抵押、质押、留置、定金以及典押、押金等。[40]保证属于人的担保，

38 参见彭万林主编：《民法学》，北京：中国政法大学出版社 2002 年版，第 468 页；张俊浩主编：《民法学原理》，北京：中国政法大学出版社 1991 年版，第 616 页；魏振瀛主编：《民法》，北京：北京大学出版社、高等教育出版社 2000 年版，第 333 页。

39 梁慧星、陈华彬编著：《物权法》，北京：法律出版社 2002 年版，第 300 页。

40 参见王利明、郭明瑞、方流芳：《民法新论》（上），北京：中国政法大学出版社 1988 年版，第 303—333 页；王明锁：《中国民商法体系哲学研究》，北京：中国政法大学出版社 2011 年版，第 296—346 页。

其余皆为物的担保。在法国民法，担保随债而定，完整统一。而到德国民法，则对债的担保制度进行了分裂。江平教授在《俄罗斯联邦民法典》一书序言中指出："俄罗斯联邦民法典虽属德国民法法系，但它创造了一些独特的体系结构。"[41]《俄罗斯联邦民法典》第二编为所有权和其他物权，并未规定担保物权。而于第三编债法总则中的债务履行的担保一章依次规定了违约金、抵押（含典当物抵押）、留置、保证（含银行保证）、定金作为债务履行的担保方式。旧中国盲随德日将担保分裂。我国现行《担保法》承继《民法通则》有关担保制度特色，依次规定保证、抵押、质押、留置和定金五种担保方式，统一完整，适用方便。但至《物权法》却改步德日后尘，将抵押、质押、留置搬挪其中，使保证、定金留于债之担保。统一的担保制度重被分割，由此造成了立法上的不统一、适用上的不方便以及理论上的新混乱。

第四，将他物权区分为用益物权和担保物权毫无价值意义。把物权区分为自物权和他物权，有其重要价值。因为自物权是主体对自己的物进行的一种支配，故可完全地几乎不受任何限制地进行支配。包括控占、使用、收益，以及事实上或法律上进行处置或处分。例如对自己的房屋，可以自住、与人居住、装修改建、拆毁转让等等。而他物权因是主体对归他人所有的物进行的支配，故只能按照自己与物的所有权人的约定进行支配，这种支配是不完全的或者是要受诸多限制的，如只能对其进行控制、使用，而不能进行处分等方面的支配。但将他物权区分为用益物权和担保物权，其标准是从物权设立目的上进行的。[42]而目的、意志本不应是法律规范和调整的对象，法律所关注的只是主体的行为而已。可见从目的上区分用益物权和担保物权毫无意义。故此也有理论上根本不提分类标准而直接把物权归纳为所有权、用益物权、担保物权和占有四类；而在学术上将物权作七种区分，唯独不提用益物权和担保物权的分类标准。[43]是为民法学中人云亦云和不敢直面问题之典型。

四、担保物权本质上并非物权：强夺债权保障地，荒芜物权自留田

上述强调物权为主体对物的支配之权。所谓支配，即主体之力作用于物并为法律认可保护，故为支配之权。主体之力作用于物，如自然人凭自己能力控

41　《俄罗斯联邦民法典》，黄道秀等译，北京：中国大百科全书出版社 1999 年版。

42　参见张俊浩主编：《民法学原理》，北京：中国政法大学出版社 1991 年版，第 347 页。

43　参见魏振瀛主编：《民法》，北京：北京大学出版社、高等教育出版社 2000 年版，第 212—214 页。

制牛羊、占住房屋，法人或控制或利用或处分其设备财产、交易商品等，国家凭其能力控制疆土河山、利用设施财物、保护文物资源等。主体所支配之物，包括各类动产与不动产、自然物与人造物、实用物与票证物、公有物与私有物等。但其共同属性，在于物是由民事法律所规定、能为民事主体所掌控支配、具有一定价值或能够满足人们的某种需要、存在于人的身体之外或能与主体分离并占有一定空间的东西。其中，主体对物能够支配，是主体享受物之利益的前提和手段，是人与物的关系产生存在与和谐发展的关键，对社会关系的稳定有重大意义，故必须有物权法律。这样的物权法律包括主体对归属于自己所有的物进行的支配，也包括主体对归属于他人所有之物进行的支配，以此生发出所谓的自物权和他物权两大类型。因为主体一定都要对自己的物进行支配，并不总能满足自身需要，有时也需要由他人对自己的物进行必要的支配，如将自己的物交与他人进行控制保管；同时商品经济使然，某些主体也需要对他人的物进行支配利用并取得相应利益，如租赁他人之物以满足自身需要。[44]此乃客观事实，科学合理。

若以此支配含义对民法所规范之行为进行解读，就会发现两个重要问题：一是有些属于物权的东西没有包括进来；二是有些不属于物权的东西却被包括了进去。

第一种情形。主体对自己的房屋进行居住、对自己的土地进行耕作，乃重要之自物权，没有疑问。但甲将自己的房屋出租给乙，乙居住屋内，拿着钥匙，自由出入。租赁期内，乙之力作用于甲之屋，这种行为是否为支配？再者，乙走亲戚，借甲之衣物穿戴身上前往他处。这借用期间，乙对穿戴在身上的甲之衣物是否为支配行为？当今社会，共享单车成为热门现象，甲骑车上路，观光游览，对所骑单车，是否又为支配？国有房屋出租，也成新的话题，承租人不仅住入房屋，还可以房享受入学附带利益，而出租人欲进入房内，尚须经承租人同意。如此，承租人的行为是否为支配？甲将邮件物品交付邮政或快递公司，该邮件物品要从甲地到达乙地，邮政或快递公司对甲之物品是否进行着支配行为？还有，买方向卖方交付了定金，接受定金的一方对这笔定金是否属于支配？如此等等，如果说不是支配，那实在难以理解，无法与常识对接。如果说属于支配，那为何《物权法》中却不将这些定为物权而要定于债权？此当为物权而不为物权者是。

第二种情形。甲向乙借款，提供房屋作为担保。甲照旧居住着自己的房屋，也还拿着自己的房屋产权证书，只是进行了房屋担保登记或者只在借款契约上标明。其效果在于，甲在出售该房屋时，必须经过乙之同意，如果到期甲未向

44　王明锁：《论我国他物权体系的整合与重构》，《政法论坛》2005 年第 2 期。

乙清偿借款，乙就该房所卖价款可以优先受偿，以保证乙之债权实现之利益。再如，甲向乙借款，甲以自己的首饰字画提供担保，此时，乙控制占据了甲之质押物品。于借款期间，乙通常并不能对甲之物品进行使用；如果到期甲未向乙清偿借款，乙也不能直接出卖甲之物品，而须与甲协商，或经法定程序进行处分后就所卖价款优先受偿。留置场合也是如此。故现在《物权法》中规定的三种担保物权，其共同的特点在于，当债务人到期不履行债务时，债权人依法享有就担保物优先受偿的权利。而就担保物的价款优先受偿，并非对物的支配之权。[45]

第一，从抵押的效力后果看，不是对物的支配。我国《物权法》第 195 条规定："债务人不履行到期债务或者发生当事人约定的实现抵押权的情形，抵押权人可以与抵押人协议以抵押财产折价或者以拍卖、变卖该抵押财产所得的价款优先受偿。……抵押权人与抵押人未就抵押权实现方式达成协议的，抵押权人可以请求人民法院拍卖、变卖抵押财产。"同时根据《物权法》第 186 条规定，抵押权人在债务履行期届满前，不得与抵押人约定债务人不履行到期债务时抵押财产归债权人所有。也即禁止"流抵特约"。可见，实现抵押权时，首先是抵押权人和抵押人进行协议；其次是协商折价、拍卖或变卖；再次是协商不能达成协议的，只能请求法院去拍卖、变卖；最后仅是就拍卖、变卖的抵押财产的价款优先受偿。因抵押物始终并未转移占有，故并非是对抵押财产之支配。

第二，从质押关系中债权人对担保物的权利看，主要者并非支配。质押与抵押的不同，在于担保物的占有转移，即债权人要对担保人提供的质押物进行控制和占据。但是，成立质押关系，基础在于有债的关系存在，目的在于担保债务清偿，根据在于有质押合同存在，进而根据质押合同，债务人将质押财产交付债权人控占和保管，待履行期届满时则仍归结为对担保物变价的优先受偿。根据《物权法》第 211 条规定，质权人在债务履行期届满前，不得与出质人约定债务人不履行到期债务时质押财产归债权人所有。也即禁止"流质特约"。[46]根据第 214 条规定，质权人对所控制保管的质押财产没有擅自使用的权利。[47]根据第 219 条规定，债务人不履行到期债务或者发生当事人约定的实现质权的情形，质权人可以与出质人协议以质押财产折价，也可以就拍卖、变卖质押财产所得的价款优先受偿。可见，质权人虽然控占着质押物，但对质押物不能使用、转让，也不能事先约定当债务不履行时即归债权人所有，最终仍然只能是与质押

45　参见《中华人民共和国物权法》第 170 条规定："担保物权人在债务人不履行到期债务或者发生当事人约定的实现担保物权的情形，依法享有就担保财产优先受偿的权利，但法律另有规定的除外。"

46　王明锁：《禁止流质约款之合理性反思》，《法律科学》2006 年第 1 期。

47　参见《中华人民共和国物权法》第 214 条规定："质权人在质权存续期间，未经出质人同意，擅自使用、处分质押财产，给出质人造成损害的，应当承担赔偿责任。"

人协商并就质押物的变价享有优先受偿权，协商不成时还是要向法院起诉。

第三，从留置权的效力后果看，也不是对物进行的支配。留置与质押的区别仅在所留置的财产是事先就由债权人控制占有的。[48]按照我国《物权法》第236条规定，债务人逾期未履行债务的，留置权人可以与债务人协议以留置物折价，也可以就拍卖、变卖留置财产所得的价款优先受偿。协商不成的，依然是向法院起诉，由法院对留置物依法变价，所谓的留置权人实质上仍然是就担保物的变价优先受偿。

综上，就所谓担保物权看，其具有的物权性质，只是债务人或第三人根据合同约定或者法律规定将其担保物所有权的占有权能进行一定程度的转让，在此基础上债权人对债务人或者第三人提供的担保物在一定期间内以一定的条件和方式进行的有限控制和占据，其目的在于就担保物的变价进行优先受偿，其目的初衷、内容本质、实现方式上都只是一种优先受偿权。故此将其与债权制度分离而放在物权范围并独立成所谓的担保物权在科学理论学术和立法司法实务上都是一种舍本求末和应小失大的举措。[49]在中国民商法典编纂中，将抵押、质押、留置与保证、定金以及押金、典押等一起归入债的担保制度[50]，不仅科学合理、符合逻辑，更重要的还在于坚持和创新了中国民商法中担保制度的特色。否则，一是南橘北枳，亦使物权田稼稀疏，兰桂难生；二则因侵夺债之嘉树，使债园空荒，以致面临废弃之局！[51]

五、对国考地役权案例真实性的质疑：地役权制度的独存与容废

地役权在《民法通则》中没有规定，《物权法》将其定为重要一章。但从实践理论与我国社会主义土地公有的国情考察，地役权根本没有单独存在之必要。

48 参见王利明、郭明瑞、方流芳：《民法新论》（上），北京：中国政法大学出版社1988年版，第307页。两者的另一项区别在于产生的根据不同，抵押、质押、保证、定金等担保方式是当事人事先约定的，而留置是法律的一种直接规定。故理论上有约定担保与法定担保之分。

49 《大学》：“物有本末，事有终始，知所先后，则近道矣。……其本乱而末治者否矣”。

50 王明锁：《中国民商法体系哲学研究》，北京：中国政法大学出版社2011年版，第296—347页。

51 公布和讨论的民法典各分编依次是物权、合同、人格权、婚姻家庭、继承、侵权责任，可见无意设立统一之债编或者债之总则，即为明证。而自罗马法沿革至今，债从来都是民法典中的鼎力之制，故民法典中若无债编，何尚为民法典乎？实悲哉，叹哉！

（一）对国家司法考试中有关地役权案例的评析

法律是人的行为规范，目的在于防止纠纷或避免纠纷，有了纠纷也能依其既定规则有效解决，以正确调整相应社会关系，实现社会公平正义，促进社会的和谐、文明与发展。普通民众了解法律规定，可以自觉规范和约束自己的行为；司法人员掌握法律规定，可以依法正确有效地裁判和解决纠纷。为实现依法治国的宏伟目标，培养更多的合格法律人才，提升高等法学教育及研究层次，完善和改进立法，进行统一司法资格考试和司法体制改革，乃是国家不断采取的重大有效措施。

司法考试的题目，须具备两个重要条件。一是题目在事实上具有真实性，其内容来源于活生生的社会实践。题目内容有时尽管不可能或者不应当与生活实践完全相同，但起码应当是真实的，在实践中是客观存在的。二是题目符合法律的规定性。即题目内容与现行法律规定相符合，具有法律的现实适用性。两者之关系，如果一致，即说明法律的规定符合实际，法律也为有用之条文规则，既能解决实际问题，又运用了相应的法律规定。如果两者不一致，则出现如下情形。第一种情形是内容事实如果真实，但与法律规定不相符，则说明法律条文的规定与实际错位，法律条文规定不合实际，不能解决实际问题。这种情形说明的是应当加强对法律规定的研究与改进。第二种情形是如果法律条文规定是符合社会实际而合理的，但题目内容与法律规定不一致，则说明考试题目所述内容有问题，即所述的内容事实不符合真实的社会实际。这种情形说明的是应当改进考试题目内容的来源与撰写的水平。第三种情形是所述内容事实不符合社会生活实际，而法律的规定也不符合社会实际、不合理。这种情形表现的问题最糟糕，即考试题目内容虚假，相关法律规定无用，必是以假弄假没有意思的东西。

在民法中，所谓地役权制度直接源于罗马法之不动产地役权，[52]并被我国民法学归为与所谓担保物权相对应的用益物权制度。我国《物权法》在第三编用益物权中专章规定地役权。该法第 156 条规定：“地役权人有权按照合同约定，利用他人的不动产，以提高自己的不动产的效益。”共 14 个条文规定地役权。为了测试学习法律者对地役权规定的掌握及运用情况，国家司法考试中曾专门出了如下有关地役权方面的考试题目：

> 甲公司与乙公司约定：为满足甲公司开发住宅小区观景的需要，甲公司向乙公司支付 100 万元，乙公司在 20 年内不在自己厂区建造 6 米以上的建筑。甲公司将全部房屋售出后不久，乙公司在自己的厂区

52　参见《法学总论——法学阶梯》，张启泰译，北京：商务印书馆 1989 年版，第 60 页。

建造了一栋 8 米高的厂房。下列哪一选项是正确的？

A.小区业主有权请求乙公司拆除超过 6 米的建筑；

B.甲公司有权请求乙公司拆除超过 6 米的建筑；

C.甲公司与小区业主均有权请求乙公司拆除超过 6 米的建筑；

D.甲公司和小区业主均无权请求乙公司拆除超过 6 米的建筑。

（答案：A；该题为 2007 年试卷 3 第 12 题。有解析辅导资料上说该题考的是地役权的不可分性。所见其他地役权试题均与该题雷同，无非是工厂成了学校，观景成了海景，20 年变成 30 年，一次交 100 万元变成每年交 10 万元，乙方直接违约变成乙转让后受让者违约而已。）

不知道当年参加考试者们阅读这道题后是如何感想和判断选择的，也不知道该题目在实践中的真实情况，但可以知道和肯定的是，谁选择了符合题目设计者的 A 项标准答案，谁就得到了该题的分数；如果未选或者错选、多选答案者，肯定就拿不到该题的分数。很可能也就这个分数之差，那一年就没有上线，还得进行“二次革命”。所以笔者和司法备考者们交流，共同的认识就是，你就按人家的标准答案记，你别管人家的答案有无道理，因为人家的答案标准决定着你的分数和命运！即使后来允许你提出异议，按照标准答案也是最为稳妥。当然，也不知道司法考试通过并参加司法工作者们日后对该题是否有过反思，而只知道自己早已不是为司法考试准备，并不受其答案标准的评判和约束，故阅读该题后，笔者的思考和第一标准答案是：该题是虚假之题，是胡编乱造之题，不是避免和解决纠纷，而是制造隐患和制造纠纷。

第一，甲公司会为将来业主的观景需要而向乙公司支付 100 万元吗？实践中，多少年来，有多少房屋开发公司都是偷工减料，多算面积，提前收款，延期交房，垄断和提高房价，在特定土地上尽量多建房，对绿化面积减得不能再减，楼房间距窄得不能再窄，层数多得不能再多，质量差得不敢或不能再差。又有多少“豆腐渣”工程，所谓的“楼歪歪”、“楼脆脆”等现象数都数不过来。而这家公司竟然慷慨为“满足甲公司开发住宅小区观景的需要”即将来住宅业主们的观景，去和乙公司签订协议，主动向乙公司支付 100 万元！真是天下奇迹、世上罕见。谁爱信不信，反正我不信。

第二，乙公司会和甲公司约定 20 年内不在自己厂区内建造特定高度的建筑物吗？我们假定甲公司是个大慈善家，真的找到乙公司要签订合同，约定乙公司 20 年内不得在自己厂区建造超过 6 米高的建筑物。作为乙公司，除非根本就不想履行约定，一心就想着把甲公司的 100 万元骗到手，否则根本不可能不考虑本公司的变化与发展，用 20 年不能建造超过 6 米建筑物的约定来约束自己手脚，给自己戴上紧箍咒，限制自己发展。作为甲公司，如果真的是为业主利益考虑，向乙公司支付100万元，签订如此协议时会相信乙公司在20年内能遵守该协议吗？乙违反协议时又该当如何？如果不相信乙公司，就不会作出如此约定；如果相信乙公司，那甲公司的老板只可能是个无正常判断能力之人，或是个抱有其他不良目的者。

第三，约定地役权即业主观景的期限是20年，20年过后，业主就不需要观景了吗？依照法律规定，甲公司所开发的住宅小区的业主所购房屋的所有权是没有期限的，房屋所有人对土地的使用权是70年的期限，而约定的业主们的观景期限只是20年。也就是说，20年过后，业主们对房屋的所有权还是没有期限限制的存在，对土地的使用权起码也还有50年的期限，但却不能再享受到以前的观景利益了。到时候，业主们或者再没有观景的需求了，或者需要与乙公司重新拟定地役权问题。对此，甲公司既然为业主观景支付100万元，难道甲公司和业主们就都不考虑20年以后怎么办？难道说20年后人们的观景需求不但没有增强，反而降低或消灭？

第四，约定乙公司不得建造超过6米的建筑物可信吗？按照约定，乙公司20年内不得在自己的厂区内建造超过6米的建筑。即乙公司厂区现在的建筑都不足6米，以后20年内乙公司不管在自己厂区的任何地方，建筑高度最多也只能是6米。而6米是什么概念？我们居住的楼房，每层高度一般都是3米左右。也就是说，乙公司不能在自己的厂区内建造两层楼以上的建筑。而现在的建筑，哪座楼房不超过两层？甲公司业主的楼房又都是多高？都是一层两层吗？业主的楼房若为一般建筑，至少也是6层，即18米高。如果是小高层，少说也是十几层、30多米，更别说30层的建筑了。业主的楼房如果最少6层，乙公司的建筑即使超过6米，又怎么能影响全体业主的观景呢？真不知道所约定的是要观什么样的景！不得超过6米，就是说比6米多10个厘米，那也算是违约的呀！

第五，从需役地与供役地的关系看，是在住宅区和风景区之间隔着个厂区，你信吗？后面是住宅区，前面是厂区。什么样的厂区没说。单说厂房，肯定是工厂。就是说居住区的前面是工厂生产区。这样的地理位置和环境，有如此的规划和设计吗？住宅区和风景区中间夹一个工厂厂区，业主要观的是什么景？如果是湖海江河，或是山林草地，或是文物景点，则厂址应是违法所致，住宅当是违章建筑。如果就是一般的城镇工厂与居民住宅区，似乎甲公司又没有必要花上那100万！

第六，甲公司为业主们设定20年的观景地役权，真的符合业主们的意愿和利益吗？甲公司向乙公司支付所谓的100万元，这100万元究竟是谁出的？还不是羊毛出在羊身上，算入了房价成本，由购房者买单。如果当初甲公司明确告诉购房者与乙公司所订合同的约定情况，谁不要20年的观景权，房价即可少算这部分钱的话，肯定购房者都是愿意省下这笔钱的。

综上，该案例应当是绝对的假，让人难以置信。但既然假了，就必须以假卖假，一直假下去。因为是要进行司法考试！在此基础上不发生违约怎么能行？

违约必然地果真出现了，奇迹和纠纷也要上场了。

“甲公司将全部房屋售出后不久，乙公司在自己的厂区建造了一栋 8 米高的厂房。”也就是说，乙公司得到 100 万元后，还算给了甲公司面子，等全部房屋售出后，才在自己的厂区内建造了一栋 8 米高的厂房。为什么要等甲公司将全部房屋售出后乙公司才违反约定盖 8 米高的厂房呢？因为为了考试，要设计特定的标准答案。如果甲公司房屋没有售完乙公司就违约的话，肯定涉及对甲公司售房利益的影响了，就会因甲公司与乙公司之间的利益关系而偏离考试者考试的特定的目的标准。所以乙公司的违约时间一定是在甲公司的房屋全部售出之后，不管与乙公司是否相近，也不管距离多远、什么角度和楼层多高，一定是要在全部的房屋售出之后。

乙公司违约，在自己的厂区建造了一栋 8 米高的厂房。8 米高，什么概念？就是比规定的 6 米多了 2 米。而 2 米又是什么概念？就是比我们 1.7 米的个子多了 30 厘米。30 厘米又是什么概念，就是一筷子长。总之，在那高楼住宅与不知什么景物之间的厂区的建筑，就是多了篮球队员一人那么高。就这一人高的高度，却侵犯了需役地人的地役权，影响了全体业主们的观景需求和观景利益，真比打靶瞄准的精度要求还要高，供役地的乙公司违约了！摊上事儿了，惹上官司了！

请看答案。给出的标准答案无任何疑义，就是“小区业主有权请求乙公司拆除超过 6 米的建筑”。就是说，甲公司这时候什么也不管了，甲公司牵头为购买甲公司房屋的业主们办了一件天大的好事！业主应当为保卫自己合法的观景权利而战了！花了 100 万元，规定乙公司不能建造超过 6 米的建筑。现在甲公司的房子全卖完了，都有业主了，甲公司隐身而退，而乙公司违约了。甲公司没有单独请求乙公司拆除超过 6 米的建筑的权利，也没有权利和业主们一起请求乙公司拆除超过 6 米的建筑。也就是说，原告就是全体的业主们，被告就是乙公司，诉讼的标的就是要求乙公司拆除超过 6 米的那一人高的建筑。由于是建筑物，是不动产，所以业主们向乙公司进行一般的请求，结果是可想而知的。

第一种情况，业主们视而不见，放弃权利。而如此结果，想必不是考试试题设计者的目的和法律规定的初衷，也不该是那 100 万元花费的结果。

第二种情况，如果真的是业主们的观景利益受到了影响，就要业主全体或者业主代表找到乙公司说事儿。这种情况，乙公司会答应吗？乙公司是与甲公司签的协议，并不是与业主签的协议。同时，乙公司会说，我们高出的 2 米怎么影响你们观景了，是影响哪一家观景？观什么景了？有何依据？纠纷肯定是解决不了。

另一种情况，业主继续主张权利，就必须向人民法院起诉（这还是依法维权的途径），要求乙公司拆除超过6米的建筑。这时，业主们就要推举代表，委托律师，出律师费，付诉讼费。乙公司也只得兵来将挡，水来土掩，对阵应诉。法院依法审理，最终按照双方所签协议判决：乙公司应当遵守协议，恢复原状，拆除超过6米的建筑，以维护全体业主们的观景的地役权利益（因为这是司法考试的标准答案啊）。乙公司会自觉履行吗？乙公司那些在该8米高的厂房里做工养家糊口的工人们会同意吗？如果业主去找，并要求坚决执行法院判决，难道不会出现业主与乙公司工人之间的打架纠纷？如果法院强制执行，难道不会出现乙公司工人与法院之间的纠纷？法院如果事先考虑到执行的难度，难道会如此判决？至此，该考试题目的标准答案还正确吗？能够落实吗？

这样的案例，特别是司法考试中出现的这种案例，具有重要的作用和广泛的影响。人们阅读如此案例，如果像甲公司一样，与乙公司约定个观景权，实际上业主们什么实际利益也没有，并没有任何避免和防止纠纷的作用，但却是实实在在地给业主们的心上填了堵，制造了心理上的不平衡，为业主们种下了与乙公司工人之间必然纠纷的种子，埋下了一个定时炸弹；如果按照标准答案进行判决和执行，还会使业主们和乙公司工人之间的纠纷转变为原被告双方对国家法律和国家司法执行力的对抗！在这种基础上建立的法治社会，根本就不会有安宁的时候，在此基础上的法治大厦，终有一天会被隐藏其下的炸弹所摧毁！因此，如此的案例与规定，不能不让人认为它似乎不是在让人们避免和减少纠纷，而是在制造纠纷和秩序的混乱！

那么为什么编造得如此虚假？因为实践中本无所谓地役权的真实案例。[53]既然如此，又何必规定呢？

（二）对地役权与相邻权制度演变的考察

罗马《十二铜表法》的第七表主要是关于土地和房屋的规定，其中涉及界

53 笔者通过法律文书裁判网对地役权关键词进行收集。对收集到的以地役权为案由的案例进行阅读分析，其实真正的所谓基于什么供役地、需役地的地役权案例并不存在。其基本情形是：不少案例直接被法院以裁定的形式驳回起诉，认为是土地、宅基地确权纠纷，不属于法院管辖；在被法院受理解决的案例中，实际上分别是合同纠纷、土地使用权转让纠纷、土地使用权登记纠纷、侵权纠纷、相邻关系纠纷。如经最高人民法院审理的上诉人怀宁县兴安房地产开发有限公司与被上诉人潜山县国土资源局建设用地使用权出让合同纠纷二审民事判决书［（2015）民终字第345号］，以及肖乾柏、新宁县人民政府再审审查与审判监督行政裁定书［（2017）行政裁定书]所涉案件是颁发集体土地使用权登记问题，均非地役权问题。河南省南召县人民法院民事判决书（2016）豫1321民初1960号，实际是相邻排水管道埋设纠纷，裁判文书网上用的标题则是王威锋等与王乐等物权纠纷一审民事判决书；江苏省东海县人民法院民事判决书（2017）苏0722民初4980号，裁判文书网也命名为曹元景与陈黄本排除妨害纠纷一审民事判决书，判决书实际上以相邻关系认定。从这些实际案例中也可看出，使用地役权概念和规定地役权制度，不具有科学性与合理性，不符合中国国情。

墙、通道、壕沟、流水等，如规定“沿邻地挖沟，则不得越界。设置围墙，须留空地一尺；若为住所，则留二尺，若是挖井，则留出六尺；若栽橄榄树或无花果，则从邻地起留出空地九尺”，“允许收集从邻地树上掉落之橡实；凡树高15尺者，须加修剪，为使其阴影不至损害近邻”。[54]对此，民法制度学说上将之归入“相邻关系”范畴。[55]而至查士丁尼时期，则规定为地役权，即不动产地役权，包括通行权、驾驱权、过道和导水，以及一切附属于建筑物的权利，如邻人他方有权将其横梁架在邻人一方房屋的墙上；某人应当承受或不承受从邻屋滴落或流到自己建筑物或庭院的水，或者他不得加高其建筑物以阻挡邻屋的光线。这些地役权之所以被称为不动产地役权，是因为没有不动产，就不能设定地役权。[56]《法国民法典》于所有权、用益权、使用权、居住权之后规定役权或者地役权，认为“役权的产生，或由于现场的自然情况，或由于法律规定的义务，或由于所有权人之间的契约”[57]，具体包括界墙界沟、眺望、建筑物间距、檐滴、通行等。《德国民法典》物权编于所有权、地上权之后规定役权，其中包括地役权、用益权和人役权。[58]《日本民法典》第二编第六章为地役权。[59]旧中国民法也单独规定有地役权。[60]《意大利民法典》则于所有权章之末规定界墙、采光、眺望、滴水等相邻权，又于他物权类别中规定地役权专章。[61]由上可知，地役权为相邻关系基础上的制度，两者为相互重合交叉制度。其共同特点是：权利的客体都是不动产；权利内容或是权利人对自己客体利用之延伸，或是权利人应对自己客体支配之限制；权利的产生乃是基于对不动产使用事实的存在和权利人相互之间行使权利时可能发生的利害关系之影响；权利范围之宽泛，包括通行、流水、通风、光照、眺望、房檐滴水等生产生活领域。而就相邻权与地役权之区别，实务上并无多大价值意义[62]，立法与理论学说上也很难判析和区分，甚至模棱两可。[63]我国《民法通则》只规定相邻关系；《物权法》在所有

54　参见北京政法学院法制史教研室编：《外国法制史参考资料汇编》，1981年。

55　参见《中国大百科全书》（法学），北京、上海：中国大百科全书出版社1984年版，第641页。

56　《法学总论——法学阶梯》，张启泰译，北京：商务印书馆1989年版，第60页。

57　《法国民法典》，马育民译，北京：北京大学出版社1982年版。具体条文第637—710条。

58　参见《德国民法典》（修订本），郑冲、贾红梅译，北京：法律出版社2001年版。

59　参见《日本民法》，曹为、王书江译，北京：法律出版社1986年版。

60　参见谢在全：《民法物权论》（上册），北京：中国政法大学出版社1999年版。

61　参见《意大利民法典》，费安玲等译，北京：中国政法大学出版社2004年版。

62　参见《中国大百科全书》（法学），北京、上海：大百科全书出版社1984年版。关于采光问题，在英国属于相邻关系，在美国则属于地役权。

63　参见《中国大百科全书》（法学），北京、上海：中国大百科全书出版社1984年版，第641页。就二者区别，认为相邻关系的土地必须相邻，而地役权不一定相邻；相邻关系法定，而地役权可以约定；地役权可以改变相邻权的某些规定。但同时又把《法国民法典》中明文规定的地役权表述为相邻关系，并认为某些权利是相邻权还是地役权，不同国家规定不同。例如采光在英国法属于相邻关系，而在美国属于地役权，应专作约定。

权部分专章规定相邻关系，在用益权部分又专章规定地役权。

就上述关于相邻关系与地役权规定之法例，可见有三种模式：一是单项相邻关系或相邻权模式。此模式只规定相邻权，不另定地役权。二是单项地役权模式。即只规定地役权，而无相邻权之规定。三是相邻权与地役权双项模式。在我国民法中，《民法通则》只规定了相邻关系，而无地役权之说，简单通俗，适用方便，应当说已经很有自身特色。但至《物权法》，却又在规定相邻关系的情况下，也规定所谓的地役权。应当说中国的土地公有制为和谐社会提供了坚实基础，也使简明的相邻关系制度具有足够的适用空间，而使地役权极大萎缩并成为多余。况且，既然两者的区别本无明显界限，为何不按自身特色的路径模式做下去，而又岔道步人足尘、仰人鼻息？此乃不自信所致。认为别人的就是真理，就要去接别人的轨；但别人规定地役权，并没规定相邻权，而我们既定相邻权，还要叠床架屋再定地役权。也正因在中国社会难见真实典型之地役权案例，致使出题者往往作难而胡编乱造。此乃谁之过？出题者、立法者，还是吾辈学人？令人汗颜也。故此，在中国民商法典中，地役权没有独立存在的必要，完全可以由相邻权或相邻关系制度容纳吸收与合并。

六、其他几个无需回避的重要问题：应有或不应有

物权制度方面，除上述问题外，尚有以下几个问题需简略说明。

（一）占有

是否还应有独立的占有制度？传统民法物权中，在自物权和他物权逻辑结构外，还有独立的所谓占有制度。其明显矛盾在于：说占有是事实而不是权利，那为什么又将其规定于物权法，还要对其进行法律保护？若认为属于物权法范畴，需要靠法律保护，那为什么又不是物权？其实，正如马克思所说，所谓占有生存和发展变化的根据在于，私有财产的真正基础，即占有，是一个事实，是不可解释的事实，而不是权利。只是由于社会赋予实际占有以法律的规定，实际占有才具有合法占有，即私有财产的性质。这说明，在人类社会的初始状态，占有是而且也只能是一种事实，原始人对所支配使用的工具物品并没有私有之意识观念。当社会发展到一定阶段，人们对所支配使用的工具物品才开始有了“我的、你的或他的”之意识观念，便在事实占有的基础上产生了权利和法律，原来事实上的占有开始获得私有财产权利的性质。所以，自罗马法开始

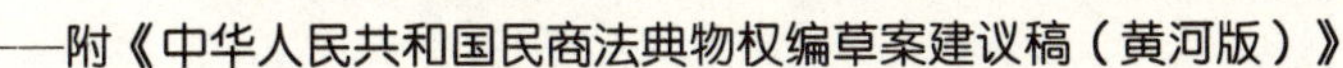

民法中多有关于长期占有和取得时效的规定。[64]但社会发展到现代，人们与物的关系已完全被法律所覆盖，甚至可以说已经没有真正的无主物[65]，任何物都有其权利归属。由此，如果主体对物享有所有权，即可依照所有权得以保护；如果主体对物虽不享有所有权但有权支配利用，则可靠他物权给予保护。故在现代民商法中，靠自物权中的占有权能和他物权中的控占权制度已完全可就主体对物的支配进行调整，而无需另定单独占有。[66]但对占有这一传统制度，我国《物权法》刻舟求剑，以专编专章 5 个条文予以规定。但因其无的放矢或长期无用武之地，故于实务中偶有试用者也往往是生搬硬套或牵强附会。

（二）典权

是否还要坚持规定典权？典权被认为是我国传统民法制度中的特有制度。在《物权法》制定前，对是否应当规定典权，曾有两种主张。一是主张规定典权，二是不主张规定典权。《物权法》采纳了第二种观点。在民法典编纂中，还有观点不同意《物权法》做法，依旧主张规定典权。笔者坚持不规定典权，主要理由是我国的经济基础发生了根本变化，传统典权已失其根基土壤。但根据社会生活状况和为交易上的方便，笔者主张把中国传统的典权改造成为典押担保制度。[67]其重要缘由在于社会经济生活中客观而真实地存在着典押担保，同时增定典押可以丰富债的担保制度。抵押担保不转移对担保物之占有，质押担保转移占有但不能使用，而典押担保转移占有，也可对典押物进行使用，有利于典押物价值之发挥，更好地满足双方当事人之合理需求。对于典押，将和抵押、质押、留置等一起归入债的统一担保方式，建立起统一完备的具有中国特色的债的担保制度，并从立法技术上克服现行法将本来统一的担保制度进行分裂的状况。

（三）居住权

《物权法》未规定居住权，物权编草案增定了居住权，但仍有不同意见。居住权在罗马法中就有规定，《法国民法典》也有。我国《物权法》制定中，对

64 参见《法学总论——法学阶梯》，张启泰译，北京：商务印书馆 1989 年版，第 64—67 页；《法国民法典》，马育民译，北京：北京大学出版社 1982 年版，第 419—420 页。

65 王明锁：《论无主物与其所有权归属——所有权原始取得方法之先占》，《学习论坛》2014 年第 5 期。我国《继承法》第 32 条规定："无人继承又无人受遗赠的遗产，归国家所有；死者生前是集体所有制组织成员的，归所在集体所有制组织所有。"

66 王明锁：《论所有权占有权能与他物权控占权二元制法律体系的构建》，《法律科学》2009 年第 6 期。

67 王明锁：《我国传统典权制度的演变及其在未来民商立法中的改造》，《河南省政法管理干部学院学报》2002 年第 1 期。

是否规定居住权有过争论。《物权法》没有规定居住权，问题在于当时主张规定居住权者，其所持理由主要是认为规定居住权有利于保护保姆的利益。认为主人过世前与保姆关系不错，愿意让保姆对主人的房屋继续居住并享有居住权。该理由混淆了相关法律关系之特质。保姆与雇主属雇佣关系，是合同之债的关系；雇主去世，保姆已无特定照顾和服务对象，即关系解除，当回归自己家庭靠自己的子女赡养或社会养老。如果让保姆对主人生前所住房屋享有居住权，势必影响房主继承人之利益。如果房主与保姆关系特殊，欲怜悯照顾，可采用加酬、赠与、遗赠等方式，而不是赋予保姆以居住权。但是从宽泛合理的方面看，不赋予保姆居住权并不意味着不应当规定居住权。规定居住权，其关键理由在于我国现实生活中存在着诸多对房屋没有所有权而有居住权的情形。这不仅在一个家庭中广泛存在，同时不少单位职工集资盖房，职工对房屋虽然没有所有权，但却具有居住权，待去世后，其继承人甚至还有继承的权利，其权利内容远大于使用权。因此居住权完全应当成为当今民法典物权编中的一种他物权。[68]

七、我国物权编应有的特色与创新：自物权为基础及其权能的分离与展开

中国物权制度与传统物权制度的相通性，体现为：其客体为物及法律对物的规定性[69]；内容上对物的支配性；权利主体的特定性和义务主体的不特定性；调整对象上的财产关系静态性；产生途径上的原始性与继受性；保护方法上侵权行为的债权性，即侵权请求权或侵权行为所生之债[70]。

但由于社会存在与社会意识、经济基础与上层建筑的决定与被决定的规律关系，既为中国社会主义民商法典之物权，必然会具有自身特色。中国物权制度的特色，以下几点应当最为重要和明显突出：其一，基础特色。中国社会主义经济基础，也是中国民商法典物权之基础。社会主义公有财产制，决定着中国社会主义物权制度的容貌形态。其二，体系特色。中国的历史与文化向为完整统一之价值取向，并非从《三国演义》文学作品中说的那样是“合久必分”，[71]而应当是“合”与“和”。在民商法典编纂上，不仅应是民与商之合和，还应是

68 王明锁：《中国民商法体系哲学研究》，北京：中国政法大学出版社 2011 年版，第 221—230 页。

69 主体有主体资格，物有物的含义标准，学界有的称之为物格。

70 王明锁：《物上请求权与物权的民法保护机制》，《中国法学》2003 年第 1 期。

71 为当时合同法、侵权责任法的单行立法，民法学界曾以《三国演义》中所谓的“合久必分”为论据，使债的统一制度受到影响或破坏，导致如今民法典编纂中合同、侵权责任与物权平起平坐、平等平行单独成编的错位与不协调结果。

通则，人身权、物权、知识产权（静态性权利）与继承权、债权（动态性权利）之谐和[72]，是人（人身权）与物质（物权）和精神（知识产权）的统一与和谐。其三，物权类型特色。物权类型，自物权和他物权是最基本、最科学之分类。自物权中，显然会体现出中国社会主义市场经济关系的特点，从主体上区分其类别，如国家所有权、集体所有权等。他物权之类型，则应当从其产生根据方面进行区分，而不应继续邯郸学步、因循守旧，致使一方面将债的担保制度混入物权，另一方面又使债的制度被逐步掏空而失却了生命与生机。其四，内容特色。自物权是他物权的产生基础。无自物权即无他物权，一切他物权无不是自物权的权能与自物权人分离之结果。根据自物权即所有权之内容权能与所有权人分离之状况，他物权人的权利内容可以分别为对他人财产之控占、占用、用益和经营（不包括完全之处分）几种类型。[73]因此与传统民法典中物权种类体系相比，我国他物权将会具有如下明显的类型体系和创新特色。

第一，控占权。控占权以财产所有人对自己财产占有权能的转移为根据，控占权人对财产所有权人移转给自己的财产具有进行控制和占据的权利。即他物权中的控占权人不得对所控占之物进行使用和收益，更不得处分。这种权利包括因保管、运送、担保所产生的控占权类型。

第二，占用权。占用权以财产所有权人对自己财产所有权中的占有和使用两种权能的转让为根据。占用权人可以对所占财产进行占据控制和使用，但不能进行收益和处分。这种权利包括因借用、租用、典押（典用）等所产生的占用权类型。

第三，用益权。用益权以财产所有权人对自己财产所有权中的占有、使用和收益三种权能的转让为根据。用益权人对所支配的他人的财产有权进行控占、使用和取得收益，但不得处分。这种权利包括建设地用益权（建设用地使用权）、宅基地用益权、居住权之类。

第四，经营权。经营权以财产所有权人将自己财产所有权中的占有、使用、收益三种权能和部分处分权能转让为根据。经营权人对所取得的他人财产有权根据需要进行控占、使用、经营和收益。但其处分权能具有一定的来自事先与

72 王明锁：《中国民商法典编纂中对人身权制度的整合与完善——附〈中华人民共和国民商法典“人身权编”草案建议稿〉（黄河版）》，《晋阳学刊》2017 年第 1 期。中国民法典编纂中，仍将分编定为物权、合同、人格权、婚姻家庭、继承、侵权责任编，实际上并不科学和谐。首先，债权和物权是平行的权利（民事法律关系内容），而合同、侵权行为是债权的产生根据，是民事法律行为（民事法律事实）层面的问题。合同、侵权与物权、继承权不是同级别同层次同辈分的，如果这样平行排位，相当于侄子与叔伯平辈。其次，婚姻实际上属于人法之范畴，是人法之一部分，罗马法、《法国民法典》、《意大利民法典》均如此安排，而德日民法典将人法分解到总则中一部分，剩下的定为亲属，也并非科学，苏俄立法则更将亲属改称为婚姻家庭法并将之排斥于民法典之外，如今婚姻、收养回归民法典，当与人格权一起为人身权最为妥当。

73 王明锁：《论我国他物权体系的整合与重构》，《政法论坛》2005 年第 2 期。

财产所有权人约定或者法律规定的限制，而不能像财产所有权人处分自己的财产那样完全处分财产。这种权利包括农业经营权、林业经营权、牧业经营权、矿业经营权、渔业经营权等类型。

第五，获益权。以上四种为他物权的基本类型。除此之外，人们虽然不对他人的物进行具体的占用、经营，但可以进入他人的物权客体资源，并从中获得某种天然的利益或精神享受。如狩猎、采集、探险之类。这是对他物权研究的一个新的领域。

第六，相邻权。不动产相邻，乃自然规律。在行使上述几乎所有的自物权和他物权时，都会涉及不动产相邻关系。从义务的角度思考，与人方便，自己方便，是对自己权利的某种限制。从权利的角度观察，是权利人行使权利而在他人之物上的延展。因此将之列于最后。

如此规定他物权，既有科学严密的结构体系，又有开放包容的内容类型；既可包容传统民商法中的他物权类型，也可为现代民商经济生活关系中出现的他物权新类型提供广阔的生存和发展空间。

八、中国物权法能否浴火重生?

2007 年颁行的《物权法》对民法典的编纂作了现实准备，但存在诸多的重大缺憾，使中国《物权法》重陷旧法窠臼，没能在《民法通则》物权制度的基础上建立起科学的具有中国特色的物权法体系。[74]如今编纂民商法典，能否使物权法在浴火中获得重生？这将是一次难得的机遇和挑战。对于中国民商法典的编纂，本文奉行理论实践结合，知行合一，拟就《中华人民共和国民商法典物权编草案建议稿（黄河版）》。因内容宏阔丰富，为审阅顺畅和逻辑谨严，对其他必须指出者，将以注释方式表达。为便于审读思考，现将目录列出：

第一章　总则
　　第一节　物的种类
　　第二节　物权类型
　　第三节　物权效力
第二章　所有权（自物权）
　　第一节　一般规定
　　第二节　国家所有权

74　王明锁：《论物权法对和谐社会构建的价值意义——兼谈物权法之主要缺憾》，《河南省政法管理干部学院学报》2009 年第 3 期。

结语：物权编后，路过半程？

以上物权编内容和所拟条文 398 条，总涉“国家集体私家物，山水林田草湖沙。占控利用全支配，格物致知财富发”。加上通则编 226 条、人身权编 247 条，共 871 个条文。在法典权利体系中，从功能上看，如果说人身权使国人修身齐家、良善亲和，物权使人勤物用、商达国富，那么知识产权就是使民族智慧、屹立刚强，债与继承则使一切社会元素动止有序、畅通和谐。从权利属性和调整技术上说，与物权最相近者为知识产权，两者均属支配权，[75]其区别在于知识产权乃民商主体对知识产品之支配。如果说物权是对物质产品关系的反映和调整，那么知识产权就是对精神知识和科学技术产品关系的反映和调整。故接下来应当是对知识产权编的深化研究，并希冀也能形成草案建议条文。如果因通则和人身权内容密切而应当并行进入民商法典宏伟殿堂的话，那么物权和知识产权的共通性，即应携手同行。对所剩债与继承，因其主要为前述支配权的保护和转移方式，属动态性民商权利，故一起殿后乃最好不过。对此依然期待。[76]

75 在我国民商立法史上具有里程碑意义的《民法通则》，其第五章“民事权利”中规定了物权（财产所有权和与财产所有权有关的财产权）、债权、知识产权和人身权四节。民法典编纂中，《民法总则》于第 123 条规定“民事主体依法享有知识产权”，并规定了作品、发明、商标、商业秘密等八类知识产权的客体，表明知识产权仍属于民事权利的重要类型。

76 本文的完成，要感谢袁昊、李星、李雪茹、李桂敏、王振宇几位研究生曾帮助收集或整理了相关法律条文和资料。物权编的进行，由于某种原因而进行得艰辛缓慢，至今方算完成。

附:《中华人民共和国民商法典物权编草案建议稿(黄河版)》

第三编　物权[77]

第一章　总则

第一节　物的种类

第四百七十四条[78]　物为物权客体。物与民商主体对物进行支配的权利，适用通则编与本编之规定。

第四百七十五条　物因自然属性，有不可繁衍滋生之物与可繁衍滋生之物。不可繁衍滋生之物，在人类社会及其代际中应当合理开发和节约利用。可繁衍滋生之物，应当尊其繁衍规律，合理发展利用。[79]

第四百七十六条　可自然繁衍滋生出新物者，为原物。由原物自然繁衍滋生出之新物，为孳息物。果树为原物，果实为孳息；母牛为原物，犊牛为孳息。[80]

第四百七十七条　具有共同特质，能以相同品种规格之物所替代者，为可替代物。不具有共同特质，或者不能以相同品种规格的物进行替代者，为不可替代物。[81]

第四百七十八条　允许民商主体所有并可在其间自由流转的物，为自由流通物。允许民商主体所有但在其间于物的数量、流通时间或程序方式上予以限

77　第一编“通则编”，共226条，参见王明锁：《中国民商法典编纂的重大疑难问题——附〈中华人民共和国民商法典“通则编”草案建议稿〉（黄河版）》，《晋阳学刊》2016年第3期；第二编“人身权编”，共247条，参见王明锁：《中国民商法典编纂中对人身权制度的整合与完善——附〈中华人民共和国民商法典“人身权编”草案建议稿〉（黄河版）》，《晋阳学刊》2017年第1期。

78　对所拟条文，仍采连续方式。第二编最后为第473条，本编以第474条开始，并言明与“通则编”民商客体章中有关对物的规定和民商权利章中有关对物的权利的规定相衔接。

79　贯彻资源节约、绿色环保、生态文明之理念，且系对物之分类之创新。我国民间自有“劝君不吃四月鱼，万千鱼仔在腹中；劝人不打三春鸟，子在巢中待母归”的明理之说。当今社会，对捕鸟的种类、数量已有规定，但对于奇花异草采挖则有分歧。

80　孳息物，简称为孳息。此处之孳息仅指传统民法理论中的天然孳息，剔除了传统民法中所谓的法定孳息。因为租金、利息等所谓法定孳息，并非原物所生，且完全根据契约而定，发生于特定当事人之间，应归债权法，而不属物权法。参见王明锁：《对孳息的传统种类及所有权归属之检讨》，《法商研究》2015年第5期。

81　此处不采传统民法中特定物和种类物的说法。因为作为物权的客体，其实都是特定的。传统民法中把特定化了的种类物也作为特定物，已经使此种分类失去了意义。

制的物，为限制流通物。[82]禁止民商主体所有或禁止其流转的物，为禁止流通物。

禁止流通物包括：

（一）枪支弹药；

（二）毒品；

（三）象牙、珊瑚等法律规定禁止流通的生物制品；

（四）有害生物；

（五）法律规定的其他禁止流通物。

第四百七十九条　可进行实物分割或者分割后并不影响其使用用途和价值的物，为可分物。不可实物分割或者分割后有损其使用用途和价值的物为不可分物。

对不可分物，应当以折价、补偿或者变价的方式分割。

第四百八十条　物因使用即改变或者丧失其原有性能形态的，为消耗物。物因使用并不改变或者丧失其原有性能形态的，为非消耗物。

第四百八十一条　物相互独立，在共同使用中起主要作用的，为主物；在共同使用中起辅助作用的，为从物。

第四百八十二条　依法专门归属于特定民商主体所有的物，为专有物。可属于任何民商主体所有的物，为非专有物。

专有物依照本法及其他法律确定。

第四百八十三条　具有所有权主体的物，为有主物。没有所有权主体的物为无主物。对于无主物，依照本法确定其所有权。

对于物权主体归属不明的物，依照本法明确其物权归属。[83]

第四百八十四条　界石、界桩、界标、警示标识等物，具有神圣性，非依合法程序任何人不得移动或者毁损。

第四百八十五条　物也称财产。一切实物财产，或为动产（可动物），或为不动产（不可动物）。一切虚拟财产，皆视为动产。

第四百八十六条　不能移动或者强行移动后即有损其经济价值的物，为不动产。土地及定着于土地的自然物、植物和建筑物，为不动产。

建筑施工中被整体移动之建筑物，仍为不动产。

82　如中药中雄黄之类，可谓限制流通物，按照规定只能由特定的医院和药店经营出售，特定之药店凭医生个人处方还无权销售给患者，另需基层组织证明患者用该物用途才可销售。凭基层组织证明的必要性和可行性值得研究，与当今行政权简化亦有不合。似应凭中药处方和患者居民身份证即可销售为妥。上述鸟草之类的物种，也有属禁止流通和限制流通物之说；政府组织执法销毁查没的珊瑚、象牙等生物制品，即属禁止流通物之列。

83　此处包括所有权主体明确，但他物权主体归属不明的情形。

第四百八十七条　能够移动且不会造成其价值损害的物，为动产。

车辆、船舶、航空器等为动产。

第四百八十八条　尚未收获的种植物及尚未收摘之果实，与之所附着的土地和果树一起为不动产。种植物或者果实，一经收获、摘落，即为动产。

与矿藏分离之矿产品、与水源分离之水产品，为动产。

第二节　物权类型

第四百八十九条　因物权客体，将物权区分为不动产物权和动产物权。

根据物的类型价值，对不动产物权和动产物权采取不同的公示和管理方式。

第四百九十条　与社会主义公有财产制为主体、多种所有制经济共同发展的基本经济制度相适应，规定物权形式，满足民商主体实际需求，促进社会经济繁荣和文明进步。[84]

第四百九十一条　所有权是物权的基本类型和形式。

所有权包括国家、集体和法人、非法人组织、家户、自然人个人等多种所有权类型。

第四百九十二条　所有权是其他物权的产生基础。他物权根据所有权的内容权能与所有权人的分离情况产生，是民商主体对他人的物进行支配的权利。

他物权包括对归属于他人所有的物进行支配的控占权、占用权、用益权和经营权四种基本类型。[85]

第三节　物权效力

第四百九十三条　依本法成立之物权，受法律保护，任何人不得侵害。

非依本法规定的物权种类和内容设定物权，不违反本法典所定基本原则，

84　此规定以《中华人民共和国宪法》第 6 条为根据。宪法第 6 条中规定，“中华人民共和国的社会主义经济制度的基础是生产资料的社会主义公有制，即全民所有制和劳动群众集体所有制。……国家在社会主义初级阶段，坚持公有制为主体、多种所有制经济共同发展的基本经济制度”。

85　此规定与“通则编”第 142、143 条相衔接。参见王明锁：《中国民商法典编纂的重大疑难问题——附〈中华人民共和国民商法典“通则编”草案建议稿〉（黄河版）》，《晋阳学刊》2016 年第 3 期。

对民商主体及社会公益和国家利益无损害的，承认其效力。[86]

第四百九十四条　物权具有归属于特定民商主体的效力。

物权人对归属于自己的物具有支配的效力，并排除他人的侵害和非法干涉。

第四百九十五条　民商主体不得在一物之上设立性质或者内容相互冲突的物权。物权冲突无法实现其目的的，由造成物权冲突的行为人承担民商法律责任。

第四百九十六条　一物之上的数个物权，以各个物权发生的时间次序确定其效力。但法律另有规定或者当事人另有约定的除外。[87]

第四百九十七条　对物权内容进行限制，得依法律规定或者契约约定。

第四百九十八条　物权的取得、行使、转让和消灭，依法律规定发生效力。

第四百九十九条　对物权进行转让的，就同一物具有其他物权的人在同等条件下具有优先受让的效力。

第五百条　以取得物权为目的的，从取得人对物进行控占时起，发生物权效力。但法律另有规定或者当事人另有约定的除外。

原因行为无效或者对物未能交付而没有发生物权取得效力的，有过错的当事人应当承担法律责任。

第五百零一条　物的交付以现实交付的方式进行。物由一方控占转交由另一方控占的，为现实交付。但是根据当事人约定或者交易习惯进行的交付，也发生现实交付的效力。

86　2017年12月16、17日《今日说法》报道“三次审判”：甲与乙为婆媳关系，甲有房产一套，乙自结婚即在该房居住，甲为偿还银行贷款而未告知乙，将该房出卖给了丙（订立了合同并办理了房产过户手续）。丙提起诉讼，要求甲乙交付房屋。后乙又以自己对该房享有居住权为由向法院起诉甲丙，要求确认买卖合同无效而返还房屋。法院对这两次审理分别判决：一是判决乙应当腾房，向丙交付；二是判决乙不享有居住权，驳回乙的诉讼请求。对此，乙提起上诉，二审法院判决卖房合同有效，乙不享有居住权，应当腾房。有关专家解释认为：因为《物权法》没有规定居住权，甲乙只能是房屋借用关系，故法院不予保护。（哪里有房屋借用契约？乙居住房屋不是对房屋进行支配？）若依笔者研究，正确的理由应当是：甲乙之间根本不存在借用问题，不能不顾事实而无中生有；乙享有的就是居住权；法律没有规定居住权，并不能认为实际生活中就没有居住权的存在；关键的问题在于居住权是他物权，是根据所有权（自物权）产生的；居住权依所有权人的意思产生，也可依所有权人的意思消灭；居住权不能损害所有权人的利益。故法院判决认为乙不享有居住权，并不等于实际中就没有居住权。既然有居住权，所有权人要出卖房屋时，就应当告知居住权人并与其协商以后的居住问题。三个判决的核心都是维护了房屋所有权人的所有权，而忽视了居住权人的利益。此缺憾或不足造成的困难实际上是留给了执行阶段，执行庭人员在执行中实际上重新担当起了审判人员的作用。故执行庭多次调解，以甲之孙女（乙之女儿）为共同情感纽带，使甲乙双方沟通，化解矛盾，并由甲为乙解决居住问题。最后实际上也是甲承认未通知乙就简单卖房的行为欠妥。此案例也充分说明了居住权的现实性和排除物权法定的必要性。

87　以上两条倡导诚信、避免欺诈。 如前注释中所列买卖房屋例，即不得使房屋所有权和房屋居住权生发冲突。居住权在先，新所有权在后，后者应当尊重前者。对所生矛盾冲突，有过错之卖房人应当承担责任。

通过电子系统交付的，以电子系统规定的显示交付时间发生交付效力。

第五百零二条　民商主体自对物控制占据时起，具有物权效力，受法律保护。但是对物进行非法控制占据者除外。

对控制占据之物的归属有争议的，依照法律规定确定其物权归属。

第五百零三条　因合法建造、拆除、毁弃等方式取得或者消灭物权的，自该事实行为完成时发生效力。

人为因素或自然因素，使物权发生或者消灭的，从物生成或者灭失时发生效力。

第五百零四条　因继承或者受遗赠取得物权的，自被继承人死亡时发生效力。

第五百零五条　因法律文书或者行政决定，导致物权取得、转让或者消灭的，自法律文书或者行政裁决决定的生效时间发生效力。[88]

第二章　所有权（自物权）

第一节　一般规定

第五百零六条　所有权是民商主体依法对归属于自己的财产进行占有、使用、收益和处分的权利。所有权人对自己的物有权进行完全的支配，但应当遵守本法规定的权利行使原则。

所有权人得排除任何组织或者他人的非法干涉；非依法律规定，任何组织或者个人不得限制、侵害或者剥夺他人的财产所有权。

第五百零七条　所有权人有权在自己的不动产或者动产上设立他物权。所有权人设立有他物权的，应当尊重他物权人的权利。他物权人行使权利，不得损害所有权人的利益和其他人的利益。

第五百零八条　法律规定专属于国家所有的不动产和动产，其他主体不能取得和享有所有权。

第五百零九条　为了公共利益的需要，依照法律规定的权限和程序国家可以征收集体所有的土地和单位、个人的房屋及其他不动产。

征收集体组织或者农户所有的土地[89]，应当依法足额支付土地补偿费、安置

88　判决的生效时间与判决中决定的物权转移时间不一定是同一时间。

89　依笔者研究，在集体土地方面，农户可以是而且事实上是集体经济组织的一种形式，这并不意味着对农村集体土地所有权的改变。改革时根据国家政策将土地平均分配给农户，农户土地本质上都是一种责任田，是农村集体土地承包责任制下的责任田。“责任”一词说明农户对集体土地行使权利是按照国家政策和集体组织的统一安排进行的。现在强调土地承包责任制（土地承包经营权）长期不变，也说明与无期限权利的接近。如此也容易与民法传统物权的自物权与他物权的二分制契合。（对此有不同认识，也完全属于学术研究的范畴。）

补助费、地上附着物和青苗的补偿费等费用，安排被征地农民的社会保障费用，保障被征地农民的生活，维护被征地农民的合法权益。

征收单位、个人的房屋及其他不动产，应当取得所有人的同意，并应当依法给予拆迁补偿，维护被征收人的合法权益；征收个人住宅的，还应当保障被征收人的居住条件不被减少和降低。

任何单位和个人不得贪污、挪用、私分、截留、拖欠征收补偿费等费用。

第五百一十条　国家对耕地实行特殊保护，严格限制农用地转为建设用地，控制建设用地总量。不得违反法律规定的权限和程序征收集体所有的土地。

第五百一十一条　依法限制将影响资源环境的林地、山地、草地、湿地等转变为工商业等建设用地，严格保护水土资源和空气质量，坚守科学发展理念，维护生态环境，建设美丽家园。

第五百一十二条　因抢险、救灾等紧急需要，依照法律规定的权限和程序可以征用单位、个人的不动产或者动产。被征用的不动产或者动产使用后，应当返还被征用人。单位、个人的不动产或者动产被征用或者征用后毁损、灭失的，应当给予赔偿。

第二节　国家所有权

第五百一十三条　法律规定属于国家所有的财产，属于国家所有即全民所有。国家所有的财产由国务院代表国家行使所有权；法律另有规定的，依照其规定。

第五百一十四条　矿藏、水流、湖泊、海域、无线电频谱资源、国防资产属于国家所有。

第五百一十五条　城市的土地，属于国家所有。法律规定属于国家所有的农村和城市郊区的土地，也属于国家所有。

第五百一十六条　森林、山岭、草原、荒地、湿地、滩涂等自然资源，属于国家所有，但法律规定属于集体所有的除外。

第五百一十七条　法律规定受国家保护的珍贵的动物和植物，属于国家所有。

第五百一十八条　法律规定属于国家保护的文物，属于国家所有。

第五百一十九条　铁路、公路、电力设施、电信设施和油气管道等基础设施，依照法律规定为国家所有的，属于国家所有。

第五百二十条　国家机关法人对其支配的不动产和动产，享有占有、使用以及依照法律规定进行收益和处分的权利。

第五百二十一条　国家举办的事业单位法人对其支配的不动产和动产，享有占有、使用以及依照法律规定进行收益和处分的权利。

第五百二十二条 国家出资的企业法人，由国务院、地方人民政府依照法律、法规规定分别代表国家履行出资人职责，享有出资人权益。

第五百二十三条 国家所有的财产受法律保护，禁止任何组织或者个人侵占、哄抢、私分、截留、破坏。

第五百二十四条 履行国有财产管理、监督职责的机构和工作人员，应当依法加强对国有财产的管理和监督，促进国有财产使用效率、保值增值，防止国有财产遭受损失，防止自然资源和生态环境遭受破坏。

滥用职权，玩忽职守，造成国有财产损失和自然资源破坏的，应当依法承担法律责任。

第五百二十五条 占有和使用国有财产的，应当遵守国有财产管理规定。违反国有财产管理规定，在企业改制、合并分立、关联交易等过程中，低价转让、合谋私分、违法担保或者以其他方式造成国有财产损失的，应当依法承担法律责任。

第三节 集体组织所有权

第五百二十六条 集体所有权最初来源和成就于农村土地改革和农村土地等生产资料的合作化与集体化，是新中国农村变革的根本成果。农村土地集体所有权是集体所有权的基础，是社会主义公有制的重要组成部分。国家保护社会主义公共财产，禁止侵占和破坏集体财产。

第五百二十七条 农村土地集体所有权实行以村、组、户为基础的多种所有权形式。村民小组为初始的和基本的集体所有权主体；农户（家庭）是在村

民小组基础上形成和广泛存在的集体所有权主体；[90]村委会集体经济组织和乡政府集体经济组织也可以是农村集体所有权的主体。

农民集体所有的财产，属于本集体经济组织成员集体所有。

第五百二十八条　对农村集体的土地等不动产，实行集体组织所有权、农户所有权和他物权人经营的权属管理经营方式。

集体经济组织对集体的土地等自然资源统一享有所有权的，为集体公有制的集中所有权形式。将集体的土地等自然资源分配或承包给本集体的农户（家庭）分别享有所有权的，为集体公有制的分散所有权形式。

第五百二十九条　集体所有的财产包括：

（一）法律规定属于集体所有的土地和森林、山岭、草原、荒地、湿地、滩涂等自然资源；

（二）集体所有的建筑物、生产设施、农田水利等设施；

（三）集体所有的教育、科学、文化、卫生、体育等设施；

（四）集体所有的企业财产及其他财产。

90　新中国成立后，经过互助组、合作社（初级社、高级社）和人民公社，形成长期以队（生产队）为基础的三级（生产队、生产大队、人民公社）集体所有制模式。后来，改革的春风从农村吹起，土地被联产承包到户，人民公社撤销为乡镇政府，生产大队改为村委会一级（为便于管理，有的生产大队分改成了几个村委会），原来的生产队（生产小队）改为了村民小组。农村集体组织（村委、村民小组）依照农村土地承包法和相关政策与村民小组内的农户家庭签订承包合同，谓“农村土地家庭联产承包责任制”，故家庭和农户也成了集体土地财产所有权的重要施行主体。农户对土地承包经营的权利，在民法中长期称之为土地承包经营权，当今也有主张改称为资格权、社员权、身份权或者承包权的。在深化农村土地改革中，提出三权分置的概念，即指所有权、承包权、经营权分置。这与传统民法理论中的自物权和他物权的二元结构体系难以契合。承包权属于自物权还是属于他物权？从农村土地集体所有权的来源与变革过程、农户与集体的关系、承包合同的性质、农民对集体土地行使权利的状况、改革发展目标等方面考虑，笔者将农户对土地的承包支配经营看作是集体行使所有权的一种方式，是农村土地集体所有权的一种新形式，是由原来的“三级所有”制模式变成了“四级所有”制模式，是集体所有制模式的深化与下沉，是集体所有权主体的落地生根，即属于自物权的性质和范畴。农户对土地享有的是所有权，但是农户对土地的所有权并不会因此而等同于集体所有制模式形成前的私有制条件下的土地私有权。其间最重要的区别在于：私有制条件下农民对土地的所有权是不平等的，是不能变更的，是来源于私自获取的；其趋势是一部分农民被迫与土地脱离而成为无产者和贫困者（正因如此，在中国完成民主主义革命后，即逐步进行社会主义改造，实行合作社，引导农民步入了公有制的社会主义道路）。而现在的农户所有权，其主体是集体组织的农户，农户是农村集体的组成部分；其土地来源是依照法律规定按照农户的人口进行分配承包的；所占有支配的土地数量、质量是平等和平均的；对土地的所有权虽然是长期的，但不是永久不可变更的；对土地所有权的行使是必须符合农村土地使用用途的；农户需将土地转让他人时，所转让的只是所有权中的部分权能（经营权），而不是土地所有权；农户对土地的所有权只有在农户自愿放弃或遇其他原因时方可消灭；农户对土地自愿放弃所有权或者农户无人对土地行使所有权时，土地仍回归于农村村民小组等集体组织，即农户的上级集体组织。因此，承认农户对承包支配土地的所有权，不是对集体土地所有权的否定，也不会对农村土地集体所有权的公有制构成威胁和破坏，并且还会使这项制度成为不同于私有制为基础的传统民法中的所有权制度，使之具有中国民商法中的又一项特色。如此探索也符合党的十九大关于深化农村集体土地产权制度改革的精神。

第五百三十条　农民集体行使财产所有权，为下列事项时，应当依照法定程序经本集体组织成员共同决定：

（一）接纳外乡村民为本集体成员；

（二）土地等自然资源的分配、发包、收回、调整方案；

（三）将土地等自然资源承包给本集体以外的组织或者个人经营；

（四）个别土地等自然资源承包经营权人之间承包关系的调整；

（五）土地征收补偿费等费用数额的确定、使用、分配办法；

（六）集体出资的企业的所有权变动等事项；

（七）法律规定或者集体组织三分之一以上成员认为应当共同决定的其他事项。

第五百三十一条　集体财产所有权的行使方式可以依照法律规定或者集体组织成员的共同约定，进行集体组织统一经营或者集体成员分散经营，也可以采取入股、合作、合伙等多种适合的方式进行经营。

第五百三十二条　对于不同集体组织的财产，由不同的集体组织依照规定分别行使所有权：

（一）属于村农民集体所有的，由村集体经济组织成员会议直接行使或者由村民委员会代表集体经济组织成员行使。村民委员会代表行使的，必须经村集体经济组织全体成员三分之二以上成员同意。

（二）分别属于村内村民小组农民集体所有的，由村内各该集体经济组织成员会议或者村民小组代表集体行使所有权。

（三）属于乡镇农民集体所有的，由乡镇集体经济组织代表集体行使所有权。

第五百三十三条　集体组织对其财产行使集体所有权的方式，由集体组织成员根据法律规定，视集体组织的成员状况、财产状况和有利于农民、农村、农业的发展利益自愿决定。

集体经济组织、村民委员会或者其负责人作出的决定侵害集体成员合法权益的，受侵害的集体成员有权请求上一级基层组织予以撤销或者向人民法院提起诉讼。

第五百三十四条　集体经济组织或者村民委员会、村民小组应当依照法律、行政法规以及章程、村规民约行使权利并向本集体成员公布集体财产的状况，接受村民的监督。

第五百三十五条　集体所有的财产受法律保护，禁止任何组织和个人侵占、哄抢、私分、截留、破坏。

第五百三十六条　城镇集体所有的财产，依照法律、行政法规的规定由本集体组织享有占有、使用、收益和处分的权利。

第五百三十七条　由集体的土地等自然资源所有权产生的其他物权，依照本法关于他物权的规定。

第四节　农户集体土地所有权[91]

第五百三十八条　农户为农村农业的重要生产单位，为集体所有权主体的底层形式。集体土地是农村集体最重要的基本财产。农村集体组织根据法律规定，将集体土地分配给集体组织内部的农户（家庭）进行种植和支配。农户对集体组织分配承包给自己的集体土地分别享有所有权。

第五百三十九条　农户集体土地所有权的主体应当是农村集体组织的成员，具有农村集体社员或者村民的资格和身份。

农户成员的资格和身份根据其户籍登记记载确定。

第五百四十条　农户集体土地所有权的客体包括农村集体组织根据法律规定分配承包给农户的集体土地。但是也可以是土地以外的森林、山林、草原、荒地、滩涂等自然资源。

第五百四十一条　农户取得集体土地所有权，以农户户主代表农户与农村集体组织签订集体土地分配或承包合同为依据，并应当为农户颁发农户集体土地所有权证书。农户已经取得的土地承包经营权证书与农户集体土地所有权证书具有同等的法律效力。

第五百四十二条　农户集体土地所有权主体以户为单位，农户每个成员都是农户所有权主体的组成部分。农户成员的增减不影响农户土地所有权的变化。

第五百四十三条　农户对集体土地行使所有权，不得违背法律规定和土地分配承包合同的约定。

第五百四十四条　农户对享有所有权的集体土地，有权自己直接耕种经营，有权转让给其他人耕种经营，也可以以投资、入股等方式交由农业合作社或者公司经营。

农户直接种植经营或者使经营权与农户所有权分离经营，均由农户自主决定。

第五百四十五条　农户有权取得因土地而产生的相关收益，有权直接以农户的名义领取国家对土地种植的各种补贴或者享受相关的优惠待遇。

农户将土地转让其他人经营的，所享受的补贴和优惠待遇，由农户和经营

91　将集体土地承包分配到农户，已经是今非昔比。既非孙中山先生的“耕者有其田”，也非毛泽东 1929 年所言的“分田分地真忙”。此时的分田到户，是将农民集体公有的土地分配到农户，让农户承包集体公有土地，对集体公有土地直接行使所有权、进行看护种植与经营。它是实现集体土地所有权的一种新形式，是对集体土地所有权行使和管理方法上的改进，这既是一种权利和利益，更是一种主人身份和义务责任的落实。“责任田”的概念已经是对农户集体土地所有权的一种恰当表达。

权人在契约中约定，无约定或者约定不明确的，由农户土地所有权人享有。

第五百四十六条　农户土地所有权保持长期不变。但农村土地专门法有特别规定或者农户所在集体全体农户另有特别约定或同意的除外。

在农户土地所有权分配承包的期限内，上一级集体组织不得收回或者调整改变农户土地所有权。

第五百四十七条　新入户的村民成员，分配承包集体土地的，由作出接纳该农户的集体组织依照分配承包土地的程序进行。

第五百四十八条　农户集体土地所有权可以在农户家庭内部的成员之间和村民小组集体组织内部的农户之间发生转移。

第五百四十九条　农户全体成员转为城镇固定人口，其户口迁往市镇的，农户丧失农村社员和村民委员会村民的资格，所分配承包的土地所有权交回所在农村集体组织。

第五百五十条　农户自愿放弃其集体土地所有权，或者农户因故无人继续享有所有权的，农户土地所有权消灭，所在集体组织应当收回该农户的土地所有权。

第五节　法人与非法人组织所有权

第五百五十一条　法人对其所有的不动产和动产依照法律或者章程的规定享有占有、使用、收益和处分的权利。

第五百五十二条　国家、集体和个人依法可以出资设立有限责任公司、股份有限公司或者其他企业法人。

投资人对所投入到企业法人的财产，按照规定或者出资比例享有资产收益、重大决策以及选择经营管理者等权利并履行义务。

第五百五十三条　非法人组织中的独资企业、合伙企业、家户企业，依照法律规定或者当事人约定，对归属于自己的财产享有所有权。

其他的非法人组织，有归属于自己的财产时，依照法律规定或者当事人约定，对财产享有所有权。可以由非法人组织的负责人代表非法人组织行使所有权，也可以由非法人组织的全体成员共同决定行使所有权。[92]

92　在民商主体的类型上，笔者曾使用了非法人企业的概念，包括独资企业、合伙企业和家户企业，而没有使用非法人团体或非法人单位、非法人组织的范畴，以为可以满足市场经济之需。参见王明锁：《中国民商法编纂中的重大疑难问题——附〈中华人民共和国民商法典“通则编”草案建议稿〉（黄河版）》，《晋阳学刊》2016 年第 3 期。但在继续的研究中，对于非法人企业之外的非法人组织进行考察，似乎规定非法人组织也还是有一定意义的。如有的学校的院系也有自己的资金收入。另外在知识产权主体方面，以非法人组织的名义享有权利者也可存在，如课题组。这些都难以用法人和非法人企业概括。从逻辑上讲，用非法人组织似乎更为周全，但在实际上这些课题组之类的组织本质上并不对所用资金享有所有权。

第六节　私人所有权

第五百五十四条　自然人个人对其合法的收入、房屋、生活用品、生产工具、原材料等财产依法享有所有权。

第五百五十五条　私人合法的储蓄、投资及其收益受法律保护。

第五百五十六条　个人依法对其财产享有占有、使用、收益和处分的权利。

私人的合法财产受法律保护，禁止任何组织或个人侵占、哄抢、毁损、破坏。

第五百五十七条　公民个人有权对自己的合法财产利用契约或者遗嘱的方式进行处置。

自然人对其财产的处置、移转、处理和保护，依照债编和继承编的规定。

第七节　共同所有权

第五百五十八条　同一财产可以由两个以上的民商主体共同享有所有权。包括按份共有和共同共有。

第五百五十九条　按份共有人对共有的财产按照其份额享有所有权，并分担义务。

第五百六十条　共同共有人对共有的财产共同享有所有权，并共同担负义务。

第五百六十一条　共有人按照约定管理共有的财产；没有约定或者约定不明确的，各共有人都有管理的权利和义务。

第五百六十二条　处分共有财产以及对共有财产作重大改变的，应当经占份额三分之二以上的按份共有人或者全体共同共有人同意，但共有人之间另有约定的除外。

第五百六十三条　对共有财产的管理费用以及其他负担，有约定的，按照约定；没有约定或者约定不明确的，按份共有人按照其份额负担，共同共有人共同负担。

第五百六十四条　共有人约定不得分割共有的财产，以维持共有关系的，应当按照约定，但共有人有重大理由需要分割的，可以请求分割；没有约定或者约定不明确的，按份共有人可以随时请求分割，共同共有人在共有基础丧失或者有重大理由需要分割时可以请求分割。因分割对其他共有人造成损害的，应当承担民商责任。

第五百六十五条　共有人可以协商确定共有财产的分割方式。达不成协议，共有财产属于可分物的，可以对实物予以分割；属于不可分物的，应当采取折价或者变卖的方式进行分割。

第五百六十六条　按份共有人可以转让其享有的共有财产份额。其他共有人在同等条件下享有优先购买的权利。

第五百六十七条　因共有财产产生的债权债务，在对外关系上，共有人享有连带债权、承担连带债务，但法律另有规定或者第三人知道共有人不具有连带债权债务关系的除外；在共有人内部关系上，除共有人另有约定外，按份共有人按照份额分享权利、分担义务，共同共有人共同享有债权、承担债务。偿还债务超过自己应当承担份额的按份共有人，有权向其他共有人追偿。

第五百六十八条　共有人对共有财产没有约定为按份共有或者共同共有，或者约定不明确的，除共有人具有家庭关系外，视为按份共有。

第五百六十九条　按份共有人对共有财产享有的份额，没有约定或者约定不明确的，按照出资额确定；不能确定出资额的，视为等额享有。

第五百七十条　家庭关系中因夫妻身份所产生的财产关系，除特别约定外，为共同共有，适用人身权编中夫妻财产关系的规定。

第五百七十一条　两个以上的民商主体共同享有其他物权的，参照本节共同所有权的规定。

第八节　业主的建筑物区分所有权

第五百七十二条　业主对建筑物内的住宅、经营性用房等专有部分享有所有权，对专有部分以外的共有部分享有共有和共同管理的权利。

第五百七十三条　业主对其建筑物专有部分享有占有、使用、收益和处分的权利。业主行使权利不得危及建筑物的安全，不得损害其他业主的合法权益。

第五百七十四条　业主对建筑物专有部分以外的共有部分，享有权利，承担义务；不得以放弃权利的方式不履行义务。

业主转让建筑物内的住宅、经营性用房，其对共有部分享有的共有和共同管理的权利一并转让。

第五百七十五条　住宅街区内的道路、绿地为公共财产。业主享有使用权。

封闭式建筑区划内的道路，属于业主共有，但属于城镇公共道路的除外。建筑区划内的绿地，属于业主共有，但属于城镇公共绿地或者明示属于业主个人的除外。建筑区划内的其他公共场所、公用设施和物业服务用房，属于业主共有。

第五百七十六条　建筑区划内，规划用于停放汽车的车位、车库应当首先满足业主的需要。

建筑区划内，规划用于停放汽车的车位、车库的归属，由当事人通过出售、附赠或出租等方式约定。

占用业主共有的道路或者其他场地用于停放汽车的车位，属于业主共有。

第五百七十七条　业主可以设立业主大会，选举业主委员会。

地方人民政府主管服务部门应当对设立业主大会和选举业主委员会给予指导和协助。

第五百七十八条　下列事项由业主共同决定：

（一）制定和修改业主大会议事规则；

（二）制定和修改建筑物及其附属设施的管理规约；

（三）选举业主委员会或者更换业主委员会成员；

（四）选聘和解聘物业服务企业或者其他管理人；

（五）筹集和使用建筑物及其附属设施的维修资金；

（六）改建、重建建筑物及其附属设施；

（七）有关共有和共同管理权利的其他重大事项。

决定前款第五项规定的事项，应当经相关建筑物总面积三分之二以上的业主同意；决定前款第六项规定的事项，应当经相关业主总人数三分之二以上的业主同意；决定前款其他事项，应当经业主总人数过半数以上的业主同意。[93]

第五百七十九条　业主不得违反法律、法规以及管理规约，将住宅改变为经营性用房。业主将住宅改变为经营性用房的，除遵守法律、法规以及管理规约外，应当经有利害关系的业主同意。

第五百八十条　业主大会或者业主委员会的决定，对业主具有约束力。

业主大会或者业主委员会作出的决定侵害业主合法权益的，受侵害的业主可以向人民法院提起诉讼。

第五百八十一条　建筑物及其附属设施的维修资金，属于业主共有。经业主共同决定，可以用于电梯、水箱等共有部分的维修。维修资金的筹集、使用情况应当公布。

第五百八十二条　建筑物及其附属设施的费用分摊、收益分配等事项，有约定的，按照约定；没有约定或者约定不明确的，按照业主专有部分占建筑物总面积的比例确定。

第五百八十三条　业主可以自行管理建筑物及其附属设施，也可以委托物业服务企业或者其他管理人管理。

对建设单位聘请的物业服务企业或者其他管理人，业主有权依法更换。

第五百八十四条　物业服务企业或者其他管理人根据业主的委托管理建筑区划内的建筑物及其附属设施，并接受业主的监督。

第五百八十五条　业主应当遵守法律、法规以及管理规约。

业主大会和业主委员会，对任意弃置垃圾、排放污染物或者噪声、违反规

93　如涉及建筑物维修资金的，需按照建筑物面积决定；涉及新建设施，如对旧楼新安单元电梯的，则以单元三分之二以上户主意见决定；涉及物业管理、费用等，则以全体业主过半数以上同意决定。

定饲养动物、违章搭建、侵占通道、拒付物业费等损害他人合法权益的行为，有权依照法律、法规以及管理规约，要求行为人停止侵害、消除危险、排除妨害、赔偿损失，并可以向人民法院提起诉讼。

业主对侵害自己合法权益的行为，可以依法向人民法院提起诉讼。

第三章 所有权取得

第一节 一般规定

第五百八十六条 财产所有权，通过原始取得和传来取得两类方式取得。

第五百八十七条 财产所有权取得，不得违反法律规定。

第五百八十八条 所有权取得的规定，适用于对他物权的取得。

第二节 原始取得

第五百八十九条 民商主体对特定之物或者财产第一次取得其所有权者，或者依照法律规定直接取得对财产之所有权者，为原始取得。

第一分节 先占[94]

第五百九十条 先占取得适用于对无主物的取得。对于无主物，其所有权归属于最先占有人。

最先占有人是指以自己所有的意思并且对特定无主物最先予以实际控制的人。

第五百九十一条 被所有权人放弃所有权的物，也为无主物。

第五百九十二条 对于受法律特别保护外之动物，按照其本性是野生的，其所有权归属于最先捕获之人。

在对因捕获行为而受伤易于捕获的野生动物继续捕获中，被他人捕获的，其所有权归致动物受伤者和动物捕获人共同所有。但致动物受伤而放弃捕获的，其所有权归最先捕获人。

第五百九十三条 被驯养的野生动物，脱离驯养人的占有控制而返回自然，驯养控占人对之持续追捕的，并不丧失所有权。但驯养人放弃追捕的，其所有权归新的最先捕获人。

第二分节 添附[95]

第五百九十四条 添附是指非人为因素于某物之上添加另外之物，致原物

94 参见王明锁：《论无主物与其所有权归属——所有权原始取得方法之先占》，《学习论坛》2014 年第 5 期。

95 参见王明锁：《论添附与添附物的所有权归属——对我国〈物权法〉所有权原始取得制度的一项补充》，《晋阳学刊》2015 年第 4 期。

增加。添附之物的所有权归属依法律规定确定。

第五百九十五条　河流冲积致土地增加的部分，归土地所有人所有。

第五百九十六条　河中出现的岛滩归河流沿岸土地所有人所有或者经营。岛滩距离一边沿岸较近者，归该方所有或者经营。

第五百九十七条　河流改道，旧河床归占有沿岸土地的人，以各自沿岸土地的长度为比例所有或者经营。河流若又回到原来河床的，新河床重新成为占有沿岸土地的人所有或者经营。

第五百九十八条　河流将一部分土地连带土地上的生长物成块冲附于下游或邻近土地沿岸的，被冲刷土地所有人有权将被冲之物取回。但被冲地块上的生长物已在下游或邻近土地上生根或成为该土地组成部分的，则属于下游或邻近土地所有人所有。

第五百九十九条　河流泛滥或泥石流使土地土层增加或者形状改变的，并不改变土地性质，土地仍属于原来所有人所有。

第六百条　动产或者相关物品非人为因素而添附于他物（不动产或动产）者，以致难以辨别分离或者分离很不合算的，添附之物归被添附物一方所有人所有。

第三分节　孳息[96]

第六百零一条　孳息是由原物自然所生之新物。果实为果树之孳息，仔畜为母畜之孳息，蛋卵为禽鸟之孳息。

第六百零二条　根据契约所得利息、租金、报酬之类，不属于孳息范畴，依照债编契约法规定。

第六百零三条　取得孳息物及孳息物的所有权，当事人有约定的，按照约定。没有约定或者约定不明确的，孳息物归属于原物所有人。

第四分节　加工（生产）[97]

第六百零四条　生产或者加工是对原物的性能或者形状进行的人为的改造，可以原始取得对产品的所有权。

产品是对原物或者材料进行生产或者加工而产生的新的物品。

96　参见王明锁：《对孳息的传统种类及所有权归属之检讨》，《法商研究》2015 年第 5 期。

97　传统理论中，添附一般包括附合与混合，有时还包括加工。其中的附合是指不同所有人的物的结合；混合系所有人各异之动产混为一起，难得分辨，如在来米与蓬莱米混合、葡萄酒与冰水混合、气体与气体混合。参见谢在全：《民法物权论》（上册），北京：中国政法大学出版社 1999 年版，第 264 页。这里，我们将附合以添附范畴取代，将并无实义价值的混合有意果断弃置，而将具有普遍现代意义的人对物进行改造加工的行为以生产或者加工予以概括，并将其作为所有权原始取得的一种独立方式。

第六百零五条 通过生产或者加工取得产品与产品的所有权，依照约定或者通常规则确定其所有权归属。产品的所有权可以归属于产品原材料的所有人，也可以归属于产品生产加工人。

第六百零六条 没有约定或者约定不明而对他人原物进行生产加工，产品没有被改变性状或者产品尚能被恢复到材料原状的，产品所有权归属材料所有人。材料所有人要求恢复材料原状的，由加工人承担恢复原状的责任。

第六百零七条 产品不能被恢复到材料原状，或者恢复到原状明显浪费或者不合理的，产品所有权归属生产加工人，但应当向对方支付高于市场通常价格的材料费用。

第五分节 拾得遗失物

第六百零八条 遗失物包括丢失物、遗忘物、漂流物、沉没物、失散的饲养动物。

拾得遗失物，知道权利人的，应当通知权利人领取。不能通知的，送交公安部门寻找遗失人认领。

拾得遗失物后主动或者无条件返还给失主的，应当予以褒扬。

第六百零九条 拾得遗失物，不知道权利人，遗失物价值明显低微，根据常情，权利人不会找寻或者难以知道权利人或者没有必要寻找权利人的，遗失物可以归属拾得人所有，但遗失物所有人或权利人找来并要求归还者除外。

无民商行为能力人或限制民商行为能力人拾得遗失物的，交由所在学校或者监护人或者警察按照规定处理，或者专门用于善事捐赠。

第六百一十条 拾得遗失物，归还权利人的，如果事前有悬赏协议的，按照悬赏协议，权利人应当向拾得人支付悬赏费用。事前没有悬赏协议，向拾得人支付通知、保管等必要费用，或者支付遗失物一定比例的综合费用或者感谢费的，拾得人可以接受。

第六百一十一条 酒店、旅馆等营业机构拾得遗失物的，应当及时通知遗失物权利人。不能通知的，应当妥善保管遗失物。遗失人领取遗失物的，应当及时返还，并不得收取任何费用。无人领取的，应送交公安部门处理。

第六百一十二条 公安部门收到遗失物的，应当登记，妥善保管遗失物，并通知领取。不能通知权利人的，应当及时发布公告。自公告发布满六个月，仍无人认领的，对于非现金物品，有变卖价值的，交拍卖机构进行拍卖。拍卖价款由送交拍卖部门为遗失人进行保管。没有变卖价值的，由公安部门妥当处理。

对不易保存的物品，可以提前交付拍卖。

第六百一十三条 遗失物为营业部门交送，拍卖价款无人认领的，归国家

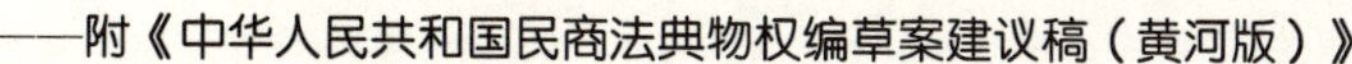

所有。遗失物为个人送交，超过六个月无人领取的，遗失物被视为抛弃物，由公安部门通知拾得人领回，归拾得人所有或者作善赠物处理。物品已被拍卖的，拍卖价款归国家所有。

第六百一十四条　拾得遗失物，遗失人请求返还而拒绝交还的，强制其交还，并不得提出任何费用要求。拒不交还情节严重，或者进行隐匿，或者将遗失物变卖归自己所有的，按照非法侵占类的侵权行为处理。

第六分节　发现隐埋物

第六百一十五条　隐埋物包括埋藏物和隐藏物。发现埋藏物或隐藏物，权利归属明确的，归隐埋物所有人。权利归属不明，没有较大价值的，其所有权归发现人。具有较大价值的，发现人应当寻找并归还其权利人，权利人应当向发现人支付合理的酬劳费用。

寻找权利人应当以公告的方式进行，公告期间为六个月。

第六百一十六条　自公告发布满六个月，没有权利人出现，为寻找不到隐埋物的所有人。寻找不到所有权人的隐埋物，发现人系在自己所有或经营的土地或其他物中发现的，发现人取得该隐埋物的所有权。隐埋物系在他人所有或经营的土地或其他物中发现的，发现人与土地所有人或经营人或其他物所有人各取得隐埋物之一半。发现人或土地权利人或其他物所有人为两人以上的，其利益在所得隐埋物之一半中分割。

第六百一十七条　隐埋物具有文物价值的，依照文物保护法，应当归国家所有的，归国家所有。接收单位应当根据文物的价值给予上缴的单位和个人褒扬；个人上缴的，还应当依照规定给予物质奖励。不够文物级别的，依照前条确定其所有权。

第三节　传来取得

第六百一十八条　民商主体对特定财产是从其他民商主体名下取得所有权的，为传来取得。

第六百一十九条　传来取得包括：

（一）通过继承遗产从被继承人名下取得；

（二）通过当事人协议从他人名下取得；

（三）通过其他途径从他人名下合法取得。

第六百二十条　传来取得所有权的，所有权从财产交付时起转移。但法律另有规定或者当事人另有约定的除外。

第六百二十一条　传来取得主物所有权的，也取得从物所有权，但当事人另有约定或者有特别交易习俗的除外。

第六百二十二条 无处分权人将财产所有权人的财产转让给第三人的，无处分权人的行为构成侵权行为，财产所有权人有权请求无处分权人与第三人的转让行为无效，并要求无处分权人返还财产，或者请求无处分权人承担赔偿责任。

无处分权人与第三人之间的关系，按照转让财产时的契约约定处理。没有约定，第三人返还财产的，由无处分权人向第三人承担民商责任。[98]

第六百二十三条 个人独资企业投资人对本企业财产依法享有所有权，其有关权利可以依法进行转让或继承。

第六百二十四条 传来取得所有权或者其他物权的，依照债编和继承编的规定。

法律对财产的传来取得有特别规定的，依照其规定。

第四章 控占权

第一节 一般规定

第六百二十五条 控占权是民商主体对他人享有所有权的物或者归属于他人的物直接进行控制占据的权利。

控占权根据法律规定或者当事人约定产生。

第六百二十六条 权利人取得控占权后，有权对他人之物在一定时间和范围内以特定方式进行控制和占据，不得使用、收益和处分。但法律另有规定者除外。

第六百二十七条 权利人的控占权被他人侵害的，控占权人有权请求非法控占人或者侵权行为人返还原物或者承担其他民商责任。

第六百二十八条 控占权因控占权人将所控占之物交付财产所有人或其他有权利控占人后，该控占权消灭。

---

98 传统民法中有所谓善意取得制度。如甲的财产被乙盗窃后，转移给了丙；或者甲的财产被出借给乙，但乙将该财产赠与或者卖给了丙。理论上认为这些情况下通常甲有权向丙进行追回，但丙在善意的情况下则可以取得所买之物的所有权，甲不得追回。笔者认为甲与乙、乙和丙之间本是两个不同特性的债的法律关系。甲与丙之间根本不存在权利义务关系，故不得由甲直接向丙追还。乙无处分权而出卖甲之物品，属于侵权行为或者违约行为，按照侵权行为之债或者违约行为的规则处理即可，根本不存在甲和丙之间的权利义务关系和善意不善意的问题。故对传统民法理论中的所谓善意取得制度可不予置理。以两个债的权利义务关系考察，简单通俗、事理清楚、方便实用，即可把相关问题表达明白，公正处理。从而免却了什么从日耳曼法到德国民法演变至今的令人费解、不合情理、易生纠纷、难以适用的所谓善意取得制度，并建立起适合中国人理解和使用的擅自处分他人财产权的侵权行为和违约行为制度，也坚持和维护了诚信与公平原则。物资匮乏时期，人们注重实物财产返还；而现代市场经济社会，人们已多注重财产价值不受损失，故仍固守于物归所有权人或善意第三人之旧则，已无意义。并且照样可以平衡和维护物之所有权人的利益和交易的安全。

第二节　保管控占权

第六百二十九条　依保管契约对他人的物进行直接控制占据的权利为保管控占权。

第六百三十条　保管人对所保管的他人之物有控制占据的权利，以保持物的安全和正常状态。保管人对所保管的他人之物，不得使用、收益和处分。

第六百三十一条　在保管期届满之前，保管人享有控制占据保管物的支配权，包括所有权人在内的其他任何人不得占据和控制，但法律有特别规定或者当事人另有约定者除外。

第六百三十二条　保管期限届满，保管人依照规定将保管物交还给保管物的所有权人或其他权利人后，丧失对保管物的控占权。

第三节　承运控占权

第六百三十三条　依承运契约产生的对他人的物进行直接控制占据的权利为承运控占权。

第六百三十四条　在承运期间内承运人对他人所交付承运的物品具有直接控制占据的权利，以保障承运物的安全完好。承运人不得对承运物进行使用、收益和处分。

第六百三十五条　在承运物品期间，包括托运人在内的其他任何人不得占据或控制该物品。但法律有特别规定或者当事人有特别约定者除外。

第六百三十六条　承运物抵达目的地，承运人依照规定或者约定向托运人或者收货人交付物品后，承运控占权消灭。

第四节　担保控占权

第六百三十七条　为促使和保证债的履行，根据担保契约或者法律规定产生的对他人的物进行控制占据的权利为担保控占权。

第六百三十八条　在担保期间内，担保权人对他人所提供的担保物有直接控制占据的权利，不得使用、收益和处分担保物。但是担保物为货币金钱者除外。

第六百三十九条　担保期届满，因担保权人债权的实现或者担保目的实现，担保控占权消灭。

第六百四十条　根据契约约定，债权人有权对债务人一方提供的抵押物、质押物、典当物以及定金和押金进行控占，分别为抵押控占权、质押控占权、典当控占权、定金控占权和押金控占权。

根据法律规定，在债务人不履行债务时，有权对债务人的相关物品进行直接留置控占的，为留置控占权。[99]

第五章 占用权

第一节 一般规定

第六百四十一条 占用权是民商主体对他人的物进行直接控占和利用的权利。

占用权依照法律规定或者当事人约定产生，是财产所有人所有权内容中的占有权能和使用权能与所有权人的分离。

第六百四十二条 权利人取得占用权后，有权对他人之物以特定的用途方式在一定的时间和空间内进行控占和利用，但不得进行处分和收益。

第六百四十三条 在占用权期间内，占用权受到法律保护。占用权受到侵害的，占用权人有权请求侵权行为人承担民商责任。[100]

第二节 借用权

第六百四十四条 借用权（实物借贷占用权），是依借用契约或合同产生，借用人对所借他人之物在借用期间内进行直接控占和使用的权利。

借用权人对所借他人之物有权独立控占和使用，但不得处分和收取利益。

第六百四十五条 借用权人的占用权受法律保护，有权排除他人的非法干涉。

第六百四十六条 借用权因借期届满，向所有权人归还借用物而消灭。

第三节 租用权

第六百四十七条 租用权（承租占用权），是依租赁合同或契约产生，承租人对所承租的他人之物在租赁期限内依约定方式进行直接控占使用的权利。

---

99 这里的典当物，是指传统上的当物，当物仅可为动产。其可以被作为质押的一种，但它与质押的区别在于，典当质押由专门的营业机构进行，古有专门之当铺，今有典当行之类，为我国传统制度。而质押则不受专门营业机构之限制，任何人均可为之。至于传统典权，笔者将之改造为所谓的典押担保，典押权人既可以对典物进行控制占据，而且可以使用，故被放在他物权中的占用权类别。参见王明锁：《我国传统典权制度的演变及其在未来民商立法中的改造》，《河南省政法管理干部学院学报》2002 年第 1 期。

100 如借用物丢失或被第三人损毁，失主或受损失人应当是借用人而非借用物之所有权人。因此，向侵权行为人提出请求的人应当是借用人，而不是财产所有权人，此种关系为侵权行为所生之债的关系。财产所有权人只能向借用人根据借用合同约定到期提出归还借用物的请求，借用人承担的责任属于违约责任。这是两个不同性质的法律关系。还可以极端的例子说明，比如甲将自己的自行车借给了乙，但却将乙所借用的自行车偷走。这时，甲不但是该自行车的所有权人，还是对乙所控占使用自行车的侵权行为人。故乙应当以借用权受害人的名义要求追究甲的侵权责任。否则，当甲依照合同约定要求乙返还借用物时，乙就应当承担不能返还的赔偿责任，而甲则又会取得一辆自行车的不法利益。

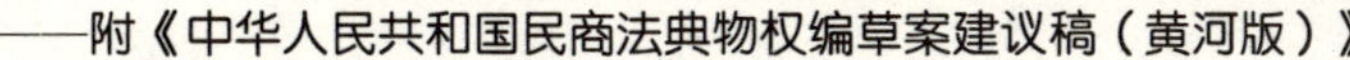

第六百四十八条　租用权存续期间，租用人对租用物有直接控占利用的权利。

租用权在租用期内受法律保护，排除包括租用物所有权人在内的其他任何人的非法干涉。对租用权进行侵害的，应当承担民商责任。

第六百四十九条　租用权因租用期限届满，租用人向租用物所有权人返还租用物而消灭。

第四节　典用权

第六百五十条　典用权（典押占用权），是依典押契约或合同约定，在典押期间，典押权人对他人交付的典押物进行控占和利用的权利。

第六百五十一条　典用权存续期间，典用权人除了对典押物进行控制占据外，还可以对典押物进行使用。在典押期限内，典用人对典押物进行出借、出租或者转典的，应当经典押物所有权人同意。但对出借、出租或者转典的行为，典用权人应当承担责任。

第六百五十二条　期限届满，典押人回赎典押物，典用权消灭。典用期限届满后，典押人应当在一年内回赎，满一年未予回赎的，典押物转归典用权人所有。

第五节　居住权

第六百五十三条　居住权是权利人对他人的房屋进行居住利用的权利。享有居住权的人对特定房屋可以自己居住，也允许为其提供服侍的人共同居住。居住权人无需向房屋所有权人支付费用。

第六百五十四条　居住权根据法律规定或者当事人约定产生。

第六百五十五条　在居住权期限内，居住权人有权对所居住的房屋及其附属设施进行控制占据和使用，不得处分和收取收益。但法律有特别规定或者当事人有特别约定者除外。

第六百五十六条　居住权期限届满，居住权消灭。所居住房屋仍归属于房屋所有权人完全支配。

第六百五十七条　居住权人死亡，根据法律规定或者当事人事先特别约定，允许生前与居住权人共同生活的人继续居住的，可以继续居住；允许居住权人的继承人继承的，可以继承。不允许与居住权人共同生活的人继续居住或者继承的，则不得继续居住和继承。

第六章　用益权

第一节　一般规定

第六百五十八条　用益权是民商主体对他人所有的不动产或者动产依法享有直接控占、使用和收益的权利，是物之所有权的占有、使用、收益三项权利内容与所有权人的分离。

第六百五十九条　用益权依照法律规定或者当事人约定产生。用益权有期限的，期限届满时用益权人将用益财产返还财产所有权人，重归所有权人支配。用益权没有期限的，可以通过继承转移。

第六百六十条　权利人行使用益权，应当遵守法律规定，合理善意地对用益财产进行占用和收益。

任何人不得干涉用益权人依法行使其权利。

第六百六十一条　因征收、征用致使用益权消灭或者影响用益权行使的，用益权人有权依照有关征收、征用和补偿的规定获得公平合理的补偿。

第二节　建设地用益权[101]

第六百六十二条　建设地用益权是在他人享有所有权的土地上建造建筑物、构筑物及其附属设施并进行使用收益的权利。

建设地用益权包括对国有土地的建设地用益权和对集体所有土地的建设地用益权。

第六百六十三条　建设地用益权的取得，必须符合国家对土地进行管理利用规定并依法定程序取得。

对集体土地取得建设地用益权的，必须符合农村城镇建设规划。

第六百六十四条　国有土地上的房屋建设土地用益权期限为七十年，工业建设土地用益权为三十年，商业土地用益权为五十年。

第六百六十五条　建设地用益权人有权对取得的土地进行建设开发，并取得相应收益。

第六百六十六条　建设地用益权可以在土地的地表、地上或者地下分别设立。

101　传统民法理论中对在他人享有所有权的土地上建房筑舍的权利称为地上权，而如今在土地上建筑往往涉及地下室、地下车库等问题，故不采地上权之说。现在物权法理论将在国有土地上建筑房屋设施的权利称为土地使用权。因仅用使用权表达，其权利范围显得狭窄，也不利于权利人珍惜和有效利用土地，同时土地使用权人对土地上的建筑物也有出租而取得收益的权利，故也不采土地使用权之说。我们根据权利人对土地的实际使用状况和对土地上的建筑物的使用并取得有关收益的情况，使用“土地用益权”这一范畴。

第六百六十七条　设立建设地用益权，通常采取有偿出让的方式设立。

工业、商业、旅游、娱乐和商品住宅等建设地用益权的取得，或者同一土地有两个以上意向用地者的，应当采取招标、拍卖等公开竞价的方式出让。

第六百六十八条　采取招标、拍卖、协议等出让方式设立建设地用益权的，当事人应当采取书面形式订立土地用益权出让合同。

第六百六十九条　建设地用益权也可以采取无偿划拨的方式设立。

国家严格限制以划拨方式设立建设地用益权。采取划拨方式的，应当遵守法律、行政法规关于土地用途的规定。

第六百七十条　设立建设地用益权的，应当向不动产登记机构申请土地用益权登记。建设地用益权自登记时设立。登记机构应当向土地用益权人颁发建设地用益权证书。

第六百七十一条　建设地用益权人应当合理利用土地，不得改变土地用途；需要改变土地用途的，应当依法经有关主管部门批准并进行变更登记。

第六百七十二条　建设地用益权人应当依照法律规定以及合同约定支付土地出让金等费用。

第六百七十三条　建设地用益权人有权以转让、互换、出资、赠与的方式出让土地用益权，但法律另有规定的除外。[102]

第六百七十四条　建设地用益权的转让、互换、出资、赠与，当事人应当采取书面形式订立相应的合同。新的建设地用益权期限由当事人约定，但不得超过原建设地用益权的期限。

第六百七十五条　建设地用益权转让、互换、出资、赠与的，应当向不动产登记机构办理相关登记。

第六百七十六条　建设地用益权人建造的建筑物、构筑物及其附属设施的所有权属于土地用益权人，但有相反证据证明的除外。

第六百七十七条　权利人转让建设地用益权的，土地上的建筑物及相应设施一并转让。权利人转让土地上的建筑物及其设施的，该建筑物所占范围的土地用益权一并转让。

第六百七十八条　建设地用益权期间届满前，土地所有权人依法需要提前收回该土地的，应当依法给予补偿或者赔偿，并退还相应的土地出让金。

第六百七十九条　建设地上的建筑物为住宅的，其土地用益权到期的，土

102　原来规定中将抵押也与转让、互换、出资、赠与并列为土地用益权人的权利。笔者以为，抵押所转移的仅是土地的控占权能，其权利范围远不及用益权范围，故一为不言自明之事，二是抵押之类已经包括在前面的控占权中，在此不必重复。

地用益权期限无偿自动续期。[103]

非住宅土地用益权期间届满后的续期，依照法律规定办理。该土地上的房屋及其他不动产的归属，有约定的，按照约定；没有约定或者约定不明确的，地上附着物归属于土地所有人。

第六百八十条　建设地上的建筑物倒塌或者消灭，土地用益权未到期的，土地用益权依然存在。建设地用益权到期的，建设地用益权消灭。

第六百八十一条　建设地用益权消灭的，出让人应当及时办理注销登记。登记机构应当收回土地用益权证书。

第六百八十二条　在集体所有的土地上设立建设地用益权的，应当尊重集体土地所有权人的意愿，并依照土地管理法规定办理。

第三节　宅基地用益权

第六百八十三条　宅基地用益权是指乡村村民依法在农村集体所有的土地上修房筑舍以供居住使用并取得相应收益的权利。

第六百八十四条　宅基地用益权的用途限于农村村民建造个人住宅。

农村的村民每户有权取得一处的宅基地用益权。

第六百八十五条　宅基地用益权人有权占据和利用宅地。宅地用益权的使用范围除了在宅地上修建房舍外，还包括对宅院内空闲地的利用。

第六百八十六条　宅基地用益权的取得，应当符合农村乡（镇）土地利用总体规划，并尽量使用原有的宅基地和村内空闲地。

农村村民住宅用地，经乡（镇）人民政府审核，由县（市）级人民政府批准，如果涉及占用农用地的，应依照土地管理法的有关规定办理审批手续。

第六百八十七条　宅基地用益权取得，应当依法登记并颁发农村宅基地用益权证书。

第六百八十八条　宅基地用益权没有期限限制，宅基地上建筑物倒塌或消失的，宅基地用益权依然存在，并可依法继承。

无人继承或者继承人放弃继承的，宅基地用益权消灭，回归宅基地权利人所在村组集体组织所有。

第六百八十九条　村民的宅基地因自然灾害等原因灭失的，宅基地用益权

103　无偿自动续期，其正当理由在于：取得国有土地使用权时明确的就是住宅用地；对住宅的权利是所有权，而所有权是无期限的；如果对房屋住宅规定期限，必将难有高质量或经典建筑，将使房屋建筑质量下降，所谓的百年大计、千年大计被沦为短期行为，造成安全隐患和资源浪费；房屋开发商取得土地时向政府支付的代价实际上是由房屋所有人承受的；中国城镇土地是国家所有即全民所有，中国公民购买建在自己土地上的住房，何须还要另付土地使用费？购买房屋及其所有权的预期应当是无期限的，房屋的价格买的应当是无期限的房屋及其所有权。所以，住宅房屋，地随房走，有房即应有地，对地不应另收费，也不应再另收续期费用。

消灭。对失去宅基地的村民，可以重新申请分配宅基地。

农村村民出卖、出租房屋后，再申请宅基地的，不予批准。

第六百九十条　已经登记的宅基地用益权转让或者消灭的，应当办理变更登记或者注销登记。

第四节　其他自然资源用益权

第六百九十一条　依法对国家所有或者国家所有由集体使用以及法律规定属于集体所有的荒山、荒地、水面、滩涂等其他自然资源也可以占有、使用和收益。

第六百九十二条　国家实行自然资源有偿使用收益制度，但法律另有规定或者当事人有特别约定的除外。[104]

依法可以对自然资源进行处分经营的，适用关于经营权的规定。

第五节　非自然资源用益权

第六百九十三条　依照法律规定或者当事人约定，对土地等自然资源以外的不动产或者动产也可以进行控占、使用并取得收益的权利。

第六百九十四条　依照约定如果对他人的房屋享有用益权的，其权利内容大于居住权，有权取得相应的收益。

第六百九十五条　依照当事人约定，权利人对他人的动产也可以进行控占、使用并取得相应的收益。

第六百九十六条　所用益的动产为动植物，并能够产生孳息的，该孳息的归属根据当事人的约定确定。没有约定的，孳息归原物所有权人。[105]

第七章　经营权

第一节　一般规定

第六百九十七条　经营权是民商主体对他人享有所有权的物进行控占、使用和一定的处分，并取得相应收益的权利，是物之所有权的占有、使用、一定处分和收益四项权利内容与所有权人的分离。

---

104 河北两位感动世界的老人，当初取得对集体荒滩的使用权时经集体同意，且明确为无偿使用。如此规定，可以适用多种实际情况，也体现了尊重所有权人意思自愿的民商法基本原则。

105 这里的孳息系指由原物自然产生的新物。如牛犊、羔羊之类。参见王明锁：《对孳息的传统种类及所有权归属之检讨》，《法商研究》2015 年第 5 期。此方面的事例如：甲利用乙的羊群进行积肥或者肥田，其权利通常即包括受益在内，而不是所谓单纯的使用权，但对于所生之羔羊，又是通常受益之外的孳息物。对此，即应适用本条规则，且与前述孳息的一般规定相一致。

第六百九十八条　经营权根据法律规定、行政指令或者当事人约定产生。

第六百九十九条　经营权可以定有期限，也可以没有期限限制。

第七百条　经营权依照法律规定经登记产生，或者依照合同约定产生。但自财产所有权人将自己的财产交付经营权人控制占据时，始生效力。任何组织或个人不得对经营权人的经营权非法干涉。

第七百零一条　权利人取得经营权后，应当依法经营，遵守物权行使规则，不得损害财产所有权人及其他民商主体的利益和公共利益。

第七百零二条　经营期限届满，自经营权人将所经营财产交还给财产所有权人时，经营权消灭。

第二节　企业经营权

第七百零三条　国家财产实行统一规划、分级管理、独立经营的原则。国家财产属于全民所有，国有财产可由企业法人依法独立经营。国家将国有财产依法交付企业进行经营管理的权利，为企业经营权。

交付国有企业经营的国有财产可以是国家所有的土地、自然资源或者其他国有财产。

第七百零四条　国有企业在经营过程中对国家投资或者交付的财产享有支配权，有权依法进行控占、使用、处分和取得收益。

第七百零五条　国有企业所经营的财产属于国家所有，经营权人应当遵循安全环保、高效节约的原则对财产进行经营，保障国有财产的生态利益和保值增值，其利益分配按照法律规定进行。

国家对国有企业的经营活动依法进行科学引导与管理监督。

第七百零六条　国有企业与非国有企业合并、合资经营，其份额应当处于优势地位，保有独立产品品牌，并应当经国家主管部门审核备案或者批准。

第七百零七条　国有企业以公司的主体形式进行经营的，其组成、组织、活动规则按照公司法规定。

第三节　农地经营权[106]

第七百零八条　农村集体组织或者农户有权对自己的集体土地直接进行耕种经营，也有权将自己所有的土地交由其他民商主体进行经营。

第七百零九条　取得农业土地经营权，应当与集体土地所有权人签订经营权协议。

106　对农地经营的理解和规定，应当不局限于传统农业的粮、棉、油、菜种植。在现代农业和市场经济条件下，可以包括种植花草、药材、苗圃树木等，可以是露天种植，也可以是大棚种植，但不包括永久性的林木，也不包括厂房设备性的工业化养殖。在经营权终止时，应以保持完好和恢复为农业种植用地为基本原则。

协议由集体土地所有权人与集体土地经营人签订书面合同。合同一般包括以下条款：

（一）双方当事人的名称、姓名、住所；

（二）土地的名称、面积、坐落地段、质量等级；

（三）经营权的期限和起止日期；

（四）土地用途；

（五）双方的权利和义务；

（六）违约责任。

第七百一十条　经营权人有权对土地进行生产种植和农产品经营，有权对土地进行占有、使用、处分和取得经营收益。

第七百一十一条　土地经营权期限内，经营权人应当向土地所有权人支付约定的利益分成。

第七百一十二条　对于国家发放的土地耕种补贴，根据当事人约定，可以归土地所有权人，也可以归经营权人。当事人没有约定或者约定不明确的，归土地所有权人。

第七百一十三条　农业土地经营权人将土地转由他人经营的，经营权期限由当事人约定。但是所转让的经营权期限不得超过原经营合同中约定的期限。

第七百一十四条　经营权人将土地的经营权转由他人经营时，应当告知本集体组织，本村集体组织成员在同等条件下有优先受让经营的权利。

第七百一十五条　土地经营权人对土地进行经营，应当遵守物权行使原则，珍惜爱护土地，不得使用有害化肥或物质，不得种植转基因类产品或对土地和人畜有害的产品。[107]不得破坏环境，损害公众利益和土地所有权人利益。

第七百一十六条　集体土地经营权活动，应当接受环境资源部门的检查和监督。

第七百一十七条　农业土地经营可以采取承包、合作、入股等方式进行经营。各种经营权方式受到法律平等保护，不得相互侵犯，并排除其他人的非法干涉或者侵害。

第七百一十八条　国家所有并直接管理使用的农业用地或者国家所有由集体使用的农业用地实行分包经营的，适用本节的规定。

107　转基因类产品等，凡在常理上具有对人类具有危害可能性者，虽然尚无科学实验证明其危害性，也应当禁止。如已经出现的只能种植某特定主体所生产的种子，但种植过后，其他品种的产品在该土地上丧失生长能力的，就构成对土地的破坏和人类生存的危险。

第一分节　农地承包经营权

第七百一十九条　农地承包经营权人可以是本集体组织的农户或者个人，也可以是非农村集体组织的成员。

第七百二十条　成立农地承包经营权，农地承包经营权人应当与集体土地所有权人签订农地承包经营权合同。

第七百二十一条　农村集体组织的农户或者村民取得的农地承包经营权，可以与自己的土地合并经营，也可以对承包的农地单独经营。

第七百二十二条　农地承包经营权的主体为农户的，农户的户主为农户集体农地承包经营权的代表人。

第七百二十三条　农地承包经营权人有权对所承包的土地进行耕作种植经营，其种植作物的品种、种植方式，由承包经营人自己做主，但不得改变土地种植的用途和违反法律规定。

第七百二十四条　农地承包经营权人有权对所承包的土地自己直接经营，也可以将所承包的土地通过合同约定的方式转由他人经营。但应当经原土地所有人同意。

第七百二十五条　承包经营权人将承包土地以出租、转让的方式由他人经营的，其期限不得超过原农地承包经营权合同规定的期限。

第七百二十六条　承包经营权期限到期的，可以协商继续承包，重新签订承包经营权合同。不再承包经营的，将所承包经营的农地交还给土地所有权人。

第二分节　农地合作经营权

第七百二十七条　集体土地所有权人有权将各自的土地交由农业生产合作社进行规模化合作经营。

第七百二十八条　合作社进行合作经营，应当与土地所有权人签订合作经营协议。土地所有权人可以只以自己的土地进行投资合作经营，也可以与合作社签订劳动合同，同时成为合作社的劳动成员。

第七百二十九条　进行土地合作经营的，合作社应当由合作人共同推举合作社负责人。合作社负责人代表合作社行使合作社的权利，承担相应的义务。

第七百三十条　合作社的投资成员按照各自的投资份额分享权利，分担义务。对合作社的债务合作人承担无限连带责任，但不得以所投资的集体土地承担清偿责任。

第七百三十一条　合作经营期满，继续合作的，重新签订合作协议。合作经营未到期而解散的，应当经合作人共同协商或者经合作社三分之二以上成员同意。

第七百三十二条　合作经营解散的，土地仍归各合作人所有。

第三分节　农地公司经营权

第七百三十三条　集体土地公司经营权以农村集体土地入股或者公司的招股方式成立。

第七百三十四条　集体土地经营权公司作为独立的民商主体，依法独立承担民商责任。入股投资人以其投资的份额对公司债务承担有限责任。

第七百三十五条　集体土地所有权人或者投资人按照公司章程享受权利和承担义务，并可以通过签订劳动合同成为公司的职工。

第七百三十六条　公司经营权人应当对投资人的土地进行农业等种植性生产经营，不得改变集体土地的种植用途。

第七百三十七条　农业经营公司进行生产经营活动，聘用职工，同等条件下应当优先使用集体土地所有权人的成员。

第七百三十八条　农业经营公司的经营活动或者终止，按照公司法规定。但是经营不善导致破产的，不得以土地所有人所投资的集体土地承担责任，土地仍归原土地所有权人所有。

第四节　林地经营权

第七百三十九条　林地经营权是民商主体在国家所有或者集体所有的荒山、荒坡、荒地、荒滩、荒沟、滩涂、湿地等生态资源上进行果树、林木、藤竹、花草、植被等种植经营的权利，防止荒漠化、石漠化和水土流失，以推进国土绿化，促进生态系统的优化与修复。

第七百四十条　林地经营权人可以是自然人、家户或者公司、企业等民商主体。

第七百四十一条　林地经营权由林地经营权人与林地自然资源资产所有权人签订林地经营权契约。

第七百四十二条　林业经营权可以以承包、投资、入股等市场化方式进行经营。

第七百四十三条　对林地进行承包经营的，承包期限为三十年至七十年；特殊林木的林地承包期，经政府主管部门批准可以延长。

第七百四十四条　林地经营权人有权根据林地资源资产状况进行规划经营，逐步取得合理收益，并使林地自然资源资产得以休养生息和增容增值。

第七百四十五条　林地经营权可以依法转让，也可以依法作价入股或者作为合资、合作造林和经营林木的出资、合作条件。

第七百四十六条　林地经营权人应当按照绿水青山的山水生态理念进行实

际林业经营，不得将林业资源转作其他用途，不得对林地资源进行与生态资源保护相悖的行为。

第七百四十七条 国家保护林地经营者的合法权益，任何单位和个人不得侵犯林地经营权人依法享有的合法权益。

第五节 草地经营权

第七百四十八条 根据法律规定或合同约定，牧业经营者有权在国家或集体所有的草原、荒漠、荒地、滩涂上养殖种植并进行牧畜经营的权利。

第七百四十九条 草地的经营权期限为三十年至五十年。

第七百五十条 草地的经营权由牧民或者其他民商主体承包经营，也可以以投资、入股的方式以合作社或者公司的形式进行经营。

第七百五十一条 草地经营权人有权对牧地草场进行改良，促进其良性循环，不得掠夺性经营，不得荒芜草场，不得使草地草场退化或者沙化。

第七百五十二条 草地经营权人，应当按照发展草场牧业、改善生态环境、优化草地资源、提高综合效益的理念进行经营。

国家依法保护其合法的草地经营权。

第六节 水面经营权

第七百五十三条 利用国家或集体所有的水面进行鱼类养殖经营的，为水面经营权。

第七百五十四条 水面经营权的期限依照合同规定。

第七百五十五条 水面经营权人有权利用水面进行渔业类养殖和捕捞，但应当遵守相关规定，不得进行掠夺性捕捞。

第七百五十六条 从事养殖生产应当保护水域生态环境，保持优良水质，科学确定养殖密度，合理投饵、施肥、使用药物，不得造成水域和相关的环境污染。

第七节 矿业经营权

第七百五十七条 矿业经营权人有权根据法律规定的条件和程序对国有的矿藏进行勘探、采挖、经营。

第七百五十八条 矿业经营权的取得由矿产资源部门审核和批准。

第七百五十九条 矿产资源的经营应当按照严格开采范围、科学合理采挖、珍惜节约资源、防止污染浪费、保护恢复环境、提升经济和社会效益的原则进行。

第七百六十条 矿业经营权人进行矿业经营，应当按照国家对矿业资源经营的权限范围、种类数量进行，不得破坏和超限度开采，不得损害国家安全和长远利益。

第七百六十一条　矿业经营权受到法律保护。任何组织或者个人不得侵占和破坏。

第八章　获益权

第一节　一般规定

第七百六十二条　获益权是在控占权、占用权、用益权和经营权之外存在的一种权利。获益权根据法律规定直接产生，无需进行契约约定。

第七百六十三条　权利人对于他人的不动产资源无权进行控占利用，而有权在他人不动产之上单纯获取某种收益。但法律另有规定或者不动产所有人、经营人有特别声明者除外。

第七百六十四条　获益权包括在水资源上的捕捞、在陆地资源上的狩猎或者采集等权利。

第二节　捕捞权

第七百六十五条　自然人依法有权在国家所有的水流、水域对渔业资源进行捕捞和垂钓。

第七百六十六条　企业或专业户，应当凭捕捞许可证进行捕捞。

捕捞证书不得买卖、出租和以其他形式转让，不得涂改、伪造、变造。

第七百六十七条　在禁渔区、禁渔期内禁止捕捞。

第七百六十八条　捕捞者应当使用合理的捕捞工具，不得采用炸、毒、电等破坏性或者毁灭性的方法进行捕捞。

第七百六十九条　禁止使用小于最小网目尺寸的网具进行捕捞。捕捞的获益物中幼类生物不得超过规定的比例。

第七百七十条　禁止捕捞有重要生态价值和经济价值的水生动植物及其苗种。

第七百七十一条　捕捞到禁止放养的生物或者被放生的有害的生物，应当予以灭杀或者交水产生物主管部门处理，不得再行放生。

第三节　狩猎权

第七百七十二条　自然人有权在国家或者集体土地等自然资源上依法进行狩猎或者捕捉有关动物。

第七百七十三条　捕获动物，应当遵守法律规定。禁止猎捕、杀害或者伤害受法律保护的动物。

对于法律允许捕猎的动物，应当遵守关于捕猎动物的时间和数量的规定。

狩猎或者捕获有关动物，不得使用毁灭性或者禁止使用的方法和工具。

第七百七十四条 猎捕野生动物的，应当取得狩猎证书。捕猎者应当凭狩猎证捕猎。

第七百七十五条 禁止在自然保护区、禁猎区和禁猎期内捕猎。

禁止在自然保护区、禁猎区和禁猎期内，进行妨碍野生动物生息繁衍的活动。

第四节 捕捉权[108]

第七百七十六条 自然人有权捕捉法律特别保护外的鸟类、昆虫等进行饲养、欣赏或者支配受益。但土地等自然资源所有人或者经营权人声明禁止进入自己所有或者经营的地域范围内的，不得进入实施捕捉行为。

第七百七十七条 捕获者不得对国家保护的鸟类和昆虫类生物进行捕捉。不得在鸟类繁殖期内进行捕捉活动。[109]

第七百七十八条 对鸟类、昆虫进行捕获，应当使用正当合理的方法和工具，不得进行对环境有害或者灭绝性的捕捉行为。

第七百七十九条 捕捉鸟类、昆虫，法律规定有数额限制的，不得超过法律规定允许的数额。

第五节 采集权[110]

第七百八十条 自然人有权在国有或者集体所有的土地、山林、森林、草地等不动产自然资源上，采摘野果、野菜、菌菇、药材类植物。但是法律禁止采集的植物除外。

第七百八十一条 在国家所有或者集体所有的森林、山林等不动产自然资源上，自然人可以拾集柴薪。

---

108 理论常理上对鸟类、昆虫进行合理正当捕捉应当是人类的一项权利，实务上应当让人们知道该如何捕获和怎样行使此项权利，因而规定捕捉权一节。河南省辉县市一大学生捕鸟和掏取鸟蛋获刑十年半。人们意见分歧，叹息大学生的悲剧。但实际上是我们的法律不接地气之悲哀。南京某男以捕鸟为生，但用灭绝性的捕获方法，将大批三春益鸟捕获出售和致死，受到了行政法律制裁。此类问题的根源实际上在于人们不知道应当如何行使此项权利。

109 民间有“劝人不打三春鸟，子在巢中盼母归”之良言。当今文明社会，应当知晓“禁止捕捉三春鸟，需知鸟侯繁殖期”。

110 “神农尝百草，时珍辨药味。华夏文明浩，万年耀光辉”。古有采葛、采菊、采莲之歌；20世纪电影《青松岭》中尚反映进山采拾榛子是否合法之说；而当今生活，“江南有男子，进山采兰草。采兰十几棵，违法被罚缴”。故从理论到实践极有必要进行规定，因而规定采集权一节。

第七百八十二条　对于树木植物进行采伐修整，应当对树木植物生长有利，并不得对植被环境和生态环境造成不良影响。

第七百八十三条　进行野生采集，不得对植物所依附土地、草地植被等造成破坏。土地所有权人或者经营权人禁止他人进行采集的，应当尊重其意愿，他人不得进入采集。

自然人进行采摘，应当自身注意安全保护。对经营性收费采摘活动，经营者应当采取适当的安全警示和安全预防措施。[111]无经营性收费的采摘活动，采摘者自担风险。[112]

第六节　取水权

第七百八十四条　自然人享有对国有或者集体所有的土地资源上的自然水源、水流进行汲取的权利。

第七百八十五条　权利人为供生活生产需要取水的，有权直接对源水进行汲取饮用，有权使用通常的取水工具取水使用。

第七百八十六条　权利人汲取源水进行营业经营的，应当经过水资源主管部门批准，并按照批准的方式和计量进行汲取使用。

第七百八十七条　权利人取水用水应当珍惜水资源，爱护和保护水源，不得对水资源造成污染和破坏。[113]

第七百八十八条　权利人汲水取水，不得排斥和影响其他人享有同样的权利。

第七节　采风权[114]

第七百八十九条　自然人有权采风写生和观光游览，欣赏美丽中国之山水，享受自然，陶冶情操。

第七百九十条　观光采风，应当珍惜和爱护资源，维护资源生态环境和生态安全。

第七百九十一条　进行观光采风，应当遵守安全警示规则，不得擅自进入

111　如“老人景区爬树摘杨梅坠亡案例”，见广东省广州市人民法院民事判决书（2018）粤 01 民终 4942 号。

112　在某地，连续两年中秋节后，都有人因为拾摘板栗、橡子遭马蜂袭击而中毒伤亡的事故。

113　现代社会，远非古远社会时期，也非“日出而作，日入而息，凿井而饮，耕田而食”之时代，而是人口众多、技术先进，非依法律规定合理使用，诸多资源均将枯竭矣。皮将不存，毛将焉附？据报道，华北平原因种粮食抽取地下水而致地面下降 2 米，卫星已经能够监测得到。故当尊重自然、保护自然、珍惜自然，与自然共和谐，与自然共生存。

114　“智者乐水，仁者乐山”，与自然对话，与自然和谐，与自然作比，乃天人合一、超脱时尚，是洁身自好、修身治国之境界追求。“采菊东篱下，悠然见南山”；“遥望敬亭山，相看两不厌”；“滚滚长江东逝水，浪花淘尽英雄”。当专门规定采风权之故。

危险地带。对违反警示规则或擅自进入危险地带的，自负风险，并对发生营救措施造成的损失负责赔偿。

第七百九十二条　观光采风，不得对观光采风资源进行刻画、标记等行为，不得擅自改变自然资源面貌，破坏观光采风环境。

第八节　探险权[115]

第七百九十三条　自然人或者组织有权对大自然进行探险活动。

第七百九十四条　进行探险，应当科学计划，采取安全措施，不应进行盲目探险活动。

第七百九十五条　探险活动，应当妥善配备和处理探险用物品，不得对自然资源造成污染和破坏。

第七百九十六条　进行探险活动，应当安全用火，防止灾害，保证人身安全和自然资源安全。

法律对探险活动有特别规定的，遵照其规定。

第九节　祭念权[116]

第七百九十七条　公民个人或者组织有对英雄烈士进行瞻仰纪念的权利。[117]

公民个人有前往安葬英雄、先烈或者先祖、亲人的墓地进行祭扫、怀念的权利。[118]

第七百九十八条　祭念应当肃穆庄严，感念英雄、烈士、先祖之恩德贡献。

第七百九十九条　祭念者应当文明祭祀，维护英烈形象和民族尊严，保护

---

115 认识自然、解释自然、利用自然、改造自然，乃人类之天性。规定探险权，探讨自然奥秘，有益于人类文明进步，有利于人与自然和谐。

116 在中华文明与礼仪文化中，祭祀是极为重要的一种，历史悠久、博大精深。当今无论风俗与习惯中，仍为常普之事。天地人神，均为祭祀之列。为应民俗，国家专门规定春节、清明节、端午节、重阳节等为法定民俗节假日。故于民商事法律中，规定祭念之权，符合社会生活实际，有利于聚善民心、和谐社会关系。关于祭祀，有祭奠、祭扫之类的概念可以表达，但相比之下，祭祀更显幽远神圣、宽弘庄重；祭念范围较广，不失古义又添新辞。其中如果涉及人格身份方面的，即归人身权范畴；如果涉及遗体骨灰墓地方面的，则属物权范域。专门条文，可参见：《中国民商法典编纂中对人身权制度的整合与完善——附〈中华人民共和国民商法典“人身权编”草案建议稿〉（黄河版）》，《晋阳学刊》2017 年第 1 期。之所以把祭祀作为专门一节排列于此，主要原因在于行使祭念权，除精神意义外，更直接涉及对他人之物（遗体、墓碑、墓地、坟茔、庙宇、祠堂、寺观）的瞻观、利用或支配，故属他物权范畴。

117 崇尚英雄之民族，方为伟大之民族和有希望之民族。在市场经济时代，物欲横流，对于英雄烈士，国人万万不应忘去，而当崇敬缅怀，学习纪念。唯此，国家方能保全，科技方能创新，民族方能复兴，社会方能和平，人民方能幸福。

118 怀念先祖，乃知己身何处，从何而来，向何处去。不忘初心过去，珍惜当景现时，计划奋斗未来；感恩报德，传承孝道，敬老爱幼，修身齐家，治国平天下，扬中华传统优秀文化矣。

环境安全。[119]不得进行有碍观瞻和其他不敬之行为。

第九章 相邻关系[120]

第一节 一般规定

第八百条 相邻关系指权利人基于不动产相邻的事实，根据法律规定对他人的不动产有进行占用或者排除的权利，而不动产所有人或者其他物权人有义务予以宽容许可、相应配合或者接受必要限制的义务。相邻关系，也称相邻权。

第八百零一条 相邻人对待相邻关系，应当尊重自然规律，尊重双方利益，有利于节约资源，有利于改善和美化环境。

第八百零二条 相邻权关系，依照不动产相邻的自然现象和法律规定产生。相邻权人行使和享受相邻权利益，是无偿的。但是行使和享受相邻权利益，给不动产所有人或者其他物权人造成损害的，应当承担相应的民商责任。[121]

相邻人对相邻关系事先有特别约定的，依照其约定。有特别风俗和习惯的，尊重其习俗。

第八百零三条 相邻权包括相邻道路通行权、相邻管线设置权、相邻流水排水权、相邻通风采光权、相邻舒适休息权、相邻树木处置权。

第二节 相邻道路通行权

第八百零四条 相邻道路通行权是指权利人有权从相邻方特定土地道路上通行经过的权利。相邻通行权有相邻徒步通行权和相邻驱车通行权。

第八百零五条 相邻徒步通行权指允许相邻权人步行通过。相邻权人通过时，或者只能是行人通过，或者也可以牵带动物通过。

第八百零六条 相邻车辆通行权指允许相邻权人骑驾车辆通过的权利。但法律另有规定或者相邻人特别约定，有禁止特别车辆或者特别时段通行者除外。

第八百零七条 民商主体因生产作业需要从他人所有或者经营的土地道路

---

119 如维护建筑物安全，保证使用祭器祭品及用物防火安全。

120 关于相邻权关系，笔者于“通则编”第144条至第148条有相关表述，但那是从物权人行使物权的角度进行的规定。本节是对相邻权的专门规定，是对依法律规定和个人约定而在相邻人之间因不动产所发生的相邻关系的系统规定，也是对物权人行使不动产物权行为的限制和细化。关于前者的表述，参见《中国民商法典编纂的重大疑难问题——附〈中华人民共和国民商法典“通则编”草案建议稿〉（黄河版）》，《晋阳学刊》2016年第3期。

121 此类情形，如前往祖先墓地进行安葬或祭祀活动，必须经过他人山林土地的，他人应当许可。但是造成庄稼或林木损失，他人要求赔偿的，应当赔偿。这样满足了相邻权人的利益，同时促使相邻权人在行使相邻权时尽力避免给对方造成损失，照顾到了双方利益。又如，甲通过乙地浇灌自己田地里的庄稼，需要通过乙地时，乙应当允许。但甲的行为致使乙的庄稼被淹，造成损失的，乙有权要求赔偿。

上通行，可能对相邻土地道路造成损害的，应当与相邻人协商约定，并避免给他人造成损失，已经造成损失的，应当承担民商责任。

第三节　相邻流水排水权

第八百零八条　相邻权人根据法律规定或者当事人约定有从他人土地及其附着物上进行排水或者流水的权利。

第八百零九条　对于自然流水，应当尊重水的自然流向。上游相邻人不得擅自改变水的流向，下游相邻人不得擅自堵截水流。

第八百一十条　自然河流两岸之相邻人，不得填堵水流，扩增河岸，以使水流淹漫或者冲蚀对岸相邻人的土地。

第八百一十一条　建筑物上的雨水，应当流滴于建筑物所在土地上，建筑物所有人不得使自己建筑物上的流水，直接滴注于邻人的建筑物或者所使用的土地上。

第八百一十二条　用水排水必须经过相邻人的土地的，应当与相邻人协商，相邻人应当允许。但用水排水人应当采取适当措施，以避免给对方造成损失。造成损失的，应当承担民商责任。

第四节　相邻管线设置权

第八百一十三条　相邻人有从特定相邻土地上埋设管线或者从相邻建筑物上设置管线的权利。

第八百一十四条　铺设电线、电缆、水管、燃气、暖气等，必须利用相邻土地或者建筑物的，该土地、建筑物的权利人应当允许并提供必要便利。

第八百一十五条　管线的设置应当安全、合理，不得给相邻人的人身和财产造成危险或者损害。

第八百一十六条　管线设置完毕，应当清理或者恢复现场原状，避免给他人造成损害。给他人造成损害的，应当承担民商责任。

第五节　相邻通风采光权

第八百一十七条　自然人居住生活，依法享有通风、采光和日照的权利。

第八百一十八条　建造建筑物，不得违反法律规定的建筑标准，不得妨碍相邻建筑物居住人的通风、采光和日照。

建筑物的式样、朝向和高度的设定，当地有民俗习惯的，应当予以尊重。

第八百一十九条　修建收集或者清运垃圾等建筑场所的，应当符合环境保护要求，不得对相邻居住人造成空气污染。

第六节　相邻舒适休息权

第八百二十条　不动产权利人挖掘土地、建造建筑物、铺设管线、安装设施、装修房屋等，不得危及相邻人的人身和财产安全。

第八百二十一条　房屋装修等施工，相邻建筑物已经有较多住户的，施工人不得在法定节假日、休息日或者通常的歇息时间内进行施工。[122]

第八百二十二条　施工人对施工车辆和施工设备，应当采取措施，防止造成空气污染和噪声污染，保护相邻人的人身安全和正常休息。

设施所有人对于不可避免的噪音，应当进行改进和采取隔消音措施，符合有关噪音规定标准，减少和降低噪音对相邻人的影响。

第二百二十三条　机动车辆的使用人或所有人，应当遵守鸣笛的规定。除急救等特种车辆外，不得在夜间鸣笛。

第二百二十四条　经营性或者娱乐性场所以及其他使用音响设备的人，应当遵守通常作息时间的规定，控制播放音量，不得影响邻人作息与生活的安宁。

第八百二十五条　饲养动物，应当遵守相关法律规定，采取安全和卫生及相关防护措施，不得对相邻人的生活休息造成惊恐、骚扰和危险损害。

第八百二十六条　养鸡、养羊等饲养场所的修建，应当远离相邻人村庄，不得位于上风口，并应当采取有效措施，防止空气污染。

第八百二十七条　居住区、居民楼内，不得饲养鸡鸭、蛇蝎等给相邻人造成人身危险和空气污染的动物或者宠物。

第八百二十八条　装饰美化类照明灯具，应当注重环保，节约资源，防止滥用光照，造成视觉污染，影响邻人作息。

第八百二十九条　不动产上不得安装或放置违反法律规定标准的电磁波辐射等有害物质。

---

122 2016年6月的一个周六，中午1点左右，家住501的住户找到安装工，为其安装购置的防盗门。机械打孔作业，产生噪音。此时，家住301的住户李某听到噪音，上楼劝阻，要求停止施工。501房屋代管人向李某赔礼道歉，说半小时就好。李某遂回房休息。安装施工完毕，李某老伴发现李某身体异常，急忙拨打120急救。但李某仍因抢救无效死亡，死因为心源性猝死。李某事发前患有冠心病，定期服药。事后，李某妻儿起诉至法院，索赔死亡赔偿金129万。一审判决501住户及安装工对李某突发病症死亡的后果不承担侵权责任，仅判决补偿丧葬费、救护费1.8万余元。李某家属不服上诉。二审认为不足以建立因果关系，终审维持原判。在法律根据上，被告方违反了《环境噪声污染防治法》及《北京市环境噪声污染防治办法》等法律规章中有关装修时间的规定。对该案判决结果，社会网友争论不休。故笔者主张将此类问题规定上升于《民商法典》基本法中加以规定，有利于提升公众对噪音相邻关系的认知与关注并减少此类侵害，有利于依法妥当处理此类纠纷。噪音虽然不是造成死亡的直接原因，但却可能是造成病情发生的条件。如今法律规定和司法实践中只注重所谓因果关系，似有太过片面机械之嫌，不符合幸福生活之目的。

第七节　相邻竹木越界权

第八百三十条　竹木伸展越界的，竹木所有人应当修剪处置，未处置而影响相邻人利益的，相邻人有权在分界线处剪除。

树根、藤蔓枝条越界伸至相邻人不动产的，相邻人有权在分界线处自行砍除。

第八百三十一条　越界树木上的果实自然掉落于相邻人土地上的，归相邻人所有。

第八百三十二条　权利人在自己土地上栽种树木植物，应当根据树木植物类型与相邻人土地分界线留有合理的距离，不得使树木根部伸延至相邻人土地，不得使树冠影响相邻人庄稼植物的正常光照。

在共有分界线上长出或者种植的树木为相邻人共同所有，其管理和孳息收益按共有规则处理。

第十章　物权证书

第一节　一般规定

第八百三十三条　根据物是不动产或者动产及其在社会生活中的价值作用，对物权进行分类管理与登记。

第八百三十四条　不动产物权，应当依法登记。但法律规定无需进行登记者除外。

不动产物权登记，具有权利公示的法律效力。权利人以物权登记及因登记取得的物权证书，对抗权利人以外的任何人。未经登记的，不发生物权取得的效力。

第八百三十五条　转让不动产物权，应当进行不动产物权转让登记，未经登记的，不发生不动产物权转让的效力。

第八百三十六条　动产物权，因权利人对特定的动产进行实际占有、控占而发生权利公示的法律效力。

但是对船舶、飞行器和机动车辆的物权，应当登记。未经登记的，该动产不得投入运营或使用。

第八百三十七条　经物权登记取得的物权证书由物权人持有和使用，就证书所记载的特定主体和客体具有权利证明的效力。

物权证书可以用以债的担保，但不得转让、出租或者出借他人使用。

对物权证书不得非法扣押或没收。

第二节　不动产物权登记

第一分节　不动产物权的登记范围

第八百三十八条　对不动产物权进行登记是国家对不动产物权的权利归属及其支配状况的确认和证明。

第八百三十九条　不动产物权的转让，除原因行为和交付行为外，应当依法登记。但法律另有规定或者当事人有特别约定者除外。

第八百四十条　国有土地及其他国有不动产资源所有权依法进行登记，法律另有规定不需要进行登记者除外。

第八百四十一条　建设地用益权应当登记。建设地用益权可以单独登记，也可以与建设地上之建筑物一并登记。

第八百四十二条　房屋所有权应当登记。房屋所在的建设地用益权随房屋所有权一并登记。

第八百四十三条　农村集体土地及其他不动产资源所有权依法进行登记，法律规定不需要进行登记的，可以不登记。

第八百四十四条　农村农户集体土地所有权（农户集体土地承包权）依法进行登记。

第八百四十五条　农村农民的宅基地用益权实行登记制度。

农户在宅基地上的建筑物所有权可以与宅基地用益权分别登记，也可以一并登记。

第八百四十六条　农村集体土地以外的其他不动产资源所有权和承包经营权，法律规定需要登记的，应当登记。

第八百四十七条　不动产登记，由不动产所在地的登记机构办理。

第二分节　不动产物权的登记程序

第八百四十八条　当事人申请不动产物权登记，应当根据不同登记事项提供权属证明和不动产的界址、面积等必要材料。

第八百四十九条　登记机构应当履行下列职责：

（一）查验申请人提供的权属证明和其他必要材料；

（二）就有关登记事项询问申请人；

（三）如实、及时登记有关事项；

（四）法律、行政法规规定的其他职责。

申请登记的不动产的有关情况需要进一步证明的，登记机构可以要求申请人补充材料，必要时可以实地查看。

第八百五十条　登记机构不得有下列行为：

（一）要求对不动产进行评估；

（二）以年检等名义进行重复登记；

（三）超出登记职责范围的其他行为；

（四）要求提供无关的证明材料或者拖延登记。

第八百五十一条　依法应当进行登记的不动产物权，自登记机构将不动产记载于不动产登记簿时发生效力。登记机构登记记载完成，应当随时向不动产物权人颁发相应的物权证书。

第八百五十二条　不动产权属证书是权利人享有该不动产物权的证明文书。不动产权属证书记载的事项，应当与不动产登记簿一致；记载不一致的，除有证据证明不动产登记簿确有错误外，以不动产登记簿上的记载为准。

第八百五十三条　不动产物权人、利害关系人认为不动产登记记载的事项错误的，可以申请更正登记。不动产登记簿记载的权利人书面同意更正或者有证据证明登记确有错误的，登记机构应当予以更正。

不动产登记簿记载的权利人不同意更正的，利害关系人可以申请异议登记。登记机构予以异议登记的，申请人在异议登记之日起十五日内还应当向人民法院起诉，满十五日不起诉，异议登记失效。异议登记不当，造成权利人损失的，权利人可以向申请人请求承担民商责任。

第八百五十四条　当事人签订买卖房屋或者其他不动产物权的协议，为保障将来实现物权，按照约定可以向登记机构申请预告登记。预告登记后，未经预告登记的权利人同意，处分该不动产的，不发生物权处分的效力。

预告登记后，债权消灭或者自能够进行不动产登记之日起三个月内未申请登记的，预告登记失效。

第八百五十五条　当事人提供虚假材料申请登记，给他人造成损害的，应当承担法律责任。

因登记错误，给他人造成损害的，登记机构应当承担法律责任。登记机构承担赔偿的，在赔偿后可以向造成登记错误的人追偿。

第八百五十六条　不动产登记簿是确定物权归属和内容的根据，不动产登记簿由登记机构管理，允许任何人进行查询。

不动产权利人、利害关系人可以申请查询、复制登记资料，登记机构应当提供。

第八百五十七条　当事人之间订立有关不动产物权变动的契约，除法律另有规定或者契约另有约定外，自契约成立时生效；未办理物权登记的，不影响契约的效力。

第八百五十八条　不动产登记费按件收取，不得按照不动产的面积、体积或者价款的比例收取。

第八百五十九条　对于不动产，国家实行统一登记制度。

具体不动产的登记范围、登记机构、登记办法、收费标准以及登记机构的责任，由法律或行政法规专门规定。

第三节　动产物权登记

第八百六十条　对动产中的船舶、飞行器和机动车辆及其物权归属，依照法律规定或行政法规进行管理和登记。未经登记的，不得运行或者使用该动产。

第八百六十一条　对于动产物权，国家实行分别登记制度。

属于道路交通工具的车辆，由公安交通管理部门依法登记。特殊车辆，由法律规定的专门管理部门进行登记。

用于水上作业的船舶，由水上交通管理部门依法登记。

航空飞行器的物权，由法律规定的专门部门登记。

第八百六十二条　动产依法登记的，登记机关依法颁发相关证书，作为动产物权人所有权权属和支配使用该特定动产的合法证明。

第八百六十三条　对于船舶、飞行器、机动车辆等动产，实行年检登记制度。

依法需要进行登记的动产未予年检登记的，不得继续使用。

第八百六十四条　动产登记的范围、登记机构、登记办法、收费标准，依照行政法规规定。

第四节　物权证书

第八百六十五条　物权证书证明物权人特定物权的真实性与合法性。

第八百六十六条　物权证书的记载事项应当真实齐全。其记载事项不得擅自更改，擅自更改的证书丧失法律效力。

第八百六十七条　物权证书上登记记载的权利人即为所登记动产、不动产财产的权利人。但法律有特别规定或者当事人有特别约定者除外。

第八百六十八条　物权证书归证书上载明的权利人所有。物权证书配合所登记财产共同使用。物权证书应当妥善保管。物权证书毁损或者灭失的，应当向原登记部门申请，依照补办程序进行补办。因证书毁损灭失而造成的损失由权利人自己负责。

第八百六十九条　物权证书不得转让，转让物权证书所记载的财产的，应当到登记机构办理转让登记和过户手续。

第八百七十条　取得应当进行登记的不动产或者动产的，应当及时办理物权登记。未办理登记的，应当补办。补办登记的物权效力从补办登记的时间开始。

第八百七十一条　原因行为违反法律规定被确认为无效民商行为的，不能产生物权效力。已经登记的，应当撤销登记或者更正登记。

原因行为合法产生的物权，未依法律规定进行登记和取得物权证书的，应当补办登记和颁发证书。未补办登记和领取证书的，不发生物权公示的法律效力，但其财产受本法的同等保护。

Revision, Integration, Innovation and Perfection of Real Right System in the Compilation of Chinese Civil and Commercial Code: Attached *the Proposal Draft of Real Right Part (Yellow River Edition) of the Civil and Commercial Law Code of the People's Republic of China*

Wang Mingsuo

Abstract: In order to complete the great task of "strengthening the Construction of Market legal system and compiling Civil Code", the General Principles, which will be the first part of the Civil Code, have been adopted, and the compilation of each subseries is under way. From the published draft, it consists of real right, contract, personality right, marriage and family, inheritance and tort liability. But from the view of the internal logic and formal system of the Civil Code, the general principles, personal rights, real rights, intellectual property, debt and inheritance should be more scientific, reasonable and rigorous, with the characteristics of the Chinese times and national style. In the civil and commercial rights, the real right should be after the personal right. However, the content system of real right is the content system of real right. Following the conclusion of the Nineteenth National Congress on the main contradictions of the society in the new era, this paper pursues the balanced development of the society and the needs of the people for a better life, and adheres to the property right as the dominating characteristic of the human being over things. The objective realistic relationship between the subject of civil and commercial affairs dominating things in the social life of Chinese market economy, according to its characteristics of power, belongs to the right of ownership and other real right, and from the angle of separation of the power of ownership and the right of ownership. The author divides his real right into four basic types: control right, occupation right, usufruct right and management right, and sets up the theory of real right ruled by law and academic discourse system with Chinese scientific characteristics. To make it more practical for the civil and commercial subjects to provide more systematic norms of conduct, but also for the judiciary to provide more concise rules of adjudication. And continue to understand and act in one, condensed into a draft law. The contents of *the proposed draft of Real Right Part (Yellow River*

Edition）are as follows：general principles；ownership（from real right）；ownership acquisition；control right；occupation right；usufruct right；management right；profit right；adjacent relation；property right certificate.There are 398 articles in 10 chapters，226 articles in General Principles and 247 articles in Personal Rights，a total of 871. As far as the whole of the Code is concerned， it is to the end.

Keywords：Civil Code Compiled；Civil and Commercial Law；Property Rights Part；The Draft；Proposal；*Yellow River Edition*

论《民法总则》中未成年人自我决定权的价值基础和制度完善

骆正言

摘　要：《民法总则》第 35 条规定“尊重被监护人的真实意愿”，这是对《未成年人保护法》“听取他们（指未成年人——作者注）的意见”的沿袭和强化，赋予了未成年人在家庭关系中的自我决定权，只要不伤害他人和未成年人自己。但是这样的观念，还不能得到大部分父母或其他监护人的理解和支持，为此深入探究该条款的价值基础仍然很有必要。从法理上看，保护未成年人自我决定权是各国民事立法的通例，是尊重未成年人人格尊严的结果，有助于实现未成年人的最大利益，而且也不违反中国传统家庭美德。当然仅有理念也不能保证未成年人自我决定权的有效落实，未来《民法典·亲属编》还需进一步在改名、劳动、抚养权归属等方面细化未成年人自我决定权的范围，对剥夺未成年人自我决定权的行为设置相应的处罚措施，增加未成年人本人、亲属及检察机关作为诉讼主体，赋予未成年人亲属、教师、医生等人员强制报告的义务。

关键词：民法总则；未成年人自我决定权；未成年人最大利益；传统家庭伦理；《民法典·亲属编》

作者简介：骆正言（1975—　），南京师范大学法学院博士后研究员，中国法治现代化研究院研究员，江苏开放大学公共管理学院副教授，主要研究方向为人格权、平等权、儿童权利研究。

目 次

一、问题的提出

2017 年通过的《民法总则》第 35 条规定，“未成年人的监护人履行监护职责，在作出与被监护人利益有关的决定时，应当根据被监护人的年龄和智力状况，尊重被监护人的真实意愿”。这条规定是对 1991 年制定的《未成年人保护法》第 14 条的借鉴和强化——“父母或者其他监护人应当根据未成年人的年龄和智力发展状况，在作出与未成年人权益有关的决定时告知其本人，并听取他们的意见。”如果再往前追溯，《未成年人保护法》中关于听取未成年人意见的规定，则来源于 1990 年生效的《儿童权利公约》第 12 条——“缔约国应确保有主见能力的儿童有权对影响到其本人的一切事项自由发表自己的意见，对儿童的意见应按照其年龄和成熟程度给以适当的对待。”[1]而在此之前，我国《民法通则》和相关司法解释都没有这样的规定。比如 1986 年出台的《民法通则》规定，监护人责任包括“保护被监护人的人身、财产及其他合法权益，除为被监护人的利益外，不得处理被监护人的财产”（第 18 条）。最高人民法院 1988 年《关于贯彻执行〈中华人民共和国民法通则〉若干问题的意见（试行）》列举了监护人的义务，包括保护被监护人的身体健康，照顾被监护人的生活，管理和保护被监护人的财产，代理被监护人进行民事活动，对被监护人进行管理和教育，在被监护人合法权益受到侵害或者与人发生争议时代理其进行诉讼（第 10 条）。[2]如今《民法总则》将《未成年人保护法》上的“听取意见”，修改为“尊重意愿”，可以看出我们对未成年人意见的重视程度更高了。

《民法总则》“尊重被监护人的真实意愿”的规定并不难理解。首先，“未成年人的监护人”指的是未成年人的父母，或祖父母、外祖父母、兄姐等等（《民法总则》第 27 条）。其次，“履行监护职责”就是保护被监护人的人身权利、财产权利以及其他合法权益（《民法总则》第 34 条），[3]也包括父母对子女的教育，我国民法没有规定亲权制度，关于抚养、保护、教育等亲权的内容就涵盖在监护之中。[4]需要注意的是，“亲权”这个词因为更多表达的是父母的一种权利，而

1 参见全国人大网，http: //www.npc.gov.cn/wxzl/wxzl/2000-12/28/content_2658.htm，访问时间：2019 年 7 月 8 日。

2 需要注意的是，该意见部分条款（如第 88 条、第 94 条、第 115 条、第 117 条、第 118 条、第 177 条），因与《物权法》有关规定冲突，已被废止。参见 2008 年 12 月 8 日最高人民法院通过《关于废止 2007 年底以前发布的有关司法解释（第七批）的决定》。

3 参见佟柔主编：《中国民法》，北京：法律出版社 1990 年版，第 75 页。

4 参见杨立新：《〈民法总则〉制定与我国监护制度之完善》，《法学家》2016 年第 1 期。

较少关注父母的义务，与现代社会保护未成年人最大利益原则不太适应，所以有的国家（如德国和法国）就将亲权改成了“父母照顾”（Elterlichen Sorge）。[5]再次，“在作出与被监护人权益有关的决定”，意思是监护人履行监护权，触及未成年人权益。复次，“根据被监护人的年龄和智力状况”，意思是未成年人的年龄和智力水平达到一定的程度，能够认识外部世界、选择个人行为。最后，“尊重被监护人的真实意愿”，就是根据和遵循未成年人真实存在的、不是被欺骗或被诱导的想法、喜好、愿望来考虑和决定未成年人事务。

理解这一条款的难点在于，我们为什么要尊重未成年人的意愿，或者用本文的术语来说，为什么要确立未成年人的“自我决定权”？“自我决定权”这一称谓是笔者借用日本学者大塚信一的说法，大塚信一教授在讨论亲子关系、师生关系、医患关系时，将尊重未成年人意愿、给予未成年人自由，称之为未成年人的“自我决定权”。[6]这个问题非常重要，如果不能讲清讲透未成年人自我决定权的意义和价值，即使法律上有明文规定，未成年人的自我决定权也很难为他们的父母或其他监护人甚至执法人员心悦诚服地接受和执行。以下这个例子就很能说明尊重未成年人自我决定权的困难。

为解决中国中小学生课业负担过重问题[7]，政府教育部门在敦促学校减少课后作业后，又开始对课外辅导机构进行治理。比如要求辅导班不能公开学生成绩，学校不能将辅导班成绩作为考核、升学的依据。[8]然而在笔者看来，这种做法仍然是徒劳的。不准学校布置作业，父母就会让孩子去参加辅导班；不准办辅导班，父母还可以把教师请到家里。总之只要有“虎爸”、“狼妈”，什么学习都可以在家完成，奥数、钢琴、田径甚至整个学校教育（如让孩子在家上学）[9]，父母甚至还可以不顾孩子感受，将幼儿强行带去参加比赛或电视节目。问题的关键不在学校和培训机构，而在于父母，在于父母在不考虑未成年人意愿的情况下对未成年人的任意教育和过度教育。可见父母的观念一天不改变，父母一

5 参见薛宁兰：《我国亲子关系立法的体例与构造》，《法学杂志》2014 年第 11 期；肖新喜：《亲权社会化及其民法典应对》，《法商研究》2017 年第 2 期。

6 参见〔日〕大塚信一：《自己决定権と法》，东京：岩波书店 1998 年版，第 150—153 页。

7 据介绍，上海中小学生在国际 PISA 考试中超过许多英国、美国的孩子，但上海学生的学习时间却远远高于其他国家的孩子，平均每天达到十个小时，而国外的孩子只有六个小时。与此相伴随的是，中国孩子的睡眠不足、运动不够、创新缺乏。相关研究可参考俞可：《教育，走进战国时代?——漫话〈虎妈战歌〉》，《北京大学教育研究》2011 年第 2 期。

8 参见教育部、民政部、人力资源社会保障部、工商总局联合发布的《关于切实减轻中小学生课外负担开展校外培训机构专项治理行动的通知》，https://www.sohu.com/a/223938215_99973445，访问日期：2018 年 11 月 12 日。

9 四川泸州居民李铁军因不满学校教育水平低下，将孩子留在家中上学，时间长达十一年。如今孩子“不仅在文化知识上不如同龄人，而且脱离了与同龄人正常的社会交往，让人担心她未来如何在社会上生存”。王钟的：《旁门左道的教育让孩子成为牺牲品》，《中国青年报》2016 年 8 月 23 日，第 2 版。

天认识不到尊重未成年人自我决定权的重要性，未成年人学习负担过重问题就一天不能解决，无论教育部门出台什么减负措施、采取什么治理手段。因此本文将从几个方面探究未成年人自我决定权的价值基础，最后在这个基础上提出落实该权利的制度方案。

二、保障未成年人自我决定权是世界各国的通例

保障未成年人自我决定权的理由，首先可以从比较法上寻找，因为尊重未成年人的自我决定权是世界各国的通例。在人类社会早期，未成年人是没有权利可言的，他们不具备人的资格，而只是父亲的财产，父亲可以随意丢弃、杀害、买卖子女。[10]直到19世纪末20世纪初，人类社会才制定法律保护未成年人不受饥饿、虐待、剥削。比如当时的美国通过法律设定童工最小年龄，缩短儿童劳动时间，给儿童提供免费的义务教育，以及禁止虐待和忽略儿童；[11]国际社会也于1924年签订了《日内瓦儿童权利宣言》，1959年通过了《儿童权利宣言》。不过这时候的未成年人权利保护侧重于为未成年人提供安全、食物、教育、医疗等物质手段，按照基本权利理论来说，就是侧重于保障未成年人的社会权，却忽视了未成年人自由权或自我决定的保护。

未成年人自我决定权的兴起源自美国。20世纪下半叶，美国民权运动蓬勃兴起，黑人和妇女纷纷走上街头，要求各种政治经济权利，未成年人也呼吁社会给他们更多的自由。[12]司法界也在保护未成年人的社会权之外，率先在世界范围内重视未成年人的自由权。这方面的一个标志性案例，是美国联邦最高法院1969年判决的廷克案（Tinker），[13]该案首次提出未成年人也受宪法上的信仰自由的保护。案件的经过是高中生廷克在校园散发并佩戴反越战袖章，学校勒令其摘下袖章，廷克表示拒绝后，学校给予廷克惩戒处分。廷克便以信仰自由受侵害为由向法院起诉，意见得到了联邦最高法院的认可，最高法院判决未成年人的信仰自由也受宪法第一修正案的保护，学校无权要求廷克摘下反战袖章。通常情况下只有成年人才有权享受信仰自由，未成年人因为思想单纯、意志薄弱，他们有义务在思想上接受家庭和社会的教育，没有选择或坚持某种信仰的自由。美国联邦最高法院的上述意见改变了这种认识，法院认为尽管未成年人

---

10 参见〔美〕孟罗・斯密：《欧陆法律发达史》，姚梅镇译，北京：中国政法大学出版社2003年版，第87页。

11 参见〔美〕Karla D. Camichael：《游戏治疗入门》，王瑾译，北京：高等教育出版社2007年版，第278页。

12 参见张爱民：《二战与美国黑人民权运动的兴起》，《史学月刊》2002年第4期。

13 Tinker v. Des Moines School District，393 U.S. 503（1969）.

身心尚未成熟，他们也有权选择和保持自己的信仰。[14]

这种将自由权赋予未成年人的做法，对联合国《儿童权利公约》产生了极大的影响。[15]公约除了保护未成年人的各种福利权外，还以相当大的篇幅在第 13 条至第 15 条中列举了未成年人的多项自由权，包括言论自由、思想自由、信仰自由、结社自由、集会自由等。此外，公约第 12 条概括性地规定了未成年人的自我决定权，也有学者称其为未成年人的参与权："缔约国应确保有主见能力的儿童有权对影响到其本人的一切事项自由发表自己的意见，对儿童的意见应按照其年龄和成熟程度给以适当的对待。"根据公约条款，未成年人不但在信仰、思想、结社、集会等方面有自我决定权，在涉及未成年人利益的其他事项上，他们也有意见被听取和被尊重，或者自我决定的权利。

《儿童权利公约》制定后，许多国家的民事立法都对未成年人的自我决定权作了规定。比如《德国民法典》第 1626 条规定："（2）在抚养和教育时，父母应考虑子女不断增长的能力和子女对独立地、有责任感地实施行为之不断增长的需要。以这样做依子女的发展阶段系适宜的为限，父母与子女商讨父母照顾的问题，并力求取得一致意见。"[16]该条款的意思是随着年龄的增长，未成年人逐渐有能力也有意愿独立决定自己的事务，并对自己的行为负责，父母对此应予以尊重，不能强迫、压制。另外，日本《儿童福祉法》第 2 条规定："所有国民都应该努力确保儿童在良好的环境中出生；应该在社会生活的各个方面，根据儿童的年龄大小和成熟程度，尊重他们的意见。"[17]这和《德国民法典》的规定非常近似。

除了这些概括性规定之外，两国民法典还有一些更具体的落实未成年人自我决定权的条款。比如在姓名选择和变更上，《德国民法典》第 1617 C 条（1）规定："父母在子女已满 5 周岁后确定婚姻姓氏的，仅在子女同意更改姓氏时，婚姻姓氏的效力才及于子女的出生姓氏。已满 14 周岁的行为能力受限制的子女，

---

14 参见〔日〕大塚信一：《自己决定権と法》，东京：岩波书店 1998 年版，第 150—151 页。在这个案件之后，美国联邦最高法院在高尔特案（J.F. Gault）中将未成年人纳入正当程序条款保障的范围。宪法上的正当程序条款保障的是公民在侦查、审判过程中有听证、沉默、辩护、辩论、公开审理等公正审判的权利。高尔特案说的是未成年人高尔特因为向邻居的女孩拨打猥亵电话被调查审判，庭审中高尔特提出警察未告知他有沉默权，法院没有为他聘请律师，违反了宪法上的正当程序条款。最高法院提出正当程序条款的覆盖范围不局限于成年人，未成年人也受宪法正当程序条款的保护。IN RE GAULT，387 U.S. 1（1967）.

15 联合国人权委员会在起草《儿童权利公约》时，先是参考了波兰的提案，该提案比较注重儿童的社会权。当美国加入会谈后，美国政府的提案受到了重视，该提案更重视儿童独立于父母的利益，更重视儿童自由权的保障。参见〔日〕大塚信一：《自己决定権と法》，东京：岩波书店 1998 年版，第 152—153 页。

16 陈卫佐译著：《德国民法典》，北京：法律出版社 2010 年版，第 487 页。

17 《児童福祉法》（昭和二十二年法律第百六十四号，平成二十九年法律第七十一号改正），http://www.shugiin.go.jp/Internet/itdb_gian.nsf/html/gian/honbun/houan/g19005055.htm。

只能自行做出意思表示；为此子女必须得到其法定代理人的同意。”[18]据此，超过5周岁的未成年人，有权决定是否修改自己的姓名，而年满14周岁之后，只有未成年人自己，才能提出修改姓名的意思表示。在参加劳动、选择职业方面，《日本民法典》第823条（职业许可权）规定：“子女非经行使亲权人许可，不得从事劳动。”亲权人相当于监护人。这一条的意思是，只有经过父母或其他监护人同意，子女才可以参加劳动。不过反过来看这一条又隐含着子女要参加劳动，不能只由父母决定，子女也有参与决定权。在个人信仰方面，《德国家庭法》规定父母无权改变孩子的信仰。[19]这意味着未成年人有权选择信仰。

上述这些规定都可以看成未成年人自我决定权的具体表现，说明尊重未成年人的自我决定权是许多国家民事立法的通例。以上是本文要说的保障未成年人自我决定权的第一个理由。

三、保障未成年人自我决定权是实现其人格尊严的条件

保障未成年人自我决定权的第二个理由，在于它是实现未成年人宪法上最核心的基本权利——人格尊严的前提。人格尊严是世界上大多数国家在宪法层面上规定的基本权利，我国宪法第38条规定，“中华人民共和国公民的人格尊严不受侵犯”。“人格尊严不受侵犯”的意思是所有国家机关、社会团体、公民个人在对待“他人”的时候，都必须给予一种特殊尊重，不同于对待其他的动物、植物或物体（德国宪法学者杜里希的“客体公式”），必须将他人当作“目的”本身，而不仅仅是达到某种目的的“手段”（康德的“目的公式”）。[20]

换句话说，一个社会、国家或个人在采取行动、设定计划、实施管理的时候，不能只想着自身的目的，也不能为了自身的目的不择手段，而应该在实现自身目的的同时，一并考虑和设法满足他人的目的，努力使社会、国家、个人和他人达成双赢。具体来说，社会一方面要为每个人提供基本的物质保障，比如最基本的安全、最基本的食物、最基本的医疗等等，确保每个人过一种有尊严的生活。[21]另一方面要尊重每个人的自我决定权，让他人通过自己的选择和行

18　参见陈卫佐译著：《德国民法典》，北京：法律出版社2006年版，第506—507页。

19　Wilfried Schlüter，*BGB – Familienrecht*，C.F. Müller Juristischer Verlag 1993，S.254.

20　参见李震山：《人性尊严与人权保障》，台北：元照出版有限公司2001年修订版，第13页。

21　Paul Tiedermann，*Menschenwürde als Rechtsbegriff：Eine Philosophische Klärung*，BWV.BERLINER WISSENSCHAFTS-VERLAG 2007，S.239-247.

动，实现自己的目的，满足自己的需要。[22]按照本文的说法就是尊重他的意见和意愿，承认他的自我决定权。总之，为了尊重一个人的尊严，为了让他像“人”一样地活着，就应该给他自我决定的权利。

不过这里说的是抽象的人，具体到未成年人，我们该不该给他自我决定权呢？有些人会觉得未成年人尚未成人，身体和智力都不够成熟，不能和成年人一样对待。的确，我们必须承认未成年人和成年人有所不同，所以社会才要给成年人设置监护制度，来保护未成年人的权益，弥补未成年人身心两方面的不成熟。但是我们也得承认，未成年人也是“人”，不是物体，也不是低级的“人”，他同样是康德所说的具有自由意志的人，因此他也应该享有基本的人格尊严。康德所说的自由意志是指人不受自然律控制，自己决定自己行为的能力，这是人区别于其他生物的特殊品质，也是人应该被给予特别的尊重的重要原因。[23]自由意志不仅成年人有，未成年人要有。现代发展心理学（Entwicklungspsychologie）的研究成果显示，未成年人不是完全被动地按照外界的指令作出行动，而是从小就具有影响和控制外在世界的冲动，比如出生不久的婴幼儿就能从抓握物品上感到快乐，三岁的孩子就已经表现出对于外界要求的抵抗。[24]

总之，未成年人虽然小，但也是一个人，也和成年人一样具有自由意志，所以他也应该享有基本尊严，进而也就应该被赋予自我决定权。如果一个人的自我决定被剥夺，那他的人格尊严就会受到损害。前文提到的那些不顾孩子的喜好，强迫孩子学习某种特殊技艺的父母，他们有一些人打心底里就认为孩子是自己的财产（物品），想怎么处置就怎么处置，这是典型的不尊重未成年人的尊严；还有一些是将自己的希望寄托在孩子身上，让孩子去实现自己未竟的目标，孩子稍有不济，不是被打就是被骂，这也是不考虑孩子本身的目的，仅将孩子当作完成父母目的的手段和工具，也是典型的侵犯未成年人人格尊严的行为。

当然，也有这么做的父母不完全是从自身出发，而是真诚地为孩子好，希望孩子茁壮成长，前程似锦，这样做对不对呢？我们说也有问题，即便是为孩子好，也不能不顾孩子的个人意愿。因为尊重未成年人的个人意愿是实现未成年人最大利益的重要途径，这一点留待下节详论；更重要的是，如前所述，尊重一个人的个人意愿，本身就是对他人人性尊严的最好保障。总之，我们认为对未成年人自我决定权的剥夺，就构成侵犯未成年人的人格尊严。为确保未成

22 Paul Tiedermann，*Menschenwürde als Rechtsbegriff：Eine Philosophische Klärung*，BWV.BERLINER WISSENSCHAFTS-VERLAG 2007，S.239-247.

23 参见张龑：《康德论人之尊严与国家尊严》，《浙江社会科学》2014 年第 8 期。

24 Paul Tiedermann，*Menschenwürde als Rechtsbegriff：Eine Philosophische Klärung*，BWV.BERLINER WISSENSCHAFTS-VERLAG 2007，S.244-245.

年人享有基本的人格尊严，应该充分听取和尊重未成年人的真实意愿，赋予未成年人自己决定自己的事务的权利，不能唯成年人的喜好、理想、利益是从。

四、赋予未成年人自我决定权也符合未成年人最大利益

前文说到要尊重未成年人的人格尊严，就要给他自我决定权。然而给孩子过多课业负担的父母，肯定会提出另外一个问题——如果孩子的决定是错误的、有问题的，比如他们就喜欢玩、就喜欢吃、就喜欢打架，我们能不能让他们自己决定呢？如果什么都是孩子自己决定，为什么还要设置监护和义务教育制度？又如何来保障未成年人的最大利益？的确，未成年人自我决定权和监护制度、义务教育以及未成年人最大利益原则在某些方面存在对立，然而即便如此，我们也不能说未成年人不应该拥有自我决定权。

我们先拿监护制度来说。监护制度是国家为未成年人设置保护人，代替他们作出决定的制度，其目的是防止未成年人因为年龄小、不成熟而作出伤害他人和自己的行为。[25]可是未成年人的行为并不都是具有风险的，对于那些不会伤害他人、伤害自己的行为，我们仍然应该赋予未成年人自我决定权。而且孩子的成长不是一天完成的，理性思考、科学决策的能力也是需要锻炼的，[26]如果在未成年时完全禁止孩子自己决定，孩子不可能在成人那天一夜之间成熟起来。

再拿义务教育制度来说。义务教育是将我们认为最重要、必不可少的生存技能教给未成年人，让他们能够在未来的生活中自食其力。义务教育的内容是未成年人必须学习的，他们没有选择的权利。不过即便是义务教育，也应该采取循循善诱的方法，而不能强制进行，这一点下文还有详述。此外，除了义务教育规定未成年人必须学习的内容之外，还有许多可学可不学的知识，在这些领域，我们仍然应该允许未成年人自我决定。当前教育部门之所以要治理课业负担过重、课外辅导过多的问题，就是认为未成年人可以不必全部学习这些知识。

最后再说说未成年人最大利益原则。未成年人最大利益是《儿童权利公约》和各国儿童保护立法最核心的原则，它指的是一切关于儿童的决定都应以最有利于实现儿童的利益为目的。[27]当前许多父母强制孩子学习种种知识，就是认为

25　H.L.A. Hart，*Law，Liberty and Morality*，Oxford：Oxford University Press，1963，p.42.

26　未成年人的独立性并不是在某一时刻（如子女成年时）一蹴而就，而是持续的发展过程，父母应通过引导年轻人参与决定来实现这种过程。参见〔德〕迪特尔·施瓦布：《德国家庭法》，王葆莳译，北京：法律出版社2010年版，第321页。

27　参见张伟：《论未成年人最佳利益原则——以离婚后未成年子女最大利益保护为视角》，《当代法学》2008年第6期。

如果对孩子放任自流，孩子就会在未来的竞争中落败。那么让未成年人自我决定，会不会影响未成年人最大利益的实现呢？笔者认为不会。

第一，父母并不一定了解未来社会的发展趋势，也不一定了解孩子真正的利益所在。当今世界日新月异，父母在信息不充分的情况下，超越学校教育标准，擅自决定未成年人学习方向，是有很大风险的。况且未成年人的知识能力千差万别，有些孩子尚未成人时，就已经具备了很高的智力水平，让他们自己决定并不一定会产生严重的后果。更重要的是，根据经济学上的边际效用原理，一个人幸福（也就是利益）的大小取决于其需求的高低，同样的物品给不同的人带来的效用是不一样的。[28]因此要保证未成年人的最大利益，首要方法就是满足他们的需求，尊重他们的意愿。也因此很多父母认为重要的目标，如果孩子不喜欢，实现了也不见得能给孩子带来幸福。

第二，父母可能高估自己对于教育规律的理解。许多父母认为教育就是强制，不强制是不可能完成教育目标的。但根据教育学研究结论，强制很难带来真正良好的教学效果，更不能培养某种特定的学习习惯。美国社会学家乔治·赫伯特·米德指出，任何人（包括儿童）心中都有一个“主我”和一个“客我”，在面对外界各种各样的压力和要求时，“客我”表面上会显示出响应和顺从，但“本我”就会在这些不同的要求之间作出选择，选择一种他自认为正确的行为规范来指导自己的行动。[29]可见好的习惯不是强制出来的，而是个人自我选择、自我决定的结果，因此教育应该是引导和说服，而不是强制。

第三，即便是强制的方法能够让人学到知识和技能，能把一个人训练得像机器一样顺从听话，也是违背人格尊严的，因为这里没有考虑孩子自身的需求、意愿和目的。教育不是把一个人塑造成社会、集体和个人所希望的人格和特征，而是去发现个人的潜质，发挥个人的所长，使每个人的人格得到自由的发展。[30]因此，完全按照某一种定型来塑造孩子的做法是违背人格尊严的。拿德国来说，尽管他们在20世纪初期奉行严格苛刻的教育方式，[31]20世纪下半叶以后则全方位地转向自由教育。关于其原因，德国学者弗里德里克·瓦普勒曾说：“在现代德国人看来，在专制家长的体制下，违背孩子意愿进行的教育，是违反宪法上

28 参见〔美〕詹姆斯·M.布坎南、戈登·图洛克：《同意的计算——立宪民主的逻辑基础》，陈光金译，北京：中国社会科学出版社2000年版，第37页。

29 参见〔英〕齐尔特曼·鲍曼：《通过社会学去思考》，高华、吕东、徐庆、薛晓源译，北京：社会科学文献出版社2002年版，第8—9页。

30 教育不是要使所有学生形成划一的善的观念，而应培养学生形成并追求一种他们个人认为好的生活。参见凯瑟琳·埃尔金：《教育的目的》，李雁冰译《教育发展研究》2016年第18期。

31 参见〔法〕里昂耐尔·理查尔：《魏玛共和国时期的德国（1919—1933）》，李末译，济南：山东画报出版社2005年版，第123页。

的人格权条款的。”[32]他的意思是即便专制教育确有效果，它也是不恰当的、违法的教育方式。

总之，为保护孩子的最大利益起见，也应该让孩子自我决定，只要他们的行为不会伤害到他人、伤害到自己，不会逃避自己应该接受的基本教育。

五、赋予未成年人自我决定权和传统家庭伦理并无矛盾

下面我们进一步讨论未成年人的自我决定权和传统家庭伦理之间的关系。在民法典的制定过程中，许多学者主张，家庭是中国社会最基本的结构，是中国人最后的堡垒，民法典应该尊重家庭制度，不要过分干预家庭自治，他们认为如果无家可归，我们必将难以生存。[33]按照这种观点，我们的民法典应充分保存传统中国的家庭美德，比如孝敬父母、尊敬长辈。那么这种观念是否会和尊重未成年人的自我决定权形成冲突呢？笔者认为，这二者不存在不可调和的矛盾。

首先，孝敬父母只是家庭伦理的一环，传统文化也提倡父母对子女的尊重。《孟子·离娄上》有言：“古者易子而教之。父子之间不责善。责善则离，离则不祥莫大焉。”意思是古人将孩子交给别人教育（“易子而教”），自己不教育，父子之间不能相互批评（“不责善”），为的是不损害父子之间天然的纯粹的感情。[34]对此，南怀瑾先生说得更具体：父子之间如果责善，就会破坏感情，就会有嫌隙。孝道要建立在真感情上，才会稳固。[35]因此传统文化不只是要求“子孝”，也要求“父慈”，父亲也要尽量尊重子女的自我决定，总之，给子女自决和对父母孝顺并不相悖。

其次，孝敬父母这句话只能算作抽象的道德戒律，尚不足以作为清晰准确的法律规范。法律规范要求明确性和具体性，而道德规范则只是原则的、模糊的。[36]举例来说，“不能撒谎”这条道德规范虽然很好，却不适合作为严格的法律规范。因为关于什么时候不能撒谎、什么时候撒谎可以原谅、撒谎应受什么处罚，仅从“不能撒谎”这样一条戒律中是得不出答案的。“孝敬父母”也是一

32　Friederike Wapler，*Kinderrechte und Kindeswohl：Eine Untersuchung zum Status des Kindes im Öffentlichen Recht*，Mohr Siebeck，2015.

33　参见刘练军：《民法典承载宪法对家庭之制度性保障》，《法制与社会发展》2018 年第 2 期。

34　参见陈坚：《“父父子子”——论儒家的纯粹父子关系》，《山东大学学报》（社会科学版）2010 年第 1 期。

35　参见怀师文化编委会：《教育与人性——南怀瑾“心要”》，桂林：漓江出版社 2016 年版，第 281 页。

36　*See* Roscoe Pound，Jurisprudence（Volume Ⅱ），Saint Paul：West Publishing Co.，1959，p.251.

样，我们无法从这句话中看出子女到底应该如何行动。比如孩子小时候的孝顺和成人之后的孝顺是否一样？父母生病了子女是否应该“割股疗亲”（把大腿上的肉割下来喂养父母）？不孝顺的子女应该给予什么处罚？这些问题也无法简单地从“孝顺父母”这条规范中直接得出答案。既然孝顺父母只是一种道德要求，要使之成为法律规范，仍需添加许多适用条件，因此孝敬父母和尊重未成年人自我决定权并没有直接的冲突。

最后，孝敬父母必须兼顾未成年人权利。比如上述的“割股疗亲”就是违法的行为，因为它侵犯了子女的生命和健康权，而对不肖子孙判处刑罚也是违反现代人权观念，原因在于它混淆了法律和道德之区别。道德上的瑕疵只能由社会舆论来谴责，顶多由社会压力来矫正。我们必须在兼顾未成年人权利的前提下提倡孝道，不能要求子女一切都听命于父母，更不能让子女牺牲自己的生命、健康、自由去孝敬父母。更有甚者，如前所述，现代很多国家（如德国、日本）的民法已经将父母对子女的亲权（也即父母对子女的管教的权利）修正为父母对子女的保护义务。国内学术界亲权理论还没有改革的迹象，但由于现实中同样存在疏忽和虐待未成年人的现象，政府已经开始制定各种各样的法律规范，比如前几年的《反家庭暴力法》，来保护未成年人的生命和健康。典型的侵害未成年人权益的事件有，几年前南京的两个孩子被父母锁在家中饿死，以及徐州的一个男子性侵继女。从这些事件可以看出，那种认为家庭中无所谓弱者，孩子小时候是弱者，等他大了也就是强者，父子关系是轮替的看法，[37]是错误的。这是用未来的公平来论证当下的不公平，如果这个孩子没有长大，或长大后没有生育，从而失去了成为“强者”的机会，那他岂不是小时候白白受了苦难?总之，政府对家庭的干预不能说是多余的，家庭内部确实存在保护儿童的必要。在这一点上，孝敬父母和保护未成年人自我决定权并不是绝不相容的。

六、未成年人自我决定权在《民法典·亲属编》上的落实

上文中，笔者从正反两个方面论证了尊重未成年人自我决定权的必要性。不过一项规则的正当性，并不必然保证它的有效性，这里需要进一步思考的是，要建立什么样的机制，才能确保《民法总则》规定的未成年人的自我决定权落到实处，以解决中小学生课业负担过重等社会问题。之所以提出这个问题，乃是因为：其一，未成年人年龄尚小，还没有能力行使这项权利；其二，虽然《民法总则》规定了这项权利，但对侵犯这项权利的人，还没有设定罚则；其三，

37　参见刘练军：《民法典承载宪法对家庭之制度性保障》，《法制与社会发展》2018 年第 2 期。

上述关于未成年人自我决定权的规定仍然不够具体，什么时候该尊重未成年人自我决定权、什么时候应由父母决定，还需要进一步细化。所以，未成年人自我决定权在落实上还面临许多挑战，还需要更多的配套规范。当前我们正在讨论民法典各分编的制定，《民法典·亲属编》草案已经拟订完成，在下一步完善、修订的过程中，应该充分注意未成年人自我决定权的细化和落实。笔者认为以下几个方面应该加以考虑。

（一）细化未成年人自我决定的事项

在什么事项上应听取并尊重未成年人的意见，还需要《民法典·亲属编》进一步细化。比如亲属编应进一步规定未成年人在教育方面的自我决定权。这一点在学界起草的民法典草案亲属编中已经有所体现，比如梁慧星教授主持编写的《中国民法典草案建议稿》（以下简称《建议稿》）第1821条（照顾权的行使原则）规定："在必要和可能时，父母应当就有关子女的重大事项与子女讨论并力求取得一致。"第1814条（教育权）第2款规定："父母有义务使未成年人接受义务教育，并应当充分考虑未成年子女的才能、爱好，为未成年子女接受教育提供条件。"这是在教育问题上贯彻落实未成年人的自我决定权，可以更有针对性地限制监护人任意教育、过度教育、滥用教育权。

此外，亲属编还应规定未成年人在改名问题上的自我决定权。对此梁慧星老师起草的《建议稿》的相关规定还可以继续完善。比如上述《建议稿》第1812条（姓名决定权）规定："父母有权决定、改变未成年子女的姓名。但子女已满十周岁的，应当征求子女的意见。"笔者认为这一条可以采纳前述《德国民法典》的规定，改为"父母要为六周岁以上的未成年人改名，要征得他们本人同意"（《德国民法典》规定五周岁）。之所以这么重视姓名的修改，主要是因为姓名不仅具有将一个人和其他人区别开来的功能，它还有将一个人和他人（一个家族、一个民族、一个国家）联系起来的功能，关系到一个人的社会认同和个性建构。[38]之所以给六周岁以上的未成年人自己决定是否愿意修改姓名，是因为六岁的孩子已经上小学，已经对姓名的变更（比如改成母亲的姓或者继父的姓）所造成的心理影响具有很强的认知能力了。总之，我们认为应该让未成年人更早地参与姓名变更的决定。这是未成年人自我决定权在姓名变更上的体现。

再如，亲属编还应规定未成年人在劳动方面的自我决定权。这方面《建议稿》也需要补上。比如《建议稿》第1815条（职业同意权）规定："十六周岁以上的未成年子女就业和选择职业，应当征得父母的同意。"这一条没有考虑到

38　Kurt Herbert Johannesen，Alff，Richard.，*Das Bürgerliche Gesetzbuch mit besonderer Berücksichtigung der Rechtsprechung des Reichsgerichts und des Bundesgerichtshofes*，Walter De Gruyter 1982，S.45.

十六周岁以下的未成年人参加劳动的情况。按照我国《劳动法》第 15 条（“文艺、体育和特种工艺单位招用未满十六周岁的未成年人，必须遵守国家有关规定，并保障其接受义务教育的权利”），未成年人在十六岁之前，就已经可以参加某种体育、艺术类的工作，比如参与演出、拍摄电影电视、拍摄广告、从事写作等等。但是未成年人参加上述工作由谁来作出决定，这一条并没有规定。目前的做法是由父母双方决定，然后履行审批手续，子女没有参与决定的权利。这种做法是有问题的。因为未成年人参加演出虽然会带来收益并有助于培养某些方面的能力，但它毕竟不像义务教育是未成年人必须完成的工作，如果未成年人不喜欢，父母也不应该强制。

对此大多数国家都在法律中规定，子女有权在这一方面表达意见。如《德国民法典》第 113 条（雇佣关系或劳动关系）规定：“（1）法定代理人授权未成年人提供劳务或从事劳动的，就涉及结成或废止所许可的种类的雇佣或劳动关系或履行因此种关系而发生的义务的法律行为而言，未成年人有完全行为能力。”[39]《日本民法典》第 823 条（职业许可权）规定，“子女非经行使亲权人许可，不得从事劳动”。《日本劳动基准法》第 58 条还规定，十三岁以下的未成年人参加电影电视节目的拍摄时，不得由父母代签劳动合同。[40]这几条的意见相仿，主要内容是子女可以自己决定从事劳动，但要经父母同意。我国未来《民法典·亲属编》也应该规定未成年人有权决定自己是否参加劳动，具体条文可设定为“未成年人的监护人为未成年人签订劳动合同，应征得其本人的同意”。这是未成年人自我决定权在参加工作方面的表现。

（二）在离婚后子女抚养权诉讼中赋予未成年人自我决定权

另一个比较重要但《建议稿》没有提及的问题是父母离婚后子女抚养权的归属和变更。目前《婚姻法》及相关法律解释多以父母双方的需要和意愿作为考虑子女抚养权归属的主要因素，较少顾及未成年人的自我决定权。比如《婚姻法》第 36 条规定：“离婚后，哺乳期内的子女，以随哺乳的母亲抚养为原则。哺乳期后的子女，如双方因抚养问题发生争执不能达成协议时，由人民法院根据子女的权益和双方的具体情况判决。”“发生争执不能达成协议”意味着如果夫妻双方已达成一致，法院便不需考虑子女的权益及其他情况。关于双方发生争议时法院的考量因素，最高人民法院 1993 年发布的《关于人民法院审理离婚案件处理子女抚养问题的若干具体意见》规定：“对两周岁以上未成年的子女，父方和母方均要求随其生活，一方有下列情形之一的，可予优先考虑：（1）已

39 陈卫佐译著：《德国民法典》，北京：法律出版社 2010 年版，第 40 页。

40 参见王益英主编：《外国劳动法和社会保障法》，北京：中国人民大学出版社 2001 年版，第 466 页。

做绝育手术或因其他原因丧失生育能力的；（2）子女随其生活时间较长，改变生活环境对子女健康成长明显不利的；（3）无其他子女，而另一方有其他子女的；（4）子女随其生活，对子女成长有利，而另一方患有久治不愈的传染性疾病或其他严重疾病，或者有其他不利于子女身心健康的情形，不宜与子女共同生活的。”这里的第（1）和第（3）款将一方无子女或不可能有子女作为取得抚养权的条件，考虑的也主要是父母的需要，只是在两种情况下需要听取子女意见，一是离婚时双方存在抚养权争议且未成年人已满十周岁，二是离婚后一方要求变更子女抚养权且未成年人已满十周岁。[41]已满十周岁才有表达意见的机会，并且只有在父母双方对抚养权存在争议时才有权表达意见。反过来说，如果父母对子女的抚养权不存在争议，或者子女未满十周岁，未成年人的意见便不在考虑之列，这是对未成年人自我决定权的严重忽视。

相比之下，《德国民法典》及民事判例在处理离婚案件时，更重视未成年人的个人意愿。德国法上的离婚与我国有所不同，它不意味着子女必须选择和父母一方单独生活，父母双方都有继续照顾子女的义务。只有在父母一方提出单独照顾子女的要求时，法院才会考虑父母照顾权（子女抚养权）的归属问题。在这一点上，父母意见一致并不是排除法院干预的理由，法院仍需根据未成年人的最大利益原则作出裁断。法院考虑的因素包括父母一方有无不良生活习惯（如有无毒瘾、酒瘾等）、有无虐待子女的现象、有无拒绝子女和父母另一方交往的情形、能否为子女提供良好的发展机会、能否维护子女已有的社会联系和生活环境，甚至还需考虑继父母是否愿意接受未成年子女。除此之外，一个特别重要的因素是子女本身的意愿，比如子女对父母各方的喜爱程度。当子女年满十四周岁时，还可以单独就父母变更照顾权的申请向法院提出异议，法院必须结合未成年人最大利益原则对上述因素作出综合考量。[42]总体上看，据德国学者介绍，在父母照顾权案例中，受子女欢迎的一方更容易得到抚养权；在离婚后的探视问题上，行使探视权的一方若不能就探视权的行使和子女达成一致意见，就极有可能被限制或者拒绝探视。[43]

会有人质疑在离婚后子女扶养问题上重视未成年人意愿的必要性，因为一

41 最高人民法院《关于人民法院审理离婚案件处理子女抚养问题的若干具体意见》（1993 年）规定：“5.父母双方对十周岁以上的未成年子女随父或随母生活发生争执的，应考虑该子女的意见。”“16.一方要求变更子女抚养关系有下列情形之一的，应予支持。（1）与子女共同生活的，一方因患严重疾病或因伤残无力继续抚养子女的；（2）与子女共同生活的一方不尽抚养义务或有虐待子女行为，或其与子女共同生活对子女身心健康确有不利影响的；（3）十周岁以上未成年子女，愿随另一方生活，该方又有抚养能力的；（4）有其他正当理由需要变更的。”

42 参见王葆莳：《“儿童最大利益原则”在德国家庭法中的实现》，《德国研究》2013 年第 4 期。

43 Heinz Peter Moritz，*Die（zivil-）rechtliche Stellung der Minderjährigen und Heranwachsenden innerhalb und außerhalb der Familie*，Duncker & Humblot，1989，S.296.

般认为在决定抚养权归属时应主要考虑父母双方的扶养能力。可是如同上文所说的，未成年人同样是人，同样应被赋予人的尊严，他们不是父母可以随意处置的物品，他们的意愿也必须作为重要的考虑因素；同时即便从未成年人的最大利益（见上文）出发，未成年人的意愿也应该作为考虑子女扶养问题的重要依据，不能仅仅考虑父母双方的经济条件（经济条件的不足可以通过抚养费支付制度予以弥补），最好的办法是结合未成年人的意愿综合考虑离婚后未成年人抚养权归属问题，这样做可以防止父母离婚给未成年人造成太大的心理伤害。因此未来《民法典·亲属编》立法中，应将上述司法解释中考虑十周岁以上未成年人意见的规定修改为："父母双方对未成年子女随父或随母生活发生争执的，应考虑该子女的意见。""一方要求变更子女抚养关系，应考虑该子女的意见。"这是未成年人自我决定权在子女抚养归属权问题上的表现。

（三）为限制未成年人自我决定权的行为设置处罚措施

为了有效保障未成年人的自我决定权，亲属编还应为违背该条款的行为设置相应的处罚措施。一般来说对于滥用监护权的行为，多以撤销监护权作为处罚手段，比如《民法总则》第 36 条规定，"监护人有下列情形之一的，人民法院根据有关个人或者组织的申请，撤销其监护人资格，安排必要的临时监护措施，并按照最有利于被监护人的原则依法指定监护人"。不过监护权的撤销多适用于比较严重的侵害未成年人权益的行为，比如上述第 36 条规定的三种情形：实施严重损害被监护人身心健康行为的；怠于履行监护职责，或者无法履行监护职责并且拒绝将监护职责部分或者全部委托给他人，导致被监护人处于危困状态的；实施严重侵害被监护人合法权益的其他行为的。那么仅仅因为未能尊重未成年人的意愿，就要撤销监护权恐怕是不是太苛刻、太过分了呢？

的确如此，但对于严重忽视未成年人意愿，以辱骂、殴打等强制手段教育未成年人的父母，如果不设置任何约束和处罚措施，未成年人的自我决定权就只能是一句空话。比较妥当的做法是在撤销监护权处罚之外，设置一些相对轻微的处罚方法。比如《德国民法典》第 1666 条第（3）款规定的几种监护权限制措施：禁止联系和会见未成年人、禁止使用未成年人经常居住的住宅、禁止在未成年人经常居住的住宅附近停留、禁止探望未成年人、短期剥夺监护权。[44]再比如国内新近出台的《反家庭暴力法》对家庭暴力行为设置的处罚措施，比

44 《德国民法典》第 1666 条第（3）款规定，根据第（1）款可以采取的措施包括：①命令相关机构提供未成年人福利或青少年福利设施和健康关照措施；②命令相关机构为孩子提供义务教育；③短暂或在不特定的时间内禁止使用家庭住宅或其他未成年人经常居住的住宅，禁止在这些住宅的附近停留，或者禁止探望未成年人经常居住的地点；④禁止联系或会见孩子；⑤由其他人代替监护人在某些事项上为孩子签署意见；⑥短期或永久取消父母照顾。参见陈卫佐译著：《德国民法典》，北京：法律出版社 2010 年版，第 494—495 页。

如给违法者出具告诫书，给受害人签发保护令，禁止（违法者）骚扰、跟踪、接触申请人及其相关近亲属，责令被申请人迁出申请人住所等。[45]警告，责令迁出住宅，禁止骚扰、跟踪，禁止联系，禁止会见等处罚手段，值得《民法典·亲属编》在保护未成年人自我决定权方面加以利用。

（四）拓宽未成年人自我决定权的保护主体

《民法典·亲属编》应进一步拓展未成年人自我决定权的保护主体。按照《民法总则》第36条的规定，未成年人权益受损害时，有权向法院提请保护的个人和组织包括其他依法具有监护资格的人、居民委员会、村民委员会、学校、医疗机构、妇女联合会、残疾人联合会、未成年人保护组织、依法设立的老年人组织、民政部门等。尽管这里规定的内容已经很多，但仍有稍微拓宽的必要，比如将未成年人本人、未成年人近亲属和检察机关或公安机关纳入其中。《日本民法典》第834条（亲权丧失宣告）规定："父或母有虐待或恶意的遗弃的情况时，或者该父或母在行使亲权有显著的困难或者失当，子女的利益受到显著的危害时，家庭法院可以根据孩子、孩子的亲属、未成年人监护人、未成年人监护监督人或者检察官的请求，对该父母进行剥夺亲权的审判。"[46]这里是将未成年人本人、其他亲属和检察官作为提请司法保护的主体。

这样做的理由是：首先，未成年人本人是侵权活动最直接的相关人，即便他们没有行为能力，也应该允许他们提出要求，然后由司法机关为其指定代理人。其次，"未成年人近亲属"包括未成年人祖父母、外祖父母、兄姐等，比"未成年人其他监护人"范围要大，而他们又是最接近和最熟悉未成年人的人，由他们承担保护未成年人的职责，比居委会、村委会、未成年人保护组织等社会组织更为适合。最后，检察机关和公安机关是法律监督和执行机关，具有较强的强制执行能力，特别是有权直接采取限制公民人身自由的强制措施，相比民政机关，这二者更适合作为监护权诉讼的主体。总之拓宽未成年人自我决定权的保护主体极有必要。除此之外，对上述未成年人保护组织和个人，还需要像其他国家那样规定强制报告制度，要求发现未成年人权利有被侵害的可能时，

---

45 《反家庭暴力法》第16条规定："家庭暴力情节较轻，依法不给予治安管理处罚的，由公安机关对加害人给予批评教育或者出具告诫书。告诫书应当包括加害人的身份信息、家庭暴力的事实陈述、禁止加害人实施家庭暴力等内容。"第29条规定："人身安全保护令可以包括下列措施：（一）禁止被申请人实施家庭暴力；（二）禁止被申请人骚扰、跟踪、接触申请人及其相关近亲属；（三）责令被申请人迁出申请人住所；（四）保护申请人人身安全的其他措施。"

46 渠涛编译：《日本民法典》，北京：法律出版社2006年版，第177页。

立即向未成年人保护机构或法院报告。对此前述《反家庭暴力法》已有规定，[47]《民法典·亲属编》应考虑引入这一制度。

以上笔者通过对《民法总则》第 35 条的解读，说明了保护未成年人自我决定权的价值基础。我们认为，尊重未成年人的自我决定权是顺应国际趋势、尊重未成年人尊严、实现未成年人最大利益、保存传统中国家庭伦理的必要手段。同时为了落实未成年人的自我决定权，《民法典·亲属编》还需在家庭教育、姓名变更、劳动工作、抚养权归属等方面，进一步细化未成年人自我决定的事项，并且为剥夺未成年人自我决定权的行为设置处罚措施，同时拓宽未成年人自我决定权的保护主体。最后，我们用鲁迅先生在《我们现在怎样做父亲》一文提出的儿童教育观来结束本文：对待儿童，第一要理解，第二要指导，第三要解放，长者须是指导者、协商者，却不该是命令者。

47 《反家庭暴力法》第 14 条规定："学校、幼儿园、医疗机构、居民委员会、村民委员会、社会工作服务机构、救助管理机构、福利机构及其工作人员在工作中发现无民事行为能力人、限制民事行为能力人遭受或者疑似遭受家庭暴力的，应当及时向公安机关报案。公安机关应当对报案人的信息予以保密。"

On Value Basis and Institutional Improvement of the Terms of Self-Determination of Minors in *The General Principles of Civil Law*

Luo Zhengyan

Abstract: *The General Principles of Civil Law* stipulated that the guardian should respect the wishes of the minors under guardianship, which followed and intensified the provision that minors' opinion should be heard in *Law on the Protection of Minors* and empowered minors' right to self-determination in family relations, provided not harming others and minors themselves. But this notion has not been understood and supported by most parents or other guardians. Therefore, it is necessary to investigate deeply value basis of the provision. As far as jurisprudence is concerned, the protection of minors' right to self-determination is general rules of civil legislation in various countries, is the result of respect for the dignity of minors, helps to achieve the best interests of minors, and does not violate Chinese traditional family virtues. But the concept alone cannot guarantee the effective implementation of the minors' self-determination right. *Marriage & Family Volume in Civil Code* should specify the scope of self-determination of minors in renaming, labor, custody and so on, settle some punishment measures for law breaker, add the minors, their relatives and procuratorial organizations as the subject of litigation, and vest the relatives of minors, teachers and doctors with compulsory reporting obligation.

Keywords: *The General Principles of Civil Law*; Minors' Right to Self-Determination; The Best Interests of Minors; Traditional Family Virtues; *Marriage & Family Volume in Civil Code*

风险规制中的科学咨询程序研究

张恩典

摘　要：科学咨询程序是提高风险规制科学理性、促成风险规制决策合法性的一项重要程序建制。从应然定位上，在风险规制决策中，科学专家在科学咨询中应当恪守“诚实代理人”的制度角色。当前我国食品和环境等风险规制领域中科学咨询实践的功能异化问题较为突出，暴露出我国风险规制科学咨询制度设计的内在缺陷。美国食品和环境风险规制科学咨询程序制度设计上提供了可资借鉴的经验。我国应从制度设计上加以完善，以确保风险规制科学咨询的卓越性、独立性和透明性。

关键词：风险规制；科学咨询；规制科学；合法性；利益声明制度

作者简介：张恩典，（1983—　），法学博士，南昌大学法学院讲师，南昌大学立法研究中心研究人员，主要研究方向为行政法、风险规制研究。

基金项目：2018 年江西省人文社会科学研究青年项目“大数据挖掘风险的法律规制研究”（FX18203）；国家社科基金青年项目“行政法视野下食品安全风险交流制度研究”（18CFX061）。

目　次

随着现代风险社会的到来，风险规制已然成为现代政府的一项基本职能。然而，与传统的秩序行政、给付行政不同的是，面对具有高度科学性和技术性特征的现代科技风险议题，行政机构经年累月所习得的专业知识已经显得捉襟见肘了，传统的官僚科层理性实难满足现代风险规制实践的现实需要。为了克服在风险规制决策中理性不足的现实难题，风险规制机构纷纷向以科学理性而闻名的科学家求援，科学咨询作为风险规制决策中的一种重要程序装置，逐渐在风险规制决策中被广泛运用，并被风险规制机构寄予了很高的功能期待。那么，在风险规制实践中，作为一种程序装置的科学咨询究竟具有哪些功能呢？其制度又应如何建构呢？以下，笔者将从阐释科学咨询程序之于风险规制的功能作用开始，对科学咨询制度的角色定位、运行经验以及完善对策逐一展开分析。

一、风险规制科学咨询程序的功能阐释

（一）科学咨询程序提升风险规制科学性的功能

在风险社会背景下，风险规制机构所从事的包括食品安全风险、环境风险在内的风险规制活动，均涉及大量科学知识，毕竟现代风险议题所具有的高度复杂的技术性特征给现代风险规制决策提出了更高的科学性要求。例如，在环境风险规制活动中，规制机构在作出风险规制决策之前，需要掌握特定环境风险发生的概率、造成环境损害的程度等方面的事实，进而在此基础上作出符合“科学理性”的风险规制决定。但遗憾的是，风险规制机构通常并不具备分析这些风险的科学知识和技术手段，既无从知晓特定风险发生的概率，也对特定风险可能造成的损害茫然无知，单凭自身的能力无法保证风险规制的科学性。正因如此，“行政机关在面对困难的科学问题，又没有简易的确定风险方法时，常常会将其决定职责授权给专家小组。这种依靠专家的愿望是可以理解的”[1]。通常情形下，面对自身在科学理性方面的不足，风险规制机构需要借助于科学咨询程序来提升乃至确保风险规制决策的科学性。

作为风险规制的重要程序装置，科学咨询程序对于提升风险规制活动的科学性大有裨益。在高度分工的现代社会，科学专家凭借其所掌握的某一特定领域专业技能，已经成为现代社会中科学理性的人格化符号。区别于传统社会中以宗法、血缘和人格等为纽带所建立的特殊信任，在现代风险社会中，专家系

1　〔美〕史蒂芬·布雷耶：《规制及其改革》，李洪雷、宋华琳、苏苗罕、钟瑞华译，北京：北京大学出版社2008年版，第208页。

统试图建立起一种与现代社会相适应的普遍信任。[2]科学咨询程序实际上就是现代社会专家建立普遍信任的程序性建制。在现代风险规制活动中，科学咨询程序装置旨在让那些具备相关科学知识的技术专家参与到风险规制决策中。借助于这一程序装置，具备科学理性符号化人格象征的科学专家得以进入到风险规制活动中，并运用其所掌握的特定专业知识和技术手段，对特定风险发生的概率、范围及其可能对人类和生态环境等造成的损害进行科学的评估、判断和预测，为风险规制机构提供有关风险的科学知识，从而使风险规制决策得以建立在充分的科学理性基础之上，进而提高风险规制的科学性。

（二）科学咨询程序提升风险规制民主性的功能

科学咨询在实现风险规制的“民主”治理的过程中正扮演着越来越关键的角色，[3]而这恰恰是建立在打破科学知识垄断风险规制决策过程的基础上的。我们不得不承认，科学与民主之间确实潜藏着某种张力。在风险规制中，科学咨询程序作为一种由技术专家主导的程序建制，似乎天然地排斥作为“民主价值”载体的公众参与其中，毕竟“民主意味着多数的投票机制，科学意味着自我指涉的体系（仅有同行可以互相认可与判断）”[4]。从这个意义上而言，科学咨询程序与民主似乎并不沾边，甚至是“反民主”的。

那么，究竟应该如何理解科学咨询程序在提升风险规制民主性方面的功能价值呢？在笔者看来，我们应该转换视角，从另一角度来理解科学咨询与民主价值之间的内在关系。一方面，参与是民主价值的重要方面。科学咨询实际上是拥有某一领域专业知识和技能的专家参与风险规制活动的程序装置，借助于这一程序装置，科学专家得以参与到风险规制活动之中，特别是深度参与到具有高度科学性特征的风险评估活动。相较于传统高权行政中行政机关对行政权力的高度垄断而言，科学专家参与到风险规制活动，并对风险规制决策过程和结果产生实质性影响，本身便是民主性价值的一种彰显和体现。

另一方面，现代社会的民主理论与实践已经出现了一种“协商”转向。根据协商民主的经典理论，民主的本质是协商，现代民主应当被视为一个协商的过程，而并非以票决方式形成的简单利益聚合，更不是民众在广场上的“众声喧哗”，民主是建立在深思熟虑、说明理由基础之上的协商过程。风险规制科学咨询程序实际上可以被看作是来自不同专业知识背景的科学专家运用各自专业

2 〔英〕安东尼·吉登斯：《现代性的后果》，田禾译，南京：译林出版社2000年版，第24—25页。

3 〔德〕尤斯图斯·伦次、彼得·魏因加特编：《政策制定中的科学咨询：国际比较》，王海云等译，上海：上海交通大学出版社2015年版，第1页。

4 高秦伟：《科学民主化：食品安全规制中的公众参与》，《北京行政学院学报》2012年第5期。

知识就特定风险议题进行协商的过程。当然，这种协商更多的是一种科学共同体内部不同意见的交流和沟通，是一种建立在对特定风险议题进行系统、深入数据分析之后的协商过程。同时，恰恰是借助专家的科学理性，关于风险规制决策的协商才有了更为可靠的事实基础，才保证了风险规制决策是建立在真正的“深思熟虑”的协商论辩的基础之上。而且，需要特别指出的是，在不同学科的专家就风险议题达成所谓的专家共识或者形成最终咨询意见的过程中，并不排除民主多数决的机制。在风险规制决策的科学咨询程序中，当难以达成全部一致的专家意见时，也会通过民主票决方式来形成多数意见，同时将少数派专家的意见记录在案。这种多数专家意见的形成过程与多数决的民主决策机制有相通之处，有学者称之为“专家议会”。[5]因此，科学咨询不仅不与民主价值相冲突，而且是现代民主的重要程序性要素，科学咨询程序使得风险规制决策建立在深思熟虑的基础之上，而非由那些因风险而导致的恐惧、愤怒或者主观臆测之上。

因此，科学咨询程序在提升风险规制民主性方面具有重要价值：一方面，科学咨询程序本身将行政系统外的专家吸纳进决策程序之中，体现了民主参与的意涵；另一方面，科学咨询还改善了风险规制民主参与的质量，使得风险规制决策真正建立在理性商谈基础之上。

（三）科学咨询程序提升风险规制合法性的功能

此处的合法性，并非单纯的合法律性，而是指风险规制的正当性。在现代国家，传统立法和司法制度能够提供的行政正当性极为有限，单纯的合法律性要求并不足以为行政机构的风险规制活动提供正当性。Mashaw 教授就专门指出，现代行政的正当性（合法性）与理性之间有着内在关联，现代行政的合法性更多体现在其作出决定的理性基础之上。[6]换言之，在现代社会中，风险规制机构所作出的风险规制决定是否符合理性的要求，成为判断风险规制合法性（正当性）的一个基本标准。然而，面对特定的风险议题时，规制机构更多地受制于自身的专业能力和技术手段，难以确保其规制决定是建立在清楚的事实基础和准确的判断之上，从而使其行政决定具备理性基础。“当关键事实不明时，监管机构只能依靠自由裁量而不是基于确定的知识采取行动，而这将会削弱行政系统的合法性，因为其合法性要求政策制定应该是理性的，而不是随性的。”[7]此时，风险规制决策面临着合法性“赤字”。为此，必须借助于科学咨询程序，让

5　Adrian Vermeule，“The Parliament of the Experts”，*in Duke Law Journal*，58（2009），p.2231.

6　Jerry L.Mashaw，“Small Things Likes Reasons Are Put in a Jar：Reason and Legitimacy in the Administrative State”，*in Fordham Law Review*，70（2001），pp.23—25.

7　〔美〕希拉·贾萨诺夫：《第五部门：当科学顾问成为政策制定者》，陈光译，上海：上海交通大学出版社 2011 年版，第 9 页。

科学专家进入风险规制决策之中，并发挥其所具有的科学理性优势，从而使得风险规制机构在很大程度上克服在风险规制决策中所面临的理性不足的现实难题，亦为行政机关作出风险规制决策提供科学基础和正当性证成。

在充分肯认科学咨询程序之于现代风险规制活动所具有的重要功能的同时，我们必须认识到，科学咨询程序功能的有效发挥，取决于两个关键性前提：其一是对科学咨询程序制度角色的合理定位；其二则是建立一套有效的程序性制度保障科学咨询程序切实有效运行。下面，笔者将先对科学咨询程序的制度角色进行合理定位。

二、风险规制科学咨询程序的制度角色

为什么要将视角转入科学咨询程序的制度角色？理由很简单，一方面，我们必须承认科学咨询程序在风险规制中的重要作用；但另一方面，正如人的理性是有限的那样，任何制度的功能也是有限的，一项制度如果超越其制度边界，制度功能便会减弱甚至异化，直至走向制度功能预期的反面，从而最终背离制度设计的初衷。科学咨询程序亦复如此。那么，在风险规制中，科学咨询作为一种专家参与风险规制决策的程序性制度装置，其在风险规制中究竟扮演着怎样的角色呢？这个问题也可以置换成科学专家在风险规制中究竟扮演着什么角色？在笔者看来，意欲回答以上问题，还需要从风险规制所运用的“规制科学”的特征说起——正是“规制科学”区别于纯粹科学的显著特征，在很大程度上影响乃至决定了科学咨询及其参与者专家在风险规制中的制度角色。

（一）规制科学：风险规制科学咨询的真实场景

在真实世界中，行政机构在特定时空背景下开展的行政规制活动常常受到现实可得资源和时间等多方面条件的约束，风险规制活动也不例外。规制机构借助科学咨询程序所获得的科学知识，实际上是科学专家在特定时间和资源等诸多条件限制下开展的科学研究活动的产物，并不等同于科学专家所从事的纯粹的科学研究活动中对科学真理的探寻。美国学者贾萨诺夫教授将行政机构在规制决策，特别是食品、环境、健康、职业安全等社会性规制领域中所依赖并加以运用的科学称之为“规制科学”（regulatory science），并且认为，规制科学可以视为三种不同类型活动的集合体：首先，规制科学包括了知识生产的成分；其次，规制科学还包括知识合成的成分；最后，规制科学第三个也是最具争议

的一个特征是预测。[8]美国法律学者 Doremus 认为，“研究科学是一个致力于对自然世界的信息进行收集和评价的过程。科学家以个人或团体的方式，通过观察和实验收集数据。科学过程的真正权力源于对数据的正式交流，这种交流允许其他科学专家对其所搜集的数据及其解释进行核实和挑战。经由这一过程，随着时间的推移，科学结论或得以增强与扩展，或被揭穿和重建”[9]。这一方面说明科学是科学界共同的事业，需要借助对话与交流才能证实某种知识的真实性与可靠性；另一方面也说明，通过其他同行的参与，科学知识能够被证实或被证伪，从而维系着科学知识的稳步增长。

必须注意的是，风险规制中的规制科学与科学专家所从事的研究科学存在显著差异。首先，研究原创性方面的要求不同。研究科学具有很高的原创性要求，研究成果须发表在专业学术期刊上，并且在发表前需要通过由在该领域具有较高知名度的专家组织的同行评审，对研究成果的原创性进行判断。而规制科学对研究的原创性要求不高，规制科学的相关研究成果也多是发表在一些规制机构主办的内部刊物上，这些刊物并不像专业学术期刊那样具有严格的同行评审制度。

其次，研究的动因不同。研究科学多是科学专家在个人兴趣激励下所进行的自由的科学真理探索活动，而且，研究科学并不受到时间等方面的限制，这意味着，研究科学并不具有太多的功利性追求，从而保证了研究科学更为超然的价值中立性。“在研究科学领域，时间总是站在科学家一边。”而规制科学研究具有很强的功利性目标。通常，科学专家是根据相关规制机构确立的风险规制议程来开展规制科学研究，因受到时间和资源等多重条件的约束，也使得在规制科学中建构科学共识变得非常困难。在规制科学领域，“时间跟监管机构并不站在一起，监管机构总是需要在是否接受证据的共识形成之间作出决策。时间上的约束使得决策失误的可能性放大，因此也使监管机构更容易受到能力不足的指责”[10]。

再次，两者受到外界因素影响的程度存在明显不同。研究科学通常并不涉及高度的利益纠葛，这在很大程度使得研究活动超然于党派、利益纠葛之外，而保持纯粹科学研究的中立性，从而保证了纯粹的科学研究是一个真理探索过程。当然，这并不是说研究科学完全是价值中立的，不涉及任何的价值判断，

8　〔美〕希拉・贾萨诺夫：《第五部门：当科学顾问成为政策制定者》，陈光译，上海：上海交通大学出版社2011年版，第106—107页。

9　Holly Doremus，“The Purposes，Effects，and Future of the Endangered Species Act’s Best Available Science Mandate”，*in Environmental Law*，34（2004），p.409.

10　〔美〕希拉・贾萨诺夫：《第五部门：当科学顾问成为政策制定者》，陈光译，上海：上海交通大学出版社2011年版，第113页。

其实，完全脱离价值判断的科学研究是不存在的。关键在于，此处的科学研究者应该保持价值中立究竟是指何种含义：当“研究者应该保持价值中立”这一价值判断中的“中立”意指“袪除”时，其中所谓的价值，应指“危害科学之客观性的价值”或“科学外的价值”（extra-scientific values)，而不是指“认识作用的价值”（epistemic values)。按照著名逻辑实证论者 Carl Hempel 的观点，“危害科学之客观性的价值”或“科学外的价值”，乃指那些因人而异的、会随社群不同而不同的主观价值，例如个人偏好、道德规范、政治价值或社会价值等。“认识作用的价值”则是指研究者在检定假设（或理论）上十分珍视的一些价值，或属于科学活动内总是被珍视的一些价值，例如“致知胜于无知”，或如研究者一向共同遵守的检定程序与逻辑推理。[11]实际上，认知作用的价值是科学研究中不可避免的，也是科学精神的集中体现，是科学研究灵感和创造性的源泉。英国科学哲学家卡尔·波普尔亦指出，“科学方法就是大胆地猜想并巧妙而严格地尝试反驳这些猜想的方法”。也就是说，科学的客观性并不排斥研究者在研究过程中的灵感、想象等认知作用的价值的因素。[12]而相形之下，规制科学则往往涉及利益纠葛和冲突。规制科学通常为风险规制机构作出相应决策奠定正当性基础，并借助于规制决策给相关的利益集团带来现实的影响，正因如此，在规制科学研究中，受规制决策潜在影响的利益集团就有可能对规制科学的科学生产活动进行质疑和批评。正如贾萨诺夫所言：“管制科学的一个最显著特征就是政府与产业界深入参与了知识的生产和证明过程。非学术背景下进行的科学研究可能会遭受一些制度压力，从而影响研究者对待证明和证据的态度，而这些倾向性反过来会影响到科学研究成果的包装和展示。”[13]因而，缠绕在规制科学上的高度的利益冲突，严重影响到规制科学的中立性，也给风险规制活动带来了重大挑战。

我们可以将规制科学与研究科学的显著差异概括如下（见表 1)：[14]

---

11 应奇、张培伦：《厚薄之间的政治概念——〈政治与社会哲学评论〉文选》（卷一），长春：吉林出版集团有限公司 2008 年版，第 81 页。

12 〔英〕卡尔·波普尔：《客观的知识——一个进化论的研究》，舒炜光、卓如飞、梁咏新等译，北京：中国美术学院出版社 2003 年版，第 83 页。

13 〔美〕希拉·贾萨诺夫：《第五部门：当科学顾问成为政策制定者》，陈光译，上海：上海交通大学出版社 2011 年版，第 108 页。

14 〔美〕希拉·贾萨诺夫：《第五部门：当科学顾问成为政策制定者》，陈光译，上海：上海交通大学出版社 2011 年版，第 109—110 页。

表 1 规制科学与研究科学的差异

	规制科学	研究科学
目标	与政策有关的“真理”	具有原创性和重要意义的真理
机构	政府、产业界	大学
产出	研究和数据分析，通常不发表	公开发表的论文
激励	与立法需求一致	职业认同和职业发展
时间阶段	固定时间表 政治压力	可调整的
选择	接受证据 拒绝证据	接受证据 拒绝证据 等待更多数据
问责机构	国会等代议机构 法院 媒体	职业同行
程序	审查和现场视察 监管中的同行评议 司法审查 立法监督	正式或非正式的同行评议
标准	没有欺诈和失实 与已批准的协议和监管机构指南相符 充分的法律检验（如实质证据、优势证据）等	没有欺诈 与同行公认的方法相符 统计上的显著性

表 1 清晰地向我们展示了规制科学和研究科学之间的显著差异。实际上，正是规制科学所具有的不同于纯粹科学的显著特征，在很大程度上决定了科学咨询程序及作为参与者的科学专家在风险规制决策中所应该扮演的角色。首先，在风险规制领域，科学专家从事科学咨询所运用的是典型的规制科学，不可能达到纯粹科学研究那般的中立性。当然，这并不是说规制科学应该完全放弃价值中立性的要求，并且，在风险规制决策中，风险规制机构和科学专家都容易过度夸大规制科学的中立性，前者通常是为了避免决策责任的承担，而后者有时是由于对科学自身权威的过度自信或者屈从于某种利益集团的现实压力。因此，我们应当对科学咨询在风险规制决策中的作用及其限度保持清醒认识。科学专家通过科学咨询向风险规制机构提供所谓的规制科学知识时，其所扮演的并非是一个纯粹的科学家的角色。其次，在风险规制实践中，科学咨询活动容

易受到政治、经济等因素的影响，风险规制科学咨询程序可能为风险规制机构或者相关利益集团所操纵，从而使科学沦为政治或利益集团的工具，科学专家沦为政治或利益集团的喉舌，科学咨询丧失基本的中立性。由此，需要通过合理的制度设计来防止科学咨询丧失基本的中立性。

（二）诚实代理人：风险规制科学咨询的角色定位

那么，在风险规制情境中，科学咨询或者科学专家究竟应该扮演何种角色呢？在笔者看来，美国学者小罗杰·皮尔克有关民主社会中科学家所扮演角色的类型化分析，为我们探讨和明确风险规制情境中的科学咨询及其主要参与者科学专家究竟应该扮演何种角色提供了颇有启发的借鉴。在《诚实的代理人：科学在政策与政治中的意义》一书中，皮氏思考的核心命题是科学家究竟在民主政治中扮演何种角色？为了深入分析这一问题，皮氏首先将科学和民主政治分别加以类型化处理：将科学界分为科学的线性模式和科学的利益相关者模式，将民主政治界分为谢茨施耐德民主政治和麦迪逊民主政治，然后基于科学的两种模式分别与民主的两种模式加以结合，进而在此基础上，在理论上型构出民主社会中科学家的四种理想类型：纯粹科学家（麦迪逊民主政治+科学的线性模式）、观点辩护者（麦迪逊民主政治+科学的利益相关者模式）、科学仲裁者（谢茨施耐德民主政治+科学的线性模式）、诚实代理人（谢茨施耐德民主政治+科学的利益相关者模式）。[15]虽然这种理想类型的划分带有明显的美国色彩，但对于我们认识科学专家在风险规制中的角色，仍然有着重要的启发意义。

皮氏结合诸多现实案例，对民主社会中科学家的上述四种理想类型进行了深入细致的考察，并在考察和权衡以上诸理想类型利弊的基础上认为，在民主社会中，科学家应当定位为诚实代理人。[16]相较于纯粹科学家、观点辩护者、科学仲裁者的制度角色，科学家作为诚实代理人的这一角色定位具有以下优势：一方面既满足了现代民主社会对科学的现实需要；另一方面也避免如同观点辩护者那般由于为某个决策观点辩护而容易陷入政策或政治陷阱，失去科学家价值中立的基本操守，从而饱受社会公众对“科学的政治化”的指责；同时，也认识到科学自身存在的固有局限性和边界，特别是科学的不确定性，使科学家无需作为决策制定的仲裁者，避免陷入过度的“政治的科学化”迷雾之中。需要指出的是，在包括风险规制在内的诸多决策现实场景中，“科学政治化”和“政

---

15 〔美〕小罗杰·皮尔克：《诚实的代理人：科学在政策与政治中的意义》，李正风、缪航译，上海：上海交通大学出版社 2010 年版。

16 〔美〕小罗杰·皮尔克：《诚实的代理人：科学在政策与政治中的意义》，李正风、缪航译，上海：上海交通大学出版社 2010 年版。

治科学化”以一种公开或隐秘的方式相互交织，难舍难分。很多情形下，“科学的政治化和政治的科学化是相互促进的。当政治家们指望科学家提供可以帮助他们克服或避开政治的信息时，结果不可避免地是对研究更多的资助和进行更多的研究。更多的研究导致更多的论文和报告，这些论文与报告总是为那些企求把科学当成为想要的结果和进行谈判而获取资源的人提供更多的素材。作为典型的复杂事物，科学经常是不确定的和多样化的，足以为支持相互竞争的政治立场提供充分的材料。”[17]实际上，科学的政治化与政治的科学化在很大程度上反映出现代复杂社会中知识与权力的隐秘而复杂的共谋关系，需要我们加以反思并对之保持警惕。

笔者认为，皮氏关于科学家在现代民主社会中的这一角色定位，与本文所讨论的风险规制中科学咨询和科学专家的角色定位高度吻合，更确切地说，皮氏关于科学家在民主社会中的角色定位主要是围绕着风险规制这一主题展开的，这一点从皮氏在书中所列举的大量有关健康、环境等风险规制领域的案例就能够窥见一斑。同时，科学专家的诚实代理人的角色定位也契合了现代民主社会中社会公众对科学的制度角色的心理预期。在“当今时代，关于专家在公共政策领域到底应该扮演何种角色，公众更倾向于认为专家应该扮演谦逊的角色，同时应该认识到存在多重专家视角，认识到预测可能出错的风险，认识到事实与价值之间的边界其实并不那么清晰”。[18]因此，本文在风险规制科学咨询及其主要参与者科学专家的制度角色定位中，遵循皮氏关于科学家作为现代社会中诚实代理人的制度角色定位，即在风险规制实践中，科学专家应当扮演诚实代理人的制度角色。

（三）守护诚实代理人角度的制度配置

在明确科学咨询及其主要参与者科学专家在风险规制实践中的诚实代理人的制度角色定位之后，我们应当清醒地认识到，科学专家作为诚实代理人的制度角色并不会自动发挥作用，它还必须依赖于一套行之有效的制度保障。那么，接踵而来的问题是，如何从制度特别是从法律制度上保障科学咨询程序的有效运行，使科学咨询和科学专家作为诚实代理人的制度角色能够真正发挥作用，真正发挥科学咨询程序提升风险规制的科学性、民主性与正当性的制度功能。为了确保制度设计能够有的放矢，在制度设计之前，需要着手两项基础性工作：

17　〔美〕小罗杰·皮尔克：《诚实的代理人：科学在政策与政治中的意义》，李正风、缪航译，上海：上海交通大学出版社 2010 年版，第 33—34 页。

18　〔德〕尤斯图斯·伦次、彼得·魏因加特编：《政策制定中的科学咨询：国际比较》，王海云等译，上海：上海交通大学出版社 2015 年版，第 44 页。

一是考察在我国风险规制的实践中，科学咨询是否发挥了其作为诚实代理人的制度角色？如果没有，导致其未能发挥应有制度角色的原因究竟何在？二是针对风险规制中科学咨询程序制度实践存在的扭曲或偏离的问题，作为以规范性为基本功能属性的制度体系，法律应当如何保障科学咨询程序在风险规制中发挥应有功能？下面，让我们将目光聚焦到国内，考察我国风险规制决策科学咨询程序的本土实践。

三、风险规制科学咨询程序制度的本土实践

实际上，作为政府决策的“外脑”或者“智囊”，专家咨询制度在我国政府决策实践中一直存在。著名学者王绍光先生在考察我国公共决策议程设置的模式变迁时所提及的内参模式，便是专家参与政府公共决策、影响决策议程的重要途径。[19]

（一）科学咨询制度在我国风险规制领域的兴起

近年来，伴随着风险社会的来临，行政机构越来越多地介入到食品安全、药品安全、环境保护等风险规制领域之中。同时，由于这些规制领域涉及大量科学议题，相关的风险规制机构为此设置了专门的专家咨询机构，以充分发挥科学专家在科学理性方面的优势，弥补自身在风险规制中存在的科学理性“赤字”。在我国目前的风险规制领域中，具有代表性的专家咨询机构包括：依据《食品安全法》规定成立的国家食品安全风险评估专家委员会，专司食品安全风险评估工作；依据《农业转基因生物安全管理条例》规定成立的农业转基因生物安全委员会，专司农业转基因生物的安全评价工作；在药品风险规制领域，国家食品药品监督管理总局审评中心设立药品注册审评专家咨询委员会，根据2016年发布的《国家食品药品监督管理总局药品注册审评专家咨询管理办法（草案）》的规定，药品注册审评专家咨询委员会的主要职责是对药品注册审评中相关科学技术方面的重大分歧问题提供专家咨询、论证意见和建议。由此可见，在食品、药品规制领域，我国分别设立了专家咨询制度，虽因风险规制领域的不同，专家咨询制度所承担的具体职能不尽相同，但总体上看，专家咨询制度承担着为相关规制机构风险规制决策提供科学建议的职能，有利于提高风险规制决策的科学性。

19　王绍光：《中国公共政策议程设置的模式》，《中国社会科学》2005 年第 6 期。

（二）风险规制科学咨询功能之异化

在肯定科学咨询制度在相关风险规制领域所发挥的积极作用的同时，我们仍需看到，当前我国科学咨询制度在相关风险规制领域存在的突出问题，即出现了较为严重的功能异化，科学专家背离了其在风险规制中的诚实代理人的制度角色，科学咨询和科学专家处于一种“缺位”与“越位”的双重尴尬境地，被风险规制机构寄予了科学理性象征的科学咨询制度和科学专家在风险规制实践中陷入了严重的合法性危机之中。[20]

1. 科学咨询的缺位现象

此处所谓的科学咨询（科学专家）的“缺位”是指在具体的风险规制领域，风险规制科学咨询及其主要参与者科学专家并未切实履行为相关风险规制决策提供科学建议的职责。在我国诸风险规制领域，科学咨询缺位现象可谓屡见不鲜。

在食品安全风险规制领域，科学咨询（科学专家）的缺位问题尤为突出。近年来，我国食品安全事件频发，在“瘦肉精”、“三鹿毒奶粉”、“塑化剂风波”等诸多引起社会公众强烈反响的食品安全事件中，我们都可以发现科学咨询的缺位，相关食品安全科学专家“集体噤声”。2008 年，我国爆发了震惊世界的三鹿奶粉事件，不仅给人们生命财产带来严重损失，也给我国乳品行业和消费者带来了难以平复的伤痛：三鹿奶粉事件发生后，中国乳品行业光景惨淡，河北多地出现奶农集体倒奶风波[21]，整个乳品行业许久都未能走出低谷，恢复元气。[22]消费者也仍未从三鹿奶粉事件所带来的“心理恐惧”阴影中走出来，三鹿奶粉事件体现了食品安全风险的社会放大效应，[23]而导致这一事件的元凶则是乳品行业为追求高蛋白含量在乳粉中人为添加三聚氰胺，而在当时，添加三聚氰胺已经成为乳品行业用以增加蛋白含量的“潜规则”。[24]然而，多年之后再回过头来反思三鹿奶粉事件之时，我们会发现，作为科学理性代表的食品安全专家却未能发现这一乳品行业“潜规则”背后所潜藏的“巨大风险”。客观而言，食品安全专家在三鹿奶粉事件中的糟糕表现亦令人对他们的信任跌至谷底。

2009 年 2 月 28 日，在接连发生一系列食品安全事件之后，《食品安全法》

---

20 戚建刚、易君：《我国食品安全风险评估科学顾问的合法性危机及其克服》，《北方法学》2014 年第 2 期。

21 胡红伟：《奶农受三鹿事件影响忍痛倒奶》，《新京报》2008 年 9 月 20 日。

22 张泉薇：《中国乳业困局：洋品牌占领半壁江山》，《新京报》2013 年 6 月 19 日。

23 关于我国三鹿奶粉事件中的食品安全风险社会放大效应的详细考察，参见张恩典：《食品安全风险的社会放大及其法制因应之道》，《科技与法律》2014 年第 1 期。

24 《加三聚氰胺 确是行业潜规则》，资料来源：http: //news.163.com/09/0312/19/547T47O2000120GU.html；更新时间：2009 年 3 月 12 日；访问时间：2016 年 9 月 18 日。

得以在经历阵痛之后面世，取代之前的《食品卫生法》。2009 年《食品安全法》的一项重要制度创新就是在食品安全基本法层面确立了食品安全风险评估制度，根据该法规定，负责食品安全风险评估的是国家食品安全风险评估专家委员会。然而，从这几年的现实表现来看，国家食品安全风险评估专家委员会的风险评估工作遭到了社会的广泛质疑。作为专司食品安全风险评估工作的食品安全风险的评估专家委员会，在一系列食品安全事件面前，其对相关食品安全风险的评估总是显得姗姗来迟。自 2009 年 12 月 8 日第一届国家食品安全风险评估专家委员会成立至今，开展的食品安全风险评估工作屈指可数。2016 年 9 月 18 日，笔者通过查询国家卫生与计划生育委员会（以下简称国家卫计委）官方网站，只获取了由国家卫计委通过官方网站向社会发布的两个风险评估报告，分别为《中国食盐加碘和居民碘营养状况的风险评估》和《中国居民膳食铝暴露风险评估报告》。另外，除了上述两个风险评估报告之外，国家卫计委还发布了一份《白酒产品中塑化剂风险评估结果》。值得一提的是，这一风险评估结果的内容显示，这项白酒塑化剂的风险评估工作并非由国家食品安全风险评估专家委员会实施，而是由原卫生部委托国家食品安全风险评估中心开展的。国家食品安全风险评估专家委员会根据国家食品安全风险评估中心的评估结果认为，白酒中 DEHP 和 DBP 的含量分别在 5mg/kg 和 1mg/kg 以下时，对饮酒者的健康风险处于可接受的水平。

在此暂且不论风险评估报告本身的科学性，单就食品安全风险评估专家委员会所开展的寥寥几项食品安全风险评估工作本身而言，就暴露出作为食品安全风险规制科学咨询机构的食品安全风险评估专家委员会在食品安全风险评估活动中的严重缺位。与之形成鲜明对比的是，我国近年来食品安全事件频繁发生，不断挑战着社会公众的心理承受极限，也使得食品安全风险评估专家委员会落下了“不作为”的负面评价。以国家卫计委公布的《白酒产品中塑化剂风险评估结果》为例，我国白酒行业塑化剂风波发生于 2012 年 11 月 19 日，然而国家卫计委在其官方网站上发布《白酒产品中塑化剂风险评估结果》的时间却是在 2014 年 6 月 27 日，距离塑化剂风波已经过去了足足 1 年 7 个月。在白酒塑化剂过去这么久之后，国家才发布白酒塑化剂的风险评估结果，而此时，面对这份姗姗来迟的风险评估结果，社会公众和白酒行业更多呈现出的反应是：“消费者恐怕对此已经遗忘，业内人员偶尔提起也已只当个笑话了。”[25]不可否认，风险评估报告作为科学性报告，需要建立在大量统计数据和相关科研成果的研究之上，耗时相对较长，但是，食品安全风险评估报告周期过长，也给社会公众

---

25 晋育峰：《对塑化剂评估值的三点质疑：不明白，更糊涂！》，http://www.jianiang.cn/pinglun/0629444L2014.html，更新时间：2014 年 6 月 29 日，访问时间：2016 年 9 月 18 日。

一种食品安全风险评估专家“不作为”或“慢作为”的负面观感，严重影响到社会公众对食品安全风险评估专家的信任。

在转基因食品风险评估中，科学咨询的缺位问题同样存在。近年来，在现代互联网媒体的助推之下，转基因食品的安全性问题在社会中引起了广泛而持续的讨论和争辩。然而，与互联网媒体铺天盖地的报道并由此激发全民热议的景象形成鲜明对比的是，专司转基因作物安全性评价的农业转基因生物安全委员会却并无多大动静，仍旧坚持其一贯的“通过安全性评价的转基因是安全的”这一基本态度。但是，公众对此似乎并不买账，而是要求农业转基因生物安全委员会对转基因食品对人体和环境的潜在风险进一步研究，以回应公众关切，然而，农业转基因生物安全委员会在回应社会公众对转基因食品潜在风险的担忧方面，却显得过于被动。

上述诸种现象实则暴露出当前我国风险规制科学咨询存在着严重的缺位现象，参与风险规制的科学专家并未有效发挥法律赋予他们的重要职能。

2.科学咨询的越位现象

风险规制科学咨询的越位现象，是指科学咨询或者科学专家超越其制度角色定位，作出超出其制度角色定位之外的“科学”判断。相较于科学咨询及其科学专家在风险评估规制活动中的缺位，风险规制中科学咨询及其科学专家的越位现象更为隐蔽，难以察觉。按照理想的制度角色预设，科学专家在风险规制决策中应该扮演诚实代理人的角色，借由科学咨询程序参加风险规制决策过程，为风险规制机构决策提供咨询建议，从而提高风险规制决策的科学性。

为了保证风险规制科学咨询建议的科学性和客观性，科学专家在参与风险规制科学咨询活动中必须保持中立性和客观性。通常，在风险规制场景中，科学专家是通过所谓的科学“划界活动”（boundary work）来将其科学咨询活动限制在科学的范围之内。[26]作为“科学家提高自身权威性最常见的策略之一”，“无论是致力于创建职业团体、确定或排除非成员、争夺资源，还是维护自治、抵御外部控制，科学专家都会使用不同的定界（boundary defining）策略以确定哪些人属于相关的有声望的或权威的同行群体及网络，而哪些人被排除在外”。[27]划界活动实际上是对科学权威的一种捍卫，也是对科学的社会功能有限性的行动自觉。科学专家的划界活动是科学共同体参与描绘科学场域规则和疆界的自觉行为。按照法国社会学家布迪厄的场域理论，在科学场域之中，“个人投入和利

26 Thomas F.Gieryn，“Boundary-Work and the Demarcation of Science from Non-Science：Strains and Interests in Professional Ideologies of Scientists”，*in American Sociological Review*，48（1983），pp.781—795.

27 〔美〕希拉·贾萨诺夫：《第五部门：当科学顾问成为政策制定者》，陈光译，上海：上海交通大学出版社2011年版，第19页。

益的混乱对抗要转变为合理的对话，只有（且仅仅）在这样的条件下，即立场足够自主（因而具有相当高的壁垒），以排除内部斗争中非特定的武器尤其是政治或经济武器的引进；即参与者被迫仅使用符合这方面的科学要求的讨论或证明工具，因此参与者不得不将他们的统治欲望升华为一种求知欲望，而求知欲望只有在以一种证伪反对一种论证，以一个科学事实反对另一个科学事实时才能获胜”。[28]换言之，在科学场域中，科学共同体共同尊奉和分享着一套科学规范。一旦划界活动超越了科学的疆域，科学专家越过了布迪厄所言的“科学场域”发表观点，那么，科学专家所置身其中的科学共同体的行为规则也就失去了效力，此时，表征科学理性的科学话语和专家言论的作用也就大打折扣了。然而，在一些风险规制决策中，科学专家的确并没有在合理的疆界内活动，而是超越了科学疆域的边界，颠倒了其作为诚实代理人的角色定位。

在我国风险规制活动中，专家越位问题也时有发生。2010 年，卫生部委托国家食品安全风险评估专家委员会就我国食盐加碘和居民碘营养状况进行风险评估，并发布了《中国食盐加碘和居民碘营养状况的风险评估》。该报告的“结论与建议”部分得出的一个核心结论是：“由于我国多数地区都存在不同程度的碘缺乏，而且加碘食盐是这类地区碘的重要膳食来源，考虑到我国食盐加碘在碘缺乏病控制方面取得的突出成绩，应该认为食盐加碘的健康益处远大于食盐加碘的可能健康风险。然而，由于我国水碘分布存在明显的地域差异，推行因地制宜、分类指导和科学补碘的防控策略是合适的，既可降低低碘地区居民的碘缺乏风险，也可避免高碘地区的碘过量风险。”仔细推敲报告中的上述结论，可以发现，实际上，风险评估专家所说的“食盐加碘的健康益处远大于食盐加碘的可能健康风险”的判断实际上是在对食盐加碘政策进行一项成本效益分析，是一种典型的政策选择中的价值判断问题。诚如学者所言，即使全民食盐加碘确实效益高于成本，这一措施也已经导致利益分配发生变化：它降低了那些缺碘地区人群的风险，而增加了那些本身碘适宜或者已经过量地区人群的风险。而利益分配变化的正当性并不能通过“科学”来证明，它带有明显的政治权衡和政策选择的维度。[29]此时，风险评估专家是在进行一项政策选择，或者更确切地说，是在用科学外衣来掩盖政策制定中的价值判断活动，进而为国家既定的碘盐政策提供所谓的科学佐证。换言之，此时，风险评估专家所作出的所谓科学判断实际上是一种掩盖在科学外表之下的政策判断，而这一政策判断本该由

28 〔法〕皮埃尔·布尔迪厄：《帕斯卡尔式的沉思》，刘晖译，北京：生活·读书·新知三联书店 2009 年版，第 127—128 页。

29 赵鹏：《风险评估中的政策、偏好及其法律规制——以食盐加碘风险评估为例的研究》，《中外法学》2014 年第 1 期。

规制机构作出。因此，从上述报告所给出的结论和建议来看，专家委员会所从事的风险评估确实给外界一种“越俎代庖”的观感，在风险评估中存在专家越位的嫌疑。

在转基因食品安全中，作为转基因食品风险规制决策之科学咨询机构，农业转基因生物安全委员会的主要职责是从科学角度对转基因食品的安全性作出评价。然而，即使转基因食品从科学角度而言是安全的，也不能就此认为我国应当加快转基因作物的种植。严格说来，我国是否应该加快推进转基因食品的种植，是否应当推进转基因水稻等主粮的种植，这是一个需要在综合社会、经济、伦理等多方面因素的基础之上进行价值权衡的问题，而并非单纯科学能够回答的问题。然而，我国农业转基因生物安全委员会的一些专家为转基因的商业化种植积极奔走，并在媒体上公开呼吁我国应当加大转基因作物的种植面积，甚至鼓吹我国应当加快推进转基因水稻的种植面积以解决我国粮食安全问题的做法，是在以一种看似中立的科学判断掩盖科学家自身的价值判断乃至利益诉求。公允而言，这同样上是一种专家越位的表现。

（三）风险规制科学咨询功能异化之原因分析

引人深思的是，在风险规制实践中，科学咨询及其科学专家为何会时常发生缺位与越位问题？换言之，究竟是什么原因导致了风险规制中科学咨询程序的功能异化，产生了科学咨询程序中专家的缺位和越位？当然，在风险规制中，科学专家的身份并不能保证其所提供的科学知识就天然地具有合法性，科学专家所提供的科学知识之所以能够获致合法性是以特定程序装置为前提的。专家知识的合法性“源自于特定的程序，这些程序一方面保证其专家知识与科学事实的关联，另一方面确保其与特定利益无关”[30]。这意味着，科学专家是否能够在风险规制中充当诚实代理人的制度角色，还需要看是否具有保障其科学专家诚信行事的程序性装置。笔者认为，作为法律人，我们需要从法律制度的角度来诊断风险规制科学咨询功能异化的病理。从法律程序角度上，导致我国风险规制科学咨询异化的原因包括以下三个方面。

1. 科学咨询缺乏科学卓越性

风险规制活动，尤其是风险评估活动具有高度科学复杂性，这就要求借由科学咨询程序参与风险评估的科学专家在专业方面具有科学上的卓越性。科学卓越性要求科学专家具备相关风险规制领域的专业知识，了解相关专业领域的最新研究动态。同时，现代科技风险议题通常具有跨学科性特征，只具有单一

30 〔德〕尤斯图斯·伦次、彼得·魏因加特编：《政策制定中的科学咨询：国际比较》，王海云等译，上海：上海交通大学出版社 2015 年版，第 8 页。

专业知识背景的科学专家往往难以应对，此时，往往需要由多个专业背景的科学专家共同组成科学咨询委员会，共同为风险规制机构提供科学咨询。

例如，在转基因食品安全风险评估中，作为专司转基因食品安全性评价的农业转基因生物安全委员会的成员构成对于风险评估的卓越科学性具有重要影响，并且需要考虑到转基因作物的各种潜在风险。我们知道，从科学角度而言，转基因作物的潜在风险主要包括潜在的食品安全风险和环境风险，因此，在该委员会的成员构成上，应当根据转基因作物潜在的食品风险和环境风险来选聘专家成员，并保证两个领域专家在数量上的均衡，以实现咨询委员会在专家知识上的多样性和均衡性。然而，考察我国农业转基因生物安全委员会的成员构成，会发现它并没有真正体现科学上的卓越性。从第一届农业转基因生物安全委员会的成员构成上看，在由 58 名专家组成的委员会中，绝大多数是来自基因研究领域的专家，而生态、环境等领域的专家则屈指可数。客观而言，这样的成员构成并不具备科学上的卓越性，相反，却会使得专家本来就存在的“井蛙之见”的问题更趋严重。

科学专家科学卓越性的欠缺，实则暴露出目前我国风险规制领域科学咨询程序制度设计中科学专家遴选机制存在严重缺陷。在风险规制领域，科学专家遴选机制仍旧比较粗疏，无论是科学专家所应具备的遴选条件还是遴选程序都极不完善。以国家食品安全风险评估专家委员会委员的遴选为例，《国家食品安全风险评估专家委员会章程》（以下简称《章程》）第 13 条对专家委员会应当符合的条件作出如下规定：拥护党的路线、方针、政策，具有较强的社会责任感，遵纪守法，具有严谨、科学、端正的工作作风和较强的敬业精神；严格遵守委员会章程，能够按时参与委员会组织的各项工作，承担并完成委员会交付的各项任务；从事专业技术工作，具有副高级以上专业职称（副高级职称者具有博士学位），年龄在 65 岁以下（院士除外），身体健康；具体从事食品安全风险评估工作，或者从事与食品安全风险评估相关的工作；业务水平突出，在国内相关领域具有较高的学术威望，或者具有丰富的工作经验。在上述关于委员遴选条件的规定中，第 3、4、5 项涉及专家业务水平方面。然而，上述关于专家遴选条件的规定仍有进一步完善的空间，尤其是对专家的跨学科知识背景并未作出要求。在遴选程序上，《章程》并未对专家的遴选程序和遴选方式作出规定，而从具体实践来看，专家委员会候选名单是由有关部门、科研机构和大专院校推荐形成，之后由原卫生部在候选专家名单中遴选产生。卫生部在公布第一届国家食品安全风险评估专家委员会名单的通知中，对遴选方式和遴选原则作出简单说明，第一届风险评估专家委员会是在有关部门、科研机构和大专院校推荐的专家中，按照多学科组成、代表性和独立评估等原则产生。由于《章程》并未对遴选程序、方式作出规定，而实践中所采用的“单位推荐+遴选”的方式，使得卫生部在专家遴选过程中具有很大的裁量空间。由于专家遴选标准的粗疏和遴选程序的缺失，科学专家的卓越科学性显然难以得到制度保障。

相较于国家食品安全风险评估专家委员会的专家遴选机制而言，环保部环境损害鉴定评估专家委员会专家成员的产生方式则更为粗疏。为充分发挥专家在环境损害鉴定评估中的作用，提高环境损害鉴定评估的科学性水平，环保部于 2016 年 7 月成立了环保部环境损害鉴定评估专家委员会，其主要职责包括以下三个方面：对环境损害鉴定评估工作发展规划、重要政策法规、标准制定提供咨询和建议；参与环境损害鉴定评估推荐机构审核；为重大环境损害案件的鉴定评估提供咨询和专家意见。由此可见，该专家委员会是专门就环境损害鉴定评估工作向环保部提供科学咨询建议，具有卓越的科学性要求。然而，从该专家委员会成员的产生方式来看，其卓越的科学性要求显然缺乏相应的制度保障。目前，该专家委员会并未出台章程，故而并未对专家委员会成员的产生方式作出规定，而从《关于成立环境保护部环境损害鉴定评估专家委员会的通知》中可以得知，专家委员会的成员是由环保部“聘请”而来，而非通过遴选产生。相较于专家遴选方式，这种聘请方式实际上赋予了环保部自行决定该专家委员会成员构成的权力，使得环保部能够根据本部门需要乃至部门利益来决定专家委员会的成员构成，进而对科学咨询过程和结果产生影响。此时，作为科学顾问的专家委员会就难以获得卓越科学性的制度保障。

科学专家遴选机制的不健全，使得风险规制机构在事实上控制了科学专家成员的任命权。在风险规制实践中，专家委员会的构成将对风险规制决策产生重大影响。因此，很多情形下，“试图控制科学顾问委员会的成员任命就成了赞成和反对监管的利益集团之间的一个小小的竞技舞台，双方借此宣泄根深蒂固的理念冲突和社会冲突”[31]。我国风险规制领域中科学专家遴选机制的缺失，尤其是科学专家遴选标准、程序以及方式上的不健全必将为风险规制机构在很大程度上“操纵”专家委员会成员构成留下巨大空间，从而也使得风险规制科学咨询的卓越科学性缺乏制度保障。

2. 科学咨询缺乏独立性

科学咨询独立性缺失是导致科学专家在参与风险规制科学咨询程序，为风险规制机构提供科学建议的活动中频繁发生专家缺位和越位现象的重要原因。科学咨询的独立性是科学专家参与风险规制科学咨询活动的基本要求。所谓科学咨询的独立性，是指科学专家在为风险规制机构提供科学咨询建议时应当保持价值中立，免受特定组织、集团的利益和观点的影响，基于自身的专业性知

31　〔美〕希拉·贾萨诺夫：《第五部门：当科学顾问成为政策制定者》，陈光译，上海：上海交通大学出版社 2011 年版，第 120 页。

识就特定风险议题作出专业性判断。“根据对专家知识的传统理解，专家不代表特定利益，只代表理解和控制自然方面的人类普遍利益。因此，专家唯一的任务就是确保科学学科和观点的均衡。”[32]唯有如此，专家才能与诚实代理人角色相吻合。

然而，科学专家并不是生活于真空之中，科学专家更非圣人，而同样是具有理性经济人的特质。“追求真理的愿望可能与其他动机发生冲突。首当其冲的是物质利益。我们之所以不相信商人，是因为他们如果撒谎的话可以挣更多的钱。在观念的市场上也一样，人们常常指责他们的对手被‘收买’，他们的判断被滚滚而来的金钱所腐蚀，一旦他们改变观念，立刻就会财源枯竭。”[33]这段话虽然是用于形容观念偏好的，但将其用来刻画风险规制实践中的科学专家所面临的利益诱惑同样是恰当的。在风险规制科学咨询活动中，科学专家既承受着来自政治上的压力，又面临着来自特定组织或利益集团的经济、物质等各种利益的诱惑，政治上的压力和经济上的诱惑都将给科学咨询的独立性产生影响。在一些情形下，咨询委员会在政治或行政压力之下丧失了独立性，沦为政治或行政的附庸。在现实的风险规制情境中，“行政官员有可能运用咨询委员会来支持自己预设的政策偏好”[34]。例如，美国小布什政府时期就曾通过操纵咨询委员会的成员来控制咨询委员会，让持有特定意识形态的专家成员进入咨询委员会，从而达到让咨询委员会支持政府预设的政策偏好的目的。这一做法最终招致美国社会的广泛批评。

在另一些情形下，“经济利益将引导专业人员向那些重要的人群寻求指南。如果这些客户来自于涉及风险管理的一个利益团体，那么在专业人员的工作中，这个团体的价值将很自然地被作为重点来考虑”。在风险规制实践中，科学专家通常将个人的利益诉求隐藏在其关于特定风险议题的科学判断之中，具有高度的隐秘性，“很难使所有关心问题的人都能够清楚地了解专家们关于问题的界定什么时候不是出自他们的技术观点，而是出自政治或经济利益”[35]。更有可能的是，在政治和经济等多重外在压力之下，“在多方风险问题上专家被迫超越有限数据的限制把他们不完整的知识转变为能被风险评估者使用的判断。这么做，

32 〔德〕尤斯图斯·伦次、彼得·魏因加特编：《政策制定中的科学咨询：国际比较》，王海云等译，上海：上海交通大学出版社 2015 年版，第 25 页。

33 〔美〕布赖恩·卡普兰：《理性选民的神话——为何民主制度选择不良政策》，刘艳红译，上海：上海人民出版社 2010 年版，第 140 页。

34 Sidney A. Shapiro，“Public Accountability of Advisory Committees”，*in Risk*，1（1990），p.190.

35 〔英〕巴鲁克·费斯科霍夫、莎拉·利希藤斯坦、保罗·斯诺维克等译：《人类可接受风险》，王红漫译，北京：北京大学出版社 2009 年版，第 83—88 页。

他们就可能像外行人一样要求助于直觉的过程”[36]。这意味，当科学专家在为风险规制机构提供科学咨询受到外界政治影响而沦为政治的附庸，或者受到经济利益等因素影响而为特定利益集团所俘获，成为特定利益集团的代言人时，科学专家就可能会偏离其本应坚守的客观中立的立场，科学咨询的独立性亦不复存在。科学专家所引以为傲的客观中立的科学权威形象也就荡然无存。

科学咨询独立性当然并不会自动获得，而是建立在一套合理有效的制度保障机制之上。科学咨询独立性保障机制包括两个方面：一方面是科学咨询专家的遴选程序，另一方面则是利益冲突保障机制。然而，由于缺乏相应的专家遴选程序和利益冲突保障机制，我国风险规制科学咨询的独立性羸弱不堪。目前，在风险规制情境中，科学咨询独立性缺失主要表现为两个方面：一是科学专家对风险规制机构的依附性，二是科学专家为特定利益集团所俘获。[37]以下分而述之。

首先，对风险规制机构的依附性。在一个具有浓厚威权主义传统的国度，行政权力具有天然的优越性。风险规制领域也概莫能外。作为风险规制机构的行政机关实际上垄断了风险规制活动，而为风险规制机构提供科学咨询建议的科学专家也严重依附于前者。这种依附性实际上以不同方式贯穿于风险规制科学咨询活动的各个环节。

国家食品安全风险评估专家委员会的运行机制和过程，为我们提供了观察科学咨询机构对风险规制机构的依附性的制度样本。食品安全风险评估作为一项具有高度科学性的活动，需要在制度上充分保障专司食品安全风险评估的专家委员会能够独立从事风险评估活动。然而，在我国最新修订的《食品安全法》第 17 条中，只对风险评估作出了简单规定。根据这一规定，国务院卫生行政部门负责组织食品安全风险评估工作，食品安全风险评估由食品安全风险评估专家委员会实施。2010 年 1 月，原卫生部等七部委联合发布《食品安全风险评估管理规定（试行）》（以下简称《风险评估规定（试行）》），进一步对食品安全风险评估工作加以规范。在《风险评估规定（试行）》中，对专家委员会独立进行食品安全风险评估作出了要求。《风险评估规定（试行）》第 6 条规定：“国家食品安全风险评估专家委员会依据本规定及国家食品安全风险评估专家委员会章程独立进行风险评估，保证风险评估结果的科学、客观和公正。任何部门不得干预国家食品安全风险评估专家委员会和食品安全风险评估技术机构承担的风

36 〔英〕巴鲁克·费斯科霍夫、莎拉·利希藤斯坦、保罗·斯诺维克等译：《人类可接受风险》，王红漫译，北京：北京大学出版社 2009 年版，第 44 页。

37 戚建刚、易君：《我国食品安全风险评估科学顾问的合法性危机及其克服》，《北方法学》2014 年第 2 期；戚建刚：《食品安全风险评估组织之重构》，《清华法学》2014 年第 3 期。

险评估相关工作。”客观而言，这一规定更多是对专家委员会独立开展风险评估的原则性宣示，欠缺现实可操作性。而其是否能够实现真正独立，关键还需要看是否具有一套保障其独立进行风险评估的可操作性的制度规范。

然而令人遗憾的是，仔细考察《风险评估规定（试行）》的其他条文，我们可以发现与专家委员会独立开展风险评估这一原则性规定相背离的诸多规范，如《风险评估规定（试行）》第7条对国家食品安全风险评估专家委员会的评估任务的来源作出了专门规定：“有下列情形之一的，由卫生部审核同意后向国家食品安全风险评估专家委员会下达食品安全风险评估任务：（一）为制订或修订食品安全国家标准提供科学依据需要进行风险评估的；（二）通过食品安全风险监测或者接到举报发现食品可能存在安全隐患的，在组织进行检验后认为需要进行食品安全风险评估的；（三）国务院有关部门按照《中华人民共和国食品安全法实施条例》第十二条要求提出食品安全风险评估的建议，并按规定提出《风险评估项目建议书》（见附表1）；（四）卫生部根据法律法规的规定认为需要进行风险评估的其他情形。”由此可见，国家食品安全风险评估专家委员会的食品安全风险评估任务是由卫生部根据需要下达的，专家委员会本身无权启动食品安全风险评估程序。第9条第1款规定：“对于下列情形之一的，卫生部可以做出不予评估的决定：（一）通过现有的监督管理措施可以解决的；（二）通过检验和产品安全性评估可以得出结论的；（三）国际政府组织有明确资料对风险进行了科学描述且适于我国膳食暴露模式的。”上述规定实际上从反面赋予了卫生部风险评估的决定权。又如第12条第1款规定：“国家食品安全风险评估专家委员会应当根据评估任务提出风险评估实施方案，报卫生部备案。”根据这一规定，国家食品安全风险评估专家委员会的风险评估实施方案需要报卫生部备案，在笔者看来，风险评估实施方案的备案实际上是卫生部对专家委员会进行风险评估的一种“变相”监督，也为卫生部干预风险评估过程乃至最终影响风险评估结果提供了可能的制度化渠道。第15条规定：“国家食品安全风险评估专家委员会进行风险评估，对风险评估的结果和报告负责，并及时将结果、报告上报卫生部。”根据这一规定，国家食品安全风险评估专家委员会负有向卫生部及时上报风险评估结果、报告的义务。第18条第1款规定：“卫生部应当依法向社会公布食品安全风险评估结果。”据此，卫生部享有食品安全风险评估结果的公布权。

通过以上对《风险评估规定（试行）》相关条文的细致分析和解读，我们可以发现，在看似科学中立的风险评估活动中，作为风险规制机构的原卫生部掌握了风险评估任务决定权、风险评估方案备案权、风险评估结果公布权等诸多权力。正是借助于这一系列行政性权力，作为风险规制机构的原卫生部在风险评估工作中实际上占据了主导地位，相形之下，作为专司食品安全风险评估的专家委员会实际上只享有很少的权力，处于一种“失权”状态。[38]专家委员会在风险评估中的“失权”状态，直接导致和强化了其对作为风险规制行政机构的原卫生部的依附性地位，科学专家在风险规制科学咨询中的独立性难以获得保障。

其次，为特定利益集团俘获。正如前文所言，科学专家并非不食人间烟火的圣贤，作为芸芸众生中的一员，科学专家有其作为理性经济人的一面，也有其作为社会人对外界事物的观念、看法，而这些都可能对其科学判断产生潜移默化、程度不一的影响。自然，“只要是人，他们的科学判断就经常会受到个人观点、观念和利益的影响”[39]。有学者甚至研究了心理学和个人性格对专家判断的影响，并将专家区分为“狐狸型专家”和“刺猬型专家”。[40]通常，一项风险规制决策的推行将会对相关利益集团尤其是对受规制的相关行业产生负面影响，使其蒙受经济损失。因此，受规制决策影响的特定利益集团总是千方百计地通过各种方式影响风险规制决策过程。有学者便指出，随着风险规制的兴起，在风险规制实践中出现了一种耐人寻味的现象：受风险规制决策影响的相关利益集团影响规制决策的策略也发生了深刻转换：由诉诸经济学的方式转换为诉诸科学。这是因为诉诸经济学通常给人一种“利己主义”的观感，令人反感，并容易导致社会公众的抵制，而诉诸科学却给人一种客观中立的形象，令人心生敬畏。[41]

正因如此，利益集团往往采取各种方式试图对科学专家的科学咨询活动施加影响，其中惯常运用的伎俩便是经济利益的诱惑。一些以客观中立形象示人的科学专家在为风险规制机构提供科学咨询建议时，便有可能在利益集团的利益诱惑之下，丧失独立性，沦为特定利益集团的代言人。“在多元的风险界定中，较之具有明显利益倾向的团体而言，专家的中性地位和知识的专业性使其获得了崇高的地位，使其具有‘信任’这个风险治理的关键词。因此，对专家的拉拢和利用成为利益集团在审时度势之后的新伎俩。借口专家之口，风险被按照其所希望的模式界定、分配，更重要的是这种界定和分配是被接受的。除了获得风险定义的话语权之外，如何将本利益团体的声音被知晓、被传播、被确信，

38　戚建刚：《食品安全风险评估组织之重构》，《清华法学》2014年第3期。

39　〔美〕戴维·雷斯尼克：《政治与科学的博弈：科学独立性与政府监督之间的平衡》，陈光、白成太译，上海：上海交通大学出版社2015年版，第89页。

40　〔美〕菲利普·E.泰特洛克：《狐狸与刺猬：专家的政治判断》，季乃礼等译，北京：中国人民大学出版社2013年版。

41　Thomas O.McGarity，“Our Science Is Sound Science and Their Science Is Junk Science：Science-Based Strategies for Avoiding Accountability and Responsibility for Risk-Products and Activities”，*in University of Kansas Law Review*，52（2003），pp.898—902.

也是其左右风险意识、逃脱风险责任的手段。”[42]特定利益集团俘获科学专家现象在现代社会普遍存在，并对科学咨询的独立性和客观性产生着严重的负面影响。

诚如学者所言，在现实中，专家们或者被利益集团所雇佣而参与决策过程，“成为‘被管制者’用以‘捕获’管制者的工具；也有可能被政府所雇佣，提供‘政府定制的专家意见’，成为‘论证政府所欲求的决策方案的工具’”[43]。现实中不乏这样的事例：一家杀虫剂企业资助的科学研究可能会倾向于支持它的产品，而一个环保团体资助的研究则可能会倾向于反对使用杀虫剂。[44]科学的中立让位于利益的考量。杜威在谈到被利益集团所俘获的专家时就主张，“一类专家将不可避免地被从公共利益之中排除出来，因为他们已经变成了私人利益和私人知识的代表，而这些知识对解决社会问题用处不大”[45]。因此，在风险规制科学咨询中，这些已被特定利益集团所俘获并沦为其代言人的科学专家，已经偏离了其作为公共利益代表的诚实代理人的制度角色，可取的态度是将其排除在风险规制科学咨询程序之外。

商品社会弥漫着铜臭味在所难免，“流俗之科学认识通常忘记了科学家与更广阔的世界的联系。最为重要的是，这种关系属于物质依赖的那一种。科学家们不能喝西北风过活。然而，很少有资金不与特定的利益集团相连，尤其是经济利益”[46]。为了防止科学专家沦为利益集团的利益工具，有必要建立有效的避免利益冲突的保障机制，而这其中首要的就是利益冲突声明机制，这是避免参与风险规制过程的科学专家受到特定利益集团利用、保障风险规制科学咨询独立性的重要程序装置。必须正视的一个问题是，我国在风险规制利益冲突声明制度设计上依然相当粗疏，根本无法将那些为特定利益集团所俘获的科学专家排除出风险规制科学咨询活动，从而保证科学咨询及其科学专家的中立性。例如《国家食品安全风险评估专家委员会章程》第 15 条规定：“专家委员会委员应当主动回避可能与自身利益相关的风险评估工作，并遵守国家相关保密的规定。”然而，这一规定着实过于简单模糊。究竟专家的哪些利益需要回避？利益是否与自身相关由谁来认定需要回避？如果专家怠于回避，应当如何处理？是否存在利益冲突豁免的例外？遗憾的是，该章程对上述问题，都未作出明确规

---

42 程岩：《风险规制的刑法理性重构：以风险社会理论为视角》，《中外法学》2011 年第 1 期。

43 王锡锌：《我国公共决策专家咨询制度的悖论及其克服——以〈美国联邦咨询委员会法〉为借鉴》，《法商研究》2007 年第 2 期。

44 〔美〕戴维·雷斯尼克：《政治与科学的博弈》，陈光、白成太译，上海：上海交通大学出版社 2015 年版，第 89 页。

45 〔美〕约翰·杜威：《公众及其问题》，本书翻译组译，上海：复旦大学出版社 2015 年版，第 139 页。

46 〔英〕戴维·佩珀：《现代环境主义导论》，宋玉波、朱丹琼译，上海：格致出版社 2011 年版，第 324 页。

定。专司转基因生物安全性评价的农业转基因生物安全委员会的情况也相差无几。《农业转基因生物安全委员会工作规则》第17条规定："安委会委员及其亲属与申报人有利害关系的，应当在讨论该项目时主动回避。专业组组长应将评审中申请回避情况书面报告主任委员。"客观而言，这一规定将回避主体范围扩至委员的亲属，较前者有所进步，但仍旧存在规定过于模糊的问题。该条文中所指"利害关系"究竟包含哪些内容尚不明确。试问：如此简单粗疏的规定如何能防止参与科学咨询的科学专家不被特定利益集团所利用？

由于缺乏细密周全的利益冲突制度安排，农业部向社会公布的历届农业转基因生物安全委员会委员名单，都曾引发民众的广泛热议。国内媒体就曾曝光第一届农业转基因生物安全委员会委员与美国转基因巨头孟山都公司的利益关联，国内著名信息咨询机构"安邦咨询"也曾在《中国经营报》上刊文公开质疑农业转基因生物安全委员会专家的背景及其中立性。根据网络曝光的名单，推进转基因水稻商业化的"急先锋"张启发教授，其实验室最大的合作伙伴是美国孟山都公司，他同时兼任"美国洛克菲勒基金会水稻生物技术国际合作计划科学顾问委员会"委员和"孟山都奖学金评定委员会"主任。转基因的推行者郭三堆、贾士荣、黄季焜、吴孔明等科学家亦均在曝光之列。[47]农业转基因生物安全专家委员会科学专家与美国转基因巨头之间千丝万缕的利益关联，也引发国内民众对这个专家委员会独立性的广泛质疑，该专家委员会所发布的有关转基因食品的相关研究成果和言论陷入巨大的信任危机之中。

3.科学咨询运行缺乏公开透明性

诚如学者所言："在风险规制中，规制活动应当具有外在的透明性，能让民众参与和监督，这是民主的要求。"[48]风险规制科学咨询程序的运行同样需要贯彻公开透明的原则。一方面，在风险规制实践中，公开透明的科学咨询程序有利于打消公众对科学咨询活动存在"暗箱操作"的疑虑，增强公众对风险规制科学咨询活动乃至最终的风险规制决策的信任；另一方面，公开透明的科学咨询程序能够使同行专家对风险规制决策的科学性进行监督。实际上，我国风险规制科学咨询之所以经常出现科学专家"缺位"、"越位"的问题，一个重要原因便是科学咨询活动的公开透明性不足。

以国家食品安全风险评估专家委员会的运行为例。《国家食品安全风险评估专家委员会章程》并未对风险评估过程和结果的公开性作出规定。《食品安全风险评估管理规定（试行）》第18条第1款规定："卫生部应当依法向社会公布食

47 安邦咨询：《中国转基因专家的背景和中立性遭受严重质疑》，http://www.cb.com.cn/economy/2011_0419/201051.html，更新时间：2011年4月19日；访问时间：2016年9月18日。

48 王贵松：《风险行政的组织法构造》，《法商研究》2016年第6期。

品安全风险评估结果。”值得注意的是，此处卫生部应当公开的是“风险评估结果”，而非“风险评估报告”。单就这一规定而言，至少目前对于食品安全风险评估报告全文是否应当向社会公开尚不明确。另外，在2010年国家食品安全风险评估专家委员会发布的《食品安全风险评估工作指南》规定中，有个别条款涉及风险评估报告和风险评估记录的保存问题。该指南第11章第52条规定:“为了保证风险评估的公开、透明，整个风险评估过程的各环节需要以文字、图片或音像等形式进行完整且系统的记录并归档”；第54条规定：“记录应与风险评估过程中产生的其它材料（包括正式报告）妥善存档，未经允许不得泄露相关内容”。换言之，风险评估活动中形成的风险评估报告以及其他材料，在未经允许的情况下是应当保密的，并不对外公开。至于食品安全风险评估专家委员会进行风险评估活动的时间与议程、专家委员会成员讨论的相关会议纪要、少数派成员意见亦不在对外公开之列，更不用说风险评估中所使用的数据质量标准、默认假设、决定标准等信息。由此可见，目前，专家委员会所进行的食品安全风险评估活动基本是在一种隐秘状态下进行的，保密是原则，而公开成为例外，这显然不符合现代法治政府的基本理念。对此，我国学者戚建刚教授有一个颇为形象的比喻：国家食品安全风险评估专家委员会犹如一个密封的“防水箱”，[49]在这个封闭的“防水箱”中，专家们神秘地开展着风险评估工作，隐隐地服务于风险规制机构。

因为缺乏保障风险规制科学咨询活动公开透明性的相关制度，科学专家几乎是在一种封闭状态下为风险规制机构提供科学意见，这使得普通公众和同行专家通常无从知晓风险规制科学咨询活动的相关情况，从而为专家在风险规制科学咨询程序中的“缺位”和“越位”打开了方便之门，也加剧了科学界人士和社会公众对风险评估结果和风险规制决定的不信任。

四、风险规制科学咨询制度设计的美国经验

在揭示当前我国风险规制科学咨询实践中存在的诸多乱象，以及乱象背后潜藏的制度缺陷之后，我们需要思考的问题就是如何重构我国风险规制科学咨询程序，克服风险规制实践中存在的专家“缺位”和“越位”的现实问题，使科学专家在风险规制科学咨询活动中真正发挥其诚实代理人的作用。古语云：“他山之石，可以攻玉。”发达国家和地区在风险规制科学咨询程序制度设计方面积累了大量的先进经验，能够为我国风险规制科学咨询程序制度完善提供有

49 戚建刚：《食品安全风险评估组织之重构》，《清华法学》2014年第3期。

益镜鉴。

从 20 世纪 70 年代开始，伴随着环境、健康等社会性规制活动在欧美国家的兴起，科学专家也越来越多地参与到行政规制决策之中，作为科学专家参与风险规制活动的程序性建制的科学咨询制度亦广泛地运用于风险规制领域，科学咨询已经成为正在兴起的“第五部门”。[50]国内已有学者就欧盟食品安全科学咨询制度进行了专门介绍。[51]在此，本文将主要介绍美国食品药品监督管理局和美国环境保护局的科学咨询程序制度设计方面所积累的丰硕成果，为完善我国相关风险规制科学咨询制度提供可资借鉴的经验。总体上，美国在食品、环境等风险规制领域科学咨询程序设计上，主要是围绕保障风险规制科学咨询的科学性、独立性和公开透明性这三个方面来进行相关制度设计的。

（一）科学专家遴选制度的美国经验

1. 美国食品药品监督管理局的经验

根据官方网站公布的数据，目前美国食品药品监督管理局有 33 个科学咨询委员会。[52]这些咨询委员会的成立和运行主要由 1972 年出台的《联邦咨询委员会法》以及美国食品药品监督管理局颁布的内部指南加以规范。根据《联邦咨询委员会法》的规定，对咨询委员会的成员构成需要根据其所表达的观点和咨询委员会所要履行的职能进行合理的平衡。客观而言，这一“均衡”条款非常模糊，究竟什么是“均衡”在实践中确实难以确定，而如何实现“均衡”这一问题同样充满争议。[53]可见，《联邦咨询委员会法》的上述规定赋予了食品药品监督管理局在设置和运行咨询委员会上极大的裁量空间。

为了实现《联邦咨询委员会法》关于“均衡”的规定，美国食品药品监督管理局的咨询委员会的成员构成包括院士/医生、消费者代表、企业代表和病人代表四种类型。其中，院士/医生是在食品安全相关领域具有卓越专业知识的科学专家；消费者代表代表食品和药品消费者整体利益，他们必须能够分析科学数据，理解研究设计，讨论收益与成本，并且讨论受审查的产品的安全性和有效性；企业代表是代表受规制的整个食品和药品行业的利益，代表必须具有普

---

50 〔美〕希拉·贾萨诺夫：《第五部门：当科学顾问成为政策制定者》，陈光译，上海：上海交通大学出版社 2011 年版。

51 戚建刚、易君：《论欧盟食品安全风险评估科学顾问的行政法治理》，《浙江学刊》2012 年第 6 期。

52 FDA，Committees Meeting Materials，http：//www.fda.gov/AdvisoryCommittees/CommitteesMeetingMaterials/default.htm；访问时间：2016 年 9 月 28 日。

53 Nicholas A. Ashford，“Advisory Committees in OHSA and EPA：Their Use in Regulatory Decisonmaking”，*in Science Technology and Values*，9（1984），pp.72—82.

遍性而非代表特定食品或药品行业的利益；[54]病人代表与其他三种代表不同，病人代表需要有直接的患病经历。在上述四种类型的咨询委员会成员中，院士/医生享有表决权，而消费者代表、企业代表和病人代表均无表决权。根据《美国联邦行政法典》的规定，无论是否享有表决权，咨询委员会上述成员的选择都需要在联邦登记簿上发布通知，且候选人均需提交一份个人简历。不同的是，作为有表决权的院士/医生是以个人的身份参加咨询委员会，而并不代表特定群体和组织的利益，且须具备特定专业知识；[55]而无表决权的消费者代表、企业代表和病人代表分别代表消费者利益、受规制企业的利益以及患有特定疾病的病人的利益。[56]这意味着，院士/医生是以其所具有的专业知识而拥有投票资格，而消费者代表、企业代表和病人代表则是作为无投票权的利益代表而进入食品药品监督管理局的相关咨询委员会。

2000 年 2 月美国政府伦理办公室发布的一份文件中指出，作为代表的咨询委员会成员不一定要为政府提供完全公正而无偏见的建议，而是可以“代表一个特定群体的偏见”。[57]2004 年，美国审计总署在一项研究中也表达了相似的观点：被委任为咨询委员会代表的成员理应在主题讨论中代表特定利益相关者——比如行业、联盟、环保组织或其他单位的意见。也就是说，代表成员理应代表一种特定的和已知的偏见，人们可以认为来自这些代表们的信息、意见和建议反映了他们被指定所代表的特定群体的偏见。当然，食品药品监督管理局网站上也对消费者代表的相应知识能力作出了一定要求。在此，需要指出的是，消费者代表和企业代表在选择程序上存在一定差别。就消费者代表的选择而言，在选择消费者代表前，咨询委员会的监督和管理人员会提前编制一份旨在促进消费教育和消费问题解决的消费者组织的名单，该列表将包括代表公共利益的组织、消费者宣传小组，以及联邦、州和地方政府的消费者/健康分支机构，所有名单上的组织都有权提名候选人。[58]就企业代表的选择而言，在选择企业代表之前，需要在联邦登记簿上发布通知，自通知发布后 30 日内，任何有兴趣参与无投票权成员的企业都可以向食品药品监督管理局雇员发函表达参与请求。30 日后，食品药品监督管理局将向所有表达利益的企业组织发函，要求这些组织在 60 日内就提名企业进行协商，并选择一名企业代表。如果在 60 日内协商不

---

54 http：//www.fda.gov/AdvisoryCommittees/AboutAdvisoryCommittees/CommitteeMembership/MembershipTypes/default.htm；访问时间：2016 年 9 月 28 日。

55 21 C.F.R. §14.82.

56 21 C.F.R. §14.84.

57 Office of Government Ethics，00 x1 Memorandum，Summary of Ethical Requirements Applicable to Special Government Employees，p.4.

58 21 C.F.R. §14.84（c）（3）.

成，食品药品监督管理局将会直接选择一名企业代表。[59]

2. 美国环境保护局的经验

目前，美国环境保护局主要有三个规模较大的联邦咨询委员会，即科学咨询委员会（Science Advisory Board，简称 SAB）、清洁空气科学咨询委员会（Clean Air Scientific Advisory Committee，简称 CASAC）以及清洁空气达标分析咨询委员会（Advisory Council on Clean Air Compliance Analysis，简称 CAA），三者都属于联邦咨询委员会，受《联邦咨询委员会法》调整。这三个科学咨询委员会下面分别设立了多个分委员会和科学小组。其中，科学咨询委员会是应美国国会的要求由美国环保局于 1978 年建立的，其主要职责包括对美国环境保护局决策所运用的科学和技术信息的质量进行评审，并向美国环境保护局局长提供咨询建议等。[60]根据美国《清洁空气法案》要求，清洁空气科学咨询委员会成立于 1977 年，其主要职责是为美国环境保护局制定空气质量标准提供科学依据。[61]上述两个联邦咨询委员会均下设多个分委员会和科学小组，科学咨询委员会工作人员（Science Advisory Board staff）为上述两个咨询委员会提供管理和技术支持。同时，美国环境保护局的两大科学咨询机构即科学咨询委员会和清洁空气咨询委员会及其分委员会和科学小组的专家成员的选择工作，亦由科学咨询委员会工作人员负责。根据《联邦咨询委员会法》、《美国环境保护局科学咨询委员会的小组形成过程概要》[62]以及《美国环境保护局科学咨询委员会的新组织结构执行计划》[63]等法律和指南的有关条款，美国环境保护局三大咨询委员会专家成员的选择主要包括以下几个程序。

第一步：开始阶段。开始阶段的主要任务是由科学咨询委员会工作人员、美国环境保护局以及科学咨询委员会的领导者根据所面对的环境风险议题，在共同讨论协商的基础上，确定需要何种类型的科学专家。第二步：发布公告阶段。在明确所需要的科学专家类型之后，由科学咨询委员会工作人员办公室在联邦登记簿上发布专家遴选公告；遴选公告发布后，社会公众可以自荐或他荐

59 21 C.F.R. §14.84（d）.

60 *See* EPA Science Advisory Board（SAB），https：//yosemite.epa.gov/sab/sabpeople.nsf/WebCommittees/BOARD；访问时间：2016 年 10 月 1 日。

61 *See* EFA Clean Air Scientific Advisory Committee（CASAC），https：//yosemite.epa.gov/sab/sabpeople.nsf/WebCommittees/CASAC；访问时间：2016 年 10 月 1 日。

62 *See* EFA，Overview of the Panel Formation Process at the Environmental Protection Agency Science Advisory Board，https：//yosemite.epa.gov/sab/sabproduct.nsf/e895cade808ada7c8525731b006ef641/237d665d3add50ed8525702e00423d30/$FILE/ec02010.pdf；访问时间：2016 年 10 月 1 日。

63 *See* EFA，Implementation Plan for the New Structural Orgenization of the EPA Science Advisory Board，https：//yosemite.epa.gov/Sab/Sabproduct.nsf/WebFiles/ImplementReorgSAB/$File/sab04002.pdf；访问时间：2016 年 10 月 1 日。

的方式向科学咨询委员会工作人员办公室提名专家候选人。第三步：确定入围候选人名单。在经过遴选公告期之后，科学咨询委员会工作人员将依据专家成员遴选标准对提名专家候选人进行审查，在此基础上形成一份入围候选人名单。专家成员的遴选标准包括以下四个方面：①专业、知识和经验；②从事科学咨询活动的意愿和可能性；③科学专家的科学公信度和公正性；④科学专家所具有的从事委员会和咨询小组工作的技能。科学咨询委员会工作人员还将与专家候选人进行商讨，收集每一位专家候选人的背景信息，了解专家候选人的资格和观点。在这一阶段，每一位专家候选人还需向科学咨询委员会工作人员提交一份个人财务披露表格。之后，科学咨询委员会工作人员将在其官方网站上发布入围候选人名单，社会公众可以对候选人名单发表评论和观点。第四步：科学小组选择阶段，在这一阶段，由科学咨询委员会工作人员与科学咨询委员会的领导在审查各种有关候选人的信息的基础之上，共同确定最终的科学小组专家成员名单。

（二）科学专家利益冲突解决的美国经验

1. 美国食品药品监督管理局的经验

美国先后制定了一系列法律、规章和内部指南文件来规范食品和药品咨询委员会科学专家的行为，以确保科学专家成员能够提供独立而无偏见的科学咨询建议。主要包括：[64]

第一，从适用主体上看，独立性要求主要针对享有投票权的院士/医生。目前，美国食品和药品咨询委员会的成员构成上包括有投票权的院士/医生与无投票权的消费者代表、企业代表和病人代表。有关独立性的要求主要针对有投票权的院士/医生，以保证其能够独立地、无偏私地向食品药品监督管理局提供科学咨询建议。无投票权的消费者代表、企业代表和病人代表参加食品和药品咨询程序更多的是代表某个特定群体、行业表达利益，他们实际上扮演着利益代言人的角色，故而在咨询委员会中不享有投票权，同时亦不受独立性要求的约束。

第二，从措施上看，主要通过利益声明制度来保障科学专家成员的独立性。在美国，食品和药品咨询委员会专家成员属于特别政府雇员，必须遵守相关独立性要求。为了使美国食品和药品咨询委员会专家成员免受外部经济因素的影响，从而影响其作出独立的科学判断，专家成员在参加咨询委员会会议之前，

---

64 *See* FDA，Guidance for the Public，FDA Advisory Committee Members，and FDA Staff：Public Availability of Advisory Committee Members' Financial Interest Information and Waivers，http：//www.fda. gov/RegulatoryInformation/Guidances/ucm122045.htm；访问时间：2016 年 10 月 3 日。

必须递交一份保密的财务披露报告，由美国食品药品监督管理局进行审查，判断其是否与即将举行的咨询会议议题存在潜在的利益冲突。美国食品药品监督管理局通过综合审查利益的类型、性质和大小，来判断是否存在潜在的利益冲突以及利益冲突的程度。美国食品药品监督管理局确立了认定和处理利益冲突的十一个步骤：[65]第一步，判断咨询会议的主题是否符合“特定事项”；第二步，判断特定事项是否会对任何组织产生直接或可预见的影响；第三步，识别潜在的受影响的产品和组织，要求咨询委员会专家成员填写财务披露报告；第四步，判断科学专家（包括其配偶以及未成年子女）是否与潜在的受影响的产品或组织之间存在经济利益；第五步，判断咨询会议所讨论的特定事项是否会对那些与专家成员有经济利益关联的产品或组织产生直接或可预见的影响；第六步，考虑是否需要适用规制豁免（regulatory exemption）以及在适用规制豁免后是否还存在其他不合格的经济利益；第七步，考虑是否能对其他不合格的经济利益进行豁免（waiver），如果仍具有重大的不合格的经济利益，则不能进行豁免；第八步，计算科学专家（包括配偶及其家属）的不合格的经济利益是否达到50000美元，如果超过50000美元，则不会被授予豁免，反之则有可能被豁免；第九步，判断专家的参与是否具备咨询委员会不可或缺的专业知识（essential expertise）；第十步，判断作为特别政府雇员的专家成员所提供的咨询建议的权重是否超过其所涉及的经济利益所带来的利益冲突；第十一步，需要根据年度豁免人数来决定是否推荐豁免，如果未超过年度允许的豁免人数，则可以推荐豁免，反之则不能豁免。美国食品药品监督管理局正是借助于上述一系列的利益冲突认定和处理的步骤和流程，来化解咨询委员会专家成员潜在的利益冲突，进而从制度上保障科学专家在科学咨询中的独立性。

2. 美国环境保护局的经验

美国环境保护局的科学咨询委员会和清洁空气科学咨询委员会成立于20世纪70年代后期，但是长期以来，美国环境保护局的科学咨询委员会却并未能很好地落实《联邦咨询委员会法》有关独立性要求方面的规定。在2001年美国审计总署发布的一份关于美国环境保护局科学咨询委员会独立性和平衡性方面的调查报告中指出，科学咨询委员会专家成员的独立性和平衡性存在较为严重的问题，既有程序并没有为独立性和平衡性提供充分保障，利益冲突的要求也没有得到很好的识别和处理，而各个咨询委员会所使用的财务披露表也存在问题

65 *See* FDA，Guidance for the Public，FDA Advisory Committee Members，and FDA Staff on Procedures for Determining Conflict of Interest and Eligibility for Participation in FDA Advisory Committees，http：//www.fda.gov/downloads/RegulatoryInformation/Guidances/UCM125646.pdf；访问时间：2016年10月3日。

等。[66]针对上述问题，美国环境保护局科学咨询委员会出台了内部指南，对科学咨询委员会的独立性作出了进一步规范。在这部关于科学小组的形成过程的政策指南中，强调了科学咨询委员会的技术性本质特征："专家委员会专注于技术问题，而并非政策问题；专注于风险评估和工程问题，而不是风险管理决策；专注于一个机构的定位是否建立在充分的科学基础之上（比如监管标准），而不是定位本身……当委员会建议确实需要涉及政策问题时，它需要特别注意和区分上述实例。"[67]由此可见，科学咨询委员会被定位为"一个技术咨询机构，而不是一个旨在反映利益相关者意见的机构"。目前，科学咨询委员会的独立性主要通过以下两项制度来加以保障：首先，建立起较为完善的利益声明制度。在进入科学咨询委员会之前，科学专家作为候选人就需要填写一份财务机密信息披露表，对其利益进行声明，具体内容包括参加候选前两年内的受雇情况、研究资助、咨询、专家证词，以及超过 10000 美元的资产和复杂情况。在成为科学咨询委员会专家成员之后，科学专家每年还需要递交一份利益声明报告，在年度利益声明报告中需要如实声明最新的利益情况。其次，根据《美国联邦行政法典》的规定，科学咨询委员会专家成员在参加咨询活动之前以及每年定期都需进行伦理培训，以保证作为特别政府雇员的科学专家能够忠诚、独立地开展咨询活动。[68]

（三）确保科学专家活动公开透明的美国经验

1. 美国食品药品管理局的经验

一直以来，美国高度重视行政活动的公开性和透明性，国会先后出台了《行政程序法》、《信息自由法》、《联邦咨询委员会法》，这些法律对美国食品和药品风险规制活动同样适用。美国联邦政府还专门针对食品和药品风险规制活动出台了多部行政法规，在此基础上，美国食品药品监督管理局结合自身职能特征制定了内部指南，以落实上位法关于透明性和公开性的法律要求。可以说，美国已经形成了一套完整的旨在确保食品和药品风险规制全过程公开和透明的程序性制度，其内容主要包括以下几个方面。

---

66 GAO，EPA's Science Advisory Board Panels Improved Policies and Procedures Need to Ensure Independence and Balance（2001），GAO-01-536.关于美国环境保护局科学咨询委员会利益冲突规则和实践的考察，*see* also Joe G.Conley，"Conflict of Interest and the EPA's Science Advisory Board"，*in Texas Law Review*，86（2007），pp.165—190。

67 *See* EFA，Overview of the Panel Formation Process at the Environmental Protection Agency Science Advisory Board，https：//yosemite.epa.gov/sab/sabproduct.nsf/e895cade808ada7c8525731b006ef641/237d665d3add50ed8525702e00423d30/$FILE/ec02010.pdf；访问时间：2016 年 10 月 1 日。

68 5 C.F.R.Subpart G.§2638.（701-706）.

第一，确保咨询会议的全过程公开和透明。公开性和透明性要求贯穿于食品和药品咨询委员会成立和运行的全过程，公开事项非常之多。在咨询委员会成立阶段，食品药品监督管理局便需要对外公开消费者代表、企业代表的提名环节，由相关消费者组织、企业组织在讨论的基础上提名候选人。在咨询委员会成立之后的日常运行阶段，除闭门会议外，需要保证整个会议过程向社会公开。具体又可分为两个方面。一是会议前的公开。根据《美国联邦行政法典》的规定，食品药品监督管理局需要在会议召开15日前在联邦登记簿上发布通知，内容包括委员会的名称和功能，会议的时间、地点，会议的议程（包括公开会议和闭门会议）、口头陈述和其他公众参与的时间，参加会议的咨询委员会成员名单等。[69]另外，美国食品药品监督管理局还要求会议的背景资料也需要在会议举行的2个工作日前以适当的方式向公众公开，确保公众可以获取。[70]二是在咨询会议公开听证环节，对议题感兴趣的主体可以参与到咨询委员会的公开听证环节之中，这个公开听证的持续时间不少于 1 个小时。在公开听证环节中，感兴趣的主体能够以书面或者口头的方式就风险议题发表观点、提供信息，但会议开始之前必须提前告知。[71]会议结束之后，公开会议的会议记录应当立即向社会公开。闭门会议则需要在会议结束后尽快对外公开会议小结（brief summary）。[72]同时，闭门会议的会议记录需要区分不同的情形：对于那些未被认定为保密的会议记录，在得到委员会批准并经主席确认后可以公开；对于那些被认定为保密的会议记录，在咨询委员会的建议和报告中涉及相关的保密会议记录，在经委员会专员决定之后，也可以公开。[73]

第二，妥善公开和保密之间的关系。美国食品药品监督管理局在对待公开与保密的关系上，坚持公开为原则，保密为例外。在咨询委员会成员的遴选中，专家候选人的财务披露报告通常应当保密，并不对外公开。但是，对于那些给予利益冲突豁免权的专家，需要说明理由，并将理由向社会公开，接受社会公众监督。在咨询会议举行过程中，当出现特定情形不宜公开举行会议时，则需要举行闭门会议。需要指出的是，闭门会议只有在特定情形下方能举行，并须说明理由。根据《美国联邦行政法典》的规定，基于下列理由才能举行闭门会议：对草案、规章、指南的审查、讨论、评价的过早公开可能会严重阻碍行政

---

69 *See* 21 C.F.R. §14.20（a）.

70 *See* FDA，Commmon Questions and Answers About FDA Advisory Committee Meetings，http：//www.fda.gov/AdvisoryCommittees/AboutAdvisoryCommittees/ucm408555.htm；访问时间：2016 年 10 月 5 日。

71 *See* 21 C.F.R. §14.29（a）-（b）.

72 21 C.F.R. §14.75（a）（4）.

73 21 C.F.R. §14.75（a）（6）（i）-（ii）.

机构拟采取的行动；涉及商业秘密；披露个人的信息会明显侵犯他人隐私。[74]

2. 美国环境保护局的经验

与美国食品药品监督管理局的咨询委员会一样，美国环境保护局各咨询委员会的运行同样需要遵守上述相关法律、行政法规有关公开性和透明性的规定。根据相关法律、规章和内部指南的规定，咨询委员会的成立和运行过程都应该尽可能地向社会公开，保持高度的公开性和透明度。由于两个机构的咨询委员会的成立和运行所遵守的规则（包括法律、行政法规）基本相同——均主要按照《行政程序法》、《信息自由法》、《联邦咨询委员会法》等法律的相关规定操作，因此，两者在咨询委员会专家成员遴选、会议前的公告、会议后的会议纪要的公开等方面的公开性和透明性要求上有许多相同之处，笔者不再赘述。

在此，我们仅就美国环境保护局咨询委员会在公开性和透明性方面的特别之处作以下简要说明：第一，在咨询委员会专家成员的选择环节，除需要在联邦登记簿上发布遴选公告之外，在确定入围专家候选人名单后，还需要向社会公众公布入围名单，社会公众有权对入围名单进行评论，提出意见、建议。[75]第二，在咨询会议进行过程中，咨询会议过程也向社会公众公开，社会公众成员意见和问题的提出者和观察者的身份参与到咨询会议过程之中。第三，在会议结束后，咨询委员会需要就讨论的环境风险议题撰写咨询报告，并须在官方网站上公布咨询报告全文。在最终咨询报告发布之前，咨询报告草案须向社会公众公开，公众有权对咨询报告草案进行讨论与评论。[76]

五、我国风险规制科学咨询程序的完善

美国学者斯蒂芬·希尔加德纳从戈夫曼的拟剧理论中获得灵感，将专家咨询视为公共戏剧。希尔加德纳认为，“表演者在展示自我时，一般会千方百计地显示自己遵从了那些保证个人符合特定情境下形象的‘身份规范’”，而在“科

74　21 C.F.R. §14.20（b）（3）.

75　*See* EFA，Overview of the Panel Formation Process at the Environmental Protection Agency Science Advisory Board，https：//yosemite.epa.gov/sab/sabproduct.nsf/e895cade808ada7c8525731b006ef641/237d665d3add50ed8525702e00423d30/$FILE/ec02010.pdf；访问时间：2016 年 10 月 1 日。

76　*See* EPA Science Advisrory Board staff Office，Advisory Committee Meetings and Report Development：Process for Public Involovement，https：//yosemite.epa.gov/sab/sabproduct.nsf/0300b4042f5295d785257296006ee86a/c70825665562a5b485256ecc00657bf7/$FILE/sabso_04_001.pdf；访问时间：2016 年 10 月 12 日。See also GAO，EPA’s Effects to Enhance the Credibility and Transparency of Its Scientific Process，http：//www.gao.gov/assets/130/122677.pdf；访问时间：2016 年 10 月 12 日。

学咨询的世界里，最核心的身份规范之一就是（从私利性意义上说的）客观性”。[77] 这种“客观性”的身份规范是建立在一套系统的、合理的科学咨询程序制度之上的。客观而言，较之于欧美发达国家和地区在风险规制科学咨询程序制度设计方面的完备来说，我国在食品、环境等风险规制领域的科学咨询程序制度显得极不完善，从而导致科学专家在参与风险规制科学咨询活动中，在政治或行政力量的压力之下，沦为政治的附庸，或者在特定利益集团的利益诱惑之下，沦为特定利益的代言人，丧失了科学专家应当具有的独立性和科学性，偏离了诚实代理人的制度角色定位，最终非但未能重塑风险规制的合法性，甚至效果上适得其反，加剧了合法性危机。面对上述问题，笔者认为，应当在合理借鉴域外经验的基础上，致力于完善我国风险规制科学咨询程序制度，即通过一系列程序性制度设计，来确保风险规制科学咨询活动的卓越科学性、独立性和公开透明性。

（一）建立科学合理的专家遴选制度——确保科学卓越性

众所周知，现代风险规制活动涉及大量科学知识，这就要求参加风险规制科学咨询的科学专家在专业知识方面必须具备卓越性，从而确保科学专家通过科学咨询程序就特定风险议题向风险规制机构提供的科学建议是高质量的和可靠的。为了确保科学专家在科学上的卓越性，最为关键的是要建立科学合理的专家遴选制度。针对我国风险规制科学咨询的科学卓越性的欠缺，并结合域外经验的梳理，有必要从以下几个方面入手，建立起一套科学合理的专家遴选制度。

第一，确立适格的专家候选人的遴选标准。专家候选人的遴选标准主要针对的是科学专家需要具备哪些条件方能进入科学咨询程序，为此首先需要确立全面合理的适格专家候选人遴选标准。目前，在我国风险规制科学咨询程序中，科学专家遴选标准主要包括科学道德素质、专业技能、身体条件等几个方面。尽管专业技能是专家候选人的一项基本评价标准，但是从科学卓越性要求来审视这一所谓的“专业标准”，则可以发现这些标准仍然失之过低，难以满足具有高度复杂性和不确定性的现代风险规制活动的需要。我们必须看到，现代食品、药品和环境等领域的科学研究涉及多个学科，并且处于快速发展之中，这就需要参与科学咨询活动的专家成员在至少两个领域内具备深厚的专业知识，并熟悉相关风险领域的最新研究动态和趋势。

第二，设计精细的专家遴选程序。客观而言，在目前我国各风险规制领域，

77　〔美〕斯蒂芬·希尔加德纳：《在科学的舞台上：作为公共戏剧的专家咨询》，赵延东译，上海：上海交通大学出版社2015年版，第17页。

科学专家的遴选过程缺乏相应的程序性制度予以规范，专家遴选过程存在很大的随意性。为了确保遴选出适格的专家成员，有必要设计精细而具有操作性的专家遴选程序。笔者认为，我国应当建立一套完整的、精细的且具有可操作性的科学专家遴选程序，具体而言主要包括几个阶段。

（1）遴选公告发布阶段，专家咨询委员会的成员遴选工作应由专门的机构负责。风险规制机构应当通过官方网站、主流专业期刊，以及主要的报纸、电视和现代互联网等多种媒介渠道向全社会发布专家成员遴选公告。遴选公告须载明科学委员会或科学小组的主要职能，拟遴选专家成员的研究领域、人数，并附上专家成员申请表格——表格中需要填写的内容主要涉及专家个人基本情况，包括教育背景、职称、工作经验、业务能力、学术水平等方面，遴选公告还应要求专家成员申请人递交一份个人年度利益声明报告。至于候选人的产生方式，则可以采取组织推荐和专家自荐相结合的方式。

（2）形式审查阶段。风险规制机构组织内部专家和工作人员对申请人所递交的申请的有效性进行形式审查。

（3）实质审查阶段。通过形式审查之后，由风险规制机构组织专家对适格的候选人进行实质性审查。为了防止风险规制机构操纵专家遴选过程，在实质性审查上，可以设置内部专家审查和外部专家审查两个环节，由内部专家和外部专家分别对申请人的申请加以审查，并以分值的形式来表示每位适格申请人的情况。有学者认为，在对国家食品安全风险评估专家委员会的申请人进行实质审查时应从知识角度和利益角度，即“从知识结构平衡和利益平衡的双重角度来考虑，从而实现专家构成的均衡合理”。[78]笔者认为，在包括食品、药品和环境等风险规制领域的专家咨询委员会的专家构成上，应当主要考虑的是知识结构平衡，而非利益平衡。如皮特金所言，“在我们期望获得科学的正确答案的地方，我们并不需要代表。这些地方没有涉及价值的承诺，没有涉及决定，没有涉及判断”[79]。皮特金此处所言的“代表”是代表特定利益的“政治代表”，即“政治代表”不能进入科学咨询中。实际上，科学专家是作为特定领域知识的代表而非利益的代表参与到咨询活动之中。当然，必须承认，在现实实践中，专家的知识观点会与特定的利益纠缠在一起，将特定利益掩盖在客观知识的外衣之下。对于这种情况，需要借助利益声明制度加以处理，而并非听任专家成员沦为特定利益的代表。

（4）确定入围候选人名单。在完成实质性审查后，由风险规制机构确定入围候选人名单。

78　杨小敏：《食品安全风险评估法律制度研究》，北京：北京大学出版社 2015 年版，第 293 页。

79　Hanna Fenichel Pitkin，Concept of Representation，California：University of California Press，1967，p.212.

（5）由风险规制机构从入围名单中任命专家成员。

当然，科学咨询专家成员的最终确定除主要考虑知识观点的平衡外，还要考虑专家成员的地理区域、性别等因素。另外，需要特别说明的是，当咨询委员会专家成员的资格被终止或者由于特定的风险议题，需要遴选新的专家成员时，则需要对咨询委员会专家成员进行更新，专家成员的更新通常由科学咨询委员会和科学小组的负责人向风险规制机构提出，由后者按照专家遴选程序进行新的遴选。

（二）建立严密精致的利益冲突解决制度——实现独立性

客观而言，我国风险规制科学咨询面临的最重要的问题就是独立性不足，而导致这种独立性不足的外部因素主要有两个：一是来自风险规制机构的控制，二是来自利益集团的压力和诱惑。前者使得科学专家沦为政治/行政的附庸，后者则使得科学专家成为特定利益的代言人。笔者认为，科学合理的专家遴选程序有助于破解风险规制机构的控制，而对于防止外部利益集团对风险规制科学咨询专家的影响或控制则主要依靠利益声明制度。作为一项发现和处理利益冲突的程序性装置，利益声明制度在保障风险规制科学咨询的独立性方面发挥着重要的屏障作用——通过利益声明制度，能够将那些受到外部经济利益等因素影响的专家排除出去，防止特定利益集团通过输入“专家”影响本应坚守中立性的科学判断。

在科学咨询专家成员利益声明制度设计上，可以从以下几方面入手。第一，将利益声明作为专家成员遴选、参加咨询会议的前置性程序，明确科学专家参与风险规制科学咨询活动必须进行利益声明。第二，将利益声明进行类型化区分，分为年度利益声明、特殊利益声明和口头利益声明；科学专家在参加咨询委员会专家成员遴选环节，以及成为咨询委员会专家成员之后亦需要递交年度利益声明；在科学咨询会议举行前，科学专家成员需要递交特殊利益声明；在会议刚开始时，与会的专家成员应当进行口头利益说明。第三，明确利益声明的范围。科学专家的利益声明范围主要是个人（包括配偶和未成年子女）在近三年内所从事的经济活动情况，具体而言包括雇佣关系、金融投资、知识产权以及受资助情况等，风险规制机构将根据专家所从事的经济活动情况来判断其是否存在利益冲突以及利益冲突的程度，进而作出是否能够成为咨询委员会专家成员，或者专家成员是否有权参加科学咨询活动的决定。第四，确定利益冲突的后果。当专家所作出的利益声明表明与科学咨询委员会即将讨论的风险议题之间存在利益冲突时，那么科学专家应当回避，或者虽然准予参加会议，但不享有表决权。同时，在特定情形下，还可以赋予咨询委员会专家成员豁免权，即当发生利益冲突的专家对特定风险议题所拥有的知识观点的重要性的权重超过专家的利益冲突程度，此时风险规制机构可以赋予该专家以豁免权，让其参与到科学咨询活动中。

（三）建立全面系统的公开透明制度——提高公开透明度

公开透明的风险规制科学咨询过程具有重要价值。对于普通社会公众而言，公开透明的科学咨询过程为公民知情权、监督权和参与权的行使提供了条件，不仅使普通公众能够了解知悉科学咨询活动，而且为公众参与科学咨询过程提供了可能，从而能够赢得公众对科学专家和风险评估结果的信任。对于同行专家而言，公开透明的科学咨询过程使得同行专家能够从专业视角出发，对科学咨询专家成员所提出的科学建议进行审查，发现科学咨询建议存在的问题，从而有利于提高科学咨询建议的科学性。对于风险规制机构而言，科学咨询过程的公开透明，有利于缓解乃至消除人们长期以来形成的一种负面认知：风险规制机构通过控制和操纵科学咨询过程来达到特定的目的，从而赢得公众对风险规制机构的信任，并有利于公众接受风险规制机构所作出的规制决策。我们必须看到，美国在促进科学咨询过程公开透明方面积累了丰富的经验，针对当前我国风险规制科学咨询过程中公开透明性严重不足的问题，应当在广泛借鉴域外先进制度经验的基础之上，加强科学咨询的公开透明制度建设，力求实现风险规制科学咨询的全过程公开透明，促成作为“密封水箱”的科学咨询向“公开透明”转型。总体而言，我国风险规制科学咨询的公开透明制度设计主要包括以下几个方面。

第一，明确将公开透明作为风险规制科学咨询活动的基本原则。首先，作为基本原则的公开透明性意味着风险规制科学咨询的全过程公开。风险规制科学咨询过程的公开并不限于某一阶段、某一方面，而是在各个环节、各个方面都要体现公开透明性。要努力实现由部分公开向全部公开（封闭会议除外），由结果公开向过程公开转型。其次，作为基本原则的公开透明性意味着可理解性。风险规制科学咨询的公开透明性要求并不是单纯为了公开而公开，而是旨在使社会公众了解知悉风险规制科学咨询的过程，从而实现社会公众的知情权、监督权和参与权。由于风险评估报告等科学咨询建议文本中常常包含大量科学术语，这无疑制约了公众理解包括风险评估报告在内的科学建议，因此公开透明性这一基本原则还要求科学咨询委员会所公开的科学信息能够为社会公众所理解。

第二，明确风险规制科学咨询活动中应当公开的具体事项。为了实现风险规制科学咨询过程的公开透明，公开的事项主要包括会议前的通知、反映咨询会议过程的会议纪要以及作为咨询会议结束之后的风险评估报告。首先，咨询会议前的公开。风险规制科学咨询委员会在举行会议之前应当通过官方网站向全社会发布科学咨询会议通知，旨在让社会公众了解科学咨询会议的议题和会议日程，通知的具体内容包括咨询会议召开的时间、地点，与会专家名单，会议的任务以及具体的议程安排。其次，科学咨询会议过程的公开。科学咨询会议过程的公开主要有两个层面：一个是社会公众参与科学咨询过程从而实现风险规制科学咨询过程的透明公开，另一个则是通过向社会公开会议纪要使社会公众了解会议内容，会议纪要的公开应当完整全面，不仅需要公开多数派观点，而且需要将少数派的观点记录在案并向社会公开。再次，科学咨询结果的公开。风险规制科学咨询结果通常的形式是风险评估报告。为了使社会公众能够了解风险评估过程，使同行专家能够对风险评估报告发表评论和同行评议，应当将风险评估报告全文向社会公开。就风险报告的的内容而言，除了公布风险评估结果之外，还应当包括风险评估结果的目标和适用范围、评估报告所运用的评估方法。另外，风险评估报告还应当对风险评估过程中存在的不确定性加以描述说明。

第三，妥善处理公开透明性要求与保密要求之间的关系。如前所述，针对我国科学咨询过程存在的高度封闭性，应当明确公开透明为原则，保密为例外。首先，应当严格限制保密的范围，并规定具备法定理由方能保密。换言之，只有在法定情形下，基于法定理由才能对相关信息加以保密。保密的法定理由通常包括个人隐私和商业秘密。当公开某一信息将对个人的隐私和企业组织的商业秘密造成不当侵害时，则需要考虑对其加以保密。其次，应当对保密的方式作出规定。在保密的方式上，可以借鉴域外食品安全风险评估科学专家的保密方式，即要求参与科学咨询活动的专家必须履行保密义务，签订保密承诺书，承诺在履职期间遵守保密义务。再次，应当规定违反保密义务的法律后果。要具体化专家成员在科学咨询活动中违反保密义务的法律后果，根据专家违反保密义务的严重程度，法律后果分为限制科学专家参与咨询会议、终止科学咨询专家成员资格等不同形式。

结　语

客观而言，在风险规制中，科学咨询程序是风险规制决策中的一项基础性程序建制，而一套具有卓越科学性、独立性和透明性的科学咨询程序在促进风险规制决策的科学理性，进而增强风险规制的合法性方面无疑发挥着重要作用，这也是现代行政法治的必然要求。令人欣喜的是，近年来，中央决策层已经认识到科学咨询程序在法治政府建设，尤其是促进行政决策科学化中的关键性作用。2015 年，中共中央、国务院印发的《法治政府建设实施纲要（2015—2020

年)》提出要“推进行政决策科学化、民主化、法治化”。纲要还指出，提高行政决策科学化的一项具体措施就是要“提高专家论证和风险评估质量。加强中国特色新型智库建设，建立行政决策咨询论证专家库。对专业性、技术性较强的决策事项，应当组织专家、专业机构进行论证。选择论证专家要注重专业性、代表性、均衡性，支持其独立开展工作，逐步实行专家信息和论证意见公开”。以此为契机，在我国食品安全、药品安全和环境保护等对科学理性要求颇高的风险规制领域，应当进一步建立健全科学咨询制度，透过这一风险规制的基础性程序建制，缓解风险规制所面临的科学理性不足的局面，提升风险规制决策的合法性。

Research on Scientific Advisory Procedure of Risk Regulation

Zhang Endian

Abstract: Scientific advisory procedure is an important procedure mechanism to improve the scientific rationality of risk regulation and promote the legitimacy of risk regulation decision-making. The scientific experts should adhere to the role of "the honest broker" in scientific advisory procedure. At present, there exists a problem of functional alienation in the scientific advisory practice in the field of food and environment risk regulation, which exposes the inherent flaws in the design of the scientific advisory procedure of risk regulation in china. The design of the scientific advisory procedure system of food and environmental risks in America provides us with some experience to be used for reference. We should improve the system design to ensure the excellence, independence and transparency of the scientific advisory procedure of risk regulation.

Keywords: Risk Regulation; Scientific Advice; Regulatory Science; Legitimacy; Declaration of Interest System

信用评级机构声誉机制的兴衰与重塑

阎维博

摘　要：在理论上，对声誉资本的珍视使得声誉机制成为信用评级机构恪守行为规范与保证评级质量的激励与约束。然而，随着信用评级付费模式的转变与监管引用的确立，寄望于评级机构自发秉持诚信自律实则难以实现。反思声誉机制成为近年来域外信用评级监管改革的着力点，但与域外盲目依赖声誉机制的自律传统不同，我国声誉机制并非被寄予了过高期望，而是长期以来在管制思维浓重的债券市场中几无容身空间。重塑声誉机制的内在诉求与我国资本市场信用制度建设的迫切需求实则一致。我国应当培育与保障这种市场化激励与约束机制：在理顺债券市场发展逻辑的基础上，促导评级机构回归信息中介的应然角色；构建顺畅的声誉信息生产与传递的通道，夯实声誉机制的信息基础；推动声誉机制促导的自律与公共执法创设的他律相结合。

关键词：信用评级；声誉机制；信息工具；互联互通

作者简介：阎维博（1992—　），武汉大学法学院博士研究生，武汉大学资本市场法治研究中心研究人员，主要研究方向为经济法、金融法。

基金项目：2014 年教育部哲学社会科学研究重大课题攻关项目“我国债券市场建立市场化法制化风险防范体系研究”（14JZD008）。

目 次

引 言

2018年8月17日，负责银行间市场自律监管的中国银行间市场交易商协会、负责交易所公司债券监管的中国证券监督管理委员会同日发布公告，指出信用评级机构大公国际资信评估有限公司存在严重违规行为，违反行业规范、业务规则和合规运行基本要求，对市场造成了严重的不良影响，决定给予大公国际严重警告处分，责令限期整改，分别暂停其债务融资工具市场相关业务、证券评级业务一年。[1]此次债券市场监管部门针对信用评级机构的处罚力度之严前所未有，不仅引发市场广泛关注，更激起受处罚信用评级机构强烈的反应，声称该处罚失当，甚至可能成为诱发系统性风险的导火索。[2]由此，信用评级机构诚信缺失、信用评级机构约束机制失效与信用评级监管尺度权衡等一系列问题再度成为市场焦点。

债券市场是以信用风险作为最主要风险特征的资源配置场域，提供信用评价服务的信用评级机构无疑是至关重要的中介机构。长期以来，我国债券市场中信用评级功能虚弱广为诟病，“以价定级”的质疑不断。[3]随着当前债券市场信用风险事件日益频发，如何完善信用评级制度以督促评级机构恪尽职守已成为保障债券市场持续健康发展的关键任务。正如交易商协会在公告所指出：“信用评级机构作为债务融资工具市场的重要中介机构，应当恪守独立、客观、公正的基本原则，发挥好资本市场看门人的应有作用。”评级机构在债券市场中的应然功能在于：基于其独立的第三方地位，通过发布信用评级报告，将债券本身及其发行人复杂的信用信息指标化反映，发挥缓解信息不对称、提高市场效率和促进公平交易的作用。然而，无论是在我国还是域外，实践中不断暴露出的利益冲突失控问题让评级机构的独立性饱受质疑，在信用评级发展历程中长期

1 参见《加强市场自律管理 规范信用评级市场秩序》，资料来源：http：//www.nafmii.org.cn/xhdt/201808/t20180817_71728.html；更新时间：2018年8月17日；访问时间：2018年9月1日。参见《证监会暂停大公国际证券评级业务一年》，资料来源：http：//www.csrc.gov.cn/pub/newsite/ zjhxwfb/xwdd/201808/t20180817_342750.html；更新时间：2018年8月17日；访问时间：2018年9月1日。

2 参见《交易商协会对大公的不当处罚将引发系统性风险的紧急报告》（大公资信报告〔2018〕2号），资料来源：https：//finance.ifeng.com/a/20180820/16459549_0.shtml；更新时间：2018年8月20日；访问时间：2018年9月1日。

3 甚至有观点认为，我国被评为最高级别的信用债却和其他国家具有高风险特征的垃圾债相似。*See* Bloomberg News，Look Closer：“57% of China AAA Bond Issuers Have Junk-Like Risks”，http：//www.bloomberg.com/news/articles/2016-05-23/look-closer-57-of-china-aaa-bond-issuers-have-junk-like-risks；更新时间：2016年5月24日；访问时间：2018年9月1日。

被评级机构奉为圭臬的声誉机制并未起到应有的约束作用。[4] 2008 年金融危机发生后，信用评级的失信行为被认为是危机产生的根源，约束乏力的声誉机制立即成为被抨击的对象，域外学者直陈诚信规制的功效已然衰竭，而以美国与欧盟为代表的发达债券市场也相继开展信用评级监管改革，试图追寻更强有力的信用评级机构约束机制。我国学界也持续针对评级机构约束机制展开研究，但对声誉机制则多报以怀疑态度，更多的是引用域外对其的批评与反思，将其作为论证施加严格监管的重要性、建议强化信用评级机构法律责任（尤其是民事责任）观点的注脚。实际上，如何及时借鉴域外信用评级法制变革的经验、督促评级机构归位尽责，问题破解进路仍应基于对我国债券市场实际发展状况的考察。并且，信用评级机构具有不同于其他市场中介的特殊性，构建信用评级监管框架时尤其需要注意适当的监管尺度，“既有利于在监管资源有限的情形下做到有的放矢，同时也要最大限度地发挥市场机制的作用，激发市场活力”。[5]

我国信用评级机构声誉机制约束的乏力根源在于我国债券市场的特殊状况，信用评级机构声誉机制的塑造问题实则是我国资本市场信用制度构建的缩影。资本市场诚信建设不能完全寄望于市场主体的道德自觉，也难以通过一味施加严苛责任实现，而应当建立完善的制度约束，将诚实信用内嵌于契合市场运行逻辑的制度构建逻辑，使市场主体主动的诚信追求贯穿于制度运行始终。信用评级机构声誉机制并非趋于衰亡，而是需要通过资本市场配套信用制度建设激发其应有的生命力。本文拟系统考察信用评级机构声誉机制的历史演进，探寻声誉机制在债券市场不同发展阶段的有效性变迁，审视我国信用评级制度移植过程中形成的遗留问题，以期在我国债券市场深化发展之际，重新定位声誉机制的应有价值，进而提出针对性的制度构建方案，以培育与保障这种资本市场中介机构市场化约束，使得诚实信用真正成为信用评级机构所珍视的品格，推动声誉资本成为驱动信用评级机构良性竞争的动力与归位尽责的保障。

---

4 “声誉”、“信誉”和“商誉”三者概念在中文使用中具有很强的相似性，尤其是“声誉机制”和“信誉机制”经常替代使用。考虑到两者英文表达一般分别对应“reputation”和“creditworthiness”，而后者更多与偿债能力有关，所以本文使用“声誉”（reputation）指代这种社会公众对商品或服务提供者从业诚信与否与所提供商品或服务的质量优劣的评价，以及在此基础上形成的社会印象。

5 参见杨勤宇、潘紫宸：《危机后国外信用评级行业监管改革情况及启示》，《债券》2015 年第 12 期。

一、作为看门人的评级机构与其拥有的声誉资本

（一）风险揭示与声誉积累：信用评级的早期发展脉络

信用评级机构的前身可以追溯到19世纪美国出现的商业征信机构（mercantile credit agency）。[6]彼时贸易中，商品购买者通常会延后付款，卖家却很难收集到有关买方的信用信息，于是市场中开始出现专业从事信息收集的机构。在1837年金融危机的影响下，市场参与者逐渐认识到信用信息的价值，对此的需求推动了商业征信机构的发展。真正具有现代信用评级特征的评级活动起始于19世纪中后期美国债券融资兴起，当时美国铁路业空前繁荣，铁路公司开始通过债券筹集资金。在此之前，债券市场发行主体主要为政府，投资者认为政府有意愿也有能力履行债务，然而对于公司债券，投资者则质疑铁路债券发行中金融机构利用信息优势获利，因而对来自独立第三方的信息产生了强大的需求。[7]亨利·普尔（Henry Varnum Poor）于1860年出版了《美国铁路与运河历史》（*History of Railroads and Canals in the United States*）。不同于以往商业征信机构为特定委托人收集和出售信息的交易模式，普尔等公司开始以出版物的形式向不特定的公众出售报告。具有标志性意义的节点是在1909年，约翰·穆迪（John Moody）出版《美国铁路投资分析》，首次从财务实力、违约率、损失程度和转让风险等方面对铁路债券的信用质量进行了评价，采用特定英文字母将庞杂的信息简明化，直观展现出风险的差异。

信用评级的诞生回应了投资者对信用风险的关切，评级机构不断通过出色的表现日渐受到市场的重视。尽管评级是面向未来的风险预测，但投资者能够通过对比历史评级与债券实际表现进行比较，以此检验历史评级的准确性，从而得出对评级机构评级能力优劣的判断。投资者对评级机构的选择正是基于长此以往积累而成的印象。这种良好印象成为评级机构产生长期回报的资本，进而成为核心竞争力——评级机构若想从行业竞争中脱颖而出，便需要依靠市场评价所生成的声誉的持续积累。

（二）看门人理论下评级机构的声誉中介定位

现如今，信用评级机构被视为金融市场中的“看门人”。所谓“看门人”是

6　Frank Partnoy，“The Siskel and Ebert of Financial Markets：Two Thumbs Down for the Credit Rating Agencies”，*Washington University Law Quarterly*，77（1999），p. 636.

7　参见谢多主编：《信用评级》，北京：中国金融出版社2014年版，第28页。

指那些以自己职业声誉为担保向投资者保证发行证券品质的各种市场中介机构。[8]信用评级机构等市场中介机构之所以能够担任看门人的角色，原因即在于它们拥有在长期市场经营中积累的声誉资本。在看门人理论下，信用评级机构出具评级报告的行为实际上是其将自己的声誉资本为相关信息提供“担保”：经由评级机构分析、评价后的信息再次进入市场，会使各市场主体对发行人所披露的信息产生更强的信赖。[9]这种跨越信息不对称鸿沟所产生的信赖正是资本市场中素不相识的参与者投资决策与融资成败的关键。

信用评级机构的诞生源于市场自发的需求，它以解决债券市场信息不对称问题的投资者保护者的形象出现。在相当长的时期内，评级机构并未受到任何的实质性监管。实际上，初创之时的信用评级机构并不会因为评级质量的不足而引发广泛非议，其仅仅提供“一家之言”，供投资者参考。失准的评级并不会对市场产生严重冲击，但对于作为声誉中介的评级机构而言，其赖以立足的声誉资本将遭到减损。[10]早期信用评级行业也正是在这种优胜劣汰的竞争法则下逐步发展。维系竞争和发展二者循环促进结构的核心就在于信用评级机构理应珍视的声誉，事实上评级机构也声称声誉是其最重要的资产。[11]简言之，声誉机制能为高质量的评级提供激励，并能阻止评级机构发布不准确的评级。

早期信用评级的监管真空也从侧面说明，声誉机制对评级机构的约束受到了监管者的认可。信用评级最早诞生于美国，并且也使美国评级机构最终占据了行业中难以撼动的优势地位。这与其历史上对声誉机制下自律的推崇与评级机构在法律层面享有的特殊待遇不无关系——评级机构坚称其所出具的评级报告实为一种意见（statement of opinion），以此援引美国宪法第一修正案对言论自由的保护。[12]评级机构提供的服务是面向未来的预测，而非对历史的鉴证，既有数理模型层面上的严谨统计，又依赖经验之上的定性判断，显现出评级的“艺术性”。[13]事实上，不同国家对信用评级所带有的主观色彩持不同的态度，进而

8 参见〔美〕约翰·C.科菲：《看门人机制：市场中介与公司治理》，黄辉等译，北京：北京大学出版社 2011 年版，第 3 页。

9 参见〔美〕约翰·C.科菲：《看门人机制：市场中介与公司治理》，黄辉等译，北京：北京大学出版社 2011 年版，第 3 页。

10 *See* Jonathan R. Macey，“Wall Street Versus Main Street：How Ignorance，Hyperbole，and Fear Lead to Regulation”，*The University of Chicago Law Review*，65（1998），p. 1502.

11 时任穆迪公司 CEO 的 Ray McDaniel 曾指出，“（信用评级业）是一个声誉资本更加重要的行业”。参见 Mark Pittman，*Moody's，S&P Defer Cuts on AAA Subprime*，Hiding Loss，Bloomberg，Mar. 11，2008；资料来源：http：//www.bloomberg.comlapps/news?pid=20601109&sid=aRLWzHsF16lY；更新时间：2018 年 3 月 11 日；访问时间：2018 年 9 月 1 日。

12 *See* Dori K. Bailey，“The New York Times and Credit Rating Agencies：Indistinguishable Under First Amendment Jurisprudence”，*Denver Law Review*，93（2015），p. 277.

13 参见朱荣恩：《论信用评级的本质属性》，《征信》2013 年第 4 期。

也影响到信用评级在当地的发展。20 世纪 70 年代，埃克斯特公司（Extel Statistical Services Limited）最早在英国尝试开展债券评级业务，但很快以失败告终。英国有关诽谤立法（libel law）的存在被认为是重要原因。尽管该公司为避免招致诉讼，采用了纯客观指标的评级方法，完全排除分析人员的主观判断，但依然难以抑制英国人对评级行为的反感。[14]相较而言，美国评级机构则获得了更加包容的发展环境，尤其是在司法层面相当大程度的责任豁免，法院惯常认可看门人以声誉为业的论断，对于主张看门人行为失当的诉讼抬高了门槛。[15]

二、信用评级机构声誉机制的有效性诘难

（一）评级机构的拙劣表现与利益冲突隐忧

评级失灵问题受到广泛关注始于 2001 年“安然丑闻事件”。虽然此事件中评级机构尚能以其对会计信息的信赖为自己开脱，但在 2008 年金融危机中，评级机构为大量复杂结构性金融产品给出了虚高评级，并在事后大幅下调评级导致连锁反应，被普遍认为是金融危机的关键原因。[16]评级机构不仅没能成为风险的预警者，反而成了隐患的制造者与推波助澜的帮凶。对于如何解释评级失灵，学者持不同观点。一方面，创新型结构性金融产品本身具有复杂性，历史数据的缺乏使得研究分析存在障碍，以评级对象的复杂性和评级技术的欠缺解释评级失灵有一定合理性。[17]然而另一方面，金融危机暴露出信用评级透明度的缺乏与利益冲突的问题更为显著。尤其是直观的利益冲突潜藏着发行人“购买评级”（rating shopping）的可能，即发行人为获得更高的评级而选择愿意提供更高评级的机构，评级机构也出于保留客户资源的目的，迎合发行人的需求。

信用评级机构作为市场中介，独立性至关重要。然而在现实中，中介机构的独立性却并非无可指责，核心问题在于付费模式——由发行人购买评级服务。实际上在信用评级行业初期，投资者付费才是评级机构普遍采用的模式。然而，

14　参见〔日〕黑泽义孝：《债券评级》，梁建华等译，北京：中国金融出版社 1991 年版，第 157 页。

15　*See* Jeffrey Manns，“Rating Risk After the Subprime Mortgage Crisis：A User Fee Approach for Rating Agency Accountability”，*North Carolina Law Review*，87（2009），p. 1023.

16　2008 年金融危机后，美国参议院调查委员会指出，“信用评级是引发金融崩溃的关键”。参见美国金融与经济危机起因调查委员会：《金融危机调查报告：美国金融与经济危机起因调查委员会最终报告》，王欣红、刘洪峰、肖艳译，北京：社会科学文献出版社 2013 年版，第 153 页。

17　即有学者认为，信用评级机构在对传统公司债券与市政债券上的表现就要比新型结构化产品上的评级表现准确得多。*See* Martin Fridson，“Bond Rating Agencies：Conflicts and Competence”，*Journal of Applied Corporate Finance*，22（2010），p. 61.

随着复制技术的进步，评级报告作为信息的公共产品特性衍生出“搭便车”的问题，导致投资者付费模式难以为继。与此同时，债券发行人也意识到信用评级对于债券的信号功能，开始主动寻求信用评级。最终，付费模式的转变推促信用评级行业的“质变”，为评级机构带来稳定的盈利，但也由此产生新的利益冲突问题——评级机构的收入从被评级的发行人处产生，而发行人客观上对高评级有需求，理论上发行人有动机向评级机构施加压力要求给予更高评级。在“发行人—评级机构”承揽合同关系下，利益冲突成为评级机构难以自证清白的“原罪”和导致评级失灵的隐忧。2008 年金融危机让市场参与者深刻认识到利益冲突失控的危害，理论上声誉机制的约束力与实践中评级机构的失范行为形成了鲜明对照，理论与实践的反差直指声誉机制的局限性，评级机构单纯依赖声誉机制自我约束的传统受到巨大诘难。

（二）声誉机制约束的式微：角色嬗变中声誉价值的衰弱

现如今，信用评级已成为能够影响金融系统稳定的重要因素。对声誉机制约束的倚重并没有收获市场的持续稳定发展，即有学者指出，声誉机制显然已经成为评级机构逃避监管的借口，并没有起到约束评级机构的作用。[18]那么，时代变迁之中声誉机制的约束又为何会走向式微？

第一，声誉中介的角色异化。从起初的“位轻言微”到如今的“位高权重”，信用评级行业整体声誉的积累推促了这种转变，但关键仍在于监管者对评级结果的使用。当监管要求特定机构持有的证券应满足信用评级出具的特定级别时，评级机构就具有给予发行人较高评级使其豁免于监管的权力。美国学者帕特诺伊（Frank Partnoy）将评级机构这种权力称之为监管执照（regulatory licenses）。[19]无形中被赋予公权力色彩使得评级机构存在定位的矛盾，服务投资者的初始定位与辅助监管的期望之间实际上存在职能的冲突。更为重要的是，角色嬗变逐渐瓦解了声誉机制运行的逻辑基础，源于市场的真实需求被监管规定激发出来的人造需求所取代。[20]正如有学者指出的，“信用评级的声誉中介模型正在被评级机构所扮演的另一种角色模型所挑战，而新的模型更加关注评级的监管后果与投资者的非信息性需要”[21]。

---

18 *See* Jeffrey Manns，“Rating Risk After the Subprime Mortgage Crisis：A User Fee Approach for Rating Agency Accountability”，*North Carolina Law Review*，87（2009），p. 1049.

19 *See* Frank Partnoy，“The Siskel and Ebert of Financial Markets：Two Thumbs Down for the Credit Rating Agencies”，*Washington University Law Quarterly*，77（1999），p. 682.

20 *See* Jonathan Macey，“The Demise of the Reputational Model in Capital Markets：The Problem of the ‘Last Period Parasites’”，*Syracuse Law Review*，60（2010），p. 435.

21 参见〔美〕约翰·C.科菲：《看门人机制：市场中介与公司治理》，黄辉等译，北京：北京大学出版社 2011 年版，第 334 页。

第二，信用评级行业的有限竞争。与其他作为看门人的中介机构相比，评级机构所处行业存在着显著的竞争缺乏问题。[22]欧洲证券监管委员会也在报告中指出，信用评级市场是一个自然的寡头垄断市场。诚然，传统大型评级机构在长期历史表现中所形成的声誉优势是新创评级机构无法比拟的，但单纯以资历解释当下三大评级机构占据全球信用评级行业绝对优势地位的现状则并不足够，美国“全国认可的统计评级机构”（NRSRO）制度的确立从根本上成就并固化了这种状态。NRSRO 制度的确立是监管引用的必然结果，当信用评级成为监管的依据时，其就已被赋予超乎一般言论的重要性。该制度的本意是挑选受公众认可的评级机构，确保信用评级的质量。因为在缺乏对评级机构能力证明的情况下，监管者无法阻止“伪造的”评级机构出具的评级在金融监管中被引用。[23]然而，令监管者始料未及的是，“受公众认可”标准的模糊导致此制度缺乏动态调整的可能性，成为事实上的行业壁垒，颠覆了原有的竞争格局。监管对信用评级的引用注定会陷入进退维谷的两难：一方面，信用评级成为监管的指标，重要性日益突出，客观上需要甄选出声誉良好的评级机构，避免评级质量低下的机构进入市场“逐底竞争”，导致行业整体评级质量下降；另一方面，在进入壁垒存在的有限竞争环境下，即使评级机构损失了声誉，新的评级机构亦无法进入市场，投资者与发行人对信用评级机构的选择空间十分有限，积累声誉的意义也会被无淘汰之虞的评级机构所忽视，声誉机制的有效性也就大打折扣。

尽管利益冲突并不等于真正具有危害性的利益冲突行为，但付费模式的转变不仅提升了利益冲突转化为利益冲突行为的便捷性与可能性，更改变了投资者、发行人与评级机构三方法律关系，降低了投资者评价导向的声誉积累的意义。与此同时，监管引用进一步推促评级机构从最初的信息中介发展成为附着公权力色彩的“监管执照颁发者”。角色复杂化和附随而至的有限竞争导致了声誉资本与评级机构利润获取关联的疏离，极大侵蚀了声誉机制的运行基础。危机过后，以美国为代表的发达资本市场采取了一系列针对信用评级的监管改革，变革主线就在于：反思对声誉机制过度依赖的自律传统，并寻求超越声誉机制、构建更为有效的信用评级机构约束机制。

---

22 *See* Frank Partnoy，“How and Why Credit Rating Agencies Are Not Like Other Gatekeepers”，Research Paper No.07-46，*Legal Studies Research Paper Series*，University of San Diego School of Law，p. 60.

23 *See* White Lawrence J.,“The Credit Rating Industry: An Industrial Organization Analysis. Ratings, Rating Agencies and the Global Financial System”. *NYU Working Paper* No. EC-01-02，p. 27.

三、我国信用评级机构声誉机制的约束乏力

（一）共性问题与症结殊异

与美国信用评级百年发展历史相比，我国信用评级起步较晚，综合实力存在较大差距。然而，域外信用评级发展过程中展现出的利益冲突失控与法律责任缺位等问题在我国同样存在。并且，在我国债券市场法律制度建设滞后的情况下，如何有效约束评级机构以确保其独立性，何如有效提升信用评级的质量，无疑是更为棘手的难题。信用评级机构声誉机制有效性的问题也是如此，我国信用评级机构声誉机制约束的乏力与域外信用评级存在着共性问题，然而两者的成因却并不完全相同。

域外信用评级发展历程展现出声誉机制从发展壮大到逐步式微，20 世纪 70 年代付费模式转变与监管引用是转折点。而我国信用评级自诞生之日起就确立起发行人付费模式，实际上跨越了域外信用评级早期经历的投资者付费的阶段。这对于声誉机制的培育而言，实际上缺乏必要的声誉积累过程。并且，自信用评级在我国出现，监管引用便广泛存在于对债券融资的硬性规定。信用评级声誉机制在我国似乎从一开始就沦为伪命题。与域外长期依赖声誉机制的自律传统相比，我国信用评级机构声誉机制问题存在着特异性——声誉机制约束并非是被寄予了过高的期望，而是长期以来在管制思维浓重的债券市场中几无容身的空间。

（二）初始定位的偏离与声誉机制的先天困境

我国信用评级的建立更多基于对域外先进经验的借鉴，是对发达债券市场配套制度的模仿。我国债券市场发展是我国从计划经济向市场经济转型的重要组成部分，无论是初创阶段的债券市场，还是彼时信用评级机构，都带着鲜明的经济体制转型的印记。改革开放的市场化进程打破了僵化指令性的计划经济，为信用评级提供了前提性的生存土壤，但引自域外的制度经验与本土环境之间仍然具有巨大差异。信用评级制度作为一种域外制度在我国的确立，实际包含着本土化的适应过程。我国信用评级发展路径特点明显：不同于美国信用评级基于投资者需求之上的应需而生，我国信用评级的产生带有鲜明的政府推动色

彩。[24]彼时企业债券主要服务于政府的投资政策，债券发行实际上是由行政机关调控，实际上由政府部门对发债企业进行审批。正如有学者指出的，债券发行条件均由政府部门运用行政机制统一厘定，不同发债企业的信用质量因为约束软化变得模糊不清，债券发行数量又类似于信贷额度，使得信用评级几乎没有什么实质性的意义。[25]显然，信用评级机构与投资者之间的联系是微弱的：一方面，“空降”的信用评级制度还缺乏真实的投资者需求；另一方面，在监管者对债券市场风险防范的行政管制思维下，信用评级仅仅是为债券发行中严格的审批制度服务，充当着提供专业技能的监管辅助工具。

理论上，信用评级机构定位为缓解信息不对称的信息中介，扮演着声誉中介的角色。然而，我国信用评级初始定位的偏离使得我国评级机构的发展起始于一个异于美国信用评级的诞生起点。声誉机制作为一种市场化生成的约束机制，其存在的基础在于债券市场本身按照市场化的逻辑运行。良好的声誉理应代表着过往高质量的评级表现和恪守诚信的行为记录，声誉机制的运行有赖于市场主体对优质信用评级内在需求的推动。然而，当市场主体与评级机构的供需联系被割裂，甚至实际上市场并不需要信用评级这种中介服务时，声誉实际上缺乏价值，声誉机制也就没有落脚的空间。

（三）不应被否定的声誉机制

公司债券是商事信用的表征，然而在高度管制的债券市场中，不当监管实际上混杂入政府信用。当投资者过度依赖监管以实现自我保护，将忽视声誉中介在金融市场原本的存在价值，此时监管对声誉机制存在侵蚀效应。[26]风险被人为抑制，理应定位为解决信息不对称难题的中介机构也就只能理解为是监管者对债券市场国际化惯例的经验照搬、刻意安放的摆设。管制市场中的中介机构角色尴尬，理应为中介机构珍视的声誉资本实际上并无价值。即有学者指出：“中国证券市场声誉体系因政府的高度管制几近崩溃，中介机构原本来赖以维持生计的声誉对于中介机构变得并不重要。”[27]我国评级机构声誉机制约束乏力的历

24 即有国外学者指出，政府对信用评级的强制要求是信用评级行业发展的关键，但这也导致了信用评级的发展不成熟问题，并且认为信用评级问题是中国转型时期私人权威（private authority）发展困境的典型代表。*See* Scott Kennedy, “China’s Emerging Credit Rating Industry: The Official Foundations of Private Authority”, *China Quarterly*, 193（2008）, p. 81.

25 参见安义宽：《中国公司债券——功能分析与市场发展》，北京：中国财政经济出版社 2006 年版，第 237 页。

26 参见〔美〕乔纳森·梅西：《声誉至死：重构华尔街的金融信用体系》，汤光华译，北京：中国人民大学出版社 2015 年版，第 203 页。

27 耿利航：《中国证券市场中介机构的作用与约束机制——以证券律师为例证的分析》，北京：法律出版社 2011 年版，第 292 页。

史根源在于，声誉机制受困于高度管制的债券市场而无法发挥应有作用。

全球金融危机中评级机构的拙劣表现似乎印证了“声誉机制无用”论断，主张抛弃对声誉机制“不切实际的幻想”的激进观点不在少数。但改革的步伐应当稳健与审慎，正如经济学家克罗茨纳（Randall S. Kroszner）在谈及信用评级改革时指出的：“让我们确定我们没把孩子和洗澡水一起泼出去。”[28]诚然，信用评级发展史表明，单纯依靠声誉机制约束评级机构并不足够，但其价值不应被否定。域外信用评级监管改革强调反思依赖声誉机制约束的自律传统，实际上是因为其资本市场法制未能及时回应评级机构历史演进中的角色变化。对于我国而言，亦步亦趋反思对声誉机制的过度依赖，实则谈之过于“奢侈”。

声誉机制对任何证券市场中介机构的约束都是基础性的，并且对于评级机构具有更为特殊的意义。对中介机构的法律制裁存在着阻吓不足或过度的问题，而通过法律责任机制有效约束中介机构的前提则在于对中介机构从事某种行为的谨慎程度以及相应的惩罚措施进行精确描述。[29]这也正是评级机构法律责任设计最大的障碍，信用评级是对风险的预期评估，但风险的动态变化难以精准测度。一旦争议产生，责任追究上无可避免会面临责任界分的难题。尽管域外资本市场在金融危机过后均着力强化信用评级的问责基础，其中尤其强调评级机构的民事责任，但实际上，针对评级机构的私人执法至今仍然存在诸多障碍，成效不尽如人意。[30]单纯强调强化信用评级的法律责任甚至可能事与愿违，即有学者指出，给予评级机构过高的法律成本，不仅不能有效督促评级机构归位尽责，甚至可能起到相反的效果。[31]

不可否认，信用评级并非只是单纯的预测性意见，而是具有专业技能的证券市场中介机构在收集、处理信息基础上提供的信息服务，其理应对信赖此信息而进行投资活动的投资者负相应的、适度的法律责任。[32]强化我国信用评级机构民事责任无疑是必要的，但从我国证券市场投资者保护实际情况出发，包括评级机构在内的证券市场中介民事责任制度完善仍任重道远。从务实角度出发，当务之急是构建以评级机构信息披露为中心的监管制度，优化公共执法以提升

---

28 〔美〕兰德尔·克罗茨纳、罗伯特·希勒：《美国金融市场改革：〈多德-弗兰克法案〉颁布前后的反思》，王永恒、陈玉财译，大连：东北财经大学出版社 2013 年版，第 53 页。

29 耿利航：《中国证券市场中介机构的作用与约束机制——以证券律师为例证的分析》，北京：法律出版社 2011 年版，第 45 页。

30 *See* Carrie Guo，“Credit Rating Agency Reform：A Review of Dodd-Frank Section 933（B）’s Effect（or Lack Thereof Since Enactment）”，*Columbia Business Law Review*，1（2016），p. 184.

31 *See* Dimitrov Valentin，Darius Palia，Leo Tang，“Impact of the Dodd-Frank Act on Credit Ratings”，*Journal of Financial Economics*，3（2015），p. 115.

32 参见陈盈如：《言论自由还是欺诈？——国际信用评等机构不准确评等之研究》，《东吴法律学报》2016 年总第 28 卷。

信用评级的透明度。与此同时，声誉机制完全可以作为公共执法的重要补充，其能够担当起“一种效率型的、辅助公共执法的社会治理形式”。[33]

除此之外，对于新兴市场国家而言，尤其需要合理地把握信用评级监管的方式与尺度。新兴市场国家处于市场体量迅速扩容、国际化程度与日俱增的高速发展阶段，评级行业同样获得巨大发展契机。但考虑到当前美国三大评级机构占据全世界范围内绝对领先地位的客观情况，新兴市场国家本土评级机构实则也在市场对外开放中面临着巨大的冲击。有学者谈及俄罗斯信用评级监管改革时指出：“接下来监管者面临的挑战是：如何在加强监管的同时也要有利于信用评级扮演其角色。”[34]监管不仅应当着眼于债券市场发展，同样需要关注到其对信用评级行业发展的影响。尤其在美国评级机构垄断主权信用评级、滥用评级霸权的当下，我国急需培育真正具有国际竞争力的本土评级机构。[35]一味强加约束只能扼杀创新的活力，而重塑声誉机制则不仅能施加约束，更能确立正向激励。

四、重塑声誉机制：市场逻辑、应然角色与信息工具

（一）理顺债券市场发展逻辑

正常有序的债券市场运行离不开信用评级充分发挥风险揭示的基本功能，风险定价与投资者保护的客观需要决定了信用评级存在的必要性，但如果债券市场偏离了以市场决定资源配置的一般规律，此时高度管制的市场中风险与价格的联系割裂，风险度量就会缺乏准确性，信用评级也会缺乏真实的投资者需求。评级机构作为植根债券市场的中介机构，债券市场的运行特征决定其行为模式与功能定位。信用评级制度的完善切不可脱离作为基础的债券市场本身的应然与实然，“只有在证券市场‘市场化’基础上，探讨中介机构的作用和约束机制才有意义”。[36]

我国债券市场，尤其是公司信用类债券市场，长期以来面临着基础性的发

33 吴元元：《信息基础、声誉机制与执法优化——食品安全治理的新视野》，《中国社会科学》2012 年第 6 期。

34 Lorenzo Sasso，*A Critical Analysis of the Recent Russian Regulation on Credit Rating Agencies*，Russian Law Journal，4（2016），p.81.

35 参见封红梅：《信用评级法律制度的国际化发展趋势》，《时代法学》2012 年第 6 期。

36 耿利航：《中国证券市场中介机构的作用与约束机制——以证券律师为例证的分析》，北京：法律出版社 2011 年版，第 294 页。

展障碍——在金融抑制政策之下，对管制思维下行政主导的风险防范机制过度依赖，导致市场化风险防范体系极不健全，市场实现资源配置的应有逻辑被行政干预之力对债券风险的强行抑制所扭曲。[37]即有观点指出：中国债券市场尽管在容量上取得巨大成就，但由于缺少其他国际资本市场拥有的必要市场要素——由市场对风险进行衡量，并将评估出的风险量化融入资产价格计算的能力，仍旧没有改变“原始”的面貌。[38]评级机构自然难以在桎梏重重的市场中获得长足发展。并且，存在缺陷的信用评级又成为债券市场持续健康发展的瓶颈。打破恶性循环的首要任务在于理顺债券市场发展逻辑，推动债券市场的市场化与法治化：以市场化方向指引法治化进程，以法治化的成果保障市场化的发展。[39]债券市场的市场化改革必然意味着原有僵化管制的调整，风险防范机制的重塑需要法治化的配套推进，以提供债券市场持续健康发展的基础规则。唯有如此，我国债券市场才能挣脱金融抑制的束缚，实现市场广度与深度质的飞跃。[40]并将进一步为信用评级行业提供风险揭示功能实现的市场有效性前提和更为广泛的市场需求，拓展声誉机制的运行空间。

（二）回归信息中介应然角色

在理顺债券市场发展逻辑的基础上，应当着力改善监管引用与付费模式，促导评级机构回归信息中介的应然角色，提升投资者对信用评级风险揭示功能的真实需求，重建投资者与信用评级的有效联系，为投资者主导声誉机制运行提供保障。

第一，逐步清理信用评级监管引用。监管引用导致投资者对声誉不良的评级机构进行“用脚投票”的惩罚功效在总体上弱化，逐步去除监管引用是恢复评级机构本身信息中介角色定位的必由之径。但也要认识到，随着信用评级日渐深嵌监管制度之中，以至于形成了“黏性”（stickiness），彻底剥离监管引用具

37　参见冯果、阎维博：《论债券限制性条款及其对债券持有人利益之保护》，《现代法学》2017 年第 4 期。

38　参见〔美〕卡尔·沃尔特、弗雷泽·豪伊：《红色资本：中国的非凡崛起与脆弱的金融基础》，祝捷等译，上海：东方出版中心 2013 年版，第 97 页。

39　债券市场法治化对信用评级应然定位的回归具有重要意义。当前我国债券市场信息披露制度体系支离破碎，不仅投资者面临信息获取的困难，信用评级机构同样在进行跟踪评级时面临信息获取的困难。推进债券市场法制建设，尤其是完善债券市场信息披露制度，有助于缓解当前投资者对评级机构不正确依赖，也有助于评级机构明晰自身权利与义务。信用评级机构对准确信息的内在诉求也是市场透明度提升的重要推助力，实践中已出现评级机构额外要求发行人提供更多信息的事例。相关新闻报道参见《大公拟要求企业每天提交数据提高评级透明度》，资料来源：http: //finance.sina.com.cn/stock/usstock/c/2017-07-18/doc-ifyiakur9168898.shtml；更新时间：2017 年 7 月 18 日；访问时间：2018 年 9 月 1 日。

40　参见冯果、袁康：《社会变迁视野下的金融法理论与实践》，北京：北京大学出版社 2013 年版，第 353 页。

有相当大难度。[41]去除监管引用注定是一个缓慢的渐进过程，重点在于摆脱对信用评级不适当、机械的依赖。尽管就目前而言，完全借助如信用违约互换利差（credit default swap spreads）[42]、信用利差（credit spreads）[43]等市场工具衡量信用风险还存在缺陷，但这些相对客观的市场工具将成为有益的监管参考标准。

第二，逐步探索多元化信用评级营运模式。金融危机后，有观点认为应当彻底改革信用评级的付费模式。[44]在当前信息化时代背景下，强制要求评级机构一律回归原有投资者订阅模式的方案难以实现。在短期内缺少足够成熟可行的替代方案之前，发行人付费模式实则难以改变。[45]解决问题的关键并不在于一定要设计出能完美杜绝利益冲突的方案，而是在于如使得信用评级的信息质量真正成为驱动评级机构竞争的核心。一方面，应当积极探索多元化运营模式，寻找保障声誉机制运行的最优方案；另一方面，即使在发行人付费模式下，声誉机制也并不意味着彻底失效。[46]只要声誉资本，也即信用评级质量能够成为驱动信用评级竞争的核心，投资者依然能通过“用脚投票”使得不同信用评级机构所评级的债券信用利差产生分化，将倒逼发行人选择更受投资者认可的评级机构以降低融资成本。但相较于投资者付费模式下声誉机制传导链条的简单、直接，在发行人付费模式下，声誉机制运行对信息基础与毁损声誉行为的惩罚威慑都提出了更高要求。

（三）优化信息工具监管配置

“声誉中介的主要作用是保证披露质量从而减少证券市场上的信息不对

41 *See* Frank Partnoy，“What' s（Still）Wrong with Credit Ratings”，*Washington Law Review*，92（2017），p. 1407.

42 有观点认为，信用违约互换利差在监管应用和私人使用方面都是非常有前景的市场工具，能够成为信用评级的可行替代。*See* Mark J. Flannery，Joel F. Houston，Frank Partnoy，“Credit Default Swap Spreads as Viable Substitutes for Credit Ratings”，*University of Pennsylvania Law Review*，158（2010），p. 2111.

43 有观点认为，在监管中以信用利差替代信用评级是可行的。*See* Frank Partnoy，“The Siskel and Ebert of Financial Markets：Two Thumbs Down for the Credit Rating Agencies”，*Washington University Law Quarterly*，77（1999），p. 704.

44 *See* Aline Darbellay，Frank Partnoy，“Credit Rating Agencies and Regulatory Reform”，*in* Claire A. Hill，Brett H. McDonnell（ed.），*Research Handbook on the Economics of Corporate Law*，Northampton：Edward Elgar publishing，2012，p. 284.

45 *See* Lynn Bai，“On Regulating Conflicts of Interest in the Credit Rating Industry”，*New York University Journal of Legislation and Public Policy*，13（2010），p. 253.

46 即有学者指出，如果投资者真切需要准确的信用评级，并且投资者能够检验评级质量，进而对不准确评级采取相应抵制行为，使得评级机构能够因此受到惩罚，那么发行人付费模式本身并不是信用评级问题关键。*See* Bianca Mostacatto，“Eliminating Regulatory Reliance on Credit Ratings：Restoring the Strength of Reputational Concern”，*Stanford Law & Policy Review*，142（2013），p. 126.

称，但声誉中介市场的信息不对称却限制了它们发挥这个作用的能力。”[47]充分的信息是投资者合理决策的前提，而当市场难以生成足够的信息、难以有效传递信息之时，就需要监管者对此市场失灵予以规制。与传统规制工具相比，信息工具有独特的功能。[48]声誉机制的塑造需要充分利用信用工具，为市场交易主体与公共机构决策提供有力的信息质量和数量保障。关键在于，通过制度确立起稳定、可持续的信息工具使用规划，构建顺畅的声誉信息生产与传递的通道。此外，考虑到声誉机制约束的隐性与实效达成的长期性，应以制度建设推动声誉机制促导的自律与公共执法创设的他律相结合，实现信用评级机构不同约束机制之间的协调与配合。

1. 声誉信息的识别

优化声誉信息的识别是夯实声誉机制信息基础的首要任务。声誉机制运行即是以传递关于产品或服务质量的信息为基础。此过程的有效性前提在于产品质量能够被有效识别，即质量的优劣能够得以区分。债券市场监管者在摈弃过往管制思维、收缩过度行政干预之力的同时，应当转变角色，积极发挥市场信息的供给者角色。以监管公信力为基础的评价体系的建立有助于市场主体获取更为准确的声誉信息。近年来债券市场监管者也逐渐意识到对信用评级机构表现进行评价的重要性，相继开展了一系列评价活动。[49]（此外，经保监会授权的保险资产管理业协会也对保险资金投资债券使用的信用评级机构进行了评价。[50]）（见表 1）但这些评价标准不一、评价对象范围不同的评价活动仍需完善。

---

47 〔美〕伯纳德·S. 布莱克：《强大证券市场的法律和制度前提》，洪艳蓉译，《金融法苑》2003 年第 7 期。

48 参见应飞虎、涂永前：《公共规制中的信息工具》，《中国社会科学》2010 年第 4 期。

49 根据可查阅到的公开信息，全国银行间同业拆借中心在 2006 年与 2007 年曾组织过银行间债券市场参与者对部分信用评级公司进行评价，设五项评价指标，每项各分为三档且对应不同分数，最后总计投资者打分。参见《关于银行间债券市场参与者对五家信用评级公司进行评价的通知》（中汇交发〔2006〕24 号）、《关于银行间债券市场参与者对信用评级公司进行评价的通知》（中汇交发〔2007〕49 号）。然而，并未有公开的信息显示该评价活动此后仍继续进行。

50 保监会在《关于加强保险资金投资债券使用外部信用评级监管的通知》（保监发〔2013〕61 号）中指出：评级机构应当接受中国保险业相关协会组织的自律管理。行业协会每年组织保险机构，从投资者使用角度对评级机构评级质量进行评价，并公布评价结果。评价规则由行业协会制定发布。据此要求，中国保险资产管理业协会从 2015 年开始组织行业专家，从保险机构投资者角度，对保险资金投资债券使用的外部信用评级机构进行评价活动。参见《保险资金投资债券使用的外部信用评级机构评价规则（试行）》（中保资协发〔2015〕21 号）。

表 1　现有信用评级机构评价体系

评价活动组织者	评价活动	评价对象	评价规则与指标
国家发展改革委员会	2015 年度评价工作（发改办财金〔2016〕1287 号） 2016 年度评价工作（发改办财金〔2017〕1355 号）	从事企业债券信用评级的 6 家评级机构	《企业债券信用评级机构信用评价标准》 指标包括实绩评价与综合评价两部分。实绩评价以案例评价为依据；综合评价包括社会信用评价、主管部门评价、发行人评价、技术评估和登记托管机构评价、市场评价、专家评价六方面
银行间市场交易商协会	2015 年度评价工作（〔2016〕7 号） 2017 年度评价工作（〔2017〕29 号） 2018 年度评价工作（〔2018〕86 号）	从事银行间市场非金融企业债务融资工具评级业务的 5 家信用评级机构	《非金融企业债务融资工具信用评级机构业务市场评价规则》 指标包括机构素质及业务评价、投资人评价、其他市场成员评价、专家评价四类，并设置了减分项
保险资产管理业协会	2014 年度评价工作 2015 年度评价工作	保险资金投资债券使用的 8 家信用评级机构（2015 年度评价时增为 10 家，包括 1 家未获得保监会认定的评级机构）	《保险资金投资债券使用的外部信用评级机构评价规则（试行）》 指标包括机构素质评价、评级质量评价、监管机构评价，以及减分项四大类

一方面，评价规则有待进一步优化。历史违约率作为受评级对象违约比例的统计，相对客观地展现出特定时期、特定信用等级下受评对象违约发生的概率，以其作为对照，能够相对客观地展现出评级活动的准确性。“评级结果质量从准确性、一致性与稳定性三个方面进行衡量，其中准确性是最为重要的评价指标。”[51]由于我国债券市场历史上长期存在的“零违约”现象，我国违约数据积累不够充分，评级结果与违约率的对应关系存在着验证上的困难。从现有评价规则来看，更多是依赖市场参与主体主观层面的评价。现阶段我国债券市场应当加强违约数据库建设，逐步建立以历史违约概率统计为基础的评级质量检验方法，构建定性与定量指标、主观与客观评价有机结合的信用评级质量评价

51　霍志辉等：《我国债券市场评级机构评级结果准吗——采用历史违约率检验》，《中国征信》2017 年第 3 期。

标准。

另一方面，应推动评价体系的统一化建构。当下不同评价活动中的受评对象不同，原因在于不同领域获得资质的评级机构有所差别。这种现象实是我国债券市场割裂特点在信用评级行业的投射，不同监管部门通过对不同品种债券的监管，进而对该市场中的评级机构进行监管。面对割裂的债券市场与不同资质要求的评级机构，投资者难以有效识别评级机构的声誉。[52]正如前述，监管者对评级机构的资质认证在一定程度上疏离了信用评级质量与声誉的联系，因为资质本身就传递出关于评级质量的信息。当这种资质认定活动本身具有差异化标准，评级机构声誉信息的识别就更加困难。我国债券市场应当尽快统一信用评级机构监管规则，推动不同债券市场评级机构资质认定标准的趋同。在此基础上，信用评级机构评价体系也应当统一化建构。

2. 声誉信息的传递

构建顺畅的声誉信息传递通道意在强调：提高信息传递的便捷度，使市场主体能够及时获取评级机构表现的优劣信息，促进声誉信息成为市场主体选取评级机构服务的决策依据。尽管我国对信用评级机构的监管强调了信息披露的重要性，但评级机构信息的披露不等于信息能够被投资者有效接收。由于我国债券市场的割裂，同时存在着不同的评级机构信息披露平台，[53]彼此之间连接配套制度的缺乏导致投资者信息收集成本增加。推进债券市场互联互通是我国债券市场深化发展的必然选择。对于信用评级而言，信息纷繁杂乱的现状急需通过整合信息披露渠道予以改善。

信用评级信息披露平台的建设可以借鉴欧盟经验。欧洲证券市场管理局（European Securities and Markets Authority，ESMA）根据《欧盟议会和欧盟理事会关于信用评级机构条例》（EC 1060/2009）第 11.2 条的要求，于 2011 年创设中央存储数据库（Central Repository，CEREP），提供评级机构包括信用评级迁移矩阵（transition matrices）、违约率在内的评级表现数据统计报告，明确指出创设数据库的目的在于：通过提供完整、标准化与一致的数据增强透明度；通过评级机构表现的比较助力投资者保护；帮助监管者了解评级机构的发展；减少监管者与市场参与者的信息成本。[54]又于 2016 年推出欧洲评级平台

52 经国家发改委认证的信用评级机构有 6 家；经证监会认可的有 10 家，其中 3 家采取投资者付费模式；经保监会认可的有 7 家；中国人民银行与银行间市场交易商协会设定的评级结果可以在银行间债券市场使用的评级机构有 7 家。

53 我国证券资信评级机构公示信息分散公布在中国证券业协会网站（www.sac.net.cn）、中国债券信息网（http://www.chinabond.com.cn）等平台。

54 ESMA，“About the CEREP”，资料来源：https://cerep.esma.europa.eu/cerep-static-pub/About_the_CEREP-General_principles.pdf；访问时间：2017 年 10 月 8 日。

（European Ratings Platform，ERP），建立统一的评级结果和评级表现发布网站，提供最及时的评级活动信息，方便投资者使用和比较信用评级，降低信息收集成本。[55]我国应当在推动债券市场互联互通的基础上，尽快建立统一的信用评级信息公示平台，并且将违约数据库等债券市场基础数据库、资本市场诚信档案制度的建设统筹规划有机结合，多维度展现评级机构的评级活动表现，最大限度提升信息的流通效率。[56]

3. 对声誉毁损行为的惩罚

对声誉毁损行为的惩罚是声誉机制约束力的核心，声誉识别与传递都是为了促进对声誉毁损行为惩罚的实现。对声誉毁损行为的惩罚具体表现为对长期博弈者未来交易机会的负面影响。具体包括以声誉罚为核心的市场化生成的惩罚与来自市场监管者的惩罚。前者表现为：当投资者对特定评级机构所评级的债券不信任，可以通过行使“用脚投票”的权利，使得债券发行成本提升，以此倒逼发行人选择更受投资者认可的评级机构以降低融资成本。在惯以价格机制反映信息的金融市场中，在完善的信息基础制度保障之上，这种对评级机构评级质量的市场化回应，将成为评级机构之间的竞争压力与保持评级质量的动力。但由于声誉积累的长期性，声誉罚更多体现为一种提高评级机构未来缔约成本的隐性的惩罚。相较而言，来自监管者公共执法的对评级机构声誉毁损行为的惩罚则体现出显性与直接性。所以，在夯实声誉机制运行信息基础的同时，还应当注重声誉机制促导的市场自律与由监管活动产生的他律规制相结合。

具体而言，其一，利用公权力监管的强制约束力补充声誉机制对评级机构失范行为的调整能力。不同于大众消费品领域中声誉机制可以有效作用于产品生产者核心利益结构，信用评级机构声誉机制产生的声誉惩罚很难触及评级机构的最根本利益——评级机构的资质。[57]考虑到信用评级行业特殊的竞争环境特

---

55 ESMA，“ESMA to Provide Free Credit Ratings Information to Public”，资料来源：https://www.esma.europa.eu/sites/default/files/library/2016-1620_esma_to_provide_free_credit_ratings_information_to_public.pdf，更新时间：2016 年 12 月 1 日；访问时间：2017 年 10 月 8 日。

56 证监会为推动市场信用体系建设，自 2012 年颁布实施《证券期货市场诚信监督管理暂行办法》，将包括信用评级机构在内的证券中介机构的诚信信息记入诚信档案，这同样是声誉信息的重要内容。此外，财政部也在研究建立地方债信用评级机构黑名单制度——将违反行业自律规定、弄虚作假的地方债信用评级机构列入黑名单，在规定时限内禁止参与地方债信用评级业务。这种针对信用评级机构设计的黑名单同样是一种关于信用评级质量的评价制度。参见《关于做好 2017 年地方政府债券发行工作的通知》（财库〔2017〕59 号）。

57 值得注意的是，2018 年 8 月银行间市场交易商协会与证监会对大公国际暂停评级业务的处罚即涉及评级资质的问题，此次严厉处罚或许能够起到显著的惩戒效果，但处罚在程序上与程度上是否妥当则不无讨论的空间。实际上，大公国际存在的失信行为在信用评级行业内并非罕见。本文认为，对信用评级机构评级资质的调整更应立足于常态化进行的信用评价结果，避免突发性运动式监管对评级机构的过度惩罚，避免对市场造成不必要的冲击。

点，监管者应当建立能够动态调整的信用评级资质管理制度，完善信用评级行业的准入与退出机制。[58]其二，从声誉机制与公共执法对评级机构的共同约束作用上看，两者互为补充，并且公共执法实际上同样是一种声誉信息的生成过程。这种依靠公权力公信力与监管效率的信息生成机制有助于提升声誉信息的准确性，克服声誉机制的时滞性。所以，应当将监管机构对评级行业公共执法活动中产生的信息，如对评级机构的行政处罚、警告等详细信息一并纳入信用评级统一信息公示平台的公示范围。[59]

五、结　　语

信用评级的风险揭示功能能够切实提升市场透明度，因而被视为债券市场市场化风险防范体系的重要组成部分。然而，我国信用评级因风险揭示功能虚弱、利益冲突失控导致失信行为的问题饱受批评，甚至被视为债券市场发展的瓶颈。但实际上评级机构作为市场中介机构，其功能定位与行为模式受到市场运行特征的深刻影响，我国信用评级问题根源在于债券市场本身。在经济体制转轨过程中创建的债券市场延续着政府主导发展的强势权力印记，植根于市场化逻辑的声誉机制面临着先天困境与运行障碍。2018 年 9 月 11 日，中国人民银行与中国证监会联合发布《加强信用评级统一管理 推进债券市场互联互通》（2018 年第 14 号公告），强调要逐步统一银行间债券市场和交易所债券市场评级业务资质，加强对信用评级机构监管和监管信息共享，并逐步统一对信用评级机构开展以投资者为导向的市场化评价。其核心目标即在于排除声誉机制运行的市场障碍，通过制度建设保障声誉机制的有效运行，回应资本市场诚信制度建设的迫切需求，构建以信用为核心的新型信用评级监管制度。总之，随着我国债券市场迈向市场化与法治化，声誉机制的重塑将有力促导信用评级机构将竞争的着眼点回归于评级质量，使得内生的激励与约束成为信用评级机构归位尽责的重要保障。尤其在当下信用评级行业对外开放进入新阶段的背景之下，重塑声誉机制以培育真正具有国际竞争力的本土评级机构尤为必要与紧迫。

58　即有学者认为，NRSRO 资质应当采取定期更新的方式以施加评级机构维持声誉的压力。*See* Claire A. Hill, “Regulating the Rating Agencies”，*Washington University Law Quarterly*，82（2004），p. 90. 由于美国信用评级市场中三大评级机构形成了寡占（oligopoly）状态，其评级机构资质调整难度较高。相较而言，我国信用评级行业竞争环境更有利于确立动态的准入管理制度以保障声誉机制的运行。

59　尽管美国在《多德-弗兰克法案》第 932 条中强调了信用评级办公室（Office of Credit Rating，OCR）应当以利于理解的形式向公众披露调查结果，然而实际上其对于信用评级的调查报告并没有突出评级机构名称，使用了含糊的表述与不明确的指代，使得违规的评级机构难以受到声誉资本减损的惩罚。*See* Frank Partnoy, “What' s（Still）Wrong with Credit Ratings”，*Washington Law Review*，92（2017），p. 1417.

The Vicissitude and Restructuring of Credit Rating Agencies' Reputation Mechanism

Yan Weibo

Abstract: In theory, reputation mechanism plays an important role in constraining the interest conflicts of credit rating agencies. However, with the change of payment model and the establishment of regulatory reference, reputation mechanism is not as effective as it used to be. The rethinking of reputation mechanism has become the focus of credit rating regulatory reform in recent years. But what calls for special attention is that circumstance of reputation mechanism in China is not be placed too high expectations, but largely ignored. It's crucial to cultivate this marketization constraint of financial intermediary institution. First, on the basis of rationalizing the development logic of the bond market, promote the due role played by rating agencies as the information intermediaries. Second, build a smooth information production and transmission channel, strengthen the information base of reputation mechanism. Third, establish a legal system that combines self-discipline provided by reputation mechanism and heteronomy provided by public law enforcement.

Keywords: Credit Rating; Reputation Mechanism; Information Tool; Interconnection

论第三方支付业务的监管难题及其转型——依据2017年中国人民银行对第三方支付机构106份行政处罚决定书进行的分析

蓝寿荣　杨柳青

摘　要：第三方支付已经为互联网交易所不可或缺，并且其对发展普惠金融、实现无现金社会也起着十分重要的作用。2017年度中国人民银行对第三方支付机构的违规行为一共作出了106份行政处罚决定书，做到了监管全覆盖，对于违法违规行为“零容忍”。从处罚中可见，第三方支付存在非法挪用备付金、客户信息数据不当管理、直接或间接参与洗钱等业务涉及消费者保护问题，存在行业竞争激烈与业务高度同质化、寡头垄断与并购频发、反复违规与重复受罚等涉及公平竞争问题，存在监管处罚决定书内容简单、监管适应第三方支付业务属性不够、监管依据的制度不健全等问题。中国人民银行着眼于安全和审慎的监管，但是过于谨慎的监管政策让第三方支付市场缺乏活力。在第三方支付业务的监管上，可能是对于频发的金融风险的顾虑太深，明显存在监管上的传统监管思路，与第三方支付代表的网络化金融创新不相适应，将会额外增加第三方支付机构的运营成本，也会使监管活动表面上严厉实际上收效甚微。较为合适的做法是监管机关应该遵循市场适应性原则，设计一种以激励创新导向、合规经营为基础的风险控制机制，以此开展动态监管，维护市场的开放性、自主性、创新性，形成有效监管。

关键词：第三方支付；金融监管；适应性原则；政府与市场

作者简介：蓝寿荣（1966—　），南昌大学法学院教授，武汉大学法学院博士后，德国拜罗伊特大学访问学者，主要研究方向为金融法。

杨柳青，（1999—　），南昌大学法学院学生。

基金项目：2018年度国家社科基金重大项目“深化基层矛盾纠纷化解共建共治机制及其风险预判研究”（18ZDA166）。

目次

传统的支付是金融机构依靠自身的金融信誉和经营网点，使用汇付、托收、信用证等方式，为客户办理代收代付资金的活动。而我们目前所谈论的第三方支付，是基于已有的金融体系和电信网络技术，更加方便地为客户办理资金收付的技术支持平台。在电子商务和互联网贸易中，支付起着关键作用，但是由于目前银行长期的业务方式，以及互联网远程交易的不确定性，传统的“客户-银行”支付方式已经不能够满足公众的需求。第三方支付不仅能够为客户提供优质的服务，还能为消费者和商家提供远程网络交易的信用保证，因此公众开始慢慢接受使用第三方支付进行网络交易。发展到现在，第三方支付已经为互联网交易所不可或缺，并且其对发展普惠金融、实现无现金社会也起着十分重要的作用。由于业务开展不久，第三方支付也引发了一些问题，有些涉及违反目前的金融业务规定，也有的是损害了客户的权益，还有的直接违反了国家明确的法律规定，因而有必要从实际出发，立足金融市场发展进行分析。

一、第三方支付业务的行政处罚状况

依据中国人民银行官方网站信息，在2017年度中国人民银行对第三方支付机构的违规行为一共作出了 106 份行政处罚决定书，本文拟从分析这些行政处罚决定书来揭示第三方支付出现的问题。

（一）监管严厉罚单频出，区域上以上海、广州为甚

从2017年全年来看，罚单频出，对日常违规行为不容忍。2017年中国人民银行一共对第三方支付机构作出106份行政处罚决定书，罚单数量为2016年34份的3倍多，这意味着平均每三天左右就有一份处罚决定书作出。

从时间段看，2017年的12个月，每个月均有中国人民银行的处罚，不过总体上，下半年比上半年的罚单多，上半年中国人民银行对第三方支付机构的罚单一共24份，下半年多达82份，其中以8月份最多，有34份。

从行政处罚决定机关看，其覆盖了中国人民银行全国范围20家机构和19个省、直辖市，均为中国人民银行的派出机构，或分行，或支行，或营业管理部（北京），没有一例处罚决定由中国人民银行总部作出。

从区域来看，中国人民银行上海分行开具的处罚最多，广州分行处罚力度最大，与所在区域的经济规模总量、经济活跃程度总体相应。开具行政处罚决定书最多的中国人民银行机构是上海分行，其在2017年一共开具了49份处罚决定书，数量远多于其他地方的中国人民银行机构，其数量比排名第二的济南分行的5倍还要多。这49份处罚决定涉及48家第三方支付机构，上海市本地

的第三方支付企业几乎一一被处罚了一遍，只剩下一家支付企业（上海申鑫电子支付股份有限公司）没有被处罚。上海分行的罚款金额也是所有中国人民银行机构中最多的，其罚款总金额为 1201.74 万元，且 2017 年 9 份百万级处罚案例中有 6 份都是由上海分行作出。中国人民银行广州分行的处罚力度最大，金额在所有处罚决定书中比较突出，高于一般决定书中的处罚金额。广州分行 2017 年度一共开具了 3 份处罚决定书，罚款金额分别为 533.84 万元、61.59 万元、60.14 万元，这三份决定书罚款总额为 655.57 万元，[1]平均每份决定书的罚款金额为 218.52 万元，居所有机构之首。

（二）处罚形式以罚款为主，监管全覆盖不遗漏

在行政处罚方面，处罚越来越多，罚金越来越大。就 2017 年来说，中国人民银行共对第三方支付机构开出 106 份行政处罚决定书，罚单总金额为 2820.934 万元，其中罚款金额为 2299.411 万元，没收违法所得财产 521.523 万元，平均每份罚单的金额为 26.61 万元。从处罚的罚金来看，罚金超过百万的有 9 份。[2] 随着中国人民银行对第三方支付机构的监管不断升级，可以预计未来支付机构受到处罚将成为常态，并且中国人民银行对第三方支付机构的处罚力度将会越来越大。[3]

在 106 份行政处罚决定书中，涉及罚款金额内容的有 104 份，罚款金额最小的为 1 万元，一共有 9 例，违法类型上有违反支付业务规定，如未按规定报送业务数据、未按规定办理相关变更事项等，都是较为轻微的违规情节。在这 104 份处罚决定书中，1 万～3 万元的决定书数量有 37 份，占比 35.58%；3 万～10 万元的决定书数量有 40 份，占比 38.46%；10 万～50 万元的决定书数量有 7 份，占比 6.73%；50 万～100 万元的决定书数量有 11 份，占比 10.58%；100 万

---

1 参见广州银罚字〔2017〕1 号、广州银罚字〔2017〕2 号、广州银罚字〔2017〕4 号行政处罚决定书。

2 参见甬银处罚字〔2017〕42 号，福银罚字〔2017〕9、10 号，上海银罚字〔2017〕57 号，上海银罚字〔2017〕52 号，上海银罚字〔2017〕50 号，上海银罚字〔2017〕49 号，上海银罚字〔2017〕45 号，上海银罚字〔2017〕28 号，广州银罚字〔2017〕1 号。

3 2018 年更是处罚金额屡创新高：国付宝公司违反清算管理规定、非金融机构支付服务管理办法相关规定，除被给予警告，还没收违法所得 2217.6 万元，并处罚款 2229.6 万元，合计处罚金额 4447.2 万元；联动优势电子商务有限公司违反清算管理规定、非金融机构支付服务管理办法相关规定，被罚没 2424.8 万元；智付支付因违反支付结算管理规定，没收其违法所得约 1108 万元，并处罚款约 1453 万元，罚没金额合计约 2561 万元；卡友支付存在违反银行卡收单业务等多项违规行为，被给予警告，没收违法所得 92.42 万元，并处罚款 2490.09 万元，合计处罚金额 2582.51 万元；银盛支付因违反支付结算管理规定，合计罚没 2247.7 万元；杉德支付因违反支付业务规定，共罚没 2473 万元。乔麦：《第三方支付又见罚单 今年央行已开六张 2000 万以上罚单》，资料来源：http: //finance.ce.cn/hlwjr/201810/14/t20181014_30512683.shtml；访问时间：2018 年 10 月 18 日。

元以上的决定书数量有 9 份，占比 8.65%。从数据中可以看出，大部分罚款集中在 1 万～10 万元区间范围内，这部分罚款金额的处罚决定书一共有 77 份，占比 74.04%。可以说，第三方支付机构大部分违规行为都是“小错”，十分严重的违规行为总体数量和比重较少。可见，我国央行对第三方支付行业监管的高压态势，中国人民银行将“小错”也纳入监管范围，再小的“错误”和违规行为都将受到中国人民银行的处罚。

在 106 份处罚决定书中，只有 2 份处罚决定书，即济银部罚字〔2017〕9 号和郑银罚字〔2017〕2 号，没有罚款内容，行政处罚内容分别是“警告”和“责令限期改正并给予警告”，对应的违法内容是“违反银行收单业务管理相关规定”和“支付机构未按规定建立有关制度办法或风险管理措施”。总体而言，中国人民银行对第三方支付机构的行政处罚内容一共有罚款（这里包括没收违法所得和罚款）、警告、责令限期改正、暂停业务四种处罚内容。行政处罚内容最多的就是罚款，在 2017 年的 106 份行政处罚决定书中，行政处罚内容仅为罚款的有 86 份，其次依次是责令限期改正、警告、暂停业务。从处罚的严厉程度看，警告和责令限期改正处罚最轻，其次是罚款，最严重的是暂停业务，仅有的一例暂停业务处罚案例是因为支付机构作出了出借《支付业务许可证》、妨碍中国人民银行检查监督等严重违规的行为。

（三）处罚对象基本上为机构，责任人受罚极少

从处罚的覆盖面看，2017 年的 106 份行政处罚中一共涉及 76 家第三方支付机构，占目前市场上 238 家总机构数的 31.93%。

在行政处罚决定书中，责任主体几乎全是机构。受处罚机构百分之百，仅仅只有 4 份行政处罚决定附带对相关的责任人进行了处罚。这 4 份处罚分别是：在郑银罚字〔2017〕11 号处罚文书中，中国人民银行对福建国通星驿网络科技有限公司河南分公司的一名直接负责的高级管理人员处以罚款 5 万元；在福银罚字〔2017〕9、10 号处罚文书中，中国人民银行对银盛支付服务股份有限公司福建分公司的一名相关责任人处以罚款 13.5 万元；在甬银处罚字〔2017〕3 号处罚文书中，中国人民银行对宁波银联商务有限公司的相关责任人员处以罚款共计 4 万元；在大银罚字〔2017〕29 号处罚文书中，中国人民银行对杉德电子商务服务有限公司大连分公司的 3 名相关责任人员处以罚款共计 4 万元。

二、第三方支付的客户权益保障问题

第三方支付作为市场经济发展中顺势而出的一种金融创新业务，其运营的时间不长，因而业务规范不够。从违法行为的类型看，在 106 份决定书中，一共有 12 种违法行为类型，其中违法行为类型最多的是第三方支付机构违反支付业务规定或支付业务管理规定，其罚单数量有 53 份，占决定书总量的 50.00%。其次是违反银行卡业务管理办法或银行卡收单业务相关规定，其罚单数量有 21 份，占总罚单数量的 19.81%。然后排在后面的是违反支付结算业务规定，其罚单数量有 11 份，占总罚单数量的 10.38%。有五类违法行为都只有一份罚单，分别是“未按规定办理相关变更事项”、“未严格落实《非银行支付机构网络支付业务管理办法》相关规定”、“支付机构未按规定建立有关制度办法或风险管理措施”、“未按规定公开披露相关事宜”、“未经客户同意开立支付账户”。从平均罚单金额看，处罚最严重的类型是“违反非金融机构支付服务管理规定、银行卡收单业务管理规定”，其平均罚单金额是 200.38 万元，而“违反支付业务规定或支付业务管理规定”这类行为的平均罚单金额只有 22.98 万元。

（一）非法挪用备付金

备付金问题的出现，首先是源于支付平台出于资金安全考虑的程序设计。客户使用第三方机构提供的支付服务进行购物时，当客户付款后，资金不是立即进入商家银行账户，而是停留在第三方支付机构账户上，待客户收到货物并检验无误后，第三方支付机构才将资金转移到商家账户，其间有一段时间差，这段时间的资金是停留在第三方支付机构账户之中，这部分资金被称为备付金，也被称为在途沉淀的资金。还有，客户因退货而产生的商户退款也成为备付金。随着第三方支付业务的增长，备付金的归属和处理成了一个不能忽视的问题，如果这部分备付金没有得到安全的管理，不仅仅造成众多使用支付服务的消费者利益受损，庞大的备付金出现问题还有可能触发整个金融系统发生风险。中国人民银行 2017 年《关于实施支付机构客户备付金集中存管有关事项的通知》规定，第三方支付机构应将客户备付金逐步交由中国人民银行集中存管。尽管中国人民银行对客户备付金进行了集中存管，但是备付金的权利归属仍未明确，这使得客户的利益在第三方支付机构破产时很难得到救济。

关于备付金的权利归属，学界多有讨论，但是大多认为停留在第三方支付机构的备付金，其所有权归客户所有，第三方支付机构只是享有暂时代为保管的义务。另外，关于备付金产生的孳息所有权也应归客户所有，不归第三方支付机构所有。[4]实践中，中国人民银行实施的关于备付金集中存管的一系列举措，也都支持了“备付金所有权不归第三方支付机构所有”的观点。尽管中国人民银行要求第三方支付机构将备付金按照一定比例存至指定账户，由中国人民银行监管和操作，但是实践中仍然存在第三方支付机构违规挪用的情形。这些未将备付金转至指定账户而擅自挪用的机构将会受到行政处罚，直接会因违反《支付机构客户备付金存管办法》等规章而受到相应的行政处罚，或警告，或罚款，或责令限期改正甚至是吊销支付许可证，违规的第三方支付机构还有可能违反《刑法》关于侵占罪、挪用资金罪、非法吸收公众存款罪的相关规定，进而被追究相应的刑事责任。

（二）客户信息数据不当管理

第三方支付机构在为客户提供支付业务服务时，累积了大量的客户信息，这些信息不仅包括客户在注册时自己主动提供的姓名、地址、性别、年龄等个人身份信息，还包括客户的往来交易记录等信息。如果这些信息管理不当，被恶意利用，会引发重大的信息安全事故，导致客户的隐私被侵犯，将对客户的人身和财产构成威胁。有些情况下第三方支付机构不当使用客户信息的行为情节严重的，将有可能触犯《刑法》中关于侵犯公民个人信息罪的规定，从而被追究刑事责任。

客户信息的不当管理，包括客户信息的不当使用和客户信息的泄露。第一，管理不力。客户信息的泄露主要来源于两方面，一是第三方支付机构的信息安全技术薄弱而导致黑客和病毒侵入，二是自身机构员工为了谋取不法利益而出卖机构的客户信息，因此加强信息安全保障系统对第三方支付机构来说至关重要。第二，故意使用。一是为了自身利益收集、使用客户信息，主要是第三方支付机构为了自身的业务经营需要而滥用客户的信息。二是为了拓展固有的业务或是拓展新的业务而使用客户的信息。客户主动提供的信息主要是用于第三方支付机构的支付服务，而很多第三方支付机构不仅仅从事支付通道服务，而且还从事互联网金融业务，因而第三方支付机构常常利用支付服务收集的客户信息用于自身的其他业务活动中。在没有获得客户许可的情况下，第三方支付机构擅自收集、分析客户的信息，也是对客户信息的不当使用，这些信息可能涉及客户的重要隐私。第三，恶意交易。常见的是一些第三方支付平台，自身的实力或依托的支付行业渠道有限，需要与其他实体企业合作，这个时候就很有可能与合作企业约定将包括客户信息在内的部分数据或全部数据进行共享。

4　张春燕：《第三方支付平台沉淀资金及利息之法律权属初探——以支付宝为样本》，《河北法学》2011 年第 3 期。

对于这些情况客户都不知情，并且它们也没有征求客户的同意。

缺乏配套的客户保障机制。在目前第三方支付相关法律制度下，客户的隐私安全和资金安全都得不到很好的保护。关于第三方支付客户的隐私安全，《非金融机构支付服务管理办法》提供了相关的规定，即要求“支付机构应当按规定妥善保管客户身份基本信息、支付业务信息、会计档案等资料”，规定对第三方支付客户的隐私权保护过于简单，有进一步具体化的必要，如欧盟施行的《通用数据保护条例》（General Date Protection Regulation，GDPR）不仅仅对网络客户的隐私权作了细致的规定，而且保护范围广，惩罚力度也大，企业罚款最高达 2000 万欧元，[5]相比之下，我国对于未按规定建立风险管理措施的机构，责令限期改正，并给予警告或处 1 万元以上 3 万元以下罚款的惩罚力度太小。

（三）直接或间接参与洗钱

在 2017 年处罚第三方支付机构涉及的 12 类违法行为类型中，发现对第三方支付机构违反反洗钱规定的惩罚力度是最大的。从中国人民银行出具的行政处罚决定书看，第三方支付机构违反反洗钱规定一般表现为未按规定履行客户身份识别义务，与身份不明的客户建立业务关系或者为客户开立匿名账户、假名账户，阻碍反洗钱检查，未按照规定报送可疑交易报告，未按规定保存客户身份资料和交易记录等，违反的法律依据主要是《支付机构反洗钱和反恐怖融资管理办法》等。

在违反反洗钱规定这类违法行为中，有两份 50 万级罚单和两份百万级罚单，具体金额分别为 52 万元、58 万元、153.5 万元、138 万元，[6]平均每份罚单金额为 86.30 万元，最小的罚单金额为 29 万元，[7]是 12 种违法行为类型最小罚单中数额最大的。

第三方支付存在洗钱风险是显而易见的，一是由于其依赖的互联网交易创新、升级速度快，具有无形性的特征，二是与银行、证券公司等传统金融机构相比，第三方支付机构没有成熟的组织机构和内部监管系统，法律制度建设及其实施经验均相对不足，三是追求支付的快速和便捷导致其对业务经营的风险不够重视。这些实际情况，加上第三方支付的内部监管不力，使得第三方支付常常成为犯罪分子进行洗钱、诈骗等金融犯罪的工具。从第三方支付洗钱的表现形式上看，第三方支付行业隐含的洗钱活动分为以下四类：虚假交易引发的

---

5 徐伟：《GDPR 对银行业的挑战》，《中国金融》2018 年第 8 期。

6 参见郑银罚字〔2017〕11 号，甬银处罚字〔2017〕42 号，福银罚字〔2017〕9、10 号，甬银处罚字〔2017〕3 号。

7 参见大银罚字〔2017〕29 号。

洗钱犯罪风险、备付金引发的洗钱犯罪风险、非法充值引发的洗钱犯罪风险、网络病毒引发的洗钱犯罪风险。[8]从第三方支付机构的主观意识看第三方支付行业的洗钱犯罪风险，又可以分为主动参与型洗钱犯罪风险和被动参与型洗钱犯罪风险。对于第三方支付机构主动参与的洗钱犯罪，其故意为洗钱犯罪提供支付通道，本身当然构成洗钱犯罪，不仅应承担一定的行政责任，而且还应被追究刑事责任。对于第三方支付机构被动参与的洗钱犯罪，则应分情况而论。那些通过第三方支付形式的洗钱活动资金必然会经手第三方支付机构，这就要求第三方支付机构对洗钱资金负有一定的监管职责。对于第三方支付机构被动参与洗钱犯罪是否承担法律责任，应当取决于第三方支付机构有无尽到相关的监管义务。如果第三方支付机构按照规定履行了审慎的监管义务，那么就不能对其进行追责。如果第三方支付机构没有履行相应的审慎监管义务，放任洗钱犯罪发生，那么其应当承担法律责任。

三、第三方支付的公平竞争问题

市场经济的发展越发显示市场机制的重要作用，能够给客户带来更大方便、更高效率的第三方支付，很明显是一个有前景的行业，但做好第三方支付需要有能够开办支付业务的机构，必须有相当的资金实力和拓展业务的良好渠道，大部分的第三方支付机构并不能在市场竞争中具有相对优势，因而出现寡头集中垄断的局面是自然的。

（一）行业垄断趋势明显

目前我国第三方支付行业高度集中，呈现“两极格局”的垄断态势。据统计核算，2015 年中国第三方互联网支付交易，在互联网 PC 端支付中，支付宝占市场份额 47.5%，财付通（主要依托微信）占市场份额 20.0%，两者占市场份额 67.5%，而在第三方移动支付交易规模市场份额报告中，支付宝占市场份额 68.4%，财付通占市场份额 20.6%，两者占市场份额 89.0%。至 2016 年，223 家支付机构收入规模超过 100 亿元以上的机构仅 2 家，10 亿～100 亿元的 9 家，1 亿～10 亿元的 46 家，1000 万～1 亿元的 71 家，1000 万元以下的 95 家，[9]支付宝的市场份额达到了 55%，财付通的市场份额为 37%，两者的市场份额为 92%，

8 李涛、张伟：《第三方支付平台隐含的洗钱风险及防控对策》，《中国人民公安大学学报》（社会科学版）2016 年第 1 期。

9 参见中国支付清算协会发布的《中国支付清算行业运行报告（2017）》。

其他 200 多家支付机构一共才占市场份额 8%。并且这两大巨头支付企业的影响力越来越大，市场份额也在逐渐增加，其利用固有的流量优势在第三方支付市场占据绝对优势地位。

主观上看，能够正常运营的第三方支付行业，具有大资金、高技术和高信用的特征。首先，第三方支付是现代科技进步的产物，因此其行业本身需要具有一定的科技水平，其对于第三方支付机构线下的管理，要有一套专业的系统支撑，需要专业化团队的培养及考核、运营成本的安排与控制、商户对接和巡检、反洗钱等法律风险控制能力等。这就对第三方支付机构有较高的要求，对于想要跻身第三方支付行业的企业来讲无疑树立了高门槛和高壁垒。由于目前我国对于第三方支付行业采取的是支付许可证制度，且央行对于设立第三方支付机构的注册资本要求较高，这又增加了第三方支付行业的入门难度。从目前的经营情况看，第三方支付机构的业务和模式高度同质化，竞争激烈，导致第三方支付行业利润不断下降，这也导致中国人民银行不继续发放支付业务牌照。这样高门槛、高壁垒的行业特征使得马太效应更加凸显，强者愈强，弱者愈弱，第三方支付行业的优势企业地位无人能撼动。

客观上看，行业依托的经济实体差别太大，行业垄断现象加剧。支付宝和财付通拥有众多的存量客户和丰富的支付渠道：对于支付宝而言，其有支付宝 APP 和全国最大的淘宝购物平台；对财付通而言，其有腾讯 QQ 和微信这两个全国最大的社交平台。这对于拓展支付业务具有绝对优势，并且可以预见的是，它们更有优势去不断地增大客户的依赖度和忠诚度，开拓新的支付渠道来巩固自身的行业龙头地位。

（二）寡头垄断隐含着潜在风险

在支付宝和财付通占据绝对份额的第三方支付市场，绝大多数的业务规模和行业技术掌握在这两家支付企业手中，一旦这两家企业出现运营风险，将影响整个第三方支付行业的正常运作，所以中国人民银行监管也是一视同仁。在 2017 年的中国人民银行行政处罚中，发现支付宝、财付通两大支付巨头首次被罚。2017 年以前，这两家机构从未受到中国人民银行的处罚。对于支付宝，其是因违反支付业务规定在 2017 年 4 月 21 日被中国人民银行上海分行处以“限期改正，罚款人民币 3 万元”的处罚。[10]对于财付通，其是因未严格落实《非银行支付机构网络支付业务管理办法》相关规定，在 2017 年 5 月 3 日被中国人民银行深圳市中心支行处以“罚款人民币 3 万元”的处罚。[11]虽然支付宝、财付通

10　参见上海银罚字〔2017〕9 号行政处罚决定书。

11　参见深人银罚字〔2017〕9 号行政处罚决定书。

此次被中国人民银行处罚的力度并不很大，但是有意义。

在行业存在垄断情况下，垄断寡头可能会利用它的市场优势地位损害广大客户的利益。支付宝和财付通占据第三方支付市场的绝大部分份额，尽管现在第三方支付市场的支付服务价格不高甚至很低，但是目前已经有逐渐提高价格的趋势。比如微信和支付宝相继向客户在免费提现额度以外提现收取 0.1%手续费，而之前这两家一直都是实行取现免费的策略。其实在资金从银行流向第三方支付账户和从第三方支付账户流出至银行时，一般银行会收取一定的手续费，所以之前第三方支付机构免费是一直在倒贴。由于微信是免费的社交平台，支付宝是交易平台，所以微信比支付宝更先承受不住压力而开始收费。从发展趋势看，未来支付行业可能会逐渐提高它的服务价格。

第三方支付行业已经发生了为市场掠夺而实施垄断低价的行为。第三方支付企业为了抢占市场，排挤行业的其他竞争者，以成本价或低于成本价的价格去拉拢消费者和商户，包括支付宝和财付通之间在第三方支付市场的相互较量。对于行业寡头，一方面，支付宝和财付通可以通过所依托的企业其他渠道获得的利润补贴第三方支付业务，[12]以进行持续低价行为，达到拓展市场的效果；另一方面，支付宝和财付通可以在抢夺市场后提高价格，收回之前零利润竞争期间损失。垄断低价损害了市场上其他竞争者的利益，虽然目前对消费者没有造成权益损害，但是按照企业逐利的本质特性，一旦市场上只有寡头垄断，很有可能会为了盈利目的实施垄断高价等侵害消费者权益的行为。

（三）大部分第三方支付机构经营困难，反复违规屡屡被罚

支付宝和财付通占据绝大部分市场份额的客观情况，使得其他第三方支付机构也在不断努力发挥自身固有的优势，试图走差异化发展路径，但是无法改变目前的趋势。一些处于弱势地位的第三方支付机构为了在市场上生存，往往会采取一些不当手段包括违法手段开展业务，自然也是会损害消费者利益。

大部分第三方支付业务利润低，为了在竞争激烈残酷的行业环境中生存和发展，不少机构为牟利铤而走险，反复实施违规行为，屡教不改。在处罚案件中，发现有的第三方支付机构屡屡被罚。一个原因是竞争激烈，另一个原因还在于支付行业的机构准入不易，使得现有的支付牌照本身具备价值。在 106 份行政处罚决定书中，重复被处罚（即被处罚两次以上）的第三方支付机构一共有 15 家。其中 2017 年被中国人民银行处罚最多的是随行付支付有限公司，一共收到 6 张罚单。[13]上海盛付通电子支付服务有限公司、银盛支付服务股份有限

12　黄勇、杨利华：《第三方支付平台企业掠夺性定价的反垄断法分析》，《河北法学》2016 年第 4 期。

13　参见青银罚字〔2017〕6 号、济银罚字〔2017〕9 号、宁银罚字〔2017〕5 号、长银罚字〔2017〕14 号、合银罚字〔2017〕5 号、蒙银罚字〔2017〕3 号行政处罚决定书。

公司、杉德支付网络服务发展有限公司等 3 家公司收到 4 张罚单。[14]深圳瑞银信信息技术有限公司、中汇电子支付有限公司、乐刷科技有限公司、上海德颐网络技术有限公司、卡友支付服务有限公司等 5 家公司收到 3 张罚单。[15]福建国通星驿网络科技有限公司、嘉联支付有限公司、快钱支付清算信息有限公司、上海点佰趣信息科技有限公司、上海付费通企业服务有限公司、银联商务股份有限公司等 6 家公司收到 2 张罚单。[16]

也同样是由于行业竞争激烈和支付机构牌照的价值，在被处罚的违规行为中，发现有的第三方支付机构存在无证经营现象。央行对无证经营行为，依据 2016 年《非银行支付机构风险专项整治工作实施方案》的规定，根据无证经营机构的规模、危害程度等要素，分别对无证经营机构给予限期整改、取缔、曝光和处理等方式进行整治，2017 年 11 月 13 日又专门发布了针对第三方支付行业无证经营行为的规范文件《关于进一步加强无证经营支付业务整治工作的通知》，对无证经营行为规定了更加细化的规制办法，并在之后的《关于规范支付创新业务的通知》中继续强调对无证支付经营行为的打击。[17]

这里的无证经营包括两种情况，一种是无支付许可证的企业从事第三方支付业务，另一种是具备支付许可证的第三方支付机构从事支付许可范围外的业务。目前我国对第三方支付机构的设立规定了严格的准入条件，市场上具有支付许可证的企业并不多。由于第三方支付对于网络交易至关重要，而一些有志于网络市场的企业却没有取得支付牌照。这样导致不少企业铤而走险，在未得到支付许可证的情况下为网络交易提供第三方支付服务。这种情况的无证经营除了提供支付通道服务，还包括为客户开通具有消费、充值及提现等支付功能的电子钱包，这种电子钱包也相当于支付账户。企业无支付许可证从事第三方支付业务，监管机关按照《非银行支付机构风险专项整治工作实施方案》，将根据企业的业务规模、危害程度和配合状况，给予限期整改和取缔相关惩罚措施。

---

14 参见福银罚字〔2017〕5 号，大银罚字〔2017〕29 号，哈银罚字〔2017〕7 号，上海银罚字〔2017〕57 号，深人银罚〔2017〕10 号，合银罚字〔2017〕3 号，长银罚字〔2017〕4 号，福银罚字〔2017〕9、10 号，哈银罚字〔2017〕10 号，银石罚字[2017]10 号，上海银罚字〔2017〕45 号，长银罚字〔2017〕3 号。

15 参见哈银罚字〔2017〕8 号、南宁银罚〔2017〕4 号、深人银罚〔2017〕8 号、福银罚字〔2017〕4 号、济银罚字〔2017〕8 号、津银罚字〔2017〕2 号、青银罚字〔2017〕6 号、上银罚字〔2017〕15 号、济银罚字〔2017〕6 号、银石罚字〔2017〕11 号、上海银罚字〔2017〕22 号、长银罚字〔2017〕2 号、上海银罚字〔2017〕20 号、济银部罚〔2017〕7 号、哈银罚〔2017〕6 号。

16 参见郑银罚字〔2017〕11 号、济银罚字〔2017〕4 号、长银罚字〔2017〕5 号、甬银处罚字〔2017〕42 号、上海银罚字〔2017〕31 号、长银罚字〔2017〕1 号、哈银罚字〔2017〕9 号、上海银罚字〔2017〕55 号、上海银罚字〔2017〕54 号、上海银罚字〔2017〕51 号、上海银罚字〔2017〕48 号、郑银罚字〔2017〕2 号。

17 《关于规范支付创新业务的通知》规定：“严禁银行、支付机构、清算机构支持或者变相支持无证机构经营支付业务。”

对于第二种无证经营的情况，由于如今市场第三方支付行业竞争激烈，第三方支付机构依靠传统支付通道服务利润很低，很多都是通过其他衍生服务创造利润。而从事支付服务之外的业务也需要其他营业许可才能经营，尤其是金融领域。如果第三方支付机构没有取得相关的营业牌照，从事基金、贵金属、股票等业务，同样属于无证经营，此情况如果情节严重同样将可能构成《刑法》中的非法经营罪。

（四）第三方支付企业并购频繁

由于第三方支付领域竞争异常激烈，市场并购频发。迄今为止，全国发生了30多起并购案例，收购方多为背景雄厚的大企业，既有互联网企业如美团，也有传统企业如国美。从收购方式看，收购方很多并不是直接收购第三方企业，而是通过收购第三方支付公司的母公司或其大股东的股份间接获取第三方支付牌照。例如，2016年10月，键桥通讯斥资9.45亿元收购上海即富信息技术服务有限公司45%的股份，进而获得其子公司上海点佰趣信息科技有限公司的第三方支付牌照。大企业的加入，使得第三方支付市场竞争进一步加剧。而对于规模小的第三方支付机构来说，其在行业巨头的挤压下如夹缝中求生存，急需找到“宿主”得以“寄生”。

第三方支付业务牌照总量有限。根据中国人民银行官网公布的《支付业务许可证》核发信息公告（政务公开中的“已获许可机构（支付机构）”），截至目前，已获得支付业务许可的机构一共有238家。这些牌照主要集中在互联网支付、移动电话支付、银行卡支付、预付卡发行与受理四类，其中预付卡发行与受理占比最高。尽管现在移动支付越来越普遍，但是移动支付牌照不到互联网支付牌照的二分之一。相对于其巨大的支付需求，移动支付领域的牌照显得十分稀缺。根据规定要求，线上受理需要有互联网牌照，线下受理需要有银行卡收单牌照。随着移动支付和银行卡收单合作越来越深化，这两类牌照将会成为市场上的“香饽饽”。

从目前情况看，第三方支付业务牌照新增不易。这些第三方支付机构业务高度同质化，竞争激烈，导致第三方支付行业利润不断下降。中国人民银行、最高法、最高检等14部委于2016年4月13日联合发布《非银行支付机构风险专项整治工作实施方案》，明确规定将按照总量控制、结构优化、提高质量、有序发展的原则，一般不再受理新机构设立申请。对于支付许可存续期间没有事实上的支付业务办理、开展支付业务长期连续停止状态、不当管理客户备付金存在较大风险隐患的机构，不予续展支付业务许可证。对于严重违法违规的机构，坚决撤销其支付牌照以维护市场秩序，保护消费者权益。

第三方支付业务牌照被注销时有发生。根据中国人民银行公布的数据（政

务公开中的“已注销许可机构”)，目前为止已注销许可的支付机构一共有 33 家，其中 2015 年 2 家，2016 年 3 家，2017 年 19 家，2018 年 9 家。2017 年注销的 19 家支付机构中，其中 9 家是因为存在《中国人民银行关于〈支付业务许可证〉续展工作的通知》第六条规定的不予续展情形，另外 10 家机构是因为公司合并注销牌照。因此，对第三方支付机构而言，即使中国人民银行对自己罚款严厉，但是能不被注销牌照已经是很好的结果。

从发展来看，第三方支付牌照的价值将会不断地增长，尤其是互联网支付和移动电话支付的价值要比其他类型支付牌照大很多。究其原因有二，一是大家都看好第三方支付市场前景，但是业务拓展实在不易，二是第三方支付机构相互之间开展业务同质化、同类化严重，差异化发展不多，因而竞争就更加激烈。第三方支付牌照的稀缺，导致行业内并购案例增多。由于央行不再批准新的支付机构成立，某些企业尤其是集团企业想要进入第三方支付行业，即使拥有巨大的资金也无法成立一个新的第三方支付机构，并购方式成了不选之选，相当于用资金购买第三方支付企业的牌照。

四、第三方支付的监管问题

从 2017 年中国人民银行对于第三方支付的处罚决定来看，中国人民银行对于第三方支付的监管认真严格，做到了检查监管全覆盖，包括支付链条、备付金、无证经营问题、银行卡收单业务问题、二维码支付问题等。如备付金的管制，从开始规定支付机构的备付金交至备付金银行的专用账户，到后来统一存至指定机构专用存款账户，再到后来将部分备付金交存至中国人民银行，然后逐步提高集中交存的比例，再到最后实行百分之百集中交存。再如支付链条，中国人民银行取消了第三方支付机构与银行直连，所有的支付业务将由网联清算有限公司介入，支付清算由原来的“客户—收单机构—第三方支付机构—银行”模式转变为“客户—收单机构—网联—第三方支付机构—网联—银行”模式，这样中国人民银行将能获取第三方支付机构的所有支付数据，有利于中国人民银行对第三方支付机构进行全面监测。尽管中国人民银行对第三方支付监管如此全面和严格，仍然存在一些问题。

（一）处罚决定书内容粗略

第三方支付行业监管中存在的首要问题就是行政处罚粗略，有待精细化。从 2017 年中国人民银行对第三方支付机构的行政处罚决定书看，关于对第三方支付机构的行政处罚太过于粗略。

第一，行政处罚决定没有描述具体案情，对于支付机构在何时何地作了什么违法违规的行为都没有具体披露，仅仅披露了第三方支付机构的违法行为的类型，并且违法类型也十分简单，除了反洗钱等个别违法违规行为有较为具体的表述，大部分都只是十分简单的描述，比如“违反支付业务规定”、“违反银行卡收单业务相关规定”、“违反支付结算业务规定”等等，但是违反了支付业务具体什么规定或银行卡收单业务什么规定并没有说明。相比而言，证监会的行政处罚决定书则比较具体、详细，其处罚决定不仅包括违法事实的描述、证监会对违法行为的具体认定和处罚的法律依据，还包括对当事人提起复议和诉讼的规定，这很接近法院的判决书。建议中国人民银行对第三方支付机构的行政处罚决定书，可以借鉴证监会的行政处罚做法，对案件事实和处罚情况作出更具体的规定。

第二，行政处罚决定书的内容单一。中国人民银行对第三方支付机构的处罚大部分为罚款，其他类型的处罚内容很少应用。虽然第三方支付机构违规的动机大多是为了谋利，中国人民银行处以罚款的确也是具有一定的针对性，但是第三方支付的违规行为种类很多，即使相同的违规行为其轻重也不一致，如果对于每一种违规行为都采取罚款形式，则很难达到对症下药的效果。在对第三方支付机构的处罚中应丰富行政处罚的内容，将罚款、警告、责令限期改正、暂停业务灵活地结合运用。

另外，对第三方支付机构的处罚对象多为机构，对个人处罚极少，在 2017 年的 106 份处罚中，仅有 4 份对相关个人进行了处罚。第三方支付机构违法违规，实际上都与相关负责人有关，有必要对第三方支付机构违法违规行为予以处罚。[18]

（二）监管政策主动适应市场不够

我国尽管很重视对第三方支付行业的监管，但是在具体操作上存在问题，不能把握监管的市场适应性，这些主要体现在监管总体上看过“严”，但是个别问题上却也过“松”。

第一，准入门槛高。对第三方支付行业设置了严格的准入门槛，其要求必须要有多名熟悉支付业务的高级管理人员，有符合要求的反洗钱措施，及有健全的组织机构和风险管理措施等等，尤其要求符合最低限额的注册资本：全国范围经营的第三方支付机构为 1 亿元人民币，省级范围经营的第三方支付机构

18 在单位刑事犯罪中，我们的惩罚原则采取双罚制，而在单位行政违规中，我国法律没有统一采取双罚制，但是在个别行政法规中加以吸收，比如《外汇管理条例》第 49 条、《会计法》第 42 条都规定，除了对违规单位进行处罚外，对违反规定的单位直接负责的主管人员和其他责任人员也进行相应处罚。

为 3000 万元人民币。为了保证有一定的资金开展业务和承担风险的能力，对注册资本提出要求是必要的，但是数额要合理，这样高标准的准入条件使得大部分有意进入第三方支付市场的企业无法入场，抑制了市场的活跃性，阻碍市场竞争。从欧盟关于市场准入政策的变化看，欧盟一开始也是规定了高标准的准入门槛，其 2000 年出台的《电子货币指令》要求成立电子支付机构需要 100 万欧元的初始资本金，但是这个规定阻碍了电子支付在欧盟的发展，电子支付行业一度萧条。因此欧盟在 2009 年出台了新的《电子货币指令》，规定电子货币机构的初始资本金只需要 35 万欧元即可，在某些业务上甚至要求更低。我国可以借鉴欧盟的经验，适当降低第三方支付的注册资本，让更多的市场参与者进入第三方支付市场。

第二，业务限制多。总体上而言，央行对第三方支付的监管过于严格和谨慎，对行业设置了诸多的限制，如接入网联、备付金集中存管、虚拟账户限额等。严格的行业限制将不利于中小第三方支付机构的成长，无法让它们与行业巨头同台竞技。比如 2016 年施行的《非银行支付机构网络支付业务管理办法》，对虚拟账户进行了限额，其初衷是为了让第三方支付机构回归到支付主营业务，但是对于那些第三方支付中小企业，严格的限制让它们面临倒闭或者被并购的风险，相反对于行业大企业，可以通过一些衍生服务增加客户的依赖性，这些限制规定不仅不会对它们产生负面影响，而且从长远看，行业大企业的数据、流量优势会更加凸显，强者愈强。又如央行关于第三方支付备付金集中存管的规定，使得备付金的增值方式只能是银行短期活期存款，虽然加强了客户备付金的安全性，但是也牺牲了客户备付金的增值空间。

第三，自主适应市场不够。有的监管政策太过于严苛，不符合实际客观条件，实施难度大以致落实不了。比如在“断直连”接入网联的政策上，中国人民银行 2017 年出台的《关于将非银行支付机构网络支付业务由直连模式迁移至网联平台处理的通知》中明确规定，第三方支付机构自 2018 年 6 月 30 日起，其受理的涉及银行账户的网络支付业务全部通过网联清算有限公司处理，而就在 2018 年 6 月 30 日的限期到达时，在网联官网却没有发现关于这方面工作的进展情况披露出来，并且第三方支付行业两大巨头支付宝和财付通也没有明确相关的进展。第三方支付机构“断直连”延期有其客观原因，从第三方支付机构角度看，作为以盈利为目的的企业，它们并不在乎中国人民银行的通知规定“断直连”的期限，它们只在乎和关心如何拓展自身的支付业务；从网联清算有限公司角度看，作为新成立的一家单位，不仅人员有限，而且其人员都是从各个银行、支付机构抽调过去的，工作开展并不熟练；从整个第三方支付市场看，其业务规模巨大，短时间内很难完成支付模式的转变。再如关于支付牌照五年更新一次的规定太过于松弛。我国规定支付业务许可证的有效期为 5 年，到期后须向中国人民银行申请续展，并且每次续展的有效期也是 5 年。但是现在互联网技术发展迅速，第三方支付行业的变化也是不可同日而语，第三方支付行业每年的变化巨大，五年一次对支付牌照进行重新评审过于漫长，容易导致第三方支付市场风险和不稳定因素积聚，无法实现有效的动态监管。

（三）监管依据的法律规范不够

从 2010 年中国人民银行出台《非金融机构支付服务管理办法》以来，陆续出台了很多关于第三方支付的文件，[19]但是大部分都是管理办法、通知、实施方案等等。从中国人民银行官网查询，目前为止涉及支付结算的办法、指导意见等规范性文件多达 69 部，其中综合类有 4 部，账户管理类 10 部，非现金支付工具类 21 部，支付系统类 30 部，支付机构类 4 部，[20]可以说已经基本建立了中国人民银行对第三方支付业务监管的法规依据。但是问题也是明显的，这些管理办法和通知等，其性质是部门规章和规范性文件，法律效力阶级较低，并不能起到很好的规制效果。部门规章和规范性文件的调整范围和适用领域受限，而第三方支付往往与互联网金融、电子商务、外汇等存在紧密联系，相应地在实践中第三方支付机构的违规行为也会涉及证监会、银监会、信息产业部（现工业和信息化部）等多个部门，容易造成部门之间的执法冲突或推卸；部门规章和规范性文件法律效力低于法律和行政法规，在司法裁判案件中，这些部门规章和规范性文件作为法官司法裁判依据的权威性不足；部门规章对非法经营等违法违规行为的罚款具有上限，[21]使得违法违规行为的违法违规成本太低，不利于打击第三方支付的不法行为；部门规章和规范性文件是对第三方支付的具体规定，一般有效期间较短，而第三方支付作为未来的常规支付方式，需要稳定而持久的法律法规进行调整和规范；2016 年出台的《非银行支付机构网络支付业务管理办法》尽管设立专章对风险管理与客户权益保护作了要求，但这仅仅是对第三方支付机构的内部要求，给客户利益受损投诉不成之后的救济带来不确定性。

19　如 2010 年《非金融机构支付服务管理办法》，2013 年《支付机构客户备付金存管办法》，2017 年《支付机构客户备付金集中存管有关事项的通知》、《关于调整支付机构客户备付金集中交存比例的通知》、《支付机构将部分客户备付金交存人民银行操作指引》，2018 年《关于支付机构客户备付金全部集中交存有关事宜的通知》。

20　资料来源：http：//www.pbc.gov.cn/zhifujiesuansi/128525/128535/index.html；访问时间：2018 年 7 月 14 日。

21　《国务院关于贯彻实施〈中华人民共和国行政处罚法〉的通知》第二条第二款规定：国务院各部门制定的规章对非经营活动中的违法行为设定罚款不得超过 1000 元；对经营活动中的违法行为，有违法所得的，设定罚款不得超过违法所得的 3 倍，但是最高不得超过 30000 元，没有违法所得的，设定罚款不得超过 10000 元；超过上述限额的，应当报国务院批准。

五、第三方支付监管的适应性创新

尽管中国人民银行对第三方支付机构监管十分严厉，但是从 2017 年的处罚决定中可以看出，不少第三方支付机构存在重复多次违法违规行为，受到处罚后依旧实施违法违规行为，屡教不改。从监管角度看，是监管的有效性不足。

中国人民银行着眼于安全和审慎的监管，但是过于谨慎的监管政策让第三方支付市场缺乏活力。在第三方支付业务的监管上，可能是对于频发的金融风险的顾虑太深，明显存在监管上的传统监管思路，以金融安全和社会经济秩序稳定为重，具体体现为严格“准入许可式”为基础的强制性监管，通过资格条件严格把关，筛选一些有实力、有信誉的企业进入市场，或者通过严厉查处惩罚以警示企业如履薄冰地开展业务经营，试图营造一种高压氛围迫使企业不敢违规。对于金融监管而言，不宜以“父爱主义”自居，为客户市场选择交易主体，以行政管理替代市场机制。首先，传统的管控式监管，与第三方支付代表的网络化金融创新不相适应。金融活动是因为经济发展的需要而产生的，也是因为经济发展的客观需要而创新。第三方支付是一种金融创新，是一种金融业务，是除了传统银行办理支付业务之外的网络化、电子化的支付业务，是对社会金融资源服务不足的填补。第三方支付的迅猛发展以及不断有大企业力图不计成本投入参与这一业务，就是因为其业务领域有广阔的前景，同时因为传统的银行等金融机构固有的惯性，在网络化时代为大众提供金融资源供给不全面、不充分、不及时，不能满足社会的需求，因而这一领域的金融创新成为必然。因此，金融活动天然具有效率性和创新性的本能，如果监管机构还是运用传统经济管理的法律制度设计，对其实施高门槛的准入许可和日常业务的严格监管，那么金融活动必然会被抑制或者扭曲，不利于金融业本身的开展，不利于社会经济发展，也不利于人民生活方便。其次，传统的管控式监管，将会额外增加第三方支付机构的运营成本。高门槛的准入许可和日常业务的严格监管，都会使第三方支付机构额外增加经营成本，需要付出更多的管理费用，比如第三方支付机构需要聘请专业律师和注册会计师等编制合格规划、财务文件检查、工作合同等，以应对监管机关的日常业务监管。最后，传统的管控式监管，不利于监管机关的有效监管，表面上严厉监管但实际上收效甚微，疲于奔命在所难免。而第三方支付具有网络化、电子化的特征，业务发展很快，于是，这样的传统监管模式有可能滞后于金融创新的进程，监管也有可能加大了监管的成本，不利于监管为金融经济发展服务、为民生服务。

较为合适的做法，是监管机关应该遵循市场适应性原则，力图设计一种以激励创新导向、合规经营为基础的风险控制机制，以此开展动态监管，维护市场的开放性、自主性、创新性，形成有效监管。有效的金融监管应该是能够起到四个方面的作用，一是维护市场主体的公平竞争，维持市场主体竞争生存的压力，二是能够通过监管起到激励的作用，维护市场主体的创新活力，三是能够促使市场主体自觉约束那些可能引起金融风险的业务策略和经营行为，四是对市场主体违规违法行为能够及时发现并查处。

第一，有效监管，要体现市场基本规律。市场机制的基本规则就是主体平等、意思自治、竞争获利。只有不断地开放市场，源源不断有新的参与者进入，第三方支付才会不断发展和创新。建立一个成熟的、竞争充分的第三方支付市场，不仅能够避免行业垄断的现象发生，同时还可以减少监管压力，降低监管的成本。作为政府，应该创造一种公平竞争的市场环境，减少行业限制，进一步开放市场，降低门槛，让更多的市场参与者进入市场，激发活力。从整个市场看，第三方支付作为互联网领域的行业，易形成垄断。诸多严格和谨慎的监管政策，出发点无疑都是市场的安全性。但是没有一个健康、充满活力的市场环境，这种安全只是暂时的安全。一个市场只有不断有参与者加入，才能不断地进行产品和业务创新，不断地为客户提供优质的服务，而封闭的市场只能纵容垄断，遏制创新，最后必将损害消费者的利益，导致市场无法弥补的危机。我们应当对第三方支付实施疏堵结合、宽严适当的管理和限制，兼顾市场的安全性和持续性。

第二，有效监管，要遵循市场适应性。[22]目前我国对第三方支付采用的仍然是传统的机构监管模式。就传统的线下金融行业来讲，其已经慢慢有逐渐混业经营的趋势，传统的机构监管已经显示出诸多的缺点，很难发挥原有作用。作为新兴的互联网金融，其具有跨行业经营的自然特征，单一的机构监管更加不能进行有效性监管。当监管机构不能对跨行业的第三方支付业务进行监管时，往往就是采取取缔、禁止的方法，大大阻碍了第三方支付的发展。在持续和动态监管方面，要将机构监管与功能监管相结合，机构监管为主，功能监管为辅，对第三方支付进行全面覆盖的监管，改变监管与实践情况不适应的局面。要通过激励式的监管，使其主体自动约束其可能违反合规要求的或者具有经营风险的业务，控制经营风险，降低经营成本，与此同时也就降低了监管机关的监管成本。

第三，有效监管，要维持市场自主性。有效的监管是为了维护市场主体的自主经营权而不是扼杀其市场经营的动力。美国的监管模式为功能监管和机构监管相结合，在联邦层面实行功能监管，在州层面实行机构监管。在监管态度

22　蓝寿荣：《论金融法的市场适应性》，《政法论丛》2017 年第 5 期。

上，在不影响支付业务发展的情况下，美国尽量保持对第三方支付不干预的谦抑态度。如建立了有效的持续和动态监管机制，在联邦方面实施交易报告制度，货币服务机构对于其认为 2000 美元以上的可疑交易需向金融犯罪执法局提交报告。再如关于市场准入，为了确保货币服务机构有必要的资源用于启动、运营货币转移业务和有足够的能力履行其对客户的义务，对许可证申请人设置了 25000 美元资本净值的要求，[23]可见其准入门槛并不高。要主动适应市场化趋势，开放与激励相结合，由严格准入的门槛性监管转向风险预警的审慎性监管，以持续和动态的监管提高监管的有效性，形成切合实际的有效监管机制。持续和动态的监管将决定监管的有效性，[24]激励式的监管方式，意图是宏观上进行经济发展政策和风险控制的指导，推出第三方支付机构合理经营的风险控制机制，促使第三方支付机构以社会金融支付需求为导向，自觉开展优质服务，遵守法律，维护客户利益，树立良好口碑。

第四，有效的监管，要有完善的法律制度，最好是有利于第三方支付业务的公平竞争，有利于社会经济发展，有利于第三方支付的高效率和方便使用。通过未来的《电子支付法》，对于第三方支付的定义和属性作出界定，并规范适用范围、监管权力、支付机构主体资格、客户权利等内容。这样，明确了第三方支付违法违规行为，明确在欺诈等违法违规行为中第三方支付机构、客户和银行之间的责任划分，维护第三方支付机构客户知情权、信息安全、资金安全，使监管部门在处罚第三方支付机构时更加规范和有法可依，更好地维护第三方支付机构和客户的权益。

23　UNIFORM MONEY SERVICES ACT（Amended in 2004），SECTION 207. NET WORTH. A licensee under this [article] shall maintain a net worth of at least [$25000] determined in accordance with generally accepted accounting principles.

24　蒋先玲、徐晓兰：《第三方支付态势与监管：自互联网金融观察》，《改革》2014 年第 6 期。

On the Supervision Problems and Innovation of the Third Party Payment Business: Analysis of 106 Administrative Punishment Decisions Made by the People's Bank of China on the Supervision of Third Party Payment Institutions in 2017

Lan Shourong, Yang Liuqing

Abstract: Third-party payment has become an indispensable part of Internet commerce and plays an important role in the development of Inclusive Finance and the realization of a cash-free society.In 2017, the People's Bank of China issued 106 administrative penalty decisions on violations by third-party payment institutions, indicating that the supervision is strict. From the analysis of penalty decision, there are some problems, such as illegal appropriation of reserve funds by third-party payment institutions, improper management of customer information data, oligopoly, frequent mergers and acquisitions, and simple content of supervision and punishment decision. In the supervision of the third party payment business, there is a traditional way of supervision, which is incompatible with the network financial innovation of the third party payment representatives. It will increase the operating costs of the third party payment institutions, and it will make the supervision activities seemingly harsh and actually have little effect. The more appropriate way is that the regulatory authorities should follow the principle of market adaptability, carry out dynamic supervision to maintain the openness, autonomy and innovation of the market and form effective supervision.

Keywords: Third Party Payment; Financial Supervision; Adaptability Principle; Government and Market

论标准必要专利中 FRAND 承诺的法律性质

宁立志　覃　仪

摘　要：FRAND 承诺在标准必要专利相关审判实践中占有越来越重要的地位，但该承诺在法律上性质何如却尚无令人信服之定论。因其与专利披露义务存在不可分割性，FRAND 承诺实际上依赖于 SEP 权利人与 SSO 之间的基础合同——SEP 披露合同而建立，并与该基础合同共同构成为第三人利益合同，属于其中为第三人利益约款，赋予标准使用者以利益，使之获得以订立 FRAND 许可为目的与 SEP 权利人依据 FRAND 条款进行磋商的机会。FRAND 承诺之为第三人利益约款属性的确定，使标准使用者基于为第三人利益合同产生的直接请求权得以与源自 FRAND 许可合同的先合同义务相结合，共同约束 FRAND 许可的谈判、缔约过程，运用民法的力量弥补专利法、反垄断法救济之不足，应对 FRAND 许可磋商中可能产生于各方当事人的恶意。

关键词：标准必要专利；FRAND 承诺；为第三人利益合同；FRAND 许可；先合同义务

作者简介：宁立志(1964—　)，武汉大学知识产权与竞争法研究所所长，武汉大学教授、博士生导师，法学博士，主要研究方向为知识产权法、竞争法。

覃仪(1991—　)，武汉大学法学院 2017 级博士研究生，主要研究方向为知识产权法、竞争法。

目 次

一、导 语

专利制度为私权提供保护，以激励创新，促使技术手段由单一迈向多元；标准化活动以公益为终极目标，代表成熟、领先的工艺水平，使技术要求由混杂趋向统一。[1]作为先进技术代表，专利被纳入标准之中实属技术发展之必然。

当本身具有合法垄断性的专利权遇上产生技术锁定效应的标准之时，便产生了标准必要专利（Standard Essential Patent，SEP），与此同时专利权与生俱来的垄断属性也被推向极致。其后果在于，由于专利的排他性要求实施者预先取得许可，SEP 的存在便意味着将具有公益性的标准化活动中最关键的一环——对于标准使用的掌控——交到拥有利害关系的专利权人手中，稍有不慎，便有放任 SEP 权利人利用标准化活动谋求私利，滥用专利权以拒绝许可或谋取高额许可费用，进而扰乱市场秩序、妨碍公平竞争的可能。为了防止上述情形的产生，旨在限制 SEP 权利人之权利的 FRAND 承诺应运而生。

（一）FRAND 承诺之内涵

当下，大多数标准制定组织（Standard Setting Organisation，SSO）均要求 SEP 权利人作出承诺，保证将以 SSO 在其知识产权政策[2]中所列明的公平、合理、无歧视（Fair，Reasonable and Non-Discriminatory，FRAND）条款为指导，向所有标准使用者授予实施许可。SEP 权利人依据这一要求所作出的承诺即我们通常所称的 FRAND 承诺。

若尝试对 FRAND 承诺进行释义，不难发现这一承诺之内涵较为抽象。FRAND 承诺又被一些 SSO 界定为 RAND（Reasonable and Non-Discriminatory，即合理、非歧视）承诺，两者虽有一词之差，但含义基本相同。[3]如果说“合理”着重解决 SEP 许可费率问题，认为其确定应当符合公平合理的基本要求，[4]那么“无歧视”一词虽在许可费率确定方面有着相同公司同等对待、不同公司区别

---

1 2017 年 11 月 4 日，新修订的《中华人民共和国标准化法》正式颁布。根据该法第 2 条，标准本质上是一种产生于各产业及社会事业之中的技术要求，具有统一性。这种统一性正是标准产生技术锁定效应的根源。

2 本文所说的知识产权政策均是广义上的，包括 SSO 所制定的所有与知识产权相关的政策，并不限于以“知识产权政策”命名的文件，例如 ETSI 的《知识产权指南》、ISO 的《共同专利政策》等。

3 FRAND 承诺与 RAND 承诺有细微语义差异，可以认为前者包含后者，但二者实际所指无实质区别。

4 王先林：《涉及专利的标准制定和实施中的反垄断问题》，《法学家》2015 年第 4 期。

对待的内涵，[5]但实则更侧重于与“公平”一词相结合，以限制专利权人对其专利权的行使手段及对合同相对人的选择可能。为保证标准的顺利实施，一般情况下，SEP 权利人应一视同仁地对任何必须执行涉权标准的使用者授予专利实施许可，无正当理由不得拒绝。由于上述释义仍无法摆脱对众多模糊性词语的使用，实践中在判断许可行为是否符合要求时尚需法官依个案进行具体分析，因此，FRAND 条款的抽象性在实践中所带来的不确定性为多数学者所诟病。[6]

但在笔者看来，这一抽象性之于 FRAND 承诺而言是合理且必然的。鉴于 SEP 数量庞大且可能涉及多种技术、覆盖多个领域，故而 SSO 仅能根据保障标准运行、实现公共利益之目的，概括性地归纳出为达到此目的所应履行的义务、应予采取的手段所具有的一般特征，而将所有细节的处理交由 SEP 权利人与标准使用者根据自身需求磋商解决。反之，过于细致、固化的规定可能不仅难以满足当事人多样化的实际缔约需求，亦可能使 SEP 权利人的排他权之行使陷入瘫痪，进而沦为 SSO 实现其目的之工具。[7]我们在后文中亦将述及，在具体案件中，这一抽象性更赋予法官以较大的自由裁量权，能够根据 FRAND 承诺在实践中所产生的问题作出具体安排。

需要说明的是，作为本文的研究对象，本文所讨论的 FRAND 承诺仅指当存在 SEP 之时，权利人根据 SSO 在其知识产权政策之中列出的 FRAND 条款之要求所作出的承诺。因此，FRAND 承诺具有两个特征：其一，由于并非所有 SSO 均在其知识产权政策中加入了 FRAND 条款，[8]故该条款属意定性要求而非法定原则性规定，并不存在于所有 SEP 之上；其二，该承诺是应 SSO 之要求而由 SEP 权利人被动作出，并非该权利人主动选择之结果，故而应排除其主动承诺的情形。

（二）从 FRAND 承诺到 FRAND 原则

近年来有关 SEP 的专利侵权诉讼大量涉及专利法及反垄断法，被诉专利侵权人以 SEP 权利人未遵循 FRAND 承诺授予许可，构成滥用市场支配地位为由，对专利权人在专利侵权之诉下提出的禁令请求作出抗辩。在这些案件中，FRAND

---

5 Mario Mariniello, “Fair, Reasonable and Non-Discriminatory (FRAND) Terms: A Challenge for Competition Authorities”, 7 Journal of Competition Law & Economics (2011), p.523, p.525, p.532; Richard J.Gilbert, “Deal or No Deal? Licensing Negotiation in Standard-Setting Organizations”, 77 Antitrust Law Journal (2011), p.855. 转引自罗娇：《论标准必要专利诉讼的“公平、合理、无歧视许可”——内涵、费率与适用》，《法学家》2015 年第 3 期。

6 参见马海生：《标准化组织的 FRAND 许可政策实证分析》，《电子知识产权》2009 年第 2 期。

7 参见〔英〕弗里德里希·冯·哈耶克：《法律、立法与自由》（第 1 卷），邓正来等译，北京：中国大百科全书出版社 2000 年版，第 71 页。

8 参见马海生：《标准化组织的 FRAND 许可政策实证分析》，《电子知识产权》2009 年第 2 期。

承诺似乎被理所当然地作为一项原则性要求，不断得到重申。

以我国为例，司法实践中，法院自华为诉交互数字一案就指出 SEP 权利人“在合同签订、履行时均应遵循公平、合理、无歧视的原则”[9]，认为 FRAND 承诺之效力不仅及于许可合同之内容，且须贯穿 SEP 授权许可之谈判、签订、履行的整个过程。[10]深圳市中级人民法院在华为、三星公司的 SEP 侵权纠纷中进一步表示，FRAND 原则不仅指导整个 SEP 许可谈判，并且这一原则作为一项义务，应同时由 SEP 权利人和标准实施者所负担。[11]

FRAND 承诺被作为原则性规定的趋势同样延伸至我国立法层面。《国家标准涉及专利的管理规定（暂行）》[12]第 9 条将作出 FRAND 承诺之要求纳入国家标准的制定、修订过程；最高人民法院在其司法解释[13]中亦已将 FRAND 承诺定性为 SEP 许可活动中的一项原则，认为其属于 SEP 权利人所应承担的义务。

FRAND 承诺在标准必要专利案件中占据越来越重要的位置，对 SEP 许可合同（通常被称为“FRAND 许可”）之订立、履行的指导作用已然毋庸置疑。但一个被忽略的事实是，FRAND 条款依据各 SSO 的知识产权政策而产生，仅为专利被纳入标准的专利权人应 SSO 之要求所作出的一项承诺，并非专利法的一项根本原则，即使 FRAND 承诺在 SEP 实施许可的相关实践中理所当然地得到了广泛接纳，这种接纳并不能弥补法律定性上对其的认知不足。

此故，倘若抛开 FRAND 承诺之性质谈论在许可之时该承诺是否应当得到遵守、应由何人于何时遵守、又应如何得到遵守，在其被违反之际来谈论何人可得救济、基于何种制度、又应给予何种救济，则在法理上难逃主观臆断之嫌。

二、以结果为导向的 FRAND 承诺性质之争

目前学界对于 FRAND 承诺之性质的解读，主要以 SEP 权利人承诺的结果为导向，从标准使用者的角度进行观察与分析。之所以称之为结果导向，是因为许多现有分析着眼于当事人意思表示作出后已确定下来的权利义务状态。

通常情况下，当 SSO 所制定的某项标准覆盖一个或数个专利时，若其上的

---

9 广东省高级人民法院（2013）粤高法民三终字第 306 号民事判决书。

10 叶若思、祝建军、陈文全：《标准必要专利使用费纠纷中 FRAND 规则的司法适用——评华为公司诉美国 IDC 公司标准必要专利使用费纠纷案》，《电子知识产权》2013 年第 4 期。

11 广东省深圳市中级人民法院（2016）粤 03 民初 840 号民事判决书。

12 国家标准化管理委员会、国家知识产权局《国家标准涉及专利的管理规定（暂行）》，2013 年 12 月 19 日。

13 最高人民法院《关于审理侵犯专利权纠纷案件应用法律若干问题的解释（二）》（法释〔2016〕1 号，2016 年 3 月 21 日），第 24 条第 2、3 款。

专利信息披露与 FRAND 承诺均已完成，由此产生的后果可被一分为二：从形式上看，SSO 将把这一标准所涉专利及其专利权人的相关信息纳入 SEP 数据库中，以供标准使用者查阅；从效果上看，这些信息的告知作用使标准使用者有理由相信，该 SEP 权利人已作出 FRAND 承诺并同意依 FRAND 条款向所有标准使用者授予专利实施许可，因而 FRAND 承诺一经作出即对 SEP 权利人产生法律上的拘束力，构成该权利人的一项义务。[14]

申言之，在以结果为导向的分析框架下的各类研究更注重从已作出的 FRAND 承诺的外在形式与法律效果着手对其性质进行分析，由此产生了诸多学说，在此仅择其中三种主要观点予以评述。[15]

（一）要约说

从标准使用者的角度来看，FRAND 承诺由 SEP 权利人向其作出、须其受领，并具有使权利人自身受法律约束的意愿，该承诺的这些特征聚集在一起，确实散发出要约的浓烈气息。尽管 FRAND 条款之内涵的抽象性导致该承诺仅有原则性规定，尚不具备订立合同的必要条款，[16]尤其是许可费率的不确定，使 FRAND 承诺有别于要约。但是，我国《合同法》中的鼓励交易原则促使司法解释[17]提出，只要能够确定合同的当事人、标的和数量，则即使价款不确定，要约仍应视为有效。因此，即使无法根据 FRAND 承诺之内容确定许可费率，这一价格条款的缺失仍不能成为否认 FRAND 承诺之要约属性的理由。

然而，从法律效果上看，要约说却有过度限制专利权行使之嫌，不宜采纳。早在 2011 年，荷兰海牙地区法院便于一项判决[18]中否认了 FRAND 承诺构成要约的可能。该法院认为，如果承认 FRAND 承诺构成要约，那么标准使用者使用标准的行为即可构成对要约的默示承诺。若允许这种不经谈判便成立许可合同的情况发生，意味着专利权人在向 SSO 披露 SEP 的同时便几乎放弃了对于专利权的行使。从激励理论的角度来看，这对于依赖技术创新来引领产业发展的标准化活动来说，剥夺具有创新激励作用的专利权无异于釜底抽薪。

---

14 *V.*De Haan T.，“Un an de jurisprudence en propriété industrielle dans le Benelux”，in *Propriété industrielle*，jan.2012.

15 在本文所列举的三种观点之外，还有学者主张强制缔约说与默示许可说。但由于强制缔约说须以存在法定缔约义务为前提，默示许可说又仅适用于专利权人故意不披露其 SEP 的特定情形，故这两种观点都有其明显局限性，笔者在此不予详述。

16 马俊驹、余延满：《民法原论》，北京：法律出版社 2016 年第 4 版，第 517 页。我国《合同法》第 14 条将对于要约的要求表述为“内容具体确定”。

17 最高人民法院《关于适用〈中华人民共和国合同法〉若干问题的解释（二）》（法释〔2009〕5 号，2009 年 2 月 9 日），第 1 条。

18 T.La Haye，14 oct.2011，KG ZA 11-818.

（二）要约邀请说

若 FRAND 承诺之内涵的模糊性使之有不具备合同主要条款因而难以被视为要约的风险，有观点退而求其次，认为该承诺至少能构成要约邀请。

诚然，从构成要件上看，要约邀请说并无不妥，但就其法律效果而言，要约邀请与要约的最根本区别在于其对发出该邀请的一方当事人并无法律上的拘束力。倘若遵循要约邀请理论，尽管标准必要专利权人作出了 FRAND 承诺，这一承诺却不能对其后续行为产生约束的效果，所谓对许可合同谈判、签订、履行之指导作用便无从谈起。

（三）单方法律行为说

实际上，SEP 权利人产生于 FRAND 承诺的义务具有如下特点：一方面，在 SEP 权利人与标准使用者之间，只有一方当事人作出了意思表示，[19]并不存在使契约得以成立之合意，而专利权人的意思表示却真实地单方面加重了其负担；另一方面，鉴于标准之开放性，我们无法确定哪些主体将使用标准而成为 SEP 许可合同的潜在当事人，仅在标准使用者得知 SEP 权利人之承诺并要求其履行后，另一方当事人才得以确定，双方方可进入磋商阶段，共商许可合同之条款，这亦是我们将另一方当事人称为潜在被许可人的缘由。简而言之，FRAND 承诺实为 SEP 权利人对潜在被许可人所作出的一项负担行为。

在上述负担行为中，专利权人确有设立、变更民事法律关系的意图，故该行为符合法律行为的构成要件。另外，从 SEP 权利人与潜在被许可人的双方关系上看，这一法律行为由权利人一方作出即成立，但由于其涉及他人的权利义务，须经对方受领方能产生意思表示的法律效果。[20]据此，不难理解为何有司法判决[21]及学界观点[22]将 FRAND 承诺视为单方法律行为，更明确地说，视为需要受领的单方法律行为。

与一些绝对反对声[23]相左，笔者认为当 FRAND 许可声明由专利权人主动作出时，这类承诺是符合需要受领的单方法律行为之特质的。申言之，当专利权人出于自己的意志，主动表示将依据 FRAND 条款对任何潜在被许可人授予专利

19　标准必要专利权人作出的 FRAND 承诺符合意思表示的构成中关于内心意思与外在表示的要求，属于完整的意思表示，笔者在此不作赘述。

20　对于无需受领与需要受领的单方法律行为的区分，参见朱庆育：《民法总论》，北京大学出版社 2016 年第 2 版，第 136 页；又参见许中缘：《论民法中单方法律行为的体系化调整》，《法学》2014 年第 7 期。

21　北京知识产权法院（2015）京知民初字第 1194 号民事判决书。

22　参见李扬：《FRAND 承诺的法律性质及其法律效果》，《知识产权》2018 年第 11 期。

23　参见刘影：《论 FRAND 条款的法律性质——以实现 FRAND 条款的目的为导向》，《电子知识产权》2017 年第 6 期。

实施许可，那么需要受领的单方法律行为实则是对这类许可声明之性质的最恰当诠释。但正如前文所述，本文所划定的 FRAND 承诺之范围并不包括这种主动声明的情形。

就本文所讨论的 FRAND 承诺而言，这些承诺为 SEP 权利人应 SSO 之要求而作出，单方法律行为说仅将注意力静态地聚焦在该承诺作出后所产生的法律效果之上，却忽略了这一承诺的债因植根于权利人对 SSO 的某种期待之中。我们在后文中将进一步述及，FRAND 承诺产生之根源并不在权利人，而在于体现着 SSO 的意志的 FRAND 条款，SEP 权利人仅处于被动接受地位。FRAND 承诺与权利人主动作出的 FRAND 许可声明在法律效果上的相同并不能抹去二者在产生根源上的不同，这也使得 FRAND 承诺区别于单方法律行为，被架构在一个特殊合同之中。

这一观点的进一步阐明有赖于对 FRAND 承诺之作出过程的动态把握，从该承诺的外在法律效果向内在自由意志展开探究，对 FRAND 承诺进行层层剖析。

三、以过程为导向的 FRAND 承诺性质分析

一项专利之所以成为 SEP，是因其所覆盖的技术被纳入某项标准之中，为实施该项标准不可逾越之必须。而在实践中，由于各 SSO 并不承担对 SEP 进行检索的义务，专利权人须通过专利信息披露才能使其专利被推定[24]为 SEP。一旦专利权人发现其专利被纳入某项标准制定草案，根据各 SSO 的专利信息披露制度，该权利人有义务将其所拥有专利的信息或正在审查进程中的专利申请信息告知该 SSO。正是在这一专利信息披露过程之中，SSO 对专利权人提出了作出 FRAND 承诺的要求。

为规范信息披露与承诺形成的过程，各 SSO 均有专利信息披露的固定形式，其中以表格填写形式最为常见。为了兼顾分析样本的代表性与行文的简洁性，笔者将主要以国际性的标准化组织 ISO[25]与近些年广泛涉案的欧盟标准化组织 ETSI[26]为参考范例。[27]

---

24 之所以使用“推定”一词，是因为依专利权人所披露的专利虽被视为 SEP 而被纳入 SSO 的数据库，但其标准必要性并未经实质审查，地位并不稳固，可能被反证所推翻或因专利无效而丧失。

25 ISO 为 International Organization for Standardization 之缩写，指国际标准化组织。

26 ETSI 为 European Telecommunications Standards Institute 之缩写，指欧洲电信标准化协会。

27 选择 ETSI 作为区域化国际组织的代表，是因为根据 IPlytics 2017 年出具的数据报告，全球范围内 70%以上的 SEP 是向 ETSI 披露的，因此 ETSI 在标准化活动中占据重要位置，其文件的参考性较强。参见 IPlytics, *EU Landscaping Study on Standard Essential Patents (SEPs)*，第 11 页。

在上述两个组织中，专利权人如需进行专利信息披露，应通过 ISO 的“专利声明及许可宣告表”[28]或 ETSI 的“知识产权许可声明表”[29]（均简称“许可声明表”，下同）进行。两大 SSO 许可声明表所涵盖的内容基本相同。以 ISO 为例，其许可声明表大致分为五大板块。①专利权人相关信息：指明专利权人，为潜在被许可人提供必要的联系方式；②所涉标准化文件信息：明确许可声明涉及哪一组织的哪一标准化文件；③许可声明：专利权人在此表明其是否同意依 ISO 拟定的 RAND 条款授予许可；④所涉专利信息：包括专利申请状态、所属国家、专利号或专利申请号及专利名称；⑤专利权人签名。

信息填写完毕，专利权人尚须依 SSO 指示将表格寄还方才完成了一项专利信息披露。专利权人所作出的这一连串动作相叠加，实际上产生了一个意思表示。

（一）表格填写：权利人意思表示的作出

从许可声明表的内容分布可以看出，表格虽以“许可声明”命名，但明确包括两大组成部分：FRAND 许可声明和专利信息披露。

若专利信息披露部分仅起指示作用，只需专利权人据实填写相关信息，那么许可声明部分却须专利权人作出选择。为使专利权人明确其许可意愿，该部分以单项勾选的形式列出，选项有三：①依据 RAND 条款无偿授予许可；②依据 RAND 条款有偿授予许可；③拒绝根据前述要求授予许可。[30]专利权人须在以上选项中择其一以完成其许可声明，并提供相关信息以准确定位所涉专利，完成披露程序。

信息披露对于许可声明具有补充作用，二者存在于同一表格之上，合为一个意思表示。专利权人在发现其专利可能被纳入某一标准后，若须向该 SSO 披露其专利之存在，则依后者指引获取表格，根据自身许可意愿在表格上作出选择并附上相关信息，是将内心意思表露于外的体现。然而容易被忽略的是，在此之前 SSO 已作出一个要约。

28　Patent Statement and Licensing Declaration Form for ITU-T or ITU-R Recommendation / ISO or IEC Deliverable，26 Jun.2015.该许可声明表及下文中的《共同知识产权政策》、《共同知识产权政策实施准则》均由 ISO、IEC、ITU（包括 ITU-T 及 ITU-R）三大国际标准化组织共同起草。其中，IEC 为 International Electrotechnical Commission 之缩写，即国际电工委员会。ITU 为 International Telecommunication Union 之缩写，即国际电信联盟，参与上述文件起草的为其下属部门 ITU-T（Telecommunication Standardization Sector，电信标准化部门）及 ITU-R（Radiocommunication Sector，无线电通信部门）。

29　IPR Licensing Declaration Forms，ETSI Rules of Procedure，29 Nov.2017，version 13.

30　当专利权人选择拒绝授予许可时，由于 SSO 需要重新拟定标准，故要求专利权人在该声明中提供以下信息：专利号或专利申请号（对于正在申请中的专利），标示出涉及上述标准化文件的哪些部分，及一份对被上述标准化文件所覆盖的专利所进行的描述。

（二）表格提供：SSO 在先要约的作出

SSO 将预先拟定的许可声明表置于其网站之上，供需要披露专利之人依自身意愿下载、填写、寄送的行为，即表示其愿意接受该表格内容之拘束。同时，大多数 SSO 均以许可声明表附加知识产权政策作为补充说明的形式，单方列明了专利权人为其专利取得 SEP 地位所须履行的 FRAND 许可声明义务与专利信息披露义务，使得许可声明表具有要约所应具备的具体程度和确定性，实际上使 SSO 提供表格的行为构成向不特定对象的要约。[31]

以 ISO 为例，根据 ISO 许可声明表之规定，若专利权人同意以无偿或有偿方式授予许可，即表示将遵循 ISO 为指导与标准相关的知识产权工作而制定的《共同知识产权政策》。[32]该知识产权政策第 2 条指出，当专利权人勾选许可声明中前两个选项之一时，意味着该权利人愿意根据 ISO 的 RAND 原则在合理、无歧视的基础上与不特定的相对人进行许可磋商。[33]ETSI 也提出，当专利权人勾选同意授予不可撤回的实施许可之选项时，意味着承诺将遵循 ETSI《知识产权政策》[34]第 6.1 条，基于公平、合理、无歧视的要求以无偿或有偿的方式授予实施许可。

由此可见，依上述要约，专利权人除了作出是否许可、如何许可的选择并提供相关专利信息外，还需寄送表格，才使其专利获得 SEP 推定。

（三）表格寄送：合同关系产生

正因许可声明表构成 SSO 对有披露 SEP 之需的不特定专利权人之要约，故专利权人前述的一系列行为所组成的意思表示实则成立面向该要约所作出的承诺。除专利权人不愿授予许可的情形外，在其表示愿意依据 FRAND 条款无偿或有偿地授予实施许可的其他任何情况下，根据适用法律不同，自该承诺由权利人寄出或自其到达 SSO 之日起，[35]即有合同成立于 SSO 与专利权人之间。[36]

---

31 许可声明表的各种特征显示其为格式合同，但在此该合同是否为格式合同与我们对于 FRAND 承诺之性质的探讨并不相关，故不作赘述。

32 Common Patent Policy for ITU-T/ITU-R/ISO/IEC（ITU-T、ITU-R、ISO、IEC《共同知识产权政策》），2007 年 4 月 18 日版。

33 Common Patent Policy for ITU-T/ITU-R/ISO/IEC（ITU-T、ITU-R、ISO、IEC《共同知识产权政策》），2007 年 4 月 18 日版，第 2.1 条及第 2.2 条。

34 ETSI Intellectual Property Rights Policy，2017 年 11 月 29 日版。

35 不同国家法律对于通过信件所作出的意思表示何时生效的规定，主要分为投邮主义与到达主义两种。投邮主义为了合理分配风险，主张在信件寄出，也就是投递人对信件失去控制时意思表示发生效力，而到达主义主张在对方当事人收到信件时意思表示生效。我国采到达主义。

36 学界对于判断合同成立应符合哪些要素尚有争议，本文采通说，即最高人民法院所提出的包括行为人、意思表示和标的的三要素说。参见最高人民法院《关于适用〈中华人民共和国合同法〉若干问题的解释（二）》，第 1 条。

由于 SSO 并不对所披露专利的标准必要性进行审查，故自该合同成立之时起，专利权人所披露的专利即被推定为 SEP。相应地，成为 SEP 权利人的专利权人承担两项给付义务：其一，向 SSO 提供标准所涉 SEP 的相关信息；其二，向任何标准使用人依据 FRAND 条款授予实施许可，即履行 FRAND 承诺。这两项义务相辅相依，不可分离，不仅因为形式上二者存在于同一表格之内，亦因为离开披露信息的 FRAND 承诺将使 SSO 无法定位其所指向的专利，离开 FRAND 承诺的信息披露将因其不完整而不为 SSO 所接纳，而拒绝在信息披露中作出 FRAND 承诺的行为则将导致该专利所覆盖的技术被移出标准之外。

尽管 SSO 将该表格命名为许可声明表，但就依托该表格而存在的上述合同而言，笔者认为将该合同命名为 SEP 披露合同更为合适。这是因为双方订立合同的主要目的均围绕 SEP 信息披露而存在，专利权人希望通过专利披露取得 SEP 权利人之资格，而 SSO 则希望通过专利披露扫清标准实施中可能存在的专利权障碍。

申言之，作为标准制定者，SSO 不进行生产经营活动，无标准使用之需求，故而不会成为 FRAND 承诺中的“标准使用者”。这就意味着与一般合同不同的是，SEP 披露合同中的两项给付分别指向不同对象：专利披露义务之履行应面向合同相对人 SSO，但 FRAND 承诺中的义务的履行却通过当事人之间的合意指向合同以外的第三人。FRAND 承诺的存在使得 SEP 披露合同被赋予了较强的利他属性，符合为第三人利益合同的基本特征，而 FRAND 承诺作为该合同中不可剥离的一项义务，则是存在于其中的为第三人利益约款，居于从属地位。

四、SEP 披露合同与 FRAND 承诺的为第三人利益合同架构

对为第三人利益合同的成立与生效要件的规定，不同国家、地区之间的立法模式不尽相同。[37]但究其根本，要成立此类合同仅需满足两个最基本的构成要件：原因关系有效成立，且有为第三人利益约款成立于其上。[38]被一些学者视为成立要件的第三人直接请求权，在德国等部分国家的立法模式之上确实具有构成要件之地位，[39]但笔者认为，在法律无特殊规定的情况下，这一直接请求权实

37　主要包括无权代理模式、直接取得模式、接受模式及折中模式，参见袁正英：《第三人利益合同制度研究》，武汉大学 2014 年博士学位论文。

38　该观点也为我国部分学者所倡导。参见尹田：《论涉他契约——兼评合同法第 64 条、第 65 条之规定》，《法学研究》2001 年第 1 期。

39　这一模式被称为直接取得模式，以德国、英国为代表，在该模式中合同成立要件亦为其生效要件。一些学者认为此类合同的有效成立须满足四个要件，即是受这一立法模式的影响。参见王利明：《论第三人利益合同》，载公丕祥主编：《法制现代化研究》（第八卷），南京师范大学出版社 2002 年版，第 386—392 页。

为此类合同所产生的法律效果之一，其讨论将在后文进行。

（一）作为原因关系的 SEP 披露合同

诚然，为第三人利益合同之精髓在于利他的为第三人利益约款，但该约款须建立在存在于缔约人与受约人之间的某一原因关系之上。在 FRAND 承诺之中，原因关系无疑表现为存在于 SSO（缔约人）与 SEP 权利人（受约人）之间的基础合同——SEP 披露合同。

依前文分析，该合同在我国法上已然成立，但这一基础合同的双方当事人中似乎只有 SEP 权利人一方负担义务，二者的权利义务看似失衡，而在不同国家的法律之下，这种合同权利义务的明显失衡可能对契约关系的成立与否或效力何如产生不同影响。针对这一权利义务的失衡现象，华为公司在其与 Unwired Planet 公司于英国的争诉的一审程序[40]中即提出，根据法国法[41]，合同应对当事人双方的权利义务均产生影响，反之则合同不成立。若撇开这一案件，试想涉案组织并非 ETSI 而无需适用法国法，英美法系的合同法上亦有对于“对价”（Consideration）的要求，对价的缺失将影响合同的成立，而我国合同法虽然在合同的成立上无类似要求，但《民法总则》与《合同法》中确有规定违反公平原则的“显失公平”情形，影响合同之有效性，其构成的客观要件便是给付与对待给付的显然不相称。因此，如若专利权人因 SSO 之要求承担了向标准使用者为给付的义务，而 SSO 未作出相应的对待给付，SEP 披露合同就面临不成立或可撤销的风险。

然而，SEP 权利人之给付并非没有对价。以 ETSI 为例，该组织《知识产权指南》[42]第 3.1.2 条规定，在专利权人完成专利信息披露并作出 FRAND 承诺后，SSO 将把专利权人所提供的信息录入或保留在该条文所述的 SEP 数据库之中 。这一录入或保留行为实际上成立 SSO 的对待给付。该观点为 Unwired Planet 诉华为案的一审主审法官 Justice Birss 所采纳。Birss 法官进一步指出，各 SSO 要求进行专利披露的最直接目的就是给标准制定者、使用者提供信息，以提示该 SEP 之存在，[43]而该提示对于专利权人的根本价值在于使其专利获得 SEP 推定，

---

40 *Unwired Planet International Ltd v.Huawei Technologies Co.Ltd，Huawei Technologies (UK) Co.Ltd.*，High Court of England and Wales，[2017] EWHC 711 (Pat).在针对该判决的二审程序中，双方当事人未就一审法院所认定的 FRAND 承诺所依托的合同依法成立这一事实问题提出上诉。

41 由于该案所涉标准之制定者为 ETSI，根据 ETSI《知识产权政策》第 12 条之规定，因该政策之实施所产生的纠纷适用法国法。故虽然该案审判地为英国，依然适用依据该政策所签订的基础合同中所约定的法律。

42 ETSI Guide on Intellectual Property Rights，2013 年 9 月 19 日版。

43 *See* Unwired Planet International Ltd v.Huawei Technologies Co.Ltd，Huawei Technologies (UK) Co.Ltd.，High Court of England and Wales，[2017] EWHC 711 (Pat).，121.

有利于专利权人在未来顺利行使权利。类似条款同样存在于 ISO 的《知识产权政策》之中。[44]此外，ISO 还在该文件第 4.1 条中进一步表明，制作许可声明表格的目的就是为了给 SEP 信息数据库提供明确的信息。鉴于以上条款，SEP 权利人有理由期待其所提供的专利信息被 SSO 纳入数据库内，作为其给付之对价。

需要说明的是，尽管现阶段 SSO 的对待给付义务相对较轻，几乎仅限于向数据库录入从 SEP 权利人处被动接收的信息，但至少从欧盟看来，SSO 所承担的这一义务之内涵在不久的将来将有大幅增加的趋势。2017 年 11 月，欧盟委员会在其发布的《制定关于标准必要专利的欧盟方法》[45]中指出，一方面，为了提高存储在 SSO 数据库中的信息质量并使之更易为标准使用者所获得，欧盟委员会将促使各 SSO 增加数据库中专利相关信息的更新频率，若某 SEP 被卷入诉讼，则 SSO 还应提供所涉案件信息（如案号），或在终审案件判决已作出时提供其裁判要点，特别是其中涉及专利之权利有效性、标准必要性的部分；[46]另一方面，针对可能出现的过度披露现象，也就是将并非标准必要之专利披露为标准必要专利的现象，欧盟委员会提出将引导各 SSO 逐步加强对披露信息的准确性及专利标准必要性的核实力度，并支持各 SSO 尝试性地在专利披露环节向专利权人适度收取一定费用，以引导专利权人慎重对待专利披露程序，提高专利披露质量。[47]

综合上述，SSO 之对待给付的存在，使作为 SSO 与专利权人之间的原因关系的 SEP 披露合同在各国法律上均得有效成立。

（二）作为为第三人利益约款的 FRAND 承诺

要成立为第三人利益合同，尚须有体现当事人愿使合同外第三人受益之意愿的约定建立于原因关系之上，我们称这一约定为为第三人利益约款。该约款的成立与否涉及第三人能否得以确定、给付内容可否视为利益这两方面的问题。

1. FRAND 承诺中第三人的确定

就受益主体而言，为第三人利益合同的成立并不要求在订约时第三人已确定，只要为第三人利益约款约定了第三人之确定标准使其能够得到确定即可。[48]

44　参见 Common Patent Policy for ITU-T/ITU-R/ISO/IEC（ITU-T、ITU-R、ISO、IEC《共同知识产权政策》），2007 年 4 月 18 日版，第 6 条。

45　European Commission，*Setting out the EU Approach to Standard Essential Patents*，COM(2017)712 final，29 Nov.2017.

46　European Commission，*Setting out the EU Approach to Standard Essential Patents*，COM(2017)712 final，29 Nov.2017，第 1.2.1 条。

47　European Commission，*Setting out the EU Approach to Standard Essential Patents*，COM(2017)712 final，29 Nov.2017，第 1.2.2 及 1.2.3 条。

48　参见王利明：《论第三人利益合同》，载公丕祥主编：《法制现代化研究》（第八卷），南京：南京师范大学出版社 2002 年版，第 370 页。

FRAND 承诺中面向"任何标准使用人"授予许可的要求，使受益主体的范围虽未最终确定但却得到限定，该范围囊括了所涉标准的所有使用者，包括正在实施或未来可能实施标准的一切主体，符合使第三人能够得到确定的要求。

2. FRAND 承诺中利益的存在

在给付内容层面，由于为第三人利益合同是对于合同相对性之突破，与私法自治原则相悖，因此法理上对于给付标的有所设限：第三人所受领的给付须为一项利益。反观 FRAND 承诺，受约人 SEP 权利人"依据 FRAND 条款授予许可"的给付内容并非一个实际存在的标的物，而是一个积极作为的行为，要确定这一行为是否对第三人构成利益，尚需具体分析。

解决上述问题的前提，在于弄清这一行为的法律性质及其内容究竟何如。其性质及内容也是后续判断专利权人是否违反 FRAND 承诺的重要标准，因而是我们厘清 SSO、SEP 权利人与标准使用者之间的三方关系所无法绕开的议题。

1）SEP 权利人所为给付之性质

根据约定，SEP 权利人若为其给付，则须对第三人授予许可。然而，"授予"一词是否意味着专利权人必须与标准实施者签订许可合同，抑或仅需为达成许可合同作出最大努力？

为捕捉"授予"一词的准确含义，回溯各 SSO 的知识产权政策是最直接的解释路径，但这一路径在此似乎并不能为我们提供太多帮助。例如，ETSI 在其《知识产权政策》中要求专利权人在 FRAND 条款下授予（grant）不可撤回的许可合同，[49]而 ISO 则仅要求 SEP 权利人与标准使用人磋商（negotiate）合同许可事宜。这就意味着，根据两个 SSO 的不同表述，从义务角度出发，对受约人义务的法律性质可以作出两种不同解释：结果义务或是行为义务；[50]与之相对应，从权利角度出发，对专利权人之权利行使可能有两种不同的影响：完全受限或为公益之需而部分受限。

（1）义务性质层面：结果义务抑或行为义务。

作为违约责任之下的分类，将合同义务分为结果义务与行为义务事实上体现了债务人所负担义务的不同强度。如果说结果义务要求债务人实现债权人所预期的某特定结果，那么行为义务则仅要求债务人采取适当手段，尽其勤勉义务，至于是否达到某一既定目标在所不问。进行这一区分的意义在于，若某项义务未得到履行，违反结果义务的违约责任为严格责任，无需债权人证明债务人之过错，而对违反行为义务的债务人则适用过错责任，债权人将对债务人之

49 参见 ETSI《知识产权政策》第 6.1 条。

50 我国学者对于行为义务（亦称手段义务）与结果义务的解释，可参见叶明怡：《违约与侵权竞合实益之反思》，《法学家》2015 年第 3 期。

过错承担举证不利的败诉风险。[51]

应用到 FRAND 承诺中，此分类意味着尽管 SEP 权利人需要依据 FRAND 条款向第三人授予许可，但对其义务之性质采用不同的解释方法，会产生截然不同的法律效果。

如果 FRAND 承诺被视为一项行为义务，那么正如 ISO 所要求的一样，该承诺仅需 SEP 权利人依 FRAND 条款尽其所能地与潜在被许可人进行许可磋商，并不以最终达成许可合同作为判断义务是否得到全面履行之标准。在这种情况下，只有当专利权人在磋商过程中违反了勤勉义务时，才须承担违约责任。

但若该承诺被赋予结果义务的性质，即无论谈判状况如何，受约人均负担签订一个符合 FRAND 条款的许可合同的给付义务，那么为第三人利益约款所赋予第三人的则是一个必将得到签署的许可合同。这无疑将保证每个标准使用者均获得许可，使标准得到广泛实施，但由此产生的后果并不完全乐观。一方面，由于许可合同必将存在，从谈判之初便阻碍 SEP 权利人行使其专利权，这种"不缔约即违约"的责任形式将大大增加潜在被许可人之于专利权人的谈判筹码，前者只需一再拖延或作出拒绝的意思表示即可单方造成合同流产，致受约人违约；另一方面，FRAND 条款的抽象性留白了合同的主要条款，特别是许可费率条款，这更为潜在被许可人利用其在谈判中的优势地位肆意压低费率提供了便利条件。倘若对 ETSI 许可声明表中的"授予"一词作文意解释，置于结果义务之下，SEP 权利人与潜在被许可人之间的权利平衡则有时刻被压垮的危险，极易产生专利反向劫持现象。

（2）专利权限制层面：完全受限或部分受限。

解决 SEP 权利人义务的法律性质问题的实质，在于明确其在"授予"的同时是否有拒绝许可[52]的空间以行使专利权。

这个问题曾长久地困扰着法律实务界。2015 年以前，欧盟范围内对 SEP 权利人的拒绝许可行为有两种相左的处理方式。一方面，以德国联邦最高法院所审理的 Orange-book-standard 一案[53]为代表的一派认为，在一定条件下，SEP 权利人可主张其提出侵权诉讼、要求禁令救济的行为并不必然构成对市场支配地位的滥用，[54]也就是说，专利权人行使其专利权的行为仅在妨害竞争秩序的情况下，部分受到限制；另一方面，欧盟委员会在其自 2012 年 1 月对三星公司展开

51 V.Simler Ph.，"Classification des obligations"，in *JurisClasseur Civil Code*，15 déc.2017，pt.21—29.

52 本文所称的拒绝许可除明示的拒绝许可之外，还包括实质性的拒绝许可行为。后者代指 SEP 权利人虽未明确拒绝，但转而提起专利侵权之诉以获得禁令或迫使接受不合理高价的情形，仍产生与拒绝许可类似的效果。

53 BGH，6 Mai 2009，KZR 39/06，*Orange-book-standard*.

54 参见赵启彬：《竞争法与专利法的交错：德国涉及标准必要专利侵权案件禁令救济规则演变研究》，《竞争政策研究》2015 年第 2 期。

的反垄断调查中指出，在SEP权利人已作出FRAND承诺且标准使用者已表示其有意就许可合同进行磋商的情形下，专利权人只要寻求禁令即违反竞争法[55]。对于欧盟委员会而言，许可合同的签订乃履行FRAND承诺之必然后果，在许可磋商程序启动后，专利权的行使几乎被完全禁止。

为了解决这一分歧，欧盟法院在2015年涉及ETSI所制标准的华为诉中兴一案[56]中明确了自身在SEP权利人权利行使限制程度这一问题上的立场。遵循该判决之要旨，即使SEP权利人根据ETSI的要求作出了FRAND承诺，只要权利人遵守了一定的磋商步骤[57]，其寻求禁令救济的行为便不构成对市场支配地位的滥用。[58]这就意味着在FRAND承诺的框架下，尽管ETSI使用"授予"一词，也不必然带来"签订"许可合同的后果，SEP权利人保留对其专利权行使的空间，其权利仅部分受限而未被剥夺。

这一判决亦从反面确认了在义务层面上，SEP权利人仅负有依据FRAND条款与潜在被许可人以订立许可合同为目的进行磋商的义务，并不必成就达成许可合同的结果，故属行为义务。

2）SEP权利人所为给付之内容

SEP权利人义务的法律性质决定着其给付内容何如。根据前述分析，既然FRAND承诺中受约人之义务为行为义务，那么这一为第三人利益约款所赋予标准使用人的其实是一个与SEP权利人根据FRAND条款进行磋商的机会。

（1）赋予第三人磋商机会的利他性之争。

对于FRAND承诺所赋予标准使用者的以FRAND条款为指导进行许可磋商的机会是否有利他属性，是否构成为第三人利益约款中所谓的利益，尚有争议。

有观点认为，即使SEP权利人未作出FRAND承诺，出于SEP的锁定效应，标准使用者仍将以获得许可为目的与该权利人进行磋商，故该磋商机会并不属于利益。这一观点所忽略的是，若SSO未将FRAND承诺作为专利信息披露的必要条件，许多权利人并不会主动援引FRAND条款来约束谈判进程，甚至可能直接拒绝与部分标准使用者进行磋商。易言之，这一磋商机会的实质是SSO凭借其优势谈判地位，预先为标准使用者们取得了他们在单独磋商机制中不一定能取得的机会及条件。

---

55 European Commission，Press Release IP/12/1448，资料来源：http://europa.eu/rapid/press-release_IP-12-1448_en.htm；更新时间：2019年7月25日；访问日期：2019年8月26日。

56 CJEU，16 July 2015，Case C-170/13，Huawei Technologies Co.Ltd v ZTE Corp.and ZTE Deutschland GmbH.

57 欧盟法院所确定的协商步骤对于受约人与受益第三人之间权利义务的影响我们将在下文详细阐述，此处暂为搁置。

58 *See* CJEU，16 July 2015，Case C-170/13，Huawei Technologies Co.Ltd v ZTE Corp.and ZTE Deutschland GmbH，71，77.

亦有学者指出，除赋予利益外，FRAND 承诺为潜在被许可人设置了一定负担，这特别体现在其支付许可合同价款的义务上。[59]同时，我国法院也将遵守 FRAND 条款作为潜在被许可人的一项义务。[60]这再次对该承诺能否构成为第三人利益约款提出了挑战。而存在这一挑战的深层原因，在于民法上对为第三人利益约款能否在赋予第三人以利益的同时使其负担一定义务的问题本就争议尚存。部分学者认为，第三人不能承担任何义务，若缔约人在赋予第三人利益的同时又为其设置了负担，则负担部分应构成对其的要约，第三人的接受行为即是对该要约的承诺，此时为第三人利益合同消失，代之以新的合同。[61]依另一些学者之观点，为第三人利益合同可以为第三人取得利益附加一定条件，但这并不意味着该约款可以要求第三人为对待给付。[62]此外，还有一些学者认为，即使合同在第三人的权利之外又附加了一定的义务，但只要获利远大于负担，[63]则不影响该合同的为第三人利益属性。尽管如此，各方均不否认的是，当受约人对第三人之给付为纯利益时，必然成立为第三人利益合同，这也是为第三人利益合同作为对合同相对性之突破的最初样貌——仅赋予第三人以利益。

（2）与第三人磋商合同下的纯利益。

要厘清上述问题，法国学者在学理上对为第三人利益合同作出的类型化区分能为我们提供有益启发。

根据受约人对受益第三人所负担之债的内容不同，我们通常所说的为第三人利益合同是由缔约人通过约款将自己所拥有的债权赋予第三人，因而被称为设第三人债权合同（Stipulation de créance pour autrui），以区别于为第三人立约合同（Stipulation de contrat pour autrui）。后者代指缔约人向第三人赋予的利益是由受约人所允诺的一个缔约机会的特殊情形，通常能让第三人获得在单独谈判机制中所未必能获得的缔约机会与条件。[64]不过法国学者们的分类并未止步于此，因为他们发现，尽管一些合同会为第三人详细确定缔约内容，有的却仅满

59 *V.*Caron Ch.，“L’efficacité des licences dites ‘FRAND’ (ou L’indispensable conciliation entre la normalisation et le droit des brevets d’invention grâce à la stipulation pour autrui)”，in *Comm.com.électr.*n° 7-8，juill.2013，étude 12，p.1010.

60 参见广东省高级人民法院（2013）粤高法民三终字第 306 号民事判决书、广东省深圳市中级人民法院（2016）粤 03 民初 840 号民事判决书。

61 参见孙桂林：《第三人利益合同的概念及成就条件》，《集美大学学报》（哲学社会科学版）2006 年第 1 期。

62 参见史尚宽：《债法总论》，北京：中国政法大学出版社 2000 年版，第 621—622 页。

63 参见王利明：《论第三人利益合同》，载公丕祥主编：《法制现代化研究》（第八卷），南京师范大学出版社 2002 年版，第 387—388 页。*V.*Ph.Malaurie，L.Aynès et Ph.Stoffel-Munck，*Les obligations*，7e éd.，LGDJ-Lextenso éditions，2015，n° 807.

64 *V.*D.Martin，La stipulation de contrat pour autrui，in *D.*，1994，p.145.

足于对合同的订立作出一些原则性规定，给未来合同的当事人留出协商空间。面对这一可能，根据即将订立的合同是否内容确定、是否仍需磋商，学者们又在为第三人立约合同下将受约人的义务分为单纯的缔约义务（Promesse de contracter，指合同条款明确，仅需第三人接受即成立的情形）与以缔约为目的的磋商义务（Promesse de négocier）。[65]法国学者虽对这两种合同作出区分，但并未根据义务不同为其分别命名，出于行文便利之考量，笔者暂将包含这两种不同义务的为第三人利益合同分别称为与第三人缔约合同和与第三人磋商合同。

从分析第三人权利义务变化的视角将与第三人磋商合同单独列出的意义在于，在为第三人利益合同之中仅有此类合同在任何情况下均不会对受益第三人施加负担。对于设第三人债权合同来说，若合同有偿，其中的为第三人利益约款可能要求第三人承担支付对价的义务；至于与第三人缔约合同，由于合同具体条款已经确定，第三人对于为第三人利益约款的接受，实际上是对一个合同的接受，也就意味着接受了一个权利与义务的集合体，必然有负担附于其中。然而在与第三人磋商合同中，缔约人仅对合同作出了原则性要求，即使第三人表示接受，仍不能单凭此行为便使许可合同成立于受约人与第三人之间。质言之，第三人的接受行为仅仅撬动了许可磋商之门，其中的权利义务仍将由受约人与第三人共同规划。因此，第三人对约款的接受行为仅对磋商进程有启动作用，并不对第三人附加任何义务。

遵循以上思路，FRAND 承诺以提供磋商机会为内容，实际上将 SSO、潜在被许可人与 SEP 权利人之间的三方关系归入为第三人利益合同之细分下的与第三人磋商合同中，即 SEP 披露合同；又因该合同仅为订立 FRAND 许可提供原则性指导，使后者不经磋商无法成立，FRAND 承诺本身无法对潜在被许可人附加任何义务。也就是说，FRAND 承诺赋予潜在被许可人的实为一项无任何负担的纯利益，不构成对私法自治原则的违反，亦不对为第三人利益合同的成立形成阻碍。FRAND 承诺得成立为第三人利益约款。

（三）SEP 披露合同与 FRAND 承诺之主从关系

为了厘清为第三人利益合同中的“组织体法律关系”，[66]学界通常认为在一般意义上的为第三人利益合同（即设第三人债权合同）中，基础合同与为第三人利益约款之间有着主、从合同的相互关系，这不仅要求两个法律行为之间存在主从关系，更要求两个法律行为本身均为合同。因此，这一理论在 SEP 披露

65 V.M.Mignot，“Fasc.unique : Effets du contrat à l'égard des tiers – Stipulation pour autrui”，in *JurisClasseur Civil Code*，pt.84—89.

66 参见袁正英：《第三人利益合同制度研究》，武汉大学 2014 年博士学位论文。

合同这一与第三人磋商合同之中成立与否尚需探讨。

1. 驳主、从合同论

之所以讨论 SEP 披露合同与 FRAND 承诺之间的相互关系，是因为存在将 FRAND 承诺本身认定为为第三人利益合同的主合同，而将在该承诺指导下所订立的 FRAND 许可合同认定为从合同的观点。[67]

1）主、从合同论之悖

根据主、从合同理论，有学者将 FRAND 承诺本身认定为一个为第三人利益合同，并认为 FRAND 承诺即是存在于 SSO 与 SEP 权利人之间的主合同。根据这一合同，SEP 权利人负担与潜在被许可人缔约的义务，而履行这一缔约义务所订立的 FRAND 许可即为该为第三人利益合同所赋予第三人的利益，成立 FRAND 承诺的从合同。

笔者虽赞同其所使用的为第三人利益合同的整体分析框架，却认为其剖析路径有待商榷。该观点将 FRAND 承诺本身看作为第三人利益合同，实际上是将这一为第三人利益约款看作该合同的主要条款或唯一条款，这本身就忽略了 SEP 权利人专利信息披露义务与 FRAND 承诺之间的不可分割性。

即使承认上述前提，该观点仍有其缺陷。对两个法律行为之间主、从关系的判断标准，除了从法律行为须依赖主法律行为而产生之外，其命运也应随主法律行为的变化而变化，主法律行为之无效亦将带来从法律行为之无效。而在 FRAND 承诺中，如果说 FRAND 许可确实依赖 FRAND 承诺而产生，其效力却与 FRAND 承诺之效力是完全割裂的，不满足主、从合同之特征。

2）主、从合同论的理论误区

上述缺陷产生之直接原因在于忽略了 FRAND 许可之产生尚需双方当事人进行磋商，而究其根源，实乃未厘清设第三人债权合同和为第三人立约合同中第三人之债权的来源有着根本区别所致。

在设第三人债权合同之中，缔约人借助为第三人利益约款将本是向自己作出且应向自己履行的债权外化，将其履行利益赋予第三人。因此，为第三人利益约款中的债权来源于缔约人原本享有的内容具体、确定的债权，自该约款订立之时起从合同即成立，第三人接受的意思表示仅产生使该从合同生效以巩固第三人权利的法律效果。在这种情形中，主、从合同的理论得以适用。

对于为第三人立约合同（包括与第三人缔约合同和与第三人磋商合同）而

---

67 *V.*Caron Ch.，“L’efficacité des licences dites ‘FRAND’ (ou L’indispensable conciliation entre la normalisation et le droit des brevets d’invention grâce à la stipulation pour autrui)”，in *Comm.com.électr.*n° 7—8，juill.2013，étude 12，p.1010.该观点为部分国内学者所采纳，参见徐颖颖：《标准必要专利权人 FRAND 许可声明的法律关系研究——以欧洲通信标准协会的规定为例》，《电子知识产权》2017 年第 11 期。

言，基础合同与为第三人利益约款之间仍有主从关系，但区别于设第三人债权合同的是，其约款中的债权虽由缔约人所订立，缔约人却不享有也无意享有之，故该债权自始至终都直接属于第三人，可见债的设立与履行自始分离。我们可以说，该债权完全由缔约人为第三人所定制，以使第三人获得在单独谈判机制中无法获得的磋商机会与缔约条件。[68]这种约款在实践中十分常见，例如公司为员工谋福利，与某咖啡厅约定所有本公司员工购买咖啡均得享受半价优惠即足以成立与第三人缔约合同，但对于公司这一法人来说，其本身并无意享用咖啡。在 FRAND 承诺的语境之下，SSO 实际上根本无需使用其本身所制定的标准，无取得许可合同之必要，FRAND 承诺所赋予的磋商机会对其没有任何直接价值。FRAND 承诺实际上通过 SSO 身为标准制定者的力量，让潜在被许可人顺利进入与 SEP 权利人的磋商阶段并得援引本可能无法援引的 FRAND 条款。

质言之，在为第三人立约合同中，为第三人利益约款在第三人接受之前仅有受约人的单方意思表示，不构成合同。第三人的意思表示不再起巩固作用，而起设权作用，使第三人得直接要求受约人向其为给付，提供进行磋商或缔约的机会，而为第三人利益约款效力之所能及应止于该给付的全面履行，也就是说，履行该给付所缔结的合同一经成立，由磋商机会所带来的缔约过程即宣告结束，第三人产生于为第三人立约合同之债权消灭。因此，产生的新合同完全独立于为第三人立约合同，与其并无从属关系。

综合上述，一方面，根据前文论证的 FRAND 承诺与 SEP 信息披露义务的紧密联系，FRAND 承诺必须依赖于 SEP 披露合同而存在，故该承诺无法独立成立为第三人利益合同，主、从合同论之前提不成立。另一方面，即使以 FRAND 承诺本身作为为第三人利益合同，这一合同也无法逃脱其为第三人立约合同的本质属性，因此，FRAND 许可自其产生便独立于该承诺而存在，非 FRAND 承诺之从合同，主、从合同论之结论亦不成立。

2. 立主、从法律行为论

如果说 FRAND 承诺依赖于 SEP 披露合同这一原因关系而存在，又具有利他属性，这一承诺无疑符合为第三人利益约款的基本样貌。既然主、从合同关系理论已被驳斥，对其法律性质又应作何解释？

根据上文对为第三人立约合同的分析，由于 FRAND 许可在受约人（SEP 权利人）与第三人（标准使用者）磋商之后方才成立，那么此时与 SEP 披露合同这一基础合同同时存在的，只有 SEP 权利人的 FRAND 承诺这一个意思表示。不过，该意思表示一经作出即对受约人具有拘束力，只要第三人表示接受，即

68 *V.D.*Martin，“La stipulation de contrat pour autrui”，in *D.*，1994，p.145.

产生可请求给付（要求权利人提供 FRAND 许可磋商机会）的效力。通过上述特征可以推知，在为第三人立约合同的框架之下，FRAND 承诺属于法律行为，并且是一个特殊的单方允诺。

强调“特殊”一词，在于明确该法律行为因其之于基础合同的从属性而并非一个真正意义上的单方允诺[69]。正是这一从属性导致原因关系中双方当事人的意志对其均有影响：FRAND 承诺虽由 SEP 权利人作出，其内容却完全由 SSO 的单方意志所确定，权利人在此作为允诺人仅处于被动接受地位。这一点可从该允诺之形成及其利他属性分别进行论证。

就该允诺之形成而言，与一般单方允诺产生于允诺人单方意志的状况所不同的是，此处的允诺同时处在一个为第三人利益合同中，因而可被分为两个部分：作为允诺人，SEP 权利人所作出的愿意给予磋商机会的意思表示确实增加了自身负担，是其给付义务的直接来源；而作为受约人，SEP 权利人之意思表示的全部内容——包括赋予第三人利益、限定第三人范围、对 FRAND 条款的遵守等——都是由缔约人 SSO 单方决定的，受约人意思表示之内容实则从根本上来源于缔约人的意志。

就该允诺之利他属性而言，由于单方允诺亦构成私权自治原则之例外，故允诺人须具有为他人设置利益的意愿。在 FRAND 承诺这一特殊的单方允诺中，SEP 权利人作为允诺人，其直接目的仅为使其专利成为 SEP，这一目的是完全利己的。而根据上文分析，该允诺作为为第三人利益约款又确实是纯粹赋予标准使用者以利益的，究其利他性之来源，实则完全来自缔约人 SSO。SSO 通过对允诺内容的控制，使所有标准使用者均有机会在 FRAND 条款下顺利取得许可，保障标准顺利实施，实现社会公共利益。

质言之，FRAND 承诺不能被定义为一般单方法律行为的原因植根于其所依赖的为第三人利益合同之中。有了缔约人与受约人双方意愿的结合，方才形成了受约人的完整意思表示，使之既近似于单方允诺，又区别于单方允诺。[70]

自此我们可以说，FRAND 承诺作为 SEP 披露合同中的为第三人利益约款，不构成合同，而属于一个特殊的单方允诺，依赖于 SEP 披露合同而存在，该合同与 FRAND 承诺呈现出主法律行为与从法律行为的相互关系。

这也就解释了为何欧盟法院在上述华为诉中兴一案中将 SEP 权利人违反其 FRAND 承诺的行为界定为侵犯了“第三人的信赖利益”[71]而非其债权。一旦受

---

69 单方允诺指以允诺人承担给付义务为内容的单方法律行为，其构成、效力并非本文重点，在此不予详述。相关内容可参见徐涤宇、黄美玲：《单方允诺的效力根据》，《中国社会科学》2013 年第 4 期。

70 参见李和平：《论民法对单方法律行为的控制》，《法学杂志》2012 年第 8 期。

71 *See* CJEU，16 July 2015，Case C-170/13，Huawei Technologies Co.Ltd v ZTE Corp.and ZTE Deutschland GmbH，53.

益第三人的信赖利益被辜负，如何救济便涉及为第三人利益约款的效力问题。

五、FRAND 承诺的为第三人利益约款效力

之所以要明确 FRAND 承诺的法律性质何如，与 FRAND 许可有何关系，根本目的在于适用建立于其上的法律制度，以期更好地维护所涉各方的既得利益。

我们将看到，FRAND 承诺赋予第三人以直接请求权，FRAND 许可又以其先合同义务对第三人提供信赖利益保护，二者的共同作用使我们得以民法的力量弥补专利法、反垄断法效力之不足。在司法层面，欧盟法院在华为诉中兴一案中对磋商过程的规范，亦弱化了 FRAND 条款的模糊性给磋商过程带来的不确定性。

（一）基于 FRAND 承诺的直接请求权

德国、法国等大多数大陆法系国家均明确规定，自为第三人利益合同成立之时，第三人即取得面向受约人的直接请求权。直接请求权对于第三人而言意义重大，它使第三人完整地取得了缔约人之于受约人的权利：在合同履行过程中，得直接请求受约人向其履行约定义务；在合同履行不当时，得以自身名义寻求受约人对其违约责任之承担。缔约人保留这一请求权的残余部分，仅可要求受约人向第三人履行。

1. 我国《合同法》中直接请求权取得之可能

虽然为第三人利益合同已为多数国家所认可，但在我国《合同法》之框架下，针对该法第 64 条[72]是否属于对为第三人利益合同的一般性规定，是否能产生使受益第三人取得直接请求权的法律效果，学界尚有争议。

产生争议的主要原由在于上述条文未明确赋予第三人以直接请求权。据此，有观点认为《合同法》仅确立了不真正的为第三人利益合同，实则为“经由被指令而为交付”[73]这种特殊的合同履行方式。

尽管如此，亦有学者指出，将赋予第三人以面向债务人的直接请求权作为判断某一合同是否属于为第三人利益合同的标准的做法，有过度依赖他国民法的既成规定作茧自缚之嫌，忽略了为第三人利益合同的核心特质是使法律行为以外的第三人获得利益。并且，《合同法》虽未明确规定第三人的直接请求权，

72 我国《合同法》第 64 条规定：“当事人约定由债务人向第三人履行债务的，债务人未向第三人履行债务或者履行债务不符合约定，应当向债权人承担违约责任。”

73 参见尹田：《论涉他契约——兼评合同法第 64 条、第 65 条之规定》，《法学研究》2001 年第 1 期。

但并不妨碍此类合同在我国法律上的有效性，亦不妨碍当事人在基础合同中约定赋予第三人直接请求权以成立大陆法系中所谓的真正的为第三人利益合同。[74]笔者对此深以为然。尽管《合同法》未规定第三人的直接请求权，只要当事人有使第三人取得该权利的意愿，亦得使后者享有真正的为第三人利益合同所带来的利益。

2. SEP 披露合同中直接请求权之赋予与确定

在 SEP 披露合同这一为第三人利益合同中，并无条款明示当事人是否赋予受益第三人以直接请求权，然而这并不代表 SSO 与 SEP 权利人没有赋予潜在被许可人以直接请求权的意愿。

1）直接请求权之赋予意愿溯源

一般情况下，当合同对某事项未进行约定或约定不明时，应遵循合同目的解释，探知当事人的真实意图。在直接请求权赋予问题上，《德国民法典》即持此观点。该法典第 328 条第 2 项规定，在为第三人利益合同欠缺有关第三人直接请求权之约定时，宜根据合同目的判断当事人意图以确定之。[75]这便要求我们回归 SEP 披露合同本身，从当事人的约定中推断其本意。

如前文所述，由于 FRAND 承诺的利他属性完全来源于 SSO 的单方意志，故此处我们只需探寻 SSO 是否有赋予标准使用者以直接请求权的意愿即可。

针对 FRAND 许可谈判，ISO 在其许可声明表中指出，为达成专利实施许可而进行的谈判应在专利权人与标准使用者之间根据双方自身意志进行，[76]SSO 不参与其中。在这一问题上，ETSI 采相同立场并对其动机进行了进一步阐明。在 ETSI《知识产权指南》第 4.1 条中，该组织表示，由于 SSO 属于技术实体，若在其组织内部处理许可谈判及具体许可条款之拟定等非技术问题，只会使标准制定过程变得更为复杂、冗长，偏离标准制定之初衷。

根据上述规定不难发现，SSO 作为标准制定者，十分清楚自身并非商业、法律方面的专家，而仅专注于技术领域。这些组织明确将自己置于 FRAND 许可磋商、条款订立之外，目的在于明示其对于与标准制定、程序运作无关的法律问题均无意参与，这些组织制定知识产权政策之目的仅在于“为标准制定过程创造便利条件”[77]，要求 SEP 权利人作出 FRAND 承诺的意义也仅在于扫清标准制定、使用中的障碍，而不在于通过这一承诺为自己创制任何权利。

---

74 参见崔建远：《为第三人利益合同的规格论——以我国〈合同法〉第 64 条的规定为中心》，《政治与法律》2008 年第 1 期。

75 参见袁正英：《第三人利益合同制度研究》，武汉大学 2014 年博士学位论文。

76 Common Patent Policy for ITU-T/ITU-R/ISO/IEC（ITU-T、ITU-R、ISO、IEC 共同知识产权政策），2007 年 4 月 18 日版，第 2.1 条及第 2.2 条。

77 参见 ETSI Guide on Intellectual Property Rights，2013 年 9 月 19 日版，第 1.1 条。

诚然，根据契约相对性原则，SSO 作为原因关系中的债权设定者，在没有约定的情况下，无疑仅由其享有面向 SEP 专利权人的请求权。但该请求权的行使仅对标准使用者之权利义务产生影响，属基础合同法律效力之范畴，只要 FRAND 条款得顺利实施即对标准制定无碍。由此可知，SSO 主动参与为第三人利益合同的目的，仅在于引导许可谈判进程，以 FRAND 条款约束 SEP 权利人的缔约行为；而 SSO 拒绝参与许可谈判之意图，就在于让专利权人与标准使用者自行处理双方的权利义务关系。据此可以推断，SSO 尽管拥有请求权却全无行使之意愿，该组织将其请求权赋予潜在被许可人的意图昭然若揭。

因此，即使在《合同法》未明确赋予为第三人利益合同中的受益第三人以直接请求权的情况下，FRAND 承诺中的标准使用者作为第三人仍然能够依原因关系当事人之意志取得直接请求权。

2）潜在被许可人直接请求权的确定

通说认为，遵循私法自治原则，即使为第三人利益约款赋予受益第三人的是纯利益，尚需第三人表示其有意享受合同所赋予利益，其对该利益的直接请求权才得以确定。这一接受的意思表示无任何特定形式，明示、默示均可。[78]在 FRAND 承诺中若采此观点，就意味着潜在被许可人除可明确要求进入 FRAND 许可磋商外，亦可以通过专利实施行为对该利益进行默示接受，潜在被许可人的直接请求权已然蕴含其中。

但在欧盟的华为诉中兴一案中，欧盟法院在这一问题上提出了相反观点。法院首先对 SEP 权利人提出了要求，要求权利人主动向侵权标准实施人告知其 SEP 的存在，随后又要求侵权人表明其有意订立许可，即明示其有接受为第三人利益合同所赋予之利益的意愿。[79]也就是说，直接实施 SEP 并不被视为对合同利益的接受，这一接受须以明示的方式作出以享有直接请求权，且标准实施者有两次明示其意愿的可能：其一，同一般专利许可一样，于实施 SEP 前主动请求缔结 FRAND 许可；其二，若已经实施了 SEP，则在收到权利人的警告后及时表示有意缔约。这也从另一方面表明，在未取得实施许可的情况下，实施 SEP 的行为并不必然导致被认定侵权的后果。

实际上，欧盟法院所作出的这种安排是由标准之特点所决定的。由于每个标准中通常都包含大量的 SEP，[80]标准实施者不仅很难逐个考察所涉 SEP 是否具有标准必要性，[81]并且若要求实施者在标准实施前与每个 SEP 权利人均进行许可

78 参见史尚宽：《债法总论》，北京：中国政法大学出版社 2000 年版，第 622 页。

79 *See* CJEU，16 July 2015，Case C-170/13，Huawei Technologies Co.Ltd v ZTE Corp.and ZTE Deutschland GmbH，61，63.

80 在欧盟的华为诉中兴一案中，所涉标准“Long Term Evolution”即包含 4699 个 SEP。

81 *See* CJEU，16 July 2015，Case C-170/13，Huawei Technologies Co.Ltd v ZTE Corp.and ZTE Deutschland GmbH，62.

谈判，意味着实施者将为标准实施的前期准备工作作出巨大投入，使标准之实施化为泡影。[82]

（二）FRAND 承诺之履行：许可磋商的进行与救济

当作为第三人的标准使用人请求 SEP 权利人向其给付为第三人利益合同所约定的利益，即要求提供在 FRAND 条款下进行许可磋商的机会时，FRAND 许可磋商程序便启动了。FRAND 条款为当事人磋商提供指导，并在必要时与 FRAND 许可所延伸出的先合同义务相结合，对当事人予以救济。

1. FRAND 许可磋商中当事人义务的确定

在最理想的状况下，SEP 权利人与潜在被许可人均遵守 FRAND 条款，并在许可费率上达成共识，FRAND 许可得以顺利缔结。但在这一过程中，当事人双方均负有义务。

1）FRAND 承诺与 FRAND 许可的双重效力

乍看之下，若潜在被许可人亦须遵循 FRAND 条款，则与前文所提出的 FRAND 承诺仅赋予第三人以纯利益的观点相悖，有使其负担之嫌，实则不然。

事实上，潜在被许可人在磋商过程中对 FRAND 条款的遵循义务并不来源于为第三人利益合同，而来源于尚未产生的 FRAND 许可。质言之，FRAND 承诺中债的特殊性决定了此处对为第三人利益合同之履行，就是对 FRAND 许可合同之准备。因此，一旦进入许可合同磋商阶段，便有两个合同共同作用于 SEP 权利人与潜在被许可人：一方面，基于已生效的为第三人利益合同，SEP 权利人作为受约人有义务遵循 FRAND 条款，与作为第三人的潜在被许可人进行磋商；另一方面，基于尚处于准备阶段的 FRAND 许可，SEP 权利人与潜在被许可人作为具有特殊对待关系的谈判双方，均应本着诚实信用原则遵守其先合同义务。

鉴于民法设置先合同义务的目的之一就在于保护在合同准备过程中将自身利益不断暴露给对方的一方当事人，防止其法益受到损害。[83]因此，在得知相对人有遵守 FRAND 条款之义务后，潜在被许可人若遵循诚实信用原则，则亦应遵循包含 FRAND 内容在内的先合同义务进行磋商。否则，在明知对方有义务须遵循时若仍提出与之相悖之要求，则有恶意磋商之嫌。

至此我们可以说，潜在被许可人遵守 FRAND 条款的要求，源于前置于许可合同磋商阶段的先合同义务，却出于为第三人利益合同与 FRAND 许可的共同要求。

2）当事人义务在判例中的确定

从判例层面看来，既不同于德国联邦最高法院在前述 Orange-book-standard

---

82 CJEU，16 July 2015，Case C-170/13，Opinion of Advocate General，注释 53.

83 参见王洪亮：《债法总论》，北京：北京大学出版社 2016 年版，第 67 页。

一案中对于标准实施者之善意的较高要求，如作出先行提出要约、预先履行合同义务等特定行为，又不同于欧盟委员会在针对摩托罗拉公司的反垄断调查[84]中仅要求标准实施者抱有订立 FRAND 许可之意愿的较低善意要求，欧盟法院在华为诉中兴一案中对于许可合同磋商步骤所作出的具体安排，从实践层面极好地诠释了谈判双方应如何履行其 FRAND 义务以展现其善意。

根据该判决，当潜在被许可人表示其有意缔结 FRAND 许可后，SEP 权利人须向潜在被许可人提出符合 FRAND 条件的要约，而后者应根据善意原则对要约作出回应，避免任何形式的拖延。[85]由于此时潜在被许可人仅处于被要约状态，尽其必要注意义务即为保持善意。

但是，一旦潜在被许可人对专利权人的要约表示拒绝，则须以书面形式及时作出符合 FRAND 条款的反要约。[86]如果说要求要约以书面形式作出是出于交易安全与证据提供方面的考量，那么“及时”与“符合 FRAND 条款”则是潜在被许可人履行其先合同义务的必然要求，是诚实信用原则与为第三人利益合同相结合的产物。不仅如此，当潜在被许可人在拒绝专利权人的要约前已经实施了 SEP 所覆盖的专利技术，自其拒绝要约起，还需根据普遍认可的商业惯例提供适当担保。[87]

实际上，依据先合同义务，即使司法层面未对磋商进行细致指导，采取及时回应、避免拖延、提供担保等措施也是一个善意相对人在以订立合同为目的的接触中所理应负担的义务。欧盟法院所做的，只是将这些“理应”存在的磋商步骤以判例的形式固定下来，以指导后续谈判。

2. FRAND 许可磋商中当事人义务的违反

从近年来大量出现的 SEP 诉讼可以看出，为订立 FRAND 许可所进行的磋商并不是总能得以顺利进行。

当然，善意当事人对合同的部分条款意见相左而影响谈判效率的情形并不罕见，当事人此时仍可以参照华为诉中兴一案的磋商要求展现其善意之姿。在经过一轮要约、反要约后，即使双方不能就 FRAND 许可的具体实施细节达成一

---

84 European Commission，Press Release IP/13/406，资料来源：http://europa.eu/rapid/press-release_IP-13-406_en.htm；更新时间：2019 年 7 月 25 日；访问时间：2019 年 8 月 27 日。Memo/13/403，http://europa.eu/rapid/press-release_MEMO-13-403_en.htm；更新时间：2019 年 7 月 25 日；访问时间：2019 年 8 月 27 日。

85 *See* CJEU，16 July 2015，Case C-170/13，Huawei Technologies Co.Ltd v ZTE Corp.and ZTE Deutschland GmbH，62，63.

86 *See* CJEU，16 July 2015，Case C-170/13，Huawei Technologies Co.Ltd v ZTE Corp.and ZTE Deutschland GmbH，66.

87 *See* CJEU，16 July 2015，Case C-170/13，Huawei Technologies Co.Ltd v ZTE Corp.and ZTE Deutschland GmbH，67.

致，仍然可以经协商一致选择求助于某独立第三方以确定 FRAND 费率，[88]那么当事人双方依然践行了诚实信用之原则，不构成对 FRAND 条款的违反。

但更多的时候我们发现，谈判陷入僵局的原因往往源于双方当事人中某一方的恶意。当下，面对这种恶意，当事人几乎均直接诉诸专利法与反垄断法。这两种特别法上的救济方式手段有限却又威力较大，源于专利法的禁令救济能给被诉侵权人造成巨大经济损失，反垄断法的制裁又可以直接阻断专利权的行使，这导致两法愈发成为跨国公司专利战之工具。相反，有正当理由拒绝许可的 SEP 权利人仍有被诉滥用市场支配地位的风险，而真正希望取得 FRAND 许可的标准使用者却可能受救济手段、举证能力之限而无法得到恰当救济。

正因如此，认清 FRAND 承诺的为第三人利益约款属性，有助于借助民法的力量限制反垄断法这一公法在私法领域的工具化使用，帮助 SEP 权利人找到其专利权得以正确行使的范围而不被完全架空，同时使法益受到损害的当事人得到合理救济。

1）以民法兜底专利法以应对第三人之恶意

由于为第三人利益合同要求 SEP 权利人基于 FRAND 条款进行磋商，潜在被许可人可能利用这一义务的拘束力，消极拒绝、延误磋商进程，避免达成许可合同，以期尽可能拖延许可费的支付，达到无偿使用专利的目的，这些行为通常被称为专利反向劫持。实践中，SEP 权利人通常以专利法为武器诉其侵权以寻求禁令，但倘若标准使用者主张其有订立许可合同的意愿，很多时候则难以从专利法上对其行为进行规制。

然而若回归民法，基于 FRAND 许可谈判，潜在被许可人的这些行为无非是违反了其先合同义务，均可被归入我国《合同法》第 42 条所规定的在订立合同过程中所禁止的假借订立合同恶意磋商，或者单方中断缔约致使合同无法缔结等未尽必要注意义务、违反诚实信用原则的行为之内。

鉴于有双重合同关系作用于 SEP 权利人与潜在被许可人的磋商过程，潜在被许可人对于先合同义务的违反所带来的后果亦是双重的。

一方面，从 FRAND 许可的角度看来，当潜在被许可人违反其在磋商过程中所应遵循的先合同义务时，SEP 权利人可能已经产生了一定的缔约费用，对于这一行为所带来的损失，权利人可基于其信赖利益寻求损害赔偿。当然，在此情形之下权利人尚需证明存在潜在被许可人对于先合同义务的违反行为、可归责于潜在被许可人的过错以及自身因此所承受的损失。

另一方面，从 SEP 披露合同的角度来看，由于 FRAND 承诺中 SEP 权利人

---

88 *See* CJEU，16 July 2015，Case C-170/13，Huawei Technologies Co.Ltd v ZTE Corp.and ZTE Deutschland GmbH，68.

的义务属于行为义务，一旦潜在被许可人蓄意拖延、作出与FRAND条款完全相左的反要约等行为，对权利人履行其FRAND承诺产生阻碍，成为无法继续FRAND许可磋商的直接原因，此时权利人便从其义务中解脱出来，而得行使原本被FRAND条款所束缚的专利权，以潜在被许可人之恶意为正当理由拒绝授予许可。此外，对已实施专利的标准实施者，权利人可提出专利侵权之诉，要求停止侵权、召回侵权产品或寻求损害赔偿，而无需有竞争法上的后顾之忧。

在此，民法发挥了其对专利法的兜底作用。专利权作为知识产权的一种，本属一种私权，应由私法作为其调整与规范的基础。也就是说，根据一般法与特别法的关系，在作为特别法的专利法没有规定时，应以民法为基础对专利权进行保护。[89]

2）以民法补充反垄断法以制裁受约人之恶意

一旦进入合同磋商阶段，受约人SEP权利人也可能违反FRAND承诺，利用其基于标准所取得的锁定效应及市场控制力对一些竞争者拒绝许可，或以侵权之诉迫使相对人接受高额的许可费用。权利人的这些行为违反了其订立的为第三人利益合同，违背FRAND承诺之初衷，损害潜在被许可人的利益，产生专利劫持现象，在某些情况下亦有扰乱竞争秩序之虞。与前文所述SEP权利人有正当理由拒绝许可之情形不同，在专利劫持中，权利人漠视诚实信用原则，具有恶意。

欧盟范围内，知识产权领域滥用市场支配地位的案例众多，足以在反垄断层面上搭建起对于专利劫持现象的法律评价体系。自Magill案[90]与IMS Health案[91]开始，当年的欧共体法院[92]即认定当涉案知识产权构成必要设施时，权利人拒绝许可或作出可视为实质拒绝许可的行为，即可构成对市场支配地位的滥用。ITT Promedia一案[93]中欧盟法院又指出，当专利权人以给潜在被许可人施压、扰乱市场竞争秩序为目的提出专利侵权之诉时，提出该诉讼的行为即可被认定为滥用市场支配地位。此外，针对FRAND许可磋商阶段可能出现的反竞争行为，借华为诉中兴一案，欧盟法院较为详细地列举出了专利权人积极作为即不构成滥用市场支配地位的情形。法院实际上从反面指出，在所列举的情形下专利权人倘若不作为或作为不符合要求，即可被认定为滥用市场支配地位，具体包括专利权人未作出侵权警告、未提出FRAND要约或所提出的要约不符合FRAND

89 参见李扬：《重塑以民法为核心的知识产权法》，《法商研究》2006年第6期。

90 CJEC，6 Apr.1995，Joined Cases C-241/91 P and C-242/91 P，*RTE and ITP v Commission.*

91 CJEC，29 Apr.2004，Case C-418/01，*IMS Health.*

92 在《里斯本条约》于2009年12月1日生效之前，如今的欧盟法院（European Court of Justice）曾一度保留着欧洲共同体法院（Court of Justice of the European Communities）的名称。

93 ECFI，17 July 1998，Case T-111/96，ITT Promedia NV v Commission of the European Communities.

条款等情形。

不过，即使在这些判例的指导之下，反垄断法亦无法在出现专利劫持问题时为权益受到侵害的潜在被许可人提供全面救济，究其原因有二。

其一，从反垄断法的立法目的上看，为了维护公正的市场竞争环境，反垄断法所保护的法益乃是竞争秩序，但专利劫持行为并不一定对市场竞争秩序造成影响，从而架空反垄断法之适用基础。这是因为从滥用市场支配地位的角度看来，随着对相关市场的界定方式从静态分析到动态分析不断演进变化，对于知识产权权利人是否拥有市场支配地位的判断愈来愈注重个案分析，纵使权利人拥有 SEP，也不必然被认定为在相关市场上占据支配地位。[94]另外，即使 SEP 权利人被认定为拥有市场支配地位，但在涉及 SEP 的案件中，越来越多的当事人双方可能都是同一标准之中不同 SEP 的拥有者，均在自身所拥有的 SEP 的相关市场上有着支配地位，[95]故而在同一标准之中势均力敌。在此情形下，被诉 SEP 权利人是否能真正对对方产生“支配”效果？当被诉者反过来援引其相对人的市场支配地位时，双方的市场支配地位是否会产生相互抵消的效应，[96]使滥用市场支配地位无成立之基础？这些情况下如何处理专利劫持问题，在反垄断之框架下尚且未知。

其二，倘若 SEP 权利人的行为确实构成滥用市场支配地位而使反垄断法有其用武之地，从权利救济的角度上看，反垄断法所提供的救济途径仍不能完全满足标准使用者的需求。尽管反垄断法上的救济有公共权力作为后盾，能够直接对出现的限制竞争行为进行有效制裁，救济措施多种多样，横跨多个法律领域，具有较强的体系性，[97]但在 SEP 领域，寻求救济的当事人主要是各标准使用者，当这些标准使用者秉持其善意时，他们诉诸法律的真正目的不在于惩罚 SEP 权利人对于市场竞争秩序的破坏，亦不在于弥补由此所衍生出的对市场的损害，而在于依 FRAND 条款取得许可合同，排除被诉侵权之忧。而这并不是反垄断法上的罚款、禁令、损害赔偿等救济措施所能给予的。

这些问题的解决已经远远超出了反垄断法之所能及，落入民法的调整范围。其原因植根于私法与公法、私权与公权、私益与公益的相互关系中。专利权作

---

94 参见林秀芹、刘禹：《标准必要专利的反垄断法规制——兼与欧美经验对话》，《知识产权》2015 年第 12 期。

95 这一点在欧盟的华为诉中兴一案中有明确体现，华为与中兴两家公司均为涉案标准中多个 SEP 的权利人，但是由于双方当事人并未针对华为是否具有市场支配地位这一问题提出异议，因此欧盟法院直接认定了华为的市场支配地位，而未作具体分析。

96 *V.*E.Treppoz，“Chronique Droit européen de la propriété intellectuelle – La judiciarisation des licences FRAND”，in *RTD Eur.*2015，p.865.

97 参见黄勇：《中国反垄断法下的救济措施》，载王晓晔主编：《反垄断立法热点问题》，北京：社会科学文献出版社 2007 年版，第 144—146 页。

为一项私权，仅当其行使对公益产生影响之时，才得运用具有明显公法属性的反垄断法对其进行干预。[98]易言之，虽然SEP涉及的标准制定、使用活动具有公共属性，极易对公益产生影响，对其滥用行为之规制理应由反垄断法主导，但对于标准所包含的专利权来说，当这一私权的行使囿于私权自治时，则仍应回归民法，以补充反垄断法之不足。

上文对于FRAND承诺为第三人利益约款属性的认定，使得为第三人利益合同制度在此得以适用。这一制度将FRAND承诺纳入合同法的框架之下，并赋予第三人以直接请求权，使其得越过SSO直接向SEP权利人请求履行其FRAND承诺中的磋商义务。这就意味着，SEP权利人的行为即便未对公正的市场竞争环境造成影响，只要专利权人无正当理由拒绝许可，即构成合同法上对其给付义务的违反，潜在被许可人可追究其违约责任。

另外，相对于反垄断法而言，合同法对于违约或违反先合同义务的救济措施更为丰富。对于善意标准实施者，其运用诉权的真正目的在于取得FRAND许可、消除被判侵权之忧，而非以牺牲生产经营活动为代价取得损害赔偿。而民法上除损害赔偿之外，违约人还可能以继续履行的形式承担违约责任。潜在被许可人通过存在于其直接请求权之上的继续履行请求权，可以要求未履行或未完全履行FRAND承诺这一为第三人利益约款中义务的SEP权利人继续依据FRAND条款履行其许可磋商义务，以期缔结FRAND许可使所涉标准得以顺利实施，生产经营活动得以正常进行。

在标准必要专利领域，当反垄断法之适用与救济难以为继之时，利用FRAND承诺为第三人利益约款之性质回归民法，不仅消除了不妨碍竞争之行为无法直接诉诸反垄断法的弊端，同时更加符合标准使用者根本目的在于实施专利的客观需求。

98 参见王先林：《反垄断法的基本性质和特征》，《法学杂志》2002年第1期。

Analysis on the Legal Nature of FRAND Commitments in Standard Essential Patents

Ning Lizhi，Qin Yi

Abstract: Although the role of FRAND commitments in judicial practice is getting more and more crucial, there is still no convincing theory regarding their legal nature.Due to its inseparability with patent declaration obligation, FRAND commitment is actually relying on contract of SEP declaration which is the prime contract concluded by SEP holder with SSO, it forms a third-party beneficiary clause in this contract.The commitment benefits all user of the standard by offering the possibility to negotiate a FRAND license with the SEP holder under the guidance of the FRAND clause.The determination of the legal nature of FRAND commitment as third-party beneficiary clause helps to govern the negotiating and contracting process of FRAND license by combining the effect of the direct action right from the third-party beneficiary contract and the precontractual obligations originated from the FRAND license, thus using the civil law to make up the insufficiency of reliefs provided by patent law and competition law facing SEP issues and dealing with the bad faith that can occur to either party during the negotiation.

Keywords: Standard Essential Patent; FRAND Commitment; Third-party Beneficiary; FRAND License; Precontractual Obligation

避风港制度中反通知机制的完善——以 UGC 内容为分析视角

孙　那

摘　要：我国引入美国法上的版权“避风港”制度已近二十年，这一制度的建立对于免除网络服务提供者的严格责任和促进优质内容的传播具有积极的意义。但是，避风港制度的运行过程中出现了通知的滥用和反通知机制被架空的实际情况。我国在引入该制度时并不完全和充分，学界对通知-删除机制往往给予更多的关注，反通知机制的研究者并不多。客观评价该制度在美国和我国的实际运行情况，才能找到其中的制度性障碍并予以回应。适逢我国《著作权法》进行第三次修改，避风港制度中的反通知机制应在此原有的法律框架下作出适时性调整，并注意与通知-删除机制的衔接与协调，更好地发挥该制度的作用和价值。

关键词：避风港；通知-删除；反通知

作者简介：孙那（1986—　），西北政法大学经济法学院讲师，中国社科院与腾讯公司联合培养博士后，北京大学法学博士，主要研究方向为知识产权法、娱乐法。

基金项目：陕西省教育厅 2019 年度专项科学研究计划项目“数据产品的法律属性及侵权规则研究”（19JK0871）。

目 次

一、问题的引入

随着互联网的发展进入 Web2.0 时代，互联网用户的身份从内容的被动接收者和消费者逐渐转为内容的主动创造者，而由用户创作产生的作品内容我们称之为 UGC（User-Generated-Content）。[1]虽然学界和实务界经常提及 UGC 概念，但是对这一概念作出准确特征概括的是经济合作和发展组织（OECD，Organization for Economic Cooperation and Development），其在报告中提及，“UGC 无论其内容如何，应包括主要三个特征：线上公开发表、创造性的努力以及该创造性活动并非基于专业性实践产生”[2]。UGC 内容的产生与技术的发展紧密相关，借助音视频技术的发展，以往只能由 PGC（Professional-Generated-Content）创作完成的视频和音频等内容的制作，普通用户现在只需要移动设备和若干功能强大的软件或 APP 就能轻松完成。新技术的普及和发展不仅极大降低了专业内容制作的技术门槛，也减少了内容创作的成本。

UGC 内容的创作者一般为个人用户或者非专业的内容制作者，虽然 UGC 内容的制作成本一般较低，且不需要太多的专业设备和技能，但是其在网络上的传播速度和盈利能力却不容小觑。2015 年，美国福布斯杂志公布了 YouTube 平台上顶级的 UGC 内容创作者的年盈利情况，例如广受欢迎的瑞典籍游戏体验者 Pew Die Pie，其在 YouTube 上的订阅用户达到 5670 万人，年收入更是高达 1200 万美元。[3]以美国最大的视频内容开放平台 YouTube 为例，据统计，其平台用户每分钟会上传 400 小时的视频内容，而这些 UGC 用户在上传这些视频内容前基本都没有考虑过是否会侵犯他人版权的问题。[4]以美国 YouTube、Facebook、Reddit、SoundCloud 为代表的免费开放平台鼓励用户创作 UGC 内容并进行上传，以此吸引更多的用户访问以增加流量，进而通过广告或会员付费等增值业务模式进行盈利。我国目前的微信、腾讯视频、爱奇艺视频、优酷视频、QQ 音乐、网易音乐等多个平台也开始尝试以开放平台的模式进行 UGC 内容的运营，但是其具体的操作模式和用户权限等与美国的这些开放平台模式存在些许差异。我

1　G. Ritzer. N. Jurgenson，*Production，Consumption，Prosumption. The nature of capitalism in the age of the digital "prosumer"*，Journal of Consumer Culture，10（1），2010，p.19.

2　OECD，*Participative Web：User Created Content*，2007，p.8.

3　Madeline Berg，*The World' s Highest-Paid YouTube Stars 2015*，Forbes，Oct. 14，2015.

4　Google，*How Google Fights Piracy*，2016，*see* https：// drive.google.com/file/ d/ OBwxyRPFduTN2TmpGw6TnRLaDA/view.

国的视频平台基本上是由美国的 Hulu 模式[5]加 YouTube 模式[6]构成，也即我国视频网站上的内容一部分是自有版权内容，另一部分是 UGC 内容。

与开放平台的兴起和 UGC 内容涌现相伴而生的问题是这些 UGC 内容的创作者在创作视频或音频内容时，不可避免地会使用他人已经创作完成并受版权法保护的作品，这些用户在使用前如果没有获得合法授权，会引发相应的侵权问题。同时，也有很多用户在创作 UGC 内容时少量使用他人作品的行为符合合理使用的判断要素却因权利人的滥发通知而被删除。实践中，每年巨额的通知数量和少数的反通知数量形成鲜明对比，权利人滥用通知机制达到自己的各种目的，平台方在接到权利人发出的侵权通知后，为了躲进“避风港”，通常选择删除作品及其链接。用户在面临权利人的诉讼威胁和平台方的删除措施时，版权法提供了反通知机制作为救济途径。但是在实践中反通知机制的运行效果如何？该机制是否真正起到了平衡用户和权利人之间权利义务的功能呢？

二、反通知机制的原有机制建构设想与我国的引入

版权法的制度设计可以被看作是平衡各方利益的天平，天平的一端是以权利人为代表的作品的创作者，另一端是以使用者为代表的作品的传播者。这种表达的自由与传播的利用之间平衡的实现是通过不断调整使用者、创作者和公众利益实现的，[7]例如版权法中的“思想-表达二分法”、合理使用制度乃至法定许可等制度。在网络环境中，由于传播者和传播媒介的扩展，版权制度中需要平衡的主体样态更加多元化。因此，在制度设计方面也更加复杂，既要考虑到网络环境以流量经济和注意力经济为核心的新盈利模式，更要考虑到使用者和权利人乃至平台方在获取信息和利用信息方面所具有的信息不对称性。肇始于美国《数字千年法案》的避风港规则可谓是网络环境中利益衡平的制度代表之一。美国 1998 年的《数字千年法案》（DMCA，*The Digital Millennium Copyright*

5 Hulu 是一家以正版影视内容为播放基础，以大量的广告为收入来源的视频网站。其具有四个典型特征：第一是经过授权的正版影视作品；第二是广告支撑，而不是付费；第三是通过独家信息网络传播权再向其他网络媒体分销；第四是由大型传媒娱乐集团发起，由风险投资参与，进行体外孵化的独立媒体公司。资料来源：维基百科 Hulu 词条；更新时间：2018 年 5 月 24 日；访问时间：2018 年 5 月 27 日。

6 YouTube 主要依靠 UGC 内容，而不花巨资采买影视剧版权。其通过收入分成模式和 UGC 用户进行分账。其视频中产生出的 55%的广告收入都归 UGC 用户。其最大的价值在于去中心化，通过用户上传视频的方式形成了一种新的文化，与传统的精英化电视媒体形成鲜明对比。参见董晓常：《YouTube 为什么无法盈利？》，《第一财经周刊》，2015 年 3 月 7 日；访问时间：2018 年 5 月 28 日。

7 Matthew Sag, *Internet Safe Harbors and the Transformation of Copyright Law*, 93 Notre Dame L. Rev. 499（2017）, p.500.

Act）是各方利益角力的结果，美国国会在数字技术环境下试图为权利人提供更好的权利保护。与此同时，美国国会也希望公众能够更加方便和快捷地通过互联网获取作品和扩大作品的传播。我们需要注意的是在当时的互联网发展环境下，该法案规制的对象仅针对将传统的内容生产者例如出版社、报社等生产出的作品通过用户点击搜索或订阅等方式在互联网环境中进行获取的行为。[8]美国国会还没有预见到 UGC 内容、Tweets、Vines、Snapchat 以及 instagram 等这些新型作品传播渠道和商业模式。即便除此，该法案创造性地设立了最为瞩目的避风港规则。

避风港规则设计之初的目的在于平衡权利人、网络服务提供者[9]和用户三者的利益。通知-删除机制的运行原理是当网络服务提供者收到权利人发出的侵权通知时，就应知晓该侵权内容存在于其网络系统中，如果网络服务提供者及时删除被控侵权的内容，可以免于承担相应的间接侵权责任。[10]如果说通知-删除机制的建构目的在于免除网络服务提供商因提供的网络服务而承担侵权责任，[11]那么反通知机制的设立旨在为使用者提供一个合法抗辩和救济的机制，从而能更好地维护自身权利。美国法上的反通知机制与通知-删除机制略有不同：网络服务提供者收到反通知之后，必须立即将反通知告知发出侵权通知的权利人，权利人可以在 10 天内向法院起诉，并将起诉通知网络服务提供者，后者则不应当恢复被指控内容；如果权利人在 10 天内没有起诉，网络服务提供者应当在 10～14 个工作日内恢复被指控内容。[12]如果网络服务提供者根据上述规则来操作，美国版权法对其免责。可见，美国法上的通知-删除机制与反通知机制是为权利人和用户在网络环境中提供维护自身合法权利并同时提供相应救济和抗辩途径的平衡制度。

我国对美国避风港规则的引入最早见于 2000 年最高人民法院《关于审理涉及计算机网络著作权纠纷案件适用法律若干问题的解释》中的第八条第一款，[13]其部分借鉴了美国避风港中的通知-删除机制，但是没有同时引入与通知-删除机制配套的反通知机制。之后在 2006 年通过的《信息网络传播权保护条例》第 14

---

8 Bonneville Int' l Corp. v. Peters，153 F. Supp. 2d 763，767（E.D. Pa. 2001），affd，347 F.3d 485（3d Cir. 2003）. Paul Goldstein，*Copyright' s Highway：From Gutenberg to the Celestial Jukebox*，rev. ed. 2003，pp.187—188.

9 本文所指的网络服务提供者借鉴美国 DMCA 中规定的四类主体，主要包括信息存储服务提供者、信息定位服务提供者、自动缓存服务提供者和临时数字网络传输服务提供者。

10 王迁：《网络环境中的著作权保护研究》，北京：法律出版社 2011 年版，第 251 页。

11 熊文聪：《避风港中的通知与反通知规则——中美比较研究》，《比较法研究》2014 年第 4 期。

12 17 USC 512（g）.

13 该司法解释第八条第一款规定：网络服务提供者经著作权人提出确有证据的警告而采取移除被控侵权内容等措施，被控侵权人要求网络服务提供者承担违约责任的，人民法院不予支持。

条至第17条分别规定了通知-删除机制和反通知机制。与美国法上的反通知机制规定的10～14天的期限不同的是，我国在引入反通知机制时要求“网络服务提供者接到服务对象的书面说明后，应当立即恢复被删除的作品、表演、录音录像制品”[14]。2013年我国对《信息网络传播权保护条例》进行了修改，但是这几条并未调整，依然保留原有规定。如果说前两部立法性文件是我国对美国避风港规则进行法律移植的尝试，2009年我国的《侵权责任法》在法律层级上吸纳了该制度，但是令人更加遗憾的是此次立法的引入依然不尽如人意。《侵权责任法》第36条第2款前一句规定，网络用户利用网络服务实施侵权行为的，被侵权人有权通知网络服务提供者采取删除、屏蔽、断开链接等必要措施。网络服务提供者接到通知后未及时采取必要措施的，对损害的扩大部分与该网络用户承担连带责任。也就是美国法上的通知-删除规则。至于《侵权责任法》第36条第2款后一句“网络服务提供者接到通知后未及时采取必要措施的，对损害的扩大部分与该网络用户承担连带责任”的规定，是否暗含了网络用户的反通知权利，杨立新教授认为“尽管法条中表面上规定的是通知及其效果，但是其在法条背后却包含着反通知规则及其效果”[15]。笔者对此并不认同。法律要求具有明确性以便于执行和实施，如果在一部法律文件中包含两种地位相等的法律机制，为何对于通知-删除机制在法条中予以明示而对于反通知机制却要以暗示的方式体现？这样的制度性安排不具有可操作性，也容易引起误解，况且从法条的规定来看，我们似乎也无法合理推理出其中暗含的反通知机制。

由此，我国可以看到，虽然我国在2000年就已经开始试探性地在我国版权法语境下引入美国的避风港制度，但是法律移植的过程中却出现了偏差或者说部分引入的情况。从1998年美国《数字千年法案》中首次出现避风港规则至今已逾二十年，这期间互联网的发展也经历了一次次的技术革新，新的商业模式和流量经济的兴起为避风港规则的法律运用提出了新的挑战。对这一机制的实施效果，我们应从通知-删除机制和反通知机制两个层面进行考量，国内外学者对前者的研究和关注较多，[16]而后者鲜有文献论述。下面本文将进一步分析反通知机制的实际运行效果。

---

14 《信息网络传播权保护条例》第17条。

15 杨立新、李佳伦：《论网络侵权责任中的反通知及效果》，《法律科学》2011年第6期。

16 相关研究成果较多。例如蔡唱：《网络服务提供者侵权责任规则的反思与重构》，《法商研究》2013年第2期；王利明：《论网络侵权中的通知规则》，《北方法学》2014年第2期；徐伟：《网络侵权治理中通知移除制度的局限性及其破解》，《法学》2015年第1期；崔国斌：《论网络服务商版权内容过滤义务》，《中国法学》2017年第2期；杜颖：《网络交易平台上的知识产权恶意投诉及其应对》，《知识产权》2017年第9期。

三、反通知机制实施的效果评价

根据美国《版权法》第 512（g）条的规定，反通知机制即被通知人有权发出反通知，反驳其行为不属于侵权，从而迅速恢复其遭到删除的内容。但是该规则在实际运用过程中却没有达到预期效果。首先，网络用户在收到涉嫌侵权的通知后，往往会选择不发起反通知，这是因为他们普遍认为反通知的发出容易招来诉讼，而面对财力雄厚的权利人的起诉，普通用户是无力抵挡的。为了扭转这种失衡的局面，美国商务部下属的网络政策工作组在其 2016 年 1 月公布的《混同、首次销售及法定赔偿白皮书》中建议，调低美国《版权法》中的法定赔偿额度，以此降低侵权人的负担。[17]除此以外，包括 YouTube 在内的多个网络服务提供者也发动了各种资助网络用户对抗权利滥用的行动。但是，这些措施充其量只是反通知机制的配套补救措施，无法从根本上拯救反通知机制。事实上，权利人之所以会起诉网络用户，是为了利用天价赔偿的震慑力，达到杀一儆百的目的。对此，囿于自身实力和反通知机制的孱弱，网络用户可谓是毫无办法。[18]

（一）通知与反通知存在巨大的数量反差

在美国的实践中，网络服务提供者每年收到的通知和反通知的数量呈现出巨大的反差。根据美国国会发布的报告显示，包括谷歌公司在内的多家网络服务提供者每年会处理上千万条通知，但是收到的反通知数量占比仅为 0.08%～0.6%。[19]根据 Twitter 公司 2015 年的年度报告显示，2015 年收到通知 56971 条，与之相对的反通知数量仅为 65 条，约占所有通知数量的 0.11%。[20]美国 Tumblr 公司的报告显示，在其 2015 年收到的 77357 条侵权通知中，仅有 0.08%的通知发出后收到了反通知。[21]此外，美国 Automattic 公司的报告也显示，在其 2015

---

17 The Department of Commerce Internet Policy Task Force, *White Paper on Remixes, First Sale, and Statutory Damages: Copyright Policy, Creativity, and Innovation in the Digital Economy*, 2016, pp.90—101.

18 Annemarie Bridy, *A New Case Against DMCA Counter-Notice Senders*, Stanford Law School, Feb. 9, 2016, https://cyberlaw.stanford.edu/blog/2016/02/new-case-chilling-effects-against-dmca-counter-notice-senders-2.

19 Annemarie Bridy & Daphne Keller, *Comments Submitted in Response to U.S. Copyright Office's*, Dec.31, 2015 Notice of Inquiry, at 28.

20 Twitter, *Transparency Report, Copyright Notices (2015)*, https://transparency.twitter.com/copyright-notices/2015/jul-dec.

21 Tumblr, *Copyright and Trademark Transparency Report (2015)*, http://static.tumblr.com/zyubucd/0uWntp2iw/iptransparencyreport2015a_updatedfinal.pdf.

年收到的所有通知中，仅有少于 0.6%的通知发出后收到了反通知，而在这些反通知中，权利人针对反通知采取进一步行动例如提起诉讼的仅有 1 件。[22]这些反通知的数量还远不及每年发出的恶意通知和错误通知的数量。而根据笔者的随机调查显示，在我国的主要互联网企业中，网络服务提供者每年收到的通知数量也远远超过反通知的数量，甚至有的网络服务提供者根本没有将涉嫌侵权的通知告知被通知人或者为其提供发出反通知的途径。

（二）通知与反通知的形式和实质性要求不同

一方面是反通知的数量较少，被通知人怠于积极主动通过反通知程序进行抗辩。另一方面，美国《版权法》和我国《信息网络传播权保护条例》中第 15 条、第 16 条对通知和反通知的形式要求作出了相似的规定，即需要提供权利人/服务对象的姓名、联系方式和地址，要求删除或者断开链接/恢复的作品、表演、录音录像制品的名称和网址，提供不构成侵权的初步证明材料。但是在实践中，网络服务提供者对反通知受理要求的门槛相对较高。根据我国学者的实证分析显示，网络服务提供者原则上不受理反通知，提供了新证据、新理由才予以受理的占到全部反通知数量的 63.64%，没有任何理由对反通知不予受理的占到 18.18%，而对反通知均受理，重新审查涉事信息的数量为零。[23]与此同时，对比我国网络服务提供者对于通知的受理要求，将近一半的网络服务提供者认为通知人提出通知即可，要求通知人提供构成侵权的初步证明材料的仅占不到三分之一。[24]可见，这种对反通知受理的高门槛与对通知受理的低门槛形成鲜明反差。

（三）反通知机制的运行效果有限，无法为被通知人提供合理的救济途径

如果说“被虚设和滥用是当前‘通知-删除’机制运作的真实状况”[25]，那么鲜为人知和无人问津可以被用来形容反通知机制目前的运行状况。通知-删除机制和反通知机制中一个关键的第三方即网络服务提供者，在这两个机制运行过程中扮演着极为重要的角色，甚至有学者称“网络服务提供者已经转变为版权警察”[26]。网络服务提供者面对海量的通知，既要尽到审查的义务，也要根据所谓的“红旗标准”对一些明显侵权内容主动审查和监测。为了获得“避风港”的庇护，网络服务提供者在审查侵权通知时，只要权利人发出的通知符合法律规定的形式要件，网络服务提供者就会进行删除或断开侵权链接等，并不对通

---

22 GitHub，*Transparency Report（2014）*，https：//github.com/blog/1987-github-s-2014-transparency-report.

23 蔡唱、颜瑶：《网络服务提供者侵权规则实施的实证研究》，《时代法学》2014 年第 2 期。

24 蔡唱、颜瑶：《网络服务提供者侵权规则实施的实证研究》，《时代法学》2014 年第 2 期。

25 徐伟：《网络侵权治理中通知移除制度的局限性及其破解》，《法学》2015 年第 1 期。

26 梁志文：《网络服务提供者的版权法规则模式》，《法律科学》2017 年第 2 期。

知的内容进行实质性审查。但是，网络服务提供者对其收到的反通知，除要求这些反通知必须符合法律规定的形式要件外，还需要对其内容进行实质性审查，即对被控侵权人提出的诸如合理使用抗辩事由是否成立进行人工审查。实践中，能够满足这样形式要求和实质要求的反通知数量极少，尤其对于UGC用户来说，由于其知识水平和能力等方面的限制，能够了解并启动这一机制的人数并不多。为其施加举证证明自己的使用行为是合理使用这一法律难题更加难以完成，即便被控侵权人认为自己的行为是合理使用行为，却很难通过该程序完成相应的抗辩。在这样的情况下，反通知机制虽然名义上是为用户提供了一条维护自身权利的合法路径，在实践中的运行效果却非常有限，成为名存实亡的制度。

四、反通知机制失灵的原因分析

第一，通知的滥用导致被通知人的合法权利受到侵害。根据2016年美国哥伦比亚大学和加州大学的学者联合发布的研究报告《日常实践中的通知-删除规则》（NTEP，Notice and Takedown in Everyday Practice）显示，2013年的5月到10月，以Lumen公司收到的所有1800条通知作为样本分析，其中4.2%的通知是具有“根本性的错误”，因为这些通知根本没有指出侵权作品的名称等基本信息，另有28.4%的通知存在有效性问题，不能构成合格的通知。在这些不合格的通知中，又有15%的通知没有指出侵权之处，6.6%的通知存在合理使用抗辩的问题，另有2.3%的通知是涉及商标权侵权和诽谤等非版权侵权问题。约有一半以上的通知发出方其通知针对的对象是其商业竞争对手。[27]此外，在Google Web Search服务收到的涉及侵权的通知中，高达70%的通知存在合格性问题。在如此多的不合格通知中，针对这些通知所回馈得到的反通知数量却是以个位数计算。通知机制成为权利人用来打压竞争对手的有力武器，而对方却没有能够通过反通知机制得以反击。大量不合格的通知在未得到充分审查的情况下就获得了网络服务提供者的积极回应，使得通知-删除机制沦为一种滥用网络版权的“标准化流程”，长此以往，最终将使DMCA伤及版权法的根本，版权的平衡机制也将被打破。[28]

第二，反通知机制的效果有限，主要源于反通知机制中额外的交易成本。反通知机制要求用户在收到通知后，在有限的时间内作出不侵权的抗辩，在此

27 Jennifer M. Urban et al.，*Notice and Takedown in Everyday Practice*，Univ. of Cal. Berkeley，Public Law Research Paper No. 2755628，2017，p.56.

28 Mark Peterson，*Fan Fair Use：The Right to Participate in Culture*，17 U.C. Davis Bus. L.J. 2017，p.217，252.

过程中，咨询专家、联络网络服务提供者以及侵权判定等工作都属于额外的交易成本。这些交易成本的总量也许不大，但是它们足以让普通的网络用户望而却步。[29]对于普通用户来说，面对涉嫌侵权的诉讼威胁之外，还要承担起主动收集和证明自己的行为不属于侵权行为的证据收集和整理工作。这些时间成本和交易成本的巨大负担使其难以承受。

第三，反通知机制的流程性规范不足造成反通知机制难以有效运行。根据 DMCA 第 512 条的规定[30]和我国《信息网络传播权保护条例》第 16 条的规定[31]，反通知的形式要求之一，是被通知人必须提供其真实姓名和居住地址，此类个人信息的披露，在无形中对被通知人施加了压力，其需要担心在网络环境中个人信息被泄露的风险。此外，对于 UGC 内容来说，由于网络用户在网络服务提供平台上注册时并不必然要求提供邮件地址和其他联系信息，结果网络服务提供者在试图将侵权通知转送给被通知人时可能无法送达或者联系到被通知人。这时被通知人在没有收到侵权通知的情况下，更无法发出相应的反通知。此外，有些网络服务提供者为了减轻自身的工作量，并没有对用户如何进行反通知作出明确的形式要件的规定或进行相应的流程指引，使得用户希望进行反通知的意愿落空。[32]

第四，时限差异也是造成其机制失灵的重要原因。从实然法角度的规定分析，美国《版权法》和我国《信息网络传播权保护条例》中要求网络服务提供者接到“通知”后“立即删除”被主张侵权的资料或禁止访问这些资料。[33]根据调查，上述条款中的“立即”，在实践中已经可以用分钟来计算，可见删除内容

---

29 Gideon Parchomovsky & Philip J. Weiser，*Beyond Fair Use*，96 Cornell L.Rev. 91，2010，p.109.

30 “反通知必须以书面形式送达网络服务提供者的指定代理人，并大体包含下列内容：服务对象的物理签名或电子签名；要求恢复的资料的名称和网络地址；在通知中指出，通知人有合理的理由相信，要求恢复的资料是由错误或误认而被删除或被禁止访问的，并愿意承担伪证责任。”杜颖、张启晨译：《美国著作权法》，北京：知识产权出版社 2013 年版，第 152 页。

31 服务对象接到网络服务提供者转送的通知书后，认为其提供的作品、表演、录音录像制品未侵犯他人权利的，可以向网络服务提供者提交书面说明，要求恢复被删除的作品、表演、录音录像制品，或者恢复与被断开的作品、表演、录音录像制品的链接。书面说明应当包含下列内容：

（一）服务对象的姓名（名称）、联系方式和地址；

（二）要求恢复的作品、表演、录音录像制品的名称和网络地址；

（三）不构成侵权的初步证明材料。

服务对象应当对书面说明的真实性负责。

32 孙洁：《浅析适用避风港原则中有关“通知”的几个问题》，《中国版权》2013 年第 2 期。

33 参见美国《版权法》第 512（b）（E）条规定：“网络服务提供者接到所述主张侵权的通知书后，应当立即删除被主张侵权的资料或者禁止访问这些资料”。我国《信息网络传播权保护条例》第 15 条规定，“网络服务提供者接到权利人的通知书后，应当立即删除涉嫌侵权的作品、表演、录音录像制品，或者断开与涉嫌侵权的作品、表演、录音录像制品的链接”。

的速度之快。我国《信息网络传播权保护条例》第 17 条规定，网络服务提供商在收到反通知后应该立即恢复被删除的内容。[34]从我国的立法角度来看，我国法律所规定的“立即”删除和“立即”恢复其实是一个弹性条款，具体多久可以被视为“立即”，法律并没有作出明确规定。根据学者的实证分析，网络服务提供者对反通知的处理期限的行业标准为 3～10 天。[35]可见，与法律明确规定的网络服务者在收到通知后“立即”删除的处理期限相比，反通知的处理期限相对宽松，相较之下，美国反通知规制要求网络服务提供者在收到反通知后 10～14 天内恢复被删除的内容即可。[36]从美国规定的 10～14 天到我国的行业标准的 3～10 天，不得不说在机制设计时，立法者对通知人和被通知人的权利在网络服务提供者的处理时限设定方面极不公平。况且，不同类型的网络服务提供者在依据其收到的反通知恢复内容后，是否还能得到避风港的保护？法条中对此的规定并不明确。这也是网络服务提供者消极对待反通知机制的原因之一。从司法实践来看，以美国的“跳舞婴儿”案[37]为例，原告 Stephanie Lenz 将其孩子跟随著名歌手 Prince 作品《Let’ s Go Crazy》的音乐“蹒跚学舞”的视频上传至 YouTube 网站和公众分享。数月后，上述作品的权利人美国环球唱片公司向 YouTube 发出了删除通知，要求其删除视频链接，而后者在 24 小时内就作出了相应的措施。随后，Lenz 向 YouTube 发出了反通知，其诉求在反通知发出 42 天也即 1008 小时之后才得到回应并恢复视频链接。

第五，当事人私下的合同约定与反通知机制的抵触。根据美国国会的报告显示，实践中存在网络服务提供者与权利人私下签订合同，约定如发现疑似侵权情况，权利人可以无条件要求平台作出断链措施，且后者不得再基于用户的抗辩而恢复链接。[38]由于这种断链要求是基于缔约责任而非避风港原则，权利人可以无条件地提出，既然是无条件，也就意味着权利人无需进行合理使用审查。而网络平台在作出断链措施后，无论用户如何抗辩，囿于缔约责任的束缚，平

34　网络服务提供者接到服务对象的书面说明后，应当立即恢复被删除的作品、表演、录音录像制品，或者可以恢复与被断开的作品、表演、录音录像制品的链接，同时将服务对象的书面说明转送权利人。权利人不得再通知网络服务提供者删除该作品、表演、录音录像制品，或者断开与该作品、表演、录音录像制品的链接。

35　蔡唱、颜瑶：《网络服务提供者侵权规则实施的实证研究》，《时代法学》2014 年第 2 期。

36　美国《版权法》第 512（g）（2）（B）条规定：“接到服务对象的反通知后，立即将反通知的副本转送提供通知书中的权利人，并通知该权利人网络服务提供者将在 10 个工作日后恢复被删除或禁止被访问资料。”此外，第 512（g）（2）（C）条规定，除非指定代理人收到提供通知书中的权利人关于其已经提起诉讼，要求法院下令制止服务对象与网络服务提供者的网络或网络中资料有关的侵权活动的通知，在收到反通知的 10 个工作日后至 14 个工作日内，恢复被删除或禁止访问的资料。

37　Lenz v. Universal Music Corp.，572 F.Supp.2d 1150，1155（N.D.Cal. 2008）.

38　U.S. Copyright Office，Section 512 Study（Docket No.2015-7），*Comments of Annemarie Bridy and Daphne Keller*，March 30，2016，p.25.

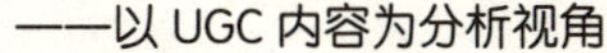

台都不可能再恢复链接。这种权利人和网络服务提供者之间的秘密合同从某一方面表明两者之间可能会存在一定的利益关系，企业通过并购等手段可以将互联网内容的创作和传播两个主体连接起来。然而，这种秘密合同的约定不仅漠视用户的抗辩权利，也损害了公众利益，属于违反法律规定的无效合同。近几年在美国此类秘密合同逐渐浮出水面，但此前的很长时间里都不曾被各界发觉，这也从侧面反映了公众在遭到断链后，极少有人选择积极抗辩，权利受到侵害后也无法获得救济的境遇。[39]

第六，用户主动维护自身合法权利的动力不足。一方面，权利人往往是如迪士尼、索尼、环球这样的大型公司，其拥有强大的人力、财力和物力，同时如上文所述，这些企业与大的网络服务提供者之间往往存在一定的利益关系。面对强势的权利人，网络服务提供者担心因为没有及时删除侵权内容而面对诉讼并承担相应的侵权责任，通常在收到通知后会迅速删除或断开侵权链接。另一方面，用户也即被通知方，尤其是在UGC内容下一般是普通民众，从心理层面上是惧怕诉讼的，在面对侵权通知和权利人的诉讼威胁时，沉默成为通常做法。即使个别用户对网络服务提供者的错误删除行为提起诉讼，其结果也往往因默示合同条款和其他理由以败诉收场。美国为数不多的几例由用户因网络服务提供者错误删除行为提起的诉讼中，原告方都无一例外地败诉。[40]这样的判例结果对本就惮于诉讼的用户来说无疑是雪上加霜，而网络服务提供者也因此对反通知的处理更加轻视甚至搁置处理。综上，各种因素共同导致反通知机制的失灵，犹如天平的两端在其中一端过轻的情况下会致使天平失衡。随着我国《著作权法》第三次修改的加紧进行，相应的配套立法性文件也应随之调整。完善我国现行立法中的反通知机制并使其与通知-删除机制得以匹配，更好地处理网络环境下的侵权案件是立法修改的应有之义。

---

39 Amul Kalia，*Casualty of YouTube’s “Contractual Obligations”：User’s Free Speech*，Electronic Frontier Foundation，Nov. 13，2015，https：//www.eff.org/deeplinks/2015/11/casualty-youtubes-contractual-obligations-users-free-speech.

40 在Song Fi，Inc.v. Google，Inc. 2015 WL 3624335（N.D.June 10，2015）案中，法院最终以YouTube的默示合同并不构成违法而否决了原告的即席判决请求。另外，在Lewis v. YouTube LLc.2015 WL 9480614（Cal.App. Ct.Dec. 28，2015）案中，法院最终也以原告的行为违法了YouTube的合同条款，进而认定YouTube删除原告上传内容及其账户的行为不违法。

五、反通知机制的重构及与通知-删除机制的衔接

完善相应的机制重构，犹如要更改天平两端的砝码重量，如果只调整其中一边可能会导致天平的再次失衡。因此，要重新调整两边的机制设计，构建合理的以网络服务提供者为中心，以被侵权人、侵权网络用户和其他相关网络用户构成的复杂的网络侵权法律关系网。[41]需要从反通知机制的实质性要件、程序性要求、时间审查期限和相关配套机制等多方面进行修改，同时注意与通知-删除机制的协调，从而达到平衡各方利益的目的。

第一，构建通知-转通知机制与反通知机制相匹配。通过完善反通知机制以及在程序上向被通知人提供异议机制来平衡反通知机制。可以适当借鉴加拿大《版权法》中关于通知-转通知机制的设计，即对于UGC内容，网络服务提供者在收到侵权通知后转送给被通知人，被通知人在收到该通知后，可以进一步决定是否提出异议。[42]具体做法是，在收到删除通知后，网络服务提供者应当立即告知用户而不是“删除”，并且向用户预留一个 24～48 小时的异议窗口，其间允许用户提出异议。该异议的提出及其观点的正确与否，不会为用户带来法律责任。只有用户在24～48小时内不作出反应，网络服务提供者方可删除侵权内容。[43]之所以如此规定，是为了向公众作出合理使用申辩提供更大的空间，同时，废除原有的“即通知即删除”机制，压缩权利人的滥用空间。当然，即便在删除以后，用户仍然可以通过反通知主张合理使用。此外，在流程优化管理方面，网络服务提供者也需要强制用户在UGC内容上传时使用可以送达的有效邮箱地址并通过验证等手段保证地址的真实性，从而保证通知可以被有效送达被通知人。

第二，将反通知的审查要求从实质性审查转变为形式性审查，减轻网络服务提供者的审查义务。如上文所述，虽然立法明确规定了反通知的形式要求，但是在司法实践中，网络服务提供者依然对被通知人发出的反通知作相应的实质性审查，并要求提供新证据和新材料用以判断被通知人的行为是否构成合理使用等抗辩。这样的证明标准对于普通用户无疑是难以完成的。此外，将是否构成“合理使用”这样主观性较强的专业性判断交由网络服务提供者完成不具有合理性。作为中立的第三方，网络服务提供者只需要完成形式上的审查要求

41　杨立新、李佳伦：《论网络侵权责任中的反通知及效果》，《法律科学》2011年第6期。

42　徐伟：《网络侵权治理中通知移除制度的局限性及其破解》，《法学》2015年第1期。

43　*See* Andrew T. Warren，*GIF Gaffe：How Big Sports Ignored Lenz and Used the DMCA to Chill Free Speech on Twitter*，27 Fordham Intell. Prop. Media & Ent. L.J. 103，2016，p.142.

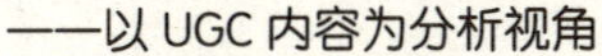

就可以进入版权法所设置的“避风港”进行免责。这样的角色转换在欧盟已经开始尝试，将原本由网络服务提供者对是否构成侵权的材料的判断工作改为由法院进行。[44]

第三，明确反通知的时间，积极维护用户权益。美国《版权法》规定，网络服务提供者在接到反通知后，如果权利人没有提起诉讼，则应在 10～14 天内恢复被删除的内容。我国立法在反通知的恢复问题上没有规定明确的响应时间，导致我国的司法实践中没有具体的操作标准，可在立法中对于反通知恢复的时间按照我国的实际情况定为 7～10 天。由于网络经济的快速迭代性的特点，很多热点的内容如果在短时间内没有得到及时的恢复和处理，消费者的注意力已经转移，其内容的价值在短时间内会迅速消失。如果网络服务提供者在处理反通知的问题上进行拖延甚至放任不处理，用户维权的意义也随之消失。

第四，设立相应的诉讼基金，用以鼓励用户通过诉讼维权。UGC 平台为了主动地对用户上传内容进行审查，通常会采用内容主动审查和过滤系统，例如 YouTube 的内容 ID 识别系统（Content ID）和 Vimeo 的版权比对系统（Copyright Match）。以 YouTube 的内容 ID 识别系统为例，其通过数字指纹识别技术将平台内部的数据库与用户上传的内容进行比对，如果发现比对的结果一致，则会采取几种处理方法：第一种是将上传的视频内容进行消音处理，使得用户无法观看；第二种是完全屏蔽 UGC 上传的视频内容；第三种是跟踪该视频的观众观看统计数据；第四种是将 UGC 视频获得的广告收益直接转移给权利人。[45]在这几种方法中，绝大多数的权利人会选择最后一种处理方式。但是最后一种做法直接忽略用户本身通过反通知制度进行抗辩的权利。可以探索在 UGC 内容上传后，如果接到涉及侵权的通知，可以将这广告收益纳入诉讼基金中。UGC 用户可以利用该笔经费对权利人滥发通知的行为进行诉讼。如果诉讼结果败诉，这笔费用可以转为权利人所有，如果诉讼胜诉，则这笔经费归提起诉讼的用户所有。

最后，具体到立法层面的细化和完善方案，建议修改《信息网络传播权保护条例》中现行的第 15 条至第 17 条的内容，规定如下：

> 第十五条　网络服务提供者接到权利人的通知书后，应当将通知书转送给服务对象。服务对象网络地址不明、无法转送的，应当将通知书的内容同时在信息网络上公告。接到通知书的服务对象应在 24～48 小时内进行书面反馈。如果服务对象在规定期限内没有作出书面反馈，网络服务提供者应立即删除涉嫌侵权的作品、表演、录音录像制

44　梁志文：《网络服务提供者的版权法规制模式》，《法律科学》2017 年第 2 期。

45　Google，*How Google Fights Piracy* 10（2014），https：//drive.google.com/file/d/0BwxyRPFduTN2NmdYdGdJQnFTeTA/view.

品，或者断开与涉嫌侵权的作品、表演、录音录像制品的链接，网络服务提供者不承担由此产生的法律责任。

服务对象在规定期限内发出反通知，网络服务提供者应将该反通知告知权利人，权利人认为服务对象的抗辩不成立，应在 7 日内向法院提起诉讼。如果权利人在 7 日内没有向法院提起诉讼，网络服务提供者应在 7 日后至 10 日内恢复该作品、表演、录音录像制品。

第十六条 服务对象接到网络服务提供者转送的通知书后，认为其提供的作品、表演、录音录像制品未侵犯他人权利的，可以向网络服务提供者提交书面说明，要求恢复被删除的作品、表演、录音录像制品，或者恢复与被断开的作品、表演、录音录像制品的链接。书面说明应当包含下列内容:

（一）服务对象的姓名（名称）、联系方式和地址;

（二）要求恢复的作品、表演、录音录像制品的名称和网络地址;

（三）不构成侵权的初步证明材料。

服务对象应当对书面说明的真实性负责，网络服务提供者不负责对服务对象是否构成合理使用等侵权抗辩事由进行实质性审查。

第十七条　网络服务提供者应当在其账户中设立专项的诉讼基金，专项基金主要来源并不限于网络用户主动上传内容而产生的广告收益等。该笔基金用于支持网络用户通过诉讼渠道维护自身合法权利。

The Improvement of the Counter-notice Mechanism in the Sage-harbor Rule—From the Perspective of UGC

Sun Na

Abstract: It has been nearly 20 years since our country introduced the "safe-harbor" system of U.S. The establishment of this system has positive significance for eliminating the strict responsibility of network service providers and promoting the dissemination of quality content. However, in the course of the operation of the safe haven system, there have been actual situations in which notification of abuses and counter-notifications have been emptied. China's introduction of this system is not complete and sufficient. Academic circles often pay more attention to the notice-takedown mechanism. There are not many researchers who have focused on counter-notice mechanisms. Objectively evaluating the actual operation of the system in the United States and China will help to find the institutional obstacles and respond to them. Coinciding with the third revision of the Copyright Law of China, the counter-notice mechanism in the safe-harbor system should make timely adjustments under this original legal framework and pay attention to the convergence and coordination with the notice-takedown mechanism in order to play better role of the system.

Keywords: Safe-harbor; Notice-takedown; Counter-notice

论发行权用尽原则在网络领域的适用

初　萌

摘　要：我国学界主流观点认为发行权仅能规制线下行为，否定发行权用尽原则在网络领域的适用，网络二手版权交易市场自无发展空间。“转移-删除”技术能够确保网络交易中复制件的数量不变，充分拟制线下发行行为，宜用发行权来规制。网络环境下以“许可”替代“销售”的实践不改消费者获得所有权的本质，转售方保留复制件对一级市场的损害也可通过加重网络二手交易平台注意义务的方式解决，适用发行权用尽原则并无实质障碍，并能产生抑制权利滥用、打击盗版的正面效果。

关键词：发行权；发行权用尽原则；网络市场；二手市场；著作权滥用

作者简介：初萌（1990—　），北京大学法学院知识产权法学专业博士研究生，主要研究方向为知识产权法、网络法。

目 次

一、传统视角下的发行权与发行权用尽原则

（一）传统视角下的发行权——一项专属于线下环境的权利

发行权，根据我国《著作权法》的定义，指的是“以出售或者赠与方式向公众提供作品的原件或者复制件的权利”。传统意义上的发行权仅适用于线下领域，一方面是出于“原件”、“复制件”的表述通常指涉有形物体，另一方面也是法律对实践反馈的体现——在网络技术出现以前并不存在线上提供作品的方式，而发行权已作为一项著作财产权利被纳入各国著作权法中，在此背景之下，自不能认为发行权的传统内涵可以覆盖到线上领域。事实上，虽然仅从法律规定的字面含义来看，无法直接得出发行权不能适用于线上环境的结论，但“发行权适用于线下环境，线上的传播行为应由信息网络传播权规制”已是我国学界的主流观点。

在域外立法中，倒是存在将发行权适用范围限定于线下领域的明文规定。最为典型的即欧盟《信息社会版权指令》[1]（以下简称《版权指令》）的规定。根据该指令第 4 条，“成员国应当赋予作者对其原件或复制件的控制权，使其能够授权或禁止以销售或任何其他方式发行作品的行为”[2]。而对于发行权所控制的行为，指令也在序言部分明确将其限制为以有形物体（tangible article）形式出售或以其他方式发行。[3]可见，在传统视角中，发行权与“线上”、“网络”的概念不存在任何交集。

（二）发行权用尽原则的基本内涵

值得一提的是，自发行权被作为著作权人的一项权利被法律所确认之日起，对发行权与所有权的关系、发行权用尽原则的理论与实践探讨就未曾停止。这与发行权服务的特殊目的有关。通常而言，非法发行行为往往伴随着非法复制行为，因此在复制权之外单独规定发行权的意义并不是很大。但是有一种情况除外，即复制件是经著作权人合法授权而制作，但著作权人并未授权将这些复制件投放于市场，这种情况就只能诉诸发行权了。由此可见，发行权的核心在

1　指令英文全称为 Directive 2001/29/EC of the European Parliament and of the Council of 22 May 2001 on the Harmonisation of Certain Aspects of Copyright and Related Rights in the Information Society。以下简称“Directive 2001/29/EC”。

2　*See* Directive 2001/29/EC，art. 4.1.

3　*See* Directive 2001/29/EC，（28）.

于控制“他人未经许可将作品复制件投放市场，损害著作权人的经济利益”[4]的行为，并无意赋予著作权人对作品后续市场流通的管控权。为巧妙实现“首次发行赋权、二次发行用尽”的平衡，发行权用尽原则就成了不二之选。

对发行权用尽原则的实践阐述，要追溯到美国联邦最高法院于1908年审理的Bobbs-Merrill Co.诉Straus案。该案中，原告（二审上诉人）为Bobbs-Merrill公司，享有涉案图书*The Castaway*的版权。被告（二审被上诉人）Isidor Straus和Nathan Straus是书商合伙人，他们购买了经原告许可投放市场的涉案正版图书，并以低于1美元的价格出售。在合法印刷的书籍的版权信息下方，原告明确附上如下信息：“本书零售价为1美元。任何获得合法授权销售本书的书商均无权以低于1美元的价格出售本书，否则将被追究版权侵权责任。”原告据此认为被告低价销售的行为侵犯版权，遂将其诉至法院。在联邦最高法院的判决中，法院一针见血地指出，上述附加信息不能约束与原告无直接合同关系的被告，此外，既然原告已经以合理的价格批量出售了享有版权的图书，对于这些图书的后续流转行为，就不能再进行控制。任何与之相反的解释都违背国会制定著作权法的本意。[5]该判决的核心精神也在美国1909年《版权法》中得到了完整体现——“版权法的任何规定不能被理解为允许对已合法取得版权作品复制件所有权的主体的后续转让行为进行禁止或施加限制”。[6]

我国《著作权法》虽未明确规定发行权用尽原则，但该原则在司法实践中的适用已是不争的事实。如在郑锋与上海山钧实业有限公司著作权纠纷案中，上海市高级人民法院就指出，“著作权人享有以所有权转移方式向公众提供作品原件或复制件的发行权，但作品原件和经授权合法制作的作品复制件经著作权人许可，首次向公众销售和赠与后，著作权人就无权控制该特定原件或复制件的再次流转。也就是说，合法获得作品原件或复制件所有权的人可以不经著作权人许可将其再次出售或赠与”[7]。笔者认为，该判决的说理部分非常清晰地界定了发行权用尽原则的内涵。[8]具言之，发行权用尽原则的适用需要满足四个条件：其一，作品复制件首次向公众流通的行为经过著作权人的合法授权；其二，

4 参见王迁：《网络环境中的著作权保护研究》，北京：法律出版社2011年版，第104页。

5 *See* Bobbs-Merrill Co. v. Straus，210 U.S. 339（1908）.

6 *See* Pub.L. 60–349，35 Stat. 1075，H.R. 28192，enacted March 4，1909，sec. 41.

7 （2008）沪高民三（知）终字第26号。

8 事实上，这也正是世界各国所普遍接受的“发行权用尽原则”的基本内涵。如在国际保护知识产权协会（AIPPI）发布的一份关于发行权用尽原则的指导文件中，对该原则有如下界定：“Exhaustion is considered to be a limitation of the right of distribution. In the tangible world，exhaustion of copyright is widely accepted principle. After a first sale of a copyrighted work in the form of a tangible good with the consent of the right owner，the distribution right derived from the copyright is said to be ‘exhausted’.” 其他类似的规定可参考：德国《著作权法》第17条第2款；日本《著作权法》第26条第2款；Directive 2001/29/EC，art. 4.2。

可以适用上述原则的主体是复制件的所有权人；其三，适用的对象是经著作权人合法授权而流通的特定复制件，而不是其他复制件；其四，适用的具体行为方式主要是通过出售或赠与等方式转让所有权的行为，而不是出租或其他直接展示作品的行为。需要特别强调的是，“发行权用尽”这一概念及于“物”，而非“权利”本身。易言之，发行权用尽是针对作品具体复制件的权利用尽，如果尚不存在作品复制件，或作品复制件不满足上述条件，则无发行权用尽原则的适用余地。由此观之，“发行权用尽”这一表述未免具有一定的迷惑性。

（三）发行权用尽原则的法理依据与实践关怀

发行权用尽作为一项原则被纳入各国著作权法的规定之中，与其背后体现的理念价值不无关系。从传统视角来看，发行权用尽原则至少可以具有四项重要价值。其一，通过促进著作权二级交易市场的发展，使读者能够以低廉的价格购买到作品复制件；其二，使公众有渠道获得已停止出版发行的作品，实现作品的文化价值；其三，复制件的后续流转行为无需经过著作权人同意，有助于保护消费者的隐私权；其四，通过赋予消费者对购买复制件的完整所有权，使消费者无需追溯每次转售中的许可限制，即可放心地对作品复制件进行利用，进而提升市场效率和交易的清晰度。[9]笔者认为，上述价值可以从两个方面予以概括：一是尊重所有权；二是通过促进作品的传播，实现著作权的社会、文化价值。而这两项重要价值，也理应成为我们研究发行权用尽原则及其在网络领域适用的逻辑起点。

二、网络领域存在可与线下类比的“线上发行权”

发行权仅规制线下领域发生的行为的观点根深蒂固，以至于对发行权用尽原则能否适用于网络领域的探讨丧失了应有的前提——既然发行权都不能用于规制网络领域的传输行为，又何谈网络领域的发行权用尽呢？这样的观点被欧盟《版权指令》所采纳。根据该指令序言部分的阐述，发行权用尽的问题无涉网络，提供网络服务的行为必须获得著作权人的授权。[10]然而，网络领域果真不存在可与线下发行行为相对应的线上发行行为吗？

9　*See* Aaron Perzanowski and Jason Schultz，“Digital Exhaustion”，58 UCLA L. REV. 889，894—897（2010）.

10　*See* Directive 2001/29/EC，（29）.

（一）对发行权的另一种解读——以美国《版权法》的规定为例

笔者认为，解答上述问题的核心在于对发行权所规制行为之特点进行剖析。在这方面，美国《版权法》的赋权思路能够提供一种新视角。与我国《著作权法》规定的复杂权利体系迥异的是，美国《版权法》至今仅规定了 5 种著作财产权利，即复制权、发行权、表演权、展览权、演绎权，甚至没有为网络与数字时代的传播行为单独赋权。对于这一赋权思路，我们可以在美国版权局的一份报告中找到答案。

该报告需要回答的核心问题是：美国是否需要向其他国家那样单独规定网络领域的“向公众提供权”，现行美国《版权法》的规定是否已经履行了《世界知识产权组织版权条约》（WCT）要求各国针对交互式网络传播行为为版权人提供保护的义务？[11]在对立法背景、学理观点、司法实践进行系统梳理的基础之上，美国版权局得出如下结论：①美国《版权法》赋予著作权人的五项权利足以覆盖“向公众提供权”的实质内核；②对于提供下载服务的行为，可以通过发行权来规制；③对于提供串流、网络展示、浏览服务等足以使公众直接获取作品的行为，可以通过表演权、展览权来规制；④现阶段并无单独规定“向公众提供权”的必要，如这样做，反而会对现有规则体系造成损害。[12]为充分理解该结论，我们需要对美国《版权法》的权利界定进行梳理。

在美国，发行权即“以转让或其他转移所有权方式，或者出租、出借、借阅等方式向公众提供作品的复制件的权利”，表演权即“公开表演文学、音乐、戏剧、舞蹈、哑剧、电影及其他视听作品的权利”，展览权即“公开展示文学、音乐、戏剧、舞蹈、哑剧、绘画、图形、雕塑作品（包括电影作品或其他视听作品中的单幅图片）的权利”。[13]上述权利都未对线上环境与线下环境进行区分。具言之，表演权与展览权对应着动态与静态两种不同的作品呈现方式，典型的表演包括朗诵、播放、歌唱、舞蹈、放映等行为，典型的展览则包括通过幻灯片及其他形式展示非连续画面的行为。而表演权、展览权中规定的“公开”，则指涉如下两种向公众传播的情况：①在对公众开放的场所现场表演或展览，该场所聚集了足够数量且超出正常家庭成员或熟人范围的人群；②通过一定的装置或借助一定的步骤向前一种情况中的场所或向公众传输作品的表演或展览，

---

11 根据《世界知识产权组织版权条约》制定的背景文件，制定该条约的一个重要目的即确保版权人对以交互式网络传输方式提供作品的行为享有权利。*See* Diplomatic Conference on Certain Copyright and Neighboring Rights Questions，*Basic Proposal for the Substantive Provisions of the Treaty on Certain Questions Concerning the Protection of Literary and Artistic Works to Be Considered by the Diplomatic Conference*，p.44（1996）.

12 *See* U.S. Copyright Office，*The Making Available Right in the United States：A Report of the Register of Copyrights*，pp.4—5.

13 *See* 17 U.S. code §106.

无论这些公众是在同一地点、同一时间还是在不同地点、不同时间获取作品的表演或展览。[14]为方便理解，我们可以将前者界定为传输场所意义上的公开，将后者界定为传输行为意义上的公开。清晰的是，通过网络提供串流、在线展示与浏览等服务完全满足向公众传输的条件，能够使构成“公众”的用户在不同时间、不同地点在不对复制件进行下载的情况下直接获取作品本身，因此可以通过表演权、展览权进行规制。与之对应，提供下载服务的本质即在于提供作品的复制件，可以通过发行权进行规制。

美国《版权法》对发行权和表演权、展览权的区分，能够帮助我们更好地理解发行权的内核。发行行为传播的是作品的复制件，而非作品本身，用户为欣赏作品需要经历“网络服务商提供完整的作品复制件—用户获取完整的作品复制件—打开作品复制件—欣赏作品”的过程。表演权和展览权的行使行为则与之不同，服务商是以让用户可以直接欣赏作品的方式来提供作品，提供的是作品本身而非作品的复制件。[15]简单地说，发行权所控制的提供行为具有“先传输后欣赏”的特点，而表演权、展览权所控制的提供行为具有“传输与欣赏同时发生”的特点。传输行为与欣赏行为是否同时发生，是区分这几种权利的关键。我国《著作权法》规定的信息网络传播权则同时可以覆盖到提供串流、在线浏览服务和提供下载服务两类服务行为，虽在权利界定上更为简洁，却忽略了权利规制的不同行为的本质属性。

（二）线上线下发行行为的可类比性

如前所述，线上提供下载服务的情况与传统视角下发行权规制的行为在提供行为与欣赏行为之区分方面，具有一致性。但若全面进行比较，则会发现，两者在以下方面存在显著区别：对于传统发行行为，在发行过程中并不产生新的复制件，但下载行为必然伴随着新复制件的产生。[16]笔者认为，为探讨发行权用尽原则能否适用于网络领域，必须首先满足线上线下行为具有一致性的条件。因此，我们探讨的线上行为需要在技术上采用复制件的“转移-删除”机制，确

---

14 *See* 17 U.S. code §101.

15 为免产生争议，需要指出，此处的“复制件”不包括在提供串流服务或浏览服务时所产生的临时复制件。我国学界主流观点认为，“临时复制”不属于复制权所规制的行为，即便将临时复制行为纳入复制权规制范畴，由于该复制件需在表演、展览行为完成后才能完整形成，因此这类行为也与发行权控制的行为具有本质区别。此外，虽然网络交互式传播行为实施的前提是在服务器中存储作品的复制件，但并不能基于“复制件是提供行为得以产生的前提”而得出“提供的是复制件而非作品本身”的结论，应当将提供行为本身与其前提条件区分开来，正如机械表演也需借助复制件完成，但对公众的机械表演侵犯的是表演权而非发行权。

16 关于发行权与信息网络传播权规制行为的区别，参见初萌：《数字领域的发行权，真的不存在吗？》，资料来源：http://mp.weixin.qq.com/s/PVmz3cqfiRJ7LnrAFgQ1-A；更新时间：2016 年 7 月 21 日；访问时间：2018 年 10 月 21 日。

保服务器中复制件总数不变，从而拟制出“复制件转移”而非“新复制件产生”的效果。如此一来，线上线下发行行为便可以完全类比，那些适用于传统发行权的法理依据与实践关怀，也便具有了延伸适用于网络发行领域的基础可能性。

三、发行权用尽原则在网络领域适用的司法实践

实践中，有关线上发行行为是否可适用发行权用尽原则的案例屈指可数，主要集中在美国和欧盟地区。这些案例从法律适用的角度对网络领域的发行权用尽原则进行了全面、深入的分析。在下文中，笔者将对这些案例作一梳理。

（一）美国

Redigi 案是对发行权用尽原则在网络领域的适用性进行考察的早期案例。该案原告为唱片公司 Capitol Records，被告为网络音乐二手交易平台 Redigi 的运营方，该案需解决的核心问题为 Redigi 网站是否存在版权侵权行为。为分析这一问题，我们首先需要系统性地了解 Redigi 的运营模式。

Redigi 开发了一种“媒体管理器”（Media Manger），用户安装该媒体管理器后，用户电脑上存储的两类音乐文件会被识别为可供二次销售的音乐文件：一类是在苹果 iTunes 播放器上购买的音乐文件，另一类是从其他 Redigi 用户处购买的音乐文件。至于从 CD 中读取或从文件分享网站中下载的音乐文件，则不能在 Redigi 平台转售。通过上述过滤机制，Redigi 可以确保用户用于转售的音乐文件是合法获取的。对于用户提交 Redigi 平台销售的音乐文件，Redigi 会通过协议要求用户删除在电脑上存储的文件，但该协议并不会自动执行。根据 Redigi 公布的平台规则，如用户在转售后仍在电脑上保存原始文件，Redigi 有权中止为违规账号提供服务。一旦在 Redigi 平台上的转售行为完成，转售用户在 Redigi 平台上传的音乐文件将不复存在，而受让方则可获取该音乐文件的复制件。针对 Redigi 的上述商业模式，纽约南区法院在 2012 年作出一审判决，支持了原告关于被告行为侵犯其复制权、发行权的主张。虽然 Redigi 一再强调将文件从用户电脑转移到 Redigi 服务器上的行为构成对同一文件的迁移，不存在复制行为，但法院并未认同这一观点。法院指出，无论是转售方将文件上传到 Redigi 服务器，还是购买方将 Redigi 服务器上存储的文件下载到电脑，都不可避免地通过“复制”行为而展开，这一未经授权的复制行为本身已足以构成侵权。对于原始文件是否删除的问题，法院则并未多加论述。此外，对于 Redigi 提出的其发行行为应当构成合理使用或适用发行权用尽原则的抗辩，法院也以依据不足为

由驳回，其中最核心的理由即在于：发行权用尽原则仅适用于经版权人授权制作的复制件，而上述复制行为所产生的新复制件显然并不是经版权人授权制作的。[17]值得注意的是，Redigi 案目前正在二审审理中，且不排除由美国联邦最高法院进行提审的可能性。[18]因此，基于纽约南区法院的上述判决理由得出网络领域不存在发行权用尽原则的结论，未免为时过早。

在 Redigi 案之前发生的 Vernor 诉 Autodesk 案也颇为值得关注。严格意义上说，该案并不是关于发行权用尽原则在网络领域适用的案例，不过其关注的合同细节却实实在在影响着对网络领域发行行为的认定。该案中，Timothy Vernor 从 Autodesk 的消费者处购买了 AutoCAD Release 软件的复制件，并在 eBay 网站上出售该复制件。基于对 Autodesk 侵权主张的反驳，Vernor 提起了确认不侵权之诉，并得到了地区法院的支持。不过，第九巡回上诉法院推翻了一审法院关于本案适用发行权用尽原则的结论，其核心论证理由在于 Autodesk 软件许可协议的用语。根据协议，Autodesk 保留对软件复制件的所有权，并对用户的使用、转让行为施加了许多限制。基于此，贩卖软件复制件给 Vernor 的用户本身不是复制件的所有权人，因此，即便转移的复制件本身经过合法授权，也没有发行权用尽原则的适用余地。[19]

综上，从目前美国国内司法实践来看，对发行权用尽原则在网络领域的适用总体持否定态度者居多。[20]而影响这种判断的决定因素有两个：一是如何看待转售中产生新复制件的行为；二是如何理解许可与转售之间的关系。

（二）德国

由德国法院提交欧盟法院作出解释的 Usedsoft 案，是关于发行权用尽原则

---

17 *See* Capitol Records，LLC v. Redigi，Inc.，934 F. Supp.2d 640（S.D.N.Y. 2013）.

18 *See* Eriq Gardner，"Appeals Court Grapples with Digital Files，and the Business of Selling 'Used' Songs"，*Hollywood Reporter*（August 22th，2017），http：//www.hollywoodreporter.com/thr-esq/appeals-court-grapples-digital-files-business-selling-used-songs-1031629（last visited Oct 21st，2018）；*see also* Andrew Albanese，"Will Ruling in ReDigi Case Open the Door to a Used E-book Market?"，*Publishers Weekly*（May 13，2017），https：//www.publishersweekly.com/pw/by-topic/digital/copyright/article/73608-redigi-key-digital-first-sale-case-heating-up-on-appeal.html（last visited Oct 21st，2018）.

19 *See* Vernor v. Autodesk，621 F.3d 1102（9th Cir. 2010）.

20 值得注意的是，有学者在 Redigi 案二审审理中对发行权用尽原则在网络领域的适用持支持态度。例如，纽约大学技术法规与政策诊所（Technology Law & Policy Clinic）主任 Jason Schultz 就提交了法庭之友意见，指出地区法院的判决破坏了著作权人与消费者之前的利益平衡关系，并将带来一系列荒谬的结果，使意欲转售存储在手机上的歌曲的消费者不得不同时卖掉手机。此外，一审法院未能充分理解 Redigi 系统中产生的新复制件的作用仅限于满足首次销售原则适用的需要，因此其对合理使用的分析也存在致命的缺陷。*See* Jason Schultz，Brief of Copyright Law Scholars as Amici Curiae in Support of Defendants-Appellants and Reversal in Capitol Records et al. v. ReDigi et al.，16-2321（2nd Cir. 2017）（February 15，2017）.

在网络软件销售领域适用最为经典的案例。该案基本情况如下：甲骨文公司通过网络向用户提供自己开发的软件。用户支付软件许可费后，便可从甲骨文公司网站下载软件到本地电脑安装使用，并根据许可协议对下载的软件享有永久免费的、非专有、不可转让的使用权。Usedsoft 是一个网络交易平台，在其网站上公开贩卖二手甲骨文软件许可使用权限。对于转售的软件，Usedsoft 能确保在购买方获取使用权限后，转售方的使用权限同时丧失。甲骨文以 Usedsoft 的行为构成版权侵权为由，诉至慕尼黑地区法院，并获得胜诉。Usedsoft 上诉至联邦法院。联邦法院将该案的核心问题归结于：购买方为使用软件所实施的复制行为是否构成对复制权的侵犯，是否可适用发行权用尽原则。由于涉及对欧盟《计算机程序版权指令》[21]（以下简称《程序指令》）的理解，联邦法院遂将相关法律问题提交欧盟法院作出初步裁决。欧盟法院认为，根据该指令相关规定，由著作权人控制的在欧盟范围内对计算机程序复制件的首次销售行为一旦完成，著作权人便无权再次针对该复制件行使发行权，除非相对方以出租方式提供程序复制件。[22]对于计算机程序的合法获取者为合法的使用目的（含纠错目的）而进行的复制、改编、翻译等行为，无需经过著作权人的许可。[23]结合本案来分析，解释的核心就落到了“销售”和“合法获取者”的概念上。换言之，寻找软件著作权许可行为与复制件销售行为的契合点，便成了解决这一问题的关键。而欧盟法院给出的答案也颇为直截了当：如果通过软件许可使用户获得永久使用权，这样的授权行为等同于销售。对于上述软件许可的二次受让方，也应当被认定为软件复制件的“合法获取者”，进而享受指令赋予的复制豁免。[24]值得注意的是，要确保转售方在转售后不再保有复制件，是十分困难的，但欧盟法院并未因此排斥发行权用尽原则的适用空间，而是把义务施加在著作权人一方，认为著作权人可以通过施加技术措施的方式解决这一问题。[25]

欧盟法院 Usedsoft 案判决可谓全面肯定了发行权用尽原则在网络领域的适用，因此受到了消费者保护组织的一致好评。不过，该判决本身的局限性也不容忽视。其一，该判例是对《程序指令》的适用与解读，仅能适用于计算机程序作品，不能适用于其他作品。如前文所述，《版权指令》是不承认网络领域存在发行权用尽原则的适用空间的，这就意味着 Usedsoft 案所确立的规则的适用范围无法延伸适用于计算机程序之外的广泛的著作权客体；其二，网络领域的

21 指令英文全称为 Directive 2009/24/EC of the European Parliament and of the Council of 23 April 2009 on the Legal Protection of Computer Programs，以下简称“Directive 2009/24/EC”。

22 *See* Directive 2009/24/EC，art. 4.2.

23 *See* Directive 2009/24/EC，art. 5.1.

24 *See* Case C-128/11，UsedSoft GmbH v. Oracle Int’l Corp.，ECLI：EU：C：2012：407.

25 *See* Case C-128/11，UsedSoft GmbH v. Oracle Int’l Corp.，ECLI：EU：C：2012：407，para. 78—79.

转售必然伴随着新复制件的产生，对于这一问题，在《程序指令》中可以通过合法获取者的复制豁免条款来解决，但《版权指令》中并不存在类似的豁免。也正因如此，我们发现，在 Usedsoft 案之后，德国消费者保护组织基于该案裁判原则提出的一系列针对非计算机程序作品的诉讼均以失败告终。例如，在 2014 年判决的有声书案中，德国消费者保护组织向哈姆地区高等法院提起诉讼，要求认定提供电子有声书服务的版权方在许可协议中规定的“禁止转售”条款无效。对这一问题，法院作出了有利于版权方的决定，理由很简单：发行权用尽原则对通过下载方式获得的复制件不适用，用户对下载复制件不享有所有权。法院进一步指出，即便认为用户对下载复制件享有所有权，也不会影响本案裁判结果，因为转售行为必然伴随着新的复制件的产生，而复制权不存在权利用尽的问题。[26]在该案判决后不久，德国汉堡地区高等法院也对基于类似理由提起的诉讼作出了类似的判决。[27]

总体而言，囿于欧盟法院 Usedsoft 判决固有的局限性，德国法院对发行权用尽原则在网络领域适用依旧持十分审慎乃至否定的态度。如需在网络领域适用该原则，需满足两个前提条件：一是认定转售方对下载复制件享有所有权，二是将网络转售中产生新复制件的行为理解为不需要获得复制权授权即可行使的行为。显然，德国法院认为上述两个条件均无法成立。

（三）荷兰

相较于德美两国，荷兰法院对于发行权用尽原则在网络领域的适用的态度更为开放，具体表现在 VOB 数字图书馆案和 Tom Kabinet 网络二手图书交易市场案。

VOB 数字图书馆案关乎图书馆的数字借阅行为。VOB 是代表荷兰所有公共图书馆利益的机构，Stichting 是荷兰司法部部长指定的收取借阅版税的管理组织，有权根据 StOL[28]制定的标准征收版税。数字技术的发展为图书馆改进服务提供方式提供了可能性，不少图书馆开始采用一种充分拟制线下行为并方便用户数字借阅的技术——该技术能够确保一本书在同一时间只能借阅给一个用户，且该用户在借阅期限届满后不能再对该电子图书进行使用。VOB 与 Stichting 就图书馆提供上述服务是否需要获得权利人许可的问题，无法达成一致。2010

26 *See* Lothar Deterrmann，“Digital Exhaustion - New Law from the Old World”（Jun 4th，2017）. https://papers.ssrn.com/sol3/papers.cfm?abstract_id=2980483（last visited Oct 21st，2018）.

27 *See* Lothar Deterrmann，“Digital Exhaustion - New Law from the Old World”（Jun 4th，2017）. https://papers.ssrn.com/sol3/papers.cfm?abstract_id=2980483（last visited Oct 21st，2018）.

28 全名为 Stichting Onderhandelingen Leenvergoedingen，为荷兰司法部部长指定的制定借阅版税收取标准的机构。

年 3 月 24 日，StOL 就上述问题发布了不利于 VOB 的决定，且决定的核心内容被纳入荷兰政府拟颁布的一项法规草案。根据该法规草案，数字借阅构成向公众传播行为，应当获得版权方事先许可，而非只需按照规定的版税标准进行支付。[29] VOB 随后以该法案与版权法的规定相冲突为由诉至荷兰海牙法院。由于涉及对欧盟《出租权与借阅权指令》核心条款的解读，该法院遂将如下问题提交欧盟法院作出初步裁决：如数字借阅服务提供者能够确保用户仅能在下载复制件后的一定期限内对该复制件进行使用，且在该期限内其他用户都不能下载该复制件并进行使用，这种行为是否属于该指令所界定的“借阅”行为。基于该数字技术保护下的线上借阅行为与线下借阅无本质区别，并结合对公共图书馆促进文化传播目的的考量，法院最终对这一问题作出了肯定的回答。[30]

在 Tom Kabinet 网络二手图书交易市场案中，荷兰法院针对与 Redigi 案类似的案情作出了与美国法院截然相反的判决。在该案中，Tom Kabinet 是一个网络二手电子书交易市场，采取“一复制件一用户”模式，通过技术手段保障购买二手电子书从而获取复制件后，转售方上传的复制件同时删除或不能阅读。Tom Kabinet 同时在用户协议中要求用户作出如下保证：用户拟出售的复制件是合法获得的，且用户在向 Tom Kabinet 平台上传复制件后，会对原有的复制件进行删除处理。由于不满该商业模式对自身利益造成的负面影响，荷兰出版商联盟向法院提出诉前禁令请求。虽然 Tom Kabinet 因未采取必要措施保障提供交易的作品为正版而被要求整改，但荷兰法院也结合欧盟法院 Usedsoft 案判决，对网络领域适用发行权用尽原则的可行性进行了分析，这是更值得我们关注的部分。法院指出：虽然我们不能直接从 Usedsoft 案中得出发行权用尽原则可以适用于二手电子书转售行为的结论，但是本案的转售方与 Usedsoft 案中的转售方一样，都通过支付相当于作品复制件合理经济价值的价格获得了对复制件的永久使用权；虽然我们不能直接将《程序指令》的规定适用于其他版权作品，但基于线

---

29 欧盟《出租权与借阅权指令》（全名为 Directive 2006/115/EC on the European Parliament and of the Council of 12 December 2006 on Rental Right and Lending Right and on Certain Rights Related to Copyright in the Field of Intellectual Property）旨在赋予著作权人出租权、借阅权两项权利。同时，为兼顾使用方的利益，该指令在第 6 条中规定了公共借阅权的减损情形，亦即成员国可以不规定完整的公共借阅权，但需要使作者能够基于公开借阅行为获得公平合理的报酬。这一以获酬权替代禁止权的赋权方式被荷兰《版权法》所采纳。

30 *See* Case C-174/15，Vereniging Openbare Bibliotheken v. Stichting Leenrecht，ECLI：EU：C：2016：856.

上线下发行行为的可类比性，法院认为本案存在发行权用尽原则的适用空间。[31] 该案判决后不久，Tom Kabinet 对网站进行了改版，改版后的网站不再提供中介服务，而直接向一小群会员销售二手电子书。在 2017 年 7 月下发的判决中，荷兰海牙地区法院明确 Tom Kabinet 的新服务模式不构成对向公众传播权的侵犯，并将发行权用尽原则在网络领域的适用问题提交欧盟法院作出解释。[32]相信在不久的将来，这一问题将会在欧盟层面得到解决。

虽然荷兰法院的一些观点仍有待欧盟法院裁决结果的检验，但这并不妨碍我们得出荷兰法院倾向于将发行权用尽原则适用于网络领域的结论。与德国、美国司法实践中对新复制件的产生、销售与许可的区别等技术细节的关注不同，荷兰法院更为关注线上线下行为的可类比性，并以行为本质的相似作为支持将发行权用尽原则适用于网络领域的核心论证理由。

四、网络领域适用发行权用尽原则的可行性分析

在研读本文第三部分后可以发现，对网络领域发行权用尽原则的适用持怀疑、否定态度的原因主要有两方面：一是基于网络时代以许可替代销售的普遍商业实践，不认可网络领域存在可以使消费者获得所有权的销售行为；二是认为新复制件的产生构成对复制权的侵犯，且无法保证转售用户删除自己已有的复制件。笔者认为，这两个理由都不足以反对发行权用尽原则在网络领域的适用。下面将分别予以展开。

（一）许可行为与销售行为的区分

众所周知，用户通过网络获取版权作品时，需要事先同意网络服务商自行拟订的用户协议。根据协议，用户“购买”的行为通常仅能使用户获得作品复制件受限的、不可转让的使用权，而无法使用户获得所有权。如果我们完全按照协议的字面含义进行解释，自不存在发行权用尽原则的适用空间。令人庆幸

---

31 *See* Saba Sluiter,“The Dutch courts apply UsedSoft to the resale of eBooks ”, *Kluwer Copyright Blog*（January 28th, 2015）, http: //copyrightblog.kluweriplaw.com/2015/01/28/the-dutch-courts-apply-usedsoft-to-the-resale-of-ebooks/（last visited Oct 21st, 2018）; *see also* David Mayer, “Should it be legal to resell e-books, software, and other digital goods?”, *Arts Technica* (May 26th, 2016）, https: //arstechnica.co.uk/tech-policy/2016/05/reselling-digital-goods-europe-e-books-software/（last visited Oct 21st, 2018）.

32 *See* Martin Hemmer, “District court refers questions on sale of second-hand e-books to ECJ”, *International Law Office*（August 21st, 2017）, http: //www.internationallawoffice.com/Newsletters/Intellectual-Property/Netherlands/AKD/District-court-refers-questions-on-sale-of-second-hand-e-books-to-ECJ?redir=1（last visited Oct 21st, 2018）.

的是，通过分析美国司法实践中的案例可以发现，即便在对知识产权人利益进行高标准保护的美国，也未全盘接受许可方施加的不公平条款。例如，在华纳兄弟电影公司（Warner Brothers，WB）与美国国家广播公司（National Broadcasting Company，NBC）关于版画所有权的争议中，由于 WB 在协议中保留所有权，仅赋予 NBC 在一定程度上占有涉案版画的权利，且明确约定了 NBC 在双方就价格问题达成一致情况下归还版画的义务，法院据此认为 NBC 并未获得版画载体的所有权。在另一个同样涉及版画所有权的案例中，争议双方为 WB 和女星凡妮莎·蕾格烈芙（Vanessa Redgrave）。该案中，WB 向凡妮莎·蕾格烈芙交付了版画，同时附加了不得转售、许可、复制、公开展览的条件，但并未就凡妮莎·蕾格烈芙是否需向 WB 返还版画作出约定。法院在判决中指出，虽然从合约条款无法得出双方存在销售关系的结论，但纵观该交易的本质，该交易实质上等同于附加了一定使用限制条件的销售行为，凡妮莎·蕾格烈芙获得了该版画载体的所有权。[33]在环球唱片公司诉特洛伊·奥古斯托（Troy Augusto）案中，环球唱片公司拟以赠与的宣传 CD 上明示“仅供宣传，非为销售目的”为由阻止奥古斯托在 eBay 上的拍卖行为，最终未获法院支持。法院指出，发放宣传 CD 行为的性质等同于销售或赠与，奥古斯托享有 CD 载体的所有权并可基于权利用尽原则进行转售。[34]纵观上述案例可以发现，法院倾向于认为在受让方或受赠方无义务归还作品原件或复制件的情况下，其获得的权利应当被界定为所有权，无论协议中是否施加了其他限制。这与 Usedsoft 案中欧盟法院对用户是否获得永久使用权的关注如出一辙。同时，这一标准也有助于将附许可期限的使用与不附许可期限的使用进行区分，如果说前者是名副其实的“许可”的话，后者则应当被解读为披着“许可”外衣的“销售”。我们所关注的提供下载服务，只要是经合法授权的提供行为，就具有与销售行为相同的本质，理应使用户获得对下载复制件的所有权。

（二）对转售中复制行为的分析

我们需要探讨的复制行为包含两类，一是与转售行为相伴而生的“转移-删除”过程中产生新复制件的行为，二是将作品上传至转售平台所伴随的复制行为。对于第一类行为，由于复制权关注的核心是复制件的增加，而本文所探讨的网络二手作品交易平台能够确保在转售行为发生前后，转售平台存储的复制件数量不变，对此，理应从复制权规制的出发点进行考量，认定不存在复制权侵权行为。这种认定思路在荷兰的案例中体现得尤为明显。至于第二类复制行

33 *See* Vernor v. Autodesk，621 F.3d 1102，1108-1109（9th Cir. 2010）.

34 *See* UMG Recordings v. Troy Augusto，628 F. 3d 1175（9th Cir. 2001）.

为，事实上，我们在探讨线下转售行为是否适用发行权用尽原则时，从来不会将转售方是否私自进行了复制行为并保留复制件作为考虑因素，我们只关心转售的是否为正版作品复制件。即便消费者在购买正版复制件后从事了复制行为，只要仅在私下场合使用新制作的复制件，而并不进行公开传播，则这种不与著作权人对作品的正常使用相冲突、不会不合理地损害著作权人的合法权益的复制行为，也可享受合理使用豁免。以线下行为反观线上行为，两者主要的区别在于两点：一是保留复制件的行为是否需要消费者主动作出，相比于线下的“无主动复制行为则无保留复制件”，线上行为则具有“无主动删除则保留复制件”的特点，这意味着于线下转售相比，线上转售更可能导致复制件数量的增加；二是为保留复制件是否需要消费者额外付出成本，对于线下作品复制件的复制，无论是采用纸质复制还是电子扫描的方式，往往都需要付出一定的成本，经济利益的考量会使消费者相对而言更倾向于选择不复制或不转售，但线上转售则完全不存在此类问题。由于存在上述区别，在线上环境下适用发行权用尽原则理应对消费者保留复制件的问题给予更多的重视。笔者认为，仅在用户协议中要求用户承担复制件删除义务并不足够，但出于对用户隐私权的尊重，也不宜对网络二手交易平台施加过多的责任。可行的方案是，要求用户在上传作品的同时，提供足以证明其合法享有作品复制件的证据，以及已将作品从用于上传的用户终端中删除的证据。[35]无论如何，鉴于对线下私人复制行为的宽松态度，对用户线上保留复制件的行为也不宜过于苛责，网络二手著作权交易服务提供商需承担一定的注意义务，但不应就用户未真实删除原复制件的行为承担严格责任。

五、发行权用尽原则适用于网络领域的必要性分析

由是观之，从法律解释、司法层面来考量，发行权用尽原则在网络领域的适用并不存在障碍，而发行权用尽原则所依附的法理依据与实践关怀在网络环境中依旧存在，该原则在网络领域适用的必要性似乎不言而喻了。但笔者认为，

---

35 这就需要网络二手著作权交易市场的经营者承担一定的审核义务，如要求用户在上传转售版权作品复制件时同时附上相应的购买凭证，如电子发票等，以确保用户对转售复制件享有合法权益。如未采取此类事前过滤机制，将导致过多非法下载的作品在网络著作权二级市场上流通，此时不仅不能适用发行权用尽原则，网络交易平台经营者也需因未尽合理注意义务而承担间接侵权责任。至于用户是否在终端删除复制件，可考虑由用户在终端对需转让的作品进行搜索并上传搜索截图或视频等方式进行证明，更好的方式是由平台直接采取技术措施进行删除。网络二手著作权交易市场的经营者有义务将上述证据进行保存，以作为己方已履行必要注意义务的证明。

基于网络环境下发行行为的特殊性，有必要对该原则在网络领域适用的特殊问题进行回应。

关于网络领域不能适用发行权用尽原则的立法政策方面的核心论证，集中在对著作权一级交易市场的损害和使著作权交易市场丧失灵活性两个方面。与纸质复制件不同，通过网络传输的复制件不存在磨损，如果说线下转售次数受到复制件可用性的限制的话，那么网络转售基本不会受到此类限制，理论上，一个无形复制件可被转售无数次，这将对著作权一级交易市场造成较严重的损害，此乃其一。如允许网络著作权二手交易市场合法存在，著作权人会因后续存在的转售行为而在初始销售时向消费者收取更高价格，从而降低消费者福利，此乃其二。[36]对于第一点，笔者十分认同该论据的可靠性，但并不认为该论据足以影响对发行权用尽原则在网络领域可适性的判断。毕竟，从保护所有权、保护文化市场繁荣的角度出发，发行权用尽原则的适用不受转售次数的限制，只是线下发行行为囿于技术手段之局限，无法实现多次转售罢了。即便对转售次数作出限制是发行权用尽原则的应有之义，也应考虑技术可行性问题，不能因现行技术条件下无法实现对转售次数的限制而完全否认该原则在网络领域的适用，否则便是将中立的技术改造为便于版权人实现利益最大化的工具了。[37]至于第二点，笔者认为此类担心未免多余。一方面，对于无意支付高价的消费者，可以在转售市场上获取到作品复制件；另一方面，如一级市场的过高定价直接损害了消费者的购买动机，市场机制的作用也最终能够促成一级市场上合理定价的形成，进而实现版权资源的最优化配置。此外，随着在线获取作品方式的多元化，用户可以选择不付费下载版权作品复制件，而是转而购买付费会员服

---

36 *See* The Department of Commerce Internet Policy Task Force，*White Paper on Remixes，First Sale，and Statutory Damages：Copyright Policy，Creativity，and Innovation in the Digital Economy*（January 2016），pp.51—52，https：//www.uspto.gov/sites/default/files/documents/copyrightwhitepaper.pdf（last visited Oct 21st，2018）.

37 有学者提出了折中观点，即：在满足限制复制件转售次数的前提下，允许在网络环境下适用发行权原则。如管育鹰提出，“如果在线转售服务提供者在技术上能保证用户存储的是有正版水印的原始文件且上传云端后原始文件自动销毁，即可允许存储文件再转售两次”。参见管育鹰：《版权领域发行权用尽原则探讨》，《法学杂志》2014 年第 10 期。另有学者指出，可考虑赋予著作权人对一定次数内转售行为的专有权，超出该次数的范围，适用发行权用尽原则。如何炼红、邓欣欣提出，“著作权人可以在规定的次数和范围内要求使用者转让数字作品时取得其许可并返还自身一定比例的转让费，如果超过次数上限，那么著作权人就失去对该数字作品转售的‘许可权’和‘收费权’”，同时可考虑“由著作权行政主管部门针对不同类型的数字作品综合考量各方面因素来确定最高转售次数的具体标准，考量最高转售次数的因素包括著作权保护期限、作品的投入成本、作品的影响与市场需求等，并且该次数的限定应该随着技术的发展而有所变化”。参见何炼红、邓欣欣：《数字作品转售行为的著作权法规制——兼论数字发行权有限用尽原则的确立》，《法商研究》2014 年第 5 期。由于上述观点均需借助于一定的技术保护措施来实现，而著作权人并无对作品施加技术保护措施的义务，相应地，网络交易平台也难以追溯转售次数。可见，上述建议的可操作性不强，故未被本文所采纳。但笔者同时认为，随着区块链等技术的发展，未来存在适用上述建议的空间。

务，获得对大量作品的短期使用权。换言之，消费者选择权正在扩大，这正是消费者福利增进的体现。

值得一提的是，将发行权用尽原则适用于网络领域，还有如下两项十分重要的价值：一是有利于减少权利滥用行为对消费者福利产生的负面影响；二是有助于减少盗版行为的发生，推动付费意识的形成。这两项价值与网络版权产业的运行状况密切相关。

禁止知识产权权利滥用原则内生于知识产权制度本身，纵观美国司法实践可以发现，禁止知识产权权利滥用已经从一项侵权抗辩事由发展为一般原则。[38]其致力于规制这样一种行为：其具有行使知识产权的外在形式，但却与知识产权保护的目的和基础原则相违背。[39]随着网络技术的发展，知识产权保护的天平不断向权利人倾斜，为滋生权利滥用提供了温床。在这方面，版权的网络独家授权带来的排斥竞争的效果就是最好的例证：近年来，泛娱乐产业的吸金能力不减，吸引了大批资本卷入哄抢、囤积独家版权的潮流之中，先进入的网络平台由此获得垄断优势地位，并以高价分销为由行拒绝分销之实，变相限制竞争，消费者的选择权也受到了极大的遏制。类似的现象在线下场景中未曾出现，很大程度上需要归因于发行权用尽原则。正如我们所知，图书的线下复制发行往往也是通过作者与专业出版社签订专有出版协议的方式实现的，但发行权一次用尽原则的适用，使购买合法复制件的书商能够行使转售的自由，从而在更小而细分的图书二级市场上展开竞争，通过多元化竞争形态的呈现，最终实现提升消费者福利的目标。与之相反，我国目前对网络领域发行权用尽原则能否适用的态度不甚清晰，这无疑阻碍了线上版权作品二手交易市场的发展，进而强化了独家版权的垄断地位，打破了本应存在的平衡。笔者认为，发行权用尽原则与禁止权利滥用原则一脉相承，共同服务于版权促进有价值的作品的创作和传播的目的，不应以线上线下作为区分该原则能否适用的机械标准。

承认发行权用尽原则在网络领域的适用，也有助于减少盗版行为的发生，这是通过提供一个使消费者支付得起或愿意支付的二手市场来实现的。早在2004年，市场调查公司IDC就在一项关于中国软件盗版情况的调查中，得出了如下结论：盗版猖獗的原因并不在于公众的版权意识低下，而在于没有价格合理的正版资源提供。在这项调查中，高达90.73%的网民认为经济原因是造成盗版的主要原因，只有5.14%和4.13%的网民认为是喜欢使用盗版，或并不清楚原

38 参见易继明：《禁止权利滥用原则在知识产权领域中的适用》，《中国法学》2013年第4期。

39 *See* Aaron Perzanowski & Jason Schultz，“Digital Exhaustion”，58 UCLA L. REV. 889，928（2010）. *See* also 911 F.2d 970，978（4th Cir.1990）.

因。[40]由著名歌手 Jay-Z 演唱的歌曲《4：44》也面临着同样的情况。该歌曲的独家网络版权被在线流媒体平台 Tidal 拿下。令人讶异的是，该歌曲在网络首发后 72 小时之内，就被非法下载了近 100 万次，其中 56%的非法下载发生在美国这一强调知识产权强保护的国家。[41]独家版权的赋予不仅没有催生用户的付费意识，反而使其转而求助于盗版资源，不可不谓是版权保护的悲哀。用户付费意识的建立需要一个循序渐进的过程，即便在打击盗版富有成效的英国，最新的一项调研也显示，仍旧有 25%的民众会时不时访问盗版网站。[42]如我们在版权保护的道路上过于激进，非但不能引导用户建立尊重版权的意识，反而会使其误入歧途，走上反版权的不归路。权利用尽原则在网络领域的适用，有助于塑造一个便宜的网络二手市场，对于逐步培养用户付费意识无疑是有利的。

六、网络领域发行权用尽原则的立法重构——代结论

综上，将发行权用尽原则适用于网络领域，不仅可行，而且必要。可考虑在《著作权法》修改中对该原则的适用进行明晰。具言之，可从如下方面切入。

首先，需将发行权适用的对象扩大为包括作品的无形复制件在内的所有非临时复制件。

其次，应对发行权与信息网络传播权的行为界限进行明确。对于提供网络下载服务的行为，原则上由信息网络传播权进行规制，但若能确保在下载的同时，原有复制件同时删除，复制件总量并不增加，则应由发行权进行规制。如此，便能为网络领域适用发行权用尽原则提供必要的前提。

最后，应对发行权用尽原则作出清晰规定。可采取如下规定方式："当作品的有形复制件经著作权人或经其合法授权的主体同意投放市场转让后，该有形复制件的所有权人有权自行以销售、赠与、出租或其他方式处理该有形复制件，无需再经过著作权人或经其合法授权的主体的许可，本法另有规定的除外。在网络服务商采取'转移-删除'机制确保系统中复制件数量不增加，且采取必要

---

40 参见徐志斌：《八成网民认为软件企业打击盗版应先进行降价》，http：//tech.sina.com.cn/it/2004-07-09/1856385855.shtml；更新时间：2004 年 7 月 9 日；访问时间：2018 年 10 月 21 日。

41 *See* Music Business Worldwide，"Jay-Z' s 4：44，a Tidal Exclusive，Illegally Downloaded Nearly IM Times in 3 Days"（July 3rd，2017），https：//www.musicbusinessworldwide.com/jay-zs-444-tidal-exclusive-illegally-downloaded-nearly-1m-times-3-days/（last visited Oct 21st，2018）.

42 *See* UK Intellectual Property Office，"Young consumers give boost to legal downloading and streaming"（Jul.4th，2018），https：//www.gov.uk/government/news/young-consumers-give-boost-to-legal-downloading-and-streaming（las visited Oct 21st，2018）.

措施确保将复制件上传转售平台的用户删除终端设备上存储的复制件的情况下，可将上述规则适用于作品的无形复制件。为免争议，如作品无形复制件的接收方获得对该无形复制件的永久使用权，则该接收方应被视为复制件的所有权人。”增加“本法另有规定的除外”的条款主要是为防止与《著作权法》对出租权的规定相冲突。

On the Application of First-Sale Doctrine in the Online World

Chu Meng

Abstract: The notion that "the right of distribution is set to control offline behavior" has been widely recognized by Chinese scholars, which leaves no room for the application of first-sale doctrine in the online world, thus prohibiting the emergence of an online second-hand copyright transaction market. With the technology of "transfer-and-delete", an online copyright transaction market that resembles offline second-hand market can be established, which shall be governed by the right of distribution. The essence of transaction is not changed whatever contractual term is used, whether "sale" or "licence". Enhanced duty of care requirement of online second-hand copyright transaction market can be employed to counterbalance the damage concurred by online seller's failure of deletion. There's no material obstacle to the online application of the first-sale doctrine. Such application will inhibit online copyright misuse and function as an effective way of combating piracy.

Keywords: Right of Distribution; First-Sale Doctrine; Online Marketplace; Second-Hand Copyright Transaction Market; Copyright Misuse

论《民法总则》中的个人信息：内涵、性质与保护路径

熊予晴

摘　要：《民法总则》第111条对个人信息保护作出了规定。对其理解应借鉴"识别说"对个人信息的定义、特征和范畴进行分析，明确其包含的人格属性和财产属性，并将个人信息权和类似的隐私权、被遗忘权加以区分。针对《民法总则》使用"个人信息"而非"个人信息权"的用法，从保护客体的独立性、保护效果、演变趋势、规范逻辑、比较研究等维度进行分析后得知，个人信息是民事权利而非法益。针对当下对个人信息的保护范围界定不明晰、个人信息权明文化不彻底、权利内涵不完整、未规定救济措施、缺少完整的请求权基础、保护的主管机关缺位、行业自律组织混乱等体制困境，应当明文强调个人信息权的权利性质、对个人信息权及其下属权利束进行法定化和精细化规定、实现主管机关专责化、健全行业自律机制、采取有力的救济举措，以切实保障个人信息。

关键词：个人信息；《民法总则》；属性；个人信息权；个人信息保护

作者简介：熊予晴（1999—　），华中师范大学法学院2016级本科生；主要研究方向：民商法。

目 次

引　言

电子计算机和互联网的迅猛发展和广泛普及拉开了信息革命的序幕，人类世界也由此步入了信息社会，大数据、云计算等新兴词汇正深刻影响着人们的生产和生活方式。在信息社会中，网上平台的交易、预约网约车、旅行 APP、微信等社交平台的使用在方便人们生活、提供商品和服务的同时，也在大规模收集、分析、使用、传播着用户的个人信息。如今，数据分析技术、人工智能不断发展，用户信息利用的商业化更是为用户信息安全增添了新的危机。在大数据的运用中，企业能够从有限的数据库中以一个相当不透明的过程发现、推算出不直观、不可预知的用户信息，让个人信息安全的风险大幅增加。个人信息成为信息社会的一种重要的社会资源，[1]同时也真正成为一种战略性资源，成为推动社会转型的决定性力量。[2]每一个信息社会的个体在享受便捷的同时，其个人信息也处于被半公开的状态，个人信息被误用、滥用或者泄露的现象屡见不鲜，个人信息保护的环境已经产生了新的变化。[3]然而，与信息产业的高速发展形成鲜明对比的是，我国有关个人信息保护领域的立法仍然相当滞后。国家对于信息社会的建设更注重技术开发与使用推广，而在对保护个人信息的法律保护方面却存在空缺。中国目前的信息社会就像是一个“一条腿走路”的人，信息产业的发展是其已有的、支撑其前进的腿，而对公民个人信息的法律保护则是其缺失的另一条支撑腿。这种信息社会“一条腿走路”的局面，与之前工业社会发展过程中“先污染、后治理”的粗放模式如出一辙。[4]

长期以来，我们国家与个人信息保护相关的规范零散地出现在各类行政及刑事法律规制当中。譬如 2000 年通过的《全国人大常委会关于维护互联网安全的决定》在互联网安全中纳入了信息安全，并将其作为一个非常关键的部分，2009 年通过的《刑法修正案（七）》新增 “非法获取公民个人信息罪”和“出售、非法提供公民个人信息罪”，2015 年通过的《刑法修正案（九）》强化、提升了对打击个人信息犯罪的力度，由此不难发现我们国家正致力于借助多个立法途径来使个人信息的权利得到有效的维护。修订于 2011 年的《居民身份证法》

1　齐爱民：《拯救信息社会中的人格：个人信息保护法总论》，北京：北京大学出版社 2009 年版，第 20 页。

2　周汉华：《互联网法律的国际经验》，载中国互联网协会：《互联网法律》，北京：电子工业出版社 2016 年版，第 8 页。

3　参见侯富强：《大数据时代互联网个人信息危机与治理》，《理论视野》2015 年第 7 期。

4　参见杨翱宇：《我国个人信息保护的立法实践与路径走向》，《重庆邮电大学学报》（社会科学版）2017 年第 6 期。

明确规定了国家机关及其工作人员对身份证上个人信息进行泄露所要担负的法律责任，工信部自2013年开始落实的《电信和互联网用户个人信息保护规定》通过部门规章形式针对互联网信息服务供应者以及电信业务运营者在用户个人信息的收集、使用方面的行为设立了规制，国家经由行政立法的方式来对信息主体的个人信息权利进行维护。2017年3月15日，《中华人民共和国民法总则》（以下简称《民法总则》）正式通过，个人信息保护在民法领域当中取得了突破性的成果。《民法总则》第111条清晰指出："自然人的个人信息受法律保护。任何组织和个人需要获取他人个人信息的，应当依法取得并确保信息安全，不得非法收集、使用、加工、传输他人个人信息，不得非法买卖、提供或者公开他人个人信息。"此番规定开创性地在民事基本法层面确立起对个人信息的私法保护，为今后制定民事单行法以保护个人信息奠定了民法典基础。但是此次立法也并非一立了之，关于个人信息仍有较多的理论问题亟待进一步加以厘清，本文将就《民法总则》中个人信息的内涵、性质与保护路径等问题进行分析。

一、个人信息的基本内涵

（一）个人信息的定义、特征及范畴

关于个人信息，世界上许多国家和地区对其有不同的理解和定位，其中欧盟《数据保护指令》比较具有代表性，采纳了"识别说"的定位，较为精炼地总结了个人信息的特征，认为个人信息是所有能够直接或者间接地借助其身份证或其身体、心理、生理、文化、经济或社会的若干因素来明确被辨识的自然人的信息。[5]此后2018年5月25日实施的《通用数据保护条例》也沿用了这一定义。欧盟的"识别说"思路也在一定程度上影响了我国学者，我们结合"识别说"观点和列举的方法，一般将个人信息定位为：与识别或者能够识别自然人有关的全部信息，涵盖却不限于自然人的姓名、证件号码、出生年月、指纹、基因、家庭、健康检查、联络方式、社会活动、财务状况、地理位置等信息。[6]

个人信息包含的丰富内涵也使其具备诸多显著特征。首先就是个人信息具有可识别性。尽管《民法总则》第111条并没有清晰指出"个人信息"是一项权

5　参见陈奇伟、刘倩阳：《大数据时代的个人信息权及其法律保护》，《江西社会科学》2017年第9期。

6　参见任龙龙：《个人信息民法保护的理论基础》，《河北法学》2017年第4期。

利，也未就其概念及范围进行阐述，然而我们却可以从《网络安全法》第 76 条[7]了解到，个人信息具有可识别性。他人能够直接根据该信息，或者借助其他信息的辅助，或者对信息进行综合分析后，识别出某一具体信息主体的身份和特征。其次是个人信息的主体必须是自然人。虽然法人所具有的一般人格权也应受到保护，但是在市场经济中，法人的信息有相当一部分应当以适当方式公开，以保证商业信息的正常流通，保护交易安全。故而对于需要保护的法人信息更适合在反不正当竞争法和知识产权法等法律的框架下进行保护，在民法框架下进行保护的个人信息的主体应当局限于自然人。同时个人信息应当是对个人生活状态、个人特征及其变化的客观反映，一方面其内容是客观真实的，另一方面也为一定的物质载体所保存，客观性是人们能对个人信息进行认识并加以利用的基础和条件。[8]

按照个人信息的属性以及产生源可将其分成以下三类：其一，可以展现个人自然状况以及平日生活情况等的个人数据资料，这也是网络世界通过代码语言对实际社会当中此类信息的直接展现；其二，自然人借助匿名或者实名的身份所开展的网络行为而形成的信息痕迹以及活动轨迹等数据资料；其三，网络服务商借助收集及发掘上述两类信息，并对其加以处理及分析而获取的数据资料。[9]

（二）个人信息的人格属性与财产属性

如前文所述，可识别性是个人信息的首要特征，人们可以通过个人信息直接识别或者间接识别出某一信息主体的身份，从而得知自然人主体的个人特征。个人信息因其可以体现出自然人的人格利益而具有人格属性。如今，信息社会的发展使个人信息成为一种重要的商业资源，具有强大的财富创造潜力，目前甚至已演变为可供交换和买卖并产生利润的商品，商业化的使用方式使其具有了财产属性。因此现今的个人信息兼具了人格属性和财产属性。

个人信息与个人人格紧密相关，首先表现为各种人格特征，这点毋庸置疑，正如张新宝教授曾指出，许多个人信息都是人们不想为他人所知悉的私人信息，也是不愿他人介入的私人领地，这确是一种人格利益的体现。[10]但将个人信息权归为一般人格权还是具体人格权，学界的分歧较大。大陆法系的国家一般将个

---

7 《网络安全法》第 76 条第 5 款规定：“个人信息，是指以电子或者其他方式记录的能够单独或者与其他信息结合识别自然人个人身份的各种信息，包括但不限于自然人的姓名、出生日期、身份证件号码、个人生物识别信息、住址、电话号码等。”

8 参见薛峰：《论个人信息的民法保护》，北京：中国政法大学硕士学位论文，2010 年。

9 参见陈奇伟、刘倩阳：《大数据时代的个人信息权及其法律保护》，《江西社会科学》2017 年第 9 期。

10 参见张新宝：《信息技术的发展与隐私保护》，《法制与社会发展》1996 年第 5 期。

人信息归于具体人格权进行保护。此前有学者将个人信息权纳入一般人格权的范畴，如马俊驹教授提出，个人信息中包含的人格属性远大于具体人格权的范畴。个人信息与自然人的尊严、自由、人身完整等基本权益息息相关，应当属于一般人格权范畴。[11]但是这一定位并不妥当。一般人格权的主体是普遍主体，包括公民、法人，这显然区别于保护个人信息的定位。从实务上来看，一方面，一般人格权在进行认定和适用时很大程度上依赖于法官在自由心证范围内的裁量，若以此方式保护个人信息会造成法律适用的模糊和混乱；另一方面，对侵犯一般人格权的行为采取的是“谁主张，谁举证”的过错责任原则，而相对于掌控信息收集技术的个人信息侵犯者来说，处于弱势地位的被侵害者将难以举出有效证据，所以对个人信息的保护，出于公平原则，应当考虑优先保护信息权利人，采用举证责任倒置的规定，采取过错推定的原则。[12]由此可见，将个人信息权作为一般人格权利是不够成熟的，而以王利明教授为代表的学者提出的将个人信息权作为具体人格权的观点则更为准确。首先，个人信息权将人格利益作为保护对象之一，具有特定的权利内涵，侧重于“控制自己资讯的权利”或“资讯自决权”。[13]其次，个人信息权的表现形式多样，其他权利无法准确地将其涵盖；同时，将个人信息权定位为一种具体人格权有助于对其实行多层面的有效法律保护，更有助于维护人格尊严，促进人格平等。[14]由此可见，个人信息权也应当是一项独立的具体人格权利。

在现代社会，伴随着信息产业的高速发展，个人信息的经济价值日益凸显，信息利用的成本降低，过去不为人们所重视的个人信息因其在现代社会发挥出了巨大的商业价值而被广泛收集、加工和利用，成为炙手可热的商品而为商家竞相追逐。个人信息的财产属性愈发明显，甚至有学者指出，“个人信息是推动现代商业模式与政府运行的原动力”[15]。对企业而言，个人信息是一种无形的资源。企业通过个人信息来了解消费者群体，从中挖掘潜在客户，获取消费者的最新需求，从而进行产品、服务的优化，增加供给，甚至会对企业的经营发展战略产生决定性的影响。可以说消费者的个人信息在市场环境中就是一种财产性利益，个人信息的拥有量对企业的正向发展来说有着强大的影响力。在企业竞争中，谁掌握的个人信息更多，谁就拥有更多的商业机会和潜在消费者，

---

11 马俊驹：《个人资料保护与一般人格权（代序）》，载齐爱民主编：《个人资料保护法原理及其跨国流通法律问题研究》，武汉：武汉大学出版社 2004 年版，第 1 页。

12 参见谢远扬：《信息论视角下个人信息的价值——兼对隐私权保护模式的探讨》，《清华法学》2015 年第 3 期。

13 孔令杰：《个人资料隐私权的法律保护》，武汉：武汉大学出版社 2009 年版，第 90 页。

14 参见王利明：《论个人信息权在人格权法中的地位》，《苏州大学学报》（社会科学版）2012 年第 6 期。

15 Perri Six，Private Life and Public Policy，London：The Future of Privacy，1998，Vol. 1，p.23.

企业博弈从某种程度上来说实际是企业所掌握的信息量的博弈。因此许多企业不遗余力地开拓挖掘消费者个人信息的用途，甚至投资开发可以收集分析用户个人信息的软件，在此基础上建立企业客户个人信息数据库。对个人而言，个人信息的所有者可以对自己的信息进行售卖以获取经济利益，其受让者也能够在有偿的前提之下再次处理以及运用此类信息。在企业和个人双重需求的刺激之下，还出现了一类专门收集用户个人信息的人，他们利用各种手段搜罗人们的个人信息，并将其售卖给相关业务范围内的公司、企业，个人信息商品化已经成为一种趋势。[16]个人信息的商品化过程体现了其自身具有的经济价值，反映了个人信息人格属性和财产属性相互交融的关系。[17]

若我们进一步来看这个问题，将个人信息分为显名与隐名两种类别，则其人身属性与财产属性的强弱也会不同。所谓显名信息即可以通过其准确识别到信息主体，如姓名、住所、身份证号、个人照片等与个人人身不可分离，或能够通过其定位到个人并从侧面反映出对应个体的身份信息的信息。显名信息无疑与人身不可分离，具有强烈的人格属性，而财产属性却并不明显。隐名信息则是无法通过其对应到具体信息主体、能够脱离主体独立具有价值的信息，如共享单车的行驶路径、不同商品型号的购买情况等。隐名信息虽然来源于个人，但却可以通过处理后相对脱离个人，并在经过大数据统计计算后产生商业价值、营造经济利益。又因仅通过隐名信息定位到个人的难度太大，对个人人身、身份的影响有限，故隐名信息的财产属性强于人格属性。当然，针对显名、隐名信息进行分析并不是指显名信息只具备人格属性或是隐名信息只具备财产属性。就如同电话号码可被用于产品推销，经过分类分析后的群体信息也仍然与人身相关。只能说，显名信息的人格属性强于财产属性，而隐名信息的财产属性强于人格属性。

从个人信息的诞生来看，个人信息产生的目的是为了识别个人，而不是将个人信息用于创造经济效益。此时的个人信息仅与个人的人身密切相关，不具有财产属性。故而人格属性是个人信息的本质属性也是基础属性。随着大数据时代的到来，个人信息产生的商业价值也逐渐体现，个人信息就算不定位到个人也能直接产生财产利益，个人信息中的人格利益出现财产化的趋势，也使得

16　参见洪海林：《个人信息财产化及其法律规制研究》，《四川大学学报》（哲学社会科学版）2006 年第 5 期。

17　程合红：《商事人格权论——人格权的经济利益内涵及其实现与保护》，北京：中国人民大学出版社 2002 年版，第 47 页。

部分个人信息不再与个体联系得那么紧密。[18]由此可见，个人信息的财产属性不同于人格属性，它不与个人信息一同诞生，而是其人格属性的一种延伸。[19]从商业运营角度来看，虽然在商业领域中个人信息的财产属性更强，但其中的人格属性是无法被抹去的。目前，APP 与各种电子软件功能的使用都以用户认证为前提，所谓用户认证即是企业获取个人信息的第一环节，主要以手机号码绑定为主要途径。[20]而手机号码的办理需要个人身份信息进行实名认证，所以获取手机号码就相当于间接地获取了用户的身份信息。企业获取手机号码及其他身份信息的目的主要有三：一是方便用户体验，忘记的密码可以用手机号码与身份信息找回；二是为了网络安全，在实名制的 APP 中法律救济能够普及，个人的利益得以保障；三是防止一人多注，也就是所谓“灌水”，以便企业计算有效用户量。此类信息便是上文提到的显名信息，其主要作用在于识别用户个人，保证企业正常经营。显然，用于注册的个人身份信息的财产属性并不强，真正富有经济效益的是在用户使用其产品过程中所创造的信息。如共享单车的骑行路线与骑行时间，[21]通过对用户行程信息的掌控来确定单车的投放地点与时间，便能使共享单车的服务流程高效率地运营，同时获取良好的经济效益。此类信息所具有的财产属性便是各企业进行竞争的关键，且企业获取的个人信息不仅可以供自己使用，还能提供给第三方使用。《支付宝服务协议》中，对有关用户信息的运用规则进行了阐述，即“您理解并同意我们及关联公司可以存储、使用、复制、修订、编辑、发布、展示、翻译、分发您的非个人隐私信息或制作其派生作品，并以已知或日后开发的形式、媒体或技术将上述信息纳入其他作品内或授权给其他第三方使用”。此条款表示，个人信息可以被企业获取并开发信息的其他用途。那么这是否说明企业获取的用户信息成为企业财产了呢？是否成为财产的个人信息已不再具有个人属性了呢？确实占据强势地位的产品服务提供者只给了用户两种选择，“提供数据，使用功能”与“拒绝提供，无法使用”，但这并不能说明此类隐名信息就是财产，个人信息无论被拆分得多零散，其始终体现着信息主体的人身特征，具有人格属性。如有这样一段骑行

---

18 参见张礼洪：《人格权的民法保护及其理论的历史发展——兼议我国的立法模式选择》，《中国政法大学学报》2018 年第 4 期。

19 个人信息从诞生之初就与人格权息息相关，其基础在于作为信息主体的个人本身。尽管随着技术发展能够脱离个人用作商用用途、产生经济价值，但是不可否认其出发与落脚点都与人身相关。企业收集个人信息，对个人信息进行分析并运用于经营活动，其源头仍是信息主体的人身。

20 根据 APP 功能的不同，要求认证的信息也会不同。如支付宝要求完全实名认证，在《支付宝服务协议》身份认证相关条款中用于识别的身份要素包括但不限于会员号、支付宝账户、密码、数字证书、短信效验码、支付盾、电话号码、手机号码、身份证件号码及指纹信息、人脸信息等。ofo 共享单车的服务协议中对于学生用户更是要求精确到学校、专业与年级。

21 ofo 单车租赁协议中，其收集的行程信息包括但不限于出发地、到达地、路线、途经地点及里程数信息。

数据，单车起点位于某高校一学生宿舍楼旁，终点为该校一教学楼，骑行时间为该校第一节课开始前十分钟，骑行速度高于平均值。此信息主体的特征便十分清晰，其为该校学生的可能性大于其他任何主体。这一例子也说明，虽然隐名信息的识别性弱，但它仍能体现信息主体的部分特征。一段信息无法定位到个人，成千上万的零碎信息却能够拼凑出一个形象生动的人，包括住址、单位、婚姻家庭状况、喜恶，都可以通过零碎的信息推算得到。个人信息来源于个人，也无法完全脱离个人。

综上所述，个人信息虽兼具人格属性和财产属性，但是二者并非并驾齐驱。人格属性先于财产属性存在，个人信息依附于自然人个体而存在，若无人格属性则无个人信息，财产属性更无从谈起，个人信息权虽然具有财产属性，但其本质上仍是一种人格权。又因个人信息和数据所包含的人格利益无需公开就可以直接转化为财产，[22]致使个人信息权突破了传统意义上的非财产性的人格权，成为一种新型人格权。

（三）个人信息与相关概念的界分

“个人信息”这一概念是此次《民法总则》出台时首次在私法领域被明确提出的，此前对于个人信息的私法保护多是通过保护隐私权等模式进行，因此当下我们要准确把握“个人信息”的基本内涵，有必要对个人信息权和其他易混淆的概念及时加以厘清。

1. 个人信息权与隐私权

隐私权在《民法总则》中见诸第 110 条第 1 款：“自然人享有生命权、身体权、健康权、姓名权、肖像权、名誉权、荣誉权、隐私权、婚姻自主权等权利。”而有关个人信息的表述则体现在《民法总则》的第 111 条，《民法总则》对二者的分条表述表明了个人信息与隐私权是两个独立的概念。

大陆法系国家一般将隐私权作为一项具体人格权进行保护，其隐私权的内涵有限，仅指一种具体的人格利益，不能将其与个人信息权进行等同而只能作为个人信息权的下位概念。然而我国有关个人信息保护的立法理论与实践曾经长期受到美国的影响。在美国，“隐私权”的概念涵盖极广，相当于大陆法中的“人格权”的概念，因此其直接以隐私权保护的模式来保护个人信息，将个人信息在实质上与隐私权等同，即自由控制自己所有的信息。1974 年，美国发布了《隐私法案》，借助隐私权保护来达成对个人信息的有效保护。[23]在中国，

---

22 参见张礼洪，《人格权的民法保护及其理论的历史发展——兼议我国的立法模式选择》，《中国政法大学学报》2018 年第 4 期。

23 *See* Daniel J. Solove & Paul M. Schwartz：Information Privacy Law，3rd edition，Austin：Wolters Kluwer，2009，p.2.

由于《民法总则》出台前，我国只有对隐私权保护的规定，且相关规定较为完善，所以法官在实务中也经常以保护隐私权的方法为个人信息受到侵害的人提供相应的救济。美国颇负盛名的计算机专家迪博德曾言之，在信息社会当中，个人的隐私可以从计算机里的各个字节或者数据中寻到蛛丝马迹。信息加总以及数据整合对隐私的穿透力绝非仅是“1＋1＝2”的，很多时候是大于2。[24]不可否认，个人信息权与隐私权紧密相关，首先个人信息和隐私都具备一定程度的私密性，都含有特定个人不愿意对外公布的私人信息，都包含特定个人不愿意别人介入的私密空间，二者均体现了一种人格利益。[25]从侵害的方式来看，侵害个人信息权与侵害隐私权非常相似，都多是采用披露特定个人的有关信息的方式实现的。因而，之前把前者视为后者的一部分，并借助对后者的有效保护来保护个人信息的方式是具有合理性的。但我们必须清醒地认识到，个人信息权在客体范围、属性、内容、救济方式上与隐私权具有较大的不同，并不完全属于隐私权的范畴。

首先，在客体范围上二者有所不同。隐私权的客体是特定权利人自身不愿意公开且仅会对信息所有人个人产生影响的信息，具有私密性的特点。而尽管个人信息权是通过信息为客体进行展现，但其是否具有私密性无法确定。例如个人的健康状况、信件内容、社交账户密码等属于隐私权的客体，属信息所有人不愿披露的内容；而个人电话号码、邮箱地址、办公地点等信息在个人同意的情况下被公布在黄页上，则属于个人信息权的客体，同时能与其他信息结合组成一个完整的个人信息，能够被他人所知悉。此外，隐私权的客体只涉及权利人的自身利益，并不涉及社会公共利益，而某些个人信息的收集和公开涉及社会交往和公共管理需要，在一定范围内必须为社会中特定或不特定的人所知悉，这些个人信息难以归入隐私权的范畴。[26]

其次，在属性上二者有所不同。隐私权更多表现为人格属性，虽然其在特定条件下也可被利用，但是其财产属性并不明显；个人信息权则是兼顾人格属性和财产属性，两个属性都较为突出。同时在人格属性范畴内，隐私权通常是被动的，只有在被侵犯后权利人进行主张；个人信息权则主要是主动的，特定个体既可积极加以收集和利用，亦可在被侵犯时积极主张法律保护。

再次，在内容上二者有所不同。隐私权主要是对个人安宁、平静私生活的保护，重点在于防范个人的秘密信息被披露，是一种较为消极的、排他的权利；个人信息权则指的是自主决定及支配个人信息，涵盖了个人由何种途径对信息进行收集及运用的知情权，怎样自己运用或授权他人运用的决定权，也就是公

---

24 转引自徐子沛：《大数据》，桂林：广西师范大学出版社2012年版，第162页。

25 参见张新宝：《信息技术的发展与隐私权的保护》，《法制与社会发展》1996年第5期。

26 齐爱民：《拯救信息社会中的人格：个人信息保护法总论》，北京：北京大学出版社2009年版，第79页。

开给特定人群及公开的程度，有着排他的、积极的、能动的自由，以对此类秘密的利用权以及控制权的保护为主。

最后，在救济方式上二者有所不同。一般来讲，隐私权通常是在受到侵害时权利人要求停止侵害、排除妨害的权利，突出权利保护的消极性，主要以精神损害赔偿的方式进行救济。由于个人信息具有财产属性，对其造成侵害时，也有可能导致权利人的财产利益遭受损害，因此个人信息权在受到侵犯时可以采用要求更新、更正等救济途径，既可主张精神损害赔偿，亦可主张财产救济。若被侵权人的损失难以确定，也可以根据《侵权责任法》第 20 条规定的以侵权人因侵权所获的利益为标准主张损害赔偿。[27]

综上所述，个人信息权虽与隐私权存在一定程度上内容的重合，但是个人信息权的范围超过了隐私权的范畴，有更多元化的利益主体及内容与其保护及利用相关。[28]

2. 个人信息与被遗忘权

遗忘是人的本能。在传统社会，人们为了对抗遗忘发明了文字来记录信息，但是在大数据时代，遗忘与记忆完成了倒置，在网络上发布的信息若不对其进行处理，就会一直停留在原处。随着时间流逝，过去的信息也能对现在造成影响，让人们在不经意间就会被过去的信息所纠缠。[29]为了对抗大数据时代个人信息被滥用、泄露等问题，早先的欧洲国家提出了被遗忘权的概念。“被遗忘权”这一概念起源于法国和意大利法律概念中的“遗忘权”，即法语中的“droit àl' oubli”、意大利语的“Drimto to Abl”，被翻译为“对已经过去了的事情不再提起的权利”[30]。自 20 世纪 70 年代末以来，这个概念通过立法和法理学的结合而兴起。尽管在法律中被允许，它仍然可以被看作是控制言论自由即控制某一信息不可或以特定的方式进行讨论传播的方式。然而网络中的被遗忘权与日常通信交流不同，网络中的信息发布者本意不希望此信息被广泛传播且永久在网络各处被公开，而日常中的通信交流有一定的隐蔽性且会随着时间消逝。故而，被遗忘权在于删除因为互联网技术的发展而被永久保留在网页上的个人信息从而保护信息主体。此后，《关于个人数据处理的保护以及此类数据流动的欧盟议会及委员会草案》第一次正式明确被遗忘权，于 2018 年正式生效，适用范围为欧盟的成员国。“被遗忘权”，即数据主体除有合法理由保留数据外，

27　参见王利明：《论个人信息权在人格权法中的地位》，《苏州大学学报》（社会科学版）2012 年第 6 期。

28　参见张新宝：《隐私权与个人信息保护》，《法制日报》2016 年 5 月 11 日，第 11 版。

29　参见张里安、韩旭志：《“被遗忘权”：大数据时代下的新问题》，《河北法学》2017 年第 3 期。

30　Hoecke，M.V.& Ost，F.（ed.），The Right to Personal Identity in Italian Private Law：Constitutional Interpretation and Judge-Made Rights.，The Harmonisation of European Private Law，Brussels：Hart，2000，p.237.

有权要求数据控制者删除已过时、不正确、不相关的个人数据，有权被互联网所遗忘。

在我国，有学者将被遗忘权与个人信息权二者等同起来，抑或是认为被遗忘权属于个人信息权的范畴。如杨立新、韩煦提出，被遗忘权的权利内涵是删除已经存在的过往负面信息的权利，属于个人信息人格属性中“控制自己资讯的权利”或“信息自决”的内容，理应包含于个人信息权的内容之中。[31]梁辰曦、董天策提出个人信息权应当包含被遗忘权的同时，还提出被遗忘权是借鉴个人信息权并进行延伸和扩展的一项新兴的独立权利。[32]被遗忘权与个人信息权之间的密切联系毋庸置疑。第一，前者的权利主体即为个人信息的主体，是且仅是自然人。第二，前者的义务主体即为信息控制者，是获取个人同意或有存在合理理由对个人数据进行控制的人，既可以是自然人，亦可以是法人和其他组织。第三，前者的适用范围涵盖四类信息：相对于收集目的已丧失必要性的个人信息、信息主体可以在特定条件下撤销此前针对信息控制人处理其个人信息的许可、用于直销目的的个人信息以及未满 16 周岁的未成年人在接收信息服务的过程中被收集的信息[33]。第四，二者在人格属性方面集中体现了同一性。个人信息权既有信息主体自由支配、处分的积极权能，又有信息主体要求排除妨害和非法利用的消极权能，被遗忘权是通过信息主体增加信息搜索难度覆盖原有信息、用新信息来淡化记忆。因此，被遗忘权是既具有积极性，又体现支配性，同时存在消极权能的权利，二者具有高度的同一性。[34]

然而，二者的不同之处让我们无法简单地将其等同起来。首先，个人信息权具有显著的积极性，是信息主体支配信息的权利。集中表现为相关主体能够完满地按照自己的意愿来对该权利加以运用；能够完全控制及支配信息及其所生成的利益，而不会受到他人的不法侵害以及非法约束。[35]而被遗忘权是信息主体要求删除网络信息的权利，其虽包含有控制信息的因素，但事实上是一种事后救济，更倾向于对权利的消极保护。其次，就客体而言，基于对个人信息进行利用的目的，可以将义务主体分为三类：①以追求商业利益为目的的法人或其他组织；②以公共管理为目的的政府或其他机构、组织；③出于其他目的对

31 参见杨立新、韩煦：《被遗忘权的中国本土化及法律适用》，《法律适用》2015 年第 2 期。

32 参见梁辰曦、董天策：《试论大数据背景下被遗忘的属性及其边界》，《学术研究》2015 年第 9 期。

33 参见于浩：《被遗忘权：制度构造与中国本土化研究》，《华东师范大学学报》（哲学社会科学版）2018 年第 3 期。

34 参见雷闪闪、郭小安：《关于被遗忘权法律性质的再思考》，《西南民族大学学报》（人文社科版）2018 年第 3 期。

35 参见雷闪闪、郭小安：《关于被遗忘权法律性质的再思考》，《西南民族大学学报》（人文社科版）2018 年第 3 期。

个人信息进行收集、保存及利用的自然人等其他义务主体。前两类义务主体的性质决定了其必然会对个人信息进行收集、存储和使用，因此这两类主体是潜在侵犯个人信息权的主要主体。[36]可见个人信息兼具财产属性和识别性。然而被遗忘权所针对的信息都是不恰当、过时的、不相关的信息，并不具备个人信息所具有的财产属性和巨大商业价值，至少在当前大数据时代发展的现状来看，被遗忘权的财产属性尚不明显。同样，过时的信息也无法准确识别到个人，其识别属性也被大幅削减，虽然在广义上属于个人信息，但与兼具财产属性与识别性的身份证号码、地址、职业、收入等个人信息存在差别。因此可以将被遗忘权看作是个人信息的人格属性在不同地域的差异化表述，或者个人信息权的下位概念。

3. 个人信息权与知识产权

知识是一切财产的源泉与根据，财富的本质是人的发现，知识财产是人类对财产的真正发现。[37]知识产权是为保护人类智力成果而产生的民事财产权利，是现代财产法的重要组成部分之一。学界对知识产权是私权的问题已达成共识，《民法总则》也在第 123 条以列举法对民事主体所享有的知识产权作出了规定。但知识产权是否为财产权仍存在不同说法。有学者认为我国知识产权中还包含有“著作人身权”[38]，不能直接划归为财产权。也有观点认为，虽然知识产权存在一定的人身依附性，但其本质仍是财产权，与传统民事财产权利没有本质区别。[39]本文认为知识产权客体是人类的智力成果，虽然依附于一定载体，其本质仍是无形的精神财富，是一种无形的财产权。另外，也有学者指出目前在信息领域保护知识产权的困难增大，应当扩大知识产权的客体范围，将无实体的数据信息纳入知识产权的保护范围，加强对知识产权的保护力度。

为保护在计算机网络技术发展的影响下受损严重的个人信息权，《民法总则》在起草之初也曾设想通过新增设知识产权的客体类型，即“数据信息权”，加强对数据信息的保护。在《民法总则（草案）》（一审稿）第 108 条关于知识产权的条款中，第 2 款第 8 项增设了“数据信息”这一客体，与著作权、专利权、商标权等权利所对应的客体（如作品、专利、商标等）并行列举。这种设计，旨在透过人格属性明确的隐私权和具有知识产权属性的“数据信息权”，达到保护个人信息的目的。然而，这一“数据信息权”仅是传统知识产权的延伸，是对在信息技术发达社会中被扩大传播的知识产权的保护，其客体仍然要

36　参见彭支援：《被遗忘权初探》，《中北大学学报》（社会科学版）2014 年第 1 期。

37　参见刘春田：《知识产权作为第一财产权利是民法学上的一个发现》，《知识产权》2015 年第 10 期。

38　《著作权法》中第 10 条规定著作权包括人身权与财产权。

39　参见刘春田：《知识产权作为第一财产权利是民法学上的一个发现》，《知识产权》2015 年第 10 期。

满足知识产权所具有的特征[40]。为充分保护知识产权，学界有将知识产权的客体扩大化的倾向，指出知识产权的载体不应当仅限于有体物而应当扩大到无体物，甚至只要是因人的行为而产生的“成果”都应当成为知识产权的客体。[41]然而，知识产权设立的初衷并不是让所有信息都能成为知识产权保护的对象。知识产权是一种财产权利，其制度保护的是人类对通过智力劳动产生的智力成果享有的无形财产权。个人信息不是由个人创造的“精神财富”，其本身也不具有新颖性、独创性、实用性等特征，不能成为知识产权的客体。此外，知识产权对智力成果的保护是以此作品已公开发表或已登记为前提，而个人信息无需经过登记等认证或公开程序即可得到保护。恰恰相反，个人信息权强调的是信息主体对个人信息的控制权，是禁止不经权利人同意收集、使用个人信息的权利，两者在权利的保护方式上背道而驰。因此，《民法总则（草案）》二审稿、三审稿以及此后出台的《民法总则》并未采纳通过知识产权来保护个人信息的方式，而是单独设立一条以强调个人信息权的独立性。

二、个人信息的性质：法益与权利之辩

《民法总则》第111条规定：“自然人的个人信息受法律保护。”法条并没有选用“个人信息权”这一概念，而是采用“个人信息”的概念，为之后学界针对“个人信息”究竟是法益还是民事权利的争论埋下了伏笔。理论界有学者认为，由于《民法总则》未使用“个人信息权”的明确说法，所以不能将“个人信息”当作是一项具体的民事权利，但却可以将其作为一项法益提供法律保护。也有学者认为，这是立法机关有意为之，“个人信息”的内涵较为宽泛，不能简单将其作为一项人格权加以规定，目前可以用“个人信息”这样的笼统表述，为之后更好地保护个人信息的财产价值预留解释的空间。[42]但同时也有学者直接认为“个人信息”就是一项独立的民事权利，在表述时将“个人信息”与“个人信息权”直接加以混用和任意替换而未加说明。为更好地对“个人信息”这一民事利益进行保护，我们有必要对它的性质进行定位。

根据我国现行的民事法律，对民事利益的保护通常通过三种方式。第一种是法律明确规定为民事权利，如专利权、肖像权、身体健康权、荣誉权等等，通过保护民事权利来实现对该利益的保护。第二种是法律规定作为法益进行保

40　如专利权“三性”：新颖性、创造性、实用性，著作权“三性”：独创性、可复制性、合法性。

41　参见唐广良：《知识产权制度对民事立法的几点启示》，《知识产权》2015年第10期。

42　龙卫球、刘宝玉：《中华人民共和国民法总则释义与适用指导》，北京：中国法制出版社2017年版，第404页。

护，《民法总则》第126条规定："民事主体享有法律规定的其他民事权利和利益。"此处的"利益"，其实就是指的法益，如对胎儿的涉及遗产继承、接受赠与等胎儿利益保护，即为法益。第三种是法律未明确规定是作为民事权利还是作为法益进行保护，例如对"隐私"的保护，在2002年出台《最高人民法院关于确定民事侵权精神损害赔偿责任若干问题的解释》前，与"隐私"保护相关的规定都存在于单行法规中，但未指出"权"字，之后也只是使用"隐私利益"一词，直到2009年《侵权责任法》出台，才正式给"隐私权"正名。

法益被视为一个社会的法观念认为应予保护的利益，然而这种受法律保护的利益具有不确定性，是一种非常笼统的权利形态。[43]权利与法益之间存在界限，法益虽然被认为是应当被保护的利益，但除非被明确定义为权利，在其被侵犯时，个人将无法就法益被侵犯直接提出主张。[44]在比较民事权利与法益的区别，并结合对个人信息性质的分析，在笔者看来，《民法总则》中的个人信息应为民事权利。

第一，个人信息具有独立性，其区别于民法中其他相近的权利。民法将某种法益确定为权利时，有两个条件：一是该权利所保护的民事利益具有相当的独立性，二是其所保护的民事利益必须能与其他民事权利所包含的利益清晰地区分开来，而不应相互混淆而无法划分其界限。[45]前文已述，虽然个人信息权与隐私权具有较强的关联性，但在客体范围、属性、内容、救济方式等方面两者明显不同，《民法总则》中对二者的规制也是分别分条设立的。因此个人信息是独立的一项权利，与其他的相近法律权利存在明显的界限。

第二，将个人信息作为一项民事权利予以保护，相较于作为一项法益予以保护，对于权利主体而言更加有利。先前较长时间内，我们国家借助保护隐私权的方式来间接对个人信息进行保护，后者涵盖于前者所保护的隐私之中。然而伴随信息社会飞速发展，保护个人身份信息的需求持续上涨，以隐私权受侵犯为由提出救济请求后只能得到精神损害赔偿，无法得到财产损失赔偿。之前的保护方式已经无法与相应的需求相契合，将个人信息当作一项民事权利予以保护相较于作为一项法益予以保护更加周全和妥当。[46]

第三，个人信息权在长期发展过程中，在外部环境的影响之下，已逐步成为一项独立的民事权利。与个人信息保护有关的法律规范并不是基于一个预先

43　参见熊谓龙：《权利，抑或法意？——一般人格权本质的再讨论》，《比较法研究》2005年第2期。

44　芮沐：《民法法律行为理论之全部》，北京：中国政法大学出版社2003年版，第2页。

45　参见杨立新：《个人信息：法益抑或民事权利——对〈民法总则〉第11条规定的"个人信息"之解读》，《法学论坛》2018年第1期。

46　参见杨立新：《个人信息：法益抑或民事权利——对〈民法总则〉第111条规定的"个人信息"之解读》，《法学论坛》2018年第1期。

设计的规划，而是因为科技精进、保护必要性、侵权形态、民众的权利意识而逐渐形成的，处于一种快速变动的发展过程。[47]个人信息权的发展演进过程，正是其人格属性和财产属性慢慢显现，发展为同时具有人格权和财产权的一项权利的过程。因此将个人信息定位为一项独立的权利是大数据时代信息社会发展的必然趋势。

第四，《民法总则》将个人信息归于第五章“民事权利”之中，从法律规范逻辑来看，个人信息是民事权利而非法益。在此章中，除个人信息外，还规定了健康权、知识产权、隐私权等诸多民事权利。个人信息归于“民事权利”一章且与此类“权利”平列，也从侧面肯定了它的权利性质。[48]

第五，结合比较研究的思路，虽然目前各国多是将个人信息置于对隐私权的保护之下，但个人信息成为独立权利已成为发展趋势。更为关键的是，对于个人信息的保护，无论是运用个人信息保护权还是隐私权，均是借助权利来达成保护的目的，而无以法益进行保护的立法例。[49]无论是选择单独立法还是选择在民法典中规定的国家，都对个人信息权持肯定态度。欧洲认可度较高的看法依旧是将其看成一项单独的权利。[50]他山之石，可以攻玉，现如今，国际社会普遍认为应把个人信息视为一项民事权利而不是用法益保护。

尽管《民法总则》未对个人信息是民事权利还是法益作出明确规定，但是从保护客体的独立性、保护效果、演变趋势、规范逻辑、比较研究等维度进行分析，要切实对个人信息进行有效的法律保护，就必须将其定位为权利而非法益。

三、我国个人信息民法保护的路径走向

（一）当前我国个人信息保护体制的主要症结

梳理我国法律对于个人信息保护有关规定的发展历程，我们不难发现，我国对于个人信息的民法保护实现了从无到有的突破，但仍存在诸多突出问题需要解决。为了更好地构建保护个人信息的法制路径，我们需正视目前个人信息保护体制中的多重困境，坚持问题导向，有针对性地构建符合我国国情的个人

47 参见王泽鉴：《人格权的具体化及其保护范围·隐私权篇（中）》，《比较法研究》2009 年第 1 期。

48 参见常健：《论人格权法（编）中的个人信息权的制度完善——评〈中华人民共和国民法人格权编（草案）·民法室室内稿〉相关规定》，《四川大学学报》（哲学社会科学版）2018 年第 3 期。

49 参见杨立新：《个人信息：法益抑或民事权利——对〈民法总则〉第 111 条规定的“个人信息”之解读》，《法学论坛》2018 年第 1 期。

50 参见王利明：《论个人信息权在人格权法中的地位》，《苏州大学学报》（社会哲学版）2012 年第 6 期。

信息保护之路。

1.《民法总则》第 111 条对个人信息的保护范围的界定模糊

《民法总则》对于个人信息与隐私权保护采取了“二元制”模式，在第 111 条中并未明确指出个人信息的概念，对个人信息的保护范围更没有作出明确的划分，这就不可避免地导致了在司法实践中难以对个人信息的范围进行有效的认定和保护，使得公民个人信息在遭受侵害后难以从法律途径获得救济。

2.个人信息的权利性质不明确

《民法总则》第 111 条采用了“个人信息”而非“个人信息权”，虽然我们前文已从客体的独立性、保护效果、演变趋势、规范逻辑、比较研究等多重维度对“个人信息”的权利属性进行了分析，但在成文法追求文字精准和语意明晰的场域下，“个人信息”究竟是一项独立的民事权利还是法益在《民法总则》法条层面仍未阐述清楚，也为司法机关适用和解释该条款增加了不少难度。

3.《民法总则》第 111 条采用列举法导致权利的内涵不完整

《民法总则》对个人信息保护的基本原则和个人信息处理方式运用否定的列举式进行规定，除收集、使用、加工、传输、买卖、提供、公开七种处理个人信息的方式外，未提及其他处理方式。对查阅权、咨询权等若干子权利组成的权利群未作描述，也没有使用“等”字来进行兜底，阻碍了个人信息的周延保护，未涵盖个人信息的广泛丰富的权能。[51]

4.《民法总则》第 111 条未对救济方式进行规定

《民法总则》第 111 条规定了公民的个人信息受到法律保护，但却未阐述个人信息受到侵害后权利人应当采取何种救济方式，这就使得公民的个人信息在被侵害后难以寻求救济措施而导致此条文沦为一纸空文。互联网社会的信息控制者掌握着收集信息的技术和方法，由于信息不对称和不平等，个人信息的主体就处在了弱势的地位，如果不能在法律中对个人信息的救济途径加以明确，最终必然难逃名存实亡的后果。

5.对个人信息的保护缺少完整的请求权基础

虽然《民法总则》以专条的形式设置了个人信息保护条款，但仍然没有对个人信息保护提供完整的请求权基础，在现实的司法活动中往往还是沿用过去对隐私权进行保护的方式。[52]这就在客观上导致个人信息权主体的合法权益难以

---

51 参见杨翱宇：《我国个人信息保护的立法实践与路径走向》，《重庆邮电大学学报》（社会科学版）2017 年第 6 期。

52 最高人民法院中国应用法学研究所：《人民法院案例选：第四辑》，北京：人民法院出版社 2011 年版，第 96 页。

得到有效保障，也不利于明晰廓清个人信息权立法保护的理论基础，容易导致个人信息权与相关概念之间产生缠绕和纠葛。

6. 个人信息保护的主管机关缺位，行业自律组织混乱

在个人信息保护立法滞后的情况下，主管机关缺位在一定程度上似乎是必然的。当前，不同领域的个人信息保护工作分别由相应主管机关处理，不同机关处理个人信息保护问题时的立场、权限、方式差异较大，各自为政，难以形成有效的执法合力，经常是有利时各部门一窝蜂涌上去争夺执法权限，无利或棘手时各部门相互推脱。同时在多数领域缺乏主管机关进行规管，权利人在个人信息受到侵害后无法寻求相应的行政主管部门的介入和帮助，仅能直接向法院起诉寻求司法救济。[53]在行政主管机关缺位的背景下，缺乏政府指导的互联网行业协会、通信行业协会林立，由大型互联网企业牵头制定的行业规范难以兼顾中小型企业的利益，也缺乏具体实施细则和救济途径。[54]

（二）对个人信息保护的路径走向

《民法总则》为个人信息保护提供了基本遵循，我们要以《民法总则》第111条为基础，针对当下个人信息保护体制中存在的突出问题，逐步实现个人信息权及其下属权利束的法定化、精细化。

1. 明文强调个人信息的权利性质

应借助《民法总则》与各民事法律进行整合时条文修订的契机，将第111条中“自然人的个人信息受法律保护”改为“自然人的个人信息权受法律保护”，将个人信息权的权利性质明文确定下来，廓清我国个人信息立法保护的权利基础，消除理论界和实务界对于个人信息究竟是法益还是权利的争执，摆脱以传统隐私权为权利基础的局限性，为信息主体全面维护其信息权益提供法律依据，使权利人可以获得更为广泛全面的救济，彰显出对个人信息权所体现的人格自主和私人利益的重视，而且符合新时代民法扩展人格保护民事制度的历史潮流。[55]

2. 对个人信息权及其下属权利束进行法定化和精细化规定

在明文确定个人信息为一项权利后，应对个人信息权及其下属权利进行法定化和精细化的规定。在此次民法典修订过程中，可在人格权编和侵权责任编

---

53 参见杨翱宇：《我国个人信息保护的立法实践与路径走向》，《重庆邮电大学学报》（社会科学版）2017年第6期。

54 参见陈奇伟、刘倩阳：《大数据时代的个人信息权及其法律保护》，《江西社会科学》2017年第9期。

55 参见杨翱宇：《我国个人信息保护的立法实践与路径走向》，《重庆邮电人学学报》（社会科学版）2017年第6期。

中对个人信息权下属权利束中的各项子权利进行配置。同时为积极因应信息社会危机和有效保障信息主体权益，可通过对单行法规《个人信息保护法》的颁布来设置个人信息权所涵盖的更正权、查阅权、删除权、损害赔偿权等，在把握大数据时代发展动向的基础上丰富个人信息权的内涵，明确权利的具体内容。[56]

3. 实现主管机关专责化，健全行业自律机制

为避免之前行政机关多头并管和空白监管区域的问题，应当参照国际社会通行做法，设置专门的保护个人信息的行政专责机关，使其有权进行事前监察、事中调控、事后调查与处罚，借助专责机关将个人信息保护工作分流，为超负荷运转的法院适当减轻工作压力。同时健全完善行业自律机制，针对互联网领域行业组织林立的现象，可以在工业和信息化部门的指导下完成整合，设立专门的行业协会对个人信息保护工作进行规划、组织，利用行业指引规范职能落实个人信息保护。完善相关的配套监管措施，建立有效的评估机制，建立个人信息保护申诉机制，为行业自律监管提供有力的制度保障。[57]

4. 出台个人信息保护政策，建立个人与市场间的良性关系

如今，互联网、APP 的广泛使用让公民个人信息泄漏的风险增大，层出不穷的个人信息窃取事件也让相关用户的防范意识不断增强，对市场的不信任感也随之攀升，这对于用户与企业间的良性关系的建立无疑会产生负面影响。因此，有效保护个人信息必须依靠政府、行业双方的力量。企业虽本质是经营者，但在事实上储存、管理着大量用户信息，因此，企业应当执行有力的隐私保护政策，承担起维护公民个人信息的保护责任，维护自身良好形象的同时，也要维持与用户的良性关系。[58]政府应当及时出台个人信息保护政策，对企业进行监控，建立个人信息保护的监控指标，借助社会公共平台与商业信用平台，将企业个人信息管理工作与商业信誉挂钩，以此督促企业形成有效的内部用户信息保护制度。

5. 采取有力的救济举措，保障个人信息

无救济则无权利，为切实保护权利人的个人信息，应为其提供明确的法律救济渠道。在公民的个人信息权受到侵害时，能够寻求法律的帮助获得救济，有效保护个人信息。权利人可以主张信息控制者停止侵害、消除影响、恢复名

---

56 参见杨翱宇：《我国个人信息保护的立法实践与路径走向》，《重庆邮电大学学报》（社会科学版）2017 年第 6 期。

57 参见陈奇伟、刘倩阳：《大数据时代的个人信息权及其法律保护》，《江西社会科学》2017 年第 9 期。

58 参见孙凡、宋瑜婧：《个人信息对企业发展的影响机制研究——基于网络营销平台的视角》，《中央财经大学学报》2018 年第 3 期。

誉、赔礼道歉、赔偿经济损失等等。此外由于信息控制者相较于公民个人是处于优势地位的，在因个人信息权受到侵害提起的诉讼中，出于对个人信息权利人公平保护的考虑，信息控制者对其收集、使用和转移个人信息的合法性及履行了安全保障义务应承担举证责任，即采用举证责任倒置的方式。[59]

59 参见陈奇伟、刘倩阳：《大数据时代的个人信息权及其法律保护》，《江西社会科学》2017 年第 9 期。

The Connotation, Nature, Protection Path of the Personal Information in *the General Provisions of the Civil Law*

Xiong Yuqing

Abstract: Article 111 of *General Provisions of the Civil Law* provides for the protection of personal information. We need analysis the definition, characteristics and scope of personal information to clarifies its personality and property attributes, and distinguish right of personal information from rights of privacy and right to be forgotten. *General Provisions of the Civil Law* use "personal information" instead of "right of personal information", however, from the independence of the object of protection, the effect of protection, the trend of evolution, the normative logic and the comparative, we can know that personal information is a private right rather than legal interest. There are many problems in the current law of right of personal information, such as the scope of personal information protection is not clearly defined, the right to personal information is not clearly defined, the connotation of the right is incomplete, the lack of relief measures, lack of complete basis for claims, absence of the competent authorities for protection. To solve these problems, the nature of personal information rights should be clearly emphasized, and the Right to Personal Information should be detailed Provisions. In addition, to ensure personal information, we should standardize and refine regulations, improve the self-discipline mechanism of the industry and take effective relief measures.

Keywords: Personal Information; *General Provisions of the Civil Law*; Legal Attributes; Right of Personal Information; Personal Information Protection

罗马法与主权政治的萌芽——以意大利法学家为中心的考察

孔　元

摘　要：作为罗马法学思想的结晶，《民法大全》不仅奠定了私法原理和体系，而且提供了公法政治的基本词汇。在12世纪罗马法复兴之后，这些基本概念经过法学家的解释和评注，发展为公法科学的基本概念。基于对《民法大全》私法概念的挪用、公法概念的再解释以及对欧洲政治形势的理解和观察，意大利法学家发展出结合普世皇权和王国、城市国家独立主权的论证逻辑，从而形成了中世纪帝国秩序下有关统一和多元的法律秩序的重要法学思想。它的统一性体现为对于皇帝普遍世俗权力的确认和肯定，它的多元性体现在对于帝国内部的多重政治主体事实上主权的承认，二者的结合形成一个等级性的主权格局，其中皇帝保有对普遍性的管辖权资格，而王国和城市则拥有实质性的主权。这种独特的主权论证形式，因其对于大一统政治的坚守，在根本上有悖于现代平等的国际政治和国际法秩序。

关键词：帝国；注释法学家；评注法学家；治权；主权；民族国家

作者简介：孔元（1986—　），法学博士，中国社会科学院欧洲研究所助理研究员，主要研究方向为宪法和国际法史、主权思想史、帝国史。

目　次

引 言

“世界上最著名的一个法律学制度从一部法典开始，也随着它而结束”。[1]在评价《十二表法》的贡献时，梅因如是说。就整个罗马帝国，以及罗马对欧洲的政治和法学影响而言，它开始于也终结于另一部法典——《优士丁尼法典》/《民法大全》(*Corpus Iuris Civilis*)。这种影响是双方面的，《民法大全》不仅深远地影响了欧洲后世的民法典编纂活动，奠定了民法法系的基本原则和体系，而且为公法辩论提供了概念和灵感。但是由于《民法大全》主体局限在私法领域，并且其对公法原则的规定过于琐碎，《民法大全》对于欧洲公法发展的影响，并没有得到国内学者的重视。近年来，随着罗马公法研究的深入，国内学界对于罗马法在中世纪的继受[2]、中世纪罗马法研究学派的传承和创新[3]、罗马法对于现代公法，尤其是主权原则的影响[4]方面积累了一批成果。但是，对于《民法大全》公法原则的系统探讨，仍然付之阙如；相应地，《民法大全》在欧洲从帝国向现代主权国家转型中到底扮演了何种角色，仍然不甚清晰。

法体系是理性和权力双重作用的结果，《民法大全》也不例外，它本身的科学性和普遍性逻辑，既是其高度理性化的重要表现，也是帝国权力作用的结果。正是这两种逻辑的结合，使得《民法大全》在近代欧洲帝国向民族国家秩序转型过程中发挥了重要作用。作为一种法权象征，它成为帝国普遍性权力的重要载体，它本身蕴含的公法词汇使得理性的政治辩论成为可能，而法学家对于私法概念的公法挪用，更显现出中世纪法学的创见和魅力。正是在罗马法复兴之后形成的研究学派中，在对罗马法本身的帝国逻辑的肯定和否定中，在围绕皇帝权力和王国、城市权力的博弈中，欧洲发展出关于近代主权国家的基本词汇。

---

1 〔英〕梅因：《古代法》，沈景一译，北京：商务印书馆 2015 年版，第 1 页。

2 李中原：《罗马法在中世纪的成长》，《环球法律评论》2006 年第 1 期；李中原：《中世纪罗马法的变迁与共同法的形成》，《北大法律评论》2005 年第 2 期；李栋：《中世纪前期罗马法在西欧的延续与复兴》，《法律科学》2011 年第 5 期；陈鹏飞：《英国大宪章对罗马法的继受与创新》，《环球法律评论》2016 年第 4 期。

3 舒国滢：《波伦亚注释法学派：方法与风格》，《法律科学》2013 年第 3 期；舒国滢：《〈学说汇纂〉的再发现与近代法学教育的滥觞》，《中国法律评论》2014 年第 2 期；舒国滢：《评注法学派的兴盛与危机——一种基于知识论和方法论的考察》，《中外法学》2013 年第 5 期；舒国滢：《欧洲人文主义法学的方法论与知识谱系》，《清华法学》2014 年第 1 期。

4 徐国栋：《罗马公法要论》，北京：北京大学出版社 2014 年版；徐国栋：《罗马的第三次征服：罗马法规则对现代公私法的影响》，北京：中国法制出版社 2016 年版；李筠：《乌尔比安格言的创造性利用：罗马法复兴对现代国家主权理论的影响》，《学海》2012 年第 2 期；卢兆瑜：《西欧主权国家萌芽的前奏：不承认有上级的君主》，《史学集刊》2017 年第 3 期。

作为这场论争的第一阶段，本文试图阐述罗马法复兴之后兴起的注释法学派和评注法学派围绕皇帝权力和王国、城市权力所发展出的公法原则。尽管二者在研究方法上有些微区别，即前者主要限于以疏通文义的文本注疏，而后者则试图将《民法大全》经世致用，解释欧洲的权力现实。[5]但对于罗马法本身权威性的信守，以及它所代表的帝国法权的服膺，使得他们对于皇权的思考充满保守性。而为了能够解释欧洲日益分裂格局的政治现实，以及各地方王国和城市对于皇帝权力事实上的不服从，他们又发展出激进的地域主权的逻辑，这使得他们的评注充满革命性。这种戏剧性的张力，成就了"意大利学派"[6]对于帝国问题处理的独特风格。

一、普 世 皇 权

（一）法律根据

《民法大全》[7]并非一部法典或著作，而是优士丁尼在位时期所进行的一系列法典编纂和立法活动的统称，它包括四个部分：《法学阶梯》（*Nstitutes*）、《学说汇纂》（*Digest*）、《法典》（*Code*）和《新律》（*Novels*）。《民法大全》的主体是私法学说和规定，关于罗马皇权的规定散见于各个部分之中，它们混合了罗马、基督教和希腊传统，发展出一种依托于神意实现的帝国的普遍主义论述。在这里，帝国等于整个世界，它借助罗马的战争和征服缔造和平，借助罗马的治国技艺完成治理。[8]神圣帝国的逻辑暗含着宗教的公共性和政治性，因而属灵权力和世俗权力成为帝国权力的两个权杖，"祭祀、祭司和长官"都成为国家事

---

5 两个流派的主要代表人物和方法，参见舒国滢：《〈学说汇纂〉的再发现与近代法学教育的滥觞》，《中国法律评论》2014 年第 2 期；舒国滢：《波伦亚注释法学派：方法与风格》，《法律科学》2013 年第 3 期；舒国滢：《评注法学派的兴盛与危机——一种基于知识论和方法论的考察》，《中外法学》2013 年第 5 期。

6 Donald Kelley，Civil Science in the Renaissance：Jurisprudence Italian Style，The Historical Journal，Vol. 22，No. 4（Dec.，1979），pp. 777—794.

7 关于《民法大全》的编纂及具体内容参见 Tony Honoré，Justinian' s Digest：Character and Compilation，Oxford ：Oxford University Press，2010；徐国栋：《优士丁尼法典编纂研究》，《法治研究》2010 年第 8 期；〔英〕H.F. 乔洛维茨、巴里 • 尼古拉斯：《罗马法研究历史导论》，薛军译，北京：商务印书馆 2013 年版，第 613—638 页；〔意〕朱塞佩 • 格罗索：《罗马法史》，黄风译，北京：中国政法大学出版社 2009 年版，第 330—340 页。

8 Con.，Deo Auctore/De Confirmatione Digestorum，"凭借那至高无上者授予我们的、统治我们帝国的神圣权威，我们战而不胜、装饰和平、维系国家状态。信赖于全能神的庇护，我们不依靠我们的兵械、我们的军队、我们的军事将领或者我们自己的才能，而是全部托付于圣三一的神意，它们产生世界的结构，它们实现世界的计划"。C.7.37.3，"凭借神的命令，我们获得皇室尊荣"。

务。[9]它一方面要求教权和皇权的配合，但更重要的是要求皇权对于教义和教会组织的管理和干预。由于宗教的公共属性，教义和教士的品行也就不可能游离于国家之外。[10]正因此，《法典》开篇便规定圣三一教义不容置疑，“圣三一教义和天主教信仰，任何人都不能公开质疑”[11]，否则就是异端，并进而对神职人员的构成、职务、戒律等作了规定。由于拜占庭皇权的强势地位，皇帝在《民法大全》中刻意模糊二者的区分，[12]从而在教俗之争中成为占主导性的一方。[13]

在此基础上，皇帝的权力是普遍的，这种普遍性又体现为两个诉求，一个是主张对普遍世界的所有权，因之皇帝成为“世界之主”[14]，进而“所有物都被理解为归于皇帝的权力”[15]。另一个是主张唯一的立法权，因之皇帝成为唯一的立法者和对法的解释者。[16]承袭希腊观念，[17]皇帝成为神送往人间的“活法”，[18]这种神圣性也使得帝国的法成为“最神圣的法”（*nostri imperii sacratissimas constitutiones*），[19]

---

9 D.1.1.1.2，“公法照看国家事务，它包括祭祀、祭司和长官”。

10 N.6，Praef.，“教权和皇权是神，借着其无上恩典，给人类的至高赠予，前者掌管神圣事务，后者主持和关怀人类事务；二者来自同一的源头，共同完善人类生活；由于教士的工作是不断向神祷告，他们是否端正就成为皇帝的关切。如果教士是无暇的，对神有充分的信心，如果皇权恰当且充分地管理着这个神所托付的国家，将会有和谐的善，它赋予人类所有的益处。故而我们对神的教义和教士的端正有最大的关切”。

11 C.1.1.0.

12 N. 7.2.1，“教权和皇权之分并不显著，圣事同样是共同和公共的，教会的充裕和地位从来都是来自皇帝的慷慨”。

13 这种表象引起的误解，使得学者倾向于将拜占庭皇权认定为政教合一的凯撒教宗主义（Caesaropapism）。参见〔英〕沃尔特·厄尔曼：《中世纪政治思想史》，夏洞奇译，南京：译林出版社 2011 年版，第 27—32 页。但进一步的研究倾向于否定这种立场，而是强调二者的分离。参见〔英〕N.H. 拜尼斯主编：《拜占庭：东罗马文明概论》，陈志强、郑玮、孙鹏译，郑州：大象出版社 2012 年版，第 254 页。这种立场区分作为基督教信徒世界和教会等级制度体系，通过承认皇帝作为基督教共主的地位，否定它在教会管理序列中的教士地位。*See* Joseph Canning，*A History of Medieval Political Thought*，300—1450，London：Routledge，1996，pp. 12—14. 尽管如此，在具体的历史互动中，如何把握二者的区分也是艰难的。参见 D.M.Nicol，《拜占庭帝国的政治思想》，载〔英〕J.H.伯恩斯主编：《剑桥中世纪政治思想史（上）：350 年至 1450 年》，程志敏等译，北京：生活·读书·新知三联书店 2009 年版，第 91—109 页。

14 D. 14.2.9：*Dominus Mundi*，原文是希腊文：“egw men tou kosmou kurios，ho de nomos tys valassys.”。值得注意的是，这个说法取消了 *imperium* 和 *dominium* 之间的区别，国家成为国王的私产，这种混同贯彻整个中世纪关于权力的讨论。

15 C.7.37.3：*cum omnia principis esse intellegantur，sive a sua substantia sive ex fiscali fuerit aliquid alienatum.*

16 C.1.14.12.3，“如果根据当前的法，只有皇帝被承认为可以立法，那皇帝作为唯一的解释者便是恰当的”。

17 〔英〕J.H.伯恩斯主编：《剑桥中世纪政治思想史（上）：350 年至 1450 年》，程志敏等译，北京：生活·读书·新知三联书店 2009 年版，第 87 页。

18 N.105.2.4，“皇帝身份得免于我们所有的规定，因为神让所有的法服从于他，将他作为活法送往人间”。

19 C.Con.，De emendatione codicis. C.1.14.9，“这约束所有人的最神圣的法，应被所有人所知，从而借助这普遍明示的条款，让人避其当止，守其所从”。

得以享受通行万世万代的效力和荣耀。[20]皇帝这种凌驾于万物万法之上的身份，使得他的人身和尊严变得不可侵犯，故而任何对皇位的侮辱、诋毁或不屑都可能构成“叛逆之罪”[21]这一专属于皇帝头衔的罪行。

当然，赋予皇帝这种“绝对”立法权的还有著名的王权法条款。[22]根据它的规定，皇帝的权力来自罗马人民的转让，“因为根据一个古代法，它被称为王室法，罗马人民的所有权威和权力都被转让给了皇帝”。[23]这种让渡的后果便是皇帝成为绝对立法者，“皇帝所好，即为法律”（*quod principi placuit legis habet vigorem*），[24, 25]借此皇帝得以免于法的约束（*princeps legibus solutus est*）。[26]

---

20 D.Con.，Omne，“我们呈请这庄严的说辞供您知悉，以便您凭借您的审慎，以及其他那些希望从事这门技艺的所有世代的法律人，能够通过遵守这些规则，得以漫步在渊博的法律知识的康庄大道上”。D.Con.，Omnem，11，“我们宣告所有这些规则应被所有世代的法学家、学生、抄写员和法官们遵守”。D.Con.，Tanta，23，“希望这部法典中的法律，能够通行于所有的世代”。

21 *Crimen Laesae Majestatis*；D.48.4：*Ad legem iuliam maiestatis.*

22 关于这条法是否真实存在，学界存有争论。厄尔曼认为这是罗马后古典时期法学家的法律建构，以便解释政治权力从罗马人民向奥古斯都元首及其之后的皇帝权力的转移。*See* Walter Ullmann，*Law and Politics in the Middle Ages: An Introduction to the Sources of Medieval Political Ideas*，Cambridge：Cambridge University Press，1975，p. 56. 而蒙森在《罗马公法》中认为它是罗马人民对新任皇帝的授权法，随着罗马由元首制向帝制的过渡，有关元首权力的授权法（*Lex de Imperio Principis*）也就转变为王权法（*Lex Regia*）。资料来源：http：//penelope.uchicago.edu/Thayer/E/Roman/Texts/secondary/SMIGRA*/Lex_Regia.html。就此而言，王权法其实是罗马共和时期关于治权的库利亚法（*Lex Curiata de Imperio*）的延续。参见〔意〕朱塞佩·格罗索：《罗马法史》，黄风译，北京：中国政法大学出版社 2009 年版，第 28 页。由于支持蒙森论点的证据，目前仅发现有对韦帕芗的授权法（*Lex de Imperio Vespasiani*）一项。相关内容参见 P.A. Brunt，Lex de Imperio Vespasiani，*The Journal of Roman Studies*，Vol. 67（1977），pp. 95—116。并且它并不是一个一般的授权条款，而是关于具体的权力和豁免等，坎宁认为将其视为事后的法律建构更可取，它可能是拜占庭法学家对乌尔比安文本的篡改，作者可能有叙利亚背景等。*See* Joseph Canning，*A History of Medieval Political Thought*，300—1450，London：Routledge，1996，p. 9. 在此基础上，丹尼尔认为杜撰出来的王权法可能是为了两个目的，其一是通过一个授权程序，保持罗马共和和元首制两个历史时期的连续性，其二是为这种转变的合法性提供一个规范理论的支持。*See* Daniel Lee，*Popular Sovereignty in Early Modern Constitutional Thought*，Oxford：Oxford University Press，2016，p. 31.

23 C.1.17.1.7：*cum enim lege antiqua，quae regia nuncupabatur，omne ius omnisque potestas populi romani in imperatoriam translata sunt potestatem.*同样的话出现在《学说汇纂》的前言中，D. Constitutio Deo Auctore，7.

24 在研究者看来，《民法大全》语境中的这一含义，并不符合它的古典用法。*placere mihi* 在古典拉丁语中是一种表达观点的句式，含义为“在我看来”、“根据我的意见”。如果按照这种方式理解，“皇帝所好，即为法律”就应该翻译成“在皇帝看来，它有法律的效力”。（Fritz Schulz，Bracton on Kingship，*English Historical Review*，60（1945）154.）即“在法律有疑问的地方，皇帝偏好的意见必定具有优先性”。参见〔英〕J.H. 伯恩斯主编：《剑桥中世纪政治思想史（上）：350 年至 1450 年》，程志敏等译，北京：生活·读书·新知三联书店 2009 年版，第 62 页。

25 I.1.2.6，“皇帝所好，即为法律，因为由于王权法，那个被通过的有关他的治权的法，人民让予（*concessit*）他他们全部的治权和权力。因此，皇帝的任何敕令、告示、承认，都构成法：它们如其所是，被称为宪法”。D.1.4.1，“皇帝所好，即为法律，因为由于王权法，那个被通过的有关他的治权的法，人民授予（*conferat*）他他们全部的治权和权力”。注意两个地方用词的区别。

26 D.1.3.31.

由于统合了宗教权力、财产权和立法权，《民法大全》给人一个至高无上的皇权形象，皇帝同时是大祭司（*pontifex maximus*）、大领主（*dominus*）和大统领（*imperator*），真可谓成了“普天之下，莫非王土，率土之滨，莫非王臣”、“礼乐征伐自天子出”的天子。但由于《民法大全》本身是不同时期的法律学说、皇帝立法等的汇编，它多少夹带着一些异质性的条款，因此尽管皇帝吸收了所有的立法权，人民仍然潜伏在诸如“涉及所有人的应征得所有人同意”（*quod omnes tangit，ab omnibus comprobetur*）[27]这样的条款之中寻找出场的机会，元老院立法的资格也在部分条款中得到肯定[28]。与此同时，尽管优士丁尼皇帝在《法典》中明确指出“长期使用的习惯不是一般的权力，因而不能战胜理性或者法律”[29]，《民法大全》仍然肯定了人民通过默认同意的方式更改或者废弃法律的可能[30]。而公民法也受制于《民法大全》所确立的自然法—万民法—公民法的等级[31]，对法的权威的强调[32]使得皇帝本人也不得不标榜自己守法的名誉[33]。这些力量联合起来绞杀皇帝的法外权威，从而捍卫一个合法性帝国的尊严。[34]

（二）学术背景和政治争论

这两种势力的互动不仅丰富了《民法大全》本身政治思想的层次，也为中世纪的政治论证埋下了观念的伏笔，但它效力的完全发酵还依赖于特定的知识和政治情势。由于蛮族入侵和伊斯兰势力扩张，帝国权力在西部瓦解，与之相应的是《民法大全》所代表的法权秩序、文明成果也在西部堙没。不管是出于偶然，[35]

27 C.5.59.5.2. 这一关于联合监护人的私法条款后来被发展为公法的同意原则。*See* Gaines Post，A Romano-Canonical Maxim，Quod Omnes Tangit，in Bracton and in Early Parliaments，in Gaines Post，Studies in Medieval Legal Thought：Public Law and the State，1100—1322，The Lawbook Exchange，Ltd.，2006，pp.163—240.

28 D.1.3.9. 毫无疑问，元老院能够立法。

29 C. 8. 52.2，C. 6.23.19.

30 D.1.3.32，“法不仅可被立法者所取消，而且可被‘人民’通过弃用这一默认同意而取消”。I. 1.2.II，“确实，构成城邦的法，经常或者通过人民的默认同意改变，要么被其他法所改变”。

31 D. 1.1.6，“公民法既不完全退回到自然或万民，也不完全服侍它们”。

32 *De Conceptione Digestorum*，“所有事务中没有什么比法的权威更值得学习，它恰当地管理所有的神圣和人类事务，驱逐所有的不正义”。

33 C.1.14.4，“一个令人称道的主权统治者的说法是，元首应当承认他受法约束，因为我们的权威依赖于法的权威，元首制的最大特征在于让皇帝服从于法”。C.6.23.3，“尽管帝国之法将皇帝豁免于常规之法，但没有什么比依法而为更称得上皇帝”。D.32.[1].23，“恰当的是，至高主权者应当守法，尽管看起来他是免于法约束的”。I. 2.17.8（7），“虽然我们可以免于法约束，但我们仍然依法而为”。

34 Anthony Kaldellis，The Byzantine Republic：People and Power in New Rome，Harvard ：Harvard University Press，2015，pp. 62—88.

35 Stephan Kuttner，The Revival of Jurisprudence，p. 303. 同时参见 Robinson，Fergus，Gordon，*European Legal History：Sources and Institutions*，London：Butterworths，1994，p. 43。

还是狂热的学术兴趣，[36]当《民法大全》尤其是《学说汇纂》[37]于 11 世纪在欧洲重现天日时起，它就注定为贫困的欧洲心智和分裂的政治局势掀起一场波澜，因而必然成为深刻影响欧洲时局的学术和政治事件。就前者而言，《民法大全》的发现，连同亚里士多德著作的翻译等，催生出欧洲 12 世纪的思想复兴运动，[38]在此背景下，《民法大全》残缺的手稿，使得对于法律文本的注释和还原成为当务之急，这刺激了对于罗马法的研究，并催生了第一代法学家。由于他们的主要工作在于对《民法大全》文本的考证和注疏，以疏通其意，因此他们被称为“注释法学家”，由于注释法学的滥觞之地是意大利博洛尼亚大学，因而又被称为“博洛尼亚学派”。从伊尔内留斯创建该学派起算，该学派从 11 世纪中后期一直持续到 13 世纪中期，其间不乏杰出的注释法学家，如伊尔内留斯的四个学生，号称四博士的布加鲁斯、马提努斯、乌戈和雅各布斯，最后终结于阿库修斯。[39]之后该学派被评注法学家取代，因为他们不再试图校对文本，而是对其进行评论，并在此基础上通过更自由的文本解释，试图将《民法大全》文本适用于自己所在的时代。因此评注法学派首先发起的是一场方法论的革命，他们“放弃了罗马法解释者学派的一项首要假定，大意是：当法律似乎不符合法定事实时，就必须调整这些事实，使之符合法律的逐字的解释。相反，他们的基本箴言是：如果法律与事实相冲突，必须使法律符合事实”。[40]该学派从 13 世纪中后期一直持续到 16 世纪初期，其间产生的翘楚包括巴托鲁斯和巴尔杜斯等。[41]

除了知识兴趣，罗马法的复兴更是一个重要的政治事件。由于它和罗马的原初关联，由于它对皇帝普遍和绝对权力的支持，它成为支撑帝国政治的法律武器，从而成为腓特烈一世帝国权谋的重要抓手。在其 1155 年前往罗马加冕的中途，帝国皇帝腓特烈一世召集罗马法四博士，显示其借助法学家捍卫帝国的

---

36 〔德〕弗朗茨·维亚克尔：《近代私法史：以德意志的发展为观察重点》（上），陈爱娥、黄建辉译，上海：上海三联书店 2006 年版，第 35 页。

37 在梅特兰看来，由于《法学阶梯》是本单薄的教科书，《法典》由分散的法令组成，《新律》不仅是分散的法令，而且风格夸张冗长，好坏参半，《学说汇纂》是中世纪学生能够获得的关于罗马法的最好的、唯一的著作，唯其如此，它才可能助力罗马重新征服世界。Peter Stein，*Roman Law in European History*，Cambridge: Cambridge University Press，2004，p. 44. 关于《学说汇纂》的不同版本的考证和辨析，参考舒国滢：《〈学说汇纂〉的再发现与近代法学教育的滥觞》，《中国法律评论》2014 年第 2 期。

38 〔美〕查尔斯·霍默·哈斯金斯：《十二世纪文艺复兴》，张澜、刘疆译，上海：上海三联书店 2008 年版。

39 参见舒国滢：《波伦亚注释法学派：方法与风格》，《法律科学》2013 年第 3 期。

40 〔英〕昆廷·斯金纳：《现代政治思想的基础（上卷：文艺复兴）》，奚瑞森等译，南京：译林出版社 2011 年版，第 9 页。

41 详细内容参见舒国滢：《评注法学派的兴盛与危机：一种基于知识论和方法论的考察》，《中外法学》2013 年第 5 期。

意向，在此之后他发布敕令，[42]将法学教授纳入帝国保护之下，以赋予法学家特权[43]的名义寻求他们的支持，因为“他们的学说让人敬畏神，服从皇帝”。[44]作为回报，在1158年隆卡利亚会议上，四博士应皇帝要求起草了四项敕令 *Regalia sunt*、*Omnis*、*Palacia* 和 *Tributum*，其中最显著者当属 *Omnis*，因为它规定：“所有的管辖权属于皇帝。所有的法官必须从皇帝那里获得自己行使职务的权利，所有人必须根据法律的规定向皇帝宣誓”。[45]这种权力和谋略的结合，促使“斯陶芬帝国和博洛尼亚罗马法法学家的意识形态联盟得以巩固”。[46]它使得罗马法的复兴超越了私法和对审判技艺的狭隘范畴，成为帝国复兴的中心，[47]“由此一来，通过将它（罗马——作者注）的法律传播到西方世界，作为他们（罗马的教士们——作者注）宗教之宗的罗马，似乎又获得了新的光彩和权威”。[48]

腓特烈一世试图吸纳《民法大全》所标识的皇帝的教化权、领主权和独一立法权，从而获得相较于教会系统的优先权，以及支持对北意大利城市甚至法国、英格兰等“行省诸王”（*Provinciarum Reges*）的主权诉求。[49]但由于受制于中世纪地方王国的封建结构、城市共和国的自治要求，大一统帝政被现实切割和分化。《民法大全》在权力条款方面包含的戏剧性张力，使得它被各种社会力量用作节制皇权的理论武器。理念、利益和政治立场的差异使得法学家这个群体在对待皇权问题上出现分化。“在最为著名的罗马法的解释者中，反帝政主

---

42 Koeppler，Frederick Barbarossa and the Schools of Bologna：Some Remarks on the ‘Authentica Habita’，*EHR* 54（1939），pp.577—607. Walter Ullmann，The Medieval Interpretation of Frederick I’s Authentic Habita，*L’Europa e il diritto romano：Studi in memoria di Paolo Koschaker*，1954 I，pp. 99—136.

43 在彼时，罗马法学者都是平信徒，因而并不像教会法学者一样，享受特权待遇，腓特烈一世的这一举动无疑促进了法学家的效忠。参考前引著作。

44 H. Koeppler，Frederick Barbarossa and the Schools of Bologna，*The English Historical Review*，Vol. 54，No. 216，p. 606.

45 ‘*Omnis iurisdictio et omnis districtus apud principem est et omnes iudices a principe administrationem accipere debent et iusiurandum prestare quale a lege constitutum est.*’ 此处及其他三处条款的具体内容，参见 Robert L. Benson，Political Renovatio：Two Models from Roman Antiquity，in *Renaissance and Renewal in the Twelfth Century*，ed. Robert L. Benson & Giles Constable，University of Toronto Press，1991，pp. 366—367.

46 Walter Ullmann，*A Short History of the Papacy in the Middle Ages*，London：Routledge，2003，p. 124.

47 Robert L. Benson，Political Renovatio：Two Models from Roman Antiquity，in *Renaissance and Renewal in the Twelfth Century*，ed. Robert L. Benson and Giles Constable，Toronto ：University of Toronto Press，1991，p. 360.

48 〔英〕大卫·休谟：《英国史 II：安茹王朝、兰开斯特王朝、约克王朝》，刘仲敬译，长春：吉林出版集团有限责任公司，第409页，中译有改动；David Hume，*The History of England*，*Vol. II*，Liberty Fund，Inc.，p. 520.

49 Robert L. Benson，Political Renovatio：Two Models from Roman Antiquity，in *Renaissance and Renewal in the Twelfth Century*，ed. Robert L. Benson and Giles Constable，Toronto：University of Toronto Press，1991，p. 378.

义派的人数和帝政主义派的人数几乎一样多”。[50]在 1158 年的隆卡利亚会议上，皇帝腓特烈一世问布加鲁斯和马提努斯他是不是“世界之主”，两位法学家就给出了不同的回答，马提努斯认为就财产权而言，皇帝是世界之主，而布加鲁斯则认为皇帝世界之主的权力只体现为管辖权。[51]同样的情形发生在皇帝亨利六世那里。在召见两位法学家阿佐和洛泰尔讨论公务的闲暇，皇帝请教两位博士谁拥有纯粹治权（*merum imperium*），洛泰尔认为只有皇帝拥有纯粹治权，而阿佐予以否认，认为尽管皇帝可能拥有较高层级的治权，但这不排除其他高级长官的治权。[52]这种统一势力和分裂势力的胶着，形成欧洲 12—16 世纪政治的基本格局，一方面是一个主张帝国的罗马性和普遍性的教会权力和皇帝权力，另一方面则是日益在精神和世俗权力方面抵抗这种普遍性的地方王国和城市。由于没有任何一方势力有足够实力支配另一方，欧洲政治纠缠在皇权与教权、皇权与王权和城市权力、教权与王权和城市权力之间，呈现出一个高度复杂的思想面貌。

就此而言，法权的连续和事实权力的断裂构成中世纪政治思想的基本分野。这种连续性受到哲学和法学的双重支撑。在哲学方面，中世纪的帝国理念依赖于一种多元共存，但又有有机统一的和谐普遍城邦思想的支撑。它的多元性体现在承认人类生活多样层级的中间组织，这些中间组织按照乡镇、城市、行省、王国、帝国的级别扩散；它的有机性体现在所有政治单位都不具备自足性，都依其规模大小被放置在一个层级的等价链条中，一直达到皇帝和教皇所代表的最大普遍性——至一（*oneness*）。“教会和帝国是多面和分层的部分身体所构成的整全身体，这些部分身体，尽管每一个自身都是整全的，但又必然地要求和更大整全性的融合”。[53] “由于整个人类有机统一的结构理想，城邦（*civitas*）被从属于王国（*regnum*），继而是帝国（*imperium*），也即一个使城邦在其中发现自己局限，并借以完满的更高和更大的共同体”。[54] “在每一个共同体之上都有一个共同者，每一个低级目的的意义都在于一个更高的目的，所有此世目的的总和意义在于彼世的目的，每一个狭小的共同体的福祉都依赖于一个更广大

---

50 〔英〕梅特兰等：《欧陆法律史概览：事件，渊源，人物及运动》，屈文生等译，上海：上海人民出版社 2008 年版，第 101 页。

51 Robert L. Benson，Political Renovatio：Two Models from Roman Antiquity，in *Renaissance and Renewal in the Twelfth Century*，ed. Robert L. Benson and Giles Constable，Toronto ：University of Toronto Press，1991，p. 375.

52 Mryon Piper Gilmore，*Argument from Roman Law in Political Thought*，1200—1600，Cambridge：Harvard University Press，1941，pp.15—18. Pennington，*Prince and the Law*，1200—1600：*Sovereignty and Rights in the Western Legal Tradition*，California ：University of California Press，1993，pp. 19—20.

53 Otto Gierke，*Political Theories of the Middle Age*，trans.，Frederic William Maitland，Cambridge：Cambridge University Press，1913，p. 21.

54 ibid.，p. 96.

的共同体，最后就是帝国的福祉。”[55]

而法学的支撑则主要是由罗马法和教会法所支撑的共同法体系。尽管罗马法在政教关系上赋予了皇帝支配性的权力，但西部教皇势力的强大迫使皇帝不得不接受在教务和世俗事务之间和教皇的分工。因此，在这方面，围绕罗马法的主要争论就是皇帝和各地方单位在世俗事务方面的权力问题。罗马法的系统和科学赋予这种争辩较强的理性特征，[56]但也限制了这种讨论的最大可能。因为根据《民法大全》的逻辑，王国和城市都没有独立地位，它们都是附属于帝国的，是在皇帝（*princeps*）的治权（*imperium*）之下，前者是行省长官（*praeses provinciae*），后者是罗马城市（*municipium*）。这构成任何内在于《民法大全》文本的讨论无法回避的前提：

> 帝国是一个世界——普遍，作为共同法和帝国法，《民法大全》的法就是整个普遍的一般法。皇帝可能不被承认，但帝国仍在。诸城市尽管内部独立，但对外而言连接到一个整全的整体。当皇帝不再被视为在上者，他的地位仍然由法律予以保障。[57]

对中世纪的罗马法学家而言，一个最迫切的任务就是如何解释《民法大全》中所确立的普世皇权。如果说帝国是一个普遍体系，那该如何解释那些已经脱离帝国权力，并日趋独立的诸王国和城市？为此如何保持罗马的连续性，并根据它的文本，对中世纪分裂破碎的政治现实进行解释，就成为罗马法研究者的当务之急。而这种解释必须能够对统一的帝国法权和分裂的政治现实提供统一解释，从而一方面保证帝国在皇帝（*princeps*）—人民（*populus*）—帝国/权力（*imperium*）上的一致性，又能解释权力的断裂和事实上的不服从，解释这个已经开始从帝国向列国政治发展的新情势。

---

55 ibid.，p. 128，n.62.值得注意的是，基尔克对中世纪政治思想的解读，渗透着自己政治多元主义的成见，因而倾向于通过建构一个有机的中世纪思想图景来瓦解由原子化个人主义和国家相对峙的现代思想。对其的批评，*see* Ewart Lewis，Organic Tendencies in Medieval Political Thought，*The American Political Science Review*，Vol. 32，No. 5（Oct.，1938），pp. 849—876。

56 Ernst H. Kantorowicz，Kingship Under the Impact of Scientific Jurisprudence，in *Twelfth-Century Europe and the Foundations of Modern Society*，ed.，Marshall Clagett，Gaines Post and Robert Reynolds，Wisconsin：The University of Wisconsin Press，1966，pp. 89—111.

57 C.N.S. Woolf，*Bartolus of Sassoferrato：His Position in the History of Medieval Political Thought*，Cambridge：Cambridge University Press，1913，p. 198.

二、王权法与皇权的来源

摆在注释法学家案头的第一个工作就是皇帝的权力来自哪里？如何协调《民法大全》给出的皇帝权力来自神和来自人民授予这两个截然相反的解释？它进一步展开为围绕王权法的争论。如果说罗马人民通过王权法，将帝国权力转让给皇帝，那这种转让（*conferre*）到底是无条件转让（*translation*）还是附条件因而可撤销的让予（*concessio*）？在转让完成之后，人民是否还有立法的保留权力？[58]如果转让是无条件的、永久的、不可撤销的，那么通过这次转让，皇帝取得最高权力，人民成为臣民，这种权力的体现就是最高立法权，人民没有立法的权力，他们只可能在长期活动中形成具有次级效力的习惯；如果转让是有条件的、暂时的、可撤销的，人民保留了原始的所有权，皇帝仅仅行使代理权，人民享有立法保留权，可以根据默示同意改变法律。

（一）注释法学家的文本解释

由于在所有权问题上，《民法大全》坚持两人不能共同所有或占有一物（*Duorum in solidum dominium vel possessio esse non potest*），[59]而其关于转让的条款也并没有明示可撤销问题，[60]对该问题的回答似乎必然是非此即彼的。在解释人民能够通过默示同意废除法律的 D.1.3.32 时，伊尔内留斯指出，“它仅在人民有立法权的时候适用，因此通过人民的默示同意，法律被废除。但现在，既然这个权力已经被转让给了皇帝，人民弃用某个法便不再有效”[61]。由于较强的保皇主义观念影响，这一立场获得普拉森提努斯[62]、罗杰鲁斯[63]背书，并很快成为贯穿整个 12 世纪的主流立场。[64]

---

58 Carlyle, *A History of Mediaeval Political Theory in the West, Vol.2*, G.P.Putnam' s Sons, 1909, pp. 60—67. C.N.S. Woolf, *Bartolus of Sassoferrato: His Position in the History of Medieval Political Thought*, Cambridge: Cambridge University Press，1913，p.36.

59 D.13.6.5.15.

60 《民法大全》中有关 *transfer* 的两个条款分别为：D.50.17.11，“我们所有的（物）未经我们同意，不能转让给他人”；D.50.17.54，“一个人不能将自己权利之外的（物）转让给他人”。

61 Magnus Ryan，Bartolus of Sassoferrato and Free Cities，*Transactions of the Royal Historical Society*，Vol. 10（2000），p. 68.

62 Carlyle，*A History of Mediaeval Political Theory in the West*，*Vol.2*，G.P.Putnam' s Sons，1909，p. 60，n.2.

63 Carlyle，*A History of Mediaeval Political Theory in the West*，*Vol.2*，G.P.Putnam' s Sons，1909，p. 61，n.1.

64 *See* Ullmann，*The Medieval Idea of Law as Represented by Lucas de Penna：A Study in Fourteenth-Century Legal Scholarship*，*Routledge*，1946，pp.48—49. Clifford Ando，*Law*，*Language*，*and Empire in the Roman Tradition*，Pennsylvania：University of Pennsylvania Press，2011，p. 93.

在12世纪晚期，约安·巴西努斯和其弟子阿佐开始探索不同的解释方案，他们从罗马私法原则[65]中提炼出一个区分整体人民（*universitas*）[66]和单个人（*singuli*）的公法原则，指出作为整体的人民是所有权力的所有者，他们可以以统一的法律人格表达意志和行动。作为权力的拥有者，他们不可能将权力无条件地让渡，因为“人民只在同时可以为自己保留权力的意义上才会转让权力”。[67]故而“被王权法排除掉立法资格的不是人民，而仅仅是组成人民的个体”。在这个基础上，类似于基尔克所谓的“主动公民”和“被动公民”的区分，[68]阿佐发展出一个新的权力等级，在其中“尽管皇帝比任何单个成员的权力都大，但他权力小于作为整体的人民”。[69]从而在12世纪末期阐述了一个类似于后世人民主权的等比例结构问题。斯金纳指出，该教义附带的两个更激进的含义便是统治者成为代理人民进行行政管理的官员（*rectores*），而人民也因此保留了在他们未能恰当履行职责时的罢免权力。[70]

胡果里努斯和阿佐的弟子阿库修斯承袭这种精神，将转让关系类比为授权关系，通过借用《学说汇纂》中关于司法管辖权的一般规定，[71]将非此即彼的主权关系转换为有高下之分的委托代理关系。[72]在这之外，基尔克指出，在将转让视为让予的人中，也有人将这种转让视为使用权（*usus*），认为仅仅存在一个关于使用权的让予，而不存在一个实质性的转让，因而人民始终高于皇帝（*populus*

---

65 Ando 指出 Universitas 并不是一个罗马共和传统中所用的有关主权、多数主义、长官权力的术语。*See* Clifford Ando，*Law，Language，and Empire in the Roman Tradition*，Pennsylvania：University of Pennsylvania Press，2011, p. 94. 比较 Anthony Black，*Guilds and Civil Society in European Political Thought from the Twelfth Century to the Present*，Cornell：Cornell University Press，1984，pp. 44—53。《民法大全》中可见的类似记载，参考 I.1.2.4，“平民之于人民的区别，正如种与属的区别：因为全体公民被称为人民，它同样包括贵族和元老，而平民的称谓，则指除元老和贵族之外的其他公民”。

66 Tierney 指出，中世纪教会法同样借助团体（*corporation，Universitas*）理论，在宏观和微观层面解释共同体和教会内部机构的权力关系。*See* Brian Tierney，*Religion，Law and the Growth of Constitutional Thought*，1150—1650，Cambridge：Cambridge University Press，1982，pp. 19—28.

67 此处及以下三处引注，参见 Quentin Skinner，*Visions of Politics，Vol.2：Renaissance Virtues*，Cambridge：Cambridge University Press，2004，p. 16。

68 Otto Gierke，*Political Theories of the Middle Age*，trans.，Frederic William Maitland，Cambridge：Cambridge University Press，1913，p. 63.

69 该原则在这之后被概括为 princeps maior singulis minor universis。*See* Ernst Kantorowicz，*The King' s Two Bodies：A Study in Mediaeval Political Theology*，Princeton：Princeton University Press，1957，p.231.

70 Quentin Skinner，*Visions of Politics，Vol.2：Renaissance Virtues*，Cambridge：Cambridge University Press，2004，p. 17.

71 D.1.21.1：“那些获得授权管辖权的人，没有属于自己的管辖权，而只是行使授权者的管辖权。”*Qui mandatam iurisdictionem suscepit，proprium nihil habet，sed eius，qui mandavit，iurisdictione utitur.*

72 Daniel Lee，*Popular Sovereignty in Early Modern Constitutional Thought*，Oxford ：Oxford University Press，2016，p. 45.

maior imperatore）。[73]另外也有人承认人民转让了立法权，但认为人民仍然保留了通过默示同意制定习惯（consuetudines）的能力。[74]在这之后，阿库修斯通过协调神、罗马人民和皇帝三者关系，在以上注释基础上提供了一个最终方案，他指出帝国来自神，但它通过罗马人民这一工具将其实现，因此皇帝的职位依赖于神的权威而存在，并作为人民的代理而发挥职能。[75]

（二）评注法学家的目的解释

博洛尼亚注释学派关于帝国恺撒连续性的根本教义，[76]使得他们对王权法的探索呈现出高度文本化和技术化的特征。由于默认了帝国的罗马性，他们坚持在罗马法设定的皇帝和罗马人民的框架内来讨论王权法。由此衍生出来的，不管是转让说，还是授予说，就一个文本解释问题而言都是无可挑剔的，但如果作为一个法律适用问题来看待，并用其解释 12 世纪帝国皇帝的产生方式，或者解释帝国和意大利城市国家的权力关系，都会面临巨大的张力。随着帝国权力的进一步分裂，随着一种缓慢的历史意识的发展，帝国的罗马性已经渐渐消散，并逐渐被各地方王国和城市的民族性取代，由此使得对于谁能够成为“罗马人民”这个问题达成共识变得愈发困难。

就帝国皇帝的实际产生而言，选任和罢免皇帝的权力已经开始由德国选帝侯和教皇掌握，而各方对于皇帝头衔的激烈角色还产生过一个戏剧性事件：在阿方索十世（1221—1284）竞选皇帝的过程中，比萨人试图通过无因管理（*negotiorum gestio*）的方式，以全部罗马人的名义进行一次帝国选举，通过重新激活王权法来授予阿方索十世皇帝头衔。在这个背景下，罗马人民要么日益地限缩为罗马城的人民这一个地方性的含义，要么被各种政治势力滥用，成为争夺普遍权力的噱头。就此而言，“阿佐的理论是无用的，除非能够对谁构成罗马人民达成共识”。[77]

在包括西努斯、巴托鲁斯、巴尔杜斯在内的 14 世纪评注法学家们看来，如果罗马人民被局限在罗马城墙之内，并被新的民族意识稀释，那就必须给出关

---

73 Otto Gierke，*Political Theories of the Middle Age*，trans.，Frederic William Maitland，Cambridge：Cambridge University Press，1913，p.150，n.159.

74 Joseph Canning，*The Political Thought of Baldus de Ubaldis*，Cambridge ：Cambridge University Press，1987，p. 56.

75 Magnus Ryan，Political Thought，in *The Cambridge Companion to Roman Law*，ed.，David Johnston，Cambridge：Cambridge University Press，p. 424.

76 Hermann Kantorowicz，*Studies in the Glossators of the Roman Law：Newly Discovered Writings of the Twelfth Century*，Cambridge：Cambridge University Press，1938，pp. 189—190，p. 193.

77 Magnus Ryan，Bartolus of Sassoferrato and Free Cities，*Transactions of the Royal Historical Society*，Vol. 10（2000），p. 71.

于罗马人民的新解释，它必须能够超越各民族狭隘的地方利益，重新捍卫帝国大一统的格局，从而在解释方法上一方面能够维护帝国法权威的完整，另一方面又能解释中世纪社会的实际法律规则。[78]为此，依托于基督教的历史神学，他们不再将帝国连续性建立在一个真实的罗马人民之上，而是建立在一个拟制的罗马人民之上。[79]由于帝国在基督教的末世论中将一直存在到世界末日，那就必然有一个与它相称的罗马人民，它超越出时空的质料，成为帝国永存的实质。在这个基础上，普遍的人民不死（*populus non moritur*），它和永恒的神一同构成帝国皇帝的权力根源，并在时空之中由具体的人填充。

由于罗马帝国的基督教因素，普遍的罗马人民被同构于基督教世界的概念。在一个讨论“谁构成罗马人民”的著名段落中，巴托鲁斯对当时欧洲基督教世界的诸多政治单位进行了区分。[80]《学说汇纂》D.49.15.24 收集了乌尔比安关于谁是罗马敌人的一段语录，其全文为：

> 敌人是那些罗马人民公开宣战的人，或他们自己对罗马人民宣战；其他的都是强盗或土匪。因此，任何被强盗抓到的人，都不会成为他们的奴隶，也不需要战后公民资格或财产的恢复权（*postliminium*）。[81]但是，如果他是被敌人抓到，比如被日耳曼人或者帕提亚人，他就成了他们的奴隶，只能通过战后公民资格或财产的恢复权才能恢复自己之前的身份。[82]

对于巴托鲁斯而言，评注该段落就是要首先明确在中世纪分裂破碎的帝国格局下，谁还能构成罗马人民。他对该问题的处理是依据帝国法权，将那些仍然服从名义上的皇帝的欧洲民族视为罗马人民的构成部分。他首先将世界二分为罗马人民和化外之民，并根据服从的程度和等级对罗马人民作了区分。首先是那些“服从罗马帝国的民族，他们毫无疑问是罗马人民”，其次是“那些根据罗马人民的法生活的民族，他们承认罗马皇帝是普世之主，比如托斯卡纳、伦巴第或其他类似城市；他们也是罗马人民。因为尽管罗马人民对他们行使部分管辖权，他们保留了全部的管辖权”。第三类是像威尼斯一样，凭借皇帝的

78　Peter Stein，Roman Law in European History，Cambridge：Cambridge University Press，2004，p. 71.

79　Ernst Kantorowicz，*The King's Two Bodies：A Study in Mediaeval Political Theology*，Princeton：Princeton University Press，1957，pp. 291—302.

80　此处以下几处引文，出自 C.N.S. Woolf，*Bartolus of Sassoferrato：His Position in the History of Medieval Political Thought*，Cambridge：Cambridge University Press，1913，pp.25—27。

81　战后公民资格或财产的恢复权，指一个罗马公民被俘成为战犯后，便成为敌人的奴隶，但当他回到罗马领土的时候，便可以凭借该权利重获自由和他之前的所有权利，但他的婚姻和财产无法恢复。*See* Adolf Berger，*Encyclopedic Dictionary of Roman Law*，The American Philosophical Society，1953，p. 639.

82　D.49.15.24.

特许而享受豁免，因为他们凭借豁免可以拒绝遵守皇帝，他们也是罗马人民。第四类是不服从皇帝，但仍然构成罗马人民，因为“尽管他们宣称自己根据其他协议拥有自由，比如一些行省，他们根据罗马教会而获得此类权利，而该权利是君士坦丁皇帝赠予罗马教会的；因而君士坦丁赠予他们获得该权利，并且这项赠予是不能撤销的，因此我认为他们直到现在仍然是罗马人民。因为罗马教会在那些来自罗马帝国的土地上行使管辖权，对此它也承认；因此他们仍然是罗马人民，只不过对那些行省的管理是来自另外的让予而已。同样地，教士的管辖权全部来自教皇的让予；教士凭此停止作为罗马公民吗？很明显不是，因为继任的法将他们绑在一起”。最后一类是诸如法国、英国等，他们也是罗马人民的一部分，因为“如果他们承认皇帝是普世之主，就可以允许他们通过特权或准可或类似措施让他们脱离普世之主，但他们并不因此就不再是罗马公民。据此，似乎那些所有遵守神圣的教会母亲的民族都是罗马人民”。在这个意义上，“如果谁说罗马皇帝不是普世君主，那他就是异端”。

由此，巴托鲁斯的罗马帝国就是基督教世界的西部教会，而在此基础上的化外之民就是那些不信仰西部基督教，进而不认可皇帝法律上的普世统治权的人，包括“希腊人，他们不认为罗马皇帝是普世之主，并说君士坦丁的皇帝是普世之主。鞑靼人，他们说可汗是普世之主。萨拉森人，他们说他们的主是普世之主。犹太人也如此”。

对于基督教历史神学的倚重，使得巴托鲁斯并不看重历史上真实存在的王权法条款，在他看来，那只是一个已经不可回复的历史事件。但这种倚重也使得巴托鲁斯的学说出现内在紧张，因为《民法大全》中的君权神授条款本质上来自东部帝国，因此为了使论证周延，他不得不接受西部教皇对于自己普遍权力的论述方式，这使他时而借助君士坦丁赠予，时而借助帝国转移理论来维持这种连续性，并不得不因为权宜考量而投机地拥护教皇的普遍权威，从而使得自己的理论在处理皇帝和教皇关系方面陷入一团乱泥。[83]而他的学生巴尔杜斯则通过一个两次转让理论（首先是罗马人民通过王权法将一般立法权转让给皇帝，然后是君士坦丁又将它给了教皇）的方式发展出一个在世俗管辖权上皇帝和教皇共治的观点，微妙地维系着这两个普遍权力的平衡。[84]

83 由于巴托鲁斯当时教学所在的佩鲁贾是个教皇城市，因而他的立场有明哲保身和取悦教皇的机会主义考虑。C.N.S. Woolf，*Bartolus of Sassoferrato：His Position in the History of Medieval Political Thought*，Cambridge ：Cambridge University Press，1913，p. 100.

84 Joseph Canning，*The Political Thought of Baldus de Ubaldis*，Cambridge：Cambridge University Press，1987，pp. 58—59.

三、不承认在上者：王国和城市的独立

由于王权法包含的对人民权力的确认，它被法学家群体所阐述，被研究者视为开启了现代人民主权或者共和理论的先声。在斯金纳看来，它首次提供了对意大利共和城市独立和主权地位的法律辩护，[85]康托洛维茨也认为它并没有局限于罗马，而是延伸为一个能普遍适用于当时欧洲各王国和民族的根本法。[86]结合法学家的讨论语境，这种观点不免有些草率，因为它恰恰忽略了王权法是在一个普遍主义的帝国语境之内展开的，它"提供了一个对于帝国权力和教皇世俗管辖权的人类起源的解释，但它不能作为政府权威起源的一般模型。因为其他政府类型都是在这个基督教帝国内部的次级主体。尽管它们在意大利独立城市的语境中阐述人民主权的问题，但他们都没有使用王权法的概念来达到这一目的"。[87]马格纳斯·瑞安进一步指出：

> 不管他们关于罗马皇帝和罗马人民的结论如何，它们都明显不适用于诸如国王和他的臣民之类的统治和臣服关系。注释法学家并不将王权法视为一个一般性的原则，而是罗马法关于罗马共和国如何转变为罗马帝国的权威叙述。罗马帝国是普遍的。所有的诸如王国和城市国家的小型组织因此都在它之内。关于王权法是可撤回的流行信念，暗示着对人民权威相对于统治者的保留的强烈背书，仅仅适用于整体，而不并然涉及部分。[88]

（一）国王不承认在上者

经过法学家的解释和评注后，王权法已经丧失其原有的主权论证功能，而成为帝国转移的一个环节，以维持帝国在罗马共和—帝制—基督教转移过程中的连续性，这使得法学家需要另辟他径来论证王国和城市的独立性。他们最终在和皇帝相关联的条款中找到新的灵感。根据《民法大全》的逻辑，*princeps* 是

---

85 Quentin Skinner, *Visions of Politics, Vol.2: Renaissance Virtues*, Cambridge: Cambridge University Press, 2004, p. 17.

86 Ernst Kantorowicz, *The King' s Two Bodies: A Study in Mediaeval Political Theology*, Princeton: Princeton University Press, 1957, p. 298.

87 Joseph Canning, *The Political Thought of Baldus de Ubaldis*, Cambridge: Cambridge University Press, 1987, p. 62.

88 Magnus Ryan, Political Thought, in *The Cambridge Companion to Roman Law*, ed., David Johnston, Cambridge: Cambridge University Press, p. 433.

当之无愧的皇帝名衔，与它相关的是皇帝专属的立法权、免于法约束的绝对权力和战争权。因此王国和城市要想声明自己的独立性，首先就要掌控最关键的主权权力，为此，攫取皇帝的名衔成为获得领土主权的重要突破。

在这其中，最先发展出来的是关于王国的独立性理论。坎宁指出有关国王领土主权的论证有两种。[89]第一种论证是将国王等同于皇帝，进而发展出“国王在自己王国是他的王国的皇帝”（*rex in regno suo est imperator regni sui*）。学者对该词的起源存在争论，[90]但基本上认为它最初产生于 13 世纪初期，并存在两条独立的线索，一条来自 12 世纪晚期博洛尼亚的教会法学家，主要是本籍英国的阿拉努斯·昂格里库斯和本籍西班牙的温肯提乌斯·伊斯帕努斯。[91]另一条线索来自意大利法学家阿佐，在处理自己附庸布列塔尼公爵亚瑟一世和英王约翰对英格兰继承权问题上，阿佐指出法王腓力二世有权力支持任何一方，因为“当今世代国王看起来在他的领土上有和皇帝一样的权力，因此他能做他所好的任何事情”。[92]第二种论证是“国王不承认在上者”（*rex qui superiorem non recognoscit*）。这一来自教皇英诺森三世在 *Per Venerabilem*（1201）中形容法国国王的用语（*quum rex ipse [Francorum] superiorem in temporalibus minime*

89 *See* Joseph Canning, *The Political Thought of Baldus de Ubaldis*, Cambridge: Cambridge University Press, 1987, pp. 124—125. W.Ullmann, This Real of England is an Empire, *The Journal of Ecclesiastical History*, 30, 2(1979), pp. 175—203. Gaines Post, *Studies in Medieval Legal Thought: Public Law and the State*, 1100—1322, Princeton: Princeton University Press, 1964, pp. 453—493. Woolf 认为这词句首创于巴托鲁斯的老师 Oldradus, *see* C.N.S. Woolf, *Bartolus of Sassoferrato: His Position in the History of Medieval Political Thought*, Cambridge: Cambridge University Press, 1913, p. 380。

90 Sidney Woolf 将 *rex est imperator in regno suo* 追溯到巴托鲁斯的老师 Oldradus da Ponte；Ercole 认为它出现在 Philip the Fair 和 Boniface Ⅷ的争论中，并将最早使用者归于法国教会法学家 Gulielmus Durandus，之后更改为法国法学家 Jean de Blanot；Paul Fournier 在西西里法学家 Andrea d' Isernia 中看到类似的用法；Calasso 认为最早的是民法学者阿佐，并认为教会法学家在这过程中没有发挥多大作用；Mochi Onory 针锋相对，认为它是 12 世纪晚期博洛尼亚的教会法学家创造，尤其是 Alanus Anglicus。在综述这场学术争论后，Tierney 指出，它出现的关键时间应是 1200 年左右，在这过程中，来自英国和西班牙的教会法学家发挥了关键作用。*See* Brian Tierney, Some Recent Works on the Political Theories of the Medieval Canonists, *Traditio*, Vol. 10（1954）, pp. 612—619.更为系统的追溯，*see* Gaines Post, Two Notes on Nationalism in the Middle Ages, *Traditio*, Vol. 9, 1953, pp. 295—320.

91 *See* Gaines Post, “Blessed Lady Spain”—Vincentius Hispanus and Spanish National Imperialism in the Thirteenth Century, *Speculum*, Vol. 29, 1954, pp. 198—209.

92 *See* Walter Ullmann, Arthur' s Homage to King John, *The English Historical Review*, Vol. 94, No. 371, 1979, pp. 356—364.相关争议，*see* Magnus Ryan, Political Thought, in *The Cambridge Companion to Roman Law*, ed., David Johnston, Cambridge: Cambridge University Press, pp. 433—435. Pennington 指出阿佐的语境似乎在强调国王行动的合法性来自于他根据普遍利益行动，而不是他行使了独立的立法权威。*See* Kenneth Pennington, *Prince and the Law, 1200—1600: Sovereignty and Rights in the Western Legal Tradition*, California: University of California Press, 1993, p. 35, n.116.

recognoscat)，[93]最初仅仅是在陈述一个事实，并不是对一项权利的宣告，它力图在承认皇帝的普世管辖的基础上，表达出对拥有全部主权的渴望。两条起源各异的格言其最初含义也略有差异，"'国王—皇帝'观念，乃主张国王在他的领地内拥有着皇帝在整个帝国内所拥有的同样的权力；而'不承认最高者'则表明对皇帝的一种主动地不臣属"。[94]但在 14 世纪中期之后便迅速合流，意在表达各地方王国相对于罗马皇帝的独立诉求。

这种融合并没有消除研究者对其含义的争议，这种争议表现在两个方面，一是对国王—皇帝格言含义的争议，二是对两个格言所表达的独立诉求的法律性和事实性的争议。就前者而言，尽管国王—皇帝格言在 14 世纪中期含义逐渐明朗，但各方面法学家在其最初提出之时却对其含义没有共识。在 1270—1330 年这段时间，研究者们发现它至少可以在三个意义上被使用。第一种含义是其字面的完整含义，它指王国独立于皇帝，并且在自己王国界限内行使皇帝主权的权力。在这个意义上，国王成为一个独立的、拥有类似于《民法大全》规定的绝对权力的君主。第二种含义是弗朗西斯科·卡拉索提供的，他指出在使用这条格言时，法学家们并不指国王独立于皇帝，而只是指国王在自己王国内部能够行使类似于皇帝的权力，因之"一个下级在一个有限领土内行使一个其上级在普遍意义上行使的相同权力，并不必然意味着这个下级在事实上不承认这个上级"。[95]第三种含义指国王可以独立于皇帝，但却不能享有罗马法规定的皇帝权力，尤其是皇帝免于法约束（*princeps legibus solutus est*）条款的绝对立法权。[96]彭宁顿指出，将国王—皇帝条款解释为领土主权问题，实在是现代历史学家先入为主的臆造，13、14 世纪的法学家并不特别关注国王是否独立于皇帝的问题，而更关心国王和其臣民的关系，或者说国王和法律的关系问题。在他们看来，国王—皇帝格言意在强调国王只是其领土内的皇帝，而不是一个普遍意义上的皇帝，因而也就无法享有那些带着普遍权力标识的绝对立法权。在他们看来，只有两个普遍性的权力，皇帝和教皇拥有罗马法所规定的无限权威，其他地方王权都只是有限的，因而必须服从本王国的惯例和习俗。[97]应该看到，不

---

93 厄尔曼更确切地指出，该格言是 Philip Augustus 在一封陈情信中向教皇英诺森三世提出（1201 November 2），后者将其采纳并纳入自己的教令中。*See* Walter Ullmann, This Realm of England is an Empire, *Journal of Eccles*, p. 188，n. 48.

94 J.P. Canning，《导言：政治、制度与理念》，载〔英〕J.H.伯恩斯主编：《剑桥中世纪政治思想史：350 至 1450 年（下）》，程志敏等译，北京：生活·读书·新知三联书店 2009 年版，第 504 页。

95 Brian Tierney, Some Recent Works on the Political Theories of the Medieval Canonists, *Traditio*, Vol. 10 (1954), p. 614.

96 Kenneth Pennington, *Prince and the Law*，1200—1600：*Sovereignty and Rights in the Western Legal Tradition*, California：University of California Press，1993，p. 31.

97 ibid., pp. 101—106.

享有类似于皇帝的权力，何谈独立，而享有类似于皇帝的权力，又何谈附属？二者的悖谬使得完全追随卡拉索或者彭宁顿的观点都是艰难的。[98]

关于第二个争议，即这种独立到底是事实上的还是法律上的，教会法学家和罗马法学家态度有所差异。由于否定皇帝的普遍法权，并不意味着否定了教皇的精神权威，教会在这场皇帝和国王冲突中并没有实质的教义冲突，因而为了在帝国的政教之争中占据主动，罗马教廷一直在这场纷争中扮演离间角色，从教皇英诺森三世的 *Per Venerabilem* 教令，到之后教皇克莱门特五世为支持罗伯特国王反抗亨利七世的皇帝权威发布的教令 *Pastoralis Cura*（1313），教皇为此可谓煞费苦心。与此同时，由于背景构成更为多样和国际化，[99]因而对欧洲的政治形势感知更为敏锐，尽管仍有争议，教会法学家群体也更倾向于承认统一帝国秩序的分裂，认可各地方王国已经获得了法律上的独立地位。在解答大领主的附庸是不是也是国王的附庸这个问题时，勃艮第法学家让・布拉诺[100]就借用了教会法的原则。他反对传统认为“我的封臣的封臣不是我的封臣”的观点，指出尽管这些贵族的封臣没有和国王的效忠关系，但他们仍然受国王的一般管辖权支配。正如作为普世之主，皇帝有对一切事物的管辖权一样，国王在其王国也有对一切事物的管辖权。由于国王在世俗事务上不承认任何在上者，他就是自己王国的皇帝，因此任何侵犯国王的行为都构成“叛国罪”。

但对于民法学家而言，作为皇帝的法，《民法大全》的存在已经设定了他们讨论的框架，在这个结构内，他们无从否定帝国的合法权威，也无从发展新的法权原则。因此尽管 12、13 世纪的法国学者基于强烈的民族感情而断然否定帝国事实和法律上的权威，但除了论断之外，却拿不出充分的论证理由，给不出为什么帝国主权不存在的可信解释，因而是属于“区别于纯粹的法律理由之外的社会-政治范畴”。[101]这种局限使得包括雅各布・拉瓦尼斯、贝勒珀克的皮埃尔在内的 12、13 世纪的法国和意大利主流罗马法学家都承认了皇帝的普遍法律权威，并在合法性和事实性这个框架内谈论帝国和王国的权力关系。

真正从罗马法中发展出新的法权原则的民法家群体来自那不勒斯。在那里，

---

98 一个质疑，*see* Magnus Ryan，Political Thought，in *The Cambridge Companion to Roman Law*，ed.，David Johnston，Cambridge：Cambridge University Press，p. 436.

99 相比之下主要的民法学家都是意大利人。Brian Tierney，Some Recent Works on the Political Theories of the Medieval Canonists，*Traditio*，Vol. 10（1954），p. 618.

100 R.Feenstra，Jean de Blanot et la formule ‘rex francie in regno suo princeps est’，in *Etudes d’ histoire du droit canonique dediees a Gabrielle de Bras*，Vol.2，1965，pp. 890—891. M.Boulet-Sautel，Jean de Blanot et la conception du pouvoir royal au temps de Louis IX，in *Septieme centenaire de la mort de Saint Louis：actes des colloques de Royaumont et de Paris*，ed.，L.Carolus-Barre，1976，p. 66.

101 Walter Ullmann，The Development of the Medieval Idea of Sovereignty，*The English Historical Review*，Vol. 64，No. 250，1949，p. 13.

受到帝国皇帝和罗伯特国王权力争夺的影响，[102]那不勒斯法学家发展出激进的否定皇帝普遍权利的立场。[103]包括卡拉马尼科的马里纳斯、伊塞尔尼亚的安德烈亚斯、蓬特的奥德瑞德斯的法学家发展了 D.1.1.5[104]的规定，从万民法中肯定王国的原初权力。马里纳斯指出，“早在帝国和罗马民族之前，也就是从古老的万民法，它和人类种族一同出现，王国就被承认和创建”[105]。奥德瑞德斯甚至在这个意义上讲万民法延伸等同为自然法。[106]结合这些学者的论证逻辑可以看出，他们认为王国的权力来自原初的暴力征服，罗马也不例外，它来源于罗马人民的征服这样一个事实权力；在转变为皇帝制度后，帝国为了确保连续性引入了有关罗马人民转让主权的王权法，但由于只是罗马一个城邦的法，在这之后其他民族已经没有服从罗马法的义务，他们根据万民法享有独立和自治的权力；随着帝国衰退，世界已经恢复到了罗马征服之前的原初状态，帝国不是一个凌驾于各地方王国和城市之上的普遍权力，而仅仅是平行于其他领土单位的一个地方政权。

（二）城市是自己的主权者

在 14 世纪之后，这一仅限于地方王国的主权论证开始扩展到共和城市之中。在这方面，注释学派、早期评注法学派和教会法学家都没有发展出类似于王国自治的城市自治理论。它的成形归功于巴托鲁斯及其弟子巴尔杜斯。尽管王权法同样暗含了人民主权的政治逻辑，因而适合于表达城市的自治诉求，但由于王权法被放在帝国语境中形容罗马皇帝和罗马人民的关系，因此为了论证城市的独立地位和人民的主权权力就需要另辟蹊径。

---

102 Samantha Kelly，*The New Solomon：Robert of Naples*（1309—1343）*and Fourteenth-Century Kingship*，Brill，2003，pp. 193—241.

103 Walter Ullmann，The Development of the Medieval Idea of Sovereignty，*The English Historical Review*，Vol. 64，No. 250，1949，pp. 17—33；Magnus Ryan，Political Thought，in *The Cambridge Companion to Roman Law*，ed.，David Johnston，Cambridge：Cambridge University Press，pp. 436—437；K.Pennington，《法律、立法权威及政治理论》，载〔英〕J.H.伯恩斯主编：《剑桥中世纪政治思想史：350 至 1450 年（下）》，程志敏等译，北京：生活・读书・新知三联书店 2009 年版，第 633—635 页。

104 D.1.1.5，根据万民法，战争被引入，民族被区分，王国被创建，领主被确认，地界被确立，营造被构建，商业、交易、买卖、抵押、租赁、义务被创造，除了那些被市民法引入的事务。

105 Joseph Canning，Ideas of the State in 13th and 14th Century Commentators on the Roman Law，*Transactions of the Royal Historical Society*，Vol.33，1983，p. 5.

106 关于万民法和自然法关系，《民法大全》本身有自相矛盾的规定，盖尤斯在 D.1.1.9 处将万民法等同为自然理性，“自然理性在所有人之间建构的，为所有人遵守的，被称为万民法，因为所有民族都使用它”。而乌尔比安在 D.1.1.1.4 处则将私法分为自然法—万民法—市民法三个分支，并指出“万民法是所有人使用的法，显而易见它不同于自然法，因为后者是所有动物共有的，而前者仅仅关涉人类之间的共同关系”。

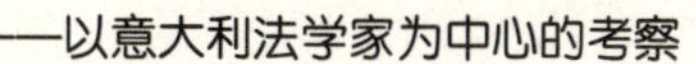

对评注法学家而言，最重要的突破点在于《民法大全》的两个条文 D.1.1.9[107] 和 D.1.3.32。《民法大全》关于立法权的规定是有矛盾的，它一方面承认皇帝是唯一的立法者，另一方面又默认了人民可以通过默示同意改变法律。而盖尤斯在 D.1.1.9 中说的所有民族都部分地使用自己的法也有其缺漏。如果这里的所有民族（*Omnes populi*）不再是一个能以罗马公民所覆盖的帝国身份，那它就必然面临解释的扩大化所带来的“民族”难题——所有“人民”变成所有“民族”，由此就不得不承认这个条款所蕴含的赋予他们自身立法权意思，从而承认其独立于帝国法权之外的危险。阿库修斯关于所有人民等于罗马帝国的解释尽管在 13 世纪中叶仍然是支配性观点[108]，但在这之后已经难尽人意。在此背景下，如何协调帝国法权和人民法权的僵局就成为不得不面临的难题。在实践中，法学家相继通过特许、时效取得、侵占的方式来协调这种对立，以论证城市事实上的独立。故而“城市可以借助帝国特许获得事实上的管辖权，这意味着承认对皇帝作为在上者的臣服。他们也可以通过事实上不承认皇帝作为在上者行使主权，比如通过取得时效（*prescription*），或者在一些情况下侵占（*usurpation*）的方式取得帝国权力”。[109]

在这之后，巴托鲁斯通过创造性整合法学家的理论，发展出一个系统的城市自治理论。他根据 D.1.3.32 推演出城市事实上的立法权[110]，习惯表现人民心智（*Consuetudo repraesentat mentem populi*），他们可以通过默示同意形成习惯、通过明示同意形成法令，通过这种行为，一个群体通过自己的不承认行为成为事实上的主权者。在此基础上，巴托鲁斯作了两个挪用：其一是大胆地将《民法大全》中用于界定外在于罗马帝国法权，可能和帝国存在结盟关系的“自由人民”（*populus liber*）概念[111]，放在形容内在于帝国法权中的意大利城市之中，于是人民由于其事实上的立法权力成为自由人民；其二是通过 D.1.1.9 词语上人民和城邦的等同关系，将人民和城市结合起来，通过自由人民和自由城市的等同，肯定了意大利城市不承认帝国皇帝的事实权力。通过这种概念阐释，意大利城市事实上取得了只有皇帝才能有的立法权力，由此达到整个逻辑链条的最

107 那些被法和习惯统治的所有民族，部分使用自己的法，部分使用共同的法。因为任何民族为自己确立的法都专属于这个城邦，它被称为公民法，因为它是特别属于城邦的法。自然理性在所有人之间建构的，为所有人遵守的，被称为万民法，因为所有民族都使用它。

108 Magnus Ryan，Political Thought，in *The Cambridge Companion to Roman Law*，ed.，David Johnston，Cambridge：Cambridge University Press，p. 439.

109 Joseph Canning，*A History of Medieval Political Thought*，300—1450，England：Routledge，1996，p. 169.

110 与这种立法权相伴随的是创设公民权。Julius Kirshner，Civitas Sibi Faciat Civem：Bartolus of Sassoferrato’s Doctrine on the Making of a Citizen，*Speculum*，48（1973），pp. 694—713。

111 D.49.15.7.1，“自由人民是那些不服从于任何其他人民权力的人，他们可能通过平等条约的方式来结盟，这意味着一个民族应当善意地尊重另一个民族的主权”。

后一步，一个不承认在上者的城市就成为一个“自由人民”和自由城市，它在自己领土之内享有和皇帝一样的权力（*civitas sibi princeps*），因而一个城市和它的自由人民在法学上被等价于一个拥有治权的皇帝，故而成为一个独立的主权城市。[112]

巴尔杜斯在巴托鲁斯的基础上又作出了两个贡献，他将亚里士多德的自然-政治人概念拉入到法学理论中，同时将这个政治人抽象化为一个区别于其构成的拟制人格。[113]前者主要指巴尔杜斯在对《民法大全》D.1.3.2[114]进行注解时，通过一个语义学的连接，将亚里士多德的政治人和罗马法/市民法勾连起来。他指出，“自然的和城邦的，指人在天性上是城邦的动物；因此法应当类似于完善的城邦人”。因此，政治人就和市民法关联起来，从而通过激活蛰伏在《民法大全》中的政治人的概念[115]，将巴托鲁斯在纯粹的法律事实基础上展开的法学论证，发展为一个超越法学的哲学论证。后者主要指运用《民法大全》的法人理论将这种政治人的集合人格化，从而使其和其构成者区别开来。在《民法大全》的原始文本，*personna* 只用于形容自然人，而不是法律人格。[116]约翰尼斯·巴塞努斯、阿佐、阿库修斯等虽然对“人民”进行了普遍（*universi*）和单个（*singuli*）的区分，但他们仍然将团体等同于其成员的集合，因而并没有将其视为一个区别于其构成的拟制人格。巴尔杜斯在巴托鲁斯基础上完成了这最后一步的跨越，通过将普遍（*universitas*）等同于人格，他彻底地将一个团体落实为一个区别于其组成的抽象法人，由此一个团体就凭借一个拟制人格（*persona-*

---

112 有一种观点认为，巴托鲁斯引用 *civitas sibi princeps* 关注的焦点不是和皇帝的权力关系，而是回避意大利城市的党争。Magnus Ryan，Bartolus of Sassoferrato and Free Cities，*Transactions of the Royal Historical Society*，Vol. 10（2000），p. 83.

113 Joseph Canning，The Corporation in the Political Thought of the Italian Jurists of the Thirteenth and Fourteenth Centuries，*History of Political Thought*，1，1（1980），pp.9—32.

114 这里的关键是《民法大全》D.1.3.2，“法律是关于正当和不正当的规则，以及那些天性上是政治的人的规则”。该句原文是希腊语，有一种拉丁文译本为：*Lex...regula est iustorum et iniustorum et eorum que natura civilia sunt*。

115 Joseph Canning，Ideas of the State in Thirteenth and Fourteenth-Century Commentators on the Roman Law，*Transactions of the Royal Historical Society*，Vol. 33，1983，p. 12. 更详细的解释，参考 Joseph Canning，*The Political Thought of Baldus de Ubaldis*，Cambridge：Cambridge University Press，1987，pp.159—169。

116 注意 Duff 的批评。Duff，*Personality in Roman Private Law*，Cambridge：Cambridge University Press，1938，pp. 20—21，pp. 48—50.《民法大全》中可能涉及人格的讨论主要集中在 D.46.1.22，D.4.2.9，D.35.1.56。

ficta）身份进行活动。[117]

在建构巴尔杜斯的人民作为团体的拟制人格理论[118]时，坎宁指出必须要摆脱现代人格理论的影响。在他看来，巴尔杜斯的人格理论和基尔克的法人实在说、萨维尼的法人拟制说，[119]乃至同时期的教会法人格理论[120]都有所不同。巴尔杜斯认为人民-城市有一个区别于其构成者的人格（因而不同于教会法），这种人格不是人类拟制的产物，而是人的政治本性的产物，它的存在不源于任何在上者，而是来自万民法（因而不同于法人拟制说）。这种自主性使得人民-城市可以通过自己独立意志开展政治行动，或者在必要时通过议会和官员的代理行为开展行动，在这方面，人民和其长官的关系突破了弥漫在中世纪罗马法、教会法和日耳曼法中的监护-代理关系，从而使得真正的自治精神得以成长。[121]除了人民-城市的人格理论，巴尔杜斯更是发展了王国的法人理论，由此王国有一个超越出其成员的抽象人格，它体现在作为构成王权的关键概念职务（*dignitas*）中，王国的职务通过作为自然人的国王人格化。[122]

---

117 关于法人人格的起源，除了罗马法的线索，另有教会法的线索。Ecclesia 体现了柏拉图《理想国》的层级论和司多亚哲学的普遍人类共同体思想，然后又通过保罗神学的阐述，成为一个统一的信众共同体。这个共同体在中世纪实在论背景下，体现的是一种超越个人的普遍性，在理念论和基督宗教背景下，体现为一个超越现世的彼世性。它最终表现为一个至一概念，而这种至一又通过耶稣表现出来，作为耶稣的神秘身体（*corpus Christi mysticum*），教会拥有区别于其成员的实在性，这种实在性最后借用罗马法的人格概念（*persona ficta*）表现出来。因此，“法律人的司法实在性对应于哲学家的形而上实在性和神学家的神圣实在性”。Michael Wilks，*The Problem of Sovereignty in the Later Middle Ages：The Papal Monarchy with Augustinus Triumphus and the Publicists*，Cambridge ：Cambridge University Press，1963，pp. 15—25.

118 Joseph Canning，*The Political Thought of Baldus de Ubaldis*，Cambridge ：Cambridge University Press，1987，pp. 185—208.

119 基尔克的法人实在说认为法人具备一个区别于构成它的成员的自然人格的人格，它是一种真实存在，不需要任何事先拟制，作为一种社会有机体，它可以通过自己的集体意志独立开展行动。萨维尼的法人拟制说认为法人具备一个区别于构成它的成员的自然人格的人格，它是一种抽象存在，它成立需要一个在上者的创设，这通常体现为国家通过法律形式的创造；它没有意思表达和行动能力，需要通过自然人的代理或者代表来开展行动。两种学说的异同，参考谢鸿飞：《论民法典法人性质的定位：法律历史社会学与法教义学分析》，《中外法学》2015 年第 6 期。

120 教会法采纳亚里士多德哲学将团体等同于构成其成员的个人的集合观点，认为法人不具备一个区别于构成它的成员的自然人格的人格，构成法人的成员是具体的权利义务主体，它们旨在服务于特定目的时被视为一个人格。在这个基础上，他们甚至否定英诺森四世是法人拟制说的首创者，在他们看来，现代学者对英诺森四世团体人格观念的研究完全是拟制说的误用。*See* Manuel J. Rodriguez，Innocent IV and the Element of Fiction in Juristic Personalities，22 *Jurist* 287（1962）.

121 Walter Ullmann，Juristic Obstacles to the Emergence of the Concept of the State in the Middle Ages，*Annali di Storia del Diritto*，12（1968），pp. 43—64.

122 Political Thought of Baldus，pp. 209—221. Ernst Kantorowicz，*The King’s Two Bodies：A Study in Mediaeval Political Theology*，Princeton ：Princeton University Press，1957，pp. 397—401，pp. 437—439. J.A.Wahl，Immortality and Inalienability：Baldus de Ubaldis，*Mediaeval Studies*，32（1970），pp. 308—328.

（三）层级主权观

由于评注法学派对于城市独立性的论证完全在合法性-事实性的框架中进行，他们对于帝国内部多重主体的处理，引申出一种关于主权政治的等级结构。二者能够共存，首先因为它们政治权威的正当性来源不同，帝国的正当性是神圣的、法权意义上的，而城市的独立性是此世的、政治事实意义上的，二者并不冲突。其次还因为城市、王国、帝国按照自己的领土大小，被安置在一个层级结构中，在其中，每一级的政治单位都有其相对应的政治形式，从共和、诸侯到皇帝，并自主地支配其内部事务，但又在法权上共同地服从其上一级更大的支配单位，一直到作为最大的普遍性的帝国，由此实现一个多中心的人民的自主权和皇帝、教权的普遍权力的共存：[123]

> 在顶层是皇帝在世俗事务中的普遍法律（*de iure*）主权，除此之外的所有其他主权在实质上都是事实性的（*de facto*）（教皇在自己土地上的权力除外）。在这之下是主权国王，他们在皇帝的直接统治之外，但在广义的作为基督教王国的帝国的含义之中。再往下是城市和意大利僭主（*signori*），享有相当于主权的事实独立地位。和此相当的是其他一些僭主，他们本身不是主权者，但享有合法让予的主权权力，并在这个意义上附属于他们的上级。[124]

四、管辖权与帝国的名义统一

通过将皇帝的头衔嫁接到地方王国和城市之上，评注法学家们肯定了这些政治单位的事实主权地位，这意味着这些政治单元也可以主张《民法大全》所记载的皇帝所享有的权力。与此同时，由于罗马法帝国品质的限制，一个内在于《民法大全》文本的法律阐释又不得不肯定罗马帝国在法权上的连续性，这意味着帝国普遍性的权力必须得到捍卫。但问题是，如果象征主权权力的治权和能够掌控治权的皇帝的头衔都已经被扩大适用，欧洲就只剩下一个列国并存的国际政治，哪里还有表征帝国一统的皇帝权力？帝国的统一，需要法和权力的确保，因此就需要从《民法大全》中探索新的概念，结合中世纪分散多元的

---

123 Floriano Jonas Cesar，Popular Autonomy and Imperial Power in Bartolus of Saxoferrato：An Intrinsic Connection，Journal of the *History of Ideas*，Vol. 65，No. 3，2004，p. 379.

124 Joseph Canning，Ideas of Power in the Late Middle Ages，1296—1417，Cambridge：Cambridge Universtiy Press，2011，p. 148；Joseph Canning，*The Political Thought of Baldus de Ubaldis*，Cambridge：Cambridge University Press，1987，p. 65.

封建社会背景，发展细致复杂的分类体系，来解释帝国权力和王国、城市权力交叉、并存但又兼容的状况。

法学家最终从管辖权（*iurisdictio*）[125]和治权的倒置中获得线索。这种建构获得了《民法大全》文本的支持。由于《民法大全》公法概念和词汇的贫乏，罗马法学家并没有留下任何关于公法的一般理论，对于国家权力的讨论更是零星琐碎。而《民法大全》中关于权力的记载，要么内容模糊不明确，要么就局限在对司法问题的讨论中，不适合一般的公法理论。就其公法指向而言，《民法大全》中比较明确的地方就是王权法条款（D.1.1.9）中指明罗马人民将治权（*imperium*）[126]和权力（*potestas*）转让给了皇帝，但关于这些权力具体何指，却很有争议。另外一个有关公法的词汇是 *maius imperium*，它在词源上表示一个较高等级的权力，以区别于较低等级权力（*minus*），这种用法可能与法西斯数量有关系，通过其数量来衡量和区分官员的级别。[127]具体又可分为两种使用语境，一种是在共和时期指上下级长官区别自己权力层级的用语，尤其是执政官和低级官员，一种是苏拉、恺撒作为独裁官时期主张自己非常权力的用语，[128]前者是一种蛰伏的权能，以解决不同级别相互接触时可能产生的权限冲突，后者是独裁官为了密切控制下级官员活动而创设的例外权限。[129]这种治权的等级，在《民法大全》中体现为不同级别长官之间的权限关系（D.4.8.3.3，D.4.8.4），以及行省总督和皇帝的权限关系（D.1.16.8[130]，D.1.17.1，D.1.18.3，D.1.18.4，D.1.18.17）。[131]

在这些有限的公法描述之外，治权和管辖在《民法大全》中主要作为司法用语，用于描述对刑事犯罪行为或者其他民事行为具有较强强制性的惩罚。二

---

125 *iurisdictio* 在中世纪的使用很复杂，它既可以指代一般的司法含义，但也会被等同于治权（*imperium*）、权力（*potestas*）或者所有权（*dominium*），具体可参见 Francesco Maiolo，*Medieval Sovereignty: Marsilius of Padua and Bartolus of Saxoferrato*，Eburon Delft，2007，pp. 141—160。本文将其翻译为“管辖权”，意在表达一种宽泛的权限含义。

126 *imperium* 在《学说汇纂》中的使用，*see* John Robertson，The Meaning of Imperium in the Last Century BC and the First AD，in the *Roman Foundations of the Law of Nations: Alberico Gentili and the Justice of Empire*，ed. by Benedict Kingsbury & Benjamin Straumann，Oxford ：Oxford University Press，2010，p. 29.

127 E.S.Staveley，The Fasces and Imperium Maius，*Historia: Zeitschrift für Alte Geschichte*，Bd. 12，H. 4，1963，pp. 458—484.在这里，法西斯是古罗马执政官的卫兵所携带的斧头，其数量代表着执政官的级别。

128 Victor Ehrenberg，Imperium Maius in the Roman Republic，*The American Journal of Philology*，Vol. 74，No. 2，1953，p. 132.

129 Hugh Last，Imperium Maius：A Note，*The Journal of Roman Studies*，Vol. 37，Parts 1 and 2，1947，p. 162.

130 Proconsul 在自己的行省较之其他所有人有较大的治权，除了皇帝。 D.1.18.4 和其类似。

131 D. Johnston，The General Influence of Roman Institutions of State and Public Law，in D.L. Carey Miller & R. Zimmermann，ed.，*The Civilian Tradition and Scots Law. Aberdeen Quincentenary Essays*，Duncker & Humblot，1997，p.94.

者之间有个包含关系，治权是个种概念，管辖是个属概念，[132]“治权要么是纯粹的，要么是混合的。纯粹治权是为惩罚犯罪人的目的而用剑的权力，因此被称为权力。混合治权指管辖，具体指授予财产占有权。管辖也指任命法官的自由”。[133]根据这一分类，管辖包含一部分治权，因而有一定强制性，但不包括纯粹治权，尤其是死刑权。[134]在这个层级之下，管辖主要指私法和诉讼上的权力，“说法/宣布正义的职权非常宽泛：他能授予或者设立物品占有，为没有监护人的未成年人指定监护人，为诉讼人指定法官”[135]。管辖权在实际行使中区分两种情形，一种是法律规定的管辖权，一种是长官权力自带的管辖权，前者不能再转让，后者可以被转让或代理。[136]这种代理行为遵循民法关于代理的一般原则，比如代理可以收回[137]、被代理人必须以代理人名义进行活动[138]、不能再次代理[139]等。

如果法学家支持帝国一统和皇帝权力，那么这些有限的词汇已经足够应付，只需要将具有较强支配强制力的纯粹治权界定为皇帝专属的权力即可。但对于大多数注释法学家和评注法学家而言，各个地方政治单位事实上的独立和自治意味着治权已经不可阻挡地分化了，在这种背景下，肯定他们事实上对支配和强制权力的享有，并将其容纳在帝国一统的法权之下，就需要进行概念的创新。开创性的工作是由阿佐作出的，通过颠倒管辖权和治权的关系，将管辖权上升为一个种概念，而治权变为一个次生的属概念，阿佐确立了法学解释的一个新样式。由于管辖权“结合了正当的概念（来自它的词源 *ius*）和强制力（源自罗马法的定义），这个词从未丢失它原初指代一个司法长官解决法律争议的有限含

---

132 Clifford Ando，*Law，Language，and Empire in the Roman Tradition*，Pennsylvania：University of Pennsylvania Press，2011，p.101.

133 D.2.1.3：*Imperium aut merum aut mixtum est. merum est imperium habere gladii potestatem ad animadvertendum facinorosos homines，quod etiam potestas appellatur. mixtum est imperium，cui etiam iurisdictio inest，quod in danda bonorum possessione consistit. iurisdictio est etiam iudicis dandi licentia.*

134 D.1.21.5.1，“看起来，代理给私人的管辖权也是治权，但它不包括纯粹治权，因为没有不包括适度强制的管辖权”。D.1.21.1.1，“因为虽然根据习俗，管辖权能被转让，但法律赋予的纯粹治权不能被转让”。

135 D.2.1.1.

136 D.1.21.1，“任何由法律或元老院法令或皇帝敕令特别授予的，由于管辖已经被代理，它们不能被转让；而那些凭借长官权力获得的，能够被代理”。D.2.1.5，“根据习俗，他只能转让凭其自身权利享有的管辖权，而不是别人的恩惠”。

137 D.1.16.6.1，“正如 Proconsul 有裁量权授予或者不授予管辖，它也有权收回所代理的管辖权，但它需要事先咨询皇帝”。

138 D.1.21.1.1，“那个接受了被代理的管辖权的人，没有任何自己的东西，而必须行使代理人的管辖权”。D.2.1.16，“Praetor 经常授予管辖权，或者是全部，或者是部分，被授予管辖权的人以授权者的名义，而不是自己的名义行使管辖权”。

139 D.1.21.5，“显而易见的是，任何人都不能将自己代理的管辖权再代理给另一个人”。

义，但也同时获得了一般意义上更宽泛的统治权的含义”[140]，故而尤其适合于作为一个一般性的权限概念。故此，阿佐将管辖权定义为“由于宣布何为正当和确立公正的必要而引入的公共权力”。它之后被阿库修斯确立为标准定义。[141]

在此基础上，阿佐发展了有关管辖权的层级体系和分类方法。在他看来，由于王权法，罗马人民的权力转让给皇帝，因此皇帝享有排他的最充分的管辖（*plenissima iurisdictio*），而所有其他的长官享有不完全的管辖权（*minus plena iurisdicito*），[142]双方彼此独立，但存在层级，国王、诸侯、市政府首脑和其他地方官员拥有独立的管辖权和治权，它们不是来自皇帝，“在量上不如皇帝的管辖权和治权大”。[143]而为了解释中世纪权力分散的政治情势，阿佐在将管辖权确立为一个种概念之后，又结合《民法大全》的文本，将它分为四个等级，分别为纯粹治权、混合治权、适当强制、作为属的管辖权（*Iurisdictio Simplex*）。如此一来：

> 管辖权变得比治权/帝国更为根本。它是所有公共权力结合的种属实质。相比之下，治权/帝国失去了其作为唯一和原初的命令权的最高位置，变成了一种附属于管辖权的执行权力。它所曾有的凌驾于管辖之上的无条件性被稀释了：所有的公共权力现在都被纳入法律之下。要求服从的权力仅仅是其中的一个，古罗马将军和长官所称的无条件的命令治权在其中没有位置。[144]

在这之后的法学家群体沿袭了阿佐的区分意识，他们出于更科学合理的分类考虑，又发展出多种区分方法，[145]从而发展出与中世纪封建社会相对应的丰富的管辖权理论。在这些成果积累下，巴托鲁斯最终结合管辖权和所有权（*dominium*）概念，将财产权利和统治权利相等同，对某块领地具有财产权利，也就意味着对它有统治权利，发展出最富中世纪精神的解释体系。巴托鲁斯承认皇帝的普遍管辖和他作为“普世之主”拥有的所有权，但借用类似的方法，他通过对皇帝普遍权力的名义承认，而实际上抽空了其实质和内涵。确实无疑，皇帝是最大的领主，但他所拥有的是对整体的所有权，而不是对具体事务的所有权，因而他是“普遍/整体的王”（*rex universalis*），而不是“具体/个别”（*reges*

---

140 Brian Tierney，*Religion，Law，and the Growth of Constitutional Thought*，1150—1650，Cambridge：Cambridge University Press，1982，p. 31.

141 ibid.，p. 31.

142 Perrin，Azo，Roman Law and Sovereign European States，*Studia Gratiana*，15（1972），p. 93.

143 〔美〕哈罗德·J.伯尔曼：《法律与革命：西方法律传统的形成》（第一卷），贺卫方等译，北京：法律出版社 2008 年版，第 286 页。

144 Constantin Fasolt，*The Limits of History*，Chicago：The University of Chicago Press，2004，pp. 183—184.

145 Vallejo，Power Hierarchies in Medieval Juridical Thought. An Essay in Reinterpretation，*Ius Commune* 19，pp. 8—10.

particulares）的王。[146]"皇帝被称为（*dominus mundi*）普世之主的原因和他对世界内的任何特地事务的所有权没有关系，而是因为只有他能对那个被视为一个统一整体的世界拥有所有权。这种所有权是内在于皇帝的人身的"[147]。而确保这种普遍管辖和普遍所有权的最终保障在于神，因而皇帝的权力来自于神，不服从他不仅是不正当的，而且是渎神的，"人们应该效忠皇帝，并全心尊重他；因为他是'地上的神'（*Deus in terris*），他的职务是没有终止的，因而他可被称为'永恒的/不朽的'（*sempiternus*），对他的权力有质疑是亵渎神灵，而否认他普世君主（*dominum et monarcham totius orbis*）的地位可能被视为异端"[148]。

在这个前提之下，巴托鲁斯根据中世纪的多元分散的权力格局，对管辖权进行了多层次的划分。在他看来，一般的管辖权（*Jurisdictio in Genere*）指公法界定的权力，它基于分配和确立正义和公正的必要，由一个公共人格引进。它被分为狭义的管辖权（*Iurisdictio Simplex*）和治权（*Imperium*），前者指那些雇佣的司法职务，用于私人效用，后者指高贵的司法职务；它又被区分为纯粹治权（*Merum Imperium*）和混合治权（*Mixtum Imperium*），纯粹治权指公诉的治权，主要用于公共效用，而混合治权则是用于私人效用的治权。狭义的管辖权、纯粹治权和混合治权每一个又都可以分为六个级别（见图1），分别为最高（*Maximum*）、

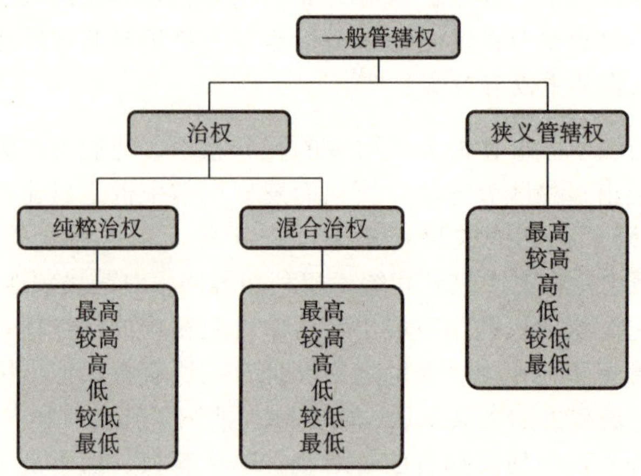

图1　巴托鲁斯的管辖权分层[149]

146 C.N.S. Woolf，*Bartolus of Sassoferrato：His Position in the History of Medieval Political Thought*，Cambridge：Cambridge University Press，1913，p. 24.

147 Constantin Fasolt，*The Limits of History*，Chicago：The University of Chicago Press，2004，p. 192.

148 C.N. S.Woolf，*Bartolus of Sassoferrato：His Position in the History of Medieval Political Thought*，Cambridge：Cambridge University Press，1913，pp. 24—25.

149 此处及上述引文，来自沃尔夫的著作，*see* C.N.S. Woolf，*Bartolus of Sassoferrato：His Position in the History of Medieval Political Thought*，Cambridge：Cambridge University Press，1913，p. 407。

较高（*Majus*）、高（*Magnum*）、低（*Parvum*）、较低（*Minus*）、最低（*Minimum*），每一级分配有特定的职能，其中最高的纯粹治权（*Maximum Merum Imperium*）指立法权，它只能为皇帝或元老享有。通过这一安排，巴托鲁斯默许了各个单独王国和城市对于真实主权的享有，但由于保存了皇帝对普遍世界的所有和管辖权利，巴托鲁斯也承认了大一统的必要性。

五、结　语

本文试图探索12—15世纪意大利法学家结合《民法大全》的文本线索，所发展出来的有关欧洲帝国和王国、城市等政治单位的主权论证方式。《民法大全》在欧洲的重现迅速成为波及整个欧洲的学术事件和政治事件，并迅速促成了注释法学家和神圣罗马帝国皇帝的战略结盟。但一个坚固的法权依赖于一个同样强势的权力，在腓特烈一世之后，帝国权力最终难挡去中心化的颓势，它为各地方王国和城市发展和巩固自己的自治权力提供了可能。结合这一背景，评注法学家试图发展新的权力政治原则。在察觉到有关王权法的讨论不可能为自己的自治权力提供论证之后，他们最终选择自治独立这一政治和法律事实作为新的政治原则的出发点，并基于这种事实上的自治，将地方王国和城市等价于《民法大全》中的皇帝，并将《民法大全》中包含最多强制性的治权默认为这些王国和城市的权力，从而实现了自立为王的政治企图。

但囿于罗马法本身的帝国逻辑，这种理论建构的创新性又充满保守的逻辑。由于《民法大全》的编纂初衷就是重申大一统的帝国政治，它在法权原则上始终坚持对作为大一统载体的皇帝权力的承认。为了协调这一冲突，意大利法学家们将管辖权提升为一般概念，并通过承认皇帝对于作为帝国—世界这种普遍性的保有权力，以及作为权力体现的管辖权的享有最终默认了帝国法权，尽管它已经是一个大而无当的空洞概念。由此，每个政治单位都成为事实上的主权者，凭借其对皇帝头衔的占有而享有最终的强制权力——治权。但与此同时，它们又都按照规模大小排列进一个差异和等级的权力层级，按照部分服从整体的逻辑一直上升到皇帝所代表的最大普遍性，从而阻止了欧洲游弋出大一统帝国法权的边界之外。

这种融合论调，鲜明体现出中世纪法学家对于欧洲大一统的坚守，哪怕这仅仅表现为一个法权的名义。但历史进程表明，欧洲最终没有能够阻挡住帝国秩序向列国政治的分裂，这种趋势甚至在那不勒斯法学家那里就已经表现出来。通过挖掘《民法大全》中的万民法条款，他们从暴力征服中重新寻找王国权力的来源，并通过将罗马法降低为万民法的一种，开启了否定统一帝国法权的先潮。但这种在高度剧烈的政治情势中衍生的理论，最终未能发展为新的王权的普遍原则，它的开启有待一场哲学和法学的思想革命，后世的人文主义法学家将这场革命理解为自己需要承担的历史使命。

Roman Law and the Rise of Sovereign Politics — An Investigation Centered on Medieval Italian Jurists

Kong Yuan

Abstract: As the crystallization of Roman jurisprudence, *Corpus Iuris Civilis* not only laid the principle and system of private law, but also provided the basic vocabulary of public law politics. After the revival of the Roman law in the 12th century, these basic concepts developed as the basic concepts of public law science through the interpretation and commentary of jurists. Based on the misappropriation of the concept of private law, the reinterpretation of the concept of public law and the understanding and observation of the political situation in Europe, the Italian jurist developed the logic of argumentation combining the imperial power of the world and the independent sovereignty of the kingdoms and cities in the Middle Ages. Its unity reflects the affirmation of the universal secular power of the emperor. Its pluralism is manifested in its *de facto* recognition of the multiple political subjects within the empire. The combination of these forms a hierarchical sovereignty in which the emperor remains his universal jurisdiction, while the kingdoms and cities gain their substantial sovereignty. This unique form of sovereignty argument fundamentally contradictes principles of modern international politics and international law because of its adherence to the unification of Europe.

Keywords: Empire; Glossators; Commentators; Imperium; Sovereignty; Nation State

黑格尔国家哲学的伦理阐释——从《精神现象学》到《法哲学》的文献梳理

王　曦

摘　要：在古典哲学的传统中，关于国家的学说，被称为伦理学，这并非人伦关系意义上的伦理学，而是哲学伦理学，也被称为纯粹伦理学。在此，我们尝试以古典哲学传统中的术语来检视黑格尔法哲学的伦理方面，也就是检视其国家哲学，这样做的理由在于，黑格尔也以这样的术语建构其国家学说。由于概念、术语及其系统决定一个学科的清晰度与思维方式，因此思维方式与方法的问题是本研究的重要核心之一。在本研究关于国家概念的这部分中，在文献上，虽然也涉及其早期的一些著作，然而主要关涉《精神现象学》与《法哲学》，前者是黑格尔基本思维方式与方法，后者是其思维方式与方法在法哲学研究的具体呈现。而其思维方式与方法在学术渊源上则主要关涉康德与费希特，特别是关涉康德的道德律令，黑格尔以其不同于古典哲学的辩证法面对他们的伦理哲学（国家哲学），在批判继承其伦理哲学的必要因素的同时，发展出自己具有历史品性的法哲学与国家哲学之思想，亦即精神或绝对精神所决定的历史，也就是说，国家是绝对精神的自我展开。在此，以绝对精神作为国家基本概念的精神现象学，不仅是法哲学的基础理论，而且在法哲学中真正完成了自身的理论体系之建构，这不仅是黑格尔对作为其出发点的康德等思想的反思，而且也是德国古典哲学在方法论与思维质量上的进一步完善；在这个意义上，黑格尔总体的哲学方法论，亦即其辩证法，将事物的辩证导入概念的辩证，将本体的辩证导入本体论的辩证，将历史辩证的方法融入他的整体的本体论、形上学的哲学探究方法中，这本质上也是其研究法哲学与国家哲学的方法，其伦理学与国家政治思想就是这一辩证历史概念的产物，就是这一辩证历史发展概念的产物。黑格尔的这一思想及其方法，极大地影响了其后包括马克思在内的法哲学与实证法思想的走向与发展，甚至纳粹法学思想的诞生与发展也一直引述黑格尔。

关键词：国家哲学；伦理学；道德；意志自由；抽象法

作者简介：王曦（1985— ），华北电力大学法政系讲师，北京大学法学博士，主要研究方向为宪法与行政法、法哲学。

目　次

如果我们检视哲学、法哲学[1]或政治哲学[2]的话，甚至只要翻检相关研究著作的目录，我们会立即看到，在自然法之外，国家自古希腊以来原本就是法学（近现代以来特别是公法）、法哲学之最重要概念，无论是在本体抑或是本体论层面，亦即无论是在现实抑或是在概念层面，国家作为研究对象在法哲学中可谓占据半壁江山，其重要性自不待言。黑格尔作为哲学家、法哲学家，毫无疑问知晓其重要程度，因而他在《精神现象学》与《法哲学》中都以国家为重要研究对象。从方法上来看，在国家问题上，精神现象学关于绝对精神的阐释与分析，可谓是法哲学中国家思维建构的理论基础。在黑格尔看来，国家[3]是绝对精神的自身展开，当绝对精神思考自身时，它将自身作为对象来思考，它将自身作为客体来思考，绝对精神将自身思考为国家，绝对精神展开自身的过程就是国家理念的诞生过程。在精神现象学中，国家是绝对精神思考自身、展开自身的结果；而在法哲学中，拟人化的国家是主体，国家思考法、道德、伦理，国家思考人、家庭、社会及其与国家自身之关系；国家不仅是黑格尔法哲学[4]的核心内涵，而且也是连接精神现象学与法哲学的枢纽概念。

尽管黑格尔的国家哲学在思维方法与出发点上是绝对精神及其展开，然而其哲学伦理学或国家哲学所关注的核心问题毕竟是人及其生活，毕竟是人生命存在的意义，同时这样的问题并非仅仅单一的、孤立的问题，而是一种整体的问题域，这其中包括个体与社会的关系、与国家的关系等等，并且这样的问题域也有其自身的历史。也就是说，自古典以来哲学家、思想家就对这样的问题多有研究，譬如古典哲学家柏拉图、亚里士多德等，他们认为，人的目的在于追求理念、追求幸福（譬如《尼各马可伦理学》所讲的），而黑格尔从绝对精神出发，将绝对精神理解为神性理念、最高的善（至善）甚或终极目的。从方法

1 “关于法哲学与法律理论的区分非常模糊。法哲学更关注内容，而法律理论对形式尤为看重，然而，由于不存在无形式的内容，也不存在无内容的形式，所以，并未廓清二者的界限。法律理论与法哲学有共同之处，它不拘泥于现行的，而是把目光投向‘正确的法’（richtiges Recht），尽管经常是间接的。质言之，法律理论只是在其自立门户的动因上，才与法哲学有别。”参见〔德〕阿图尔·考夫曼、温弗里德·哈斯莫尔：《当代法哲学和法律理论导论》，郑永流译，北京：法律出版社 2013 年版，第 12 页。

2 “有关最崇高事务最细微的知识也要胜过有关琐碎事物的最确定的知识。（托马斯·阿奎那《神学大全》）政治哲学就是以这种方式来理解哲学的一个分支。政治哲学，是用关于政治事务本性的知识取代关于政治事物本性的意见的尝试……政治哲学是一种尝试，旨在真正了解政治事务的本性以及正当的或好的政治秩序。”参见〔美〕施特劳斯：《什么是政治哲学》，李世祥等译，北京：华夏出版社 2016 年版，第 3 页。

3 “自在自为的国家就是伦理性的整体，是自由的现实性；而自由之成为现实性乃是理性的绝对目的。国家是在地上的精神，这种精神在世界上有意识地使自己成为实在，至于在自然界中，精神只是作为它的别物，作为蛰伏精神而获得实现。只有当它现存于意识中而知道自身是实存的对象时，它才是国家。” 参见〔德〕黑格尔：《法哲学原理》，范扬、张企泰译，北京：商务印书馆 2007 年版，第 258 页。

4 “法哲学这一门科学以法的理念，即法的概念及其现实化为对象。” 参见〔德〕黑格尔：《法哲学原理》，范扬、张企泰译，北京：商务印书馆 2007 年版，第 1 页。

上来看，如果在绝对精神的这个意义上回答人与社会、与国家之关系及人生命存在之意义等问题，则在法哲学与国家政治哲学中未免将国家与绝对精神等同起来，未免将国家与国家律法视为一种绝对诉求的主体，视为一种享有绝对诉求的主体（这对第三帝国的法学具有重大影响）；黑格尔将其哲学联络在康德、费希特与谢林等德国古典哲学的整体系统中，并且在这样卓越的哲学系统中独具观点之立场、思维之质量、历史之价值。

一、哲学伦理学（或国家概念）中的道德与伦理

从术语上来看，对于我们的研究而言，在黑格尔的《精神现象学》与《法哲学》中，与国家概念相关联而经常出现的术语是 Moral（道德）、Sittlichkeit（伦理），有时也用 Ethik 表述伦理。道德升华为伦理，而国家则是伦理的最高氛围。[5]

黑格尔的哲学伦理学或伦理哲学[6]有其独特的方式与品性，如同前文所提及的，其辩证历史之思维方法，在渊源上挂靠康德、费希特等德意志古典哲学观念论，在流长上开启马克思等历史唯物主义与辩证唯物主义，然而尽管如此，却在思维原则与理论出发点上与之各不相同。为了能够更好地理解黑格尔整体的法哲学与国家学说，应当有必要首先厘清其伦理哲学框架中的若干相关的基本概念之内涵与基本思想之主旨。

黑格尔的道德概念与其法概念密切关联，黑格尔并非仅仅在通常的意义上适用法概念，或曰法[7]在黑格尔哲学中具有特殊之含义。在黑格尔的理解中，法首先并非法律条文等，法首先是自由意志的当下此在，在这个意义上，黑格尔认为，对于法的理解不能仅限于法学中所说的法，而是必须被理解为自由意志

5　“国家是伦理理念的现实——是作为显示出来的、自知的实体性意志的伦理精神，这种伦理精神思考自身和知道自身，并完成一切它所知道的，而且只是完成它所知道的……”参见〔德〕黑格尔：《法哲学原理》，范扬、张企泰译，北京：商务印书馆 2007 年版，第 253 页。

6　“当精神最终直观到它所具有的理性真正作为理性存在着，或者说，当理性在精神之内成为一个现实的理性，成为精神的世界，那么精神就达到了它的真理：它作为精神存在着，它是一个显示的伦理本质……真正意义上的精神，是一个活生生的伦理世界。”参见〔德〕黑格尔：《精神现象学》，先刚译，北京：人民出版社 2013 年版，第 271 页。

7　“法的基地一般说来是精神的东西，它的确定的地位和出发点是意志。意志是自由的，所以自由构成法的实体和规定性。至于法的体系是实现了的自由的王国，是从精神自身产生出来的，作为第二天性的那精神的世界。”参见〔德〕黑格尔：《法哲学原理》，范扬、张企泰译，北京：商务印书馆 2007 年版，第 10 页。

的所有因素的当下此在[8]；在黑格尔的理解中，理性、精神，在辩证的历史过程中、在个体意志的形式中，实现了普遍意志与法的秩序，这意味着凸显出了自由。黑格尔对于法的概念的理解，不同于18世纪法学理论对于法的理解，特别是不同于康德的批判哲学对于法的理解。康德的道德律令在法学领域能够被转写为："这样去做，以至于你的自由与他人的自由能够共同存在。"在黑格尔看来，这样的自由未免成为某种个体的意志自由甚或个体的任性，这在法国大革命的雅各宾派专政中暴露无遗[9]，因而这样的自由概念必须在法学理论中被审视，如此，概念内涵方能得到恰当的展开。

在这种整体的事实背景与学术渊源中，黑格尔的法概念以三重步骤逐步展开自身，亦即从抽象法[10]、道德（Moralitaet）[11]以及伦理（Sittlichkeit）[12]发展开来，这一发展过程在方法上呈现为被辩证法的范畴所限定的从抽象到具体的过程，这也赋予其哲学伦理学的特殊性，亦即法学的特殊性，由此我们也能理解，为什么黑格尔并未专门著述伦理学的理由了：从黑格尔的法概念[13]的理解出发，

---

8 就此请参见G. W. F. Hegel："...nicht nur als das beschränkte juristische Recht，sondern als das Dasein aller Bestimmungen der Freiheit..."（"……并非仅仅作为被限定的法学的法，而是作为自由的所有限定的当下此在……"）Die Philosophie des Geistes. Stuttgart 1929. S. 383.

9 "我从我在自身中所发见或设定的每一个规定中能抽象出来的这种绝对可能性，即我从一切内容中犹之从界限中的越出逃遁。如果意志的自我规定仅限于此，或观念把这一方面本身看作自由而予以坚持，那么这就是否定的自由或理智所了解的自由……当它转向现实应用的时候，它在政治和宗教方面的形态就变为破坏一切现存秩序的狂热，变为对某种秩序有嫌疑的个人加以铲除，以及对企图重整旗鼓的任何一个组织加以消灭……法国大革命的恐怖就在于此，因为狂热所需求的是抽象的东西，而不是任何有组织的东西，所以一看到差别出现，就感到这些差别违反了自己的无限定性而加以毁灭。因此之故，法国的革命人士把他们自己所建成的制度重新毁灭了，因为每种制度都跟平等这一抽象的自我意识相违背。" 参见〔德〕黑格尔：《法哲学原理》，范扬、张企泰译，北京：商务印书馆2007年版，第13—15页。

10 黑格尔对抽象法的定义："自在自为的自由的意志，当它在抽象概念中的时候，具有直接性的这一规定性。在这一阶段，它是否定的实在性，只是抽象的自我相关的现实性——主体在自身中所具有的个体意志。从意志的特殊性这一环节来看，这种意志另外具有由各个特定目的所构成的内容，而且由于它是排他的单一性，所以这种内容对它说来同时又是外部的、直接在眼前看到的世界。"参见〔德〕黑格尔：《法哲学原理》，范扬、张企泰译，北京：商务印书馆2007年版，第44页。

11 黑格尔对道德的定义："道德的观点是这样一种意见的观点，这种意志不仅是自在地而且是自为地无限的。意志的这种在自身中的反思和它的自为存在的同一性，相反于意志的自在存在和直接性以及意志在这一阶段发展起来的各种规定性，而把人规定为主体。"参见〔德〕黑格尔：《法哲学原理》，范扬、张企泰译，北京：商务印书馆2007年版，第110页。

12 黑格尔对伦理的定义："伦理是自由的理念。它是活的善，这活的善在自我意识中具有它的知识和意志，通过自我意识的行动而达到它的现实性；另一方面自我意识在伦理性的存在中具有它的绝对基础和起推动作用的目的。因此，伦理就是成为现存世界和自我意识本性的那种自由的概念。"参见〔德〕黑格尔：《法哲学原理》，范扬、张企泰译，北京：商务印书馆2007年版，第164页。

13 "法的理念是自由，为了得到真正的理解，必须在法的概念及其定在中来认识法。"参见〔德〕黑格尔：《法哲学原理》，范扬、张企泰译，北京：商务印书馆2007年版，第2页。

我们能够知道，其法哲学涵盖其道德论与伦理学，甚或就是其道德论与伦理学，因而不再需要另写一部伦理学著作，也就是说，伦理学、国家哲学已然融入法哲学之中。当然，如果意图更好地理解黑格尔的道德论与伦理学问题，则不仅仅要研读其法哲学，还应当在其整体的哲学系统中探究这一问题，譬如在其《精神现象学》中。

对于黑格尔言，这个意义上的道德论就是法概念发展的一个阶段，在黑格尔哲学中，道德这一概念表述的是人与人之间法的关系的氛围，这是被意志所标识的，是单个的人的程式上的自由所标识的，是绝对法、抽象法的辩证的提升，所谓道德在此呈现为法的具体而广博的内涵，道德的特殊性在于人的行为的主体领域，是朝向对象的意志的自由，是朝向对象的意志自由的内在存在。在此，单一意志的主体性，还没有和意志概念等同起来，因此其道德的立足点是一种应然的立足点，是一种法的关系的、应然关系的甚或道德命令关系的立足点；在此，个体的主体意志是黑格尔道德论的对象，这样的意志与个体的善行或恶行并无直接关系，道德论是在普遍的立场上考量享有自由意志的主体。[14]同时，对于黑格尔而言，意志的主体性并非在程式上与主体自身等同，而是甚或依赖于客体的（客观的）外在世界；在此，与康德不同的是，在康德看来，道德更多的是被理性的自身立法所决定的概念，而在黑格尔这里，不仅其概念所表述的核心思想在于，道德与一定的社会行为（无论这行为之善恶）相关联，而且相应于黑格尔整体的哲学，其道德概念也是被辩证地否定的，因为在个体意志形式中的普遍意志的发展，达到了客体与主体意志自由的当下此在的统一，也就是说，从道德达到了伦理，换言之并简言之，伦理是主体意志的当下此在与客体所达成的统一。

---

14 Hegel：“Das Moralische ist zunächst nicht schon als das dem Unmoralischen Entgegengesetzte bestimmte，wie das Recht nicht unmittelbar das dem Unrecht Entgegengesetzte，sondern es ist der allgemeine Standpunkt des Moralischen sowohl als des Unmoralischen，der auf der Subjektivität des Willens beruht.”（“道德首先并非作为非道德的对立面而被限定的，如同法并非作为非法的对立面而被限定一样，而是奠基于意志的主体之上的道德的以及非道德的一种普遍的立场。”）Grundlinien der Philosophie des Rechts. Hrsg. von J. Hoffmeister. Berlin 1956. S. 103，§108. 这个版本之所以重要，是因为其中有黑格尔亲自作的边注；仅此说明，下不另注。中文参照〔德〕黑格尔：《法哲学原理》，范扬、张企泰译，北京：商务印书馆 2007 年版，第 112 页。

如同抽象法在道德中被提升一样[15]，道德概念在伦理概念中被提升[16]；这一思想的方法论基础在于黑格尔的主客观辩证法与辩证历史的方法以及绝对精神的自我展开理论，在这样的方法论框架中，存在作为主体实现自身，这其中呈现出康德道德自律的主体、费希特设置自身的主体、黑格尔绝对精神自我展开的并且主客体达于统一的主体。黑格尔从前两者的思想出发而达成其独立之思想，其辩证法并非主体思维的外在行为，而是其思维与行为的真正灵魂性内涵，如同树枝有机地带来果实一样[17]，这呈现出德国古典哲学具有代表性的主体三重理解以及主体论思想一脉相承之发展。

上述阐释与分析关联黑格尔的道德哲学在抽象法、道德以及伦理这三重步骤的展开；在《精神现象学》中，关于伦理、法以及道德的思想是主体关于社会、关于自身在社会中的自我意识的思想，在《法哲学》中则相反，法、道德以及伦理作为主体自我意识的结果而被视为客体精神的限定，并且所有这些作为国家的要素呈现出来。在这个意义上，一方面，黑格尔的道德等并非社会意识的形式以及人的具体生活过程的实践理论，另一方面，在精神现象学中，国家是其自身限定的完整的主体，或曰是自身限定自身的完整的主体，在法哲学中，国家作为自身限定的完整主体，思考法、道德以及伦理这些限定。还有一点，黑格尔的道德概念，似乎更多的是一种精神性的限定，是绝对理念或绝对精神必然展开的结果性因素；黑格尔对于道德的限定，似乎更多地涉及人作为主体的行为关系，肯定自由意志的内在存在与自身法则性，肯定主体的关系。

如同前文提及的，黑格尔的道德概念在其伦理概念中得到提升；从概念上来看，对于黑格尔而言，伦理是自由的现实代表，而这一自由则呈现在国家之

15 从抽象法向道德的过渡：“概念存在着，而且概念的定在与概念相符合，这就是真理。在抽象法中，意志的定在是在外在的东西中，但在下一个阶段，意志的定在，是在意志本身即某种内在的东西中。这就是说，意志对它自身来说必须是主观性，必须以本身为其自己的对象。这种对自身的关系是肯定的，但只有通过自己直接性的扬弃才能达到。这样，在犯罪中，被扬弃了的直接性通过刑罚，即通过否定的否定，而导向肯定——导向道德。”参见〔德〕黑格尔：《法哲学原理》，范扬、张企泰译，北京：商务印书馆 2007 年版，第 109 页。

16 抽象法和道德的片面性，导致从道德向伦理的过渡：“到此为止所考察的两种原则，即抽象的善和良心，到缺少它的对立面，抽象的善消融为完全无力的东西，而可由我加入任何内容，精神的主观性也引起欠缺客观的意义，而同样是缺乏内容的……主观的善和客观的、自在自为地存在的善的统一就是伦理，在伦理中产生了根据概念的调和。其实，如果从主观性方面来看一般意志的形式，那么伦理不仅是主观的形式和意志的自我规定，而且还是以意志的概念即自由为内容的。” 参见〔德〕黑格尔：《法哲学原理》，范扬、张企泰译，北京：商务印书馆 2007 年版，第 162 页。

17 Hegel：“...dann nicht äußeres Tun eines subjektiven Denkens，sondern die eigene Seele des Inhaltes，die organisch ihre Zweige und Früchte hervortreibt.”（“……并非主体思想的外在的行为，而是内涵的自身灵魂，这一灵魂如同枝条一样驱动出果实。”）Grundlinien der Philosophie des Rechts. Hrsg. von J. Hoffmeister. Berlin 1956. S. 47. §32.中文参照〔德〕黑格尔：《法哲学原理》，范扬、张企泰译，北京：商务印书馆 2007 年版，第 39 页。

中，国家是伦理的最高表述（甚或是自由的最高表述）。黑格尔以其伦理概念表述了社会的特殊关注，这样的关注在康德、费希特哲学中也同样得到表述，这样的关注在于回应这样的问题：个体如何和谐地融入公民社会中（这是从个体的角度）？或曰：如何将个体和谐地纳入公民社会中（这是从国家的角度）？

就伦理的本质而言，从本体论的角度来看，黑格尔认为，普遍的意志是伦理的本质，这一普遍意志并非被他者所决定，而是由于自身就是理性的，也就是说无需外在的论证；从目的论的角度来看，作为理性的普遍意志，不仅必定被个体所知晓，而且有一种决定个体的思想、行为等的意图；在法哲学中，这样的伦理理念是通过国家（通过国家概念）而实现自身的，伦理的最高氛围、最高质量是国家[18]，在此，国家意志必须消解矛盾与对立，使得普遍意志得以实现；马克思在《哲学的贫困》中对此给予中肯的评价："……对立面以这样的方式保持平衡，他们保持自身中立，提升自身。"[19] 在黑格尔看来，究竟什么是一个理性的社会甚或究竟什么是一个理性的国家，这并非学术研究、学术论证的任务，甚至并非作为普遍意志的国家的任务，而是国家作为普遍意志在现实中发现，自身就是理性的。在精神现象学中，尽管国家是绝对精神思考自身的结果，以至于国家能够建构一个公民社会，由此国家之重要性不言而喻，然而国家作为伦理所处的最高氛围、作为伦理的最高质量这一思想尚未充分呈现出来，原因在于，黑格尔写作《精神现象学》的时代，正是拿破仑入侵德意志的时期[20]，黑格尔思考的更多的是概念上的以至于期待上的公民国家、公民社会之民主关系；而在《法哲学》的写作时期[21]，黑格尔面临的问题是，某种纯粹的概念（理念），甚或空洞的概念似乎并不能解决德意志的问题（譬如国家统一问题、工业化的问题、公民社会的问题等），因此他才认为，国家是否是理性的，学术的论证并无意义，国家自身就是理性的，这无需论证，这由国家自身就是不言自明的，而重要的是实现统一的德意志国家。换言之，绝对精神（在此就是国家）要将自身实现在一个具体的国家形态中（譬如是现在君主制的国家中），要解决或至少缓和、缓解社会中的各种矛盾，要消解其中各种对立面，用恩格斯的话

18 "自在自为的国家就是伦理性的整体，是自由的现实化；而自由之成为现实乃是理性的绝对目的。国家是在地上的精神，这种精神在世界上有意识地使自己成为实在，至于在自然界中，精神只是作为它的别物，作为蛰伏精神而获得实现。只有当它现存于意识中而知道自身是实存的对象时，它才是国家。" 参见〔德〕黑格尔：《法哲学原理》，范扬、张企泰译，北京：商务印书馆 2007 年版，第 258 页。

19 K. Marx："...auf diese Weise halten sich die Gegensätze die Waage，neutralisieren sie sich，heben sie sich auf." Elend der Philosophie. In：K. Marx，F. Engels，Werke. Berlin 1959. Band 4，S. 129.

20 〔美〕特里・平卡德：《黑格尔传》，朱进东、朱天幸译，北京：商务印书馆 2015 年版，第 217—286 页。

21 〔美〕特里・平卡德：《黑格尔传》，朱进东、朱天幸译，北京：商务印书馆 2015 年版，第 505—534 页。

说，甚至要坚定地向国民保证这一点[22]。引起黑格尔对国家的理解从精神现象学到法哲学的转变的重要因素就在于此，换言之，在于历史境况的改变。

黑格尔在这样的具体的历史境况中展示了他的国家概念的辩证的发展，在他的哲学、法哲学系统中，相较于其他自然法哲学家而言，自然法被较少谈及，他的法哲学以至于国家概念涵盖抽象法、道德以及伦理，这其中又纳入家庭、社会等概念，或者说，涵盖抽象法、道德以及伦理的国家哲学就是他的法哲学。其形式结构之理念化、其内涵元素之现实性，臻于化境，这是黑格尔法哲学或国家哲学迥异他人之处，其法哲学或国家哲学的独特标志就是从抽象到具体的提升、从理念到现实的提升，在他看来："概念一开始是抽象的，这意味着，尽管所有限定因素都被包含在其中，然而也仅仅是被包含在其中而已：它们只是自身而已，尚未在自身之中发展为整体。"[23]也就是说，在精神现象学中具有抽象限定的抽象的法概念，在法哲学中就呈现为道德概念以至于伦理概念内涵的具体表述，抽象法与道德的整体就是伦理（注意：伦理的最高氛围是国家），在伦理概念中抽象法与道德发展为一个整体（Totalität），融汇在国家概念之中；在这个意义上，伦理的氛围就是国家，国家在伦理的氛围中就是家庭与公民社会的整体。在此仍需强调的是，对于黑格尔而言，理念（或概念）是一个方面，而现实则是另一个方面[24]，现实相对于概念而言是一个他者，是一个他者的存在，现实是概念的他者的存在，也就是说，从抽象到具体的提升过程中的理论的思考，必须找到一种途径，以实现从抽象法到伦理（亦即国家）的这一系统思维。从抽象到具体的提升，就是具体自身的诞生过程，所谓提升，也是观念主体（概念主体）作为客体性的现实实现自身存在的出发点，譬如国家能够被理解为绝对精神的具体实现，是绝对精神在伦理中的客体性的现实存在；在此，所谓具体是诸多因素的集合，并且并非是简单地纠集在一起，而是一种具有内在联系的珠联璧合，也就是说，是一种多样的统一，在黑格尔法哲学的理解中，国家

---

22 F. Engels："...daß die absolute Idee sich verwirklichen soll in derjenigen ständischen Monarchie，die Friedrich Wilhelm Ⅲ. seinen Untertanen so hartnäckig vergebens versprach."（"……绝对理念应当将自身实现在那一弗里德里·希威廉三世向他的臣民所徒劳保证的恒久的君主制中。"）Ludwig Feuerbach und der Ausgang der klassischen deutschen Philosophie. In：K. Marx，F. Engels，Werke. Berlin 1962，Band 21，S，269.

23 Hegel："Am Anfang ist der Begriff aber abstrakt，d. h. alle Bestimmungen sind zwar in ihm enthalten，aber auch nur enthalten：sie sind nur an sich und noch nicht zur Totalität in sich selbst entwickelt." Grundlinien der Philosophie des Rechts. Hrsg. von J. Hoffmeister. Berlin 1956. S. 48.

24 "概念和它的实在是两个方面，像灵魂和肉体那样，有区别而又合一的。灵魂与肉体属于同一个生命，可以说，两者是各自存在着的。没有肉体的灵魂不是活的，倒过来说也是一样。所以概念的定在就是概念的肉体，并且跟肉体一样，听命于创造它的灵魂……定在与概念、肉体与灵魂的统一便是理念。理念不仅仅是和谐，而且是它们彻底的相互渗透……法的理念是自由，为了得到真正的理解，必须在法的概念及其定在中来认识。" 参见〔德〕黑格尔：《法哲学原理》，范扬、张企泰译，北京：商务印书馆2007年版，第1—2页。

不再是抽象的理念，而是伦理自身，是某种具体的状态（譬如君主制等），是具有内在联系的多种元素的有机统一整体。伦理在此并非是任何一个任意的个体意志的结果，而是诸多个体之间关系的系统，这样的系统呈现为建构国家的普遍意志，换言之，这样的普遍意志将概念的国家实现为现实的国家[25]。黑格尔的伦理学说（其实就是国家学说）也呈现为一种责任或义务学说，人在其实现责任或义务的行为中是完全自由的，以至于这样的自由是本体的自由，正如他在《法哲学原理》中所说的："一个内在的并且是可追随的义务学说不能是别的什么，而是各种关系的发展，这些关系借着自由理念而是必然的，并且由此而的确全部包含在国家之中。"[26]

（一）从康德道德律令出发的意志自由概念

意志自由是黑格尔法哲学亦即国家哲学或伦理学的基础概念[27]；换言之，从概念上来看，伦理行为最本质的标志就是自由，人以其意志知道、意识到自己是自由的，由此而有意识地、自觉地在若干可能性中作出抉择，并且将被决定的可能性付诸实施。在黑格尔看来，人并非依赖他者，而是必须自己在许多可能性之间作出选择，并且自己在其意志自由中如此这般或如此那般去行为（亦即将其选择付诸实施），这不仅是意志自由，而且也是伦理自由。

黑格尔拒绝康德的自由概念，他的自由概念的发展也恰恰是从这样的拒绝开始的。如同本研究在前面康德道德律令的部分所阐释与分析的，在意志自由的问题上，康德哲学的基础是理论理性与实践理性的分离，自由概念呈现在康德的道德律令中，康德将自由意志理解为不依赖于经验条件而被法的形式所决定，并且这一决定的基础被视为所有道德律令中最终的限定。在康德看来，意志自由是实践理性的诉求，甚至是实践理性的公设（Postulat），在这个意义上，意志自由的现实存在，既无法被证明，亦无法被驳论。黑格尔则拒绝纯粹理性与实践理性的分离以及人的认知与行为的分离，在他看来，意志与思维是统一的，人的认知就是具有自我意识的人的主体的行为，人的认知并非具有自我意

25 "国家的理念具有：（一）直接现实性，它是作为内部关系中的机体来说的个别国家——国家制度或国家法；（二）它推移到个别国家对其他国家的关系——国际法；（三）它是普遍理念，是作为类和作为对抗个别国家的绝对权力——这是精神，它是世界历史的过程中给自己以它的现实性。"参见〔德〕黑格尔：《法哲学原理》，范扬、张企泰译，北京：商务印书馆 2007 年版，第 259 页。

26 Hegel："Eine imanente und konsequente Pflichtlehre kann aber nichts anderes sein als die Entwicklung der Verhältnisse, die durch die Idee der Freiheit notwendig, und daher wirklich in ihrem ganzen Umfang, im Staat sind." Grundlinien der Philosophie des Rechts. Hrsg. von J. Hoffmeister. Berlin 1956. S. 144. §148.中文参照〔德〕黑格尔：《法哲学原理》，范扬、张企泰译，北京：商务印书馆 2007 年版，第 167 页。

27 "意志自由的这一命题以及意志和自由的性质，只有在与整体的联系中才能演绎出来。" 参见〔德〕黑格尔：《法哲学原理》，范扬、张企泰译，北京：商务印书馆 2007 年版，第 11 页。

识的主体对于外在世界被动而机械的反应与反映以及理会与理解，在我们的论题的意义上，黑格尔从其基础的哲学亦即精神现象学出发，将人的认知的行为品性置于绝对精神的自我认知过程亦即历史发展过程中来理解，而在法哲学中，他则概括了思维与意志的关系，他认为："思维与意志之间的区别仅仅在于理论的与实践的行为的区别而已，然而这并非两种不同的能力，而是意志是思维的一种特殊形式：将思维摆渡到此在之中，将其作为驱动力赋予给此在。"[28]黑格尔关于思维与意志之辩证关系的理解，不仅是他批判康德、费希特道德哲学的方法论基础，而且同时也是他理解意志自由的方法论基础。在黑格尔看来，意志自由自身就既是自由的，又是不自由的，当意志被确定了真实的内涵时，它才是真实的自由的[29]；而由自身就是自由的意志，自由在其中尚未涌现出来，这是自然的意志（自然本性的意志），其内涵被一种外在的必然性所限定、所规限，自然的意志就是这样将自身表述在、呈现在这一限定其内涵的外在必然性中，而这一外在的必然性通过追求自然欲求（自然本性欲求、自然本能）的满足而表现出来，在这个意义上，也就是说，由于自然意志在内涵与形式上被自然欲求所规限、所限定，因而对于黑格尔而言，自然意志就是非自由的。在精神现象学的思维中，自然意志作为由自身就是自由的，仅仅是一种自由的可能性，当绝对精神（绝对理念）在现实中展开其现实存在时，这样的可能性才产生；而在法哲学的思维中，黑格尔则认为："孩子由自身就是人，自身就具有理性，是理性与自由的可能性，是仅仅根据概念是自由的。但凡由自身所是的，还并非在其现实中之所是。自身就是理性的人，必须通过他自身的努力进步、通过超出自身的出走、然而也同样通过在自身中的涵养而彻底脱胎换骨，以使得他也成为了自身的。"[30]

---

28 Hegel："Der Unterschied zwischen Denken und Willen ist nur der zwischen dem theoretischen und praktischen Verhalten，aber es sind nicht etwa zwei Vermögen，sondern der Wille ist eine besondere Weise des Denkens：das Denken als sich übersetzend ins Dasein，als Trieb，sich Dasein zu geben." Grundlinien der Philosophie des Rechts. Leipzig 1930. S. 285 f.中文参照〔德〕黑格尔：《法哲学原理》，范扬、张企泰译，北京：商务印书馆 2007 年版，第 12 页。

29 "关于意志的自由，最好通过同物理的自然界的比较，加以说明。可以说，自由是意志的根本规定，正如重量是物体的根本规定一样……重量构成物体，而且就是物体。说到自由和意志也是一样，因为自由的东西，就是意志。意志而没有自由，只是一句空话；同时，自由只有作为意志，作为主体，才是现实的。" 参见〔德〕黑格尔：《法哲学原理》，范扬、张企泰译，北京：商务印书馆 2007 年版，第 11 页。

30 Hegel："Das Kind ist an sich Mensch，hat erst an sich Vernunft，ist erst Möglichkeit der Vernunft und der Freiheit，und ist nur so dem Begriff nach frei. Was nun so erst an sich ist，ist nicht in seiner Wirklichkeit. Der Mensch，der an sich vernünftig ist，muß sich durch die Produktion seiner selbst durcharbeiten durch das Herausgehen außer sich，aber ebenso durch das Hineinbilden in sich，daß er auch für sich werde." Grundlinien der Philosophie des Rechts. Leipzig 1930. S. 290.中文参照〔德〕黑格尔：《法哲学原理》，范扬、张企泰译，北京：商务印书馆 2007 年版，第 22 页。

黑格尔在其历史辩证发展中理解其自由原则[31]，他在其历史哲学的著作中说："世界历史是在自由意识中的进步，我们必须认知到这一进步的必然性。"[32]在此、如同在精神现象学中一样（特别是在关于统治与奴役的部分），在自由意识中的进步是一种通过人的行为而来的辩证而充满矛盾的过程；这样的自由并非一种任意、并非一种任意妄为[33]，任意是仅仅为了自身而存在的意志，这样的意志仅仅出于行为主体的立场而阐释自由。黑格尔认为，完全不依赖于任何外在与内在影响或规限的自由，一旦左右人的意志，人则能够做其想做的事情，这样的自由就等同于任意，因为在现实中，自由被内在与外在的因素所决定。就此他说："人对于自由的通常的想象，是一种任意，一种意志仅仅是被自然的驱动所决定的，一种是由自身并且为了自身的意志，反思的核心就在这两者之间。如果人听到说，自由就是人想做什么就能够做什么，这样的想象只能被认为是思想训练的匮乏，这样的想象对于究竟什么是自由意志、法、伦理等一无所知。"[34] 在法哲学与国家哲学的意义上，黑格尔在此强调的是，将意志自由与任意等同起来，必然导致人给出决定论的法律。这样说的理由在于，黑格尔认为，在康德的道德哲学中的意志尽管其形式上的自主性以及选择上的自由，然而仍然是不自由的，因为这样的意志总是被某种特殊的、偶然的内涵所决定。[35]

由此可见，黑格尔将任意视为形式与内容的非辩证对应关系的结果，他认为："任意更多的是作为对立面取代意志而在真理中存在。"[36]在精神现象学中，

31　黑格尔分三个环节阐释自由的具体概念："自我本身首先是纯活动，是守在自己身边的普遍物。但是这个普遍物规定着自己，在这种情况下，它不再守在自己身边而是把自己规定为他物，从而丧失其普遍物。至于第三个环节，是自由的具体概念，至于前两个环节始终是抽象的并且是片面的……所以自由既不存在于无规定性中，也不存在于规定性中，自由同时是它们两者。"参见〔德〕黑格尔：《法哲学原理》，范扬、张企泰译，北京：商务印书馆 2007 年版，第 19 页。

32　Hegel："Die Weltgeschichte ist der Fortschritt im Bewußtsein der Freiheit，ein Fortschritt，den wir in seiner Notwendigkeit zu erkennen haben."　Vorlesungen über die Philosophie der Geschichte. Hrsg. von F. Brunstädt. Leipzig 1907. S. 53.

33　"自由是希求某种被规定的东西，但却在这样一种规定性中：既守在自身身边，而又重新返回到普遍物。"参见〔德〕黑格尔：《法哲学原理》，范扬、张企泰译，北京：商务印书馆 2007 年版，第 19 页。

34　Hegel："Der gewöhnliche Vorstellung，die man bei der Freiheit hat，ist die der Willkür，die Mitte der Reflexion zwischen dem Willen als bloß durch die natürlichen Triebe bestimmt und dem an und für sich freien Willen. Wenn man sagen hört，die Freiheit überhaupt sei dies，daß man tun könne，was man wolle，so kann solche Vorstellung nur für gänzlichen Mangel an Bildung des Gedankens genommen werden，in welcher sich von dem，was der an und für sich freie Wille，Recht，Sittlichkeit usf. ist，noch keine Ahnung findet."　Grundlinien der Philosophie des Rechts. Hrsg. von J. Hoffmeiser. Berlin 1956. S. 37. §15.中文参照〔德〕黑格尔：《法哲学原理》，范扬、张企泰译，北京：商务印书馆 2007 年版，第 26 页。

35　Hegel，Grundlinien der Philosophie des Rechts. Hrsg. von J. Hoffmeiser. Berlin 1956. S. 38.

36　Hegel："Die Willkür ist statt der Wille in seiner Wahrheit zu sein，vielmehr als der Widerspruch."　Grundlinien der Philosophie des Rechts. Hrsg. von J. Hoffmeiser. Berlin 1956. S. 38.

黑格尔提示了道德律令的抽象性："那种直接的立法是暴君式的罪恶，这样的罪恶将任意做成法律，将伦理做成面对任意时的服从。"[37]在黑格尔看来，仅仅为自身存在的意志就是任意[38]，而自由则是真实的必然，自由的现实性是具有意识的理性，这样的理性是意志的目的，并且并非是无意识的、而是主动而有意识的目的；自由是主动意识到被去敝了的必然性（借用现象学的术语），也就是主动意识到彰显的必然性，他说："真实的自由作为伦理是这样的，意志并非主体的，主体是自恋的，而是具有普遍目的作为内涵；这样的统一性是在思维中的，并且只是借着思维而在其中。"[39]在这个意义上，伦理的人知道、意识到其行为内涵的必然性，因而并非太过痛苦于他的自由的中断，以至于他更多地通过这样的知道与意识而达到现实而充满内涵的自由，与任意不同的是，任意在此被视为内涵空洞的可能性的自由而已。黑格尔在此拒绝的是自由与必然的认为的机械的分离或对立，强调的是两者的辩证关联，自由在此意味着被认知的必然，当人认知到自然的律法（自然法）与社会的律法（实证法）并且相应于它们而行事的时候，人就是自由的，这自由就是认知了必然性的自由，就是理解了必然性的自由[40]；当必然性未被认知时，自由是盲目的，自由并非立于自然法则之外，而是对这些法则的认知，对其中所蕴含的可能性的认知，对其中所蕴含的目的的认知；在这个意义上，意志自由意味着一种能力、一种以认知作出决定的能力。由此，意志自由意味着有责任意识的、相应于认知内涵的去决定所给出的必然性，并且将其中所含有的可能性通过行为而付诸实现[41]；真正的自由并非奠基在主体的任意之中，而是奠基在自愿的与必然的联系之中。当恰当的、

---

37 Hegel:"Jenes unmittelbare Gesetzgeben ist also der tynannischen Frevel, der die Willkür zum Gesetz macht und die Sittlichkeit zu einem Gehorsam gegen sie." Phänomenologie des Geistes. Hrsg. von J. Hoffmeister. Berlin 1964. S. 309.

38 黑格尔对任性及其任性中的矛盾的定义是："指内容并通过我的意志的本性而是通过偶然性而被规定为我的，因此我也就依赖这个内容，这就是任性中所包含的矛盾。通常的人，当他可以为所欲为时就信以为自己是自由的，但他的不自由恰好就在任性中。当我希求理性的东西时，我不是作为特异的个人，而是依据一般的伦理概念而行动的。"参见〔德〕黑格尔：《法哲学原理》，范扬、张企泰译，北京：商务印书馆2007年版，第27页。

39 Hegel: "Die wahre Freiheit ist als Sittlichkeit dies, daß der Wille nicht subjective, das ist eigensüchtige, sondern allgemeine Zwecke zum Inhalt hat; solche Identität ist im Denken und nur durch das Denken." Enzyklopädie der philosophischen Wissenschaften. Hrsg. von Friedhelm Nicolin und Otto Pöggeler, Berlin 1966. S. 380.

40 "意志只有作为能思辨的理智才是真实的、自由的意志……通过思辨，把自己作为本质来把握，从而使自己摆脱偶然而不真的东西这种自我意识，就构成法、道德和一切伦理的原则。"参见〔德〕黑格尔：《法哲学原理》，范扬、张企泰译，北京：商务印书馆2007年版，第31页。

41 关于真实的意志，黑格尔说："哲学上的真理，使概念和实在相适合……所以当意志所希求的东西，即它的内容，与它是同一的，就是说，当自由希求自由时，只有这时意志才是真实的自由。"参见〔德〕黑格尔：《法哲学原理》，范扬、张企泰译，北京：商务印书馆2007年版，第32页。

正确的认知与行为（活动）统一起来时[42]，人才享有伦理的自由，这样的自由是如此之巨大，以至于人将社会的责任与义务视为他自己的责任与义务，并且有意识地视为其行为的目的。

总而言之，一方面，在康德的理解中，纯粹意志的自我立法的自治性（自律的自治性）与自然的必然性是相对立的，而黑格尔则辩证地解决了这一对立，对于他而言，意志自由并非康德哲学中的人的理性的公设，而是绝对精神在普遍展开中的一个必然的部分，恰恰在这样的展开过程中，国家与历史的产生得以阐释；另一方面，黑格尔以自由与必然这两个概念不仅分别表述了人（主体）与客观世界[43]，而且表述了人与客观世界的关系以及人与社会的关系，并且这样的关系是辩证的关系，或曰：这两个概念表述了他的辩证法，这对马恩的辩证唯物主义亦颇具影响。[44]

（二）从道德律令的批判到意志与行为关系的辩证思维

由于国家是道德与伦理的最高氛围，因而黑格尔在其国家哲学中针对康德的道德律令展开其批判；黑格尔哲学特别是其法哲学思想中，对与国家哲学等颇具意义与价值的，恰恰是他对康德道德律令的批判。

本研究在较远的前文中设专章探讨了康德的道德律令，并且同时也提点出，其道德律令更多是一种并无内涵的形式命令，也就是说，其道德律令之基本法则是一种伦理规范的诉求，奠基在人的所有行为的基础上，并且是律令的形式，也就是无条件执行的形式；其律令的核心是作为目的自身的人，人作为理性的存在同时也是目的的存在，不能被视为这个或那个意志需求的任意的工具，而必须在其不仅为自身而且为他者的行为中同样都时刻被视为目的；康德的道德律令并未有具体的内涵，而仅仅具有一种“你应当”的形式，是先验地赋予给具有理性禀赋的人的。康德早就预想到了对它的批评，因而为其道德律令的形式主义品性给出了理由，他难得不乏俏皮地说，批评这一道德律令的人自己应当想一想，“这其中没有伦理的新的原则，而仅仅是被给出了新的程式而已；谁愿意给出一个所有伦理的基本法则呢？而这伦理又似乎是刚刚发明的？好像这

42 “这就是自由意志的概念，它作为普遍物覆盖于它的对象之上，把它的规定性贯穿渗入，而在其中保持着与自己的同一。”参见〔德〕黑格尔：《法哲学原理》，范扬、张企泰译，北京：商务印书馆 2007 年版，第 33 页。

43 “意志的活动在于扬弃主观性和客观性之间的矛盾，而使它的目的由主观性而变成客观性，而且即使在客观性中同时仍留守在自己那里。”参见〔德〕黑格尔：《法哲学原理》，范扬、张企泰译，北京：商务印书馆 2007 年版，第 36 页。

44 “在意志自由中，真正无限的东西具有现实性和现在性。自由意志本根就是在自身中现存着的理念。” 参见〔德〕黑格尔：《法哲学原理》，范扬、张企泰译，北京：商务印书馆 2007 年版，第 26 页。

世界还尚未被他认知，而这原本是其义务，或者在其一贯的兴趣之中。而谁又知道一个程式对于数学家意味着什么，为了解决一道题而所要做的是必须依照这个完全精确限定的程式，并且不能有所错谬；一个程式尽其所有义务，不能被视为无意义的与可有可无的。”[45]康德的贡献在于，他不仅指出了道德的规范性价值，凸显其作为规范性价值所具有的任务，而且指出意志自由作为伦理要求的无可限定的先决条件。在道德律令这个问题上，康德哲学的思维特征充分呈现出来，他在现象与物自体之间作出清晰分殊，在这样的思维方式中，他将人理解为精神的存在与经验的存在，在康德看来，人作为理性的、精神的存在，具有自由的意志，而作为经验的或感知的存在，则没有可能享有自由，因为人在这个意义上服从严格的自然的必然性。

从方法上来看，黑格尔对于康德道德律令的批判，是其整体的伦理哲学（亦即国家哲学）的组成部分[46]，是对康德、费希特哲学的反思，从工具上来看，是其辩证法，是其必然与自由之辩证法。黑格尔当然首先肯定康德巨大的理论贡献，这贡献在于康德论证了理性中矛盾的必然性，而黑格尔的批判也恰恰从此出发，他所深切关注的在于，康德的伦理法则仅仅立足于法则的极致性上，仅仅立于法则最大化上，相对于现实的历史而言、相对于精神的运动而言，太过静止、太过程式化，在程式上相当于 A 是 A（A 等于 A，或曰：由于 A 是 A，所以 A 是 A），这等于什么都没说。黑格尔直接批判康德道德律令毫无内涵的空洞形式性，其批判主要集中在两个方面，一方面是针对其理性的人与经验的人的分离，另一方面则是针对与这一分离相关联的道德律令的形式主义。在他看

---

45 I. Kant：“daß darin kein neues Prinzip der Moralität，sondern nur eine neue Formel aufgestellt wird. Wer wollte aber auch einen neuen Grundsatz aller Sittlichkeit einführen，und dieses gleichsam zuerst erfinden? Gleich als ob von ihm die Welt in dem was Pflicht sei unwissend oder in durchgängigem Interesse gewesen wäre. Wer aber weiß，was dem Mathematiker eine Formel bedeutet，die das，was zu tun sei，um eine Aufgabe zu befolgen，ganz genau bestimmt und nicht verfehlen läßt，wird eine Formel，welche dieses in Ansehung aller Pflicht überhaupt tut，nicht für etwas Unbedeutendes und Entbehrliches halten.” Kritik der praktischen Vernunft. In：Werke in sechs Bänden. Hrsg. von F. Groß. Leipzig 1907. Band 4，S. 90.

46 黑格尔认为“康德在《法的形而上学第一要义》的序言中指出的‘限制我的自由或任性，使它能够依据一种普遍规律而与任何一个人的任性并行不悖’的定义，一方面包含否定的规定，即限制；而另一方面它所包含的肯定的东西——普遍规律或所谓理性规律，一个人的任性和另一个人的任性的符合一致——则归结为人所共知的形式的同一性和矛盾律。上面引举的这一法的定义包含着自卢梭以来特别流行的见解。依照这种见解。其成为实体性的基础和首要的东西的不是自在自为存在的、合乎理性的意志，而是单个人在它独特任性中的意志，也不是作为真实精神的精神，而是作为特殊个人的精神。这一原则一旦得到承认，理性的东西自然只能作为对这种自由所加的限制而出现；同时也不是作为内在的理性的东西，而只是作为外在的、形式的普遍物而出现。这种见解完全缺乏思辨的思想，而为哲学概念所唾弃；同时它在人们头脑和现实中产生一些现象，其可怕性，只能拿以它们为基础的那种思想的肤浅性与之相比拟。”参见〔德〕黑格尔：《法哲学原理》，范扬、张企泰译，北京：商务印书馆 2007 年版，第 37 页。

来，这样形式主义的道德律令在理性领域、在理性的我的领域（亦即理性的人）仅仅与自身相等同，也就是说，形式上的道德律令与纯粹理性的人本质上是等同的，前者空洞毫无内涵，后者在现实中亦不存在，并且在这个意义上也仅仅是内涵空洞的形式上的人。这其中最大的问题在于，康德没有关注到作为经验的、社会的、政治的（亦即国家的）人所应当甚或必须具有的道德意识的社会内涵，也就是说，在黑格尔看来，康德并未给出道德律令的具体内涵，并未表明人应当甚或必须具体做些什么。黑格尔的批判在于，在康德的道德律令中不包含思维与意志以及行为的统一，不包含人，不包含具体而活生生的人，或者说，人，活生生的、社会的、政治的（国家的）人，并非其道德律令的内涵，一个具体的有理性、有感知的人，无法以这样的道德律令为路径，甚至仅仅为可能性而实现其整体而具体的人的存在。

在谈及立法理性时，黑格尔批评了康德、费希特的道德哲学。在他看来，道德律令相当于“每一个人都应当讲真理”之类的命令，这不仅是法律的普遍必然性，而且这样的法律普遍必然性是一种完美的偶然性，是一种完美的偶然性的法律普遍必然性，因为人是否认知真理仅仅是一种偶然性而已，对于真理的表述依赖于这样的偶然性。同样，“爱人如己”也是这样的律令，也依赖于偶然性，也就是说，人是否有可能性真正知道他人的需求等。这两种道德律令作为法律，是人的伦理存在的直接限定，表明一种偶性的内涵，亦即表述一种认知的、现实的以及行为的偶性，并且在律令的必然形式中被消解——也就是说，人并不知道自己具体要做什么！[47]这些绝对道德律令甚至并未如其所意愿地说清楚它们所要求的究竟是什么[48]，当人将其作为法律表述出来时，其具体的内涵消失掉了，仅仅剩余普遍性的空洞形式而已，“这样的法律仅仅停留在应然之中，而不具有现实性，它们并非是法律，而仅仅是诫命”[49]。在此，黑格尔批判的是将法律与宗教诫命等同起来的倾向，是将具体的现实不作分析论证而一概普遍化的倾向，这样的普遍化使得原本应当普遍适用的道德律令在具体的现实中遭遇窘境，也就是说，这种僵化而非辩证的普遍化，难免包含偶性的因素在其中，

---

47 关于康德无上命令之不足，黑格尔解释说：“康德的哲学观点，提出义务和理性应当符合意志，这一点是可贵的，这里还必须指出它的缺点，它完全缺乏层次。如果我们关于应该做什么已经具有明确的原则，那么，请考察你的处世格言是否可被提出作为普遍原则这一命题就很好。这就是说，要求某一原则也可成为普遍立法的一种规定，就等于假定它已经具有一个内容，如果有了内容，应用原则就很容易了。但是，在康德的情形，原则本身还不存在，至于他认为不该有什么矛盾，这一标准不会有什么结果，因为什么东西都没有的地方，也就不会有矛盾。” 参见〔德〕黑格尔：《法哲学原理》，范扬、张企泰译，北京：商务印书馆 2007 年版，第 138 页。

48 Hegel，Phänomenologie des Geistes. Hrsg. von J. Hoffmeister. Berlin 1964. S. 305.

49 Hegel：“Solche Gesetze bleiben nur beim Sollen stehen，haben aber keine Wirklichkeit，sie sind nicht Gesetze，sondern nur Gebote.” Phänomenologie des Geistes. Hrsg. von J. Hoffmeister. Berlin 1964. S. 305.

这种偶性因素使得原本应当普遍适用的道德律令难免受到质疑甚或怀疑，黑格尔似乎并不赞同以普遍驱迫现实，而是认为普遍必须总是与个别、与某种确定者相关联，总是存在于矛盾性与统一性中，他由此而将道德律令视为人在理性中所享有的法律的准绳，而并非视为现实中法律的标准。

在黑格尔看来，康德的责任或义务概念亦有可批判之余地[50]。在康德看来，人从本性上就未免违反道德律令，因而人总是处于本性倾向与责任义务之间，当人出于其意志自由而要完成其义务时，那么他必须依据道德律令而行事，只是在这个意义上人才是依据了道德而行事，其本性倾向才被正面评价；而康德同时也认为不同的义务相互之间并不会产生矛盾："义务之间的冲突……是这些义务之间的关系，通过这样的关系其中的一个涤除另一个（全部或部分的）。而由于义务与责任毕竟是概念，而且这些概念表述某些行为的客观实践的必然性，并且两个相互对立的规则不能同时是必然的，而是必须只根据其中一个而行事，因而根据相互冲突的规则行事不仅不是义务，而甚至是违反义务；于是义务或责任的冲突是无法想象的。"[51] 这其中值得注意的是，"义务之间的冲突……是这些义务之间的关系，通过这样的关系其中的一个涤除另一个（全部或部分的）"，这句话在原文中是虚拟语气，是一种假设，也就是说，康德在假设的语境中谈义务之间的冲突，亦即如果各种义务之间发生冲突的话（这当然是不能想象的），那么这首先也是这些义务之间的问题，同时它们中的一个会涤除另一个；在康德的本意上，这种冲突原本就不会发生。黑格尔首先肯定康德的贡献，认为他极为恰当地将道德义务的论述奠基在理性的基础上，同时也批判康德的义务无冲突论。黑格尔认为，一个绝对的义务概念与不断改换的义务内涵之间是有冲突的，生活是多样的、是充满矛盾冲突的，多样化而充满矛盾的生活必然是义务多样化及其可能的矛盾冲突的基础；他认为，如同人的关系是多样化递增一样，德性的量也在增长，由此必然的冲突的量也在增长，并且没有可能完成这些德性的义务，在这个意义上，德性甚或有可能不再是美德，而是成为负担，换言之，一个国家设立过多德性之典范，以至于无法一一仿效，这就有可能给人民增加负担。"在此不可能的是，所有美德的基础是一个并且是同一个

---

50 "康德所提出的进一步的公式，即有可能把一种行为设想为普遍定理，固然导致对某种情况具有较具体的观念，但除了缺乏矛盾和形式的同一性外，其本身不包含任何其他原则。"参见〔德〕黑格尔：《法哲学原理》，范扬、张企泰译，北京：商务印书馆 2007 年版，第 138 页。

51 Kant:"Eine Widerstreit der Pflichten...würde das Verhältnis desselben sein，durch welches eine derselben die andere（ganz oder zum Teil）aufhöben. Da aber Pflicht und Verbindlichkeit überhaupt Begriffe sind，welche die objektive praktische Notwendigkeit gewisser Handlungen ausdrücken，und zwei einander entgegengesetzte Regeln nicht zugleich notwendig sein könne，sondern，wenn nach einer derselben zu handeln es Pflicht ist，so ist nach der entgegengesetzten zu handeln nicht allein keine Pflicht，sondern sogar pflichtwidrig；so ist eine Kollision von Pflichten und Verbindlichkeiten gar nicht denkbar." Metaphysik der Sitten. Leipzig 1907. S. 27.

基本原则，并且这样的基本原则呈现为特殊的美德，在不同的境况的各种不同关系中总是同一个……在这样的存在绝对性中美德相互摧毁。”[52] 对于黑格尔而言，一方面，义务是在社会与历史的辩证发展的框架中作为绝对与相对的辩证关系而被表述的，是国家与社会内在关系的重要因素，另一方面，矛盾冲突在历史的内在发展中能够导致不同的义务理解，甚至每一种义务概念、义务理解都是一种绝对诉求，并且每一种绝对诉求属性的义务概念都有可能与另一种具有同样绝对诉求质量的义务概念发生冲突。在精神现象学中黑格尔展示了他的这一思维过程，他认为，如同在历史的发展框架中每一种因素都并非是可有可无、而都是绝对的一样，它们都构成发展的必然因素，然而尽管如此，它们同时也都是相对的，因为它们在历史过程中分别不过仅仅是一个因素而已；在关涉义务问题时，黑格尔认为，康德的道德律令所代表的毫无内在冲突的义务意识的普遍性在个体行为的有限性中陷入矛盾，黑格尔说：“作为自我意识的这个，对于其他人而言就是对象，由此对于他而言所剩下的，是一种义务意识的、现实的以及它自身的不和谐。”[53]在黑格尔看来，就康德的道德律令本身而言，其道德律令的纯粹形式否定了道德的现实性，其义务是一种纯粹的自身存在，不能混入任何东西，而道德仅仅在与这种纯粹的恰当关系中才存在；黑格尔认为，在康德的道德律令中，当人的行为是一种为了纯粹义务的行为时，这样的行为就仅仅是道德的行为，[54]但是个体的本性又与之相冲突，在这样的情形下，在义务与本性之间、道德与伦理之间就产生持久的冲突，原本的和谐就成为了任务，而且这样的任务也成为了无穷无尽的任务。就康德道德律令的思维方式而言，黑格尔批评了康德义务论题的形上思维方式，在黑格尔的理解中，康德将义务区分为伦理的义务、面对自身的义务（即完美的义务）以及面对他人时的义务，或者应当（甚或必须）的义务与贡献性（或奉献性）的义务[55]。本研究在前文探讨了包括义务论题在内的康德的道德律令，这一道德律令产生的社会背景在于，

---

52 Hegel：“Es kann hier darum nicht die Rede sein，daß bei allen Tugenden ein und eben derselbe Grundsatz zugrund liegt，welcher，immer derselbe unter verschiedenen Verhältnissen in verschiedener Modifikation，als eine besondere Tugend erscheint...in einer sochen Absolutheit des Bestehens zerstören sich die Tugenden gegenseitig.” Hegels Theologische Jugendschrift. Hrsg. von Hermann Nohl，Tübingen 1907. S. 293.

53 Hegel：“Was ihm，das als Selbstbewußtsein ein anderes denn der Gegenstand ist，hiermit übrig bleibt，ist die Nichtharmonie des Pflichtbewußtseins und der Wirklichkeit und zwar seiner eigenen.” Phänomenologie des Geistes. Hrsg. von J. Hoffmeister. Berlin 1964. S. 433.

54 “虽然纯粹的不受限制的意志的自我规定，并把它作为义务的根源，这很重要……但是固执单纯的道德观点而不使之向伦理的概念过渡，就会把这种收获贬低为空虚的形式主义，把道德科学贬低为关于为义务而义务的修辞或演讲。从这种观点出发，就不可能有什么内在的义务学说。”参见〔德〕黑格尔：《法哲学原理》，范扬、张企泰译，北京：商务印书馆 2007 年版，第 137 页。

55 康德对于义务的区分见于其 Werke in sechs Bänden. Hrsg. von F. Groß. Leipzig 1907. Band 4，S. 571。

德意志国家不仅处于启蒙的时代，而且面临公民资本主义社会的到来，并且启蒙的理念在这个问题上具体呈现为作为公民的人如何将自身和谐地纳入社会秩序中。康德面临的问题是，这样的社会在其经济的机制中是被竞争法则所决定的，而这样的法则又必须在满足个体欲望与自私的追求中亦即个体的行为方式、关系方式中得到道德的表述。康德作为启蒙哲学家，相应于启蒙的人文理念，试图以道德律令的程式影响人们的思维与行为，使得以道德律令为法则的资本主义公民社会成为人文社会、人文主义的社会；对于康德而言，面临并解决社会问题固然需要更多的道德行为的社会内涵，然而包括义务在内的道德律令的内涵必须是法则性的、程式性的、诉求式的、命令式的、公设式的。他所强调的是，人的内在驱迫与自然本性之倾向（亦即各种欲望甚至本能欲望），必须作为批判的对象，亦即作为思考的对象，以使得人的伦理行为能够有所判准（譬如以这样的判准使某些行为得到辩护、某些行为得到批评）。

黑格尔批评这种形上范畴论的分类，他强调面对自身与面对他者的义务的相对品性，其批评的出发点在于他对个别与普遍之间辩证关系的理解（或者说，这是他批评康德的方法论基础，这也是他的精神现象学的辩证法）。他认为，个体通过其劳动、通过其追求盈利与成功的努力，就产生了甚至生产了普遍，黑格尔在此强调个体的社会属性（甚或国家属性）；当然，黑格尔在此并未充分展现个体劳动所具有的必然的社会品性（这并非黑格尔在此的论题）。对于黑格尔而言，尽管作为个体的人也具有普遍性，然而人毕竟是公民个体，这也是他的社会思考、国家思考的出发点。[56]他认为，人并非各种社会关系的总和（在这一点上马克思与之截然不同），个体的现实性在于个体之间相互运作、相互影响的关联，个体成功的保证在于通过他的劳动使得所有其他个体的成功得到保证，或曰个体成功的保证在于他通过自身的劳动使得其他个体通过各自的劳动也能得到成功，也就是说，个体的成功在于他为其他个体的成功所做出的贡献。黑格尔这一思考的社会基础在于他进入 19 世纪后面临已然发生变化、并且正在变化的德意志社会，在于他对于公民社会产品关系甚至商品关系系统的反思，在这个意义上，每一个个体与每一个其他个体是通过商品关系相关联的，对于一个个体而言无用价值的物品，对于另一个个体而言很可能是具有有用价值的商品，国家必须明白，市场的意义就在于此，也就是在于将物品带到市场而使之成为商品，并且让物品亦即商品不断流通，或曰要保障这样的流通。从这种整

56 “伦理性的东西就是自由，或自在自为的存在的意志，并且表现为客观的东西、必然性的圆圈。这个必然性的圆圈的各个环节就是调整个人生活的那些伦理力量。个人对这些力量的关系乃是偶然对实体的关系，正是在个人中，这些力量才被观念着，而具有显现的形态和现实性。”参见〔德〕黑格尔：《法哲学原理》，范扬、张企泰译，北京：商务印书馆 2007 年版，第 165 页。

体的社会背景出发，我们就比较能够理解黑格尔精神现象学中的观点了："在针对单一个体的义务的完成中，也就是针对自身的、针对普遍的义务也就被完成了。"[57]不同于康德的是，黑格尔强调，不仅公民个体，而且其行为的社会共同性，必须在伦理框架中融会起来，必如此，公民个体方能得到拯救，亦即方能被赋予社会生活的内涵、被赋予社会意义，社会与国家才能处在和谐的秩序中。

在伦理领域内、在其最高氛围的国家内，道德义务的具体内涵是被普遍意志决定的，作为公民的人，其义务在于认知国家的普遍意志、国家的法律以及国家的建制（亦即组织机构等），并且在认知的基础上行为、行事。在这个意义上，伦理主体所要满足的道德义务就不能是一种空洞的形式或程式，而是一种人的社会关系中客观必然性的义务，这种客观必然性的义务必定是具体的。[58]

总而言之，对于黑格尔而言，道德的义务、道德的行为，是动态的社会中的因素，并且是一种整体性的因素，义务之间可能发生的冲突，是历史过程与社会现实的一部分，哲学的、法学的、法哲学的思考必须要关注这样的问题；道德、道德意识在客观上也依赖于外在世界，因而国家在法律的设置、法制的建构中不能将外在世界隔离开来，不仅要考量人自身、个体自身及其内在意识，而且也必须考量外在世界；道德必须以伦理为基础（如果国家是伦理的最高氛围的话，那么这呈现出国家与公民个体在理论上的关系），道德的真理在于依据伦理行为行事（这呈现出国家与公民个体在实践上的关系），伦理是所有个体的个体行为的一部分。[59]在黑格尔看来，康德的道德律令并未关注到伦理，也就是说并未关注到人的社会行为所应当具有的内涵，亦即没有关注社会行为的内涵。康德从道德律令的形式性出发推演社会行为的内涵，黑格尔却认为，道德律令仅仅是一种毫无内在矛盾的原则，仅仅适用于毫无矛盾的境况（天堂乐园般的境况），而社会现实不仅是一种辩证发展的过程，而且甚至排除纯粹形式的、空洞而无内涵的道德律令。

而即使是黑格尔也不能不承认的是，康德的道德律令的理性思维之强大，近乎一种规范性公理，并且直接影响国家与社会的人文养成；黑格尔将道德理解为伦理理念的辩证发展，道德的行为本质上就是人的造作的行为，是具有改

---

57 Hegel："In der Erfüllung der Pflicht gegen den einzelnen，also gegen sich，wird also auch die gegen das Allgemeine erfüllt." Phänomenologie des Geistes. Hrsg. von J. Hoffmeister. Berlin 1964. S. 455.

58 "伦理是自由，是理念，是活着的善，这活的善在自我意识中具有它的知识和意志，通过自我意识的行动而达到它的现实性；另一方面，自我意识在伦理性的存在中具有它的绝对基础和起推动作用的目的。因此，伦理就是成为现存世界和自我意识本性的那种自由的理念。"参见〔德〕黑格尔：《法哲学原理》，范扬、张企泰译，北京：商务印书馆 2007 年版，第 164 页。

59 "因为伦理性的规定构成自由的概念，所以这些伦理性的规定就是个人的实体性或普遍本质，个人只是作为一种偶性的东西同它发生关系。"参见〔德〕黑格尔：《法哲学原理》，范扬、张企泰译，北京：商务印书馆 2007 年版，第 26 页。

变功能与影响力的行为；由此出发，黑格尔才能将康德的道德律令视为社会伦理内涵空洞的形式，所带来的仅仅是一种道德性的理念而已，仅仅是试图将社会关系道德化而已。黑格尔自己将道德律令与道德规范视为人的社会生活的组成部分，并且是真正影响人的社会生活的重要组成部分，因而成为现实的社会建构与国家建构理论。如果道德规范与价值判断外在于人的历史的生活过程，那么它们必定对社会现实毫无影响。由此我们可以总结说，在黑格尔看来，道德律令与道德规范植根于人的现实的生活过程之中，特别是源于社会关系之中，这使得个体的意志、利益、需求以及努力具有了社会的品性，并且成为道德规范与价值判断的内涵；这不仅不同于以往一些自然法学家的理解，他们将自然法要么回溯到上帝之中，要么回溯到人的理性之中，而且影响了马克思的社会学说与法哲学学说。

二、道德与伦理的概念展开

（一）人的内在与外在关系的辩证统一作为道德与伦理的场域

如同本研究前文所提及的，康德将人视为经验的与理性的存在，仅仅人的行为的形式而非行为的内涵就足以判断人的行为了，从其道德律令所投射出来的康德哲学的人的理解来看，康德在形上层面将人的内在与外在对应起来，人的真正的存在时期内在的存在，也就是意图善的存在、追求善的存在，最重要的并非人做什么，而是出于什么意图与目的而做。黑格尔认为，这是对于人的一种割裂的两分法，在他看来，人的意图与目的体现在外在之中，而这就发生在行为中，而内在与外在又构成辩证的统一，内在与外在是概念的呈现形式，亦即人的外在与内在是人这一概念的呈现形式，就这一统一而言，黑格尔认为："外在由此而首先是与内在同样的内涵；而内在所是的，也在外在中存在，反之亦然；现象并不表述不在本质中存在的，而本质中所含有的也是外在所呈现的。"[60]

内在与外在的关系是黑格尔道德理解的基本法则，他反对内在与外在的机械的分离，在他看来，在意图中的社会内涵只有在其行为中才能被认知、被确定："人，他的外在是在其行为中的，外在是什么样子，内在也如是；如果他仅仅是内在的，也就是仅仅在意图、思考中是德性的与道德的，而他的外在与之

---

60 Hegel："Das Äußere ist daher vors erste derselbe Inhalt als das Innere. Was innerlich ist，ist auch äußerlich vorhanden und umgekehrt；die Erscheinung zeigt nichts，was nicht im Wesen ist，und im Wesen ist nichts，was nicht manifestiert ist." Enzyklopädie. Berlin 1966. S. 138，§139.

并不相同，那么他如同其他人一样就是空洞与空泛的。”[61]黑格尔认为，对于内在与外在关系的理解具有重要价值，内在与外在是概念的呈现形式，这两个因素的对立性立足于它们的同等性中，他也将这样的辩证法应用在对于人的伦理判断中，当人的行为（活动）付诸实施时，其意图才呈现出来，其行为才有可能是伦理的。黑格尔不乏诙谐地找到了将人的内在表现出来的器官，他认为说话的嘴与劳动的手就是这样的器官，也就是说，语言与劳动将人的内在展现出来，将人的存在本质外展出来，使之成为可视的。黑格尔在精神现象学中说：“语言与劳动就是外展，个体在其中已然无法再自持与占据自身了，而是让内在从自身中完全走出，并把自己展示给他者。”[62]在此重要的是，尽管黑格尔将内在与外在的关系理解为一种辩证关系、理解为一种内在必然的法则性关系，然而他依然强调，对于个体的判断必须根据其外在的行为；这一思想是其精神现象学与历史哲学讲座中的稳固而常见的表述。此外，这一表述或这一思想的价值在于，将语言与劳动概念引入对于人的内在与外在辩证关系的阐释，这对其后马克思的相关理论颇具影响。

黑格尔在其著作《精神现象学》与《法哲学》中不断指出：

> “人的真正存在是其……作为，在其中个体性才是现实的。”[63]
> “主体所是的，就是其行为的系列。”[64]

也就是说，人所是的，本质上是其一系列的行为与造作。黑格尔以这样的思想质疑康德，他认为，不能或不能仅仅凭借人内在的行为意图、行为动机来判断人，不能由此而过度评价善意原则，也就是说，不能仅凭动机而不看行为及其结果来评价人，意图、动机等并不代表人的现实存在，而是人所完成的行为（甚或其系列行为）才彰显人的现实存在；同时，黑格尔这一行为决定人的存在思想也是辩证的，人的本质限定与其变化性相关联，道德的意图与动机不再是判断人的静止的先决条件，而是判断的标准要服从于人的行为、人的系列

---

61 Hegel："Der Mensch，wie er äußerlich，d. h. in seinen Handlungen，ist er innerlich，und wenn er nur innerlich，d. h. nur in Absichten，Gesinnungen tugenhaft，moralisch usw. und sein Äußeres damit nicht identisch ist，so ist eines so hohl und leer als das andere." Enzyklopädie. Berlin 1966. S. 138，§139.

62 Hegel："Sprach und Arbeit sind Äußerungen，worin das Individuum nicht mehr an ihm selbst sich behält und besitzt，sondern das Innere ganz außer sich kommen läßt und das selbe Anderem preisgeibt." Phänomenologie des Geistes. Hrsg. von J. Hoffmeister. Berlin 1964. S. 229.

63 Hegel："Das wahre Sein des Menschen ist...seine Tat，in ihr ist die Individualität wirklich." Phänomenologie des Geistes. Hrsg. von J. Hoffmeister. Berlin 1964. S. 236.

64 Hegel："Was das Subjekt ist，ist die Reihe seiner Handlungen." Grundlinien der Philosophie des Rechts. Hrsg. von J. Hoffmeister. Berlin 1956. S. 112，§124. 中文参照〔德〕黑格尔：《法哲学原理》，范扬、张企泰译，北京：商务印书馆 2007 年版，第 126 页。

的行为，甚至变化的行为。依据道德行事的人，在其动机与意图上必须考量不断变化的社会内涵，以为了在他的行为中将这样的内涵付诸实施。对于黑格尔而言，由于康德将人分为理性与经验两部分，这未免陷入伦理二元论，于是他的道德律令总是在道德与感性之间产生分离，因而只有是为了纯粹义务的时候，行为才是道德的，而个体的自然本性却与纯粹义务意识是矛盾的，由此原本的和谐就成了任务，并且是无限的、近乎无可完成的任务。这种无限与不可完成，指的首先并非是量，而是质，换言之，任何一次非纯粹义务的行为都是不可完成的道德行为，因而陷入一种无限的应然。在黑格尔看来，这种无限的应然是一种恶的应然，由此他在精神现象学中认为："所有的道德行为都立足于与感性的不断抗争之中，如同在每一个抗争中一样，在这样的抗争中抗争将结束，不再持续。由此就有了这样的矛盾：因为道德行为是绝对目的，以至于道德行为从不存在过。"[65]黑格尔批评的并非作为特殊范畴律令的人的意志的应然，而是批评康德的道德二元论以及由此造成的应然的绝对化，并且是无限存在的应然。就道德律令而言，在黑格尔的理解中，无限并不排除有限，这两者处在辩证的统一之中，黑格尔甚至强调，无限处于有限之中，通过人的行为——这意味着某种确定的东西被完成，恶的、坏的无限被销毁，行为是具体而确定的："行为取缔了思想的无可表述性，如同在自我意识的个体的尊严中一样，这样的个体性在思想中是可无限规限的，并且是确定的。在完成的行为中坏的无限性被涤除。"[66] 在此彰明较著的是，康德从内在动机出发判断人的行为以及人自身，而黑格尔批评的是康德道德律令中的无限的应然，认为这是恶的、坏的应然，在他看来，并非动机、意志等，而是行为与完成的劳作，才能被视为个体的现实存在，才能被视为个体的现实性，才能用来判断个体的存在与现实性。

（二）人的行为作为伦理的客观判准

在康德看来，物自体，亦即所谓Ding an sich，也就是外在世界，是无法认知的。黑格尔认为，康德的观点并不可取，因为这不仅意味着对于真理认知的否定，而且也导致了对于客观判准的否定，特别是在伦理领域，无论对于行为

65 Hegel："Alles moralische Handeln besteht im fortwährenden Kampf mit der Sinnlichkeit. Wie in jedem Kampf，so wird auch in diesem der Kampf aufhören und darf nicht mehr fortbestehen. Daher dieser WidersruchÖ Weil das moralische Handeln der absolute Zweck，daß das moralische Handeln gar nicht vorhanden sei." Phänomenologie des Geistes. Hrsg. von J. Hoffmeister. Berlin 1964. S. 393.

66 Hegel："Alsdann hebt die Tat die Unaussprechlichkeit der Meinung ebenso wie in Ansehung der selbstbewußten Individualität auf，welche in der Meinung eine unendliche bestimmbare und bestimmte ist. In der vollbrachten Tat ist die schlechte Unendlichkeit vernichtet." Phänomenologie des Geistes. Hrsg. von J. Hoffmeister. Berlin 1964. S. 212.

伦理性的承认抑或否定，都丧失了客观标准，由此康德的判断标准必然是主观的、内在的、坚信的（类似于信仰的判断标准），黑格尔就此评论说：“由于这样的哲学给出的真理的认知是空虚的、是认知的循环以及过度的虚荣，并且这样的循环仅仅是现象而已，因而在行为者视域中的现象必须直接被定为原则，由此伦理必定被置于个体自己的世界观与其坚信之中。”[67]

在黑格尔看来，人的真正的、真实的存在是被人的行为、造作所表述的，在这样的思维框架中，黑格尔对伦理行为给出一种客观判断标准。就善恶概念而言，他在法哲学中强调，善恶并非依赖于个体的观点来评判个体是善的或者恶的，善恶能够从认知他的行为出发来判断，也就是说，善恶并非主观的意志判断，而是在客观上可视的。对于黑格尔而言，伦理并非依赖于个体意识而存在，并且个体作为理性的存在完全知道普遍理性承载于自身之中，由此个体能够选择善或者恶，而人们也能够从他的行为看出他是否相应于普遍理性行事的，亦即他是与普遍理性一致抑或是违逆之而行事的；这种伦理行为的客观关联点并非静止的，而是相应于黑格尔的辩证法被绝对与相对的辩证关系所影响的。黑格尔在这一问题上的理论贡献也在于他面对主观哲学而确立了判断道德行为的客观标准，他并非在人的思维、意图、内在动机中，而是在行为中找寻伦理行为的判断标准，人的行为的伦理性，决定于其意图、动机以及外在的社会需求，也就是说，伦理行为的判断标准被客观的社会因素所决定，其方法论基础就是他的内在与外在的辩证统一。

总而言之，在黑格尔看来，包括单一道德行为的伦理系统的客观判准，奠基于这一系统的本质内涵与具体历史的、社会的要求与任务，这些要求与任务通过人的行为的实现，则是社会进步的客观法则的表现，为此，对于在历史进程中产生的有效的道德系统（甚或法律系统）的判断而言，甚至对于单一的道德行为的判断而言，并不存在绝对而一成不变的标准，这对于马克思与恩格斯在具体的历史条件中考察社会并发现有效用的法则、法律亦有正面之影响[68]。

（三）劳动普遍性概念在道德与伦理理解中的意义

劳动对于黑格尔而言是人的一种行为，这一行为呈现人的道德预设与意图，

67　Hegel：“Indem ein solches Philosophieren die Erkenntnis des Wahren für eine leere，den Kreis des Erkenntnis，der nur das Scheinende sei，überfliegende Eitelkeit ausgibt，muß es unmittelbar auch das Scheinende in Ansehung des Handelns zum Prinzip machen und das Sittliche somit in die eigentümliche Weltansicht des Individuums und seine Überzeugung setzen.” Grundlinien der Philosophie des Rechts. Hrsg. von J. Hoffmeister. Berlin 1956. S. 133，§140.中文参照〔德〕黑格尔：《法哲学原理》，范扬、张企泰译，北京：商务印书馆 2007 年版，第 146 页。

68　F. Engels，Ludwig Feuerbach und der Ausgang der klassischen deutschen Philosophie. In：K. Mark，F. Engels，Werke. Berlin 1962. Band 21，S. 298.

呈现人在客观上同国家与社会的关系。在黑格尔的道德与伦理的理解中，劳动概念占有重要地位，在这一点上，黑格尔亦有其不同于康德、费希特以至于不同于马克思的特点，他对劳动概念的理解早在求学期间就受到亚当·斯密等经济学家的影响。对我们的研究而言重要的是，他将其经济学的认知与对道德以及伦理的理解结合起来，并在它们的关系中赋予这些认知以恰当的地位。

在黑格尔的伦理系统中，劳动被确定为一种纯粹抽象的形式，在劳动中，客体被消除一定的对象性，产生了形式的变化，也就是说，被消除（甚至被损毁）的客体在新的形式或形象中再度诞生。黑格尔对劳动概念的这一理解对于我们的研究而言之所以重要，是因为他从中并不提出社会经济问题，而是认为，道德与伦理的基础的确定在于劳动的确定，劳动的过程对于黑格尔而言是伦理的必然表述过程，或曰就是伦理的必然表述。劳动的本质具有普遍性，“自然本性中的愚钝性必须在普遍的学习中被克服”[69]。从黑格尔对劳动的这一表述中可见，劳动是要克服人自身的不足，劳动并非仅仅某种造作的驱动，劳动内涵理性，劳动具有精神品性，在劳动的单一性或在每一个单一的劳动中都具有普遍性。黑格尔对于劳动的理解似乎已经接近了劳动所具有的社会属性。

在精神现象学中，劳动概念的限定亦颇具重要性，在其中劳动的理解是一种统治与奴役（奴仆）的辩证关系；他认为，普遍是感知确定性的真理（真实），个体的意识必须将自身建构到普遍之中，而这种建构则恰恰通过奴仆的自我意识的劳动而实现；这对于黑格尔的道德与伦理的理解颇具意义。黑格尔在精神现象学中认为，劳动是从自然状态到社会状态的过渡，这也是针对霍布斯的“所有人反对所有人的战争”（bellum omnium contra omnes）有感而言，在黑格尔看来，这是霍布斯阐释人如何从自然状态到社会状态的理论，由此而产生统治与被统治、统治者与奴隶的关系，黑格尔与之不完全相同的是，他将统治与被统治、统治者与奴隶（或主人与奴隶）的关系置于劳动过程中来考察，并且在主人意识（贵族等级）、奴隶意识与公民意识（第三等级）中来考察。

所谓奴隶或奴仆，在黑格尔的理解中有双重含义，一是在主人之下，二是受制于外物，然而这种双重属性消失在劳动过程中；在劳动中外物对于奴隶而言是独立的事物，奴仆认知到，他的权能与独立性体现在劳动生产中，奴隶认知到，他的权能与独立性体现在劳动过程中；[70]在这个意义上，劳动对于黑格尔而言是一种可控的欲望。而主人的自我意识则排除了劳动，并且在这个意义上与外物仅仅具有否定的关联（甚或无关联），以至于主人的自我意识呈现为一种

69 Hegel：“und die natürliche Ungeschicklichkeit muß sich in der Erlernung des Allgemeinen überwinden.” Jeneser Realphilosophie. Hrsg. von J. Hoffmeister. Leipzig 1931. Band I，Die Vorlesung von 1803—1804. S. 236.

70 Hegel，Phänomenologie des Geistes. Hrsg. von J. Hoffmeister. Berlin 1964. S. 149.

程式、一种非现实；黑格尔将人的自我生产视为一种劳动过程，将人理解为其自身劳动的结果，人类历史被理解为劳动创造的过程，他在带有行为、带有劳动的辩证统一中考察个体意识的认知，由此克服了人的认知与人的行为以及思维与意志（在康德哲学特别是其道德律令中）的对立。当然，黑格尔不仅并不否认人的本能与激情，而且认为人不应当成为本能与激情的奴隶，而是应当通过理性认知与伦理诉求将自身理性地纳入一种过程、纳入一种劳动所表达的过程；道德作为人的内在存在方式通过劳动、造作而对社会发展产生影响，道德意识并非仅仅来自绝对理念，并非仅仅汲纳绝对理念展开自身的内涵（并且是国家与社会的内涵），而且将它们付诸实践之中、付诸行为之中、付诸劳动之中。

对于康德而言，由于自由的理念在现象的世界并不存在，因而其中也不可能存在道德的进步，只有在精神的世界中道德律令才有效用，人的道德圆满才能实现；道德的日益圆满与越来越大的自由是吻合的，于是道德的圆满被康德视为道德律令的诉求，作为精神的存在（亦即人）内在的无限过程。而对于黑格尔来说，道德的圆满、道德的进步是通过行为完成的，是通过奴仆的自我意识的劳动完成的；由于他以行为、造作为道德的进步设置了客观判准，因而不再要求人作为精神的存在的永恒性（以使得道德不断圆满、进步），因而人是能够亡故的、是允许亡故的（这亡故并不妨碍道德的进步），死亡对于黑格尔而言是人的完全、彻底的消逝[71]，在这个意义上，人借助其行为、劳动等表述自身，在其中将自身呈现出来，不仅能够投入其生命，并且知道自己投入生命，而且也能够在其中死亡。此外，由于黑格尔认为，人通过劳动同时也生产了普遍，因而他也认为，生活的意义在于，人在其工作中将其社会的存在力量焕发出来，为在他死后的后代奠定基础，在这样的基础上，他的工作得以持续。同时，与此相关联的思想在于，每一个具体的工作（劳作）都并非仅仅人在自身中所蕴涵的存在力量的代表，而且他的工作反过来对人的道德的不断完美做出贡献。黑格尔将人理解为他自身劳动的结果，这也带来与此相关联的道德理解，在他看来，道德以及人的行为方式并非从外在灌输进去的，而是在其本质限定上是人的劳动的结果。在此，对我们的研究而言重要的是，道德的进步是通过奴仆的自我意识的劳动所带来的，并且是从较低阶段到较高阶段不断发展的，直到真正的自我意识在伦理的自由王国中实现自身，黑格尔的辩证思维过程也是这一从奴役王国走向自由王国的过程的理论基础。

在精神现象学中，黑格尔在不同主题下探讨了从个体意识（所谓奴隶王国）到客观精神现实（所谓自由王国）的不同阶段，譬如“欲求与必然”（Lust und Notwendigkeit）、“心的法律与自我思忖的癫狂”（Das Gesetz des Herzens und der

---

71　Hegel，Phänomenologie des Geistes. Hrsg. von J. Hoffmeister. Berlin 1964. Vorrede，S. 29.

Wahnsinn des Eigendünkels）以及“美德与世界进程”（Die Tugend und der Weltlauf）等，这指的并非是社会发展的具体的历史阶段，而是在抽象王国中定居的意识的各种形象。在“美德与世界进程”中，黑格尔认为，意图以道德诉求改变世界的美德意识必须经验到，世界进程作为客观精神的必然性并非关注主体道德的理解，他针对康德、费希特而指出，这样的道德理解与世界观必然礼崩乐坏。

在这个意义上，黑格尔认为，个体为了自身的利益而付出的劳动也能够导致一个普遍的结果，黑格尔在这个问题上表述了当时自由公民所深切关注的事情，亦即从个人动机出发的行为是否是道德的行为。黑格尔的观点在于，个体或单个的人追求盈利与成功同时也带来社会的结果，这之所以有可能，是因为个体的行为与劳作同时并且始终与普遍相关联、与社会相关联，甚或相互纠缠在一起，他说：“个体为了他的欲望的劳动同样是对其他个体的欲望的满足。”[72]在黑格尔看来，个体之间、个体与社会之间通过劳动建立的关系就是所谓“世界进程”，而个体有可能并未意识到世界进程的必然性，因而将主体的道德规范与动机对立起来（亦即康德所谓并非出于为了他人的动机的行为就并非道德行为），以掌控他们所并未真正理解的此间世界，甚至掌控必然性，黑格尔的批评在于，世界进程远远强大于任何绝对的道德化；他强调的是，在抽象的美德意识框架中，行为的个体，通过其自身的资质、创造力与行为（劳动），实现并推进了世界进程，在这样的劳作过程中，个体经验到世界进程的意义，亦即个体通过实现更好的社会现实而在美德与善之中将最初为了个体自身利益的动机而实施的行为转化到了世界进程中，于是为了一己之私利的行为实际上是一种普遍的行为，世界进程通过个体行为的普遍属性而得以实现、得以推进。[73]在这个意义上，个体性与现实性通过行为（劳动）而汇聚到一起。在此，从黑格尔的辩证法来看，世界进程通过个体美德意识（亦即出自个体利益动机及其行为所造就的社会现实）而被不断推进，意味着社会的不断进步，这同时也意味着对个体美德意识的否定，通过这样的美德意识的否定道德的动机与个体行为的规范也能够在质量上得到提升。

在黑格尔看来，道德通过劳动而获有其基础限定，在这个意义上，社会劳动的分工是国家与社会进步的必然因素，是道德与伦理进步的必然因素，劳动分工是人相互依赖的系统，在法哲学中，这种相互依赖的系统通过人的欲望满足系统得到表述：“个体欲望的表达与满足是通过他的劳动并且通过所有其他个

---

72 Hegel：“Die Arbeit des Individuums für seine Bedürfnisse ist ebensosehr eine Befriedigung der Bedürfnisse der anderer als seiner eigenen.” Hegel，Phänomenologie des Geistes. Hrsg. von J. Hoffmeister. Berlin 1964. S. 257.

73 Hegel，Phänomenologie des Geistes. Hrsg. von J. Hoffmeister. Berlin 1964. S. 279 f.

体的劳动以及欲望的满足而达到的。”[74]与马克思不同的是，黑格尔的欲望满足系统辩证法，并非建立在生产意识上，而是建立在个人欲望满足的仪式上。因为在他看来，生产是为了市场而劳动，劳动分工越强、劳动生产力越提高，生产者的相互依赖性也就越高，而人也越难认知这市场等，他认为：“统治者在这样的系统中呈现为无意识者，完全不知晓欲望与满足欲望的劳动。”[75]这也呈现出黑格尔的异化概念的理解，也就是说，一方面，个体在其劳动中异化出来，其个人利益动机造成社会的结果、造成世界进程的推进，个体成为原本个体的陌生者；另一方面，个体的劳动并未给自身积累财富，公民社会依然存在过度的贫困：“呈现而出的是，在财富过度丰厚中，公民社会并未足够地富裕起来，也就是说，公民并未掌握足够的私有财产，以控制贫困的过度与低俗的产生。”[76]由此，当财富的量成为社会的绝对判准时，国家作为民众的伦理联盟就会分崩离析，众多民众作为国家与民族自身的消解，其原因恰恰在于，个体在这样的判准与意图中不再以普遍理性为判准，而是个体的伦理主体以利己主义的原则为判准而追求个体的财富，这导致个体伦理的异化，也就是说，尽管行为或劳动原本的动机是个人利益，但是至少带来的结果是社会与国家之进步（亦即所谓世界进程的推进），并且其行为由此而能够被判断为道德的行为，然而如果这行为造成的判断标准仅仅是财富的量，那么这就意味着伦理的异化。黑格尔看到资本主义生产方式有可能导致贫富两极分化（譬如阶级的划分，这是黑格尔之后、然而却与之相关联的马克思的思想），甚至两极分化。作为哲学家、法哲学家，黑格尔应当是主动反思了资本主义生产方式，他不仅强调了劳动与劳动分工的伦理意义，而且他一方面肯定资本主义生产方式优越于欧洲封建领主制的以及小农经济的生产方式，另一方面又希望找到一条道路克服资本主义生产方式之伦理异化、判准异化的消极的一面。在马克思看来，那就是阶级斗争，以使得人类社会不断递进、最终到达已然消灭了阶级的共产主义，而黑格尔则

74　Hegel：“Die Vermittlung des Bedürfnisses und die Befriedigung des Einzelnen erfolgt durch seine Arbeit und durch die Arbeit und Befriedigung der Bedürfnisse aller übrigen.” Grundlinien der Philosophie des Rechts. Hrsg. von J. Hoffmeister. Berlin 1956. S. 169，§188.中文参照〔德〕黑格尔：《法哲学原理》，范扬、张企泰译，北京：商务印书馆 2007 年版，第 203 页。

75　Hegel：“In diesem System erscheint also das Regierende als das bewußtlose，blinde Ganze der Bedürfnisse und der Arbeit ihrer Befriedigung.” Grundlinien der Philosophie des Rechts. Hrsg. von J. Hoffmeister. Berlin 1956. S. 167，§188.中文参照〔德〕黑格尔：《法哲学原理》，范扬、张企泰译，北京：商务印书馆 2007 年版，第 203 页。

76　Hegel：“Es kommt hierin zum Vorschein，daß bei dem Übermaße des Reichtums sie bürgerliche Gesellschaft nicht reich genug isr，d. h. an dem ihr eigentümlichen Vermögen nicht genug besitzt，dem Übermaße der Armut und der Erzeugung des Pöbels zu steuern.” Grundlinien der Philosophie des Rechts. Hrsg. von J. Hoffmeister. Berlin 1956. S. 201，§245.中文参照〔德〕黑格尔：《法哲学原理》，范扬、张企泰译，北京：商务印书馆 2007 年版，第 245 页。

认为，克服资本主义生产方式所造成的异化的途径在于国家的建设，换言之，在于一个作为伦理最高氛围的国家的不断建设。

当然，黑格尔的辩证思维过程在贫富差距甚或贫富对立的问题上具有某种独特的色彩，或者说，他从康德的道德律令以及人的法律自治思想出发，反思了人的行为的道德化、伦理化及其判断标准，而且还进一步思考了由此所可能造成的伦理的资本主义品性的异化。

（四）人是目的的概念阐释

自古典哲学以来一种主导的观点认为（譬如柏拉图、亚里士多德），人与生俱来而具有自由意志，人是自身的目的，能够为自身设置目的，这是伦理的规范价值之所以具有规范功能的最基本的前提，在这样的基础上，后文将提及的一种存在-应然才有可能。

对于康德而言，目的是其道德律令的核心概念，人并非或本非仅仅为了某种意志而成为需求的工具，人就是自身的目的，人作为自身的目的而存在，意志自治是其道德法则的最高原则，康德的目的限定是其意志自治（人的自治）的本质条件，在这个意义上，康德的道德律令也能够被表述、被理解为：这样去行事，以至于你不仅在你的人格中，而且在每一个其他人的人格中时刻都将人作为目的，而从不作为工具；也就是说，人作为理性的存在，从来都不是任何需求的工具，就是自身的目的，人的行为任何时候都必须作为目的来考量。[77]康德（包括费希特）对于人的理解，是针对封建绝对主义对待人的行为而表述的，这也是对于法国大革命中关于人的平等与尊严的口号的回应，在德意志，这样的人的理解并未成为革命的口号，而是成了哲学的理念，道德的目的并不依赖于任何经验的条件，而是先验地被给出，并且先验地被给出在客观的、现象的、始终受因果律支配的世界中；如同前文所阐释与分析的，在康德看来，只有当人在义务的形式中将道德律令作为目的时，他的行为才是道德的。这未免产生一种目的的绝对化以及绝对化了的目的与人的（道德）行为的对立，黑格尔对此加以批评，他认为："那个较老的目的论把每一个单一个体的本性都纳入众多目的，而这些目的却外在于单一个体，以至于每个单一个体都被为了他者的意志而设置。"[78] 在此，所谓"较老的目的论"指的是沃尔夫在康德、费希特以及德国观念论等之前在神学基础上所建构的目的论，在这一目的论中，人

---

77 I. Kant："Handle so，daß du die Menschheit sowohl in deiner Person als in der Person eines jeden anderen，jederzeit zugleich als Zweck，niemals bloß als Mittel brauchst." Kritik der praktischen Vernunft. Werke in sechs Bände，hrsg. von F. Groß. Leipzig 1907. Band 4，S. 63.

78 Hegel："Jene ältere Teleologie nämlich bezog die Natur im einzelnen auf Zwecke，die außer diesem Einzelnen liegen，so daß jedes nur um eines anderen willen gesetzt wäre." Erste Druckschriften. Hrsg. von H. Lasson，Leipzig 1928. S. 334 f.

的目的设置的终极基础是上帝，换言之，上帝创造世界并赋予其目的，上帝有目的地创造世界，上帝目的性地创造世界，他主导着目的的实现，他主导着在他的预视中已然先定并限定了的目的在自然界与社会中付诸实施；在目的论问题上，康德的理论贡献在于凸显人作为目的、凸显人的目的设置，康德也强调目的的先验性、目的的被给出性，如同前文已经提及的，他将目的与因果律对立起来，以至于目的与世界以及社会难免对立。黑格尔当然十分重视康德的理论贡献，十分重视目的设置的人文方面，人首先是理性与理念限定的存在，然后才能将理念（目的）付诸实施，黑格尔在此强调的是不能将目的与自然以及社会对立起来，他由此出发甚至强调工具的重要性，工具对于个体而言有时享有更高的普遍性与目的性，他认为："在工具中或者在耕作的肥沃农田中，我享有作为普遍的内涵，由此工具、中介比欲望的目的更有用。"[79]也就是说，在工具中含有普遍性，并且工具在劳动中含有恒常性，人在工具中将其对世界的统治当下化，实现并拓展其对世界的统治，在这个意义上，工具甚至高于欲望的目的。这也表明了工具的特殊属性：工具是联系主体与客体的中介，工具自身并不享有独立操作性，必须被人所使用方能体现出其工具之意义；当人为了自身的存在与延续而以工具劳作时，人就将工具作为客体而使用。在黑格尔看来，自然界自身并不发生什么，自然存在的各个单一目的将成为普遍性，个体的任务在于，凭借工具或在工具中完成劳作，将自身的行为设置为有目的的行为。这表明，人必须从被赋予的自然法中走出来，以为了自身的目的而使用自然法，也就是说，目的设置不仅受自然法的限定，而其自然法也在其深度、范围以及有用性（适用性）上受到个体在劳动中的目的设置的限定——典型的黑格尔辩证法。与康德先验目的论不同的是，黑格尔似乎看到自然法与人的目的设置（实证法）的某种联系，他似乎试图解决康德道德律令中目的高于工具的问题以及由此而来的目的与工具的形上对立，他并不否认在人的直接的意识中目的高于工具，然而在劳动中普遍理性是在工具中表现出来的，工具在劳动过程中建立了主体与客体之间的联系。在此黑格尔方法论的基础依然是他的个别与普遍的辩证理解，他再次当然肯定了康德贡献，也就是人设置目的的思想，这也表明，黑格尔继承了康德的思想并在此基础上又有所发展。

如同前文所阐释与分析的，康德在其道德二元论的基础上并未真正关注道德律令的社会内涵（其道德律令仅仅是原则与价值规范的表述），以至于他的道德律令是一种无限的应然过程，并且这一无限的应然过程使得社会行为近乎不可能。而黑格尔则认为，人在其劳动中、通过其劳动而实现其目的，其行为载

79 Hegel："In dem Werkzeug oder in dem bebauten fruchtbaren Acker besitze ich den Inhalt als einen Allgemeinen. Darum ist das Werkzeug，Mittel vortrefflicher als der Zweck der Begierde." Jeneser Realphilosophie. Hrsg. von J. Hoffmeister. Leipzig 1931. Band II，Die Vorlesung von 1805—1806. S. 236.

有社会属性，其劳作行为本身也承载着社会属性。如同在康德那里一样，目的在黑格尔这里也是核心的道德范畴，其区别在于，康德的目的论还依然是超验限定的目的论（受沃尔夫的影响），与实践行为并无直接联系，而在黑格尔这里，个体有意识地将其行为的社会内涵设置为目的，以为了朝向这个目的而行为、而劳作，他说："行为并非别的什么，而是内在道德目的的实现，或者道德目的的和谐以及现实性自身的实现。"[80]在这种伦理目的的现实性中，也包含着欲望、福祉的形式，这意味着，个体同时在其中实现自身。[81]由此亦可见，黑格尔强调，目的设置属于人的主体存在领域、属于道德领域，当他在人的社会行为与其道德行为之间作出区分，也就是在行为的社会内涵与有意识的目的设置之间作出区分的时候，他实际上也已经看到了两者之间的联系，也就是看到了道德与社会限定性之间的联系。

总而言之，首先，不同于康德的是，目的在黑格尔这里并非某种绝对，而是目的设置的内容服从于个体与普遍的辩证关系，通过这样的辩证关系，在个体行为中完成的个体目的的设置（或曰在行为中的个体目的的实现），同时就具有社会属性；在此，道德的要求或存在的应然在于，将行为的社会属性有意识地设置为目的，并且按照这一目的而行事。其次，目的设置对于黑格尔而言并非先验的，而是与外部客观世界相关联，甚至受到自然法则之限定，相对于康德的道德律令中先验限定的目的论，目的与自然法则的某种内在联系的发现，应当是黑格尔的思维贡献之一。最后，康德道德律令中的目的与工具的形上对立，通过黑格尔的辩证方法被消解，甚至在工具的理解中也表述了较高的社会价值，人必须通过工具而实现其目的。

（五）存在-应然作为国家的目的设置

在前文探讨康德的道德律令时我们已经提及，康德以其道德律令的理性结构来考量存在与应然的对立，这其中也包括目的与因果律的对立，他一方面意图在实践哲学框架内（也就是在道德哲学后伦理哲学领域中）创设一种无关神学思考与论证的基础，并且这一基础应当适用于所有道德规范与原则；另一方面，他对纯粹理性（亦即理论理性、形上理性）与实践理性作出分殊，并且这样的分殊同时也是他的道德律令的基础，而恰恰这一分殊又导致他不得不认可灵魂的永恒性、不死性，亦即我们在前文中所说的灵魂的无限性，这在客观上

---

80 Hegel："Aber das Handeln ist nichts anderes als die Verwirklichung des inneren moralischen Zwecks oder der Harmonie des moralischen Zwecks und der Wirklichkeit selbst." Phänomenologie des Geistes. Hrsg. von J. Hoffmeister. Berlin 1964. S. 465.

81 Hegel，Phänomenologie des Geistes. Hrsg. von J. Hoffmeister. Berlin 1964. S. 465.

又背离了他的初衷，也就是背离了他在实践哲学框架内创设一种自由与神学思维与论证之外的哲学基础，并且在本质上反而转向了神学，这造成了道德律令中实践理性内在结构的神学转向。按照康德的实践哲学的理论设计，因为人是具有并且是先验地具有自由意志的，所以人并非必定陷入其自然欲求与激情之中，并且能够按照理性法则而行事，而且恰恰由于他能够，所以他应当甚或必须依照理论法则而行事；康德认为："依照理性的行为只能在道德律令中实现，这是一条通过应然所表述的规则，这一应然表达行为的客观必然，并且这规则意味着当理性完全决定意志时，行为将完全依照理性而发生。"[82] 由此可见，在康德看来，仅仅那些相应于理性法则的亦即相应于道德律令的行为才是道德行为，才是依据道德规范而行事，这样的行为的产生，首先是由于人享有自由意志，并且能够自由决定，于是应然地（亦即客观必然地）依照道德律令、依照道德法则而行事；这表明，通过自由意志亦即通过决定的能力，目的设置与道德行为才有可能。当然，这其中也并非毫无问题，其思维逻辑并非圆融无碍、圆润无碍，如同前文已经阐释与分析的，譬如人的意志也受到因果律的决定，因而一个完全自由的意志决定似乎并非完全有可能，再譬如并非个体的内在意图与意志的决定是判断道德行为的标准，按照黑格尔的观点，客观结果、社会结果才是判断标准，或者教育与启蒙才能将人的真实自然本性表述出来。康德将意志设定为自由意志，在这一基础上，一种应然才有可能，并且在这种自由意志与应然的理解中他提出人的行为与道德的追求问题；黑格尔强调康德哲学的理性方面，认为："我应当为了义务本身而行事，并且这是我的在真实意义中的自己的客观性，我在义务中完成这一客观性；当我这样做时，我就是在我自身之中并且是自由的。"[83]

康德的理论贡献在于，在理性论证的道德框架中考量道德规范与原则以及它们的效用，在黑格尔看来，实现道德诉求的最终并非个体，而是目的论决定的普遍意志的承载者，并且其目的设置，亦即应然就在自身之中，这似乎就是国家，就是承载普遍意志的国家，并且应然就在其目的设置之中。在黑格尔看来，哲学作为科学（或曰作为学科）已经没有能力认知社会发展的未来形式，

---

82 I. Kant："Das Handeln gemäß der Vernunft kann nur in Imperativen erfolgen；das ist eine Regel，die durch ein Sollen，welches die objektive Nötigung zur Handlung ausdrückt，bezeichnet wird，und bedeutet，daß，wenn die Vernunft den Willen gänzlich bestimmt，die Handlung unausbleiblich nach dieser Regel geschehen würde." Kritik der praktischen Vernunft. Leipzig 1944. S. 22.

83 Hegel："Die Pflicht soll ich um ihrer selbst willen tun，und es ist meine eigene Objektivität im wahrhaften Sinne，die ich in der Pflicht vollbringe，indem ich sie tue，bin ich bei mir selbst und frei." Grundlinien der Philosophie des Rechts. Hrsg. von J. Hoffmeister. Berlin 1956. S. 144，§148.中文参照〔德〕黑格尔：《法哲学原理》，范扬、张企泰译，北京：商务印书馆 2007 年版，第 167 页。

因而无法指出其规律性，无法指出其变化到新的秩序中的规律（马克思则与之不同，认为哲学能够指出这种规律，并且的确提出了社会发展阶段说理论）。黑格尔认为："为了对于世界究竟是什么这样的教导再多说一句，哲学毫无疑问总是已然来得太晚了。作为对于世界的思考，当现实完成了它的构建过程并且完成了自身的时候，哲学才呈现在这样的时代……当哲学将其灰暗画入灰暗时，生命的形象已然老去，这形象无法以灰暗中的灰暗使自己年轻起来，而是仅仅认知到，密涅瓦的猫头鹰在暮色熹微时才开始它的飞翔。"[84]

在黑格尔看来，世界史作为科学（作为学科）关涉的是已然发生的事实，在他的历史哲学中，黑格尔将历史哲学视为对于人类过往历史的哲学的回忆，历史仅仅是过往者，历史学仅仅关涉过往者；因为过往在当下中结束了自身，所以黑格尔拒绝将作为存在-应然（Sein-Sollen）的未来收入他的哲学概念框架中[85]，当然，这也并不表明黑格尔否定人类的未来。不仅黑格尔的历史哲学与道德哲学相互关联，而且也都与其整体的哲学建构相关联，黑格尔认为，哲学的任务并不在于构建未来概念、并非在于构建存在-应然概念，而是要理解历史过程的辩证逻辑，所谓存在-应然不过是一种抽象道德的要求而已。他将康德道德律令中理性的人与经验的人的分离引入应然的绝对化中，也就是引入道德要求的绝对化中。如同前文所阐释与分析的，他将康德道德律令框架中的应然的无限过程视为一种坏的无限性，他认为，每一种应然都应当以有限为其内涵，而因为在其应然概念中涵盖人的能够与意志，所以应然概念在享有新的有限内涵时就超出了原本的应然概念，也就是说，应然概念享有某种界限，而恰恰由于它享有这种界限并且能够突破这种界限，它才是应然概念（这呈现出黑格尔辩证法思维方式），也就是说，在每一个有限的内涵自身中都含有无限，无限置身于有限之中，有限应然的内涵是被无限所彰显的。在这样的思维方式下且在普遍与个别（特殊）的关系中，黑格尔批评康德将人分裂（分裂为理性的与经验的人）的理解，他认为，在康德这种伦理二元论中，无法将个体的利益与公民社会的利益和谐地纳入同一个秩序，然而黑格尔也并非悲观主义者，他认为："就理性与法律而言亦并非如此之悲观，以至于它们仅仅是应然而已。"[86]他要表述的

---

84 Hegel："Um noch über das Belehren，wie die Welt sein soll，ein Wort zu sagen，so kommt dazu ohnehin die Philosophie immer zu spät. Als der Gedanke der Welt erscheint sie erst in der Zeit，nachdem die Wirklichkeit ihren Bildungsprozeß vollendet und sich fertig gemacht hat...Wenn die Philosophie ihr Grau in Grau malt，dann ist eine Gestalt des Lebens alt geworden，und mit Grau in Grau läßt sie sich nicht verjüngen，sondern nur erkennen，die Eule der Minerva beginnt erst mit der einbrechenden Dämmerung ihren Flug." Grundlinien der Philosophie des Rechts. Hrsg. von J. Hoffmeister. Berlin 1956. S. 17（Vorrede）.

85 Hegel，Die Vernunft in der Geschichte. Berlin 1967. S. 199 ff，S. 265.

86 Hegel："Aber in der Wirklichkeit selbst steht es nicht so traurig um die Vernünftigkeit und Gesetz，das sie nur sein sollen." Wissenschaft der logik Glockner Ausgabe，Stuttgart 1939. Band I，S. 156.

是，在其辩证哲学的基础上，康德的道德律令二元论能够被消除，亦即能够在黑格尔所强调的行为（道德行为）及其社会结果中被消除，在黑格尔看来，存在与应然的关系能够在辩证思维中统一起来，这一点前文已经分析了；而马克思由此更向前迈进一步，他认为，人有能力认知社会发展的法则，并且在这样的法则中认知未来的应然，在此关涉的并非仅仅善应当是什么（关涉的并非仅仅是应然），而且关涉人在具体的历史社会中的存在，关涉其具体的行为，甚至关涉决定其社会历史存在的行为与目的（在此呈现出道德律令与应然的意义），世界的机械决定论的模式在此并不适用，于是国家、法律人等必须在这种辩证决定论中被考察，由此道德的存在-应然、道德的诉求就是一种哲学的限定、哲学的决定了，就能以社会的未来作为内涵，通过人的行为（劳动行为）而在具体的历史境况中付诸实施、付诸实现，社会、历史的辩证发展法则就能通过人的行为（劳动、社会实践）得到实施，并且决定人的道德行为；由此道德意识对于人的目的与社会发展而言就不再是一种冥想、不再是康德道德律令中的纯粹理念，而是人在实践中改变世界的杠杆。

相对于马克思而言——马克思更关注人的社会性（人是社会关系的总和），黑格尔对于应然以及道德诉求问题的理解，似乎具有一种抽象品性，也就是说，似乎并未深切关注到道德诉求的社会限定性、条件性。就道德诉求与应然问题而言，他的意图似乎在于将个体（个别）在辩证思维过程中建构在、展现在普遍之中，他将他的道德立场作为应然的与道德诉求的立场[87]，也就是说，人享有自由意志，并且由此而能够以善或恶作为其行为意图。在这一点上黑格尔与康德保持一致，然而黑格尔并未将应然绝对化，而是将应然与人的行为视为一个统一体，这一辩证统一的内涵是其应然的理论基础；由此，与康德不同的是，善在黑格尔的道德哲学中并非不可企及的，而是个体应当将善作为行为的意图并且表现出来，在这个意义上，善是理念，是个体意志概念与普遍意志概念的统一（公民意志与国家意志的统一）。[88]在方法论意义上黑格尔不同于康德的是，第一，黑格尔强调，存在-应然必须关联社会内涵，必须关联辩证传导的人的社会性（亦即前文阐释与分析的从人的善的道德意图与动机行为而来的社会结果），否则的话，存在-应然就成为一种毫无内涵的空洞的概念，就成为毫无效用（亦即毫无客观社会结果）的空洞的标榜性口号，这不同于康德道德律令中产生的应然的无限过程结局；第二，个体必须在历史发展过程（世界进程）的框

87　Hegel，Grundlinien der Philosophie des Rechts. Hrsg. von J. Hoffmeister. Berlin 1956. S. 102，§108.中文参照〔德〕黑格尔：《法哲学原理》，范扬、张企泰译，北京：商务印书馆 2007 年版，第 112 页。

88　Hegel，Grundlinien der Philosophie des Rechts. Hrsg. von J. Hoffmeister. Berlin 1956. S. 116，§129.中文参照〔德〕黑格尔：《法哲学原理》，范扬、张企泰译，北京：商务印书馆 2007 年版，第 132 页。

架中理解其道德义务与善行的绝对与相对的意义，以为了能够坚持绝对义务（道德律令的义务与善行要求）的适用性，并将这种义务付诸实施，这一点与康德似乎异曲同工；第三，黑格尔似乎并未太过关注道德的规范价值，他似乎也并未将道德的价值判断与规范之间的关系置于辩证的意义中来考量，这似乎又是不同于康德道德律令的规范意义、价值意义的方面。

不同于康德、也不同于马克思，黑格尔在此所深切关注的是，个体（单一的公民）应当知道，其行为与普遍密不可分而纠缠在一起，当人认知到他的行为的社会内涵，并且主动而有意识地将其设置为自己的行为意图，同时依照这样的意图行事（劳动）时，那么他的行为就是善的，由此黑格尔认为："这一应然具有许多意义，并且由于偶然性的目的同样具有应然的行事，于是也是无限多的。"[89] 也就是说，人的意志在"你应当"的道德诉求中要依据普遍的社会内涵而建立行为的动机与意图，他总结说："主体应当享有对于善的理解，并且将同一个善设为意图，并且应当通过其造作而将它引领出来。"[90]黑格尔在此强调的是，个体要将自身建构到社会中，要认知到"将自身建构到社会中"的属性，要认知到行为的善、恶之区别，要认知到道德义务，尤为重要的是，在绝对精神（或理念）的发展过程中（亦即在世界进程、国家与历史的过程中）每一个因素、每一个时刻都是绝对的，也就是说，每一个时刻都是必然的，每一个必然的时刻共同建构了历史的发展，而恰恰在这整体的进程中，每一个绝对必然的时刻又是相对的，没有任何一个单一的时刻独自决定世界进程、历史进程，它们仅仅是表述这一进程而已。在这样的绝对与相对的辩证关系中，黑格尔强调，个体应当认知到其善行与义务的必然的相对性，认知其相对的独立性与质量，也就是说，当其他善行与义务更为重要之时，有些善行与义务就并非必然的了；就道德诉求而言，个体应当认知到这一辩证法是道德概念的基础，应当理解在绝对理念展开自身的历史进程与国家进程（亦即世界进程）的框架中善行的绝对与相对意义。在黑格尔这里，单一（个别）与普遍的辩证法是区分与判断善行概念的相对于绝对意义的基础。当然，当人确定行为是否是善的、究竟什么是善的行为的时候（也就是作出判断的时候），他还并未为此给出理由，亦即为什么这个行为是善的，因而是否是这样的判断仅仅是主体的确定而已、主体对于客体存在的确定而已，或者说，仅仅是一种归属性的（归为、纳入善或恶）、确认性的（肯定其为善或恶）、命名性的（给出善或恶的名号）、宣示性

---

89 Hegel："Dieses Sollen hat aber viele Bedeutungen und，da die zufälligen Zwecke gleichfalls die Form des Sollens haben，unendlich viele." Enzyklopädie. Berlin 1964. S. 382，§472.

90 Hegel："Das Subjekt soll die Einsicht in das Gute haben und dasselbe sich zur Absicht machen，und soll es durch seine Tätigkeit hervorbringen." Enzyklopädie. Berlin 1964. S. 399，§507.

的（展示善或恶）、诉求性的（要求行善、禁恶）判断而已，这样的判断是主观的判断，个体主体能够表述某种行为是善的或恶的；当然，这样的判断也未免有某种偶然性，也就是说，符合善的概念的，并非一定有用，而有用的（有效的）不一定符合善的概念（恶法诞生的原因之一，拉德布鲁赫程式），然而无论如何，价值判断要以善为判准，并且应当是一种讲论性的判断，也就是说，这样的判断应当（甚或必须）清晰表述，如果一个行为是善的，那么应当如何付诸实施。道德的价值判断必须以善为内涵，这是一种公理，是一种偶然的必然，黑格尔强调："主体与述谓是相互符合的，并且具有同样的内涵；这一内涵自身就是被设置的具体的普遍，它包含两个因素，亦即客观的普遍性或者类以及单一性。"[91]这里的思想在于，道德的价值判断自身对于行为而言就是道德规范，而每一个单一的行为都能够以善或恶的价值判断来考量，是否它们符合道德规范；在讲论性的判断中，主体（主词）与述谓相互符合，主词被涵盖在述谓之中，反之亦然，也就是说，在价值判断与道德规范之间有一种辩证的互注互释，在道德规范中含有道德的价值判断，在道德的价值判断中含有道德规范，在此呈现出黑格尔辩证法与思维方式中价值判断与道德规范的统一性。

（六）善恶分殊作为目的设置的先决条件

善与恶历来是哲学史、宗教学史上的重要论题域，其中被研究的因素之一，就是能否在哲学上论证，究竟什么使人内在的作出善恶之区分，似乎有某种内在辨识力令人区分善恶并追求善、避免恶；从希腊古典一直到现当代（当然包括康德、黑格尔以及马克思的时代），这样的神学、哲学与宗教学探讨从未终止。

从康德的道德律令出发来看，恶是人为了自身的自由的任意妄为，甚至极致的任意妄为，或者说，将这样的任意妄为拓展到极致，将他者视为非道德的，也就是说，以道德律令为驱动力将他者置于非道德之中，以道德律令为名而论证他者为非道德[92]，而世界则是"由恶向善的不止息（尽管几乎感觉不到）的前行，至少在涉及人的自然本性上是这样的"[93]。对于康德而言，善并非别的什么，而就是善的意志，也就是说，如果意志的极致（意志的最大化）与人的自治律

---

91 Hegel："Subjekt und Prädikat entsprechen sich und haben den selben Inhalt. Dieser Inhalt ist selbst die gesetzte konkrete Allgemeinheit；er enthält nämlich die zwei Momente，das objektive Allgemeine oder die Gattung und das Vereinzelte." Wissenschaft der Logik（Glockner Ausgabe），Stuttgart 1939. Band 2，S. 113.

92 I. Kant，Kritik der praktischen Vernunft. Werke in sechs Bände，hrsg. von F. Groß. Leipzig 1907. Band 4，S. 694.

93 I. Kant："Vom Schlechten zum Besseren，unaufhörlich（obgleich kaum merklich）fortrücke，wenigstens die Anlage dazu in der menschlichen Natur anzutreffen." Kritik der praktischen Vernunft. Werke in sechs Bände，hrsg. von F. Groß. Leipzig 1907. Band 4，S. 665.

法必然和谐一致的话，那么这个意志就是善的意志（亦即所谓 guter Wille[94]），善与恶在范畴上是对立的、相互排斥的概念。

黑格尔依然在其辩证关系中考量善与恶，他批评对于善的抽象限定，他认为："在这个抽象的'善'之中，善与恶以及所有现实义务的区分消失殆尽，由此仅仅意愿善，并且在行为中仅仅有善的意图；只要善仅仅在这样的抽象中被希冀，并且由此而主体意志的限定被阻止的话，那么这更多的其实是恶。"[95]在黑格尔看来，仅仅意愿、希冀抽象的善，这本身并非是意志，而是一种任意，这在行为中会导致恶；为了自身的欲求是一种自然的欲望，当自然欲望没有主动意识到其真正的内涵，也就是没有意识到这一欲望的社会结果时，这个自然欲望就是恶的，换言之，对于黑格尔而言，自然的欲望是针对善而言的，甚或是善的否定，并且由此而是恶。黑格尔认为，个体意识决定人类的自身经验，个体意识的发展并非沿着道德动机的直线过程，譬如并非沿着善的意志的直线发展过程，这其间也有道德的恶化与自私自利的个人主义倾向等，因而历史发展的较高阶段并非必然，必定意味着道德原则与道德动机的较高发展[96]，而恰恰这种作为恶的自然欲望推动了历史的发展，道德原则仅仅在主体领域被设置为善的欲望，在现实历史的运动中则未免被摒弃。在黑格尔看来，符合道德的行为似乎仅仅是世界进程与历史理性的慰藉而已："因为世界历史在比道德原有的地点更高的基础上运动。"[97]也就是说，历史的法则性的发展、社会法则性的发展，并非绝对的，甚或并非依赖于从人的行为中呈现出来的主体的道德意图，道德（亦即所谓善与美德）、道德化无法影响世界进程及世界历史进程的现实发展过程，而人在其道德行为中应当认知到他自身甚至依赖社会发展的客观法则，而自私行为所呈现的自然欲望（亦即所谓恶）则构成历史发展的基础，而如果这样的自然欲望就是恶的话，那么人的限定本身、人本质就是恶。[98]善与恶在黑

---

94 I. Kant，Kritik der praktischen Vernunft. Werke in sechs Bände，hrsg. von F. Groß. Leipzig 1907. Band 4，S. 80.

95 Hegel："In diesem abstrakten 'Guten' ist der Unterschied von gut und böse und allen wirklichen Pflichten verschwunden，deswegen bloß das Gute wollen und bei einer Handlung eine gute Absicht haben，dies ist so vielmehr das Böse，insofern das Gute nur in dieser Abstraktion gewollt und damit die Bestimmung der Willkür des Subjekts vorbehalten wird." Grundlinien der Philosophie des Rechts. Hrsg. von J. Hoffmeister. Berlin 1956. S. 131，§140. 中文参照〔德〕黑格尔：《法哲学原理》，范扬、张企泰译，北京：商务印书馆 2007 年版，第 146 页。

96 Hegel，Philosophie der Geschichte（Vorlesungen über die Philosophie der Geschichte）. Hrsg. von F. Brunstäd. Leipzig 1907. S. 55 f.

97 Hegel："Denn die Weltgeschichte bewegt sich auf einem höheren Boden，als der ist，auf dem die Moralität ihre eigentliche Stätte hat." Philosophie der Geschichte（Vorlesungen über die Philosophie der Geschichte）. Hrsg. von F. Brunstäd. Leipzig 1907. S. 110. 由于这一点并非本研究主要论题，因而在此不多引述；在随后的第 111 页中，黑格尔对这一点加以更详细之阐释。

98 Hegel，Grundlinien der Philosophie des Rechts. Hrsg. von J. Hoffmeister. Berlin 1956. S. 124，§139.中文参照〔德〕黑格尔：《法哲学原理》，范扬、张企泰译，北京：商务印书馆 2007 年版，第 143 页。

格尔这里似乎更多的是在历史发展框架中人的行为的质量，人似乎在本质上就是恶的，恶似乎是历史发展的推动力的一种形式；当然，在此必须强调的是，黑格尔将道德的发展视为一种辩证过程，善与恶在其矛盾统一性中构成道德发展的一种推动力，恶是人的行为的质量，只要个体的意志是一种自然意志（自然本性）的话，那么人的本质就是被恶所限定的（人的本质就是恶的），人就没有意识到自身的概念（没有意识到人之所以为人），个体的意志能够通过劳动的个体与奴隶的自我意识、通过劳动（行为等）而意识到自身的概念（意识到自己是人），当意识到了自我意识的时候，这是意识与自我意识的和解，这是意识与自我意识以及意识行为的合一，这就是黑格尔法哲学中所表述的：善作为一种理念就是普遍与特殊的统一，就是普遍意志概念与特殊意志概念的统一，就是被实现的自由以及世界的绝对目的。[99]

黑格尔将善恶概念理解为人的行为的质量限定，也就是说，善与恶作为人的行为的内在调节器，影响人对于善恶的决定，善与恶作为概念必须在人的行为中并且通过人的行为来理解；与康德相同的是，黑格尔也肯定世界的发展，肯定世界从恶向善的进步性发展，然而对于黑格尔而言，这样的发展并非通过“善的意志”（“善的意愿”），而恰恰是人的恶的属性所带来的，或者说，恶的行为所带来的善的结果推动历史发展与世界进程；康德将善与恶等多视为革命前夕的启蒙时代的人的理念，与之不同的是，黑格尔将善与恶的限定视为一种现实的限定，视为一种资本主义社会（或者 19 世纪公民社会）的现实的表述。

（七）道德作为意志的内在存在方式——抽象法

前文曾经谈到，对于黑格尔而言，道德是意志内在的存在方式，黑格尔以“目的（或内在宗旨）与亏欠”、“意图与福祉”以及“善与良知”来限定人的行为的道德主体方面，并以如此这般的形上的哲学思考奠定其道德的内涵与功能，意志的内在存在方式的限定与其辩证思维之下的变化的现实密切相关，道德作为意志的内在存在方式就是抽象法，也就是说，道德呈现为法的内涵丰富的、具体的最高梯次，与实证法一样（黑格尔在精神现象学中，以 Rechtszustand，亦即以法的状态概念来表述实证法），抽象法也建构并发展个体性，并且决定人的人格。在黑格尔看来，法的状态代表抽象法（是抽象法的代表），代表了纯粹的程式上的普遍性，人的自我意识作为人本身、作为人格本身，在此并非将自身认知为具体者，并非享有对于具体的认知，而是将自身认知为抽象的“我”（康德纯粹理性批判与道德律令中的抽象、先验而纯粹理性的人，费希特观念论中

99　Hegel，Grundlinien der Philosophie des Rechts. Hrsg. von J. Hoffmeister. Berlin 1956. S. 116，§129. 中文参照〔德〕黑格尔：《法哲学原理》，范扬、张企泰译，北京：商务印书馆 2007 年版，第 133 页。

的抽象的 das Ich，亦即中性的“我”)，而意识到自身的人或曰具有自身意识的人格，在其自身性中含有现实性，其自身性就是现实性，在其伦理的限定中本质上是其自身性，正是在这个意义上，黑格尔要求：“做人吧！并且尊重其他人吧！”[100]这一要求就是法的表述，其中的人或人格（Person）能够被视为抽象的人或人格，这一要求也符合程式上的自由亦即程式上的意志自由，这不仅呈现出黑格尔与康德、费希特等在法律概念上亦即在自由的程式限定上的内在联系，而且法律的意义也在此彰显无遗；这一从康德、费希特到黑格尔的抽象法理解，也影响到了马克思。[101]

在黑格尔法哲学思想中，抽象法领域是意志自由的外显的当下此在的氛围，也就是说，这是一个过程，自我意识在这个过程中将其意识作为具体的“我”而经验，自我意识在这一过程中历验作为具体的“我”的意识，于是自我意识在这样的过程中不断进步、不断前行；而为了使得这一自我意识不断进步、前行，意志必须从其自由的外在存在中返回，并且返回到其内在的存在；通过意志在自身中的这种反思、回归，抽象的个体将自身转变到带有具体目的设置与追求的主体中，或曰转变为带有具体目的设置与具体追求的主体；而这就是道德的领域，包含其限定、意图、以及先决条件等，并且道德在此意味着与个体的基本法则的和谐一致。在法中，自我意识服从外在的权威与意志（自我意识服从法律)，在道德中，个体在自身中决定善与恶的标准，而如果法与道德各自有其独特的方面的话，那么这也呈现出法与道德各自的单一方面、不完美的方面，而伦理则联系这两个方面，是这两个方面的综合。换言之，在黑格尔看来，道德依赖于确定的社会、国家的关系，他将人的主体意识与社会现实联系起来，同时将主体意识的道德理解置于对象概念中（亦即作为对象来研究)，他指出道德意识面对其社会存在时的相对独立性，他指出哲学甚或法哲学在这一相对于社会存在的相对独立性中所要检视的对象。

在黑格尔的理解中，目的预设作为概念限定，关涉的是行为的程式方面，与亏欠（罪过）亦即责任概念不可分离，也就是说，个体仅仅对于他在目的预设中设定的内涵而承担责任（这对于诸多刑事案件的判决饶有影响)，当他的行为是其预设的组成部分与意志的表述时，他就对于他所实施的行为承担责任。[102]而

---

100 Hegel：“Sei eine Person und respektiere andere Personen.” Grundlinien der Philosophie des Rechts. Hrsg. von J. Hoffmeister. Berlin 1956. S. 52，§36.中文参照〔德〕黑格尔：《法哲学原理》，范扬、张企泰译，北京：商务印书馆 2007 年版，第 46 页。

101 K. Marx，Das Kapital. In：K. Marx，F. Engels，Werke. Berlin 1962. Band 23，S. 99.马克思在其名著《资本论》中特别强调，为了使商品之间能够相互之间联系起来，商品的生产者必须相互之间作为人或人格（Personen）建立关系。

102 Grundlinien der Philosophie des Rechts. Hrsg. von J. Hoffmeister. Berlin 1956. S. 106，§115—118.中文参照〔德〕黑格尔：《法哲学原理》，范扬、张企泰译，北京：商务印书馆 2007 年版，第 135 页。

预设的内容包含个体在其目的的实现中对于给定现实的设想，而意图则是预设中的普遍的方面："作为从一个思考着的人而来的预设，不仅包含单一细节，而且本质上包含那一普遍的方面——意图。"[103] 黑格尔在此表述了道德意志的法所具有的三个方面。首先，抽象的法或者行为程式的法，以及如何在直接的现实存在中被实施，其内涵主要是主体的设想、主体意志的预设。其次，行为的特殊性（das Besondere der Handlung）是其内在的内涵，以及对我而言如何确定其普遍属性、究竟什么决定行为的价值与意图，并且根据什么而有效适用，其内涵作为我的主体存在的特殊目的是我的福祉（Wohl）；其内涵必须能够在普遍性上提升为客观性（必须能够是客观的），并且是意志的绝对目的与善，是对于恶与良知（良心）的主体普遍性的对立的反思。[104]其中，意图概念与福祉概念联系在一起（与古典哲学相符合，亚里士多德在《尼各马可伦理学》中说，人的目的是追求福祉，国家的目的也必须是人的这个目的），这其中涵盖个体的私人目的与国家的目的及其两者的关系。黑格尔将目的预设以及意图概念与现实联系起来，在这样的联系中，他排除主体的预设的偶然性，在目的预设问题上他强调，哲学要在偶然性的表象中认知隐匿的必然性，同时也不能将偶然性理解为从属于主体的设想（偶然并非设想出来的）。[105]

由此，作为预设组成部分的个体道德要求，必须在内容上关联其行为必然结果的预视，也就是说，由于主体并不预设偶然性，并且由于他必须为自己的行为承担责任，因而他也应当（甚至必须）预见到其行为的结果（并承担相应的责任）。对于黑格尔而言，必然性作为一种范畴（概念），在此意味着在自身之中享有其存在原因，并且与个体行为密切相关；而偶然性则相反，并非在自身中，而是在他者之中享有其存在原因，偶然并非出于行为的内在必然属性。偶然与必然作为范畴在辩证关系中相互限定。黑格尔强调的是，主体必须在其预设中设定客观的必然结果，也就是说，当人认知到行为的普遍属性时，必须能够预见到可能的结果的出现；行为并非承载偶然的属性，而是承载必然的、法则性的属性，并且在有法则、有规律的社会限定中呈现主体的意图与目的预设。[106]

---

103 Hegel："Der Vorsatz，als von einem Denkenden ausgehend，enthält nicht bloß die Einzelheit，sondern wesentlich jene allgemeine Seite，di Absicht." Grundlinien der Philosophie des Rechts. Hrsg. von J. Hoffmeister. Berlin 1956. S. 105，§114. 中文参照〔德〕黑格尔：《法哲学原理》，范扬、张企泰译，北京：商务印书馆 2007 年版，第 117 页。

104 Grundlinien der Philosophie des Rechts. Hrsg. von J. Hoffmeister. Berlin 1956. S. 105，§114.中文参照〔德〕黑格尔：《法哲学原理》，范扬、张企泰译，北京：商务印书馆 2007 年版，第 117 页。

105 Hegel，Enzyklopädie. Berlin 1964. S. 290.

106 Grundlinien der Philosophie des Rechts. Hrsg. von J. Hoffmeister. Berlin 1956. S. 108，§119-123.中文参照〔德〕黑格尔：《法哲学原理》，范扬、张企泰译，北京：商务印书馆 2007 年版，第 122—126 页。

（八）抽象法的外在表现——良心与坚信

良心[107]与坚信是现代宪法法学中的核心概念，良心与坚信的保障必须在宪法的条文中得到表述，无论是魏玛宪法抑或是联邦德国的宪法，都清晰阐释了这一点；[108]这至少也能追溯到黑格尔。黑格尔认为，现实或社会伦理的存在能够通过坚信被肯认或者被拒绝；借着这样的坚信，意志的内在存在方式与个体的世界观以及认知联系在一起，这呈现出黑格尔的理性立场。

随着道德意识的兴起，人能够在自身中发现一种坚信，于是就开始了主体的自由独立性，这其中，个体有了能力，将现存所有思想（譬如宪法等）设置在良心中。在此，黑格尔的良心概念与坚信概念密切相关，这分别体现在精神现象学与法哲学中。一方面，在法哲学中，主体意识的绝对恰当性（die absolute Berechtigung）表现在良心之中，人作为主体的自我意识，必须自身知道，什么是法与义务，当然，是否个体所认为的善与恰当（善与正义）的确是善与正义，则必须在社会应然之善的社会结果中去认知。因此，没有认知的良心是盲目的，没有良心的认知在伦理上是空洞的。在此，黑格尔理解的善是特殊意志与意志自身的辩证统一，或者说是特殊意志与普遍意志的辩证统一："善毕竟是在其主体性与普遍性中的意志的存在，亦即在其真理中的意志。"[109]对于黑格尔而言，单个人的个体意志并非下车伊始就是善的，而是在劳动过程中通过所谓奴隶意识的行为而成为善的，这其中，善恶概念作为人的行为的质量概念构成一种辩证统一，并且是人的道德完善的推动力；而从定义上来看，恰恰是在个体主体的意志中，善的内在成熟过程，呈现为良心。[110]另一方面，在精神现象学中，黑格尔指出，自我意识（个体的主体意识）呈现为善的内在成熟过程，而这就是良知；而自我意识在善的内在成熟过程中必须历验诸如异化了的精神所产生的世界（亦即作为绝对精神自身展开的结果的世界或世界进程）、人的健康的理性的激荡（人的理性思考）、启蒙针对信仰与理性的碰撞等，历验上述这些是为

107 "自我意识借助于道德认知到自己是一个本质性，认识到本质是一个现实的自主体，它不再把这个世界以及世界的根据排斥出去，而是把一切包揽在自身内。使之逐渐消沉下去，并表现为一个具有自身确定性的精神，亦即良知。" 参见〔德〕黑格尔：《精神现象学》，先刚译，北京：人民出版社 2013 年版，第 271 页。

108 Grundgesetz für die Bundesrepublik Deutschland. Textausgabe mit Stichwortregister. Stand：Juli 2010. Hrsg. von Bundeszentrale für politische Bildung. Bonn 2011. Artikel 4，S. 13.

109 Hegel："Das Gute ist überhaupt das Wesen des Willens in seiner Substantialität und Allgemeinheit，de Wille in seiner Wahrheit." Grundlinien der Philosophie des Rechts. Hrsg. von J. Hoffmeister. Berlin 1956. S. 117，§132. 参见〔德〕黑格尔：《法哲学原理》，范扬、张企泰译，北京：商务印书馆 2007 年版，第 133 页。

110 Hegel，Grundlinien der Philosophie des Rechts. Hrsg. von J. Hoffmeister. Berlin 1956. S. 121，§132.中文参照〔德〕黑格尔：《法哲学原理》，范扬、张企泰译，北京：商务印书馆 2007 年版，第 135 页。

了最终认知到，他自己的精神世界（亦即所谓理性）并非大于他的坚信（信仰）与良心（良知）；在这一发展过程中，自我意识根据认知与良心而行事，并且同时承认，在由固执所决定的作为恶的行为中，自我意识与普遍（与普遍的善）形成对立，并且是与善形成对立而行事；[111]由于人所坚信的良心的可信性实际上是一种判断的权能（判断的能力、判断力），并且从自身出发来判断究竟什么是善的，于是自我坚信的良心的可信性的社会辩证在于，良心借助行为的帮助而将存在应然或存在应然之善（亦即前文所说的 Sein-Sollen，或 sein-sollende Gute）实践在现实之中。

在此，从黑格尔的辩证思维出发来看，善的内在成熟过程正是前文提及的善与恶的抽象过程所决定的。这一辩证过程的重要性在于推动善的内在成熟过程，也就是推动良心的成熟过程，直到良心在伦理意识的展开中（发展中）达到更高的质量层次。在这个较高的质量层次上，良心知道自己与伦理的主体完全一致，亦即良心与主体意志完全一致，也就是说，主体意志并不意愿恶，而是仅仅意愿善。

在黑格尔看来，国家是良心的最高氛围；如同主体意志（意图、预设）的限定一样，黑格尔认为，良心以其历史性（亦即从其具有一支成熟的过程而言、从其形成的过程而言）而依赖于各种社会关系，也就是说，良心（良心成熟过程）也依赖于社会条件。当然，包含良心的内容限定的道德设想，在国家中仅仅能够是一种设想与限定而已，黑格尔认为，国家作为伦理的最高氛围享有对与良心的规限，亦即不仅决定意愿什么，而且决定什么是善的，也就是说，良心的真正内涵的限定，被保有在、保持在国家之中。[112]当然，国家在这个意义上是良心的理念，单一个体的良心在其特殊性上并非一定与之完全保持一致；如同科学的论证并非出自主观的观点而被推导一样，国家也不能将某种主体的坚信作为其存在的基础，只有当属于他的公民个体在他们的坚信中采纳国家所主张的真实的良心的社会内涵并据此而行为时，国家才是伦理理念的现实。在此，黑格尔所强调的至为重要的是，并非国家决定、限定个体的道德世界，而是个体的道德世界与良心决定并限定国家的宪法、决定国家的宪法形式。黑格尔想要表述的是，国家的强大与否，本质上依赖于坚信与良心的理性程度，依赖于其正义与否。

---

111 Hegel，Phänomenologie des Geistes. Hrsg. von J. Hoffmeister. Berlin 1964. S. 464 f.

112 Hegel，Grundlinien der Philosophie des Rechts. Hrsg. von J. Hoffmeister. Berlin 1956. S. 121，§137；S. 122 f，§138；S. 124，§139.中文参照〔德〕黑格尔：《法哲学原理》，范扬、张企泰译，北京：商务印书馆 2007 年版，第 139—145 页。

三、结语：黑格尔伦理学的核心指向

对于前此的探讨，我们可以作一小结。第一，黑格尔在其伦理学研究中，并未在狭义的层面研究伦理，而是在广义的伦理理解中将道德、伦理、国家社会以及家庭等作为伦理的组成部分而加以研究。一言以蔽之，黑格尔研究的是人，他将人置于一种整体的辩证关系的系统中、置于具体的历史境况中来考量，并由此建构其精神现象学与法哲学等。第二，对于他而言，道德是以主体行为的形式所发展的伦理理念的表述，他将道德的理解与行为（造作、劳动）的理解联系在一起，并且指出，由于道德律令没有表述人的行为所带来的具体的社会精神的发展及其所造成的人的道德意图的内涵等的变化，因而仅仅从道德律令出发而来的对于道德与伦理的理解，并非完全可取，人的道德预设与意图在其内涵的限定上受到历史发展、社会变化的影响。第三，黑格尔将道德理解为意志自由的内在存在方式，意志自由的内在存在方式亦并非孤立的，而是在客观上与社会、国家相关联，人享有自由的意志，以决定其应然的道德立场——应然是其内在的意志决定，亦即将应然纳入其道德意图的预设之中，并且在其行为中将这样的道德预设、应然的意图付诸实施，这同时也意味着将个体的意志与普遍意志（社会的理性内涵）协调起来。第四，道德的内涵表述的是个体意志依据应然而符合普遍意志，符合普遍意识地去行为，同时，个体并非被强迫要符合普遍意志，要以普遍意志去行事，个体意志也被允许与普遍意志相对立。第五，伦理是道德的真实内涵（是道德的真理），个体在道德的内涵中将普遍意志纳入其道德预设与意图之中，并且将其作为自身行为的唯一判准，而当个体意志与普遍意志一致的时候，意志的自由也就实现了自身、证实了自身。第六，一个依据道德而行事的人将社会的任务置于自己的道德预设与意图之中，一个依据伦理而行事的人在坚信、意图以及目的预设中也与社会的任务保持一致，他理解他的任务的必然性，并且理解他的意志自由被他的行为所确认，伦理的行为必定是道德的行为。第七，绝对精神不仅是涵盖意识、自我意识、理性等，而且是涵盖法、道德、伦理以及国家等因素的一个整体，所有被涵盖者作为各自单一者并非隔如参商，而是也都相互影响。第八，只有作为整体的绝对精神才享有本源性的现实性，才享有纯粹自由的形式，这一纯粹自由的形式呈现为时间。[113]第九，道德、伦理以及国家等作为绝对精神的展开，作为绝对精神的展开的过程与结果，未免使得黑格尔的道德、伦理与国家思想具有一种

113 Hegel，Phänomenologie des Geistes. Hrsg. von J. Hoffmeister. Berlin 1964. S. 21.

神学品性，或至少具有一种神秘品性。

黑格尔对于道德与伦理的阐释与分析，本质上就是对人的阐释与分析，他并未将人视为一种个体抽象的存在，而是将人视为一种具有个体独立意识的行为着的存在（一种动感的存在），不仅是纯粹理性的而且也是现实感知的人，人的存在是在家庭、社会国家中的存在。黑格尔强调了人的自然性、社会性以及国家性存在，人是诸多品性的存在的总和，马克思由此出发认为人是社会关系的总和。

From Phenomenology of Spirit to Philosophy of Right—A Thesis on Hegelian Teach of State

Wang Xi

Abstract: Because Hegel uses the classical traditional terminology to build his theory of state, it is tried in this essay to analysis the Hegelian teaching of state, namely in using the same system of terminus technicus we should like to give a critical analysis about the moral philosophy within his philosophy of right and the way or art of his thinking. Because the problems and conceptions about that he thinks don't come from nihil, but indeed have their philosophical origin or sources, we firstly trace them back to Kant and Fichte, in order to point out the inner historical development of these problems and conceptions that he treats, secondly to show his dialectical method that differently from classical Greek philosophy, and thirdly meanwhile finally to exhibit the Hegelian influence on Marxian philosophy of right and the teaching of pure right of Kelsen.

Keywords: Philosophy of Right; Philosophy of State; Moral Philosophy; Freedom of Will; Abstract Right

论人工智能实施“民事行为”的类型及其效果

冉克平　谭佐财

摘　要：人工智能对现行民法存在多维度的挑战，但尚不足以突破其边界。人工智能技术种类较为宽泛，需予以类型化，应将人工智能基础技术排除在法学讨论范畴外；人工智能无法享有主体资格和精神利益，类比动物、法人而承认人工智能的民事主体地位的路径难以实现理论的自洽。人工智能生成物能否认定为作品需根据输出内容是否具有高度同质性分类讨论，在能认定为作品的情形下，著作权人为人工智能保有人。“类人型”人工智能在缔约、履约过程中可定位为“传达人”。自动驾驶汽车与一般机动车在产品责任与机动车交通事故责任认定上并无本质区别。人工智能本身并不符合高度危险责任的标准，但当其载体为高度危险源时，高度危险责任有适用空间。

关键词：人工智能；民事行为；类型；效果

作者简介：冉克平（1978—　），武汉大学法学院教授，博士生导师，主要研究方向为民法总论、合同法、物权法、亲属法。

谭佐财（1996—　），武汉大学法学院硕士研究生，主要研究方向为民商法。

目　次

一、问题的提出

人工智能技术与基因工程、纳米技术并称为“21 世纪三大尖端技术”，人工智能技术在生产生活中的广泛运用以及对其社会角色定位的不断尝试，无不体现了人工智能对人类社会造成的“颠覆性”的影响。技术发展必定有一个过程，技术的漏洞以及所带来的风险是技术发展的必然代价，每一次技术领域的革新均伴随着对现行社会治理、经济变革、政治秩序的冲击。

人工智能技术的发展在深刻改变我们的生产生活方式的同时，对传统民法亦提出了挑战，主要表现在人格权制度、数据财产保护、知识产权保护、侵权责任认定和承担等方面。[1]具体看来，人工智能技术可能会带来以下法学难题：①在民事主体上，“人-物”二分的主客体模式下难以解释人工智能法律人格及在民事法中的主体地位；[2]②在人格利益、知识产权领域，现行法无法赋予人工智能人格自由、人格尊严等人格利益；③人工智能“创作的作品”难以契合著作权法中的“作品标准”，即便能认定为作品，既有著作权主体理论也无法周延地解释和认定人工智能作品的著作权主体；④在缔约、履约领域，“类人型”人工智能几乎可以独立实施交易行为，但现行法并未吸收人工智能的主体身份，故该交易行为效果难以认定；⑤在侵权责任领域，人工智能逐渐发展出独立思考、自主作出决策的能力，此种情形下现行法难以直接认定人工智能导致的侵权责任。基于此，有人提出，人工智能对现行民法理论和制度体系造成巨大冲击，已无法囊括人工智能所带来的新型法律问题，急需创设新的规则。[3]

法学界围绕前述难题已有较多理论阐释与构建，但尚存在以下问题：人工智能研究对象以偏概全，未对人工智能进行类型化分析导致论证缺乏说服力；未充分地适用现行法而径行进行概念延展及理论建构导致部分理论问题愈发模糊，急需捋清。本文拟对人工智能实施的“民事行为”的私法效果予以类型化讨论，以期对人工智能法学研究有所裨益。[4]

1 参见王利明：《人工智能时代对民法学的新挑战》，《东方法学》2018 年第 3 期。

2 参见许中缘：《论智能机器人的工具性人格》，《法学评论》2018 年第 5 期。

3 参见许中缘：《论智能机器人的工具性人格》，《法学评论》2018 年第 5 期。

4 因对人工智能主体地位学界颇有争议，将人工智能所展开的民事活动称之为以意思表示为内核的法律行为有失妥当，为行文方便，使用“民事行为”指涉人工智能所展开的民事活动。

二、人工智能的类型化

人工智能通过深度学习、训练已在图像识别、语音识别、文本处理、游戏博弈、艺术美学、软件设计等诸多领域超越人类智力水平，[5]这无疑也触动着人类的神经，从而引发了哲学、伦理学、法学等社会学科对人工智能的大讨论。[6]法学研究者对人工智能的探讨，大都存在一个误区，即将人工智能技术狭隘地等同于智能机器人技术，进而直接从智能机器人的角度来展开问题探讨。加之智能机器人在人工智能中占比非常高，以至于有时并未严格区分人工智能主体与机器人，[7]有学者将智能机器人等价于人工智能进而探讨人工智能法律主体资格的问题，[8]也有学者将无人驾驶汽车等价于人工智能，进而分析人工智能的产品侵权责任。[9]这些论点均存在一叶障目、以偏概全的研究偏向。当然，还有学者站在较为宏观的角度试图整体把握人工智能所产生的新型法律问题，如基于法律关系效力、责任承担、诉讼程序等法律事项的必要而笼统认为应该承认人工智能的法律主体地位。显然，该观点并未涵摄视频图像识别、智能语音、智能翻译、智能传感器技术等人工智能类型。[10]也还有学者笼统地认为人工智能将在民事主体法、著作权法、侵权责任法等方面与现有法律制度形成冲突。[11]但是此种论证路径却存在“顾此失彼”的问题，笼统地探讨侵权责任或者知识产权争议，无法全面地解释或者周延地建构普遍适用于人工智能的理论。当然还有较多学者回避了分类问题，仅探讨比较典型的人工智能——机器人和无人驾驶。[12]这种论证路径虽重点突出，但毕竟研究的落脚点还是在于人工智能，仅对部分技术讨论缺乏对人工智能的整体把握。

根据2017年工业和信息化部发布的《促进新一代人工智能产业发展三年行动计划（2018—2020年）》，人工智能技术主要有智能网联汽车、智能服务机器

5　参见顾险峰：《人工智能的历史回顾和发展现状》，《自然杂志》2016年第3期。

6　参见杜严勇：《论机器人权利》，《哲学动态》2015年第8期；甘绍平：《机器人怎么可能拥有权利》，《伦理学研究》2017年第3期；李丰：《人工智能与艺术创作——人工智能能够取代艺术家吗?》，《现代哲学》2018年第6期；杜严勇：《机器人伦理研究论纲》，《科学技术哲学研究》2018年第4期等。

7　*See* Jack M.Balkin.The Path of Robotics Law，*California Law Review Circuit*，Vol.6 June 2015，p.45.

8　参见吴习彧：《论人工智能的法律主体资格》，《浙江社会科学》2018年第6期。

9　参见梁鹏：《人工智能产品侵权的责任承担》，《中国青年社会科学》2018年第4期。

10　参见徐文：《反思与优化：人工智能时代法律人格赋予标准论》，《西南民族大学学报》（人文社会科学版）2018年第7期。

11　参见吴汉东：《人工智能时代的制度安排与法律规制》，《法律科学》2017年第5期。

12　参见杨立新：《用现行民法规则解决人工智能法律调整问题的尝试》，《中州学刊》2018年第7期。

人、智能无人机、医疗影像辅助诊断系统、视频图像身份识别系统、智能语音交互系统、智能翻译系统、智能传感器技术、神经网络芯片、开源开发平台等。智能机器人技术仅仅是人工智能众多类型中比较高级的表现形式之一，如在将人工智能发展分为“强人工智能时代”与“弱人工智能时代”两个阶段情形下，高度智能机器人便是“强人工智能时代”的重要呈现载体。而在法学研究中运用类型化的思维方式相较于概念思维具有更强的解释力和更大的应用价值。[13]有鉴于此，试图在法学研究中解决人工智能的法律问题，必须对人工智能进行类型化研究。根据人工智能在法律上意义的不同，可分为三个层次：人工智能基础技术、人工智能应用技术、“类人型”人工智能技术。人工智能基础技术是组成应用型、复合型人工智能技术的基础性技术，主要可以囊括智能传感器技术、神经网络芯片、开源开发平台等，这类技术仅具有工具属性却不具有社会属性，从而无法体现法律上的特殊意义和探讨的价值。学界讨论的人工智能法律问题大都与此无关，有必要将这类人工智能分离出法学界乃至哲学、伦理学界讨论的范畴。人工智能应用技术，能通过人工智能基础技术的组合设计实现人体的视觉、听觉等部分功能，在大多数情形下，相较于人类的感官判断，人工智能应用技术更为精准，如智能网联汽车、智能无人机、医疗影像辅助诊断系统、视频图像识别、智能语音、智能翻译。此类人工智能主要以实体存在，但其本质仍是软件或者程序，在法律上主要涉及侵权责任、知识产权等民事疑难问题。“类人型”人工智能，外观像人，有人的模样，还能像人一样活动，甚至自己去“想”、会“思考”、有智慧。该类技术不仅在哲学、伦理学上争议较大，在法学研究中更是如此，对其法律问题的讨论主要围绕人格即法律地位展开（至于侵权责任等问题与人工智能应用技术并无甚差别）。当然，由于智能机器人的高度智能及“类人”的特征，不得不探讨其在合同缔结、合同履行中作为“类主体”的行为效力。

三、人工智能成为民事主体的学理悖论

（一）人格的双维度审视：主体资格与精神利益

人格在法律上有两方面的含义，即主体资格的人格与精神利益的人格。[14]二者分别从主客体的角度理解人格的概念。前者指作为民事主体必备条件的民事

13 参见张斌峰、陈西茜：《试论类型化思维及其法律适用价值》，《政法论丛》2017 年第 3 期。

14 参见吴汉东：《试论人格利益和无形财产利益的权利构造——以法人人格权为研究对象》，《法商研究》2012 年第 1 期。

权利能力，是民事主体享有权利、承担义务的资格，具备主体资格者自然可以成为民法上的人；后者也即人格权所保护的对象。

1. 人工智能无法享有主体资格

第一，能否参照法人制度将人工智能人格化？有学者类比近代出现的法人制度，认为人工智能也可通过立法上的拟制技术而成为民事法律主体，也有学者认为人工智能就应直接享有法人人格。[15]其主要理由在于，“类人型”人工智能（主要指机器人）与法人并无本质区别，均是非自然的“生命”，并且，民事主体制度已经历了一个从“人可非人”到“非人可人”的历史变迁过程，现代法上的人，早已从近代法上的自然人走出来。[16]笔者认为，法人至少可以从以下方面与人工智能进行区分：首先，关于法人的本质无论是采“法人实在说”还是“法人拟制说”，法人制度均是社会发展的产物，法人享有“实在的组织人格”必然存在着合理内核，法人的形成取决于实体性契机、价值性契机、技术性契机。[17]换言之，法人并非无厘头地在立法上随意拟制，而是在社会中存在坚实的基础，否则即便在某些方面与人享有相同地位也不会得到认真对待，而且也不会得到理解。[18]但考察人工智能在法律层面的现实需求及发展趋势，至少从目前的科研趋势来看，在相当长一段时间内尚不具备如同法人一般的民事主体“合理内核”。其次，现代意义的法人之所以能成为独立的法律主体进行交易，取决于其是否拥有“实体性”的财产亦即独立的财产，并能独立地以其财产承担责任。[19]但对于人工智能拥有独立财产的设想不仅无合适的配套制度，而且其成本也过于高昂。最后，法人的意志传导链条是“成员的意志形成共同意志，共同意志又有机地形成团体意志”，[20]该团体意志是独立于各个成员意思的“总意思”，而且法人系通过为它设置的个人或者机关而活动，如此才能在社会现实中得到自己的有效活动范围。[21]由此可见，法人的意思不同于组成法人机关的自然人的意思，[22]既不是个人意志的单独体现，也不是个人意志的简单相加，

15 参见朱程斌：《论人工智能法人人格》，《电工知识产权》2018 年第 9 期。

16 参见易继明：《人工智能创作物是作品吗？》，《法律科学》2017 年第 5 期。

17 参见尹田：《民事主体理论与立法研究》，北京：法律出版社 2003 年版，第 151—156 页。

18 参见〔德〕卡尔・拉伦茨：《德国民法通论》（上册），王晓晔等译，北京：法律出版社 2013 年版，第 181 页。

19 参见李拥军：《从“人可非人”到“非人可人”：民事主体制度与理念的历史变迁——对法律“人”的一种解析》，《法制与社会发展》2005 年第 2 期；又参见尹田：《民事主体理论与立法研究》，北京：法律出版社 2003 年版，第 153 页。

20 参见江平主编：《法人制度论》，北京：中国政法大学出版社 1994 年版，第 7 页。

21 参见〔德〕卡尔・拉伦茨：《德国民法通论》（上册），王晓晔等译，北京：法律出版社 2013 年版，第 181 页。

22 参见王利民：《论人的私法地位——从一个制度的分析》，北京：法律出版社 2007 年版，第 54 页。

而是通过一定的组织形式使成员意志得到有机融合。但人工智能的算法组合的本质使其仅仅是人的意志的复制形式，通过编制程序使其直接体现人类意志，终究未形成自己的意思。综上所述，人工智能无法类比法人享有同等的地位。

第二，人工智能权利能否类比动物权利？有观点认为，善待动物可以培养人类的良好品性，对待动物的方式将会反映到处理人际关系的方式上。而赋予动物相应的权利是约束、规制人类行为的有效方式。随着人工智能技术的高速发展，机器人在某些方面会比人类能力更强，也会比动物更像人类。机器人应当与动物一样享有权利，而享有权利的前提是赋予其“法律人格”。[23]虽然动物权利并未在我国《民法总则》中予以认可，但不妨碍讨论由动物权利证立人工智能权利存在的合理性。1990 年《德国民法典》新增第 90a 条：“动物不是物。动物受特别法律的保护。除另有规定外，关于物的规定准用于动物。”从法典体系解释的角度看，该条款置于法典中“物与动物”一章，虽然明确动物非物，但并未放在“人”一章，这种编排方式清晰地划分了主客体的界限。立法者将动物从“物”中分离，将动物作为特殊物看待，对随意处分动物的行为加以必要的限制，其实是为了满足环保主义者的呼声的概念美容术。[24]在德国民法体系下，动物准用物的规定，自然也就不享有权利。至于在《野生动物保护法》等单行法中，“禁止对野生动物的猎捕、杀害”的规定更多地系出于维护生态平衡的目的，但这种规定难以认为足以确认一项民事基本权利，更无法确认民事主体的成立。更何况，动物与人工智能还是存在本质上的区别，动物至少有意识，人工智能仅仅是“模仿”人类的意识、行为，计算机科学领域著名的“图灵测试”较为生动地说明了这点，人工智能只能单纯识别事实，无法理解原因；动物的权利产生、消亡，以生命的产生、死亡为界限，而人工智能的存续受制于多种因素，如人类的指示、零件的正常、能量的供给等。有学者认为，机器人享有道德上的权利，仅仅是法律上的权利尚需界定。[25]且先不论道德权利能否被证立，道德权利仅仅是道德层面的一种心理感知，也并不必然具有法律蕴涵。

综上所述，人工智能成为民事主体既不具有实践上的需要，更不存在理论上的基础，而且，民事主体理论的既有突破将会诱发整个民法制度体系的紊乱甚至崩塌。因此，人工智能无法享有主体资格维度的人格。

---

23 如康德认为，对待动物的方式可以反映出他的善与否；“圣雄”甘地认为，从一个国家对待动物的态度，可以判断这个国家及其道德是否伟大与崇高。

24 参见〔德〕迪特尔・梅迪库斯：《德国民法总论》，邵建东译，北京：法律出版社 2013 年版，第 877—878 页；又参见陈本寒、周平：《动物法律地位之探讨——兼析我国民事立法对动物的应有定位》，《中国法学》2002 年第 6 期。

25 杜严勇：《论机器人权利》，《哲学动态》2015 年第 8 期。

2. 人工智能无法享有精神利益，仅能作为精神利益的客体

具备民事主体地位是享有精神利益维度的人格的必要条件，而且，人格利益从根本上只能是保护自然人的利益。《民法总则》第 110 条第 2 款规定了法人、非法人组织享有名称权、名誉权、荣誉权等权利，赋予本不具有伦理价值的法人以名誉权等人格利益仍是以间接地保护个体的权利为规范目的，毕竟法人团体的目的与个体的目的具有高度一致性。[26]“法人的意志、精神是由其成员的意志、精神通过法定程序凝聚而成，它们之间存在千丝万缕的联系，不可能绝对分离，一个法人的荣誉、名誉遭受损害，它的那些成员会感到心理上的压抑和痛苦”[27]，这是指非财产损害的传导，财产损害在法人与其成员之间的传导则更为明显。但与之不同的是，人工智能的人格利益却无法嫁接到“人”这一个体。对人工智能的侵害能够直接适用财产侵权相关规则并无异议，问题在于，人工智能遭受侵害能否要求精神损害赔偿。在人工智能水平较为发达的国家，机器人在陪伴老人、小孩等方面已得到广泛应用，相较于宠物，人类可能更容易对人工智能产生情感依赖。按照我国当前法律和司法实践经验，人工智能遭受损害通常无法获得精神损害赔偿，其主要理由在于，其保有人无法对其享有精神利益。但该结论依然值得商榷。人工智能凭借高度的拟人性、强大的数据库和学习、记忆能力，在生活中容易被人类寄托浓厚的情感因素，我们难以否认将其毁损，其保有人会遭受剧烈的精神痛苦，因此，保有人对人工智能享有精神利益并不足为奇，此时对《最高人民法院关于确定民事侵权精神损害赔偿责任若干问题的解释》第 4 条中的人格物进行扩大解释并适用于特定的人工智能更为合理。值得注意的是，此处人工智能的地位是自然人或其他民事主体享有精神利益的载体，也即对人工智能造成损害直接侵害的是自然人或其他民事主体的精神利益。人工智能本身并不享有精神利益。

（二）人工智能主体地位实践的学理分析

机器人“帕罗”在日本获得户口其实并不足为奇，日本动漫里的怪兽“哥斯拉”、“蜡笔小新”等动漫角色均被颁发“特别居民证”。[28]日本的特别居民证是以宣传和纪念意义为目的，以该地方自治体的居民以外的人、动物、创作上的虚构人物等为特别居民进行登记并作成的居民证样式的模拟文件。特别居

26　参见马俊驹：《人格和人格权理论讲稿》，北京：法律出版社 2009 年版，第 148 页。

27　马俊驹：《人格和人格权理论讲稿》，北京：法律出版社 2009 年版，第 244—245 页。

28　参见《日本新宿为怪兽哥斯拉颁发“特别居民证”》，http：//news.163.com/15/0603/16/AR6UM65500014JB6.html，网易新闻 2015 年 6 月 3 日报道，2019 年 1 月 17 日访问。

民不适用《居民基本底账法》和《户籍法》，并不具有法律上的意义。[29]同样地，沙特使机器人“索菲亚”拥有国籍和公民身份但却无与公民的基本权利配套的制度保障，足可见该事件更多的是“噱头”，“作秀色彩多于实际意义”，[30]不宜将其作为典型示例。而对于美国国家公路交通安全管理局（NHTSA）承认谷歌自动驾驶汽车中的自动驾驶系统可视为“驾驶员”，笔者认为，“名不副实”的拟制仅仅起便于道路交通管理的作用，需要明确的是，最后的责任主体都是直接指向自动驾驶汽车背后的“人”，无论是设计者、生产者、销售者，还是所有者、使用者，这都使得“法律人格”显得多余和毫无必要。[31]因此对民事主体制度并无实质的突破。至于欧洲议会向欧盟委员会提出的“机器人法”立法建议报告中第 50（f）项建议最复杂的自动化机器人应该享有“电子人”的法律地位，笔者认为此举是为了更便于解决与第三人独立交往中的法律效力，不需新造貌似有主体身份的概念，适用“传达人”更为适宜。

四、人工智能知识产权争议问题回应

据相关资料显示，人工智能已经能够在音乐创作、新闻写作、诗词创作等方面显示出较高水平，甚至远超自然人水平。[32]由此引发学界就以下问题展开讨论：人工智能创作的内容是否属于《著作权法》中的作品，若能被认定，著作权主体如何认定。

（一）人工智能生成物是否为作品

人工智能生成物以算法、数据库为基础，通过数据整合、模拟行为、深度学习等方式生成音乐、新闻、诗词等“类作品”。但其究竟能否被认定为作品，大体存在“肯定说”、“否定说”两种对立观点。持“肯定说”者认为，人工智能在数据库中进行独立的筛选、排列、组合、分析，生成物是由人工智能独立完成而人类无法控制输出的结论，可将其认定为著作权法保护的作品，至于

29 参见维基百科对特别住民的定义，https：//ja.m.wikipedia.org/wiki/%E7%89%B9%E5%88%A5%E4%BD%8F%E6%B0%91%E7%A5%A8，2019 年 1 月 17 日访问。

30 郑戈：《如何为人工智能立法》，《检察风云》2018 年第 7 期。

31 参见郑戈：《如何为人工智能立法》，《检察风云》2018 年第 7 期。

32 参见金东寒主编：《秩序的重构——人工智能与人类社会》，上海：上海大学出版社 2017 年版，第 104 页；《谷歌新研究项目 Magenta：利用人工智能创作艺术》，http：//www.liuhaihua.cn/archives/336935.html，2018 年 1 月 15 日访问；《人工智能的创作　微软小推出诗集〈阳光失了玻璃窗〉》”，http://tech.ifeng.com/a/20170520/44616613_0.shtml，凤凰科技 2017 年 5 月 20 日报道，2018 年 1 月 15 日访问。

用途、价值、社会评价均在所不问，而且其与人脑创作并无本质区别，只是行使权利方式不同，应由其所有人或者使用人享有相应权利。人工智能对由人所设计的版权进行演绎而形成智能作品，该智能作品还可以成为邻接权的客体。[33]将其认定为作品有利于新作品的创作和新人工智能的研发。[34]持“否定说”者认为，现阶段的人工智能都是应用算法、规则和模板的机械输出，不属于思想或情感的表达，不能体现创作者独特的个性；[35]既然无法认定为作品，也就不涉及对知识产权既有体系的冲击和突破的问题。“肯定说”关注人工智能在创作中的运用价值，认为人工智能生成物只要符合独创性便能认定为作品，但并未合理地解决人工智能生成物独创性判定问题。“否定说”注意到人工智能的本质是算法，工具属性是其本质属性，但一味地否定人工智能生成物的作品资格可能以偏概全，而且也不利于保护其保有人的利益。更何况，在实践中还存在难以辨别该生成物系人工智能生成抑或自然人完成的操作难题。

独创性不同于独立创作，独创性是一种性质范畴和价值判断，而独立创作是关系范畴与事实判断。[36]人工智能的算法本质决定了其只能作为人类创作的辅助工具，在人类创作具有独创性的作品过程中提供协助，使创作更为精准、高质、高效。因此，不能以创作过程中存在人工智能的辅助而否定其生成内容独创性的成立。而且人工智能程序的编译安排、系统设计、素材导入等方面已能够体现设计者或者使用者的创意，并能形成相应的创意表达。创意与创意的表达分别属于独创性的主客观方面。创意属于主观范畴难以被确定和证明，创意的表达具有可识别性，独创性所指称的对象是且仅是创意表达，只有创意表达才是法律所保护的范畴，即便创意相同但创意表达不同，不同的表达内容也可成为作品。[37]问题的关键在于，人工智能创意的表达是否具有独创性。

人工智能具有机械性和算法性，判定人工智能生成物是否构成著作权法意义上的作品，应区别于一般作品的认定而采形式标准和实质标准“两步走”：第一步先判定该内容是否符合形式标准，即该内容是否具有唯一性、独特性；第二步从实质上判断是否具有创造性。而人工智能的特殊性主要在于独特性上，创造性与普通作品的判定并无二致。依据该创意表达是否具有独特性，可以产

---

33 参见易继明：《人工智能创作物是作品吗?》，《法律科学》2017 年第 5 期；又参见吴汉东：《人工智能时代的制度安排与法律规制》，《法律科学》2017 年第 5 期。

34 参见熊琦：《人工智能生成内容的著作权认定》，《知识产权》2017 年第 3 期。

35 参见王迁：《论人工智能生成的内容在著作权法中的定性》，《法律科学》2017 年第 5 期；又参见曹源：《人工智能创作物获得版权保护的合理性》，《科技与法律》2016 年第 3 期。

36 参见乔丽春：《“独立创作”作为“独创性”内涵的证伪》，《知识产权》2011 年第 7 期。

37 参见孙山：《人工智能生成内容的著作权法规制——基于对核心概念分析的证成》，《浙江学刊》2018 年第 2 期。

生不同的法律效果。若创意表达具有独特性，意味着每次启动人工智能，都能输出不同的内容，这符合形式标准；而输出内容唯一、确定、同质，不同主体、不同时间均可生成相同内容，虽然在设计过程中能够体现设计者的创意，但通过文字、符号、图画、颜色等表达出来时却并不具独特性，原则上不能被认定为作品。但也存在例外，若该人工智能系特别设计、特定主体个别使用，即便输出结论具有唯一性，但因为其个别主体专属使用，创意的表达上也可体现独特性，因此并不妨碍其认定为作品。如表1所示。

表1　人工智能生成物是否为作品的判定标准

创意表达同质	生成物系特别设计/个别使用	可构成作品（例外）
	生成物普遍适用	不构成作品（原则）
创意表达独特	生成物不具有唯一性	可构成作品

（二）著作权主体如何认定

如前所述，工具属性是人工智能的本质属性，但是并不妨碍其能生成具有独创性内容的作品。但采用何种路径认定该作品的著作权主体成为难题。学界无论对人工智能的主体资格承认与否，均认可著作权最终归人工智能的实际控制人所有。但论证方式存在差异，大体上存在“类比职务作品说”和“保有人说”两种解释路径。“类比职务作品说”也称为“雇主理论”，认为可参照职务作品的著作权的认定规定从而将其所有人或者使用人认定为生成物的著作权人。[38]问题在于，类比职务作品理论是否会在认定著作权人上显得“画蛇添足”——在职务作品中，自然人依旧享有署名权等部分权利，反观人工智能却不享有任何权利；[39]类比职务作品其实就变相承认了人工智能的创作主体地位，由此该观点难以自圆其说。而“保有人说”则立足于人工智能工具属性的本质，直接将人工智能的保有人（实际控制人）认定为作品的著作权人。[40]无论是在程序设计、算法编译还是素材选择导入，人工智能生成作品内容必定是与自然人的劳动、创意相结合，其本身并无法独立生成作品内容，因此相较于职务作品，人工智能生成物更类似于合作作品，但因主体地位的否认只能形成形式意义上的合作而无法构成著作权法上的合作作品。

38　参见熊琦：《人工智能生成内容的著作权认定》，《知识产权》2017年第3期。

39　参见陈吉栋：《论机器人的法律人格——基于法释义学的讨论》，《上海大学学报》（社会科学版）2018年第3期。

40　参见孙山：《人工智能生成内容的著作权法规制——基于对核心概念分析的证成》，《浙江学刊》2018年第2期。

五、人工智能在合同法上的地位

（一）“应用型”人工智能缔结合同的效力

在因特网开放的网络环境下，基于客户端/服务端应用方式，买卖双方不谋面地进行各种商贸活动，数字经济与人工智能的优势在追求高度交易效率的电子商务活动中得以凸显，即可降低磋商成本、增加缔约机会。“应用型”人工智能技术运用程式化的缔约方式、合同内容、合同形式，直接与交易相对方缔结合同，这将导致交易相对方只能从提供的产品范围内进行选择，自主选择的空间极为有限。即使可以添加其他选项或从合同中删除部分选项，它仍始终保持单方面确定的基本条件。在各方之间，相互影响和谈判以获得更好的条款或折扣几乎是不可能的。条件是单方面给出的，用户的决定简化为简单接受或完全弃权。[41]换言之，“应用型”人工智能利用软件或者网络平台与交易相对方缔结的合同多属于典型的“格式合同”，《合同法》第 40 条关于“格式合同”的效力认定规则在“应用型”人工智能所直接缔结的合同效力认定上仍有充分的适用空间。

（二）“类人型”人工智能交易行为效力认定的解释尝试

在红利主体转换、政策扶持、市场需求等多方面因素的驱动和刺激下，人工智能开始由工业运用扩散到服务业运用，其中最为典型的即以机器人为代表的“类人型”人工智能。在市场交易高速运转的时代，人工智能类型中“类人型”人工智能因其高度类人特征涉及缔结合同、履行合同等交易方面的法律问题。明晰人工智能在此过程中的角色定位是探讨其法律效力的基础和前提。实践中，人工智能“代替”人类在市场交易中作出某些行为，进而发生法律效果，表面上貌似是人工智能“独立”地与第三人交往，如人工智能向交易相对方发送要约或者承诺的信函，人工智能向对方交付买卖标的物等。学者对于此问题存在“代理人说”[42]、“电子人说”[43]或者“工具性人格说”[44]，笔者认为，以

---

41 Grapentin，Justin，Die Erosion der Vertragsgestaltungsmacht durch das Internet und den Einsatz Künstlicher Intelligenz，NJW 2019，181ff.

42 参见张建文：《格里申法案的贡献与局限——俄罗斯首部机器人法草案述评》，《华东政法大学学报》2018 年第 2 期。

43 欧洲议会向欧盟委员会提出的“机器人法”立法建议报告中第 50（f）项：“从长远来看要创设机器人的特殊法律地位，以确保至少最复杂的自动化机器人可以被确认为享有电子人（electronic persons）的法律地位，有责任弥补自己所造成的任何损害，并且可能在机器人作出自主决策或以其他方式与第三人独立交往的案件中适用电子人格（electronic personality）。”

44 参见许中缘：《论智能机器人的工具性人格》，《法学评论》2018 年第 5 期。

上学说均存在不足：代理的构成要素中包含代理人能独立作出完整的意思表示，采“代理人说”与代理制度的基本内涵相冲突；“电子人说”与“工具性人格说”本质无异，均主张人工智能享有独立行为的人格，其论证前提在于人工智能可产生意识，但人工智能是否有意识这一问题在学界并无定论，而且机器无法产生意识的观点仍占据主流。因此，以上学说均未有效解释人工智能在缔约、履约中的地位。

（三）传达人制度：另一种解释路径

笔者以为，从比较法角度，在市场交易中将人工智能定位为“辅助人”中的“传达人”亦不失为可行之举。辅助人制度虽然仅在我国部分法律中体现，且民法中也未明确形成该制度。但在《德国民法典》中早有规定，《德国民法典》第 278 条规定：“在与债务人自己的过错相同的范围内，债务人的法定代理人和债务人为履行其债务而使用的人的过错，可以归责于债务人。”为履行债务而使用的人，即为履行辅助人。《德国民法典》中辅助人概念较为宽泛，并无如我国《旅游法》一般的过多限制。[45]按照不同的分类方式可将辅助人分为不同类型，按照被辅助人的法律地位可分为履行辅助人和接受辅助人，按照是否能独立作出意思表示分为代理人和传达人。本文主要探讨的是后一种分类。梅仲协先生认为，“传达人与代理人均系本人之帮手（Hilfspersonen），但法律地位上二者悬殊。传达人仅司传送行为人已确定之意思表示，而代理人则自为意思表示也”[46]。辅助人是代理人还是传达人取决于它应该怎样按照本人的指示出现或者实际上他怎样在第三人面前出现。通常来说，辅助人会按其本人的意愿行为，传达人只是转达他人的意思表示，他不需要具有行为能力，所以，一个无行为能力（例如一个 5 岁的孩子）也可以是传达人。而代理人须至少是限制行为能力人。[47]而人工智能无论其智能水平高低如何，均不能产生其独立的意识，仅有传达之效。例如，在符合出售条件时，人工智能自动与缔约相对方达成合意，实施交易行为。分析此过程可以发现，人工智能的行为其实系其背后表意人的真实意图，人工智能本身并无独立自主的选择空间，其自动传达表意人的意思表示，这也反映出人工智能仅仅系提高交易效率的一种技术手段。

---

45 我国《旅游法》第 111 条规定：“本法下列用语的含义：……（六）履行辅助人，是指与旅行社存在合同关系，协助其履行包价旅游合同义务，实际提供相关服务的法人或者自然人。”该规定其实对辅助人概念进行了限缩。参见汪旭鹏：《〈旅游法〉履行辅助人制度评析》，《旅游学刊》2015 年第 9 期。

46 参见梅仲协：《民法要义》，北京：中国政法大学出版社 1998 年版，第 134—135 页。

47 参见〔德〕汉斯・布洛克斯、沃尔夫・迪特里希・瓦尔克：《德国民法总论》，张艳译，张大可校，北京：中国人民大学出版社 2012 年版，第 314—316 页。

六、侵权责任如何调适人工智能造成的损害

人工智能在现阶段或者在相当长的一段时间内因侵权所产生的民事责任均能在侵权责任法体系内予以解决。主要涉及以下三方面。

（一）产品侵权责任

现行法上的产品责任系严格责任，人工智能归根结底也是一种高科技产品，在人工智能产品造成他人损害时，若按照现行法的规定，生产者、销售者应当承担无过错责任。问题在于，人工智能不同于一般的产品，人工智能具备高度的技术性，因此对设计者具备较高的要求。故有学者认为，应当将设计者纳入产品侵权责任承担主体中来。[48]笔者认为，在现阶段的人工智能设计、制造、销售环节中，设计者与生产者多为同一主体，[49]即便是不同主体，产品的技术含量较高并不能成为生产者免责的正当理由，虽然基于“风险-效用”标准，人工智能设计缺陷中生产者适用过错责任为宜，[50]但无论是采过错责任抑或是严格责任，承担责任的主体均为生产者，至于设计者的责任，生产者完全可以基于与设计者之间的合作协议进行事后追偿。而且，实践中还可能出现多个设计者分工设计，然而损害究竟由哪一部分具体所造成，却难以进行准确区分。综上，不应直接将设计者纳入产品责任的承担主体中。

就证明责任而言，虽然产品责任是无过错责任，但是受损害方依然负有证明侵权行为与损害事实之间存在因果关系的责任。不过对于具有超高技术含量，主要运用芯片、神经网络、智能传感器等高科技含量的人工智能产品，课予一般人证明侵权行为与损害事实之间存在因果关系达到高度盖然性的程度未免强人所难。检索裁判文书可以发现，法院在涉及汽车的产品责任认定时，多认为汽车技术含量高、结构较为复杂，消费者举证能力较低。消费者证明该因果关系只需要达到一般的程度，即可实现举证责任的倒置。而相较于普通汽车，无论是无人驾驶智能汽车还是其他的人工智能产品，其技术含量呈指数型增加。因此，对于消费者而言，在因果关系上的举证程度应该更低，至少要与普通汽

48　参见郑戈：《人工智能与法律的未来》，《探索与争鸣》2017 年第 10 期。

49　如百度无人驾驶汽车系由百度深度学习研究院设计，http: //it.people.com.cn/n/2014/0725/c1009-25338952.html，人民网 2014 年 7 月 25 日报道，2019 年 1 月 21 日访问。

50　参见冉克平：《产品责任理论与判例研究》，北京：北京大学出版社 2014 年版，第 92—94 页。

车相当。[51]

（二）自动驾驶汽车道路交通事故责任

自动驾驶汽车的技术程度更高、构造更为复杂，产生的道路交通事故责任因其与产品责任存在模糊地带而具有一定特殊性，此处需特别探讨。根据损害发生的原因不同可以适用不同的请求权基础。第一，若事故的发生系自动驾驶系统发生故障而未识别出障碍物体或者系统失灵等问题，这是产品缺陷中的设计缺陷，与一般的机动车产品责任并无区别，适用产品责任规范。尽管《最高人民法院关于审理道路交通事故损害赔偿案件适用法律若干问题的解释》（法释〔2012〕19 号）第 12 条对此予以确认，[52]但是如何适用产品责任规范在司法实践中却依旧做法不一。被侵权人以机动车交通事故责任纠纷案由提起诉讼，主张肇事方、生产者、销售者一并承担责任，有法院认定："涉案车辆系建平轻逸车行出售的原无锡爱玛公司所生产，该车因整车整备质量 90kg，超过国标电动自行车不大于 40kg 的规定，又无脚踏装置不具备人力骑行功能、最高设计车速超标、电动机最大输出功率总和超标，经法定程序鉴定后被认定为符合电动两轮轻便摩托车标准，属机动车。说明该车构成产品缺陷，应当承担因产品缺陷造成他人损害的责任……建平轻逸车行销售存在产品缺陷的商品，应与生产商承担连带赔偿责任。"[53]也即法院依据产品侵权确定了生产者、销售者的责任。但是，类似案件却也有法院认为："产品责任纠纷与机动车交通事故责任纠纷在责任归责原则、举证责任分配上法律有不同规定，同时无法律规定涉案机动车产品责任的生产者和销售者是机动车交通事故责任纠纷案的必要共同诉讼当

51　如伍健平与广州瀚福汽车销售服务有限公司产品责任纠纷二审民事判决书［（2016）粤 01 民终 7570 号］："本案为产品责任纠纷，因产品责任具有一定的特殊性，特别是面对高科技产品致害时，消费者更加不易证明。故此，在此类纠纷中，消费者应当承担的举证责任，应当结合其举证能力、专业知识等因素综合考虑，只要消费者证明了缺陷的存在具有极大可能性即可视为初步完成举证责任，继而举证责任发生转移，应当由生产者、销售者承担不存在缺陷的举证责任。"再如，辽宁海帝升机械有限公司与何贵荣、张少正产品责任生产者责任纠纷案二审民事判决书［（2015）曲中民终字第 259 号］："但原告证明起火原因与产品缺陷之间的因果关系达到了盖然性的标准。密集式烤房专用设备属设计复杂的高科技产品，由原告举证产品存在缺陷或设备缺陷与火灾之间存在因果关系确有困难，遂根据《最高人民法院关于民事诉讼证据的若干规定》第 7 条的规定，将该举证责任倒置分配由被告海帝升机械有限公司承担……"

52　《最高人民法院关于审理道路交通事故损害赔偿案件适用法律若干问题的解释》（法释〔2012〕19 号）第 12 条规定："机动车存在产品缺陷导致交通事故造成损害，当事人请求生产者或者销售者依照侵权责任法第五章的规定承担赔偿责任的，人民法院应予支持。"

53　郑桂荣、韩启香、柴晓梅、柴友良与胡新雪、胡晓华、袁红敏、袁文国、王聪、王晓辉、李海芳、无锡爱玛车业有限公司机动车交通事故责任纠纷案，案号：（2016）辽 1322 民再 7 号。

事人，故一审驳回人寿财保要求追加车辆生产者为当事人的申请并无不当。”[54] 法院并未在机动车事故责任纠纷案中解决产品责任问题。笔者认为，从举证角度看被侵权人更倾向于起诉肇事方，法院应当向原告释明追加生产者或者销售者为第三人或者共同被告，既有利于查明案件事实，从而根据损害发生的原因力分配责任，也可减少当事人的诉累。第二，若保有人未按产品要求定期检查维修、更新系统或者运行系统予以危险警告提示但保有人未谨慎注意，此时按照“实际支配力+运行收益”标准确定该无人驾驶车辆的保有人后，再根据《道路交通安全法》第 76 条分配相应的责任。[55]美国交通运输部发布的《联邦自动驾驶汽车政策》（*Federal Automated Vehicles Policy*）的自动驾驶汽车评估内容中含有人机接口、降级运行的指标，[56]这表示人能接受驾驶信息、出现障碍运行等信息，所以系统发出警示和接管请求时，保有人未及时进行处理而造成事故发生的，可以认定保有人存在过错。由此可见，无人驾驶汽车发生的交通事故对一般机动车发生交通事故所产生的侵权责任并无实质突破。

（三）高度危险责任

随着人工智能技术的突飞猛进，“强人工智能时代”不再是遥遥无期的设想，人工智能独立思考和深度学习能力更强，但人工智能终究是软件和程序的一部分，人工智能与其他程序相比最大的不同在于其可根据情况而改变行为，作出合理举动。[57]不可否认，软件和程序的可复制性程度较高，这意味着一旦一个软件或者程序出现问题，与之相同的软件或程序均可能存在问题。由此造成的危害性是极大的，故有学者认为应将其认定为高度危险源，适用《侵权责任法》第 69 条高度危险责任的一般条款予以处理。[58]高度危险责任不需要以产品缺陷为前提，可以在更大程度上保护受害人的利益。[59]

笔者认为，《侵权责任法》第 69 条系高度危险责任的一般条款，采严格责任原则。不可控制性是判断高度危险的基本要素，对高度危险进行预防，最普遍的方法就是对涉及高度危险的物品或活动进行管理时确定量化指标及操作规程，符合该指标的可以适用。在《侵权责任法》生效之后，少数法院不当扩展

---

54 中国人寿财产保险股份有限公司益阳市中心支公司与陈立夫等机动车交通事故责任纠纷上诉案，案号：（2016）湘 09 民终 949 号。

55 参见张新宝：《侵权责任法》，北京：中国人民大学出版社 2016 年版，第 255—256 页。

56 美国《联邦自动驾驶汽车政策》基于“什么时候，谁做什么”，将车辆自动驾驶水平分为 5 个等级：L1—L5。

57 〔日〕松尾丰、盐野诚：《大智能时代：智能科技如何改变人类的经济、社会与生活》，陆贝旎译，北京：机械工业出版社 2015 年版，第 XⅦ页。

58 参见张力、李倩：《高度自动驾驶汽车交通侵权责任构造分析》，《浙江社会科学》2018 年第 8 期。

59 张力、李倩：《高度自动驾驶汽车交通侵权责任构造分析》，《浙江社会科学》2018 年第 8 期。

高度危险责任适用的范围，尤其是第 69 条这一般条款的适用，[60]将本可以认定为过错责任的案件定性为高度危险责任，将本可以认定为物件致人损害责任、机动车交通事故责任等一般危险责任的案件定性为高度危险责任，这极大地限制了经营者等行为人的活动自由，尤其会打消高科技产品的生产制造的积极性。有鉴于此，实有必要在司法实践中谨防高度危险责任的不当扩张。而且，就人工智能而言，根据前述分类，只有人工智能应用技术和“类人型”人工智能技术可能会产生危险，当然，若在民用核设施、民用航空器、高速轨道工具中使用人工智能技术，仍然是适用高度危险责任，但是其适用高度危险责任的正当性依据并不在于人工智能本身的危险，而是在于其载体的危险。同样，在无人驾驶中，因为其载体的危险性并未达到高度危险责任的程度，因此，也不应以高度危险责任进行处理。

就目前人工智能的实践来看，也尚不足以构成高度危险源。2015 年德国大众汽车制造厂工人在安装和调制机器人时，被机器人撞击胸部，并被碾压在金属板上。报道称该事故是工业事故，而非机器人“故意”杀人……这台机器人并没有出现技术故障，推断事故是由人为错误导致。无独有偶，2016 年在深圳举办的第十八届中国国际高新技术成果交易会上，一台名为“小胖”的机器人突然发生故障，打砸展台玻璃，并导致一人受伤。该事故系该展商工作人员操作不当，误将“前进键”当成“后退键”，导致用于辅助展示投影技术的一台机器人撞向展台玻璃。[61]可以看出，危害事故的发生大都与人的行为有直接的关系。若操作使用得当，并无高度危险可言。另外，发生侵权损害比较多的就是自动驾驶或者半自动驾驶汽车。2016 年，谷歌无人驾驶汽车在美国加州山景城测试时，与一辆公交大巴相撞，后经法院认定，谷歌公司在此次事故中负有责任。2018 年，UBER 无人驾驶汽车在美国亚利桑那州发生了全球首例无人驾驶撞死行人的案件。[62]据新闻报道，2019 年 1 月一台高价打造的机器人，擅自跑到路边而被自动驾驶中的特斯拉轿车“撞死”。[63]虽然无人驾驶偶尔发生事故，但还是需要注意到无人驾驶其实比人工驾驶事故发生率降低很多，[64]也即其安全性能更高。而且，其造成的损害后果也并未达到与高度危险类型等量齐观的程度。

---

60 参见窦海阳：《〈侵权责任法〉中“高度危险”的判断》，《法学家》2015 年第 2 期。

61 《中国首例机器人“造反”伤人事件？回应：工作人员操作失误》，http：//news.eastday.com/s/20161119/u1a12424788.html，澎湃新闻 2016 年 11 月 19 日报道，2019 年 1 月 17 日访问。

62 王勋、凌云、费玉莲编著：《人工智能导论》，北京：科学出版社 2005 年版，第 2 页。

63 http：//mini.eastday.com/a/190108103701547-2.html，2019 年 1 月 8 日访问。

64 *See* Matthew Blunt：“Highway to a Headache：Is Tort -Based Automotive Insurance on a Collision Course with Autonomous Vehicles”，*Willamette Law Review*，2017，Vol.53，p.110.

七、结　语

虽然人工智能在技术上取得了突破性的进展，但是仍处于婴幼儿时期。[65]先于技术的突破开展法律研究十分必要，但也不必“因噎废食”，因人工智能的出现而迫切改变现行民法规则尚无必要。在现行法框架及法基础下，足以解决人工智能引发的新型民法问题，对于发生较为频繁且现行法无法直接回应的案件，尚可通过法律原则和法官解释囊括其中，从而维护法的安定性。[66]在技术尚未发展成熟便急切创设新的规则予以规制可能不仅无法达到预期的适用效果，反而还可能会阻碍科学技术的发展。当然，如同对克隆技术、“代孕”等进行伦理限制一样，对人工智能的研发过程制定伦理规程还是有必要的，以防人工智能突破人类的伦理底线。

65　参见顾险峰：《人工智能的历史回顾和发展现状》，《自然杂志》2016 年第 3 期。

66　参见杨仁寿：《法学方法论》，北京：中国政法大学出版社 1999 年版，第 125—128 页。

On the Types and Effects of the Implementation of "Civil Behavior" by Artificial Intelligence

Ran Keping, Tan Zuocai

Abstract: Artificial intelligence has multiple dimensions to the current civil law, but it is not enough to break through its boundaries. The types of artificial intelligence technology are relatively broad and need to be typed. The artificial intelligence basic technology should be excluded from the scope of legal discussion; artificial intelligence cannot enjoy the subject qualification and spiritual interests, and the path of recognizing the civil subject status of artificial intelligence is analogous to animals and legal persons. Realize the self-consistency of theory. Whether the artificial intelligence product can be identified as a work needs to be discussed according to whether the output content has a high degree of homogeneity. In the case that it can be identified as a work, the copyright owner is an artificial intelligence person. "Human-like" artificial intelligence can be positioned as "communicating person" in the process of contracting and fulfilling the contract. There is no essential difference between autonomous vehicles and general motor vehicles in terms of product liability and motor vehicle traffic accident liability. Artificial intelligence itself does not meet the highrisk liability standard, but when its carrier is a high-risk source, high-risk liability applies space.

Keywords: Artificial Intelligence; Civil Behavior; Type; Effect

被保险人保险合同阅读义务之批判

樊启荣　钱红亮

摘　要：保险合同阅读义务规则的传统完整表述为，签字订约之前、保单交付之后，投保人或被保险人有义务阅读、理解、知悉合同内容及检视保险保障是否适合需要的义务；倘若本有机会阅读保险合同，那么除非存在欺诈或胁迫，不可反驳地推定其已经阅读、理解、知悉且同意了合同内容，无论其事实上有无阅读和有无能力阅读。按阅读机会逻辑，投保人是在自主选择不阅读的情况下表示了同意，应受格式合同条款约束。阅读保险合同作为行为要求，性质上为“不真正义务”，是行为人为自己利益而负担的“职责”。消费者通常没有能力阅读，也无从磋商保险格式条款内容，阅读机会难以转化为阅读行为，职责不履行即阅读欠缺并非出于懒惰懈怠或道义有欠，而是个人有限理性和认知局限的反映，是理性的选择和合理的不知，不可因之惩罚消费者，阅读不再是合理的注意标准。阅读同意推定的创设基础传统上为“签字”与“同意”之间的高概率联系及当事人主观意思难以证明，皆已不符现代保险交易实际，“签字”仅剩作为合同关系起点的象征性意义，投保人主观意思难以进入保单。消费者对保单内容之合理期待比起保险人对消费者签字同意之信赖更需法律保护，保险合同法应当且可以放弃阅读义务规则。

关键词：阅读义务；阅读机会；阅读欠缺；不可反驳的推定；职责

作者简介：樊启荣（1965—　），中南财经政法大学法学院教授，博士研究生导师，主要研究方向为保险法。

钱红亮（1983—　），中南财经政法大学法学院博士研究生，主要研究方向为合同法、保险法。

基金项目：本文为司法部 2015 年度国家法治与法学理论研究课题项目“保险免责条款法律规制研究”（15SFB2027）的阶段性成果。

目　次

一、问题之提出

通观保险关系的全过程，保险合同成立与保险事故发生两个关键时点将之分为订立成立期、平静相安期和理赔索赔期三个阶段，三阶段合为保险合同动态的一生。理论上，每一阶段，投保人或被保险人[1]皆有必要阅读保险合同：缔约阶段，宜仔细阅读保险人提供的格式条款，知悉并理解条款内容，慎重决策，知情同意，阅读为同意之基础；保单签发，尤其经保险代理人或经纪人选购保险时，宜及时检验保单是否满足要求或需要，若有不符或疏漏，通知请求变更，亦可明了保险期间自身权利义务和承保条件限制，阅读为检验之途径；事故发生，宜检视研究保单条款，据之减损索赔，若遇拒赔或少赔，也可评判保险人理赔决定的合理性，采取措施阻止不公平理赔或请求法院救济[2]，阅读为举证之负担。

现实中，投保人鲜有阅读格式保险合同，阅读欠缺引发合同当事人间诸多纷争。目前，定纷止争的关键为投保人有无阅读之义务，落点在当事人签字前有无阅读之机会。就此，我国各地各级法院判决已有初步分析，但意见不一。[3]国内学界暂缺广泛讨论，零星两篇皆主张投保人有此义务。[4]斯项规则常见于美国合同法，传统上用以解决当事人“未阅读即签字”的合同尤其免责条款约束力问题，亦适用于保险合同。那么，它在普通法上是如何形成的，有何存在的合理依据？它又是如何发展的，变迁的内容与实质何在？在保险合同实践业已深刻变化的今天，它在保险法及实务上当扮演何种角色，仍有存在的正当理由吗？

1　需要注意的是，英美法系通常并不区分投保人与被保险人，而对为第三人利益合同例外规定，且投保人通常也是被保险人。本文亦不作区分，但为便于国内学者理解，大体上，涉缔约阶段之义务，本文用“投保人”，涉保单交付后之义务，本文用“被保险人”。通常认为，即便二者非同一人，也皆有必要阅读保险合同，因被保险人对自身之风险状况与分散需要知之最稔。参见马宁：《保险人明确说明义务批判》，《法学研究》2015 年第 3 期。

2　*See* Daniel Schwarcz，“Coverage Information in Insurance Law”，*in Minnesota Law Review*，101（2016），pp. 1494—1498.

3　判决投保人有阅读义务的案件如（2015）吉民申字第 823 号、（2016）沪 02 民终 4162 号、（2014）晋市法民再终字第 2 号、（2009）浙绍民终字第 188 号、（2018）皖 0603 民初 2126 号、（2016）沪 0101 民初 27651 号。考虑投保人阅读欠缺是否有合理理由的案件如（2015）沪二中民一（民）终字第 2594 号、（2015）穗中法金民终字第 202 号。关注投保人签字之前有无阅读机会的案件如（2018）辽 11 民终 1190 号、（2018）京 03 民终 8363 号、（2017）豫 96 民终 1170 号、（2015）源民三初字第 12 号。

4　主要分析本文所言阅读义务的第一种表述。参见黄笛、熊磊：《论投保人的保单阅读义务》，《海南大学学报》（人文社会科学版）2015 年第 5 期。又参见冯玥：《试论投保人对保险格式条款的阅读义务》，《湖南科技学院学报》2011 年第 2 期。

本文借鉴美国法上相关学说判例，参考德国法上不真正义务之理论，初步探讨上列问题，兼评我国保险法之相关规定，供论事用法者参佐。

宜先叙明的是，美国法官表述阅读义务规则之通常方式有二：一是直接表述为“义务”，二是间接表述为“推定”。方式虽异，但无论采用何者，绝大多数案件中，裁判结果并不随之而有不同，“推定”间接创设了“义务”，位于“义务”之深层。益有进者，法官通常在同一案件中兼容并陈二者，当然，偶尔也作出区分，例如，“按佛罗里达州的法律，尽管被保险人不需要阅读失能保险单，仍推定他知道保单的内容”[5]。另有法官采“检视”（examine）[6]、“审视”（review）[7]、“理解”（understand）[8]、“知晓”（know）[9]、“熟悉”（acquaint）[10]、“细阅”（scrutinize）[11]等词语替代“阅读”一词或与之并列，

---

5 Jacobs v. Chadbourne，733 Fed. Appx. 483（11th Cir. 2018）.

6 *See* e.g.，Government Employees Ins. Co. v. Kralick，313 Ga. App. 492，722 S.E.2d 107（2012）；Kincaid v. Erie Ins. Co.，128 Ohio St. 3d 322，2010-Ohio-6036，944 N.E.2d 207（2010）；Grobe v. Vantage Credit Union，679 F. Supp. 2d 1020（E.D. Mo. 2010）（applying Missouri law）；Traina Enterprises，Inc. v. Cord & Wilburn，Inc. Ins. Agency，658 S.E.2d 460（Ga. Ct. App. 2008）；Rogers & Sons，Inc. v. Santee Risk Managers，LLC，631 S.E.2d 821（Ga. Ct. App. 2006）；Danforth v. Government Employees Ins. Co.，638 S.E.2d 852（Ga. Ct. App. 2006）；Slover v. Equitable Variable Life Ins. Co.，443 F. Supp. 2d 1272（N.D. Okla. 2006）（applying Oklahoma law）；Atlanta Women’s Club，Inc. v. Washburne，207 Ga. App. 3，427 S.E.2d 18（1992）；King v. Brasington，252 Ga. 109，312 S.E.2d 111（1984）；Ethridge v. Associated Mutuals，Inc.，160 Ga. App. 687，288 S.E.2d 58（1981）；Barnes v. Levenstein，160 Ga. App. 115，286 S.E.2d 345（1981）；Georgia Mut. Ins. Co. v. Meadors，138 Ga. App. 486，226 S.E.2d 318（1976）；Wright Body Works，Inc. v. Columbus Interstate Ins. Agency，233 Ga. 268，210 S.E.2d 801，72 A.L.R.3d 743（1974）；Parris & Son，Inc. v. Campbell，128 Ga. App. 165，196 S.E.2d 334（1973）；S & A Corp. v. Berger Co.，111 Ga. App. 39，140 S.E.2d 509（1965）.

7 *See* e.g.，Roe v. Sewell，128 F.3d 1098（7th Cir. 1997）；Bourgeois v. Allstate Ins. Co.，182 So. 3d 1177（La. Ct. App. 5th Cir. 2015）；Nash v. Ohio Nat. Life Ins. Co.，266 Ga. App. 416，597 S.E.2d 512（2004）；CIGNA Property and Cas. Companies v. Zeitler，126 Md. App. 444，730 A.2d 248（1999）；Connelly v. Robert J. Riordan and Co.，246 Ill. App. 3d 898，186 Ill. Dec. 837，617 N.E.2d 76（1st Dist. 1993）；Kieran v. Commercial Union Ins. Co. of New York，271 So. 2d 889（La. Ct. App. 4th Cir. 1973）.

8 *See* e.g.，Sitaram，Inc. v. Bryan Ins. Agency，Inc.，104 So. 3d 524（La. Ct. App. 2d Cir. 2012），writ denied，103 So. 3d 375（La. 2012）；American Bldg. Supply Corp. v. Petrocelli Group，Inc.，2012 WL 5833969（N.Y. 2012）；Ross v. Citifinancial，Inc.，344 F.3d 458（5th Cir. 2003），petition for cert. filed，73 U.S.L.W. 3650（U.S. Apr. 22，2005）（applying Mississippi law）；M & E Mfg. Co. Inc. v. Frank H. Reis Inc.，258 A.D.2d 9，692 N.Y.S.2d 191（3d Dep’t 1999）；Perelman v. Fisher，298 Ill. App. 3d 1007，233 Ill. Dec. 88，700 N.E.2d 189（1st Dist. 1998）；Bell v. Wood Ins. Agency，829 S.W.2d 153（Tenn. Ct. App. 1992）.

9 *See* e.g.，Dupont Bldg.，Inc. v. Wright and Percy Ins.，88 So. 3d 1263（La. Ct. App. 3d Cir. 2012）；Campbell v. Stone Ins.，Inc.，509 F.3d 665（5th Cir. 2007）；Slover v. Equitable Variable Life Ins. Co.，443 F. Supp. 2d 1272（N.D. Okla. 2006）（applying Oklahoma law）.

10 Rollins Burdick Hunter of Utah，Inc. v. Board of Trustees of Ball State University，665 N.E.2d 914，110 Ed. Law Rep. 373（Ind. Ct. App. 1996）.

11 *See* e.g.，Boehm v. Riversource Life Ins. Co.，2015 PA Super 120，117 A.3d 308（2015），appeal denied，126 A.3d 1281（Pa. 2015）；Lavoi Corp.，Inc. v. National Fire Ins. of Hartford，293 Ga. App. 142，666 S.E.2d 387（2008），cert. denied，（Jan. 12，2009）；Drelles v. Manufacturers Life Ins. Co.，2005 PA Super 249，881 A.2d 822（2005）.

意思并无二致，但个别法官用“责任”（obligation）[12]、“负担”（burden）[13]、“责任”（responsibility）[14]之表述替代“义务”一词，因几者含义有别，确实值得商议。此外，偶见“探明承保范围条款之责任”[15]、“核对承保范围之义务”[16]等用语。概而言之，遣词造句虽异，主旨要义则一，消费者只有阅读理解保险合同，方可知悉同意其内容，而后才有合意（即相互同意）之达成。不过，法律人对斯项规则的认知和理解，随不同表述而有变化，遂生认识混乱，有待澄清。

二、阅读保险合同之行为要求：是职责（obliegenheiten）而非义务（duty）

阅读义务，虽然法官视之为普通法合同法的组成部分，但并非是由“合同”本身设定的，传统上，它是法官就缔约人在缔约过程中应当如何行为的宣示，是一种法律默示存在的行为要求，因而是判例法本身的创造物。例如，“按乔治亚州的法律，保单持有人有义务阅读保险合同，他们被认为知晓其内容”[17]。理论上，投保人应当阅读保险合同，尽到阅读保单之责任是其承担注意义务的应有之义，“被保险人就自身保护有义务尽到合理注意，包括阅读保单”[18]，不论此种注意义务应达何种程度。毕竟，当一个人对于自我利益都不上心时，还怎能要求他人提供保护？

---

12 *See* e.g., Bailey v. State Farm Mut. Auto. Ins. Co., 2013 MT 119, 300 P.3d 1149（Mont. 2013）; Government Employees Ins. Co. v. Kralick, 313 Ga. App. 492, 722 S.E.2d 107（2012）; Danforth v. Government Employees Ins. Co., 638 S.E.2d 852(Ga. Ct. App. 2006); Wiggam v. Associates Financial Services of Indiana, Inc., 677 N.E.2d 87（Ind. Ct. App. 1997）.

13 *See* e.g., Babiarz v. Stearns, 2016 IL App（1st）150988, 404 Ill. Dec. 880, 57 N.E.3d 639, Blue Sky L. Rep.（CCH）P 75146（App. Ct. 1st Dist. 2016）; Pressley v. Travelers Property Cas. Corp., 2003 PA Super 58, 817 A.2d 1131（2003）; Furtak v. Moffett, 284 Ill. App. 3d 255, 219 Ill. Dec. 660, 671 N.E.2d 827（1st Dist. 1996）.

14 *See* e.g., Gargano v. Liberty Intern. Underwriters, Inc., 572 F.3d 45（1st Cir. 2009）; Burrell v. Sparkkles Reconstruction Co., 657 S.E.2d 712（N.C. Ct. App. 2008）; Campione v. Wilson, 422 Mass. 185, 661 N.E.2d 658（1996）; Wright Body Works, Inc. v. Columbus Interstate Ins. Agency, 233 Ga. 268, 210 S.E.2d 801, 72 A.L.R.3d 743（1974）.

15 *See* e.g., Gargano v. Liberty Intern. Underwriters, Inc., 572 F.3d 45（1st Cir. 2009）.

16 Wright v. State Farm Fire and Cas. Co., 555 Fed. Appx. 575（6th Cir. 2014）.

17 Durden v. State Farm Fire and Casualty Company, 238 F. Supp. 3d 1370（N. D. Ga. 2017）.

18 Nolan v. Conseco Health Ins. Co., 2008-Ohio-3332, 2008 WL 2609659（Ohio Ct. App. 7th Dist. Jefferson County 2008）.

（一）主体：理应为当事人双方，实则为投保人一方

阅读义务适用于保险合同，就义务人而言，理论上为保险人和投保人双方。然而，历史地看，保险业发展初期，义务人主要为保险人，早期保险合同多由投保人拟就，由保险人按其承保金额而签名于其下，签名之前，保险人有阅读投保人所拟合同之必要和责任，这也是当初"underwriter"一词的由来。随着保险业务激增，为便利风险精算、节省经营成本、简化磋商过程，保险人于是将其与投保人间之合同予以格式化，最先采用者为英国劳埃德，其后逐成主流，无论财险抑或寿险，皆以格式条款订立，保险合同因而被称为典型的附合合同。"虽然二十世纪中叶以后，跨国公司基于独特需要有与保险人进行协商另行作成书面者，惟对一般消费者使用格式条款仍为保险业务经营之通例。"[19]因此，保险人成为单方控制合同起草者，投保人沦为仅得签字同意方，阅读义务之义务人事实上仅剩下投保人。详言之，投保人阅读欠缺即义务不履行发生于缔约阶段，如果阅读义务规则适用，那么唯一的合同就是投保人签名其上的保单。假设，那是一份保险人愿意执行但是投保人在某些方面不愿履行的合同，投保人因而未按之尽其契约义务，那么投保人就是阅读义务违反方，且是唯一的违反方。

（二）性质：为职责，非义务

严格而言，阅读义务并非投保人对保险人负有的义务，并不存在与之对应的保险人权利，而是投保人对自己负有的义务，因为即便他未有阅读合同条款，仍可能受之约束。[20]为作出慎重的意思决定，投保人通过阅读合同自行搜集缔约信息，自行搜集作为一种行为要求，其实是一种对己义务，"如果当事人违反该义务，仅会导致风险自担，而不产生额外的损害赔偿义务"[21]。准此以观，它并不符合义务的经典界定，并非通常的、绝对的义务。

阅读义务颇符合德国学者所说的"obliegenheiten"。王泽鉴先生将之译为"不真正义务"[22]，乃是一种为了满足行为人自己的利益而对行为人的行为要求，在强度效力上较弱。保险人通常不得请求义务人履行阅读义务，不阅读并不发生损害赔偿责任，仅使被保险人遭受保险金请求权丧失或减损的不利益。黄茂荣先生将之译为"对己义务"，并有谓，其中有些属于真正的权利性义务，有些不属于；债权人虽不因违反前者而对债务人负担损害赔偿，但会丧失一定

19 施文森：《诚信原则与格式条款外之求偿》，《月旦法学杂志》2010 年第 7 期。

20 John D. Calamari，"Duty to Read-A Changing Concept"，*in Fordham Law Review*，43（1974），p. 341.

21 尚连杰：《缔约过程中说明义务的动态体系论》，《法学研究》2016 年第 3 期。

22 参见王泽鉴：《债法原理》，北京：北京大学出版社 2009 年版，第 36—37 页。

权益，因而免除债务人一定债务，故称为“债权人之义务”，功能在于使债务人之给付成为可能，例如被保险人的防灾减损义务。[23]申卫星教授将之译为“职责”，并简要介绍了德国学者见解。法律并不强求投保人履行阅读职责，如果其没有履行，也只是受到轻微制裁，要么失去一个较为有利的法律地位，要么接受法律上的某种不利。阅读职责区别于阅读义务的最显著特征是，职责承担人的对方当事人并不因此而享有任何权利。此方面，美国著名分析法学家霍菲尔德教授作过经典论述，将所有的法律关系都仅仅约化为权利与义务的关系，是构建清晰法律思维和有效解决法律问题的最大障碍之一。[24]

阅读义务更像是对权利的一种限制，它确实不是一种义务，从另外的角度，负担这种职责的人又多为权利人。如果将它理解为投保人合理行事的责任，而且也只有在这么理解时，那么存在一些情境，于那些情境之中，可以推定投保人已经作出了“履行”职责的合理努力。除开那些情境，阅读更可能被视为一种权利。促进投保人阅读保险合同旨在保护投保人，而非惩罚投保人。应受惩罚者，是单方条款的始作俑者即保险人。法律不应指望投保人阅读并发现不利条款，遑论因未阅读而惩罚他，监管格式条款的责任不应落在消费者肩上。不过，即使保险人采用不利条款纯粹出于故意，投保人全然无辜，法律仍鼓励投保人自我保护和自我负责，通过阅读了解自身权利或减少自身损失。法院没有理由要求投保人为有无阅读保单承担不合理的风险、成本或损失。即便阅读义务最严苛的佐治亚州，也仅在承保范围不足或有误“显而易见”时认可阅读欠缺抗辩事由。详言之，按该州通行规则，被保险人有义务阅读和检视保单以判定保单是否已提供所需保障，但存在一项例外：保险代理人自视为专家并以专家之身份行事，被保险人已然信赖代理人的专业知识并据此搜寻、识别与购买适合的保险金额或类型，除非保单没有提供被保险人所要求的保障是显而易见的，被保险人只要检视保单就可轻而易举地发现，并且有证据表明存在特殊的信赖关系或其他不同寻常的情境，阻碍被保险人尽到普通注意义务以确定所要求的保险与所签发的保单相互一致，或可据以免除被保险人的此种一般谨慎义务。[25]

法官事后提出阅读合同的行为要求，是否后见之明偏见，容有讨论。阅读欠缺为事实，此种事实与规范（应当阅读）之间存在鸿沟，或可导致法官在合同正义上遵循令人困惑的分析立场。任何个案中，猜想投保人本可以且本应当

23　参见黄茂荣：《债法总论》（第一册），北京：中国政法大学出版社 2003 年版，第 59 页。

24　参见申卫星：《对民事法律关系内容构成的反思》，《比较法研究》2004 年第 1 期。

25　Heard v. Sexton，243 Ga. App. 462，532 S.E.2d 156（2000）.

如何阅读是一件很容易的事。[26]认知心理学之研究揭示，人们可以自然而然地推理出某些“反事实”，尤当在这种“反事实”中，倘若个人本可以通过自己的行动避免损害，那么未予避免的损害就更可谴责且令人遗憾。[27]创造投保人未尽到合理谨慎之说辞也很容易，倘若不利结果特别显而易见，那么对风险结果的事后评估就可能存在偏见。[28]格式条款无所不在和合同阅读率几近为零的保险商业环境中，事后诸葛亮式的本应阅读之叙事所产生的规范意义并不具有合理性，却易滋生困扰。

（三）阅读已交付保单之职责：阅读保险合同即检验保险产品

开篇言及，被保险人至少有三次阅读保单之必要，那么应否在每一次有必要时即要求其履行阅读职责？当然，就有必要之次数，有人可能产生疑问：头一次足矣，何需三顾哉？除开篇所言三阶段论，此处作几点补充。

其一，保险合同缔结过程复杂。我国《保险法》规定，订立保险合同，保险人应当提供格式条款，遂生第一次必要。再观美国消费者保险合同之缔结，常分五步：①投保人与保险代理人之间初步接触；②递交投保单；③签发暂保单；④保险人核保；⑤签发并交付保单。[29]美国个人保单之缔结大多经由保险代理人或经纪人之服务，被保险人通常只到购买保险数天或数周之后才收到包括全部格式条款的完整保单，确有必要在收到后核对中介人是否按自己的要求购买了适合的保险。[30]

其二，实质上，人们需要的是“保险产品”而非“保险合同”，只不过，保险合同本身可谓保险产品，或谓最核心部分。[31]参照我国《合同法》第 157、158 条之规定，买受人收到标的物后，有及时检验和通知之义务，保险产品之检验端赖阅读而实现。近来，美国学者和法官渐以“duty to examine”（检视义务）

---

26 *See* Tess Wilkinson-Ryan, “A Psychological Account of Consent to Fine Print”, *in Iowa Law Review*, 99 (2014), p. 1770.

27 *See* Daniel Kahneman & Dale T. Miller, “Norm Theory: Comparing Reality to Its Alternatives”, *in Psychological Review*, 93 (1986), pp. 136—153.

28 *See* Robert P. Agans & Leigh S. Shaffer, “The Hindsight Bias: The Role of the Availability Heuristic and Perceived Risk”, *in Basic & Applied Social Psychology*, 15 (1994), pp. 445—448.

29 参见〔美〕小罗伯特 • H. 杰瑞、道格拉斯 • R. 里士满：《美国保险法精解》（第 4 版），李之彦译，北京：北京大学出版社 2009 年版，第 28 页。

30 Eric A. Posner 认为，鉴于阅读条款是一件颇为繁重费力的事情，购买后提供条款是可取的。*See* Eric A. Posner, “ProCD v. Zeidenberg and Cognitive Overload in Contractual Bargaining”, *in University of Chicago Law Review*, 77 (2010), pp. 1185—1187.

31 *See* Arthur Allen Leff, “Contract as Thing”, *in The American University Law Review*, 19 (1970), pp. 131—157. *See* also, Daniel Schwarcz, “A Products Liability Theory for the Judicial Regulation of Insurance Policies”, *in Willam & Mary Law Review*, 48 (2006), pp. 1389—1463.

替代“duty to read”（阅读义务），原因或即在此。可见，第二次阅读必要实为产品检验必要，而检验义务也是一种不真正义务。不过，保单是一种无形金融商品，保单检视太不可行，而有形标的物检验通常可行，买方通过检验或可发现标的物具有一些令人惊讶或失望的特征，随后享有拒绝接受或者要求更换甚或解除合同的权利。

其三，保险合同多为长期继续性合同。保险事故发生之际，被保险人可能已然遗忘之前了解的合同内容，更何况，许多被保险人“在发生损失后才第一次阅读保单”[32]。此外，设想一种不太常见但并非完全不可能的情境，若被保险人因未阅读而不知已发事故属于承保范围，怠于向保险人为通知，此间之责任该如何分配？不过，实务中未见有保险人针对第三次必要提出阅读欠缺抗辩事由，或许是因为，第三次已然是被保险人在索赔阶段或诉讼阶段的一种举证负担（Lasten）[33]，重视此种负担仅仅有利于被保险人自己的利益，被保险人不理会该负担反而会有利于保险人，也是保险人更愿意看到的，因为保险人由此可顺利拒赔或赢得诉讼。这从侧面说明，保险人只是希望借由阅读义务这一技术性的、程序性的规则来免除自身危险承担的责任，至于被保险人阅读也罢，不阅读也罢，实非保险人所真正关心的。此外，为防保险人利用专业知识优势掠夺被保险人之利益，美国几乎所有州都要求其拒赔或少赔时提供合理的和准确的理由。[34]

因此，“三顾茅庐”确有必要，此观阅读义务规则适用的文本对象亦可明白，一无纸质电子之分，二不限于保单，实务中还有“投保单”[35]、“医疗保险投保单上之回答”[36]、“不包含此种保障之通知”[37]、“续保变更通知”[38]、“不

---

32 〔美〕马克·S.道弗曼：《风险管理与保险原理》（第 9 版），齐瑞宗等译，北京：清华大学出版社 2009 年版，第 169 页。

33 关于“职责”与“负担”的区别，参见申卫星：《对民事法律关系内容构成的反思》，《比较法研究》2004 年第 1 期。

34 *See* Unfair Claims Settlement Practices Act § 4（Nat. Ass’n. Ins. Comm’rs 1997）.所谓不公平理赔，即“向被保险人或受益人赔付，但没有表明每一笔赔付所依据的承保范围”，以及“拒赔或部分赔付时，没有及时提供合理的且准确的解释”。尽管美国保险监督官协会的监管示范法并没有明确要求保险人引用保单语言解释拒赔或少赔之决定，然而绝大多数州皆要求保险人为拒赔之依据即保单条款提供合理解释. *See*，e.g.，Ark. Code Ann. § 23-66-206（2015）；Colo. Rev. Stat. § 10-3-1104（2015）；Fla. Stat. Ann. § 626.9541（West 2012）. 其他一些州，如明尼苏达州，明确要求在基于保单条款拒赔时向被保险人或受益人提示保单条款。*See* Minn. Stat. § 72A.201，subdiv. 8（2015）.

35 McMillan v. Gay，123 Ga. App. 141，444 S.E.2d 117（1994）.

36 *See* Hidary v. Maccbees Life Ins. Co.，155 Misc. 2d 993，591 N.Y.S.2d 706（Sup 1992）.

37 Robson v. Quentin E. Cadd Agency，179 Ohio App. 3d 298，2008-Ohio-5909，901 N.E.2d 835（4th Dist. Hocking County 2008）.

38 Bruner v. League General Ins. Co.，164 Mich. App. 28，416 N.W.2d 318（1987）.

可续保通知”[39]等。它们的共通之处在于，对被保险人的权利义务皆有关键影响。

（四）阅读投保单之职责

美国法上，投保人在投保单上签名之前，有义务予以审视，更正不正确或不完整的回答。法官通常推定，投保人已阅读投保单并明白其内容。不过，投保人可以举证推翻如是推定。此外，一些案件中，缔约语境特殊，足以据之免除投保单阅读义务。例如，保险代理人不允许投保人通读保单，或者诱导投保人不阅读，或者受代理人言行的影响，投保人信赖和信任代理人正确无误地填写了回答。倘若投保人如实回答了代理人的询问，但代理人作了错误的或欺骗性的记录，且投保人因某种原因之妨碍而无法发现不实记录，那么按禁反言原则，保险人不能以投保人不实陈述为由规避责任。投保人无读写能力或不懂投保单所用语言之案件，即便其没有请人读给他听，也不可据之径认其存在不可宽恕之过失或者故意作虚假陈述。

附于保单之投保单为合同一部分，约束被保险人。理论上而言，被保险人收到保单之后有义务阅读投保单附件或请人读给他听，若发现其中之回答不正确，亦有义务予以更正，接受并保留保单且未提出异议视为认可保单所提供的保险。按传统多数观点，倘若被保险人接受本有机会检视的保单，那么他受保险代理人写入保单或投保单中的不实陈述之约束，因为被保险人有义务阅读保单附带的投保单。[40]采行此种规则的理由之一是，倘若被保险人阅读投保单副本，他就可以轻而易举地发现其中存在的欺诈或不实陈述。[41]斯项规则的严格适用必然彻底摧毁衡平的禁反言原则，因而受到严厉批判。[42]此外，保险代理人因未履行选购适合保险义务而被起诉的案件中，其可否以被保险人未有阅读投保单为抗辩事由，不同法院判决不一。[43]

---

39 Slovak v. Adams，141 Ohio App. 3d 838，753 N.E. 2d 910（6th Dist. Lucas County 2001）. 被保险人有义务阅读保险人的不可续保通知，其中有联系保险代理人另购重置保险之提示，然而，被保险人没有阅读，阅读欠缺阻却他向代理人所提赔偿请求之实现。

40 Hidary v. Maccabees Life Ins. Co.，155 Misc. 2d 993，591 N.Y.S.2d 706（Sup 1992）.

41 Odom v. Insurance Co. of State of Pa.，455 S.W.2d 195（Tex. 1970）.

42 John Hancock Mut. Life Ins. Co. v. Schwarzer，354 Mass. 327，237 N.E.2d 50，26 A.L.R.3d 1（1968）.

43 支持阅读欠缺抗辩之案例：Syx v. Midfield Volkswagen，Inc.，518 So. 2d 94（Ala. 1987）；Golden Rule Ins. Co. v. Lease，755 F. Supp. 948（D. Colo. 1991）（applying Colorado law）；Grizzle v. Guarantee Ins. Co.，602 F. Supp. 465（N.D. Ga. 1984）（applying Georgia law）；Hunt v. Greenway Ins. Agency，213 Ga. App. 14，443 S.E.2d 661（1994）；Fregeau v. Hall，196 Ga. App. 493，396 S.E.2d 241（1990）；Wiggam v. Associates Financial Services of Indiana，Inc.，677 N.E.2d 87（Ind. Ct. App. 1997）；Ross v. Citifinancial，Inc.，344 F.3d 458（5th Cir. 2003）；Nofziger v. Kentucky Cent. Life Ins. Co.，91 Or. App. 633，758 P.2d 348（1988）。否定阅读欠缺抗辩之案例：Ursini v. Goldman，118 Conn. 554，173 A. 789（1934）；Black v. Illinois Fair Plan Ass’n，87 Ill. App. 3d 1106，42 Ill. Dec. 934，409 N.E.2d 549（5th Dist. 1980）。

《中国保监会关于提醒人身保险投保人正确履行如实告知义务有关事项的公告》（保监公告第 55 号）似是认为，作为履行如实告知义务的一个环节，投保人有义务阅读和核对投保单及有关单证上的告知内容，而不问投保人未阅读是否存在合理的理由，或者保险推销人员之言行是否足以阻碍投保人阅读。[44]比较美国法官所遵循的前开投保单阅读义务通行规则，斯项公告之内容确有值得商榷之处，更何况，美国法上之通行规则近来受到诸多批判，大体上已站不住脚。

三、阅读欠缺现象的法律评价：合理的不知而非过错的不知

“真实的人并不阅读标准格式合同，阅读是乏味的、费解的、陌生的、耗时的，但最关键的是难奏其效。”[45]无论行色匆匆时间紧张，例如乘坐飞机自助购买航意险，抑或优哉游哉时间充裕，例如业务员登门辅助投保健康险，投保人皆鲜有阅读合同文件，甚至事故发生后也只是择要阅读，通常不知合同内容。

（一）成因：阅读能力不足和阅读效果不彰

阅读欠缺现象之发生和蔓延，原因主要有二。

其一，阅读能力不足。保险人提供的格式条款和书面说明，内容常为繁冗复杂的专业用语，要理解这些文本，不只是认识词语、词组、句子、段落和图表那么简单，还要运用通常只有保险专家们才具备的专业知识。投保人的“知识之杯”中通常未装入此种知识，无力理解吸收保单条款及披露文件并据以作出购买决策。知识问题不仅是缺乏正确知识，还包括一知半解及所学有误，投保人不仅“不知”，还可能误入歧途，不仅无力理解，还可能误读。消费者通常不愿意去作许多陌生而复杂的决策，倾向于避免或至少推延相关选择，比起披露主义者的期望，他们用更少的信息、花更少的心思去作决策，他们阅读、学习、分析合同条款和披露文件并提取、利用其中有用信息的动力因而更低

44　该公告第 2 条规定：投保单以及健康证明书、重要事项告知书、批单、产品说明书等有关单证是保险合同的重要组成部分，投保人在投保时应当仔细阅读投保单及有关单证的有关内容。投保人需要向保险公司如实告知的事项以投保单及有关单证提示的范围为准，并以书面方式履行告知义务。第 3 条规定：由于投保人的签名具有相应的法律效力，在推销人员代投保人填写投保单及有关单证时，投保人在签署投保单以前应当确认推销人员代为填写的内容是否属实。第 4 条规定：如果投保人发现推销人员的宣传与投保单的内容不一致，请向保险公司作详细咨询，核实以后再签署投保单。

45　Omri Ben-Shahar，“The Myth of the ‘Opportunity to Read’ in Contract Law”，*in European Review of Contract Law*，5（2009），p. 2.

落。[46]投保人的时间精力和资源支持也皆有限，而阅读合同耗时费力，聘请律师协助又耗资不菲，时间金钱之投入通常远超阅读之收益。这些也是为什么更多的阅读机会无法解决阅读欠缺问题的部分缘由，当投保人原已意愿不强、时间有限、能力不够、知识不足、技巧不熟、体验不佳，那或许只是徒劳罢了。

此外，保险合同之缔结若透过保险中介人而作成，自然会因中介人之专业知识而加强投保人对保单条款之阅读和理解，然而，中介人通常仅就投保人之概略需要加以设计与解说，以求在容许的价格内满足投保人之需要，投保人所获得的关于承保范围条款的解释通常微乎其微。况且，中介人要想给投保人一滴水，其“知识之杯”首先得有满杯水。再者说，即便中介人有“一杯水”，投保人也没法“仅仅通过被告知”而获得那些知识，因为专业知识建立在大量的、多种类的经验与含蓄的、没有言明的知识基础上。专家知道的通常比他们能说出来的要多，他们所具备的基于实践的知识，其中大部分是心照不宣的。[47]

其二，阅读效果不彰。即便投保人确有阅读且发现不利条款，又能奈之若何？除之？联系半自动客服磋商？或者走开，寻购更好的？保险合同为典型的附合合同，投保人“要么接受，要么离开”，毫无磋商之机会，多数情况下，即使知悉合同之内容，亦无变更条款之可能。不仅如此，那是一种超级附合性，财险尤是，所有保险人提供大体相同的保单，货比三家因而几无意义。末了，不仅失却交易的兴奋，满腔热忱的阅读者还得忧心忡忡、徒叹奈何。阅读改变投保人最终获得之交易结果的可能性几近于零。因此，投保人缺乏研究保单的意愿、动力和激励，除了个别“很轴的”，无人阅读。况且，保单交付之后，投保人纵然了解到合同内容，也无从影响其于合同成立时的主观意思，对后到保单之接受是事后既成事实而非事前慎重决定。

（二）影响：知情同意缺失和市场约束失灵

通常认为，阅读欠缺引发知情同意缺失与市场约束失灵两大问题。

其一，知情同意缺失。所谓知情同意缺失，是从微观层面而言的，即倘若对格式保单所创设的法律关系一无所知，投保人就不可能对斯项法律关系表示真正的同意，格式保单与当事人真意合致也就更不能相提并论。那么不无疑问的是，赋予格式保单法律约束力的传统正当理由是否依然可以适用。投保人签订的格式合同中不太可能不包含为自己所不知的条款。当然，对于大型企业和

46 参见〔美〕欧姆瑞·本·沙哈尔、卡尔·E.施奈德：《过犹不及：强制披露的失败》，陈晓芳译，北京：法律出版社 2015 年版，第 84—96 页。

47 参见〔美〕欧姆瑞·本·沙哈尔、卡尔·E.施奈德：《过犹不及：强制披露的失败》，陈晓芳译，北京：法律出版社 2015 年版，第 86 页。

其他机构而言，购买保险时较有议价弹性，真正同意和理解知情更可能是貌似有理且有意义的概念。这些企业实体可以获得律师和保险经纪人的咨询建议，其中一些还聘用具有保险专业知识及风险管理责任的员工，商业计划的一部分会就所欲购买的保险进行安排。然而，即使对于这些实体，知情同意的观念通常也是存疑的。商人所依赖的“专家”通常并不熟悉他们的雇主或客户所购买的保单中的大多数条款。[48]其二，市场约束失灵。所谓市场约束失灵，是从宏观层面而言的，是指市场力量无法有效约束保险人供给的保险产品质量。

第一个层面是寻购机制失灵，既然投保人无心费神保单条款的细致内容，也就不可能就保单内容货比三家，因此无法仰赖市场竞争激励保险人提升保单质量。

> 理论上，消费者阅读所有合同条款，作为回应，经营者在那些条款上展开竞争，正如他们在价格上展开竞争一样。那是我们执行合同的理由；我们假定市场将约束它们的内容。然而，事实上，绝大多数消费者合同未经阅读。预期中的竞争从未发生，经营者写入不受市场力量约束的条款——相信消费者永远不会看到它们，遑论决定是否接受它们。[49]

当然，保单阅读欠缺只是寻购机制失灵的诸多原因之一。格式保单在跨公司间已然一致化，有学者称之为“标准合同的再标准化”，其对市场竞争具有正反两方面的作用。正面而言，其凸显合同的价格条款，导致公司之间的产品比较变得更加容易；反面而言，其消除了企业间在再标准化合同条款上的竞争，因而在企业的优势缔约地位之上加上市场支配力，消费者的不同需要也就更加不可能全部获得满足。[50]保单竞争及差异主要在产品价格，保单条款上几乎不存在竞争，对比不同保险人提供的条款因而几无意义。不过，亦有学者通过比对各家保险公司的房主保单发现，各家保单并非复制照搬行业示范标准保单，彼此各有不同，多作不利于消费者之修改。[51]

第二个层面是共同行动障碍。一方面，倘若知之甚详且精明强干的消费者之数量不足，无法形成投保人群体关于保单质量的共同认知，那么充分的市场

48 *See* Kenneth S. Abraham，“Four Conceptions of Insurance”，*in University of Pennsylvania Law Review*，161（2013），p. 661.

49 James Gibson，“Boilerplate's False Dichotomy”，*in The Georgetown Law Journal*，106（2018），p. 250.

50 *See* Mark R. Patterson，“Standardization of Standard-Form Contracts：Competition and Contract Implications”，*in William & Mary Law Review*，52（2010），pp. 327—414.

51 *See* Daniel Schwarcz，“Reevaluating Standardized Insurance Policies”，*in The University of Chicago Law Review*，78（2011），pp. 1277—1317.

压力之集聚也就成为无源之水，借由市场力量精确定价附合合同之期望亦必然是水中之月。另一方面，如果经营者可以细分知情的消费者与不知情的消费者，他们将向知情的消费者提供更加公平的条款，如此一来，市场中知情的消费者之存在将无助于其他消费者之保护，而保险人正是通过批注之采用细分投保人。[52]有鉴于此，倘若期望借由市场有效率地设定商品之价格，那么经营者必须无法区别对待前开两类消费者，而且知情的消费者必须达到一定数量方足以发挥市场压力之宏效。但实际上，合同阅读者之数量微不足道，那么不无疑问的是，知情消费者之数量是否能够达到足够规模从而排除单边条款。鉴于保单的起草和设计具有自身的独特机制和风险，例如 ISO 集中起草、广泛采用批注、费率监管、语言抽象概括、重新起草之成本高昂等，即便投保人的行为仅有些微、低度不完美，也可能诱发保险人选用劣质低效不公平保单条款。[53]

（三）评价：成本收益分析

从成本收益的角度而言，投保人阅读义务背后的逻辑不太可靠。倘若投保人面对的文本可读可理解，那么让其负担阅读义务是合理的，推定其在阅读并取得充分信息后形成同意也合乎逻辑。易言之，如果阅读成本不太高，文本并非太难理解，那么阅读确实是人们在签约前应当采取的一项合理的“预防措施”。譬如，阅读药品包装上的用法说明及任何“黑框”警告之要求是合理的，那些文本简短可读（如“每 24 小时不超过 8 粒”），阅读成本较低，知情服用的收益很高。[54]然而，当预防措施的实施成本过高，阅读需要投入过多资源，成本收益分析结果就截然不同。雪上加霜的是，当通过阅读取得的与交易条款有关之信息非常少，或者即便取得一些信息也无法改变合同内容，收益也就微乎其微，阅读就不再是一项合理的注意标准。不难预计，投保人阅读之成本超过收益，那么，还有什么理由让其因没有实施成本高昂的注意措施而负担责任？消费者阅读商品外包装上的标准信息或警告标签之要求是合理的，但投保人阅读艰深晦涩、繁冗复杂、无从置喙的全部保单条款及信息披露之要求不具合理性，可谓“妄想而偏执”[55]，并未达到经济和社会行为的最低可接受程度之要求。而从投保人作为一个群体之角度以观，并没有证据表明，只要存在少量勤勉谨慎

---

52 *See* Douglas G. Baird，“The Boilerplate Puzzle”，*in Michigan Law Review*，104（2006），p. 939.

53 *See* Daniel Schwarcz，“A Products Liability Theory for the Judicial Regulation of Insurance Policies”，*in Willam & Mary Law Review*，48（2006），pp. 1404—1412.

54 *See* Omri Ben-Shahar，“The Myth of the ‘Opportunity to Read’ in Contract Law”，*in European Review of Contract Law*，5（2009），p. 7.

55 Stewart Macaulay，“Private Legislation and the Duty to Read-Business Run by IBM Machine，the Law of Contracts and Credit Cards”，*in Vanderbilt Law Review*，19（1966），p. 1056.

的阅读者，就可以对市场形成有效约束。数量上微不足道的阅读者无法达到约束市场的最低门槛。[56]

总而言之，保单阅读欠缺并非出于懒惰懈怠或道义有欠，而是个人有限理性和认知局限的反映。例如，预见能力有限[57]、注意力有限[58]、读写能力有限[59]、计算能力有限[60]，以及最重要的时间有限[61]。因而，投保人通常没有作出经济学家所预测的完全理性、福祉最大化的选择，投入最小化成为一种理性选择，其为此牺牲准确性。理性的投保人并不阅读附合合同，不阅读、不知晓、不关心合同内容之选择是一项优先选项、一种明智决定，阅读欠缺是正当的、理性的、积极的，是一种合理的不知，投保人不应当因此就受到惩罚。消费者耗费精力阅读和处理格式条款反而是一种“不理性和强迫症式行为”[62]。无论在事实描述上还是在规范价值上，阅读欠缺皆为不可逆转之事实，就未经阅读格式条款之规制，法律应首先假定，有意地促进消费者阅读格式条款既不可取也不可行。[63]

四、阅读同意推定创设基础之检讨：徒具形式而无实质的阅读机会

按普通法传统，阅读为同意之基础，同意为契约责任之基础。然而，阅读欠缺为保险合同世界之现实。既然合同约束力之根基为个人对遵守合同的自主选择，其何以选择未阅读且不知道的责任？该如何调和斯项法律传统与阅读欠缺现实，如何协调自主知情选择之理想与不知情之现实？美国契约法传统上通

---

56 *See* Yannis Bakos，Florencia Marotta-Wurgler & David R. Trossen，“Does Anyone Read the Fine Print? Consumer Attention to Standard Form Contracts”，*in The Journal of Legal Studies*，43（2014），pp. 22—28.

57 *See* Melvin A. Eisenberg，“The Limits of Cognition and the Limits of Contract”，*in Stanford Law Review*，47（1995），p. 222.

58 *See* Russell Korobkin，“Bounded Rationality, Standard Form Contracts, and Unconscionability”，*in The University of Chicago Law Review*，70（2003），p. 1222.

59 *See* Alan M. White，Cathy Lesser Mansfield.“Literacy and Contract”，*in Stanford Law & Policy Review*，13(2002)，pp. 235—242.

60 参见〔美〕欧姆瑞·本·沙哈尔、卡尔·E.施奈德：《过犹不及：强制披露的失败》，陈晓芳译，北京：法律出版社 2015 年版，第 88—90 页。

61 *See* Omri Ben-Shahar & Carl E. Schneider，“The Failure of Mandated Disclosure”，*in University of Pennsylvania Law Review*，11（2010），pp. 2705—709.

62 Omri Ben-Shahar，“The Myth of the ‘Opportunity to Read’ in Contract Law”，*in European Review of Contract Law*，5（2009），p. 15.

63 *See* Tess Wilkinson-Ryan，“The Perverse Consequences of Disclosing Standard Terms”，*in Cornell Law Review*，103（2017），pp. 123—124.

过各种推定解决此种尴尬。易言之，多数学者实不乐意向阅读欠缺现象妥协，一般合同法也拒绝顺应现实，赓续以虚构、拟制或推定为应对。此类应对契合交易者知晓所有合同条款的理想图景，旨在维持契约的经典概念界定。

阅读义务规则之底盘即“签字即同意”推定，是一种“决定性推定”，又称“不可反驳的推定”。详言之，当事人在签字订约之前，倘若本有机会阅读合同条款，除非存在欺诈或胁迫，推定其已经阅读、理解且同意了合同内容。例如，“按田纳西州的法律，决定性推定被保险人已经知悉且已经同意保单中的所有条款、条件、规定或陈述，无论被保险人事实上是否阅读或有无能力阅读保险合同”[64]。出于效率、公平和交易安全之考虑，斯项推定长久以来一直为普通法缔约机制之必备。而侵权法上，同意可为自担风险之基础，阅读义务因而“可以和侵权法中的风险自担规则称兄道弟，本可以阅读但实际上未阅读的买方承担受任何不利条款约束的风险”[65]。

我国保险司法实务中也可见类似推定及其在具体缔约环境的不同表现，如“签字即同意”[66]、“激活即同意”[67]、接收保留保单而未有异议即同意[68]，投保人网上签名或点击同意构成有效的接受，无论其是否知悉或是否反对合同条款。

（一）主体假设角度之反思：“强而慧者”与“弱而愚者”

阅读义务作为古典契约法推崇的经典规则之一，建立在抽象理性人的主体假设与讨价还价的交易原型之上。古典契约法创立基础停留在简单商品经济时期，交易者彼此间一臂之长，像买卖一匹马那样，其主体假设，埃森博格教授认为是“心理学上的理性行为人模型”。详言之，行为人在面临不确定性时作出决定，他们通常会将所有未来收益和成本折算为现实价值，从而理性地实现主观预期利益最大化。特别是，古典契约法的规则都建立在这样的潜在假设之上，即行为人见多识广、熟悉法律，且理性地行事从而促进他们经济上的私利。抽象理性的保险人与投保人达成交易之前，合同条款为双方知晓，通常亦由他们设计，一方面，皆有理解保险合同的能力，阅读只是一项简单任务，另一方面，通常确有阅读，从而确保文本反映彼此同意的条款。按此种模型，不应将交易置于公平性的检视之下，如果行为人始终理性地为他们的私利而行事，那

64 Progressive Hawaii Insurance Corp. v. Skiba，260 F. Supp. 3d 934（W. D. Tenn. 2017）.

65 Ian Ayres & Alan Schwartz，“The No-Reading Problem in Consumer Contract Law”，*in Stanford Law Review*，66（2014），p. 549.

66 （2015）威环商初字第 1027 号。

67 （2018）鄂 08 民终 466 号。

68 （2017）粤 01 民终 23193 号、（2017）鄂 0606 民初 2166 号。

么，不存在欺诈、胁迫等诸如此类的情况时，所有的交易必然是公平的。因此，这一模型部分地解释了阅读义务规则。该规则的操作性意义在于，确定性地推定行为人已经阅读和理解他们所签字的任何东西。[69]

工业革命之前，承担危险的保险人多为较有资力的个人，其与船东或货主之间完全处在平等的基础上，就危险承担及对价多寡自由协商，无人处于较为优势的地位。缔约双方掌握充分信息且可胜任，或得专家、律师的协助，经磋商而自愿缔结协议，呈现彼此的允诺，皆是法律上的“强而慧者”。彼时，自我负责的道德伦理盛行，人们可以客观地期待每一方当事人阅读且理解其所签字的协议，倘若本有机会阅读而不阅读，则为“过错的不知”。

工业革命之后，经济迅速发展，风险转移的需求日增，有组织的保险业遂得以崛起，从而成为主导保单设计及费率厘定的经济上、信息上的“强而慧者”，二战之后，此种情势更行激化。处于经济上、信息上弱势的保险消费者，因而丧失其原有的与保险人之间对等的协商能力，事实上显然成为“弱而愚者”，可以运用的资源十分有限，不仅没有能力阅读与理解保单，对于保险人所提出的保单与费率，也仅得表示接受与否，而无讨价还价之可能。[70]职是之故，古典契约法的主体假设已然变成一种英雄主义的学说理想，固守阅读合同为合意之基础的立场则是反现实的。

（二）本有阅读机会之反思：徒具形式而无实质

投保人确实不阅读保险合同，但他们可以被推定已阅读，因而至少其在签字订约之前应有机会阅读，真正的阅读机会遂代替阅读实际成为同意之基础，“本有阅读机会”成为创设“签字即同意”推定的基础事实之一。仅当此种机会存在，方可以说，投保人是在自主选择不阅读的情况下表示了同意，因而受任何不利格式条款约束。既然可以真正选择不阅读，阅读就必然是另外的选项。否则，倘若阅读选项不存在，投保人就没法放弃。这就好比是说，如果受邀登上宇宙飞船，我们只能选择不飞往月球，如果有机会阅读合同条款，我们只能选择不阅读。[71]

沿循阅读机会逻辑，决策者最大努力地设计科学合理的保险法律规范，激励保险人为投保人创造真正的、更多的阅读机会，降低阅读难度，减少阅读成本，激励阅读行为，形成更加“真正的”和“强健的”投保人同意，弥合保险

69　*See* Melvin A. Eisenberg，“Why There Is No Law of Relational Contracts”，*in Northwestern University Law Review*，94（2000），p. 808.

70　参见施文森：《诚信原则与格式条款外之求偿》，《月旦法学杂志》2010 年第 7 期。

71　*See* Omri Ben-Shahar，“The Myth of the ‘Opportunity to Read’ in Contract Law”，*in European Review of Contract Law*，5（2009），p. 9.

的经典合同概念与保单阅读欠缺现实之间的鸿沟。因此，隐藏在小字体中的保单条款可能不具有法律约束力；以模糊语言表述的条款可能作不利于保险人之解释；纵然谨慎的投保人事先勤勉地尝试了解保单内容，后来仍可能觉得“惊讶”；保单可读性支持者的视野中，投保人是否有真正的阅读机会占据着舞台中心；立法者和监管者不断扩张保险人信息提供义务，合理设置初始缔约程序，例如要求其提供保单条款和提示免责条款，便于投保人签字前更加了解特定条款。阅读机会之有无决定合同条款约束力之有无，投保人没有机会阅读的条款不具拘束力，因为其没有对之表示同意。

阅读机会逻辑契合合意原理，当事人确定性地接受合同条款为合意之要求。保险合同法中，同意理论依然具有十分强健的影响，投保人怎么能同意其没有阅读或没有机会阅读或被阻止阅读的条款呢？当事人默示同意可得而读但未有阅读的条款，此种推理之所以足够吸引学者，有其成立基础上的深层原因，即给予个人更大尊重、尊重私人自治。有机会阅读但选择不阅读是自主决定，不同于没有阅读机会。然而，阅读机会逻辑的程序性前提是可疑的。决策者假设，以更加引人注意的方式呈现或以更加简明易懂的语言表述保单条款即可解决阅读欠缺问题，无需采取任何其他行动和措施。但是，此种前提在现实面前轰然倒塌，因为无论保单条款如何通俗易懂，都几乎无人阅读。[72]合同条款是在交易之前还是之后提供，是小字体还是大字体，是在合同的首页还是中间，是处在完整的协议中还是单独存在，是需要点击一次还是数次，是以法律的还是外行的语言表述，可供阅读的时间是长还是短，倾向于理性地选择不知的投保人实际上并不关心诸如此类的问题，这些问题对是否阅读及阅读难奏其效的现实并无什么实际影响。阅读机会几乎不可能带来阅读行为。

那么，阅读机会逻辑的支持者必定是在琢磨，如果真正的确定性同意无法形成，至少合意原理的自治基础可以被满足。投保人并非通过确定性地、知情地接受条款而是通过决定放弃阅读机会表示同意。阅读机会至少可以保持合意框架仍是保险契约责任的基础。投保人的阅读欠缺，原本实为对保险人私人立法的屈从，经阅读机会这一程序性最低要求的遮掩，竟披上自愿同意有效仪式的外衣。Omri Ben-Shahar 称之为一种“被动的仪式”[73]，Jim White 更是直接地称之为“自我中心主义式同意”[74]。不过，自我中心主义者并非欠缺阅读的投保人，如前所述，这些被动同意者是理性的。令人失望的是，学界和业界过分倚

72 *See* Robert A. Hillman & Jeffrey J. Rachlinski，“Standard-Form Contracting in the Electronic Age”，*in New York University Law Review*，77（2002），pp. 446—447.

73 Omri Ben-Shahar，“The Myth of the ‘Opportunity to Read’ in Contract Law”，*in European Review of Contract Law*，5（2009），p. 5.

74 James J. White，“Autistic Contracts”，*in The Wayne Law Review*，45（2000），p. 1693.

重阅读机会，不甘心让步并顺应现实者，正是那些固守阅读合同为合意基础之观念的人。或许，他们不仅自我中心主义，还天真幼稚，他们解决阅读欠缺现象的法律改革建议无法改善不阅读的投保人最终所获得的条款。

投保人在不知悉合同条款的情况下自主选择缔约并无不妥，漠不关心阅读机会亦属正常。未经阅读保单条款可能是单方性的、掠夺性的、不公平的，不利于投保人，保险法确实应当有所应对，且有可资运用的工具，例如，美国《第二次合同法重述》第 211 条评注 b 解释道："消费者事实上通常并不阅读，遑论理解格式条款。他们信赖格式条款使用者的善意……但是他们明白，他们所同意的未有阅读或未能理解的条款受法律之限制。"[75]某种法律规制能否提高保单法律质量并不取决于读者数量、阅读机会或可读性。相反，随着保单阅读成为愈发稳固的预防措施，规则制定者愈发不太热衷于设计可以真正奏效的方案。从投保人的角度观之，激励阅读的法律改革建议可能适得其反。[76]不阅读的投保人可以从旨在保护选择范围和选择权利的社会政策中获益，但确保无用的阅读机会并不属于此类保护。

阅读合同是知悉合同的途径，知悉合同是达成合意的要件，本有机会阅读而不阅读是放弃自我利益的一种自治选择，放弃机会者自负其责，这是保险合同法上的传统范式。此种范式已脱离实际，难以满足保险合同实质规制之需要。现今，格式文本繁冗复杂、无所不在，阅读机会难以转化为真正的阅读行为，投保人本有阅读机会的程序性要求对保险合同内容无法产生实质性影响，阅读义务规则到了退出历史舞台的时刻。法律对保险合同的规制，应先跳出阅读义务规则之樊篱，再转向采行更具实质性效果、体现结果导向的消费者保护规范，如合理期待原则与虚幻承保原则[77]。法律改革的焦点，应置于更好的方法上，更好地赋权保险消费者借助保险私法保护自身权益。

（三）创设基础的瓦解：投保人主观意思难以证明，更难以进入保单

究其实质，"签字即同意"是一项关于投保人主观意思或内心意思的法律推定，即从投保人本有机会阅读保险合同且已在合同上签字的一组已知基础事实推出未知推定事实，即投保人阅读、理解、知悉并同意合同条款且愿受之约

75 Restatement（Second）of Contracts § 211 cmt. b.

76 *See* Robert A. Hillman，"Online Boilerplate：Would Mandatory Website Disclosure of E-standard Terms Backfire?"，*in Michigan Law Review*，104（2006），pp. 849—853.

77 倘若从保单持有人之角度观之，保单文本按其字面具有承保某种或某些风险的外观，但事实上又通过除外条款予以排除，也即，创造了虚幻的承保，那么法院可适用虚幻承保原则判决除外条款不具有约束力。*See* Ian Weiss，"The Illusory Coverage Doctrine：A Critical Review"，*in University of Pennsylvania Law Review*，166（2018），pp. 1545—1570.

束的主观意思，而无论其实际上有没有阅读或有没有能力阅读。“关于主体内心意思的不可反驳的法律推定的创设基础一般有两个：一个是基础事实和推定事实之间的高概率联系，另一个是解决因抽象主观心态难以证明而造成的程序困境以便利诉讼程序的顺畅进行。”[78]传统上，阅读同意推定的创设基础为一般经验规律及投保人主观意思难以证明，而目前，它是将信息获取负担转移给投保人的方法。

其一，“签字”等基础事实与“同意”等推定事实之间的高概率联系渐趋消失。历史地看，尤其保险业发展早期，此种高概率联系是存在的，它是一种或然性常态联系、一种近似充分条件关系，基础事实存在，则推定事实极有可能存在。然而，现代保险合同之缔结，保险人对合同内容知之甚稔，且可在合同中单方写入自己的主观意思，投保人则欠缺对绝大多数保单条款的主观同意。倘若将保险合同理解为双方当事人主观同意的条款，那么“保险的合同概念”通常具有巨大的瑕疵，现实中几乎不存在这样的合同。[79]投保人本有机会阅读保单而未阅读却径予签字的基础事实与知晓、理解和同意保单条款的推定事实之间，显然难说还存在什么高概率联系，而高概率联系是大部分法律推定之推定事实具有正当性的基础，是创设法律推定的最核心的基础要素，那种不以之为基础的法律推定仅仅是例外。

其二，投保人主观意思难以证明，更难以进入保单。保险合同内容与投保人主观意思、知情同意之间存在的断层线揭示，保险缔约实践的全部事实与法律对待这些事实的方式之间存在矛盾张力。作为因应，客观合意理论对保险法进行了改造，该理论推定对于合同的同意构成对于所有条款的同意，无论当事人是否真正理解了或是否主观上同意了具体条款。阅读义务规则即循客观同意理论：无同意，无合同，但是一旦存在同意的客观表示，表示者即受约束，推定一个人知道其所缔结的合同。诚如 Friedrich Kessler 教授所言，合同概念背后存在自我决定、自我拘束、自我负责的理性假设：“当事人应当知悉他所缔结的合同……任何一方当事人都应当留心他自己的利益和他自己的保护。仔细地货比三家可以避免不公平的交易。任何人享有选择合同伙伴的完全的自由。”[80]

---

78 张海燕：《论不可反驳的推定》，《法学论坛》2013 年第 5 期。

79 通过梳理美国保险判例法、学术文献及行业人士的政策陈述，Kenneth S. Abraham 教授发现，美国保险法学者解释、描述、理解和界定保险的主要视角有四，即合同、公用事业/管制事业、产品和治理，可谓“保险的四个概念”，概念之选择反映了学者关于保险法应当是什么或做什么的争论。无论采用哪一种概念，都并非等同为全盘接受或全然拒绝所选概念推崇的全部规范性诉求。法律规范及法律实践之基础和底盘是概念背后的政治、经济与社会价值，而不是概念本身。究其本质，法律的价值追求是选择不同概念的驱动器。*See* Kenneth S. Abraham，“Four Conceptions of Insurance”，*in University of Pennsylvania Law Review*，161（2013），pp. 653—698.

80 Friedrich Kessler，“Contracts of Adhesion—Some Thoughts About Freedom of Contract”，*in Columbia Law Review*，43（1943），p. 630.

客观主义理论视书面合同神圣不可侵犯，因此透过各种规则排除或最小化当事人的真实主观意思，口头证据规则、透明含义规则皆为适例。缔约者可以安全地信赖书面文件，是此种立场的核心政策考量。“阅读义务规则是客观主义合同理论修筑的另一道防御工事，书面文本凭之坚不可摧、固若金汤”[81]，背后之质朴考虑似乎是，如果一方当事人可以通过主张自己没有阅读或理解所签文件而避免履行交易，那么就没有人可以信赖已经签名之文件。然而，保险合同的问题在于，投保人主观意思难以进入保单，阅读义务规则旨在避免证明和排除的个人主观意思几近于无。法院通常会说，合同解释的目标是确定双方当事人表示于其中的意思，但在保险纠纷中，通常必然是客观意思，这多多少少是一种“矛盾修辞法”，这也正是保险合同概念的“阿喀琉斯之踵”。“保险的合同概念”必须假定，所有的保单持有人具有一种近乎统一的、共同的意思。然而，统一的意思近乎根本不存在主观意思，而且倘若不存在任何主观意思，那么很难说保险的合同概念所描述的，除了纸面上的文字外还剩下什么。[82]比起保险人对投保人签字之信赖，投保人对保单内容之合理期待更需要法律的保护。

五、结论：阅读义务规则应予废弃

投保人阅读保险合同非为一项“义务”。称之为义务，不仅从技术上而言是不适当的，还鼓励法官在没有阅读保单仍签字的投保人面前扮演道德说教者或居高临下者。投保人很少真正地阅读保单，人们也并不期待投保人会那么做。阅读保单不仅没有受到鼓励，实质上还遭到阻碍。投保人声明栏“我已阅读并理解保单的全部内容”之表述明显不真实，而且不仅签字附合的投保人知道此类表述不真实，提供保单供投保人签名接受的保险人也知道此类表述不真实。保险人借由此类语句向投保人传递的真正意思是，尽管我们知道你没有阅读此份保单的大部分或任何内容，而且如果你阅读也可能并不明白其意思，然而我们希望让你签字并受之约束。保险人真正希望的是能够视投保人已经阅读了全部保单，他并不关心投保人事实上没有阅读保单，而且大多数案件中，保险人也不希望投保人阅读保单。此类表述本质上并非是向投保人传递的信息，而是向未来审理案件的法院传递的信息。法官首先应当理解和承认如下事实：阅读欠缺并非出于懒惰懈怠或道义有欠，而是个人有限理性和认知局限的反映，是

---

81 John D. Calamari，“Duty to Read—A Changing Concept”，*in Fordham Law Review*，43（1974），p. 360.

82 *See* Kenneth S. Abraham，“Four Conceptions of Insurance”，*in University of Pennsylvania Law Review*，161（2013），pp. 661—662.

理性的选择和合理的不知，不可因之惩罚投保人，阅读保险合同不再是合理的注意标准。称阅读为一项义务，无异于在伤口上撒盐。[83]

“签字即同意”决定性推定不仅没有准确描述投保人的真实行为状态，也没有准确呈现法官事实上如何评价和适用阅读义务规则。美国法官审理保险合同案件时受一种二阶段分两步走式裁判思维和裁判方式的支配：第一阶段，法院首先将书面保单条款视为设定权利义务的初步条款，如果认为有必要，进入第二阶段，法院可以援引衡平规范推翻或撤销书面条款，从而调整合同并使之与当事人的合同意图或合同目的相一致，实质地“矫正”保险合同。[84]无论何时，只要法院判定，依据保险人提供的形式合同条款解释和执行合同难以实现当事人的目的，这种合同责任的事后司法判定就成为证明、维护和澄清合同意图的应变机制及回路。第一阶段，法官适用以客观术语表述的规则（rules），最小化适用过程中的主观判断。此类客观规则之适用严格机械，纵然适用结果不合理、不公正因而抵牾其自身目的，亦不设例外。此类规则主要有口头证据规则、透明意思规则及阅读义务规则。阅读义务规则之严苛适用产生极端结果：不阅读的投保人受不利格式条款约束，保险人取得暗中起草单方条款的免费通行证。有鉴于此，法官通常会进入第二阶段，适用以主观术语表述的原则（principles），此类原则内容宽泛，适用宽松灵活，旨在为普通法客观规则提供变通和例外，弥合个别法律规定的施行现实与公平正义之间的裂隙，因此需要法官逐案充分行使自由裁量权，主观判断特定保险交易的语境。例如，合理期待原则运用与阅读义务规则完全相反的方式限制投保人的契约责任。[85]倘若条款用语难以阅读和理解，那么并不推定投保人已阅读，而是推定条款的意思就是一个理性的未阅读者可以期待它所具有的意思，推定投保人就未有阅读的条款之内容具有一定范围的客观合理期待。阅读义务规则与合理期待原则这两个极端之间，还存在一些中间规范，例如显失公平原则，它限缩了阅读义务规则的适用范围，未有阅读的投保人不受过分的、掠夺性的条款之约束。准此以观，在美国目前所流行的保险合同纠纷裁判思维中，法官预设每一份保单都附随一份司法保单，以保险人提供的格式合同条款最终难以实现当事人的目的（主要指被保险人的目的）为保险事故，倘若发生保险事故，法院可以基于恰当的语境重置或改进保单文本。阅读义务规则应置于法官此种整体的裁判思维中予以考察。

如果保单阅读一事上存在任何法律推定，那就是投保人没有能力阅读其签

---

83 *See* Charles L. Knapp，“Is There a ‘Duty to Read’?”，*in Hastings Law Journal*，66（2015），p. 1087.

84 *See* Jody S. Kraus & Robert E. Scott，“Contract Design and the Structure of Contractual Intent”，*in New York University Law Review*，84（2009），pp. 1025—1035.

85 *See* Robert E. Keeton，“Insurance Law Rights at Variance with Policy Provisions”，*in Harvard Law Review*，83（1970），pp. 966—967.

字的保单，遑论真的阅读。倘若保留阅读职责作为一项可推翻推定，也仅在签字作为同意的象征意义上是恰当的。当投保人签字，外观上看起来像是对保险人提出的交易表示了同意，那么至多在作为保险合同关系起点的象征意义上，法院可以视签字创造了一项可推翻的“同意”推定。然而，必须承认的是，此种推定也并非是对真实情况的准确描述，其产生的效果是，倘若投保人主张自身不受保单条款约束，那么其有义务举证推翻其明确同意，同时，同意推定也明确允许投保人这么做，投保人也可能成功地举证推翻同意推定。然而，现代的知情同意推定规则并不应当建立在投保人已经阅读和理解书面条款的错误假设之上，而应当坦然承认，在诸多案件中，作成文件和提供条款之仪式在其作为一项旨在劝导说服双方同意交易的沟通交流方式之意义上已基本趋于消逝，投保人之主观意思难以进入保单，倘若投保人在没有理解甚或阅读合同条款的情况下对合同表示了同意，那么作为一项法律技术，推定投保人受保单约束具有一定的必要性。

经阅读义务规则和阅读机会逻辑之形塑，就未经阅读保单格式条款的同意问题，普通法给出的解决方案，要么是保险人提示欠缺，条款没有约束力，要么是投保人阅读欠缺，条款具有约束力。此种形塑的基本立场是，保险合同在传达条款内容方面做得不好，投保人在阅读条款信息方面做得不好。我国保险法制和实务应当着力避免此种非此即彼的尴尬境地，可采取更加彻底坚定的立场，阅读保险合同非为义务，激励投保人阅读既不可行又不可取。于保险合同领域，阅读义务规则已经没有存在的现实土壤和必要，应当且可以予以废弃，旨在为投保人提供更多阅读机会的法律规范之实际效果也值得进一步探究、审视和反思。

Criticism on the Insured's Duty to Read Insurance Contract

Fan Qirong，Qian Hongliang

Abstract: In insurance contract law, the complete expression of duty to read doctrine is as follows: an insured has duty to read, understand and know the contents of the insurance contract before signing and to examine the coverage provided; except as against fraud or duress, an insured is conclusively presumed to read, understand, and assent to the terms that he had the opportunity to read before signing, whether or not he had read or had the ability to read them. Under the logic of an opportunity to read, it is said that insureds chose to manifest assent without actually reading, and thus to be bound to the boilerplate terms. The behavior related requirement of reading contract is not a "duty" but an "obliegenheiten" in favor of an insured himself. Insurance consumers often have no capacity to read and access to bargain standard policy terms, they choose rationally not to read, an opportunity to read is thus useless. Failure to read should not be regarded as negligent ignorance or moral wrong deserved punishment; it is due to individual's bounded rationality and cognitive biases, reading the fine terms is no longer a reasonable standard of care. Presumption of "sign as assent" is traditionally founded on the high probability relation between "sign" and "assent" and avoidance of difficulties in proving subjective intent, these two bases are contrary to modern insurance contracting practice, and "sign" now is only the symbolic beginning of contractual relationship, most actual insurance transactions do not involve insureds' subjective assent to many of the policy provisions. Insureds' reasonable expectations need more protections by law than insurers' reliances on insureds' signs. Insurance contract law should and can abandon the duty to read rule.

Keywords: Duty to Read; Opportunity to Read; Failure to Read; Irrebuttable Presumption; Obliegenheiten

论工伤事故中的请求权竞合——以建筑业为视角

明 平 胡文韬

摘 要：工伤事故发生后劳动者可依三种请求权请求赔偿：工伤保险金请求权、用人单位赔偿责任请求权、商业保险金请求权。在实践中，为了充分发挥工伤保险作用，提高劳动者权益保护力度，应贯彻工伤保险优先赔付、商业保险承担补充责任、用人单位弥补不足的请求权实现顺序。基于赔偿项目的不同特性，与人身具有密切关系的赔偿金应允许劳动者获得多重赔偿，能够实际确定损失的赔偿金则应受损失补偿原则之约束而采取损益原则处理。

关键词：工伤保险；意外伤害险；损失补偿原则；请求权竞合

作者简介：明平（1982— ），武汉大学法学博士研究生，主要研究方向为经济法、知识产权法。

胡文韬（1991— ），法学博士，现就职于浙江交工集团股份有限公司，主要研究方向为经济法、保险法。

目　次

一、问题的提出

2012 年，安某某（本案原告）与安某在某渔业公司（本案被告）任职，其中安某某与安某系父子关系。2013 年，在出海作业过程中船舶倾覆，致使安某某受伤，安某遇难。事故发生后，行政机关认定原告遭受事故伤害情形属工伤，应享受工伤待遇。另查明，被告曾于 2012 年为原告投保团体意外伤害险，并在聘用合同中与原告约定：聘用期内的工伤事故，按照商业保险条款执行。原告在获得意外保险金后，向原告求偿工伤保险待遇遭拒并诉诸法院。

一审法院认为：依法缴纳工伤保险是用人单位的法定义务，该义务不得通过协商方式予以免除。因此，按照《工伤保险条例》有关规定，判决被告向原告支付安某工资、丧葬补助金及一次性工亡补助金。被告认为，在原告已获得商业保险赔偿后再获得工伤保险赔付，属不诚信行为，违反了公平原则，并以此为理由上诉。

二审法院认为：根据最高人民法院《关于审理工伤保险行政案件若干问题的规定》第八条第一款、第三款[1]之规定，法律及司法解释并未阻止受工伤职工同时获得民事赔偿和工伤保险待遇赔偿，并因此驳回上诉，维持原判。[2]

在本案中，如何处理工伤保险请求权与商业保险金请求权的竞合关系，是关注焦点与难点。实践中，工伤事故后劳动者的请求权一般有三种：工伤保险金赔偿请求权、意外伤害保险金给付请求权、用人单位侵权责任请求权。以建筑业为例，自 2011 年《建筑法》颁布后，在建筑领域我国基本上形成了以工伤保险为主、意外伤害险为辅的工伤保护机制。依据《侵权责任法》相关规定，劳动者因工受伤，用人单位须承担无过错责任。因此，在工伤事故发生后，劳动者得以三种请求权要求赔偿。

在请求权竞合的背景下，工伤事故发生后劳动者的合法权益如何得到切实保护，目前存在两种争议：一方面，三种请求权的实现顺序孰先孰后，仍存争议。另一方面，劳动者得依三种请求权要求赔偿，但能否获得三重赔偿，在理论和实务上尚有不明之处。

1　《关于审理工伤保险行政案件若干问题的规定》第八条第一款规定：职工因第三人的原因受到伤害，社会保险行政部门以职工或者其近亲属已经对第三人提起民事诉讼或者获得民事赔偿为由，作出不予受理工伤认定申请或者不予认定工伤决定的，人民法院不予支持。第三款规定：职工因第三人的原因导致工伤，社会保险经办机构以职工或者其近亲属已经对第三人提起民事诉讼为由，拒绝支付工伤保险待遇的，人民法院不予支持，但第三人已经支付的医疗费用除外。

2　案例来源：《最高人民法院公报》2017 年第 12 期。

针对争议一，最高人民法院曾于2004年发布司法解释，明确规定工伤事故中劳动者只得请求工伤保险赔付，用人单位责任因投保工伤保险而得以豁免，但对商业保险的竞合问题并未涉及。2002年《安全生产法》则允许劳动者在获得工伤赔偿后，还可以依民事法律规定向本单位索赔。

针对争议二，有学者认为，无论是社会保险抑或商业保险，其保险标的均为被保险人的身体和健康，因此不应适用补偿原则，给予其三重赔付应为合理。有学者认为，团体意外险亦包含医疗费用保险，此部分保险的目的在于补偿被保险人因治疗疾病或医治伤害所发生的费用损失，被保险人不得因此而获利，故应适用损失补偿原则。亦有学者认为，应根据保险性质的不同，予以区别对待。[3]

工伤事故发生后，劳动者能否及时、足额获得赔偿，不仅事关劳动者合法利益保护，还会直接影响社会秩序和生产秩序的稳定、有序。但是，在目前的实践中，法律法规相互冲突，司法裁判标准不一，严重影响了劳动者工伤赔偿请求权的实现。造成这一局面的根本原因，还在于对三种请求权的特点、性质等存在模糊之处，对请求权竞合的处理原则及利益保护对象仍处于摇摆之中。

笔者认为，建筑业的从业人员因工作性质、身份、经济实力等因素处于弱势地位，在处理请求权竞合问题时，既要考虑其弱势地位的现实情况，确保其合法权益得到充分保护，又不应脱离保险实质，最终造成道德风险的形成和社会资源的浪费。因此，笔者将紧紧围绕利益衡平这一原则，在实现劳动者合法权益保护与用人单位保护平衡的基础上，坚守保险实质，在分析请求权基础的背景下，分析请求权竞合的处理原则，以期厘清现行理论与实务困惑，提高工伤事故赔偿效率。

二、工伤事故中劳动者请求权实现的法理基础

（一）团体意外伤害险中保险金请求权实现的法理基础

在团体意外险中，保险金请求权的实现是否应适用损失补偿原则，目前学界仍存在不同观点。

有学者认为，团体意外险作为人身保险的一种，当然不适用损失补偿原则。如覃有土认为：损失补偿原则只适用于财产保险合同，人身保险合同不适用这

3　参见杜万华主编：《最高人民法院〈关于保险法司法解释（三）〉理解与适用》，北京：人民法院出版社2015年版，第479页。

一原则。[4]陈晴则认为：人身保险合同是典型的定额保险合同，虽然法律允许财险公司可以经营短期健康保险和意外伤害保险，但是这并不意味着意外险的法律性质发生改变，因此不主张适用损失补偿原则。[5]在司法实务中，意外险排斥适用损失补偿原则的案例亦有存在。如邱慧雪诉中华联合财产保险公司阿勒泰分公司一案中，法院认为：根据我国《保险法》第92条规定，意外伤害险属于人身保险的一种。《保险法》第68条规定：被保险人因第三者的行为而发生死亡……保险人向被保险人或者受益人给付保险金后，不享有向第三者追偿的权利，但被保险人或者受益人仍有权向第三者请求赔偿。该条允许人身保险的被保险人享有双重赔偿的权利，因而在一定意义上排斥了损失补偿原则在人身保险中的适用。[6]

亦有学者认为，损失补偿原则同样适用于人身保险合同。如贾林青认为：人身保险合同也是建立在经济补偿的基础之上。它并非是补偿被保险人的寿命或身体，而是用于补偿被保险人的生、老、病、死所产生的经济利益。[7]梁宇贤教授认为：人身价值有客观评估标准。所谓人身无价，乃是主观上认为人身是无价之宝，故其价值可以无限大。但就事实而言，在客观上仍有相当的标准可供遵循。[8]因此，在团体意外险中，被保险人因意外所遭受之损失实质上可归结于一种经济利益，且这种利益应遵循一定的标准予以补偿，故可适用于损失补偿原则。

目前学界较为主流的一种观点认为，团体意外险作为人身险的一种，是否适用于损失补偿原则应区分不同情况而予以不同对待。英国学者Clarke认为：意外伤亡事故保险可以包括医疗费及工资损失。这一保险范围属于补偿保险。[9]韩长印等教授认为：意外伤害保险多属于定额给付保险，但往往附加补偿性质的医疗费用保险。绝大多数被保险人都伴有医疗救助等治疗、住院费用的支出，

4　覃有土：《保险法概论》，北京：北京大学出版社2001年版，第304页。持相同观点的还有程德玉：《保险学教程》，北京：人民交通出版社1997年版，第186页；方乐华：《保险法》，上海：复旦大学出版社2001年版，第13页。

5　陈晴：《保险法学》，武汉：武汉大学出版社2010年版，第31页。持此观点的学者还有于海纯。他认为，顾名思义，损失补偿原则应是指保险人对被保险人因保险事故遭受的损失予以补偿，因此仅适用于财产保险而非人身保险，因人身保险的保险标的为人的生命、健康，而这些损失难以实际确定。参见于海纯：《论人身保险不应适用损失补偿原则及其意义》，《政治与法律》2014年第12期。

6　参见侯国俊：《附加险也是险，判你赔偿没商量——对一起短期人身保险双重赔偿纠纷案的评析》，《新疆人大（汉文）》2005年第12期。

7　贾林青：《保险法》，北京：中国人民大学出版社2011年版，第51页。

8　梁宇贤：《保险法实例解说》，北京：中国人民大学出版社2004年版，第64页。持此观点的日本学者为青谷和夫。持此观点的中国学者有李玉泉、李粟燕。参见李玉泉：《保险法》，北京：法律出版社1997年版，第85页；李粟燕：《保险法教程》，北京：对外经济贸易大学出版社2007年版，第105页。

9　〔英〕Malcolm A. Clarke：《保险合同法》，何美欢等译，北京：北京大学出版社2002年版，第81页。

此类费用性支出通常按照损失调补原则，依照合同约定进行实际补偿。[10]樊启荣教授认为：意外伤害保险不同于以纯粹的定额为给付的人寿保险，其既具有足额给付性，又具有损失补偿性。意外伤害保险中，死亡保险金、残疾保险金依约定给付，医疗保险金按实际支付的医疗费和保险合同约定进行补偿。[11]

针对以上观点，笔者认为，结合我国保险实践及意外伤害险的性质，根据《保险法》相关规定，团体意外伤害险的保险金请求权是否适用于损失补偿原则，应依据具体情况而作区别对待。具体如下。

首先，意外伤害险并非当然适用损失补偿原则。在保险法语境中，“补偿”是指在保险事故发生之后，保险人得依据被保险人在保险事故中所遭之实际损失，依据合同约定予以弥补。因此，履行补偿义务的前提是，根据一定标准明确计算出被保险人的实际损失，且最终补偿标准不但得依合同约定，还须受损失补偿原则和最大诚信原则约束。意外伤害险的目的在于补偿被保险人、受益人因意外伤害所致经济之困难，维系其生活之稳定。[12]纵观意外伤害险的起源，自 19 世纪 40 年代起，保障被保险人因意外事故而致残或致死后基本生活水平不变便成为其主要功能之一。因此，因意外事故导致被保险人死亡或残疾后给付约定金额的保险金，是意外伤害险合同的必备内容。在此情形下，死亡保险金、残疾保险金以人的身体、生命为保险标的，无法实际确定损失金额，所赔付的保险金并非贯彻依损定赔的客观标准而依合同约定确定，当然不应适用损失补偿原则。退一步说，死亡保险金、残疾保险金如果说具有“补偿”特性，那么也是抽象补偿，而非具体补偿或损失补偿。[13]换言之，这类保险金的赔偿标准乃主观而非客观，被保险人的实际损失亦无法以货币形式进行衡量而仅存在于主观概念之中，故适用损失补偿原则不具可操作性。

其次，意外伤害险并非当然不适用损失补偿原则。被保险人发生意外事故后，绝大多数被保险人都伴有医疗救助等治疗、住院费用的支出，从满足被保险人需求的角度，医疗费用的支出往往成为此类保险的首要需求。[14]在保险实践中，对于医疗费用的赔付，已然成为意外伤害保险金的重要组成部分。与死亡保险金、残疾保险金不同，医疗费用保险金一般秉承实报实销原则，并在保险

10 韩长印、韩永强：《保险法新论》，北京：中国政法大学出版社 2010 年版，第 190 页。

11 樊启荣：《保险法》，北京：北京大学出版社 2011 年版，第 215 页。持有相同观点的还有梁宇贤：至于健康保险或意外伤害保险中的医疗费用保险，其目的在于补偿被保险人因治疗疾病、伤害所生之费用，学说上称“中间性保险”，亦属于损害赔偿，故有复保险及代位保险规定之适用。参见梁宇贤：《保险法新论》，北京：中国人民大学出版社 2004 年版，第 22 页。

12 樊启荣：《保险法》，北京：北京大学出版社 2011 年版，第 215 页。

13 参见温世扬、武亦文：《论保险代位权的法理基础及其适用范围》，《清华法学》2010 年第 4 期。

14 韩长印、韩永强：《保险法新论》，北京：中国政法大学出版社 2010 年版，第 190 页。

合同中明确约定赔付上限，具有典型的补偿性。一方面，与残疾、死亡这类与身体机能、生命存续等难以实际估量的损失相比，医疗费用赔付金可用货币形式表现出来，因此被保险人的损失金额得以确定。另一方面，医疗费用赔付金的金额确定拥有具体的计算标准，是具体补偿而非抽象补偿。所以，笔者认为，医疗费用保险金虽依附于意外伤害险这一人身合同之中，但因其自身补偿性特征的存在，应当适用损失补偿原则。

此外，有学者认为，在保险实践中，医疗费用保险金亦存在两种模式：一是实报实销模式，一是定额补贴模式。定额补贴模式下，医疗费用保险金亦属定额给付，所补贴费用未必真实表现为被保险人之损失，所以此时的医疗费用保险金应与死亡保险金等具有同质性，并排斥损失补偿原则的适用。[15]对此观点，笔者不敢苟同。在定额给付保险中，由于并无保险价值的存在，无法直接将保险金额与保险价值相比，从而确定被保险人可能获取的不当得利的限度，其道德风险的诱因在于单一金额或者累计保险金额与投保人或者被保险人的收入状况或者保费负担能力之比上。[16]因此，从某种意义上来说，定额保险的道德风险甚至要高过不定额保险。定额保险之所以存在，主要原因在于保险标的如人的身体、生命、古董文物等价值无法确定，因而没有可以估计的客观价值加以判断，只能就所约定的金额由保险人加以给付。[17]因此，对于无法确定客观价值的保险标的，可以约定采用定额保险金而遑论该金额的高低，以实现保险的目的和对价平衡。但是，对于诸如医疗费用保险等可以实际确定损失的保险合同，采用定额保险金而不适用损失补偿原则，则不但背离保险的风险转移功能，还有可能形成对被保险人行道德风险行为的激励。因此，笔者认为，在意外险合同中，无论医疗保险金采取定额或不定额方式约定，均应受到损失补偿原则的限制。

（二）工伤保险金请求权实现的法理基础

所谓工伤保险，是指确保劳动者在因遭受职业危害而导致工伤、工残、工亡或患职业病的情况下，能够及时从国家和社会获得经济补偿和帮助的一种社会保险制度。[18]工伤保险金请求权的实现与商业保险相比有何不同？在运行模式上两者为何存在些许区别？要厘清这些问题，就有必要对工伤保险的法律属性

---

15 参见韩长印：《中间型定额保险的契约危险问题——中间型保险重复投保引出的话题》，《中外法学》2015年第1期。

16 韩长印：《中间型定额保险的契约危险问题——中间型保险重复投保引出的话题》，《中外法学》2015年第1期。

17 汪信君、廖世昌：《保险法理论与实务》，台北：元照出版有限公司2010年版，第174页。

18 冯彦君：《劳动法学》，长春：吉林大学出版社1999年版，第269页。

进行一一探讨。

《工伤保险条例》在第 1 条就开宗明义规定：工伤保险制度建立的目标是为了保障因工受伤或者患职工病的劳动者能够及时获得医疗救治和经济补偿，并分散用人单位的工伤风险。因此，有人认为，工伤保险的存在是为了分散雇主风险，本质上应属责任保险。[19]也有学者认为，工伤保险的主要目的是保护雇工因工受伤之后能够得到及时救济，这既是企业责任，亦是社会责任，所以其本质并非为了分散雇主风险，而是以强制手段保障雇工合法权益，进而推动社会利益增加、实现社会保障制度功能的必要手段。

笔者认为，以上两种观点均存在局限性。正确认识工伤保险的性质，需要从其产生根源及所处体系予以综合考量。

1. 工伤保险的直接目的是分散雇主用工风险

工伤保险的出现，缘于工伤事故无过错责任制度建立之后，雇主的用工风险大大增加，只得寻找商业保险的介入以维护自身利益和生产经营安全。但是这一美好设想在实践中却难以实现，部分原因可归于雇主的侥幸心理，以致商业保险覆盖率不高，但是更大一部分原因在于商业保险人对利润和收益的执着追求，而选择拒绝承保风险较高或事故较频繁的行业，以致真正需要得到保障的雇主无险可保。在此背景下，风险较高的雇主不得不面临经常性、大额的资金赔付压力，经营风险大增。为了维护正常的社会经济运行秩序，世界各国纷纷推出工伤保险制度，通过建立强制性、普遍性、社会性的工伤保险制度，转移雇主用工风险。因此，从工伤保险的发展历程来看，分散雇主风险是其应有作用之一。

2. 工伤保险的根本目的是保护雇工的合法权益

我国《社会保险法》和《工伤保险条例》明确规定了工伤保险的缴纳义务主体为用工单位，以建立强制保险制度和降低雇工经济负担，《工伤保险条例》在“工伤保险待遇”一章对雇工待遇进行了明确的、倾斜的保护。工伤保险作为社会保障体系的重要一环，其存在的根本目的是保护作为弱势群体的劳动者的合法权益。社会保障法作为典型的社会法，具有以社会利益为本位、以社会公平为价值追求、以强制性作为实施手段的三个特点，[20]工伤保险作为社会保障的内在内容，当然不能脱离这些特点而存在。具体来说：

第一，工伤保险的目的是维护和促进社会整体利益。正如孙笑侠教授所言：

---

19 参见吕国营：《工伤保险法律法规的法理基础》，《中国医疗保险》2011 年第 6 期。

20 参见林嘉：《论社会保障法的社会法本质——兼论劳动法与社会保障法的关系》，《法学家》2002 年第 1 期。

社会整体效益在主体上是整体的而不是局部的利益，在内容上是普遍的而不是特殊的利益。[21]因此，工伤保险的指向对象应当为范围广泛、数量庞大的劳动者，只有切实维护劳动者的合法权益，并通过对用人者施加更多义务，方能“保障社会成员个人利益的实现，防止少数人以牺牲大多数人的利益而攫取个人利益的情况出现”。[22]

第二，工伤保险以实现社会公平为价值追求。与民法的公平观不同，社会保障法领域内所追求的公平，是承认市场主体在自愿、禀赋等方面的差异这一前提下追求的一种结果上的公平，即实质公平。[23]因此，通过对弱者的倾斜保护，以权利的赋予和义务的减免平衡其在社会生活中的弱势地位，以最终实现社会公平，是社会保障法的重要宗旨和永恒价值追求。工伤保险无论是在缴费义务还是保险金请求权的获得上，始终秉持这一价值追求，建立了用人单位强制缴纳制度、现行赔付制度等，真正实现了对劳动者这一弱势群体的倾斜保护。因而，从这个意义上说，工伤保险制度的最终保护对象直接指向了作为弱势群体的劳动者。

工伤保险制度在建立和发展时，始终坚持雇主风险分散和雇工合法权益保护，其本质应当是二元的、多样化的。依法、及时、足额满足劳动者的工伤保险请求权，是充分保护劳动者合法权益的必然要求，也是转移用人单位用工风险的有效保障。因此，在司法实践中处理劳动者的工伤保险金请求权时，既要充分考虑其权益保护的力度与实现效率，亦要考虑用人单位的风险承担能力和承担限度，确保两者利益保护的衡平，以真正发挥工伤保险的应有作用。

（三）雇主赔偿责任承担的法理基础

在工伤事故中，承担赔偿责任是雇主义不容辞的义务之一，但是这一义务的法理基础何在？有学者认为劳动者的请求权基础基于合同关系，亦有学者认为这一请求权基础应为侵权关系。笔者认为，在工伤事故中，劳动者的赔偿请求权基础是一种典型的竞合关系，即既来源于劳动合同关系，又来自侵权关系，以下一一分析之。

第一，劳动者的赔偿请求权来源于合同的附随义务。所谓合同附随义务，是指债之关系在其发展过程中，为使债权能够圆满实现，或保护债权人其他法益，基于诚实信用原则，债务人除给付义务外，尚应履行其他行为义务。[24]合同

21　孙笑侠：《论法律与社会利益——对市场经济中公平问题的另一种思考》，《中国法学》1995 年第 4 期。转引自胡文韬：《保险消费者概念的法律厘定》，《华侨大学学报》（哲学社会科学版）2017 年第 6 期。

22　王卫：《论效率与公平关系》，《求索》2006 年第 6 期。

23　参见陈婉玲：《经济法原理》，北京：北京大学出版社 2011 年版，第 81 页。

24　道文：《试析合同法上的附随义务》，《法学》1999 年第 10 期。

附随义务具有法定性，意即“附随义务的产生直接来自法律的规定……附随义务的产生不是依合同当事人在合意中直接表达的内容，而是依法律的有关直接规定而产生”[25]。在劳动合同中，雇主对雇工负有劳动保护义务是应有之义，这一义务因劳动合同的特殊性而存在。正如史尚宽先生所言：雇用人对于受雇人负有保护之义务，此义务与受雇人之忠实义务相对立，由劳动契约之身份的关系所生之特别义务，即雇用人对于受雇人之生命、健康、信教等应加以庇护。[26]我国《劳动法》在第 3 条明确赋予劳动者获得劳动安全卫生保护的权利，单列第六章要求用人单位提供必要的劳动安全卫生条件，并在法律责任一章规定了用人单位因安全保护不符合规定而致劳动者生命或财产损失时，应当依法承担行政责任和刑事责任。由此可见，为劳动者提供相应的劳动保护，确保其生命、财产安全，是国家法律的强制性规定。因此，无论在劳动合同中是否进行约定，雇主对劳动者负有劳动保护义务属于法定的合同附随义务，劳动者因工受伤均可依合同违约责任请求雇主履行赔偿责任。

第二，劳动者的赔偿请求权还来源于侵权责任。有学者认为，工伤事故对劳动者的人身权益造成损害，当然适用侵权行为责任，但是在归责原则上应采过错归责的一般侵权责任处理。如王泽鉴教授认为：基于劳动伤害的雇主侵权责任为过失责任，须证明雇主或者其他加害人具有过失，始得赔偿。[27]也有学者认为，认定工伤事故从原则上说，就是现代民法上的工业事故，其性质属于特殊侵权行为。[28]笔者认为，从世界各国及地区立法例来考察，为了保护劳动者的合法权益，防止用人单位借口无过失而规避赔偿责任，工伤事故的侵权归责原则已经从过错责任转变为无过错责任，如我国台湾地区就有规定：为使被害人获得周密之保护，凡经营一定事业或从事其他工作或活动之人，对于因其工作或活动之性质或其适用之工具或方法有生损害他人之危险，对于他人之损害，应负损害赔偿责任。[29]我国《侵权责任法》第 69 条亦规定，从事高度危险作业造成他人损害的，应当承担侵权责任。在劳动合同关系中，劳动者处于天然弱势地位，如采取过错责任原则，则因举证困难而无形增加劳动者的赔偿请求权实现难度，致使劳动者与用人单位的地位差别进一步拉大。为了充分贯彻保护劳动者合法权益这一立法要旨，在工伤事故中实行无过错责任应属当然之义，亦更契合国际立法例。因此，笔者认为，对我国《侵权责任法》第 69 条规定的高度危险作业应作扩大解释，并将其适用到所有的用工环节中。

---

25 费安玲：《论合同法中的附随义务》，《当代司法》1999 年第 9 期。

26 史尚宽：《劳动法原论》，台北：正大印书馆 1978 年版，第 45 页。

27 王泽鉴：《民法学说与判例研究》（第 3 册），北京：中国政法大学出版社 1998 年版，第 277 页。

28 杨立新：《工伤事故的责任认定和法律适用》（上），《法律适用》2003 年第 10 期。

29 黄立：《民法债编总论》，北京：中国政法大学出版社 2002 年版，第 327 页。

三、工伤事故中请求权竞合的实现顺序

所谓请求权竞合，是指一个自然的事件，符合不同的请求权的法律构成要件，产生不同的请求权，而这些请求权的目的只有一个。[30]在工伤保险事故中，雇工因工受伤所产生的请求权涉及劳动者、用人单位、工伤保险机构、保险人以及第三人，相互关系错综复杂，如何处理如此复杂的请求权竞合，既关系到劳动者合法权益的保护力度，也关系到我国保险市场的正常运行秩序，因此有必要对此予以明确。

在工伤事故发生后，劳动者所享有的请求权竞合可分为两类：一类为民事法律请求权竞合，具体包括侵权责任请求权与违约责任竞合、用人单位赔偿请求权与保险金请求权竞合；另一类为工伤保险金请求权与民事法律请求权的竞合。根据请求权规范竞合理论，以同一给付为目的，而有数个规范作为基础的请求权，权利人只能请求一次，债务人也只需履行一次。[31]因此，工伤保险发生之后，按照请求权竞合理论，劳动者的请求权只能择一行使。

但是，这一理论亦存在不足之处。其一，恪守“请求权只能择一行使”原则，势必不能切实维护当事人的合法利益，有违公平正义。其二，按照请求权竞合理论，只有目的实现方能使其他请求权归于消灭。但是在请求权行使受限时，如当事人损失尚未完全弥补，该如何？基于此，史尚宽教授认为：如一方之请求权较他方之请求权范围为广，其未能满足之部分仍不妨继续存在。[32]因此，笔者认为，在工伤事故请求权竞合问题的处理原则上，应允许劳动者自主选择一请求权行使，在其所获赔偿未能完全弥补实际损失时，应视为目的未实现，仍可依其他请求权继续要求赔偿。故在诸请求权竞合时产生了实现顺序之难题。

（一）雇主赔偿责任与工伤保险的竞合

自19世纪以来，随着社会保险制度的逐步建立，工伤保险开始在劳动者保护方面发挥重要作用，也由此产生了劳动者因工受伤后对雇主的赔偿请求权与对工伤保险机构的保险金请求权的竞合。从世界各国的立法例来看，在处理这种竞合时一般有四种模式。

其一是替代模式。以德国、法国为典型，在工伤事故发生之后，劳动者只

30　段厚省：《请求权竞合研究》，《法学评论》2005年第2期。

31　段厚省：《请求权竞合研究》，《法学评论》2005年第2期。

32　史尚宽：《债法总论》，北京：中国政法大学出版社2000年版，第230页。

能请求工伤保险给付，不得请求侵权损害赔偿。[33]采用这一模式的主要原因有二：一方面，从保护劳动者这一角度，改变传统求偿模式中举证责任、雇主实力影响等不利于劳动者及时获偿的制度设计，充分发挥社会保险的作用，确保劳动者因工伤所受损失能够尽快得到弥补。另一方面，鼓励雇主通过缴纳工伤保险方式免除自身责任，从而有效减轻诉累和自身经营风险。

其二是选择模式。劳动者可以依据不同的请求权选择向任一主体求偿，并承担因此造成的后果。这一模式充分尊重了劳动者的意思自治，赋予其自主选择最佳方案维护自身合法权益的权利。但是在实际操作中，劳动者受知识水平、能力等所限，选择依侵权请求权或违约请求权向雇主求偿，不但需要耗费大量的时间成本和经济成本，而且还需自行承担索赔金额未达预期之风险，因而曾采用此模式的英联邦国家“业已废止”。

其三是兼得模式。该模式以英国为典型，在工伤事故发生后，劳动者得以请求工伤保险赔付，并可获得雇主的侵权赔偿，以充分保护法益。但是，兼得模式亦存在较大不足，主要表现在：首先，劳动者因工伤事故可得双份赔偿，极易引发道德风险，并影响到工伤保险制度的顺利运行。其次，用人单位缴纳工伤保险后仍需支付侵权赔偿金，不但极大增加企业的运行负担和运行风险，而且无法发挥工伤保险的替代作用，降低用人单位投保积极性。

其四是补充模式。这一模式是对兼得模式的改良，即劳动者亦可依不同请求权基础向工伤保险机构及用人单位索赔，但是赔偿金额以实际损失为限。在实践中，因工伤保险事故发生后，劳动者的实际损失还包括了身体和生命损失，以致实际金额难以确定，因而实行效果备受争议。

目前，我国针对工伤引起的请求权竞合采何态度仍不明朗。最高人民法院《关于审理人身损害赔偿案件适用法律若干问题的解释》第十二条第一款规定：因工受伤后，劳动者只得行使工伤保险金请求权，而不得向用人单位求偿。从文义解释上看，这一司法解释采替代模式。但是《职业病防治法》第 58 条、《安全生产法》第 53 条则采补充模式。[34]因此，在两种请求权竞合情况下如何处理，在法律层面仍未统一，仍有研究之必要。

笔者认为，结合工伤保险的实际作用和劳动者利益保护这一前提，采用有限制的补充模式应为妥适，具体原因如下。

第一，从劳动者利益保护这一角度出发，补充模式是最佳之选。我国目前工伤保险的赔偿水平与发达国家相比差距较大，在实践中劳动者因工伤而遭受

---

33 雷杰琪、薛柏成：《论工伤保险与民事赔偿请求权的竞合》，《江西社会科学》2016 年第 1 期。

34 对这一条款的理解，目前学界仍存不同看法。笔者认为，从文义解释来看，立法者意图为弥补工伤保险之不足而允许劳动者另行向雇主要求赔偿，以充分保护劳动者的合法权益，因此应为补充模式。

之损害仅依靠工伤保险难以充分弥补，因此仅选择替代模式无法切实保护劳动者的合法权益，亦限制了劳动者的选择权而使其权益补偿意愿难以实现。补充模式则很好地解决了这一难题。一方面，补充模式坚持工伤保险优先理赔原则，充分发挥了工伤保险之优势。因劳动者天然处于弱势地位，如依侵权责任或违约责任要求雇主担责，则徒增时间成本和经济成本，最终补偿金额亦可能无法弥补所受损失。工伤保险则因其具有公法性，可快速、全面弥补劳动者损失，并有效防止损失之扩大。另一方面，补充模式可确保劳动者损失全面补偿。如前所述，目前我国工伤保险的补偿水平较低，与《侵权责任法》相关规定相比亦存在补偿种类不足的弊端。因此，允许劳动者在工伤保险补偿后，就其损失之不足部分向用人单位求偿，是全面、充分保护劳动者合法权益的必然举措。

第二，从社会秩序稳定维护角度而言，选择补充模式是最佳之举。国家在雇主责任之外另行设置工伤社会保险制度，不同于私法侧重消极自由之保障，其理念基于生存权、劳动权、社会权等思想，其目的在于保障人的尊严和价值，维护社会正义。[35]补充模式可较好实现这一制度目的，具体来说：一方面，补充模式充分保障了劳动者的合法权益，有效发挥了工伤保险的作用，防止劳动者因工受伤后日常生活陷入困顿境地。另一方面，工伤保险充分发挥了用人单位风险转移分摊功能，有效保障用人单位的正常经营秩序和资本安全，确保社会生产秩序的平稳。最后，补充模式通过用人单位责任的“有限豁免”，督促用人单位注重安全生产、安全经营，防止用人单位因风险的完全转移而致自身责任的消极履行。因此，在请求权竞合时，通过法律强制规定，采工伤保险优先适用、用人单位赔偿责任补充的补充模式，更为妥适。

（二）工伤保险与商业保险的保险金请求权竞合

在实践中，工伤事故发生后，劳动者除了可以申请工伤赔偿和侵权责任赔偿，还经常可因投保意外伤害险而拥有商业保险金赔偿请求权。以具有高危性的建筑行业为例，我国《建筑法》就曾强制要求建筑企业为劳动者投保团体意外伤害险。后虽在法律层面取消这一强制性规定，但是在地方政府法规、规章中，投保团体意外伤害险是企业获得施工许可的必要条件。如《浙江省建筑施工企业安全生产许可证管理实施细则》第 5 条就将投保意外伤害险作为具备安全生产条件的考察标准之一，并以此作为获得安全生产许可证的前置要求。因此，在建筑业中因工伤事故引起的工伤保险与意外伤害险的保险金请求权竞合情况比比皆是，如何处理两者的关系在法律层面和实践层面尚未达成一致意见。

笔者认为，要明确工伤保险与意外伤害险的请求权实现顺序，应首先从意

35　林嘉、马特：《工伤赔偿请求权竞合问题研究》，《法学论坛》2008 年第 3 期。

外伤害险在劳动者权益保护体系中的地位变化来考察。

以建筑行业为例，在工伤保险制度尚未健全背景下，为了保护用工单位和劳动者的合法利益，我国积极探索引入商业意外伤害险，发挥风险转移功能，并在1998年开始施行的《建筑法》中明确要求：建筑施工企业必须为从事危险作业的职工办理意外伤害保险，支付保险费。商业保险开始为建筑业可持续发展和社会稳定发挥重要的保驾护航作用。随着社会保险制度的建立和不断完善，依据《劳动法》、《社会保险法》等相关规定，建筑企业为员工缴纳包括工伤保险在内的社会保险已成为法定义务。在这一背景下，2011年《建筑法》也适时进行修改，对投保意外伤害险的态度从强制变为鼓励。至此，我国在建筑业正式建立了以工伤保险为主、意外伤害保险为辅的保险保障制度。

因此，在2011年之前，依照《建筑法》的立法逻辑，意外伤害险虽是商业保险，但实质承担了工伤保险的职责，兼具劳动者保护和用人单位风险转移功能。但是，在2011年《建筑法》修改后，工伤保险开始真正发挥其应有作用，意外伤害险则回归其商业保险本源，仅承担保险标的风险转移和损失补偿功能。在这一逻辑里，工伤保险的实际功能为劳动者损失补偿和用人单位风险转移，意外伤害险则仅对被保险人即劳动者因工受伤后的损失予以补偿。故而，无论是《建筑法》鼓励，抑或部分地方规章强制用人单位购买团体意外险，其主要目的已并非转嫁用人单位风险，而仅在于为企业员工提供保险保障之福利。

为了契合《社会保险法》及《建筑法》等法律文件的精神，笔者认为，工伤保险与意外伤害险的保险金请求权竞合处理原则应为：工伤保险为主、商业保险为辅。具体理由如下。

首先，与一般的民事权利竞合不同，意外伤害保险与工伤保险的保险金请求权性质并不相同。前者为私法上的请求权，而后者则为社会保障法上的请求权，具有公法性，不具有纯粹私法的性质，因此不能像私权一样允许当事人任意选择、处分、抛弃。[36]故在工伤事故发生之后，劳动者得依《社会保险法》及《工伤保险条例》相关规定，依法向工伤保险机构申请补偿，其后再依意外伤害险保险合同向保险人申请保险理赔。

其次，从性质上来说，工伤保险具有社会性，因此为了充分发挥社会保障体系作用，提高劳动者的保护力度，确保社会整体效益的提升，有必要优先适用工伤保险赔付。为了实现社会效益，工伤保险在制度设计方面亦进行了诸多努力。与商业保险设置诸多免责条款不同，工伤保险在赔付范围上更为宽泛，在赔付流程上更为简便，有利于劳动者在因工受伤后迅速获得理赔资金以尽快止损。此外，为了应对突发情况，工伤保险还推出了优先垫付等制度，对于急

36 参见林嘉、马特：《工伤赔偿请求权竞合问题研究》，《法学论坛》2008年第3期。

需诊疗费用的劳动者而言无疑是雪中送炭，这亦是商业保险所无法比拟之优势。因此，在请求权竞合实现顺序上，优先适用工伤保险，有利于尽快减少劳动者的实际损失，使其尽快恢复正常生活，或者及时给予家属一定的物质安慰，是充分发挥社会保障体系作用的必然要求，亦是提高社会整体效益的必然举措。

（三）用人单位侵权责任与保险金请求权的竞合

在工伤事故中，用人单位应承担的侵权责任与保险人应承担的保险金给付责任发生竞合后，如何处理两者的关系？有学者认为，人身损害赔偿是侵权行为人因侵权行为造成了他人的人身财产损害而该受到的相应制裁。[37]为了贯彻保险的损失补偿原则，充分体现侵权责任对侵权人的制裁作用，我国《保险法》亦规定了代位求偿权制度。因此，在侵权责任与商业保险请求权竞合时，应当贯彻侵权责任请求权优先原则，即使保险赔付后，亦应由保险人代位行使侵权责任赔偿权。对此观点，笔者以为在工伤事故中适用较为不妥，理由如下。

首先，如前所述，在2011年《建筑法》修改前，用人单位投保意外伤害险为法定义务。即使《建筑法》修改后，为从事危险工作的劳动者投保意外伤害险亦是用人单位获得施工许可的前置条件。从某种意义上说，在建筑业中投保团体意外险是用人单位建立、完善安全生产条件而应承担的不可推卸的义务。笔者认为，虽因商业保险的特性而使其不能承担用人单位风险转移之功能，但是在事故发生之后却要求保费支付人承担终局责任，则具有明显不公平性和正当性。正如岳卫副教授所言，保险费支付人如为承担损害赔偿者，在算定其损害赔偿金数额之时，如不能将保险金适用于损益相抵，似乎有悖于市民社会一般朴素的法感情。[38]

其次，根据我国《保险法》第39条规定，用人单位为其雇工投保人身保险，受益人应为其近亲属或劳动者本人。因此，用人单位为劳动者投保意外伤害险，使劳动者因工受伤后可依保险合同尽快、足额获得补偿，而无需其缴纳任何保费，可视为对劳动者提供的额外福利。如若要求用人单位优先履行侵权赔偿责任，抑或允许保险人行使代位求偿权，则可能在很大程度上影响用人单位的投保积极性，减少劳动者的劳动保障。

最后，代位求偿权的目的主要有二：防止实际侵权人因保险的存在而脱责；防止被保险人或受益人同时行使请求权并获得超额赔偿，有悖损失补偿原则。虽然目前从保险学说与实践上一致认为投保人也可成为代位求偿权之对象，如

---

37 张照东：《工伤案件赔偿请求权竞合问题研究》，《河北法学》2007年第3期。

38 岳卫：《保险法与侵权行为法的交错——保险金给付与损害赔偿》，《南京大学学报》（哲学·人文科学·社会科学）2008年第3期。

江潮国教授认为：于为他人利益保险契约中，要保人非即为被保险人，故非保险契约保护之对象。[39]但是，以意外伤害险为例，用人单位为劳动者购买意外伤害险，其目的除了为劳动者提供额外保障，更在于希冀通过保险补偿减轻自身负担。为了达到这一目的，用人单位除了承担保费缴纳义务，还须承担保险法规定的其他义务。因此，如将用人单位视为第三者而强制要求其承担工伤事故的终局责任，不仅有违投保目的，而且不符合权利义务相一致之原则，显然不具有合理性。正如日本学者石田满所言：投保人缴纳保险费缔结保险契约后，却要承担损害赔偿义务，显然该结果相当不合理。[40]

综上，笔者认为，因工伤事故而产生的意外伤害险保险金请求权与用人单位的侵权赔偿请求权相竞合时，在充分考虑用人单位投保目的及其权益保护的基础上，应当采取意外伤害险优先赔付、用人单位承担补充责任的请求权实现顺序，如此方能充分保护用人单位的合法利益，提高其投保积极性，同时又能发挥商业保险的损失补偿作用。

四、工伤事故中赔偿金竞合的处理方式

工伤事故请求权竞合的另一争议在于劳动者是否可依不同请求权获得多重赔偿。有学者认为，基于工伤保险请求权价值上的优先性和利益上的优越性，应当优先适用工伤保险制度，从而排除民事赔偿请求权，受害人受领保险金后，给付目的完成，两种请求权归于消灭。[41]也有学者认为，允许劳动者获得多重赔偿，是在目前工伤保险待遇较低现状下最为理想的选择。工伤保险请求权与其他请求权的法律基础不同，救济目的不一致，因此不应该互相替代。此外，允许劳动者获得多重赔偿，也有利于提高劳动者保护力度，实现人权保障，还可督促用人单位加强安全生产管理，预防工伤事故出现。[42]

笔者以为，以上两种观点都有失偏颇。第一种观点过分夸大了工伤保险的作用，虽然随着社会保障体系的逐渐完善，工伤保险金较之前有了大幅提高，但是在实践中仍不能完全弥补劳动者的实际损失。因此，过于依赖工伤保险而禁止其他请求权的行使，实质上限制了劳动者的自主选择权，不利于其合法利益的维护。第二种观点虽具有一定的合理性，却脱离了保险的本质，完全摒弃

---

39 江潮国：《保险法基础理论》，北京：中国政法大学出版社 2002 年版，第 114 页。

40 〔日〕石田满：《损害赔偿请求权的放弃与货运人的运送保险人的代位》，载《保险判例研究》，东京：文真堂 1995 年版，第 128 页。

41 林嘉、马特：《工伤赔偿请求权竞合问题研究》，《法学论坛》2008 年第 3 期。

42 曹艳春：《工伤保险与民事侵权赔偿适用关系的理性选择》，《法律适用》2005 年第 5 期。

损失补偿原则有可能导致劳动者获得不当利益，不利于道德风险的防范。

劳动者是否可获得多重赔偿，应根据赔偿内容的性质不同而予以区别对待，以下详述之。

首先，保险以保险金额之给付性质为标准可分为补偿性保险合同和定额性保险合同。[43]以财产为保险标的的保险合同为补偿性保险合同，受损失补偿原则之约束，而以人身为保险标的的保险合同则属定额给付型，不应适用损失补偿原则，我国很多保险法专家和《保险法》均持此观点。损失补偿原则之所以在人身保险中被排除适用，主要有两个原因：其一，从伦理角度而言，人的身体健康和生命具有无价性。以人身健康和生命为保险标的的险种，无法根据可靠、客观标准确定被保险人的实际损失，因而在发挥补偿功能时只能依约定金额进行给付。其二，损失补偿原则的一大功能在于防止道德风险，特别是预防超额投保、重复投保等利用保险事故获取超额利益的不法行为。但是，在人身保险中，因人身健康和生命具有无价性、不可恢复性，法律推定没有任何人会以牺牲健康或生命为代价获取利益，并基于此推定排除损失补偿原则的适用。因此，在意外伤害险中，残疾赔偿金、死亡赔偿金等与人身健康与生命紧密相连的保险金不受损失补偿原则的约束，被保险人或受益人只需按照保险合同约定即可足额获得保险金，而不受其他因素的影响。工伤保险虽然具有社会性，但是其本质仍是通过集合危险的方式来达到分摊损失之目的，在适用原则上理当同商业保险保持一致。因此，当工伤保险请求权与商业保险请求权相竞合时，与健康、生命等与人身密切相关且无法用货币形式衡量损失的，应当允许劳动者获得双重赔偿。另一方面，如前所述，用人单位试图通过购买工伤保险和意外伤害险的方式转移自身风险，因此在请求权竞合情况下确定用人单位的赔偿份额，不能忽视这一根本前提。如允许劳动者在获得工伤保险、商业保险赔付后，还可要求用人单位支付高昂的人身损害侵权赔偿，对于用人单位而言其所购保险则完全沦为劳动者利益保障机制，对于其自身风险分担毫无作用可言，势必造成不公平现象的出现。因此，当工伤保险与商业保险赔付后，用人单位无需依《侵权责任法》规定承担相同项目的赔偿金额，除非劳动者其他请求权行使受阻或不能实现。

其次，意外伤害保险作为典型的“中间型保险”，并不因其属人身保险的范围而完全不受损害保险有关规定之适用。[44]在意外伤害险中，以医疗给付为目的的保险金，在实质上应属一种具体性补偿，主要是用于弥补被保险人的医疗支出。该类保险金与财产保险金具有共同的特性：被保险人的实际损失可以确定，

43 樊启荣：《保险法》，北京：北京大学出版社 2011 年版，第 28 页。

44 程兵：《保险损失补偿原则研究》，北京：法律出版社 2015 年版，第 105 页。

该确定损失可以货币形式予以衡量，因此应适用损失补偿原则。我国《保险法》虽然对此未明确规定，但在保监会 2006 年发布的《健康保险管理办法》中已对此进行了划分。如该管理办法第 4 条规定：费用补偿型医疗保险是指，根据被保险人实际发生的医疗费用支出，按照约定的标准确定保险金数额的医疗保险。费用补偿型医疗保险的给付金额不得超过被保险人实际发生的医疗费用金额。因此，笔者认为，对于工伤事故发生后，劳动者实际发生的如医疗费用保险、护理费用、误工费用等可以确定实际金额的损失，在请求权竞合时应当贯彻损失补偿原则，不得重复受偿。因此，按照本文逻辑，对于具有典型补偿型的费用，应由工伤保险按照相关规定给付，不足部分由意外伤害险按照保险合同予以补足，若还有欠缺则由用人单位承担。此外，不同请求权所主张的赔偿项目不同，笔者以为，应当从法律层面对各项目进行分类对应，属同类的适用损失补偿原则不予重复赔偿，不属同类的支持劳动者依不同请求权进行主张。

五、结　语

在社会法思潮的影响下，为了解决工伤问题以保护弱势群体的合法利益，现代国家往往采用多种救济方式实现跨法域调整。在这一背景下，工伤保险请求权、意外伤害险请求权、用人单位侵权责任请求权竞合问题就难以避免。在我国的法律规范和司法实践中，这一请求权竞合的处理方式还未达成一致意见，法律规范自相矛盾、司法裁判标准不一等情况时常出现，成为影响劳动者维权的一大障碍。要解决这一情况，当务之急在于厘清不同请求权基础的特质，并以劳动者利益保护、用人单位风险转移和保险损失分摊功能实现为原则，尽快确定先工伤保险、后意外伤害险、再用人单位担责的请求权实现顺序。在赔付内容上，应始终坚持损失补偿原则，根据该原则的适用范围，针对不同的赔付内容采用不同的策略和方式，以确保劳动者能够获得足额赔付，并避免道德风险的出现及用人单位负担的增加。此外，大力推行雇主责任险以助用人单位风险转移之目的的实现，并通过加强安全资质审查、督促安全措施完善等事前事中监管，提高劳动者的劳动环境和劳动保护力度，减少工伤事故发生率，方是解决之道。最后，完善我国的工伤保险制度是解决这一问题的根本所在。当前我国工伤保险存在的问题有二：其一，工伤保险赔付水平较低，劳动者所获补偿与实际损失相比严重不足。其二，工伤保险的制度设计与现实生活脱轨，在建筑业等流动性较大的行业中实际发挥作用不大。因此，尽快提高工伤保险的赔付水平，并参照商业保险的承保方式，简化投保手续，提高被保险人加入或退出的便捷性，这对于完善我国社会保障体系、提高劳动者利益保护力度、提高用人单位投保热情具有重要意义。

Discussion on the Concurrence of Claims in Work Accidents: Focus on the Construction Industry

Ming Ping，Hu Wentao

Abstract： The employee can ask for right in compensation for damage by claim for employment injury insurance or claim for employer' s compensation or claim for commercial insurance after work injure accident happened. Practically，claim for employment injury insurance shall be paid in priority，then claim for commercial insurance paid as supplementary liability and claim for employer' s compensation paid to cover the shortage. Such kind of compensation sequence can give full play to the role of employment injury insurance to protect the employee' s rights. In consideration of different features，the employee can claim several compensations related closely with person multiply，and the actual damage shall be confirmed under the principle of offsetting to complete compensation and prohibit enrichment.

Keywords： Employment Injury Insurance；Group Accident Insurance；Principle of Indemnity；Concurrence of Claims

中国税收债务关系理论的回顾与前瞻

余鹏峰

摘　要：在改革开放四十年中，中国税法学经历了长足的理论进步和丰富的实践发展。其中，税收债务关系理论是其代表性成果。回顾税收债务关系理论之译介（1978—1989）、确立（1990—2001）、展开（2002—2008）、融合（2009—2018）的历程发现，其研究达成了诸多共识，也存在些许差异，亦具有中国特色。税收债务关系理论在形成上具有较强的路径依赖，在结构上表现特定的非均衡性，在展开上遵循私法到税法之逻辑，在呈现上更多是一种理论前提，在涵摄上范围限定于税法总论。新时代税收债务关系理论的发展，应在珍视既有共识、甄别现存差异的基础上，坚持从公法之债到税收之债的逻辑，深化其存在论、本体论、运行论和发展论，拓展税收债务关系理论涵摄范围。

关键词：改革开放四十年；税收债务关系理论；中国特色；税法体系化

作者简介：余鹏峰（1990—　），厦门大学法学院2016级博士研究生，主要研究方向为中国税法、国际税法。

基金项目：中国法学会财税法学研究会2018年专项课题“改革开放四十年中国税收债务关系理论的发展”；中央高校基本科研业务费专项资金资助项目“法学维度下我国财税体制和制度改革研究”（项目批准号：20720161080）。

目　次

1978 年，中国进入改革开放的新的历史时期，其后 40 年的巨大变化为全世界所瞩目。正如习近平总书记在博鳌亚洲论坛 2018 年年会开幕式上指出：“40 年来，中国人民始终敞开胸襟、拥抱世界，积极作出了中国贡献。”在此市场取向的改革过程中，传统法学获得现代精神的注入，许多传统法律学科得以复兴；现代法学亦迎来新的发展机遇，众多新兴法律学科得到长足发展。尤其是税法学借助财税改革开放的东风，愈来愈成为切合社会实际需要的“显学”，一大批具有相当分量的学术成果不断涌现。其中，税收债务关系理论是现代税法学的基石，型构出税法学的整体框架与学科体系；税收债务关系理论的提出使税法学进入现代转型阶段，标志着我国现代税法学的诞生。

“法律制度绝非天外来物，一定的制度都有其相当漫长的发生、演进与跃进的历史脉络；对之进行系统的梳理，能更清醒地知晓，现实制度从何而来、何以而来，又将去何处。”[1]税收债务关系理论的提出、发展和演进历史，一定意义上代表了中国税法学的变迁图景。适逢当下为税收法治变革之重要时期，在历史的节点开展理论回顾、规律总结与内容检视有利于促进税法学科建设尽早真正达至“不惑”，进而推动中国税法学的突破与创新。有鉴于此，笔者拟对税收债务关系理论在改革开放中的发展进行系统的梳理，在此基础上，侧重对理论背后的规律进行揭示。全文分为四个部分：首先是划分税收债务关系理论的发展阶段并对每阶段的文献进行描述性分析，其次是概要提炼改革开放以来税收债务关系理论的共识与差异，再次是总结中国税收债务关系理论的特点，最后是指出新时代税收债务关系理论的发展方向。

一、统计与分析：税收债务关系理论的文献脉络

我国税收债务关系理论是伴随改革开放四十年对税收法律关系性质从权力关系迈向债务关系的转变而展开。辅之若干重要时点[2]，它大致可分为译介（1978—1989）、确立（1990—2001）、展开（2002—2008）、融合（2009—2018）四个阶段。此种时间上的划分并非绝对的界限，更多是该期间内关于税收债务关系研究大趋势的总结。

1　刘剑文等：《财税法总论》，北京：北京大学出版社 2016 年版，第 70 页。

2　改革开放 40 年中税收债务关系理论发展的关键时点：1989 年税收债务关系理论被引进大陆；2001 年税收债务关系理论在税收征管法中被确立；2008 年我国第一本税收债务关系理论专著出版。

（一）税收债务关系理论的译介（1978—1989）

从学术史看，税收债务关系理论是在 19 世纪 20 年代德国的税收法律关系性质的论战中被提出来的。然而在改革开放初期的我国，税收法律关系一直被界定为权力关系。几乎所有的文献都推崇国家凭借政治权力参与分配，强调税收的强制性、无偿性和固定性，强调国家与纳税人权利义务的不对等。税收关系实质是传统马克思主义的国家意志论和国家分配论。[3]无独有偶，立法者也一直将国家视为权力主体，将纳税人看作义务主体，税收立法的目的在于实现国家财政收入，发挥税收经济调节功能。例如，《个人所得税法》（1980）、《中外合资经营企业所得税法》（1980）的制定即为防止国家收入外流，促进经济领域的改革开放。[4]彼时税收债务关系理论一直是存在于异国他乡的知识，直至 1989 年金子宏的《日本税法原理》经刘多田等人翻译出版，与权力关系理论迥异的税收债务关系理论才日渐进入学人视野。该书第二章“税法的概念与特征”介绍了德国关于税收法律关系是权力关系还是税收债务关系的争论，提出税收法律关系的特色在于国家和纳税义务者之间的债权债务关系，并以此全面地、体系地分析税收实体法和税收程序法。[5]这是简体中文第一次介绍并阐释税收债务关系理论，[6]填补了我国税收债务关系理论的空白。

（二）税收债务关系理论的确立（1990—2001）

税收债务关系理论引入后的五六年时间里，尽管未引起我国税法学界的足够重视，但还是潜移默化地影响着税法学的研究。尤其是随着我国市场经济体制的推行和政治、经济、社会的发展，税法学理论滞后于新历史时期的税收实践，更加促进了税收债务关系理论的发展。此时，年轻一代税法学者开始反思

3　此阶段税法学的研究主要借鉴税收学成果，而此时的税收学被冠以“国家税收学”。主要文献如下。国家税收教材编写组：《国家税收》，北京：中国财政经济出版社 1979 年版；高尔森：《国际税收浅论》，天津：南开大学出版社 1985 年版；戚天常、戚庆英：《税法概论》，保定：华北人才技术开发公司河北大学科研处 1984 年；刘隆亨：《国际税法》，北京：时事出版社 1985 年版；刘隆亨：《中国税法概论》，北京：北京大学出版社 1986 年版；孙树明：《税法基础》，北京：中国政法大学出版社 1987 年版；严振生：《税法教程》，北京：中国政法大学出版社 1989 年版。其中，刘隆亨《中国税法概论》（北京大学出版社 1986 年版）的出版标志我国现代税法学的形成。

4　参见顾明：《〈中华人民共和国个人所得税法（草案）〉的说明》、《〈中华人民共和国中外合作经营企业所得税法（草案）的说明〉》，载《新时期税收资料选编（一）》，北京：北京经济学院财贸系财政金融教研室 1980 年，第 33—34、28—29 页。

5　参见〔日〕金子宏：《日本税法原理》，刘多田等译，北京：中国财政经济出版社 1989 年版。

6　在繁体中文中，台湾地区不仅早有论述税收债务关系理论之文献，而且在此时段已达成了诸多共识，这主要得益于 20 世纪 80 年代大量翻译出版的“世界租税名著翻译丛书”。由于特定的历史背景，这一理论是随着海峡两岸交流的新形势（1992 年开始）及不断深化才逐渐进入大陆，而大量被大陆学者知晓与引用则是 21 世纪之后的事。

税收权力关系之弊端，尝试站在债务关系视角分析税法，促进税法学研究由权力关系向债务关系转型。主要尝试有：一是质疑税收法律关系中国家与纳税人地位的不平等，旗帜鲜明地指出税收法律关系在本质上是一种平等的法律关系；[7]二是以税收债务关系理论为前提开展税法学研究，内容包括税法与私法的关系[8]，以及以“债”为核心的税法制度建设，如税收优先权[9]、纳税人的退还请求权[10]、税法上的他人责任[11]；三是关注纳税人权利保护[12]。他们的积极努力为税收债务关系理论在我国的确立扫除了思想障碍。也正是在此背景下，2001 年北野弘久的《税法学原论》（第 4 版）在我国出版，《税收征收管理法》亦增加税收代位权和撤销权条款。如果说北野弘久著作的引进在理论层面强化了税收债务关系在中国的发展，那么税收代位权和撤销权条款的立法则从实践层面奠定了税收债务关系的制度地位。自此之后，我国的税法学研究迅速转向税收债务关系理论范式，税收债务关系理论在我国税法学研究中的地位得以确立。

（三）税收债务关系理论的展开（2002—2008）

也许是税收权力关系理论难题的日益凸显，与国外不同的是，税收债务关系理论在我国确立后就得到学界普遍认可。就文献而言，体现在多个层面。一是税收债务关系的基础理论问题成为税法学教材的专章。其中，最早的当属刘剑文主编的《税法学》（人民出版社 2002 年版）。此后，国内的许多教材都对税收债务关系理论进行了有益的探索。二是税收债务关系理论成为税法学论著的理论前提，许多问题以此为研究。代表性的有杨小强教授的《税法总论》（湖南

7　主要文献如下。陈少英：《试论税收法律关系中纳税人与税务机关法律地位的平等性》，《法学家》1996 年第 4 期；杨小强：《试论纳税人的债权》，《中山大学学报》（社会科学版）1996 年第 S3 期；许建国、毛辉：《税务机关多征税应赔付利息》，《中国财政》1998 年第 8 期；刘剑文、李刚：《二十世纪末期的中国税法学》，《中外法学》1999 年第 2 期；刘剑文、李刚：《税收法律关系新论》，《法学研究》1999 年第 4 期。

8　例如，杨小强：《论税法与私法的联系》，《法学评论》1999 年第 6 期；杨小强、彭明：《论税法与民法的交集》，《江西社会科学》1999 年第 8 期。

9　例如，张守文：《论税收的一般优先权》，《中外法学》1997 年第 5 期。

10　例如，首闻：《略论纳税人的退还请求权》，《法学评论》1997 年第 6 期。

11　例如，杨小强：《日本地方税法中的民法适用及启示》，《中央政法管理干部学院学报》1998 年第 4 期；杨小强：《论税法对民法债权保障制度的移用》，《中外法学》1998 年第 2 期；程信和、杨小强：《论税法上的他人责任》，《法商研究》2000 年第 2 期。

12　主要文献如下。陈刚：《税的法律思考与纳税者基本权利的保障》，《现代法学》1995 年第 5 期；徐茂中：《我国纳税人的权利刍议》，《河南社会科学》1998 年第 3 期；涂龙力、王鸿貌：《税收基本法研究》，大连：东北财经大学出版社 1998 年版，第 125—151 页；敖汀：《关于我国纳税人权利与地位问题的研究》，《辽宁税务高等专科学校学报》1999 年第 4 期；庞凤喜：《论“公共财政”与纳税人权利》，《财贸经济》1999 年第 10 期；刘剑文、许多奇：《纳税人权利与公民的纳税意识》，《会计之友》1999 年第 9 期；荣建华：《纳税人权利保障制度的立法探讨》，《中央财经大学学报》2001 年第 3 期；单学勇：《构建纳税人权利保护体系刍议》，《税收与企业》2001 年第 11 期。

大学出版社 2003 年版）、刘剑文和熊伟合著的《税法基础理论》（北京大学出版社 2004 年版）。三是税收债务关系理论及其问题成为学者研究税法的重要议题，期刊发表之相关论文逐年递增。在中国知网，以税收之债、税收债法、税收债务（关系）等为主题词进行检索（检索时间：2017 年 4 月 13 日），相关文献 2002 年有 4 篇，2003 年有 9 篇，2004 年有 27 篇，2005 年有 29 篇，2006 年有 22 篇，2007 年有 36 篇，2008 年有 24 篇。[13]四是税收债务关系理论及其问题成为研究生学位论文选题。根据“超星发现”检索，与税收债务关系理论相关且最早的硕士学位论文当属北京大学 2001 届硕士研究生辛万玲的《税收法律关系性质研究》。之后，每年都有研究生以此为题开展学位论文的写作。[14]五是出版了以税收债务关系为论题的专著，即施正文的《税收债法论》（中国政法大学出版社 2008 年版）。该书是我国第一本以税收债务关系理论为主题的专著，首次对税收债法的基本问题进行了系统研究。[15]这一时期，税收债务关系理论研究的深度和广度都得到极大拓展。

（四）税收债务关系理论的融合（2009—2018）

税收债务关系理论在建构上更多地借鉴了债法原理，但债法的私法性与税法的公法性存在较大差异，把债法内容引入到税法，就可能因“水土不服”而出现诸多难题。应该说，我国学者在引进税收债务关系理论时就注意到了税收之债与私法之债的区别，但是当时只是满足于将之作为一种存在于异国他乡的知识予以介绍，并没有注意到这种差异的不适性。而随着税收债务关系理论在我国的铺开，以及税收债务关系税收实践的开展，人们开始反思这种理论，以寻求与本土税法传统相融合之道。此阶段有关税收债务关系理论的研究呈现多

---

13 主要文献如下。杨小强：《税收债务关系及其变动研究》，载刘剑文主编：《财税法论丛》（第 1 卷），北京：法律出版社 2002 年版；陶掷、孟繁超：《论税收之债》，《行政与法》2003 年第 7 期；刘剑文：《我国应重视税收债法的研究》，《税务研究》2004 年第 1 期；熊伟、王华：《论税收撤销权中的第三人利益保护》，《法学评论》2005 年第 1 期；翟继光：《关于税收债法的几个基本问题——读王家林先生的文章有感》，《法学杂志》2005 年第 5 期；陈少英、龚伟：《民主与法治：奠定税收债法体系的基础》，《广西社会科学》2005 年第 11 期；李刚、周俊琪：《论税收债务人的主体资格》，《涉外税务》2006 年第 3 期；张富强、黎建辉：《论税收代位权行使的条件及其法律效果》，《现代财经》2007 年第 5 期；施正文：《税收之债的消灭时效》，《法学研究》2007 年第 4 期；翟继光：《“税收债务关系说”产生的社会基础与现实意义》，《安徽大学法律评论》2007 年第 1 期；郭维真：《公共财政下的税收债法理论》，《河北法学》2008 年第 4 期。

14 主要学位论文如下。史学成：《税收债权民事保护制度比较研究》，北京大学 2003 年硕士学位论文；陶掷：《论税收之债》，东北师范大学 2004 年硕士学位论文；李飞鹏：《税收债务的消灭时效》，北京大学 2005 年硕士学位论文；吴洪：《税收债之属性研究》，厦门大学 2006 年硕士学位论文；卢津津：《税收之债私法保障的若干制度研究》，厦门大学 2007 年硕士学位论文；秦琪：《税收代位权之完善研究》，华东政法大学 2008 年硕士学位论文。

15 参见翁武耀：《评〈税收债法论〉》，《中国政法大学学报》2008 年第 4 期。

种动态：一是沿着税收债务关系理论固有的分析框架继续研究与之相关的问题，相较于前一阶段的研究更为细致；[16]二是以税收债务关系理论分析具体税法问题；[17]三是检视税收债务关系理论之不足，探讨税收债务关系理论的改良。[18]时至今日，我国税法学的研究或多或少以税收债务关系理论作为研究前提。但整体视之，此阶段税收债务关系理论的研究力量、研究成果均不及前一阶段。这并不代表税收债务关系理论已臻成熟，而恰恰暴露了该理论本土化研究的不足，需要引起学界的警觉。因为前阶段对境外文献的“路径依赖”[19]，得出的结论不一定就完全适用于中国的税法理论与实践之题。

二、共识与差异：税收债务关系理论的内容归整

税收债务关系理论的研究始终如硬币的两个面，一面体现为对税收债务理论层面的基本的、共同的认识，以及税收债务关系制度构建、制度运行等方面的共同认识，另一面体现为对税收债务理论层面的不同看法和观点，以及制度层面的相互区别，两者对于推动其理论发展和制度建设至为重要。可在税收债务关系理论圆内，以哲学的存在、本体、运行和发展为经，以共识与差异为纬，简要归整改革开放以来税收债务关系理论的内容。

16 主要文献如下。魏俊：《论税收之债的确认》，《西南政法大学学报》2009 年第 4 期；周刚志：《也论税收债权债务关系》，《财税法论丛》2010 年第 2 期；王肃元：《我国纳税人税收退还请求权》，《兰州大学学报》（哲学社会科学版）2010 年第 5 期；陈丽君：《略论我国税收债权的预期违约制度》，《黑龙江省政法管理干部学院学报》2010 年第 9 期；周刚志：《论税收债权的消灭时效》，《税务研究》2011 年第 3 期；孙成军：《税收之债不履行的类型及效力》，《湖南社会科学》2014 年第 4 期；孙成军：《税收之债不履行的私法调整机制研究：以税收债务人的权益保障为中心》，山东大学 2014 年博士学位论文；汪厚冬：《公法之债论》，苏州大学 2016 年博士学位论文；胡必坚：《税收法治进程中的纳税人意思表示》，《河北法学》2014 年第 4 期；牛磊：《公法之债与私法之债的竞合》，《山西省政法管理干部学院学报》2018 年第 1 期。

17 主要文献如下。张富强、吴茂树：《论我国纳税担保法律制度的完善》，载刘剑文主编：《财税法论丛》（第 10 卷），北京：法律出版社 2009 年版；陈少英：《税收债法制度专题研究》，北京：北京大学出版社 2013 年版；罗亚苍：《税收构成要件论》，湖南大学 2016 年博士学位论文；叶金育：《税法解释中的纳税人主义证立——一个债法分析框架》，《江西财经大学学报》2017 年第 4 期。

18 主要文献如下。王鸿貌：《税法学的立场与理论》，北京：中国税务出版社 2008 年版；叶金育：《债法植入税法与税收债法的反思：基于比例原则的视角》，《法学论坛》2013 年第 3 期；王冬：《税收法律关系性质之再研究——以对债务关系说的反思为视角》，《财政监督》2013 年第 19 期；王惠：《“税收债务关系说”之否定》，《南昌大学学报》（人文社会科学版）2015 年第 2 期。

19 “路径依赖”是制度经济学中常用的一个概念，表明人类社会中的技术演进或制度变迁均有类似于物理学中的惯性，即一旦进入某一种路径（无论好坏），就可能对这种路径产生依赖。

（一）税收债务关系的存在论

所谓存在论，是关于税收债务关系存在的基础、形态、载体，以及什么是税收债务关系理论这一最基本的问题。我国学者的研究主要集中在税收债务关系理论的提出、基础、意义，以及税收债务关系的概念、特征、分类等方面。

学者们普遍赞成税收债务关系理论源自德国关于税收法律关系性质之争，认为该理论具有使税法学科独立、税法学研究转型、税法学体系化的理论价值，以及平衡国家征税权与纳税人权利、推动法治国家建设的实践意义。在税收债务关系理论引进之初，也有个别财税工作者对其积极意义表示了担忧，[20]但很快这种忧虑就被汗牛充栋的税法文献所淹没。税收债务关系理论的产生具有经济（社会生产关系的发展以及平等观念）、思想（社会契约论）和制度（宪法法律对人民与国家平等地位的确立，“无代表则无税”以及税法对税收是一种公法上债务的确立）三大基础。[21]其中，由社会契约论推演出的税收契约是学界证成税收债务关系理论最有力的理论工具。有学者在肯定这一基础之上，对税收债务关系理论提出了质疑。她认为建立在社会契约假设基础上的税收债务关系理论是一种理论假设，与实践中税收法律关系中的权力（权利）义务的不平等、不等价之客观真实相悖。[22]也许是这方面的研究比较薄弱，导致关于税收债务关系理论存在基础的研究层面至今尚未达成共识。

税收债务关系虽然在我国有税收债务、税收之债、税收债法等多种称谓，但是基于民法债的分析，它的概念是明确的。至少我国学者界定的税收债务关系的范式主要是作为税收债权人的国家请求作为税收债务人的纳税人履行纳税义务的法律关系。所不同的只是对税收债权人是否具体列示，对纳税义务是否细化为缴纳税款或金钱给付。虽然税收之债与民法之债有很多共通之处，但是它具有自己的特征：税收债务是公法之债、法定之债、货币之债、单务之债，双方当事人法律权利不对等，履行上严格遵循合法性原则，不允许当事人之间协商变更或和解，争议通过行政救济途径解决。税收债务关系依据不同的标准可以进行不同的分类：抽象税收债务关系与具体税收债务关系、可分税收债务关系与连带税收债务关系、主（原生）税收债务关系与第二次（衍生）税收债务关系、无限税收债务关系与有限税收债务关系。

20　参见王家林：《也从纳税人的权利和义务谈起——就一些税法理论求教刘剑文教授》，《法学杂志》2005 年第 5 期。

21　参见翟继光：《“税收债务关系说”产生的社会基础与现实意义》，《安徽大学法律评论》2007 年第 1 辑；翟继光：《税法学原理——税法理论的反思与重构》，上海：立信会计出版社 2011 年版。

22　参见王慧：《“税收债务关系说”之否定》，《南昌大学学报》（人文社会科学版）2015 年第 2 期。

（二）税收债务关系的本体论

所谓本体论，就是回答税收债务关系是什么这一问题，包括税收债务关系的构成，税收债务关系的基本类型，如税收优先权、税收撤销权、税收代位权、税收返还请求权等等。

有关税收债务关系构成的研究，学界虽然普遍持五要件说，但也有学者认为若将归属内含于税收主体之中，将税基看成税收客体的量化方式，则税收构成可简化为税收客体、纳税人与税率三大要件。[23]还有学者认为税收债务由税收主体、内容和客体构成。[24]在此方面，学者们虽然对于税收债务关系构成的重要性众口一词，但如何将这种重要性应用到具体税种法则鲜有论及。具言之，税收主体主要涉及其概念、主体资格、分类、课税除外等方面，税收客体主要有其概念、意义、类型、课税除外、非法所得的课税等问题并集中在其概念以及标准上，税基主要是确保税收客体在量的方面的具体化，税率的着力点在其概念、意义、分类、确定与调整。这些方面可能论述角度有所差异，但是得出的内容基本趋同。

有关税收撤销权、税收代位权的研究体现在理论基础、性质以及行使要件、程序、限制、效力等方面。尽管学者们对这些问题的论述各有侧重，但是他们的观点基本一致。关于税收优先权的研究，主要有内涵、类型、性质与适用范围，存在的正当性，与私法债权的效力冲突及协调，与其他公法债权的效力冲突及协调。其中，税收优先权之性质有物权优先权说[25]、债权优先权说[26]、先取特权说[27]等多种学说，对于税收优先于附有担保物权之债权而征收具有不同的见解：一是税收债权优先于抵押权、质权和留置权[28]；二是税收债权优先于抵押权、

---

23 参见刘剑文、熊伟：《税法基础理论》，北京：北京大学出版社 2004 年版，第 191 页。

24 参见陈少英：《税收债法制度专题研究》，北京：北京大学出版社 2013 年版，第 5—15 页。

25 税收优先权作为民事优先权利制度在税法领域的延伸，具有优先权的一些固有特性，同样具有担保物权的性质。参见陈少英：《税收债法制度专题研究》，北京：北京大学出版社 2013 年版，第 39 页。

26 税收优先权是税收债权基于法律规定而享有的优先授偿的效力，其优先于一般债权，但与担保物权产生冲突时，根据物权优先于债权的原理，在法律没有特殊规定的情况下，物权具有特殊效力。参见张守文：《论税收的一般优先权》，《中外法学》1997 年第 5 期。

27 税收优先权是附属于税收之债上的，它是依据法律的直接规定而产生的，税收优先权的设立是为了保证税收之债的受偿，它以纳税人的全部财产为担保。参见季伟胜、刘帆：《关于税收优先权》，《税务研究》2002 年第 3 期。

28 《税收征收管理法》第 45 条规定，税收债权优先于一定时间点之后设定的抵押权、质权和留置权。

质权，后于留置权[29]；三是税收债权后于抵押权、质权和留置权[30]。随着理论的持续推进和实践的不断检验，陆续有学者质疑税收优先权存在的正当性，提出税收债权与其他债权竞合时，不应赋予其优先权地位。[31]关于税收返还请求权的研究并不多，内容集中在税收返还请求权的性质、发生、实现、主体、范围、消灭、救济等方面。[32]

（三）税收债务关系的运行论

所谓运行论，是有关税收债务关系产生、变更、消灭及其运行过程的问题。具言之，包括税收债务关系的产生、变更、消灭、担保等方面。

关于税收债务关系产生的研究集中在产生条件与发生时间方面。学者们赞成税收债务在法律所规定的构成要件实现时发生。但在具体税种法中，确定税收债务的发生时间往往需要综合考虑税基的确定、征纳技术和征纳效率等因素。区分即时税和期间税有不同的判断标准：随时税的税收客体发生时就是税收债务的成立时间，期间税的税收债务于期间终了之时成立。

关于税收债务关系变更的研究遵循的是私法之债的分析框架，即税收债务的主体、客体和内容发生的变化。学者们均意识到，这种变更是一种特例或低概率事件，只有在法律明确规定的情况下才有可能发生。其中，关于税收债务种类变更存在不同的理解，有学者认为税收债务种类变更又称之为税收客体变更，即税收之债标的的改变，并将其作为内容变更的一种类型进行讨论。[33]有学者区分税收债务种类变更与税收客体变更，在其论述体系中，税收债务种类变更指的是不同税种债务的转化，属于税收债务内容变更的一种类型；税收客体的变更指的是税收债务标的的变化，不属于税收债务内容变更的类型。[34]

关于税收债务关系消灭的探讨包括履行、抵销、免除、混同、时效等情形，重心在我国相关规则的不足及其完善。例如，《税收征收管理法》并未区分核定

29　参见熊伟：《论税收优先权与担保物权的竞合》，《法学评论》2002 年第 4 期；曹艳芝：《论税收优先权的效力冲突》，《中国法学》2004 年第 5 期；陈少英：《税收债法制度专题研究》，北京：北京大学出版社 2013 年版，第 41—42 页。

30　参见赵水林：《质疑税收优先权》，《涉外税务》2001 年第 7 期；朱莎：《对税收优先权的质疑与制度调整》，中国政法大学 2005 年硕士学位论文，第 26—27 页。

31　参见向逢春：《质疑税收优先权》，载刘剑文主编：《财税法论丛》（第 11 卷），北京：法律出版社 2010 年版；熊伟、王宗涛：《中国税收优先权制度的存废之辩》，《法学评论》2013 年第 2 期。

32　主要文献如下。杨小强：《税法总论》，长沙：湖南大学出版社 2002 年版，第 182—202 页；刘剑文、熊伟：《税法基础理论》，北京：北京大学出版社 2004 年版，第 321—340 页；刘树艺：《纳税人返还请求权研究》，《税务与经济》2010 年第 5 期；刘庆国：《纳税人权利保护理论与实务》，北京：中国检察出版社 2009 年版，第 145—148 页。

33　参见施正文：《税收债法论》，北京：中国政法大学出版社 2008 年版，第 165 页。

34　参见陈少英：《税收债法制度专题研究》，北京：北京大学出版社 2013 年版，第 21—22 页。

期间与征收期间，只是规定了追征期，属于通俗意义上的核定期间。因此，将来修改《税收征收管理法》时，应将核定期间与征收期间分别加以规定。

关于税收债务关系担保的研究聚焦担保的原因、性质、内容，以及纳税保证、抵押、质押，并无差异。税收债务关系的担保是指允许纳税人以第三人的信用或在特定财产上设定他物权，以促使纳税人履行税收债务，实现国家税收债权的法律措施，适用情形或原因包括请求税收机关为一定行为（如申请行政复议、异地申请领购发票、免税放行）和不为一定行为（如阻止税务机关的保全措施、阻止限制出境）。

（四）税收债务关系的发展论

所谓发展论，是关于税收债务关系发展历程的描述，以及对该理论未来可能走向的判断。

就我国而言，税收债务关系发展论最核心的议题是其理论移植及其本土化，然遗憾的是这部分研究极为有限。有学者认为税收债务关系理论确立的税收债务法定性无法回避国家权力意识的体现，税收债务理论无法阐释税收法律关系中国家所拥有的诸如仲裁、监督检查等一些行政权力现象，以及描述双方地位平等的状态，因而质疑该理论的存在基础。[35]有学者肯定税收债务关系理论对于中国税法学研究转型的积极意义，提出其还需要解决的问题：其一，税收之债与私法之债的共通与差异是什么？其二，在税收债务是公法之债的情况下，如何界定国家与税务稽征机关的关系，以及税务稽征机关行政执法权力的来源是什么？其三，如何确定税收之债的法律性质？其四，移入税法中的债务法的内容如何与税收法定原则相融合？其五，税收债务关系理论如何对现行税法中的有关债权保护制度之完善进行指导？[36]有学者认为税收债务关系理论的价值毋庸置疑，作为税法研究的新范式也极少被反驳。新征管法对债法制度的引入也印证了税收债务关系理论时代的来临，但事实证明，引入的债法制度在税法实践中的效果并不理想，有的还可能很差。最主要的原因是一味照搬私法之债的内容，没有从理论上厘清这些制度的真正内涵及其应用于税法时的限制条件。建议借鉴德国和克罗地亚的立法经验，将比例原则作为债法植入税法的一般规则，重新架构中国的税收债法体系，以完善税收债务研究范式。[37]

35　参见王冬：《税收法律关系性质之再研究——以对债务关系说的反思为视角》，《财政监督》2013 年第 19 期。

36　参见王鸿貌：《税法学的立场与理论》，北京：中国税务出版社 2008 年版，第 111—112 页。

37　参见叶金育：《债法植入税法与税收债法的反思：基于比例原则的视角》，《法学论坛》2013 年第 3 期。

三、检视与反思：税收债务关系理论的整体评价

透过前述部分对税收债务关系理论相关文献的统计与分析，以及相关内容之共识与差异的提炼，我们可以发现，我国税收债务关系理论呈现出如下特点。

（一）理论形成：极强的路径依赖

税收债务关系理论肇始于德国，日本税法也深受其影响。日本税法学者的论述也是从税收法律关系性质出发，最为国人熟知的是金子宏的二元论和北野弘久的一元论。我国大陆对于税收债务关系理论的接触，最早就是来自1989年金子宏的《日本税法原理》翻译出版，对该理论的全面了解得益于2001年北野弘久的《税法学原论》（第4版）翻译出版。此外，进入21世纪后两岸交流日益频繁，我国台湾地区的税法论著（如黄茂荣的《税法总论》、陈清秀的《税法总论》、陈敏的《德国租税通则》）也相继传入大陆地区，有些还以简体版的方式在大陆出版。这些论著一方面推动了税收债务关系理论在我国大陆地区的传播、推广以及深化，另一方面也使得税收债务关系理论的研究在文献上具有较强的路径依赖。

路径依赖一般分为动态的路径依赖和静态的路径依赖两种情况。动态的路径依赖是对新事物的模仿和学习，静态的路径依赖则是指主体被锁在一种低效率中，是一种非本意的被牵制效果。[38]具体至税收债务关系的研究，在理论形成上亦表现出动态的路径依赖和静态的路径依赖两个面向。在动态层面，大陆地区学者阐述税收债务关系理论及其具体问题会自觉或不自觉引用上述文献。以大陆地区唯一一本税收债务关系理论的专著——《税收债法论》为例，根据笔者统计，该书共计引注（不含解释性的注释）378次，其中引注（不含解释性的注释）德、日以及台湾地区文献次数高达214次，占比达56.6%。在静态层面，大陆地区关于该理论的论述框架、基本问题以及分析思路难逃前述文献的藩篱，而且在结论上也趋于一致。以大陆地区第一本《税法总论》为例，该书作者较早论及税收债务关系理论，其对该理论的分析也主要是得益于境外文献，因而对税收债务关系的发生、变更和消灭，税收债权的保全、担保，纳税人的不当返还请求权等问题的分析都“落入窠臼”。

需要说明的是，笔者所指出文献上的路径依赖并非否定这些研究的积极价值，而是借此描述税收债务关系理论研究的现象。毕竟这种静态和动态的路径

38　魏冰冰：《一本书读懂经济学》，北京：中国法制出版社2017年，第156—157页。

依赖，填补了我国税收债务关系理论的空白，也促使中国税法研究范式的转化，亦提高了税法学科的体系性。须知，法律文化、制度和体系与国情相依，故而有不同法系间之差异。因此，未来要思考的是如何发挥动态路径依赖的正效应，抑制静态路径依赖的负效应，通过路径创新更好地实现理论的本土化，以服务于我国税收法治建设需求。

（二）理论结构：特定的非均衡性

前文借助哲学范畴建构了税收债务关系理论的存在、本体、运行和发展，一定意义上可视为其理论的结构。细究每一个构成的广度与深度，其研究存在“冷热不均”。

一方面，税收债务关系理论各个构成之间的不均衡性。从研究文献看，有关税收债务关系的本体论、运行论的成果数量远多于其存在论、发展论，成果数量依次是运行论、本体论、存在论、发展论。从研究广度看，税收债务关系的发展论研究远远滞后于存在论、本体论、运行论的研究。其中，有关税收债务关系运行论的研究最为丰富，达成共识最多；有关税收债务关系发展论的研究最为薄弱，尚存诸多分歧。从研究深度看，关于税收债务关系运行论的研究更为细致深入，剩余依次是存在论、本体论、发展论。从影响立法看，有关税收债务关系的运行论对税收立法的影响更为直接，其次是本体论，再次是存在论，最不显著的是发展论。

另一方面，税收债务关系理论某个构成内部的不均衡性。就存在论而言，现有成果凡论及税收债务关系，必涉及其提出和意义，而且达成了诸多共识，但关于税收债务关系的基础则寥寥无几。[39]就本体论而言，税收优先权、税收代位权、税收撤销权备受研究者青睐，而税收债务关系构成、税收返还请求权则噤若寒蝉。以中国知网刊载文献数为证（以相关主题检索，剔除不相关文献，检索时间：2018 年 6 月 7 日），税收优先权有 324 篇，税收代位权有 121 篇，税收撤销权有 41 篇，而税收债务关系构成只有 3 篇，税收返还请求权 4 篇。就运行论而言，虽然整体研究成果较为丰硕，但税收债务关系担保比税收债务关系产生、变更和消灭的研究成果多。具体至产生、变更和消灭这一层级，税收债务关系的消灭研究得更多。就发展而言，目前相关文献只有 4 篇，整体研究滞后，因而探讨内部均衡性问题没有实际意义。

税务债务关系理论研究在结构上的非均衡性，既使得其理论体系难以得到整体呈现，也限制了其作为税法核心理论对于税法问题类型化、体系化的作用；

39　目前，系统论述税收债务关系基础的文献只有翟继光的《“税收债务关系说”产生的社会基础与现实意义》（《安徽大学法律评论》2007 年第 1 期）。

既不利于税收债务关系理论自身的发展，也影响了税法理论的一体化。在此层面上，未来应强化研究的方向是税收债务关系的存在论、发展论、本体论，具体是税收债务关系的基础、税收债务关系的构成、税收返还优先权、税收债务关系的本土化等。

（三）理论展开：私法到税法逻辑

拜读我国税收债务关系理论的代表性成果，我们发现税收债务关系理论的研究，尤其是本体论和运行论的研究，主要遵循从私法到税法、从私法之债到税收之债的逻辑。概言之，有这样的特点：第一，论述某个具体税收债务关系问题时，首要讨论的是私法上关于这一类似问题的基本观点或结论；第二，以私法之债的基本观点或结论，指导相类似税收债务关系的理论或问题的具体展开；第三，两者相异主要考量的是税收法定原则项下税收之债是法定之债这一因素。举例说明如下。

例如，学者在论述税收优先权时，首要阐明的是私法上关于优先权的由来、类型与特征，进而再论及税收优先权的含义、类型和适用范围。其中，税收优先权的含义基本是根据税收特性，套用私法优先权的概念。有关税收优先的类型，更是直接曰："与民法优先权形式相对应，税收优先权也可以分为一般优先权与特别优先权"。在论述税收返还请求权性质时，开篇即言"在私法上……在公法上……同样可能发生无法律原因的财产移动，需要法律对此加以调整，由获得财产利益的主体承担返还财产的义务"。[40]

又如，学者在论述税收之债概念时，首段即为"现代私法理论认为，债是特定的当事人间可以请求给付的法律关系"。据此，"税收之债是作为税收债权人的国家或地方政府得请求作为税收债务人的纳税人履行缴纳税款这一金钱给付的法律关系"。连接段是"基于税收法定主义……"。在论述税收之债的法律效力时写到，"在私法上，无论合同之债还是法定之债，债依法成立后即具有'法律效力'……由于税收之债是公法之债，具有高度的社会公益性，法律不仅需要对其权利义务的内容加以确定，而且要以国家强制力保障其实现"。[41]类似"与私法之债相比较，由于受税收法定原则的拘束，税收之债……"之表述充斥在税收债法之论题的方方面面。

尽管私法之债与税收之债统一于债之原理，然而不可不察两者之间的差异，毕竟税收之债在属性上属于公法之债。"税法-私法"和"私法之债-税法之债"的逻辑进路，易使税收债务关系理论的展开带有浓重的私法"味道"，而无法辨

---

40 刘剑文、熊伟：《税法基础理论》，北京：北京大学出版社 2004 年版，第 296—297、298、299、321 页。

41 施正文：《税收债法论》，北京：中国政法大学出版社 2008 年版，第 6—7、127 页。

识其公法“身份”。

（四）理论呈现：更多是研究前提

一般而论，理论本身是“概念和原理的体系”，而非“在推理上可以推出另一个判断来的判断”之理论前提。相反，税收债务关系理论在我国学者的论著中呈现出更多的是一种理论前提，而非是一种理论本身。正如学者在述评时指出，中国税法学者缺乏对税收债务关系理论直接深入的研究，但不少人已经将税收债务关系说作为自己从事研究的理论前提。[42]

一方面，税收债务关系理论是作为税收法律关系之性质被论述，它的呈现往往被税收法律关系理论所涵盖。我国的论著关于税收债务关系理论的提出均是置于税收法律关系性质的论争之中，而绝大部分论著在一开始就赞成税收法律关系的性质是债务关系。所以，对于税收法律关系的性质何以是债务关系，以及税收债务关系理论是什么仅为一种学术观点承继，而非充分论证的结果。事实上，德国学者阿尔伯特·亨泽尔如何根据《帝国税收通则》第 81 条之“税收债务”规定推演出税收债务关系理论不得而知，至少在我国税法文献中是无迹可寻。[43]因此，我们可合理推测，在学者们眼中，税收债务关系理论是附随于税收法律关系理论。换言之，关于税收债务关系理论本身的研究是缺失的。

另一方面，许多实体税法具体问题的研究都以“税收法律关系性质是债务关系”为论据，因而税收债务关系是作为具体问题展开的理论前提或支撑。这种思维映射在相关研究上表现为：一是有关税收债务关系具体问题，占据了税收债务关系理论研究的大部分内容，在理论结构部分已有阐述，此处不赘。二是某个税法议题的阐发，直接应用税收债务关系理论。例如，有学者在论述税权效力问题时，直接就应用税收债务关系理论的主体框架，分别论述了税权对税收债权人的效力（税收债权的确认、自力执行与转移），税权对税收债务人的效力（税收债务的履行、承担与违反），以及税权对第三人的效力（纳税担保、质押、扣缴义务人、税收代位权与撤销权及其对税权效力的扩张）。[44]三是某个税法问题的具体解决，借鉴税收债法的分析框架。例如，有学者在证成税法解释中的纳税人主义，使用的便是税收债法的分析框架。[45]

42　参见刘剑文主编：《财税法学研究综述》，北京：高等教育出版社 2004 年版，第 179 页。

43　参见王冬：《税法理念问题研究》，西南政法大学 2009 年博士学位论文，第 77—78 页。

44　参见魏俊：《税权效力论》，北京：法律出版社 2012 年版，第 62—127 页。

45　参见叶金育：《税法解释中的纳税人主义证立——一个债法的分析框架》，《江西财经大学学报》2017 年第 4 期。

（五）理论涵摄：局限于税法总论

总论与分论的划分，普遍存在于各个法律学科之中。是以从学科体系看，税法学有总论与分论之分。我国的税收债务关系理论一方面是税法总论的不可或缺的组成部分，另一方面涵摄范围也仅是税法总论而已。

税收债务关系理论在我国确立后，无论是税法学教材，还是税法基础著作，都将其视为税法总论的重要组成部分。例如，刘剑文主编的教材《税法学》（人民出版社 2003 年版）在第三章税收法律关系和第十章税收债务法都对税收债务关系理论进行了阐释。又如，杨小强的《税法总论》（湖南大学出版社 2002 年版）合计二十章，其中有七章是在探讨税收债务关系理论相关问题。再如，刘剑文、熊伟合著的《税法基础理论》（北京大学出版社 2004 年版）分上、中、下篇共计二十四章，“中篇”以“税收债法”为题，全书有十一章论及税收债务关系理论。实际上，前述税收债务关系理论意义的共识，如使税法学科独立、税法研究的转型、税法学的体系化，就足以证成税收债务关系理论是税法的基础理论或基础原理。

税法总论确立的方法和一般原则对法学分论的研究具有指导意义，但是税收债务关系理论之税法基础理论或基础原理的功能并未得到彰显。税收债务关系理论散落在税法总论之中，成果也只是涵摄总论层面上的税收之债，尚不能指导税法分论中税收之债的类型化与体系化。以陈少英的著作《税收债法制度专题研究》（北京大学出版社 2013 年版）为例，该书是我国首本以“税收债法制度”为主题，尝试将税收债务关系理论应用到流转税、企业所得税、个人所得税、财产税、生态税等分论之中的著作。遗憾的是，全书有五章取名“××税之债法律问题研究”，然除第一章探讨税收债务关系基本理论之外，其他章节几乎未应用该理论。

四、传承与超越：新时代税收债务关系理论发展

理论的积累在于传承共识，理论的发展在于超越差异。抚昔望远，对于税收债务关系理论的发展，我们应珍视已有研究共识，甄别现存学术差异，深化其存在论、本体论、运行论和发展论，坚持从公法之债到税收之债的逻辑，拓展税收债务关系理论涵摄的范围。

（一）功能强化：从通说之名到通说之实

我国税收债务关系理论不是在“尊崇学术大师并认同其法学理论的过程中

形成学术独断”，而是“基于某种法律实践的需要而依据一定的理论分析工具所得出的”通说。[46]从通说确立一般进路视之，我国税收债务关系理论确立通说地位的形成途径：一是理论赞成。虽然税收债务关系理论在译介之初并未获得学者们太多的关注，但一经推介即获得绝大多数税法研究者的赞成，学者纷纷依此作为研究对象或研究前提。二是理论承认。改革开放相当长时间内税法学的研究以税收权力关系理论为指导，甚至有些学者面对税收债务关系理论一度十分排斥，但新世纪后这些学者的研究逐渐转向税收债务关系范式。但从通说的客观性视之，正如前述学者反思税收债务关系理论基础一样，我国税收债务关系理论并不具备法学通说所具备的“逻辑自洽性”、“反复实践性”、“揭示规律性”的客观性标准。[47]

这提醒我们，我国税收债务关系理论有通说之“名”而无通说之“实”。而在“名”与“实”之间，反映的是税法学人对于税收债务关系理论为什么是通说，以及其所蕴含价值是什么的理解。税收债务关系理论通说之“名”，在很大程度上只是一个思维转型和规则梳理的技术过程，对于传统权力关系理论的冲击未见得十分巨大。相反，税收债务关系理论通说之“实”所蕴含的民主、法治、宪政等先进理念，却可能要经过很长时间的努力才能真正渗透于中国税法。实际上，即便在权力关系理论的体系框架下，也一样可以兼容税收债务关系理论，只不过主次完全颠倒而已。因此，不能满足于形式上税收债法体系的建立，必须从思想上确立税收债务关系理论的主导地位。[48]换言之，推动税收债务关系理论由通说之名向通说之实转变，必须要强化该理论功能的研究，而不是一味地赞成其现有意义。税收债务关系是税法学科的基本概念、范畴、判断与推理。未来不仅要重申其理论功能和实践价值，而且还要进一步阐释该理论为什么于税法理论与实践具有重要的价值。比如，税收债务关系理论为什么可以使税法获得独立空间，如何能指导纷繁复杂的税法实践，又怎么样实现税法的体系化？这些问题都需要认真对待、小心求证。

（二）理论挖掘：从非均衡性到全面推进

税收债务关系理论存在不均衡性，有制度供求机制和学术资源分配上的原因。一方面，随着《税收征收管理法》增订了税收代位权、税收撤销权等规则，这些方面的问题备受学者追捧。另一方面，随着改革开放的深化，日本和我国台湾地区相关文献的传入，评介域外税收债务关系理论的研究日渐式微，而新

46 姜涛：《论法学通说形成的机理》，《学术界》2012 年第 10 期。

47 参见姜涛：《法学通说：一个初步的分析框架》，《北大法律评论》2011 年第 2 期。

48 参见刘剑文：《财税法专题研究》（第 3 版），北京：北京大学出版社 2015 年版，第 179 页。

的税法问题层出不穷，税法学者们不断转移研究重心，以致无暇顾及已经在形式上达成共识的税收债务关系理论。不容忽视的是，理论的非均衡性使得税收债务关系难以形成完整的理论体系和科学的分析框架，不仅易造成不同学者以该理论为工具分析相同的问题而得出不同的结论，徒增学术争议，而且某些子理论（如税收债务关系的构成）的不彰还会限缩其理论辐射范围，进而影响逻辑自洽的税法学之形成。

因此，未来若干年内，我们仍须深化税收债务关系理论，全面推进其存在论、本体论、运行论和发展论的繁荣。在存在论上，应重点关注税收债务关系理论的存在基础。正所谓“基础不牢，地动山摇”。税收债务关系理论的基础可以说是该理论的理论。目前我国学者更多把学术史上税收债务关系说胜利的事实作为该理论基础，有些学者甚至把税收债务关系理论视为理所当然，不考究理论本身而随意作为理论前提适用。理论基础夯实的疏忽，导致越来越多的学者对此提出了质疑，甚至是否定。这不利于学术的传承于积累，也易造成学术资源的浪费。事实上，学者的质疑或否定，恰恰诘难的是税收债务关系理论的基础，而非该理论的具体应用。因此，必须夯实税收债务关系理论的存在基础。在本体论上，未来的研究不可绕开两个问题：一是强化税收债务关系的构成、税收返还请求权的研究；二是注重考察税收代位权、税收撤销权、税收优先权的运行效果，以及可能改进的地方。其中，税收债务关系的构成和税收优先权是重中之重。对于前者下文会详细阐释，对于后者要重点论辩税收优先权的正当性及其制度存废问题。在运行论上，未来的研究要朝着理论与实践相结合的道路迈进，着力提高解决税收债务关系实际问题的能力，指导相关规则的立法完善。一要关注我国税收债务关系的产生、变更、消灭之规则的合理性，尤其是税收债务关系消灭时效规则的完善；二要考察我国税收债务关系担保制度的实效性，思考制度精准实施的措施。在发展论上，税收债务关系理论的研究应注意理论的移植与继承，尤其是妥善处理理论的国际化与本体化的关系。

（三）逻辑转换：从公法之债到税收之债

“逻辑是探讨人们正确思维的结构、规律和方法的科学。”[49]在理论的展开上，税收债务关系的研究遵循从私法之债到税法之债的结构、规律和方法。这背后有深层次原因：一是在税收债务关系理论源头的德国，税法与私法分合史直接影响着税法学的理论与实务，不论是独立说阶段还是依附说阶段和目的适合说阶段，税法学研究都依存私法概念和理论；[50]二是税收债务关系的提出即旨

49 陈绍松：《逻辑一致的裁判说服》，《贵州师范大学学报》（社会科学版）2018 年第 4 期。

50 参见叶金育：《税法整体化研究：一个法际整合的视角》，北京：北京大学出版社 2016 年版，第 37 页。

在摆脱对公法的依附，税法学者研究具体问题时会自觉或不自觉地回避与公法的直接联系；三是私法上债之理论历史悠久且极为成熟，可资借鉴。

然而，这些原因的存在并不能掩盖从“私法之债”到“税法之债”研究税收债务关系理论的缺陷。尽管学者们在将私法之债理论应用到税收之债时，再三地强调税收之债是法定之债、公法之债，但是这种研究进路放大了私法之债与税收之债的共通性，缩小了私法之债与税收之债的差异性，割裂了税收之债与公法之债的统一性。实际上，金子宏早就提醒过，“债务关系说照亮了迄今为止的法律学上的一直被忽视的‘公法上的债务’这一法律领域”[51]。遗憾的是，从“公法之债”到“税收之债”，这种研究思维并未得到应有重视与具体应用。比较分析，这两种研究进路有本质区别。若套用法律适用方法的类型，那么从私法之债到税收之债可比作是“类推适用”，从公法之债到税收之债可比作是“准用”。在理论上，类推适用具有严格的条件，映射在税收之债类推适用私法之债理论，就必须明确两者的相通之处与区别之处究竟是什么，而非概而曰之：税收之债是法定之债、公法之债。相反，税收之债准用公法之债则更具确定性。在我国学者对私法之债与税收之债相通与相异的研究几乎处于空白的情况下，税收债务关系理论的研究采用公法之债到税收之债更具有可行性。毕竟“税法为公法的一种”[52]。坚持从私法之债到公法之债再到税收之债的逻辑，不仅有利于债之理论的体系化和类型化，还可以避免私法之债与税收之债的“杂交”，彰显税收之债的公法之债的性质。总之，未来税收债务关系理论的研究应在逻辑上实现转换。当然，这还有赖公法之债理论研究的深化。比如，公法之债的法理基础，公法之债的产生、变更、消灭，公法之债的担保。欣喜的是，学界对于公法之债的关注越来越多，[53]这必将推动税收债务关系理论向纵深发展。

（四）范围拓展：从税法总论到税法分论

税收债务关系理论在税法总论中踟蹰不前，与我国税法学整体研究现状息息相关。“部门法学都由总论和分论构成，总论的原理应当涵盖和指导分论，总

---

51 〔日〕金子宏：《日本税法》，战宪斌等译，北京：法律出版社 2004 年版，第 21 页。

52 陈清秀：《税法总论》（第 7 版），台北：元照出版有限公司 2012 年版，第 4 页。

53 主要成果如下。牛磊：《公法之债与私法之债的竞合》，《山西省政法管理干部学院学报》2018 年第 1 期；汪厚冬：《公法之债论》，苏州大学 2016 年博士学位论文；闫海：《公法之债的理论发展和实践意义》，《辽宁省社会主义学院学报》2014 年第 3 期；叶承芳、祁志钢：《公法之债视阈下的公权力与私权利——基于税收法律关系与纳税人诉讼的思考》，《人民论坛》2011 年第 29 期；汪厚冬：《公法上不当得利的法律效果研究》，《西部法学评论》2011 年第 6 期；徐艳茹：《公法债权与私法债权的冲突及受偿顺位》，《天水行政学院学报》2010 年第 4 期；郭维真：《以公法之债解读我国社会保险税的建立——以纳税人财产权保护为视角》，《河北法学》2008 年第 12 期；吴永辉：《从“公法之债”的视角重新审视税法基本原则》，《合肥工业大学学报》（社会科学版）2007 年第 1 期。

论的分析框架应当为分论提供示范。”[54]但是，我国税法总论的研究不仅薄弱且滞后，而且难以为繁杂多变的分论规则提供理论关照；税法总论与税法分论存在着诸多脱节的问题，税法总论与税法分论呈现出“两张皮”现象。税收债务关系理论的引进，一度被视为“串连”税法总论与分论的核心范畴与分析工具。理想虽丰满，现实却骨感。该理论研究的推进，一定意义上形塑和优化了税法总论的理论体系，但并未能发挥连接税法分论之媒介作用。理论涵摄范围不足是最重要的原因，因此未来税收债务关系理论的研究须从税法总论拓展至税法分论。事实上，以税收债务关系理论为核心范畴和分析工具，可促进税法总论与分论的互联互通，推动中国税法的体系化。

税收债务关系构成是税收实体法所规定发生税收债务的各种法律规范的抽象和统称，它确定了税收债务的内容。税收债务关系构成是税收债务关系理论的核心领域，是各实体税种法的基本元素和核心范畴。正如学者所言：税收债务关系构成提供了税收实体法的核心范畴和分析工具，有助于实现税收实体法的标准化和体系化。[55]因此未来税收债务关系理论要实现从税法总论拓展至税法分论的目标，税收债务关系构成理论是最好的突破口。可以努力的方向是：重视税收债务关系构成理论的研究，推动其由介绍、转述、解释阶段向纵深阶段发展；强化税收债务关系构成理论在税法学科独立和税收实践指导方面的价值，拓展该理论的本土化疆域；运用债务关系构成作为典型的理论分析工具，推动税法总论与分论的深度融合。

需要指出的是，税法还分为国内税法与国际税法。我国学者在研究税收债务关系时，该理论的应用场域是国内税法。既然税收债务关系理论是税法理论的分析工具，那么为什么税收债务关系理论不能适用于国际税法场域呢？若能适用，它的基础是什么？具体怎么指导国际税法实践？税收债务关系理论在适用国内税法与国际税法时的共性是什么，差异又是什么？这些都是未来税收债务关系理论需要说明的问题。

五、结　　语

诚如邓正来先生所言：“迄今为止中国法学界已有蔚为大观的西学译介与‘研究’”，但“至今还没有切实地、比较深刻地把握绝大多数西方法学论者的

54　王全兴：《社会法学研究应当吸取经济法学研究的教训》，《浙江学刊》2004 年第 1 期。

55　参见黄茂荣：《税捐的构成要件》，《经社法制论丛》1990 年第 6 期。

学术传统或理论脉络”。[56]尽管此描述乃十年之前法学研究的“惨状”，今法理、民法、刑法等传统法学的研究大有改观，不再是“吴下阿蒙”，但是对于新兴学科税法学的研究而言，这样的评说还是较为贴切。从法学研究图景看，拥有自主学术传统或理论脉络的法学大致历经建构性法学、移植性法学和自主性法学三个阶段。与法理、民法、刑法等传统法学已经进入自主性阶段不同的是，作为新兴学科的税法学科尚处于建构和移植阶段。虽然经过全体税法学人的积极探索、不懈努力，税法学作为一门独立的学科已经建立起来，但是很难说税法学的研究已经实现了学术自主。值得肯定的是，改革开放40年的过程，是中国税制改革和法治建设的过程，也是中国税法学理论产生与发展的过程。“在推进市场经济和法制现代化过程中，借鉴吸收西方发达国家的法制经验确有必要，但外国某种法律制度的引进移植，即使在外国已经实践证明了其本身的科学性和合理性，同样仍有一个是否以及如何适应在中国的社会土壤条件的问题。”[57]税法的移植与本土化系税法学研究自主的关键性问题，是故税法学人必须认真对待。

中国特色哲学社会科学应该体现继承性、民族性，体现原创性、时代性，体现系统性、专业性。[58]中国税法学的研究必须恪守这一发展理路：一则既要与国际上的相关研究对接，也要注重与中国税法文化、学术史传统的本土化运用；二则服务于新时代中国税法学的发展方向，提出契合中国税制改革与税收法治实践的原创性的理论和观点；三则要体现系统性研究的方法，把税收债务关系理论的功能真正贯彻到中国税法的理论与实践当中。要实现税法学的继承性、民族性、原创性、时代性、系统性和专业性这一目标，要求中国税法学者在研究国外税法经验与移植借鉴的同时，应更多地重视研究税法的本土化问题；既要有开阔的、全球化的视野，又能够对自己置身其间的中国社会生活秩序有更多的认识和思考。唯有如此，方显税法研究的本土化。当税法研究实现本土化，税收债务关系理论自然能够祛除建构性和移植性法学的烙印，迈向逻辑自洽、规范集成和理论自主的理想境界。总之，我国税收债务关系理论的研究必须植根于新时代的需要，立足中国落实税收法定原则以及推进税收法治实践的“问题意识”，做到税法理论上的引领改革和税法实践中的解决问题。

56　邓正来：《学术自主性与中国法学研究》，《社会科学战线》2007年第4期。

57　廖益新：《税法的移植与本土化问题》，《政法论坛》2006年第5期。

58　参见习近平《在哲学社会科学工作座谈会上的讲话》，2016年。

Retrospect and Prospect of China's Tax Debt Relationship Theory

Yu Pengfeng

Abstract: During the 40 years of reform and opening up, Chinese tax law has experienced considerable theoretical progress and rich practical development. Among them, the theory of tax debt relationship is the representative result of tax law research. Reviewing the translation and introduction of the theory of tax debt relationship (1978—1989), establishing (1990—2001), unfolding (2002—2008), and integrating (2009—2018), the research has formed many consensuses, and there are also some disputes. The consensus and disputes reveal Chinese characteristics. The theory of tax debt relationship has a strong path dependence in the formation, a specific non-equilibrium in the structure, a theoretical premise in presentation, and limited in scope to the general theory of tax law. The development of the theory of tax debt relationship in the new era should cherish the existing consensus and identify the existing differences, stick to the logic of debt from public law to tax debt, deepen its ontology, ontology, operation, development theory, and expand the scope of theoretical coverage of tax debt relations.

Keywords: Forty Years of Reform and Opening-Up; Tax Debt Relationship Theory; Chinese Characteristics; Tax Law System

这个时代因为我而拥挤（诗三首）

易继明

这个时代因为我而拥挤

在这个时代里
爱是我活下去的唯一
她给我慰藉
也让我有活着的勇气

我挤不进这个时代
却能够塞满你的心思
写下我的思念
唱起浪漫的情歌
因为爱
我们相互守望
我们彼此扶持

我们的天地
因为我们彼此而广阔
而这个时代
却因为我而拥挤

（2019 年 10 月 9 日夜 11 点）

心事飘零

我的爱恋
是一连串无法向人诉说的心事
只有当心底里长满了荒草
她才会随风摇曳
宛如浮萍在湖面荡漾
徜徉在微醺的风里

我暂时忘却了荒草丛中的荒冢
后来我才明了
我就是那座荒冢里溜出来的孤魂野鬼
我的爱恋
其实就是我形影相吊的我自己

可是我知道
我还是有根的呀

（2019 年 9 月 19 日凌晨 4 点）

永远的你

有些梦
做着做着就醒了
只有你
成了梦里梦外的日常
沉吟至今
睡不过去
也醒不过来

（2019 年 9 月 14 日早 7 点）

注释体例

一、文章采用脚注，每篇文章重新编号；编号序号依次为：1，2，3，……

二、统一基本规格（包括标点符号）

◆〔国籍〕主要责任者【两人以上用顿号隔开；以下译者、校订者同】编或主编：文献名称（加书名号），译者，校订者，出版地点：出版社与出版年代及版次（第1版略），第××页。

三、注释例

（一）著作类

●〔英〕F. H. 劳森、B. 拉登：《财产法》（第2版），施天涛、梅慎实、孔祥俊译，北京：中国大百科全书出版社1998年版，第89—90页。

●魏振瀛主编：《民法》，北京：北京大学出版社、高等教育出版社2000年版，第90页。

（二）论文类

●易继明：《评财产权劳动学说》，《法学研究》2000年第3期。

●梁慧星：《制定中国物权法的若干问题》，载梁慧星主编：《民商法论丛》2000年第1号/总第16卷，香港：金桥文化出版（香港）有限公司2000年版，第342页以下。

（三）报纸类

●沈宗灵：《评"法律全球化"理论》，《人民日报》1999年12月11日，第6版。

（四）文集和选集类

●王泽鉴：《物之瑕疵与不当得利》，载王泽鉴：《民法学说与判例研究》（第3册），台北：三民书局1996年版，第109页。

●〔美〕哈罗德·拉斯韦尔:《政策分析研究:情报与评价功能》,载〔美〕格林斯坦、波尔斯比编:《政治学手册精选》(上卷),竺乾威、周琪、胡君芳译,王沪宁校,北京:商务印书馆1996年版,第557页。

●参见〔苏〕列宁:《关于司法人民委员部在新经济政策条件下的任务——给德·伊·库尔斯基的信》,载〔苏〕列宁:《列宁全集》(第42卷),北京:人民出版社1987年第2版,第424—429页。

(五) 古籍、辞书类

●《管子·牧民第一》卷一。

●〔清〕沈家本:《沈寄簃先生遗书》甲编,第43卷。

●《辞海》,上海:上海辞书出版社1999年版,第983页。

(六) 网络资料

●顾昂然:《关于〈中华人民共和国民法(草案)〉的说明——2002年12月23日在第9届全国人民代表大会常务委员会第31次会议上》,资料来源:http://law-thinker. com/detail. asp? id=1501;更新时间:2002年12月26日08:28:35;访问时间:2003年4月1日。

(七) 英文类

1. 外文著作

● Robert Gilpin, *Economy of International Relations*, Princeton: Princeton University Press, 1986, p. 5.

● *See* G. Gordon & P. Miller (ed.), *The Foucault Effect*: *Studies in Governmentality*, Hemel Hempstead, England: Harvester Wheatsheaf, 1991, pp. 32—35.

2. 文集中的论文

● K. J. Leyser, "The Polemics of the Papal Revolution", *in* Berly Smally (ed.), *Trends in Medieval Political Thought*. Oxford: Oxford University Press, 1965, 3 rd ed., p. 53.

3. 期刊中的论文

●Alessandro Giuliani, "The Influence of Rhetoric of the Law of Evidence and Pleading", *in Judical Review*, 62(1969), p. 231.

四、其他外文文种

从该文种注释体例或习惯。

五、其他说明

(一) 引自同一文献者,同样应完整地注释,不得省略为"见前注"或"前引"等。

(二) 非引用原文,注释前加"参见";如同时参见其他著述,则再加"又参见"。

(三) 引用资料非原始出处,注明"转引自"。

稿　约

一、《私法》系一个具有广泛参与性的开放的法学学术园地，旨在加强私法领域内的各学科及其整合性研究，以进行私法理论的抽象和私法文化的提炼，从而倡扬乃至于形成一种权利文化。

二、《私法》刊载著述、大家文章、新锐作品，广采博收。主要栏目包括“主题研讨”、“论文”、“评论”、“案例研究”、“书评”、“杂文”和“学术动态”等。

三、来稿语种、篇幅不限，唯求能充分表达深刻而真灼之学术观点为要。《私法》对来稿一律采取匿名评审，并实行责任编辑初审、学术委员评议和编辑部会议审定三级评审制度。

四、来稿要求附有作者简介、联系方式；论文和评论还要求附有中英文内容摘要；打印稿要求附有磁盘或发来电子文档。注释体例参见本卷“注释体例”。

五、本刊所采用稿件，一律不支付稿酬，但赠送本卷 2 至 4 册，并附赠未来 5 年出版各卷各一册。

六、投稿邮箱：yijiming@pku.edu.cn

投稿地址：中国·北京市海淀区颐和园路 5 号北京大学理科 5 号楼 414 室《私法》编辑部 易继明（收）

邮政编码：100871

电话：0086-10-62759361

传真：0086-10-62754023

图书在版编目(CIP)数据

私法. 第16辑. 第2卷:总第32卷/易继明主编. —武汉:华中科技大学出版社,2019.10
ISBN 978-7-5680-5243-6

Ⅰ.①私… Ⅱ.①易… Ⅲ.①私法-研究-丛刊 Ⅳ.①D90-55

中国版本图书馆CIP数据核字(2019)第093961号

私法 第16辑·第2卷(总第32卷) 易继明 主编
Sifa Di 16 Ji·Di 2 Juan

策划编辑:钱 坤
责任编辑:殷 茵
封面设计:潘 群
责任校对:李 弋
责任监印:周治超
出版发行:华中科技大学出版社(中国·武汉) 电话:(027)81321913
武汉市东湖新技术开发区华工科技园 邮编:430223
录 排:华中科技大学惠友文印中心
印 刷:武汉科源印刷设计有限公司
开 本:787mm×1092mm 1/16
印 张:29
字 数:665千字
版 次:2019年10月第1版第1次印刷
定 价:68.00元